本书为国家社科基金一般项目（07BZS037）结项成果
同时获重庆市人文社科重点研究基地重点项目（16SKB053）

西南大学
历史文化学院 民族学院
学术文丛

族群空间与地域环境
中国古代巴人的历史地理与生态人类学考察

朱圣钟／著

科学出版社
北京

内 容 简 介

本书从族群空间与地域环境的视角，对曾经活跃在中国历史舞台上的古代族群巴人从历史地理学和生态人类学角度进行了考察，通过多种研究手段综合运用，复原并梳理了巴人族群的地理分布及其变迁过程以及巴人时代巴地气候、植被、动物、水文、矿产资源等地理原貌及其变迁过程，并运用生态人类学相关理论阐释巴人族群地域系统内巴人族群与地域环境的作用机制，构建了动态的巴人族群生态系统模型。

本书可为巴人曾经活动区域地方政府发掘与开发巴人历史文化资源提供参考信息，对当前渝、川、陕、鄂、湘、黔毗邻地带环境整治有一定参考价值，还可为从事考古学、中国史学、历史地理学、文献学、人类学、生态学等学科学习或研究的人员、高校师生等提供参考。

图书在版编目（CIP）数据

族群空间与地域环境：中国古代巴人的历史地理与生态人类学考察/朱圣钟著. —北京：科学出版社，2019.3
　　ISBN 978-7-03-059705-2

　　Ⅰ.①族…　Ⅱ.①朱…　Ⅲ.①古代民族-民族历史-研究-重庆
Ⅳ.①K289

中国版本图书馆 CIP 数据核字（2018）第 263181 号

责任编辑：王　媛　杨　静／责任校对：李　影
责任印制：张　伟／封面设计：黄华斌
编辑部电话：010-64011837
E-mail: yangjing@mail.sciencep.com

科 学 出 版 社出版
北京东黄城根北街 16 号
邮政编码：100717
http://www.sciencep.com

北京虎彩文化传播有限公司印刷
科学出版社发行　各地新华书店经销

*

2019 年 3 月第 一 版　　开本：720×1000　B5
2019 年 3 月第一次印刷　　印张：31 1/2
字数：527 000
定价：**167.00 元**

序

　　今秋八月，圣钟博士后将他新撰成完稿并确定在科学出版社印行的本书稿寄来，嘱余为之作序。这自是一项义不容辞的任务！尽管入秋后，需参加的学术会议较多，特别是我的一本新编论文集《历史地理学的传承与开拓》列入我院学术文库，获得学校一流学科建设基金资助后，也到了需向出版社交付"齐、清、定"稿时刻；但仍抽出时间浏览书稿，进行构思。至立冬之际，新编论文集经肖爱玲博士后帮助将电子版发往出版社后，就立即开笔撰写这篇序文，以便及时交稿。

　　论起为圣钟博士后学术专著写序，这已不是第一篇了。三年前的 2014 年 9 月 16 日，就曾为他的一部学术专著《区域经济与空间过程：土家族地区历史经济地理规律探索》（科学出版社，2015 年 4 月）写过一篇"序"。在该"序"中，于充分论述了该书三点值得肯定与称道之学术创获后，还殷切期盼圣钟博士后在该书出版问世后，再接再厉，对自己所属的民族——土家族之相关的历史地理学术问题持之以恒地开展研究，取得更为丰硕的成果！令人十分高兴的是，在他的这本学术专著出版后仅仅两年多，他的又一本学术专著即将交付出版，同样是关于他所钟情的我国历史民族地理学领域，且是他所属的民族——土家族主要族源之一的巴人之族群空间与地域环境的研究。从中不仅可以看出，他在历史地理学学术研究上用力之勤，还可看出他在这一领域理论与方法创新上下力之深！

　　圣钟博士后在这本新著之理论与方法创新上最突出的亮点，显然是在跨越原有的研究理念与方法，引入生态人类学的相关理论研究民族地区历史地理问题。这虽然缘于他于 2015 年 3 月至 2016 年 3 月奋力争取到前往英国剑桥大学社会人类学系蒙古与内亚研究所访学这一难得的机会，但应该说这更得力于他在学术研究上不满足现状，并力求开拓创新的睿见卓识与勇气毅力。所以说，这本源自 2007 年以《中国古代巴人分布迁徙及其与环境的关系研究》为题申请获准的国家社科基金课题，后因种种客观原因，克服多重困难延至 2015 年初始结题，又因赴英访学，接受了人类生态学理论与方法之启迪、训练，再将之与历史地理学的理论、方法熔于一炉，加以提炼锻造后，始凝铸成这一新意斐然与新见迭出的新作。尽管作为一项国家社科基金项目结题，作为一本学术专著出版都推迟了一段时间，但却因此获得如此意外的收获，使这一国家项目之成果与这本学术专著之学术内涵大为丰富，整体质量显著升华。由此可见，虽有所失，但也有所获，总体看来获大于失，且非纯出偶然。

前文述及圣钟博士后 2015 年春赴英国剑桥大学访学期间学习掌握了人类学的理论与方法，且将之与历史地理学相结合，运用于研究我国民族地区历史地理实践，并对原已结题的国家社科基金项目成果"中国古代巴人分布迁徙与环境关系研究"重加审视，大加增补修改，且将新著名称改定为《族群空间与地域环境——中国古代巴人的历史地理与生态人类学考察》，遂推出了如今展现在读者眼前的这本新著。尽管作者自谦地说，跨越原有的研究理念和方法对他而言是一种尝试与挑战。但通观这本新著后可以肯定，他的这一尝试是成功的！如他在引入人类学研究中已被广泛使用的"族群"概念时，就严格按照世界人类学权威专家界定的族群的四个特征，对照我国古代巴人的历史与文化，一一作了论证，论定用"族群"概念审视巴人是没有问题的。同时，对"族群"具有的作为社会文化属性的"族群空间"，作者不囿于族群地理属性的三维空间，还根据历史地理学理论，加入族群历史上不同时期其地域空间又不断有所变化的动态过程这一理念，创新性提出"族群空间是一个动态的四维空间"的概念；且将之渗透进对这一课题整个的研究与撰写中。还需指出的是，这部新著中对中国古代巴人赖以生存、繁衍的地域环境，特别是唐代及其以前历史时期之生态环境进行了颇为全面充分的复原研究；还在此基础上论述巴人族群与其地域生态环境人地互动关系，提炼出巴人族群生态系统模型。这些成果不仅具有学术文化价值，且对当今巴人族群曾经聚居地区，保护生态环境与脱贫致富也具有资政借鉴意义。

总之，圣钟博士后这本新著，不仅其收集资料宏富，撰写论述严谨，观点新颖，结论明确，值得称道；而且更重要的是，他在引入国外生态人类学理论、方法，与我国历史地理学理论、方法相结合，从事我国历史民族地理学研究，取得这一丰硕成果，为我国历史地理学的发展，开拓了一个新的局面，也为我国历史地理学走向世界，开辟了一个新的路径。我对之深感高兴！也因而特为之作序，并与学界同仁共鉴。

朱士光

2017 年 12 月 28 日于西安望秦书屋

前　言

　　本书是在笔者国家社科基金项目结项研究报告《中国古代巴人分布迁徙及其与环境的关系研究》（立项编号 07BZS037，结项编号 20150296）的基础上修改、增补而成的，修改后更名为《族群空间与地域环境：中国古代巴人的历史地理与生态人类学考察》。

　　族群概念在人类学研究领域已有广泛使用，在英文中多表述为"Ethnic Group"，R. 纳鲁尔（R. Naroll）、弗里德里克•巴斯（Fredrik Barth）界定族群概念有四个特征：（1）生物方面具有极强自我延续性；（2）共有基本的文化价值，在文化形式上公开统一；（3）构成交流和互动的领域；（4）具有自我认同和被他人认同的成员资格，以形成与其他处同样发展序列的种群不同的族类。[①] 巴人作为曾经活跃在中国历史大舞台上的古老族群，从最初的巴氏族，发展成以巴氏为首的巴氏、樊氏、曋氏、相氏、郑氏五姓部落联盟，后吞并盐神部落向四周扩张，先后征服濮、賨、苴、共、奴、獽、夷、蜑等部族建立巴国，巴人群体随地域扩大而扩展，战国末年巴国覆亡后，历秦汉、魏晋南北朝、隋唐，至唐末五代巴人最终融入汉族、土家族等人类共同体，巴人历史发展脉络一直是连续的，清晰的。从文化上来说，巴人文化为巴人族群文化，后逐渐形成巴地域文化，统称为巴文化，如青铜文化中，典型器物有柳叶形剑、短骹弓耳矛、烟荷包式钺、虎钮錞于，器物纹饰多有虎纹、手心纹等；考古学文化中，典型陶器有圜底釜、圜底罐、尖底罐、尖底杯、豆等，纹饰以绳纹为多；丧葬文化中，以船形棺为葬具，墓形制多长方形竖穴土坑墓，并随葬有特征明显的巴式器物；建筑文化中，以吊脚楼为主要建筑风格；音乐舞蹈文化中，巴渝舞最具特色；总体上，巴人群体具有基本相同或相似的文化特征。在巴国时代巴国地域是巴人的主要活动地域，后巴国时代巴地仍

---

① R. Naroll，JWM Whiting. On Ethnic Unit Classification. *Current Anthropology*. 1964，Vol 5（4）；283-312；Fredrik Barth，ed. *Ethnic Groups and Boundaries：The Social Organization of Culture Difference*. Boston：Little，Brown and Company. 1969，pp.10-11.

是巴人主要活动地域，同时伴随着巴人的迁移流徙，在迁入地形成巴人散居地，巴人地域空间扩大，而巴人聚居地和散居地是巴人日常生产的地域，同时也是巴人群体内部、巴人与其他人群交流和互动的场所。自上古时代至唐末，巴人一直作为巴人群体的专有名称而出现，这种称谓（如巴人、廪君蛮、板楯蛮等）一直带有他称的色彩，即体现了他人的族群认同，也带有巴人自我认同的印痕，可见巴人一直是被视为与其他族群有别的族群的。因此巴人群体具有族群的四个基本特征，我们用族群概念来审视巴人是没有问题的。

　　族群既有作为人的社会属性、文化属性，也有作为自然物的地理属性。作为社会文化属性的族群空间相对较为抽象，如族群政治空间、族群组织结构空间、族群文化空间等即属此类，是族群体实力外在影响力的一种体现，其边界相对较为模糊；作为地理属性的族群空间强调族群的产生、发展、消亡是在一定的地域范围内进行的，是可以用地物界定边界的三维空间。本书所说的族群空间主要是指族群地理属性的三维空间。因为族群生存的地域空间随族群的发展壮大而日益扩展，随族群迁徙形成更多分散性族群聚居地，最后随族群的消亡而演变为历史性名词。从这个意义上来说，族群空间实际上就是族群分布迁徙涉及的地域空间，不同时期族群的分布迁徙地不同，族群空间及其边界也不相同，因此族群空间是一个动态的四维空间概念。巴人族群空间实际上是指历史时期巴人的分布与迁徙的地域空间，巴人族群空间的变化是巴人族群发展的一种空间动态表现形式，巴人族群空间的盈缩折射出来的实际上是巴人族群体的发展历程，本书对巴人族群研究的新视角就是通过探讨巴人族群空间变化来研究历史时期巴人族群体的发展历程。族群在发展过程中与族群居处的地域环境密不可分，本书所讨论的地域环境主要指巴人聚居地的生态环境。

　　开展巴人族群空间与环境关系研究也有一定的理论和现实意义。首先，从历史地理学与生态人类学角度探讨巴人与环境关系对深化古代族群与环境关系研究、人地关系研究有积极的推动作用；通过对巴人历史地理问题的研究，对推动西南地区乃至中国民族历史地理研究也是有益的尝试，有助于推动历史地理学及相关学科研究的深入。其次，传统观点认为巴人最终归宿是融入土家族，土家族为巴人族群直系后裔，本书在对巴人族群起源、分布迁徙及其消亡等问题研究后指出其最终归宿有多条途径，部分融入汉人，部分融入土家族，部分融入其他族群，可更新人们对巴人最终归宿及巴人与相关族群关系的认识。最后，巴人是历史时期主要活跃在重庆、四川、陕西、湖北、湖南、贵州等毗邻地区的古老族群，对渝、川、陕、鄂、湘、黔等地早期社会历史发展做出了很大贡献，部分巴人足迹还远及甘肃、山西、河南、河北、北京、安徽、江苏、江西、广东、广西、云南等地。但学术界对巴人起源、迁徙分布乃至族群消亡过程一直缺乏系统研究，本书一定程度上可弥补这方面的不足。另外，当前民族地区可持续发展及环境整治是亟待解决的问题，通过对巴人与环境关系的研究，有助于探讨古代族群发展与环境变化的规律，用于指导处理当前民族地区民族发展和环境协调诸问题，以求人与自然的和谐。也可为当前部分民族生存和发展趋向提供参考，在保持族群特性的同时求得持续性健康发展。此外，巴人曾在今陕南、重庆、川东、鄂西、湘西、黔北及黔东北等地建邦立国，对上述地区社会历史发展做出过重大贡献，对巴人问题的研究可推动相关地域地方史研究的深入和对地方历史民族文化建设做出贡献。

本书特点主要体现在以下几个方面：一是在研究内容上，首次从四维时空纬度全面系统地复原了不同时段巴人的分布与迁徙状况，基本廓清巴人族群在发展过程中的地域空间及其变化历程，并对巴人族群起源、巴人族群分布与迁徙、巴国疆域及其演变、巴人最终归宿、巴人与土家族及相关民族的关系、早期巴人史料等问题也提出了自己的一些看法；同时首次对唐代及其以前巴人时代巴地气候、植被、动物、河流、矿产资源等环境要素进行了复原性研究，一定程度上弥补了唐代以前巴地环境史研究较薄弱的不足。二是提出族群空间概念，在弗里德里克·巴斯（Fredrik Barth）等人族群边界概念基础上提出族群空间概念，在研究视角上力图通过探讨族群空间变化来研究历史时期巴人族群体的发展历程，将族群地域空间的变化视为族群发展变化的一种外在表现形式，这与以往学者们的巴人研究视角和切入点是不同的。三是从族群和生态人类学视角审视巴人族群及其与环境的关系及作用机制，这在巴人及巴史研究中是一个新的尝试。四是本书在研究巴人早期历史时，尝试运用背景分析法（如对史籍成书时代、史籍版本、史籍体裁、相关史实分析），对巴史料真伪进行辨别考证，剔除不可靠史料，遵循存疑不用原则，从而避免了以往治巴史学者不考虑史料真伪，轻率下结论的弊端。五是在研究方法上多学科研究方法综合运用，主要研究方法有文献资料分析法、考古学方法、体质人类学方法、民俗学方法、民族学方法、地名学方法、语言学方法、物候学方法、孢粉分析法、地层学方法等，特别是考古材料分析和文献研究相结合，弥补了部分学者单纯从文献资料或是考古材料研究巴人问题的缺陷；运用体质人类学材料，并结合民族学、民俗学、地名学、考古学材料综合分析，借以分析巴人及相关族群的关系。多种研究方法综合运用，力图复原巴人族群及其族群空间地域系统的历史原貌。

在研究时段上本书主要限定在巴人族群生存时段内，即书中所言巴人时代，其上限从石器时代始，下限至唐代末止。部分内容在涉及巴人与土家族等民族关系时可能延续到宋代，但五代及其以后时段严格意义上不属于巴人时代范畴，因此这里需要稍作说明。

从预计社会效益来说，本书对于巴人族群分布与流徙的研究，可为巴人曾经活动区域的地方政府在巴人历史文化资源的发掘与开发方面提供参考信息，为地方巴人族群历史文化资源发掘与开发做出贡献。对巴地环境变迁的研究及巴人族群地域生态系统模型的构建，对当前渝、川、陕、鄂、湘、黔毗邻地带环境整治有一定参考价值，也可为地方政府制定环境规划方案和制定环境治理政策时提供参考。本书讨论的是一个历史族群，巴人发生、发展、消亡的历史发展轨迹，或许是当前我国部分少数民族正在或即将经历的历程，本书所梳理的巴人族群历史发展过程及规律或可为各级政府在制定民族后续发展战略和规划时提供参考。本书研究内容和方法上涉及考古学、中国历史学、地理学、民族学、民俗学、人类学（主要是体质人类学和生态人类学）、文献学、地名学、地理学、气候学、植物学、动物学、水文学、生态学等多种学科，因此本书对从事上述相关学科学习或研究的科研人员、高校师生有一定的参考价值，也可作为这些相关人员的知识性读本。

朱圣钟

于西南大学雪松书屋

2017 年 8 月

目　　录

第一章　巴人族群及其地域空间

　　巴人族群活动与分布的地域空间，是巴人族群体在发展过程中的一种存在形式，其地域空间的拓展与盈缩也是族群发展的外在表现形式之一。历史时期巴人族群主要分布地域在渝、川、陕、鄂、湘、黔等省市及其毗邻地带，但也有部分巴人足迹远及甘肃、山西、河南、河北、北京、安徽、江苏、江西、广东、广西、云南等地，因此历史上巴人是一个活动地域广阔的古代族群。

第一节　"巴"字义由来的争论

　　说到巴人就涉及"巴"字含义及其由来。"巴"字出现较早，有明确记载且无争议的"巴"字最早出现于《左传》[①]，其后《山海经》《竹书纪年》《逸周书》等多有记载，但均未释其义。东汉许慎《说文解字》始对"巴"义进行释读，三国谯周《三巴记》、唐李吉甫《元和郡县图志》也对"巴"义进行了解释，然诸说各异，延至今日，"巴"义释读仍是众说纷纭。

　　"巴"字含义目前主要有山名说、水形状说、地形说、植物名说、动物名说（蛇、虎、鱼）、石（石穴）说、生活行为说（爬山）等诸说。

一、山名说

　　山名说认为"巴"源自山名，但为何山又存在分歧。一说巴源自"巴遂山"，依据是《山海经·海内经》载巴国和巴遂山："西南有巴国……后照是为巴

---

① 部分学者认为商代甲骨文中有"巴"字，认为这个"巴"就是后世巴人之巴。甲骨文中是否有"巴"字还有争议，详见后文。但有明确记载且无争议的"巴"出现时间当从《左传》始。

人""有巴遂山，渑水出焉。"①一说巴源自巴山山脉，巴人得名因居巴山山脉及其附近之故。②

纵观史籍我们知道，以"巴"为名的山有很多，何独"巴遂山""巴山"为"巴"义始源地？反过来我们也可说先有"巴"，后有"巴遂山""巴山"。因此以山名释巴有待商榷。

二、水名及水流形状说

水名及水流形状说认为今嘉陵江、江水水流形状如巴字而得名，是"巴"义较早的说法，以三国谯周、唐李吉甫、清高士奇、近人卫聚贤等为代表。此说始见谯周《三巴记》："阆、白二水合流，自汉中至始宁城下入武陵，曲折三回，有如巴字，亦曰巴江。经峻峡中谓之巴峡，即此水也。"③唐李吉甫《元和郡县图志》说："阆、白二水东南流，曲折如'巴'字，故谓之巴，然则巴国因水为名。"④清高士奇《地名考略》说："巴都累迁，江州其最初之都，江水迳其城南，三折如'巴'字，因以名。"⑤今人卫聚贤与高士奇持相同观点。⑥

分析河流形状说发现，谯周、李吉甫虽都说阆、白二水曲折如"巴"字，但涉及河段不同，李吉甫所说阆水是嘉陵江上游流经阆中河段，白水为发源于甘肃临潭县西之白龙江，东南流至四川广元市昭化镇入嘉陵江；谯周所说阆、白二水与始宁城有关，始宁城在今四川省巴中与通江县间，南朝梁置，其地与嘉陵江无涉，因此阆、白二水指渠江上游支流南江及其支流，非嘉陵江上游。而高士奇所说三折如巴者为江州（今重庆市）长江水，又非谯周、李吉甫阆、白二水。纵观巴地河水曲折三回者比比皆是，奈何仅阆、白二水及江水独得巴名？因此"巴"因河流形状得名说经不起推敲。今世学者对此也有异议。⑦

① 曾超：《"巴"义新说》，《涪陵师专学报（社会科学版）》1999年第1期，第72—80页。
② 郑文：《巴楚关系刍议》，《西北师大学报（社会科学版）》1998年第6期，第75—81页。
③（蜀）谯周撰：《三巴记》，刘纬毅辑：《汉唐方志辑佚》，北京：北京图书馆出版社，1997年，第39页。
④（唐）李吉甫撰，贺次君点校：《元和郡县图志》卷33《渝州》，北京：中华书局，1983年，第853页。
⑤（清）高士奇撰：《春秋地名考略》卷11，《景印文渊阁四库全书》，台北：商务印书馆，1986年影印本，第17册，第7页。
⑥ 卫聚贤：《巴蜀文化》，《说文月刊》第3卷第7期，1942年8月，第41页。
⑦ 董其祥：《涂山新考》，《巴史新考》，重庆：重庆出版社，1983年，第78—93页；彭邦炯：《关于巴的探索》，《巴渝文化》第3辑，重庆：西南师范大学出版社，1994年，第46—64页。

三、地形说

地形说认为"巴"本义为坝，依据是《广韵》中"巴"在麻韵，坝在祃韵，巴、坝同音，而"坝"从贝声，蜀人谓平川为坝，巴代表一种地形，本义为"坝"，巴人是古代居住在平坝的一种民族，巴人、濮人"居于河谷较低的地方，他们称这样的地方为灞、为浦，灞、浦就是巴或濮的对音。他们因为居在坝上，就称为巴，因为居在浦上，就称为濮"。①

此说为解释巴义提供了一种思路，但也存在缺陷。整个西南地区山间坝子不少，不仅巴地有坝，蜀地有坝，滇、黔山地也多坝子，为何仅巴地之坝得巴名？如依此解释，广大西南地区山间坝子当均有"巴"名才合理。因此以"坝"释巴略显牵强。

四、植物名说

植物名说认为巴得名于当地所产植物"苴"，此说始自唐司马贞。《史记·张仪列传》"苴、蜀相攻击"注文引唐司马贞《史记索隐》载："苴音巴。谓巴、蜀之夷自相攻击也。今字作'苴'者，按巴苴是草名，今论巴，遂误作'苴'也。或巴人、巴郡本因芭苴得名，所以其字遂以'苴'为'巴'也。"②苴为芦苇，四川俗称芭茅，今四川、重庆仍产芭茅，因其为巴地常见之物，遂有"巴"为"芭茅"的说法。

我们认为《史记集解》引徐广曰："谯周曰益州'天苴'读为'包黎'之'包'，音与'巴'相近"③，只是说"苴"与"巴"读音相近，并未说"苴"就是"巴"，到司马贞那儿成了苴就是巴，显然与谯周本义相左。而且苴为苴侯国，乃蜀属国，其王族与蜀王同宗，若以"苴"为巴，则苴侯国当为巴地，这显然与史实不合，因此以"苴"释巴臆断成分太多。

五、动物名说

动物名称说又分四种：巴为鱼说、巴为虫蛇说、巴为虎说、巴为蚕说。

（一）巴为鱼说

巴为鱼说以张勋燎、申世放为代表。张勋燎据民族语言学和民俗学材料分析，

---

① 徐中舒：《巴蜀文化续论》，《论巴蜀文化》，成都：四川人民出版社，1982年，第48—137页。
② （汉）司马迁撰：《史记》卷70《张仪列传》，北京：中华书局，1959年，第2281页。
③ （汉）司马迁撰：《史记》卷70《张仪列传》，第2281页。

认为巴是我国南方壮傣语系民族中"鱼"字读音，巴即鱼。[1]申世放也赞成巴为鱼说。[2]此说虽有一定道理，但因缺乏直接的文献和考古学证据，尚难形成定论。

（二）巴为虫蛇说

巴为虫蛇说以章太炎、吴敬恒[3]、吴致华[4]、陆侃如[5]、任乃强[6]、周集云[7]、姜孝德[8]、周兴茂[9]、杨华[10]、彭邦炯[11]、沈长云[12]、唐昌朴[13]等为代表。主要依据许慎《说文解字》载："巴（巴），虫也，或曰食象它（蛇），象形。"[14]巴与"它""蛇"为同类而读音互异，章太炎《文始》解释"巴盖即蟒，古音蟒如佬，借为巴"，从音韵上对巴与蟒蛇关系做出解释。也有人以蛇为巴地产物解释巴蛇关系，清何秋涛《王会篇笺释》称："《说文》巴象蛇形，蜀训为虫，巴、蜀皆自古建国，盖因其地所有之物为名，如朐腮县[15]因其地多朐腮虫，即以为名。"[16]还有人认为巴作族名源自"巴"字象蛇形，读音与苗蛮

① 张勋燎：《古代巴人的起源及其与蜀人、僚人的关系》，四川大学博物馆、中国古代铜鼓研究学会编：《南方民族考古》第1辑，成都：四川大学出版社，1987年，第45—70页。
② 申世放：《巴族鱼文化》，《巴渝文化》第3辑，第223—234页。
③ 吴敬恒：《避巴小记》（《说文月刊》第3卷第7期，1942年8月，第7页）认为巴为巨蛇，巴地多产巨蛇，故得巴名。并以荆、楚之名与其地多草木丛茂相关为例进行了类比说明，"地域之命名，或以所产房屋，或以土宜……皆有所本，巴、蜀，义取方物，其一例"。
④ 吴致华：《古巴蜀考略》（《史学杂志》第2期，1930年5月，第45—59页）列举巴得名因蛇说、以植物释巴、以山释巴、以水名释巴及流水形状释巴诸说后，认同以虫释巴说，认为"古代巴地多蛇"，又说"谓以巴水或巴山释巴，皆不达巴之造字原本，而以苴即巴之说，既于字之本义有乖，又行曲难达。苴、苞，皆自有本义，不得又混为巴"。
⑤ 陆侃如：《评卫聚贤"巴蜀文化"》（《文化先锋》第1卷第12期，1942年11月，第19页）认为巴蜀得名于蛇与蚕。
⑥ 任乃强：《四川上古史新探》（成都：四川人民出版社，1986年，第236页）称"巴"字源自巨蟒传说，并引《说文》中巴的解释，认为"巴"是巴族自称，巴族以蛇为图腾，"巴"是据图腾造形、民族称呼之声合成的。
⑦ 周集云：《巴族史探微》（成都：四川省社会科学院出版社，1989年，第114、117页）称"巴是巨大而长的蛇，其体势盘曲，为象形字，与它讹音近，借为巴"，又称"先有象形巴为大蛇之名，而后才有斩杀这类大蛇、为民除害的巴人，而后才有由于血缘关系结合的巴族，而后巴族所居之域，才有巴地、巴山、巴水等等名称出现，而后才有巴山豆、巴豆、巴戟天、巴茅、巴蕉……等，不可胜数的植物名称出现，至于山、水形如巴字之说，可能更要晚一些"。
⑧ 姜孝德：《巴族图腾辨析》，《重庆师范学院学报（哲学社会科学版）》1992年第1期，第18—21页。
⑨ 周兴茂：《巴人、巴国与巴文化》，《徐州师范大学学报（哲学社会科学版）》2007年第4期，第57—61页。
⑩ 杨华：《巴族之"巴"字涵义》，《四川文物》1994年第2期，第12—16页。
⑪ 彭邦炯：《关于巴的探索》，《巴渝文化》第3辑，第46—64页。
⑫ 沈长云：《论姬姓巴国的建立与其土著的族属等有关问题》，《巴渝文化》第3辑，第82—92页。
⑬ 唐昌朴：《从船棺葬俗考查巴蜀的族源》，《历史教学问题》1990年第5期，第51—54页。
⑭ （汉）许慎撰，（清）段玉裁注：《说文解字注》，上海：上海古籍出版社，1988年，第741页。
⑮ 朐忍县，秦时置县，为朐腮县，汉代改名为朐忍县。本文除部分引文、秦代相关说法、特殊词中用朐腮县，其他地方统一表述为朐忍县。
⑯ （清）何秋涛撰：《王会篇笺释》卷中，《续修四库全书》，上海：上海古籍出版社，2002年影印本，第301册，第268页。

字音相同，遂被用作巴人代称。①近人从巴人蛇图腾入手，认为巴与蛇崇拜有关②，依据一是《山海经》载"巴蛇食象"，童恩正引《山海经·大荒北经》"西南有巴国，有黑蛇，青首，食象"③，查《山海经·大荒北经》无此记载，但在《山海经·海内南经》有"巴蛇食象，三岁而出其骨，其为蛇青黄赤黑。一曰黑蛇青首"；二是认定甲骨文有巴字，并以"𝄐""𝄐""𝄐""𝄐""𝄐""𝄐""𝄐""𝄐""𝄐""𝄐"等为"巴"字，并从字形上分析巴从虫，为眼镜蛇类之蝮蛇，甲骨文中的多种写法，为"巴"字象形初文。④

也有人对巴为虫蛇说提出疑义，如陈发喜认为《山海经》说巴蛇食象，并未说巴人、巴国因此得名，许慎《说文》载"巴，虫也。或云食象它"，段玉裁注引《山海经》"巴蛇食象，三岁而出其骨"⑤。考《山海经·海内南经》载"巴蛇食象，三岁而出其骨"⑥，只提到巴蛇，巴蛇乃巴地所产蛇，形体巨大，能食象，为巨蟒类蛇，巴蛇与巴人无关，与巴义也无关；说巴与食象蛇有关，则蛇当为巴人图腾，但文献和考古证明巴人图腾是虎而不是蛇。许慎《说文解字》首释"巴"为"虫"，其次为"食象蛇"，"巴为虫蛇说"的学者舍其首义而断其次义有欠妥当，且中国传统有称"虎"为"虫""大虫"的习惯，以虫释巴不妥；从甲骨文到汉代小篆，一些文字字体发生了讹变，如"巴"，甲骨文中"巴"字上有人的形体，小篆中巴字为"𢀳"，已看不到人的形体，单纯从小篆字形来推测汉字的本义易导致错误⑦，我们认为此说有理。

（三）巴为虎说

巴为虎说代表人物有彭英明、杨铭。彭英明认为"巴"为"白虎"部落"白"的转音，"巴人"就是"虎人"。⑧杨铭认为巴人名号起源于晋陕豫方言对虎的称呼及巴人自称虎人⑨，主要依据一是汉扬雄《方言》载"虎，或陈魏宋楚之间或谓之李父；江淮南楚之间谓之李耳，或谓之于菟；自关东西谓之伯

① 沈长云：《论姬姓巴国的建立与其土著的族属等有关问题》，《巴渝文化》第3辑，第82—92页。
② 任乃强：《四川上古史新探》，第236页；彭邦炯：《关于巴的探索》，《巴渝文化》第3辑，第46—64页。
③ 童恩正：《古代的巴蜀》，成都：四川人民出版社，1979年，第6页。
④ 杨华：《巴族之"巴"字涵义》，《四川文物》1994年第2期，第12—16页；李干、夏渌：《卜辞中南方民族史料偶拾》，张正明主编：《楚史论丛》，武汉：湖北人民出版社，1984年，第286—304页。
⑤ （汉）许慎撰，（清）段玉裁注：《说文解字注》，第741页。
⑥ 袁珂校注：《山海经校注》，成都：巴蜀书社，1992年，第331页。
⑦ 陈发喜：《"巴"字本义与巴人精神通释》，《重庆三峡学院学报》2004年第2期，第9—13页。
⑧ 彭英明：《试论湘鄂西土家族"同源异支"——廪君蛮的起源及其发展述略》，《中南民族学院学报（哲学社会科学版）》1984年第3期，第12—20页。
⑨ 杨铭：《巴人源出东夷考》，《历史研究》1999年第6期，第36—50页。

都"①，"关东西"包括今陕西、山西、河南交界地带，汉代这一带称虎为伯都；二是东汉王符《潜夫论·志氏姓》载"锺离、运掩、苑裘、寻梁、修鱼、白寞、飞廉、密如、东灌、良、时、白、巴、公巴公巴、剡、复、蒲，皆嬴姓"②，杨铭断"巴公巴公巴"为"巴公巴公、巴"，并以巴为巴人，而以"巴公"为地名，一为山西晋城北巴公镇，二为湖北恩施南巴公溪，并以晋南巴公镇一带为早期巴人居住地；三是从"伯都""巴公"上古音韵分析，认为二者上古读音相近，"巴公"与"伯都"为汉以前晋陕豫一带对虎的称呼；四是巴人与先秦被称作"虎"的徐夷有关，徐人自称虎族，青铜铭文中余、涂、徐为同源字，古音同，又《方言》中江淮南楚称虎为"于菟"，"于"为轻音，"菟"为重音，急读为"菟"，此读法与"余""涂""徐"古音读法相同，徐或涂本义为虎，与巴义相同。此说与廪君巴蛮崇虎有一定关联，但巴是否为虎，目前还难形成定论，可备为一说。

（四）巴为蚕说

巴为蚕说代表人物为张文，他释巴为"蚕"，与"蜀"义同。③

此外，还有学者认为巴可能指称两种动物，如陆侃如认为巴、蜀命名与蛇、蚕相关。④杨铭也认为巴义诸说中，以动物说论据较为充分。⑤

六、石（石穴）说

石（石穴）说认为"巴"义指"石""石穴"，代表人物为童恩正。⑥主要依据一是巴族有廪君生石穴传说；二是顾炎武《天下郡国利病书》载酉阳石耶呼石板为巴贯，重庆、川东古方言呼石为巴，由此推测巴最初含义为"石"或"石穴"；三是徐松石将巴族看作汉藏语系壮侗语族民族，壮侗语至今还称石山为巴。由此认为巴族是因其居住环境得名，后才成为部落、民族、国家和地区名称。

此说是在确定巴族以石命名和巴族属壮侗语系民族前提下的结论，而巴族是否以石命名尚无定论，而巴族是否属壮侗语民族还有待商榷，故巴为石、

① 华学诚汇证，王智群、谢荣娥、王彩琴协编：《扬雄方言校释汇证》，北京：中华书局，2006 年，第 537 页。
② （汉）王符著，（清）汪继培笺，彭铎校正：《潜夫论笺校正》，北京：中华书局，1985 年，第 422 页。
③ 张文：《巴蜀符号琐谈》，《四川文物》1992 年第 2 期，第 17—20 页。
④ 陆侃如：《评卫聚贤"巴蜀文化"》，《文化先锋》第 1 卷第 12 期，1942 年 11 月，第 19 页。
⑤ 杨铭：《巴的历史与文化研究评述（1930—1993）》，《巴渝文化》第 3 辑，第 300—326 页。
⑥ 童恩正：《古代的巴蜀》，第 7 页。

石穴说法也难形成定论。

七、生活行为说

巴得名与巴人善于爬行的生活行为有密切关系，此说以曾超为代表。[①]此说相对其他传统观点而言，对"巴"义解释较新颖。不过除巴族外，西南山区其他很多少数民族也有善于山地爬行的生活习性，何独巴人群体得巴名？

八、巴人（国）说

巴人（国）说认为"巴字的本义即巴人"，代表人物为陈发喜。主要依据为甲骨文巴字形为"𢀖"，其意为"善攀援的巴人"；早期文献记载中巴人多与战争有关，中原人通过战争了解巴人善攀援、身手敏捷特性，因其特性造出"巴"字，因此甲骨文中"巴"字形都有人形；早期文献中涉及"巴"一般都指"巴人（国）"。[②]

九、地域名称说

地域名称说认为巴为地名，以潘光旦、段渝、张雄等为代表。潘光旦认为巴原为地名，巴人自称"比兹"，外地人知其地望为巴，又听说其人自称前半部"比"，因两个字读音相近，故称其为巴人。[③]段渝认为古代巴即北达陕南，包有嘉陵江和汉水上游；南及黔涪，包有黔中和湘西地区的大片地域，巴是地域名称，本为地名，后来住居其地的人以地名氏称巴人。[④]张雄认为古有巴地即有巴氏，巴氏蛮夷当氏于居地，因上古时代姓不等于氏，氏只是姓的分支，用于区别子孙所出；古蛮夷原多无姓，有则多为史家据其地望或图腾祖所附会；上古至廪君姓巴氏，其意不在姓，而指其氏族称号，以廪君为首领的巴氏、樊氏、曋氏、相氏、郑氏实指五个氏族部落联盟，认为巴人名始于巴地。[⑤]

① 曾超：《"巴"义新说》，《涪陵师专学报（社会科学版）》1999 年第 1 期，第 72—80 页。
② 陈发喜：《"巴"字本义与巴人精神通释》，《重庆三峡学院学报》2004 年第 2 期，第 86—91 页。
③ 潘光旦：《湘西北的土家与古代的巴人》，《中国少数民族社会历史调查资料丛刊》修订编辑委员会编：《土家族社会历史调查》（修订本），北京：民族出版社，2009 年，第 19—115 页。
④ 段渝：《巴人来源的传说与史实》，《历史研究》2006 年第 6 期，第 3—18 页。
⑤ 张雄：《"巴氏蛮夷"浅论》，《中南民族学院学报（哲学社会科学版）》1984 年第 2 期，第 81—87 页。

十、雄性、大、首领说

雄性、大、首领说认为巴义有雄性、大、首领等含义，代表人物为钱玉趾，他主要通过对巴蜀铭文考证后得出这种认识。[①]

十一、白色说

白色说认为巴义"白"，以李恕豪为代表。他认为巴是古代巴语的汉字记音，《广韵》巴音伯加切，上古为鱼部帮母字，应读为[*prag]，在巴语中应为"白"义，巴族以虎为图腾，崇尚白色。[②]

十二、自称说

自称说认为"巴"为自称，以张硕为代表。他认为巴族长期生活在鄂西、渝东平坝地区，四周多山，山上多巨石，石间生长大片芭茅，芭茅林下多虫蛇出没，这个民族因居住环境，地方物产，依语言习惯，自称为巴，后逐步发展成为部族、民族、国家和地区名。[③]

十三、祝字说

祝字说认为巴源自"祝"字，以约斋为代表，他认为巴从"祝"字演变而来，"祝"篆书字体像人跪着口向上张，本为巫祝之祝，向上张口是对神祝告，古代巫祝地位高，有兄长之意，用手指爬伏，进而演变成巴字。[④]此说有望文生义之嫌，仅备为一说。

总之，对巴字本义解释众说纷纭，各说也并非全无道理。在目前无确凿文献记载和出土文物材料确证的情况下，我们也难以对各说做出完全肯定的判定。但探讨巴人问题，对巴字义诸说作全面了解也是有必要的。在诸多解释中，很多与巴人或巴地环境特性是紧密相关的。

对"巴"字含义，这里我们不花太多精力去追溯本源，我们更关注"巴"字出现后巴的概念。考古学家苏秉琦在论及楚含义时指出，"'楚'有四个互相关联又互相区别的概念：第一，是地域概念；第二，是国家概念；第三，是民

① 钱玉趾：《巴族与蜀族文字考辨》，李绍明、林向、赵殿增主编：《三星堆与巴蜀文化》，成都：巴蜀书社，1993年，第205—209页。
② 李恕豪：《试论"巴"的得名之由》，《天府新论》1986年第1期，第57—60页。
③ 张硕：《巴文化起源新论》，《江汉论坛》2002年第8期，第53—57页。
④ 约斋编著：《字源》，上海：上海书店，1986年，第43页。

族概念；第四，是文化概念"①。套用苏先生对"楚"概念的界定法，我们认为"巴"字出现以后，巴含义也包括地域、国家、民族、文化概念等四个部分。

第二节　巴人族群概念的界定

研究巴人族群，首先要准确把握巴人的概念，只有弄清这个问题才能清楚我们的研究对象涉及哪些群体。目前学术界对巴人族群的认识和界定多有不同，粗略概括有以下几类。

一、巴人是以巴族为主体发展而成的族群体

这类界定强调巴人族群是以巴族为主体逐渐发展形成的族群体。如童恩正认为原始社会后期廪君蛮五姓争为君长，巴氏务相取胜，巴由氏族名称变成民族名称；巴族从西周开始以川东为中心建立巴国后，巴由族名变成国名，此时巴有两种含义，一指地域，一指民族，即居于巴国统治地位的巴族。②杨铭认为巴人或称巴族是古代西南及中南地区少数民族之一，巴氏在迁徙、发展、建国过程中与其他氏族或部族结成联盟，因巴氏在联盟或国家中居于核心地位，故其他部族的人也被称作巴人，或以巴人自居，主要分布在今重庆、川东、鄂西一带，巴人名彰显于世在殷商时期，巴人为一族群名。③彭武一认为巴人是一个多部落统一体，很长时期未打断血缘纽带在地域上混而为一，发展中带有各自特点，在称呼上也很难完全一致。④孟世凯认为巴、巴人都指巴族和巴国，是产生于巴地的巴族及其建立的国家，因迁徙而将名称带至迁入地，同一名见于不同地方是先秦的通例。⑤徐南洲认为四川、重庆在巴人迁入前早有先民，巴最初为川、鄂、陕、豫毗邻区地名，后照迁入后巴地居民才称巴人，以后建立巴国，巴地扩大，巴族也增多。⑥白九江认为巴人在发展中不断融合其他民族形成多个部族，巴蛇巴为较大支系，原居于洞庭湖一带，

---

① 苏秉琦：《从楚文化探索中提出的问题》，《江汉考古》1982 年第 1 期，第 3—8 页。
② 童恩正：《古代的巴蜀》，第 10、39 页。
③ 杨铭：《巴人源出东夷考》，《历史研究》1999 年第 6 期，第 36—50 页；杨铭：《巴的历史与文化研究评述（1930—1993）》，《巴渝文化》第 3 辑，第 300—326 页。
④ 彭武一：《巴·土·土家》，《土家族研究论文选集》，湘西土家族苗族自治州图书馆资料室编印，1985 年，第 12—25 页。
⑤ 孟世凯：《巴渝文化琐议》，《巴渝文化》第 3 辑，第 135—141 页。
⑥ 徐南洲：《〈山海经〉中的巴人世系考》，《古巴蜀与〈山海经〉》，成都：四川出版集团、四川人民出版社，2004 年，第 228—238 页。

后迁居汉水中游，春秋战国时在秦、楚、蜀等强敌压力下，一部分退居大巴山和嘉陵江流域，称阆中巴，即板楯蛮，他们崇蛇，与进入重庆地区的廪君巴会合；崇虎巴人东周以前主要分布于鄂西及汉水中下游地区，商周时崇虎巴人曾建虎方国，后在商周王朝打击下衰落瓦解，春秋战国时三峡、鄂西、汉水流域巴人在楚压力下不断西迁，巴人中廪君蛮逐渐强大，建立廪君巴国。①

二、巴人是多部族（多支系）群体

这类表述主要强调巴人族群的构成，认为巴人族群是多支系或多部族的群体。如管维良认为巴族支系以崇拜对象可分为鱼凫巴、灵龟巴、白虎巴、龙蛇巴、竹巴；以地域可分洞庭巴、巫山巴、巴方巴、蛇山巴、渝水巴、夷水巴、枳巴；因时代不同巴族又有阆中夷、胸忍夷、白虎复夷、板楯蛮、巴郡南郡蛮、武陵蛮、廪君蛮、五溪蛮、五水蛮、巫蛮、渝州蛮、南平獠②、阆中獠等不同称呼。③彭英明认为巴人不是始终如一的整体，而是分成了不同支系。④徐中舒认为巴人群体有廪君蛮和板楯蛮两大系统，廪君蛮为巴之大宗，以白虎为祖先，板楯蛮为巴之支系，以射杀白虎为功，战国晚期至秦汉初期廪君一支势力还很强大，掌握了今川东、重庆地区，汉代以后板楯蛮逐渐崛起并在巴地占据主导地位⑤，持此说者还有许倬云⑥、黄伟⑦，近有学者重申了此观点。⑧方刚、张建文认为巴族是姬姓周人、嬴姓徐人及其他当地古族构成的松散联盟，巴人民族构成较多地掺杂有周边民族的成分，巴人是多个部族的松散复合体。⑨邓少琴认为巴人是一个联合部族，大的族系一为清江白虎巴，有巴氏、樊氏、瞫氏、相氏、郑氏五姓，上至垫江，下至平都；二为巴蛇巴，

---

① 白九江：《巴蜀虎形纹饰与虎崇拜》，《巴渝文化》第 4 辑，重庆：重庆出版社，1999 年，第 116—131 页。
② "獠""僚"，是古代对巴族的称呼，獠有歧视性，今人常作僚，文中引文处保持"獠""僚"的原貌，正常论述书写过程中除一些专有说法外，统一写作僚，全书同。
③ 管维良：《巴文化及其功能浅说》，《巴渝文化》第 3 辑，第 154—165 页。
④ 彭英明：《试论湘鄂西土家族"同源异支"——廪君蛮的起源及其发展述略》，《中南民族学院学报（哲学社会科学版）》1984 年第 3 期，第 12—20 页。
⑤ 徐中舒：《四川涪陵小田溪出土的虎钮錞于》，《文物》1974 年第 5 期，第 81—83 页。
⑥ 许倬云：《试说巴蜀》，四川联合大学历史系主编：《徐中舒先生百年诞辰纪念文集》，成都：巴蜀书社，1998 年，第 280—283 页。
⑦ 黄伟：《试论云阳李家坝战国墓地的几个问题》，重庆市文物局、重庆市移民局编：《重庆·2001 三峡文物保护学术研讨会论文集》，北京：科学出版社，2003 年，第 107—113 页。
⑧ 王晓天、黎小龙：《板楯蛮（賨人）源流考略——廪君之后还是"百濮"先民？》，《中国历史地理论丛》2012 年第 2 辑，第 28—38、150 页。
⑨ 方刚、张建文：《巴文化研究的几点思考》，重庆市文物局、重庆市移民局编：《重庆·2001 三峡文物保护学术研讨会论文集》，第 136—141 页。

为賨人，即板楯蛮，在奴隶社会期间开国于梁州东，世为蛮夷君长。[①]巴族称谓随时代与居住地不同而不同，称巴人是因沿《春秋》称谓，称巴氏是因《世本》而指其族属，称巴国是以巴为一个共同居住、占有固定区域的独立部族，称巴子、巴子国则是依照周代社会等级的称谓，巴族被秦灭后，或称夷，或称蛮，自蜀汉后僚族迁入，又以夷僚并称。[②]陈剑认为巴国非单一民族国家，是以巴族为首的多民族混合体，巴国民中除早期夷水巴人外，还有居今峡江和川东地区的獽賨人和川北的彭人、阆中蛮、朐忍夷，多属古百濮支系。[③]尹盛平认为巴族分两大支，一支商代中期溯汉水迁至汉中城固一带，商代晚期北上抵今宝鸡市区渭水两岸，西周共王以后南下四川进入渠江沿岸，后世称板楯蛮或賨人；另一支廪君蛮为巴族主体，战国时进入今重庆、川东一带，周武王所封宗姬巴国统治者为姬姓，所属国民为巴族。[④]张雄认为巴人包括巴氏蛮夷（廪君种）及板楯蛮夷，前者称为巴，后者称白虎或賨，而蜑则有别于巴。[⑤]

三、巴人有广义巴人和狭义巴人两种含义

这类表述可视为综合了前两种关于巴人族群表述的思路，既关注巴人族群的血缘传承，也兼顾了巴人族群的构成情况，认为巴人有广义和狭义之分，但具体表述又因人而异。如李绍明认为巴人有广义和狭义之分，凡居住于巴国境内的属民都可称巴人，巴国极盛时地跨今湖北、四川、湖南、贵州等省市，这一区域内居住着若干民族，包括濮、賨、苴、共、奴、獽、夷、蜑之蛮；狭义巴人指巴国王室或统治者，即廪君种。[⑥]赵小帆认为狭义巴人指巴国王室或统治者，广义巴人包括巴国统治者及其所辖濮、賨、苴、共、奴、獽、夷、蜑等部族，巴地长期存在多个分散的部落国家，实力较强的有宗姬巴、板楯巴和廪君巴。[⑦]徐南洲认为狭义巴人指最早的巴氏族部落；广义巴人指巴国各

① 邓少琴编著：《巴蜀史稿》，重庆：重庆地方史资料组，1986年，第79—80页。
② 邓少琴：《巴氏新探》，《巴蜀史迹探索》，成都：四川人民出版社，1983年，第1—51页。
③ 陈剑：《充、果、阆地名之释义与巴文化的密切关系》，《巴渝文化》第3辑，第291—299页。
④ 尹盛平：《巴文化与巴族的迁徙》，李绍明、林向、徐南洲主编：《巴蜀历史·民族·考古·文化》，成都：巴蜀书社，1991年，第253—268页。
⑤ 张雄：《鄂西悬棺葬和"巴"、"蜑"》，李绍明、林向、徐南洲主编：《巴蜀历史·民族·考古·文化》，第122—131页。
⑥ 李绍明：《巴人与土家族》，李绍明、林向、徐南洲主编：《巴蜀历史·民族·考古·文化》，第93—104页。
⑦ 赵小帆：《试论湘鄂川黔边界地区出土的虎钮錞于的族属问题》，《贵州民族研究》1995年第2期，第54—58页。

族，巴族支系繁衍，融合兼并了其他部落后建立巴国，巴国各族也有了巴人称谓。①邓辉认为广义巴人为族称，和濮人、越人一样是种泛称，夏、商或更早巴人居于长江中上游地区，是一支以渔猎为主，兼以采集、农业种植为辅的人们共同体，是这个区域的当地居民。②罗二虎认为广义巴人指居住在巴国境内的土著居民。③李世平认为巴人是大概念，巴族是小概念，巴人也包括了庸人。④

四、巴人是地域性族群称谓

这类表述强调巴人族群的地域性，认为巴人族群为地域性族群称谓。如罗开玉认为巴是他称，是外地人对巴土上建立的国家以及活动在巴土上的民族的一种称呼，因居住地有巴称，外地人将其居民统称为巴人。⑤董其祥认为巴族是以地缘为中心的部落联盟，是古代巴地部族的笼统称谓，巴族或巴国还有许多胞族、氏族，巴人中最大两个部族一是以龙蛇为图腾的板楯蛮，一是以白虎为图腾的廪君族。⑥二者同为巴人，但也有区别：一是居住地不同，板楯蛮居于渝水，即今嘉陵江及渠江一带，廪君蛮居于夷水，即今清江一带；二是姓氏不同，板楯蛮有七姓，即罗、朴、昝（督、沓）、鄂、度（庹）、夕、龚（袭），廪君蛮有五姓，即巴、樊、瞫、相、郑；三是图腾信仰不同，廪君蛮敬白虎，以白虎为图腾，而板楯蛮射杀白虎，板楯蛮和廪君蛮为两个不同的族别。⑦易明认为巴族是一个地缘共同体，除有华夏、蛮蜑、越等族外，还有氐羌族成分。⑧周文德认为巴首先是地名，后又指居住和生活在巴地的民族，

---

① 徐南洲：《〈山海经〉中的巴人世系考》，《社会科学研究》1985 年第 6 期，第 56—61 页。
② 邓辉：《巴人　巴国　巴文化》，《湖北民族学院学报（社会科学版）》1990 年第 2 期，第 53—57 页。
③ 罗二虎：《初论晚期巴文化的类型》，重庆市文物局、重庆市移民局编：《重庆·2001 三峡文物保护学术研讨会论文集》，第 162—174 页。
④ 李世平：《试论巴文化对西南少数民族文化的传递》，《巴渝文化》第 3 辑，第 243—254 页。说巴人为大概念，巴族为小概念有道理，但说巴人包括了庸人则有失偏颇。巴、庸为春秋时活跃于江汉流域的两个族群，公元前 611 年秦、巴、楚联合灭庸后，巴据有庸国部分地域，公元前 611 年后巴人群体中始有庸人，但还有部分庸人纳入秦、楚版图，分别成为秦人、楚人一部分，故笼统地说"巴人包括了庸人"不准确。
⑤ 罗开玉：《板楯"七姓"与賨人》，李绍明、林向、徐南洲主编：《巴蜀历史·民族·考古·文化》，第 132—143 页。
⑥ 董其祥：《四川地区悬棺葬的分布及其族属问题的研究》，《巴史新考》，第 94—116 页；董其祥：《巴渝舞源流考》，《重庆师院学报（哲学社会科学版）》1984 年第 4 期，第 53—62 页；董其祥：《古代的巴与越》，《巴史新考》，第 8—33 页；董其祥：《〈山海经〉记载的巴史》，《巴史新考》，第 34—51 页。
⑦ 董其祥：《〈山海经〉记载的巴史》，《巴史新考》，第 34—51 页。
⑧ 易明：《试论巴人中的氐羌成分——兼及土家族与白马藏的语言习俗》，《巴渝文化》第 1 辑，重庆：重庆出版社，1989 年，第 86—98 页。

巴人变成族称,巴人为居住和生活在巴地的人们共同体。[1]段渝认为巴是地域概念,不标志族属,也不代表政体和文化系统,作为地域名称的巴,以今川东、重庆、鄂西为中心,北达陕南,南及黔中和湘西地区,巴人是泛指居于巴地域范围内的人,以及从巴迁徙至其他地方的人。[2]庄燕和认为巴人是一个地域人们共同体名称,包含有不少部族,是包括彭人、賨人、板楯蛮夷、朐忍夷、阆中夷、白虎夷的总称,秦汉后在川东、川北地区崇拜青龙白虎的两支巴人与汉人逐渐杂居融合,巴人群体包含多个部族。[3]林时九认为巴人是笼统称号,是以地缘为中心的部落联盟,在巴族或巴国境内有多种民族,巴族内部部落与部落杂居,促进了部落与部落的混合同化,形成新的人们共同体巴人部族,巴人也成为大部族。[4]袁庭栋认为巴或蜀最初都不是指一个部族或一个小国,而是地名,是指两个比较广大的地区,在这两个地区中早期部族不止一个,小国也不止一个,中原地区把它们叫巴或蜀;巴最初为地域名,古代巴并不止指川东地区,还包括从汉水中游到长江中游的广大地域,今天今川东、重庆、陕西、湖北、湖南、江西等省部分地区都可称为巴,巴地人可称巴人,巴人所属部族均可称巴族,巴族所建之国可称巴国。[5]蒙默认为巴是国称或地域名称,不是族称,巴人因居于巴地而得名;巴地之国至少有四个,即阆中渝水巴族为賨人,夷水廪君巴族为巫蜑,涪陵枳巴族为獽蜒民,汉水中游宗姬巴统治者为华夏周人,所属国民为板楯蛮。[6]张勋燎认为巴有时为族称,有时为地域名,有时二者混淆,巴兼具族称和地域概念。[7]林邦存认为历史上巴人指夔子国人,始于西周时期,终于春秋中期。[8]

　　综上所述,我们认为前述巴人族群含义的界定都有所侧重,也都在一定

[1] 周文德:《"巴"名称的语源研究述评》,《贵州民族研究》2011年第4期,第121—128页。
[2] 段渝:《巴人来源的传说与史实》,《历史研究》2006年第6期,第3—18页。
[3] 庄燕和:《古代巴史中的几个问题》,《西南师范学院学报(哲学社会科学版)》1979年第4期,第41—44页。
[4] 林时九:《巴文化与土家族刍议》,《吉首大学学报(社会科学版)》1987年第4期,第30—38页。
[5] 袁庭栋:《巴蜀文化》,沈阳:辽宁教育出版社,1995年,第5—6页。
[6] 蒙默:《魏晋南北朝的賨人》,李绍明、林向、徐南洲主编:《巴蜀历史·民族·考古·文化》,第105—121页。
[7] 张勋燎:《古代巴人的起源及其与蜀人、僚人的关系》,四川大学博物馆、中国古代铜鼓研究学会编:《南方民族考古》第1辑,第45—70页。
[8] 林邦存:《略论古代巴人的渊源和发展流向》,国务院三峡工程建设委员会办公室、国家文物局编著:《巴东红庙岭》,北京:科学出版社,2010年,第389—396页。夔子国为楚人所建,统治者为楚人,其地原为巴地,故有巴人居住,夔子国人包含有部分巴人,巴人与夔子国人是两个不同的概念。

程度上概括了巴人族群的某些特征。但由于巴人是一个历史族群，因此我们也应从历史发展角度来看待巴人的概念问题，我们认为巴人族群名称在不同历史阶段有不同的含义。巴地域人们共同体形成前，巴人以氏为名，主要指廪君巴，因巴氏务相为五部联盟首领，巴成为廪君部落名称，后以廪君巴部落为主体建立国家，巴遂成为国名，巴具有了地域名称含义。巴建国以后，巴人概念具有广义和狭义两种，狭义巴人指廪君巴人，广义巴人指巴地域人们共同体，是巴地域内以廪君巴人为主导的各种部族群体的总称，这个地域共同体形成于巴国统一地域形成之时，在巴地域共同体形成之前，巴地有多个部落群体，巴国建立后，这些部族群体都囊括到巴地域人们共同体之中，巴境内势力最大部族为廪君巴与板楯巴，其中廪君巴为巴国地域共同体的建立者，包括板楯蛮（賨）在内的其他部族都是巴地域人们共同体的成员，因而也称巴人。巴国灭后巴族及巴地各部族统称为巴人，此后巴人兼具血缘、文化和地域群体的内涵。

第三节　巴人族群居住地及其地域空间

学术界对巴人族群居住地的论述多较笼统，且各说间也略有差异，现就学界对巴人居住地域诸说作简单梳理，大致可分为以下几类。

一、巴人族群某一时段居住地及其地域空间

这类观点主要是就巴人某一时段的居住地及其地域空间进行概括性界定，对巴人居住地多作静态地域空间处理。如唐昌朴认为夏、商、周至秦巴国在四川盆地东部及湘、鄂、黔、陕边界地带，包括汉代三巴地域，其东包括今重庆、川东，远及湖北恩施，川东抵鄂西古庸国，巴、秦、楚灭庸后据鄂西竹山、重庆巫山、巫溪、云阳、万州、奉节、开县、忠县、垫江、梁平、丰都等地，川东据有今达州市大竹、巴中、城口、宣汉、万源以及南充市营山、广安，川北渝水两岸的阆中、苍溪、仪陇及剑阁、盐亭县部分；其北包括广汉、梓潼、汉中、安康、南充、西充、渠县、宣汉、巴中等地，地域上包括嘉陵江下游、涪江下游与渠江流域；其西与蜀国邻界，分界线大致北自阆中向南至简阳东，再延伸至宜宾一线；其西南、正南疆界延伸至合江、叙

永、古蔺等县及贵州赤水、习水、桐梓、绥阳、湄潭北部、遵义一带。[①]顾颉刚、章巽编著《中国历史地图集》中商代巴方标注在陕南汉水流域黄金峡一带，西周巴国标注于汉水北、河南邓县（今邓州市）以南，春秋、战国时巴国标注于今重庆市渝中区一带。[②]谭其骧主编《中国历史地图集》中商、周、春秋、战国图幅中均将巴国标注于今重庆市渝中区一带。[③]南充师范学院历史系编绘《中国古代历史地图集》将商、西周巴国标注于川东、渝东一带，春秋时巴国标注于今重庆市一带[④]，巴国所在区域也是巴人集中分布区。徐中舒认为巴为周南土，春秋为楚附庸，地域大致为汉代巴郡、南郡地。[⑤]庄燕和认为春秋战国时期巴人活动地区有陕南汉水流域，四川、重庆嘉陵江、长江流域，湖北清江流域，湖南西部酉、沅、辰、㮈、武五溪之地，贵州北部乌江流域、遵义一带。[⑥]郑德坤认为东周时巴国东邻楚，西界蜀，北接汉中，南极黔涪，据有今重庆、川东嘉陵江流域及长江流域部分地域。[⑦]刘琳认为古巴国即秦巴郡疆域，西包嘉陵江、涪江之间以至泸州一带，东至奉节，北抵米仓山、大巴山南坡，南及贵州思南一带。[⑧]蒙默认为先秦巴国至少有廪君巴、宗姬巴、巴夷賨国和枳巴四个，分别活动在夷水、汉水、渝水与涪陵水，分属蜑族、华夏族、賨族及獽蜑族，四者各为一国，统一巴国和巴族并不存在。[⑨]童书业认为姬姓巴国在汉水流域，今陕南有大巴山，川、渝、陕间为巴族巢穴，巴国在汉水上游，后为秦、楚所迫而南迁。[⑩]蒙文通认为战国时巴国地域比秦巴郡大，北面汉中郡大部分原为巴地，东面楚巫郡后来并入黔中部分也是巴地，西面广汉郡一部分亦为巴国地，南境大致在乌江流域贵阳以北西至威宁一带为巴黔中地，后为秦黔中地、汉牂牁郡地。[⑪]吴致华认为公元前377年前巴

① 唐昌朴：《先秦巴国都邑与疆域考议》，《巴渝文化》第3辑，第122—134页。
② 顾颉刚、章巽编著，谭其骧校订：《中国历史地图集》（古代史部分），北京：地图出版社，1955年，第2、3、4、5页。
③ 谭其骧主编：《中国历史地图集 第一册：原始社会、夏、商、西周、春秋、战国时期》，北京：中国地图出版社，1982年，第11—12、15—16、17—18、43—44页。
④ 南充师范学院历史系编绘：《中国古代历史地图集》，成都：四川人民出版社，1981年，第四图、第五图、第六图。
⑤ 徐中舒：《巴蜀文化初论》，《论巴蜀文化》，第1—47页。
⑥ 庄燕和：《古代巴史中的几个问题》，《西南师范学院学报（哲学社会科学版）》1979年第4期，第41—44页。
⑦ 郑德坤：《巴蜀始末》，《学思》第2卷第11期，1942年，第5—6页。
⑧ （晋）常璩著，刘琳校注：《华阳国志校注》（修订版），成都：成都时代出版社，2007年，第6页。
⑨ 蒙默：《试论古代巴、蜀民族及其与西南民族的关系》，《贵州民族研究》1983年第4期，第46—58页。
⑩ 童书业：《古巴国辨》，《文史杂志》1943年第2卷第9、10期，第44页。
⑪ 蒙文通：《巴蜀史的问题》，《巴蜀古史论述》，成都：四川人民出版社，1981年，第1—113页。

国势力强大时，南至湖北江陵，北至湖北襄樊、荆门及河南邓县，向南甚至据有湖南沅、澧二水流域，西至四川宜宾南溪县①，皆为巴人地域。李世平认为先秦秦汉巴人地域大约相当今陕西南部、湖北西部、湖南西北部、四川东部、重庆地区。②

二、笼统界定巴人族群居住地及其地域空间

这类观点也多是从静态空间视角，较少考虑时段变化而笼统界定巴人族群居住地及其地域空间。如王桐龄认为巴人分布地在今重庆、川东巴江、嘉陵江沿岸。③潘光旦认为巴人以今重庆、川东、鄂西为根据地向四方散布，流布地域包括湖北、四川、陕西、河南、安徽、甘肃、广西、江苏、湖南等地。④1999 年版《辞海》说巴人主要分布在今重庆、湖北交界地带，周以前居武落钟离山（今湖北长阳西北），后向今重庆市扩展。⑤邓少琴认为巴族活动地域在今川东、重庆、湘西北、鄂西南一带，还包括贵州一部分、大巴山区等地，地域上不限于秦汉巴郡范围。⑥管维良认为巴地是地域概念，可为巴国或秦汉巴郡，或汉末三巴地，或模糊为四川盆地东部，也可概指巴族活动之地，包括今川东、重庆、湘鄂西、陕南、黔北；以文物发现而论可扩展至鄂东、江西，南达广东，北达汉中，以带"巴"地名而言东可达江苏昆山，北可达山西、河南，西北可达甘肃。⑦袁庭栋认为古代巴地包括今重庆、川东，还包括从汉水中游到长江中游地域，今四川、重庆、陕西、湖北、湖南、江西等省部分地区都可称为巴。⑧孟世凯认为早期巴人活动地域在今湖北、四川、重庆、陕西、湖南、贵州等省，其迁徙地区所涉及范围更广，最晚商周时期巴人就生活在今重庆市一带。⑨彭武一认为巴人分布地域涉及湘、鄂、川、渝、黔、滇、陕、豫、皖等数省市。⑩苏兆庆认为巴人起源于湖北西南部，主要活动于

① 吴致华：《四川古代史》，成都：普益协社，1948 年，第 5—9、11 页。
② 李世平：《试论巴文化对西南少数民族文化的传递》，《巴渝文化》第 3 辑，第 243—254 页。
③ 王桐龄：《中国民族史》，长春：吉林出版集团有限责任公司，2010 年，第 13 页。
④ 潘光旦：《湘西北的土家与古代的巴人》，《中国少数民族社会历史调查资料丛刊》修订编辑委员会编：《土家族社会历史调查》，第 19—115 页。
⑤ 辞海编辑委员会：《辞海》，上海：上海辞书出版社，1999 年，第 274 页。
⑥ 邓少琴：《巴史再探》，《巴蜀史迹探索》，第 52—90 页。
⑦ 管维良：《巴文化及其功能浅说》，《巴渝文化》第 3 辑，第 154—165 页；管维良：《巫山盐泉与巴族兴衰》，《巴渝文化》第 4 辑，第 79—99 页。
⑧ 袁庭栋：《巴蜀文化》，第 3—4 页。
⑨ 孟世凯：《巴渝文化琐议》，《巴渝文化》第 3 辑，第 135—141 页。
⑩ 彭武一：《巴·土·土家》，《土家族研究论文选集》，第 12—25 页。

今重庆、川东、鄂西北和陕南汉中一带。①

三、以时间序列动态描述巴人族群居住地及其地域空间

这类观点以动态视角描述了不同时间序列的巴人族群居住地及其地域空间。如董其祥认为殷周至春秋巴人活动在鄂、豫间江汉流域，春秋末年巴子入今重庆、四川，建都江州，湘、鄂、川、渝、黔交界地带多为巴国地域。②李绍明认为商代巴族主要活动于江汉之间，春秋后期巴国北境达今河南省邓县（今邓州市），南境达今湖南西南部，西南境可达今渝东南。③杨铭认为巴人（或称巴族）主要分布在今重庆、川东、鄂西一带，随着巴族迁徙和内部部族分合，巴族分布地域随之变化，巴国疆域随着与周边国家抗衡势力的消长而变动，春秋以前巴族首领廪君居今湖北长阳武落钟离山，春秋战国之际向今重庆、川东发展，最终以今重庆、川东为中心建立辐射川东、川北、川南、鄂西、湘西、黔东北的巴国。④杨权喜认为夏商时期巴人活动于今渝、川、鄂、陕接壤地区，中心在三峡地区，商代巴方在汉水上中游，汉水上游陕南为巴与中原联系的主要地区；周灭商后封宗室于巴地建立巴国，巴人一部分为周王室直接控制，其地域与夏商时代基本相同；春秋时期巴国势力曾抵江汉平原，楚在江汉地区崛起后，巴、楚常在今枝江、江陵一带作战，并迫使巴不断西迁，至巴国晚期形成"东至鱼复，西至僰道，北接汉中，南极黔涪"的疆域。⑤李宗放认为太皓氏后裔巴国位于巴颜喀拉山东甘肃境内，夏代巴人在丹江流域，商代在今陕西境内或汉水、丹水之间，西周春秋时期巴子国在湖北西部和三峡地区，廪君巴国在清江流域和三峡地区。⑥姚政认为商王武丁时巴国位于鄂西、汉水中游及今重庆、川东一带，秦灭巴前巴国在今川东、重庆、鄂西、汉水中游和贵州乌江流域，其东部边界在襄樊、荆门、松滋和宜都一线与楚国接壤，西边以涪江流域、铜梁、泸州和宜宾一线与蜀国为邻，北边越过大巴山到汉水上游，南边到贵州遵义一带，巴族活动于今渝、川、鄂、陕、黔部分地区。⑦易明认为殷周之际巴人活动中心在江汉之间，春秋中

---

① 苏兆庆：《考古发现与巴文化探源》，《巴渝文化》第 3 辑，第 202—210 页。
② 董其祥：《巴蜀社会性质初探》，李绍明、林向、徐南洲主编：《巴蜀历史·民族·考古·文化》，第 23—43 页；董其祥：《古代的巴与越》，《巴史新考》，第 8—33 页。
③ 李绍明：《川东南土家与巴国南境问题》，《思想战线》1985 年第 6 期，第 74—78、50 页。
④ 杨铭：《巴的历史与文化研究评述（1930—1993）》，《巴渝文化》第 3 辑，第 300—326 页。
⑤ 杨权喜：《略论古代的巴》，《四川文物》1991 年第 1 期，第 12—17 页。
⑥ 李宗放：《四川古代民族史》，北京：民族出版社，2010 年，第 51—53 页。
⑦ 姚政：《论巴族国家的形成》，《巴渝文化》第 3 辑，第 65—81 页。

叶后迁入今重庆、川东建立巴部族联盟，强盛时今渝东南、湘西北均为其南境。[①]王家祐、王子岗认为殷周时巴、巴方、巴子国在今陕南汉水和大巴山地，河南、湖北、湖南、贵州也有称巴者，春秋战国时期巴人相继迁徙于今重庆、川东一带，廪君巴国地跨今川东、重庆与湖北，涪江以东、汉水以西南均为巴国地。[②]郝良真认为巴族发源于湖北长阳武落钟离山，后迁至恩施及重庆巫山境内，廪君时代巴族活动区域扩大，南以清江中上游为基地，北达陕南汉中，东接近汉水中上游，大约在今渝、川、陕、鄂、湘、黔部分地区。[③]李干、夏渌认为巴人起源于湖北长阳武落钟离山，后扩展至今重庆、川东、鄂西北和陕西汉中一带，成为地跨川渝鄂湘黔等地，北邻殷、周等强国。[④]

综上所述，已有的关于巴人族群居住地及其地域空间的表述，主要有以下几个特点：（1）对巴国、巴郡等地域概念表述较多；（2）对巴地地域概念表述大多比较笼统，只是勾画出巴地大致范围；（3）对不同时期巴人分布地的表述少，且粗略。

古代巴人居住地及其涉及地域范围是本书要弄清楚的问题之一，本书第二至六章分时段详细讨论了巴人分布迁徙情况。通过对巴人分布迁徙过程的梳理，结合前人论述，我们认为历史时期巴人居住地有动态变化过程，巴人居住地是一个动态地域空间概念，这个地域空间也就是我们所说的巴人族群空间。随着巴人迁移流徙，不同时期巴人族群空间也有所变化。

巴人族群早期居住地与巴族发源地及最初迁徙地紧密相关。早期巴人是以今鄂西、重庆、川东为根据地向四方散布的。无论是从文献记载，还是从考古发掘情况来看，商代末年巴人主要活动地域在今鄂西、重庆、川东一带，发源地在今湖北清江流域，后来势力逐渐发展壮大，向东扩展至江汉平原西部近山一带，向北接近汉水中游襄樊一带，向西进入今重庆及川东北一带，建立以廪君巴蛮为首的部族联盟，一部分峡江地区的巴人向北进入陕南汉水流域，其中一支继续向北迁至今陕西宝鸡一带，后来参与了周武王伐纣之役。

西周初年因巴人随武王伐纣有功，周王承认廪君巴国的方国地位，以今重庆地区为中心的巴国遂与濮、楚、邓为周的南土方国。

① 董其祥：《巴史新考》，第3页；易明：《试论巴人中的氐羌成分——兼及土家族与白马藏的语言习俗》，《巴渝文化》第1辑，第86—98页。
② 王家祐、王子岗：《涪陵出土的巴文物与川东巴国》，四川大学学报编辑部编：《四川大学学报丛刊》第5辑，成都：四川人民出版社，1980年，第166—169、164页。
③ 郝良真：《巴文化的发展及特点试析》，《巴渝文化》第3辑，第142—153页。
④ 李干、夏渌：《卜辞中南方民族史料偶拾》，张正明主编：《楚史论丛》，第286—304页。

西周至春秋战国时期巴人分布地随巴国疆域变化在局部区域有一些变化。巴国疆域北至陕南汉水流域，西至四川宜宾一带，南至贵州北部，东南至鄂湘渝黔四省市毗邻地带，东至松滋—枝江一线，东北至汉水流域襄樊以南。春秋前期庸国西南部疆域曾延伸至今重庆东部沿江一带,公元前611年秦、巴、楚联合灭庸，今重庆东部峡江一带又为巴人控制，同时楚国在江汉地区和鄂西一带急剧扩张，导致巴国东北部、东部疆界日益萎缩。到战国时期楚国势力扩展至鄂西、渝东峡江地带及清江流域，巴、楚间曾一度以鱼复（今重庆奉节）为界，但其后巴楚疆界仍不断西移。不过鄂西、渝东仍有巴人留居故土，甚至部分巴人还迁徙至楚国都城郢（今湖北荆州市）一带。春秋战国时期部分巴人向南迁徙至武陵山区。

秦、两汉时期巴人主要分布在巴郡、南郡域内，部分巴人因政治、军事等原因外迁至今成都平原、湖北东部、陕西关中、陕南汉水流域、湖南、两广、云贵等地，以规模而论，以东汉时期迁居江夏郡巴人数量最多，分布也最为集中。

魏晋南北朝时期鄂西、重庆、川东北仍是巴人主要聚居地。川东北、重庆地区因汉人及僚人迁入，巴人分布格局发生较大变化，川东北、重庆、鄂西沿江地带巴人汉化趋势日渐明显。陇东、陕南、关中、豫西南、豫东南、鄂西北、鄂东、皖西、江西、湘西、四川等地也都有巴人活动，这些外迁巴人逐渐与当地居民混居融合。曹魏时迁居陇东以李特等为首的巴人两晋之际曾返回巴蜀建立汉政权，对巴人在蜀地的流布产生了较大的影响。

隋唐时期巴人汉化趋势加快，除渝南、渝东南、鄂西南、湘西北、黔东北仍有巴人外，其他各地巴人已陆续融入汉人群体，被视作蛮夷群体的巴人逐渐淡出人们视野。

总体上历史时期巴人分布呈现出在渝、川、陕、鄂、湘、黔毗邻地带聚居，在成都平原、鄂东、皖西、豫东南、豫西及豫西南、鄂西北、陕西关中、陕南、陇东等地散居，在川西南、滇中、两广、越南中部、湘中与湘北、江西、苏南、山东、北京、河北等地曾零星散居的分布格局，不同时期巴人的地域分布也有较大差异。

第二章 巴人族群起源及早期活动地域

在巴人族群历史地理问题研究中,巴人早期起源地、迁徙状况是必须要讨论的问题。这里所说的巴人早期是指巴建国以前的时段。

第一节 巴人族群起源地争论

有关巴人研究的许多问题还没有形成定论,具体到巴人起源地学术界争议也很大,目前巴人起源地主要有清江流域说、巫山说、汉水流域说、西北说、巴颜喀拉山说、洞庭湖岳阳地区说、川渝说、蛮河说、淮河流域说、二源说等。

一、清江流域说

清江流域说认为巴人起源于湖北清江流域[①],持廪君为巴人始祖观点的学者大都持此说。主要依据一是《世本》《后汉书》《晋书》《水经注》《通志》《十

---

① 童恩正:《古代的巴蜀》,第 7—15 页;张勋燎:《古代巴人的起源及其与蜀人、僚人的关系》,四川大学博物馆、中国古代铜鼓研究学会编:《南方民族考古》第 1 辑,第 45—70 页;宋治民:《蜀文化与巴文化》,成都:四川大学出版社,1998 年,第 192—193 页;孙华:《四川盆地的青铜时代》,北京:科学出版社,2000 年,第 361 页;罗二虎:《初论晚期巴文化的类型》,重庆市文物局、重庆市移民局编:《重庆·2001 三峡文物保护学术研讨会论文集》,第 162—174 页;张希周:《试论古代巴人发源于湖北长阳佷山》,《四川大学学报(哲学社会科学版)》1982 年第 1 期,第 77—79 页;张希周:《廪君时代的巴人活动地域》,《江汉论坛》1983 年第 12 期,第 59—65 页;熊传新:《湘西出土古代青铜器及其族属问题》,《土家族研究论文选集》,第 82—88 页;赵小帆:《试论湘鄂川黔边界地区出土的虎钮錞于的族属问题》,《贵州民族研究》1995 年第 2 期,第 54—58 页;林奇:《巴楚关系初探》,《江汉论坛》1980 年第 4 期,第 87—91 页;李干、夏渌:《卜辞中南方民族史料偶拾》,张正明主编:《楚史论丛》,第 286—304 页;苏兆庆:《考古发现与巴文化探源》,《巴渝文化》第 3 辑,第 202—210 页;陈剑:《充、果、阆地名之释义与巴文化的密切关系》,《巴渝文化》第 3 辑,第 291—299 页;王宏:《巴、蜀文化源流粗疏》,《江汉考古》1997 年第 3 期,第 63—74 页;杨光华:《廪君巴人发源地"武落钟离山"地名新解》,《中国历史地理论丛》2010 年第 4 辑,第 133—140 页;辞海编辑委员会:《辞海》,第 274 页;《土家族简史》编写组编:《土家族简史》(修订本),北京:民族出版社,2009 年,第 16—19 页。

六国春秋》《蛮书》《元和郡县图志》《太平寰宇记》《舆地广记》《通典》《文献通考》《太平御览》《太平广记》《册府元龟》《广博物志》等文献，均载廪君及其事迹，皆说廪君起源于夷水武落钟离山，夷水即今清江，武落钟离山在古艰山地，即今长阳县境，廪君为巴人始祖，故巴人起源于清江流域。二是考古学证据，在清江流域香炉石、驰滩岩屋、千鱼坪、南岸坪等遗址都发现了夏、商、西周时期文化遗存，其陶器组合为罐、釜、钵、豆、瓮，以绳纹圆底罐、釜为大宗，考古工作者将清江流域夏商周时期考古学文化界定为早期巴文化，这类文化遗存在三峡地区三斗坪、中堡岛、杨家嘴、白庙子、柳林溪、鲢鱼山、朝天嘴、路家河等遗址都有发现。[①]三是香炉石遗址附近地理环境与文献所载夷城地貌特征相似，香炉石一带山石曲、泉水曲、望如穴、岸崩、街陛相乘、岸有平台等与文献记载吻合。四是清江流域仍有早期巴人故事白虎垅传说、廪君向王天子传说。五是实地考察发现长阳县都镇湾一带有与文献记载基本相符的五落钟离山（五落山）、廪君石穴、渔峡口白虎垅、渔峡口盐池温泉等。[②]

二、巫山说

巫山说认为巴人起源于长江流域巫山一带，其依据一是《世本》、《后汉书》注、《太平寰宇记》载"廪君之先，故出巫蜑"，认为巫蜑即巫山蜑人；《山海经·海内南经》载"孟涂司巴"，孟涂司巴地有丹山；罗泌《路史·国名纪》载"丹山仍今巫山"，认为夏代孟涂司巴地即巴人聚居地。二是考古学证据，巫山出土巫山人化石，大巫山区域内巫山、秭归、宜昌、紫阳、郧县、郡县、房县等地发现大量新石器时代遗址，考古学文化发展连续；峡江地区发现一种夏至周初的考古文化类型，陶器以圆底罐、长柄豆、小平底罐、尖底缸、尖底杯、褐陶盉、豆形器为特征，这类文化遗存与邻近区域考古文化不同，考古学者将其界定为早期巴文化，这类文化遗存主要分布在峡江地带和清江流域。[③]

① 王善才主编：《清江考古》，北京：科学出版社，2004 年，第 196—340 页。
② 张希周：《试论古代巴人发源于湖北长阳艰山》，《四川大学学报（哲学社会科学版）》1982 年第 1 期，第 77—79 页；张希周：《廪君时代的巴人活动地域》，《江汉论坛》1983 年第 12 期，第 59—65 页。
③ 管维良：《巴族史》，成都：天地出版社，1996 年，第 2 页；高应勤：《巴国寻踪》，《中国三峡建设》2001 年第 10 期，第 45—47 页；高应勤：《巴国及廪君探源》，《三峡大学学报（人文社会科学版）》2003 年第 2 期，第 32—34 页；周兴茂：《巴人、巴国与巴文化》，《徐州师范大学学报（哲学社会科学版）》2007 年第 4 期，第 57—61 页。

三、峡江地带说

峡江地带说认为巴人起源于今鄂西、重庆峡江地带，其主要依据是重庆、鄂西峡江地区考古发现的夏商周时期考古学文化为当地文化，与鄂西其他文化不同，陶器纹饰以桔皮纹为特色，器物组合以圜底罐、长柄豆、小平底罐、尖底缸、尖底杯、褐陶盂、豆形器为特征，在地层关系和时间顺序上相当于中原二里头文化时期，部分学者将其命名为白庙文化，结合《山海经》孟涂司巴地在丹山，《路史》巫山为丹山的记载；《世本》《后汉书》《水经注》对廪君巴人的记载，部分学者认为峡江地区这支考古学文化的缔造者为早期巴人，并将这支考古学文化命名为早期巴文化，峡江地区被视为巴人起源地。[①]

四、汉水流域说

汉水流域说认为巴人起源于汉水流域，又有陕南说、丹淅说和汉水流域说。

陕南说认为巴人起源于陕南汉水流域，主要依据一是甲骨文载有巴方；《华阳国志》载巴随周武王伐纣事迹，认为陕南汉水上游邻近商、周中心地，为早期巴方活动地域；又《左传》载巴、濮、楚、邓为周南土，四国是按从西到东顺序排列的，由此推断巴在最西，应位于汉中盆地一带，汉水上游巴方时代比清江流域巴人早。二是以土家族为巴人后裔为研究起点，从语言学、民俗学分析入手，找到土家族与西部民族的关系，进而推导巴人与西部民族的关系。其认为土家语属藏缅语族，巴语也属藏缅语族，从语言发生学上土家语属藏缅语族羌语支最早分化出来的语言，巴语为藏缅语族羌语分支，而陇东南、陕西南汉水上游曾是氐羌人聚居区，从语言学上看巴人源自汉水上游一带；在民俗方面土家族崇虎与西部民族崇拜野兽的传统相似，土家族崇虎与巴人崇虎前后相承，推断巴人与西部民族动物崇拜有联系，尚白为西部藏、羌等民族传统，巴族崇尚白虎，也尚白，巴人为西部民族；舞蹈方面藏缅语族民族中藏族、羌族有丧礼舞，羌族以战阵舞作丧礼舞，巴人有战阵舞巴渝舞，也有丧礼舞，土家族有撒叶儿嗬，舞姿中顺、曲、颤也是藏缅语族

① 俞伟超：《先楚与三苗文化的考古学推测——为中国考古学会第二次年会而作》，《文物》1980 年第 10 期，第 1—12 页；张勋燎：《古代巴人的起源及其与蜀人、僚人的关系》，四川大学博物馆、中国古代铜鼓研究学会编：《南方民族考古》第 1 辑，第 45—70 页；杨权喜：《略论古代的巴》，《四川文物》1991 年第 1 期，第 12—17 页；郝良真：《巴文化的发展及特点试析》，《巴渝文化》第 3 辑，第 142—153 页；朱世学：《三峡考古与早期巴文化源头研究》，《重庆三峡学院学报》2010 年第 1 期，第 18—24 页。

先民舞姿，土家族舞姿是由巴人流传下来的；神话传说方面羌族与土家族都有猴儿攀着马桑树爬上天，碰泼天神金盆导致洪水滔天淹没生灵，兄妹二人用滚磨盘方式顺承天意成婚，由此推断羌人与土家族先祖巴人故地相近或相同。三是从考古学上看巴地流行的巴式青铜兵器（如柳叶形剑、舌形钺、短骹弓耳矛）时代在东周，而城固出土的同类器物时代在商代晚期、宝鸡出土的同类器物时代在西周早期，清江流域香炉石商周巴文化遗存中无巴式青铜兵器。因此认为早期巴人是西部民族，起源于汉水上游，春秋中期后南迁峡江地带，春秋战国之际迁至清江流域。[①]

丹淅说认为巴人起源于鄂西北、豫西南丹水、淅水与汉水交汇地，此说认为《山海经》所载孟涂司巴地丹阳在陕、豫、鄂交界的丹江流域，夏启时夏人中心地在河南嵩山一带，地域上与丹淅地邻近；《华阳国志》载巴曾参与诸侯盟会，说明禹时巴人地域在夏人活动中心附近，遥远的清江流域巴人不可能参与诸侯盟会；甲骨文载武丁妻妇好伐巴，巴人当在商人活动区域附近；《左传》载周南土四国为巴、濮、楚、邓，后三者皆在汉水中上游，巴亦当在汉水中上游；《逸周书》载洛阳诸侯会盟时巴人贡比翼鸟，其产地在汉水中上游诸山，巴人活动区域亦当在汉水中上游。[②]

汉水流域说笼统地指出巴人最早发源于汉水流域，具体在何处未予明示，此说主要是依据《山海经》《左传》《逸周书》《华阳国志》及甲骨文等文献中巴、巴人的记载，认为汉水流域地近夏、商、周王朝统治中心区，巴人最早活动在汉水流域。另外的依据是汉水流域城固县先后出土大量商周时期青铜器，其中多巴式青铜兵器如柳叶形剑、巴式戈、巴式钺，陶器有尖底罐，这些带巴文化色彩的器物表明早期巴人活动在汉水流域。[③]

五、西北说

西北说认为巴人发源地在西北地区，有巴颜喀拉山说、甘肃天水说、陕

---

① 王善才：《巴人你从哪里来？》，《科学中国人》2002 年第 7 期，第 36—38 页；庄燕和：《古代巴史中的几个问题》，《西南师范学院学报（哲学社会科学版）》1979 年第 4 期，第 41—44 页；童书业遗著：《春秋左传研究》，上海：上海人民出版社，1980 年，第 241—243 页；张正明：《巴人起源地综考》，《华中师范大学学报（人文社会科学版）》2004 年第 6 期，第 6—11 页。

② 田敏：《夏代巴人地域考》，《湖北民族学院学报（哲学社会科学版）》1994 年第 1 期，第 25—26 页；田耕：《春秋以前巴人史迹辨析》，《贵州民族研究》1995 年第 3 期，第 65—71 页。

③ 徐中舒：《巴蜀文化续论》，《论巴蜀文化》，第 48—111 页；董其祥：《伏羲女娲图像新释》，《巴史新考续编》，重庆：重庆出版社，1993 年，第 1—34 页；庄燕和：《古代巴史中的几个问题》，《西南师范学院学报（哲学社会科学版）》1979 年第 4 期，第 41—44 页；赵小帆：《试论湘鄂川黔边界地区出土的虎钮錞于的族属问题》，《贵州民族研究》1995 年第 2 期，第 54—58 页。

西关中说。

巴颜喀拉山说认为巴人先祖属羌人，巴颜喀拉山即巴人起源地巴遂山，主要依据为《山海经·海内经》载"西南有巴国。大皞生咸鸟，咸鸟生乘厘，乘厘生后照，后照是始为巴人"，认为太皞即太皞伏羲氏，属羌人系统。又《山海经·海内经》载巴遂山"绳水出焉……有黑蛇，青首，食象"，认为巴遂山即巴蛇山，绳水即长江上游金沙江，发源于青海巴颜喀拉山，该地产大蛇、象，由此推断巴人起源于巴颜喀拉山，后巴人东迁至汉水中上游和大巴山南北，再南迁四川、重庆、湖北、贵州、湖南等地。[①]

甘肃天水说（或称陕甘渭水流域说、陇西说）认为巴人最早居住在陇西天水一带，后沿汉水、嘉陵江等河流迁至今川东北、重庆与鄂西建立巴国，主要依据是《山海经·海内经》所载"太皞生咸鸟，咸鸟生乘厘，乘厘生后照，后照始为巴人"，并结合太皞即伏羲说法，又据《水经注》载"成纪县古帝太皞庖牺所生之处"，推断巴人源出陕、甘渭水流域。[②]也有学者认为此说不可信，认为该说是受"华夏中心"说影响，说巴族起源于甘肃没有根据。[③]孙华认为将巴人与太皞伏羲联系在一起推断巴人起源的做法有问题，其理由一是先秦时太皞、伏羲没有联系，"太皞后来与伏羲成了一个人，是齐、鲁学者综合整理的结果"[④]。二是据《帝王世纪》载太皞"风姓也。……都陈"[⑤]，《左传·昭公十七传》载"陈，大皞之虚"[⑥]，周代陈在今河南淮阳县东，太皞地不在西北甘肃，由此认为巴人源于陇西说不可信。本人也曾对巴人源自羌人说进行过辨析，也指出巴人源自羌人说法不可信，其中也涉及太皞、伏羲传说不可凭信的问题。[⑦]

陕西关中说认为巴人起源于陕西关中地区，此说主要依据一是《华阳国志·巴志》载"武王既克商，以其宗姬封于巴，爵之以子"，认为巴为姬姓，

① 丁明山：《巴人源流及巴楚关系概说》，彭万廷、屈定福主编：《巴楚文化研究》，北京：中国三峡出版社，1997年，第55—66页。
② 潘光旦：《湘西北的土家与古代的巴人》，《中国少数民族社会历史调查资料丛刊》修订编辑委员会编：《土家族社会历史调查》，第19—115页；何光岳：《南蛮源流史》，南昌：江西教育出版社，1988年，第397—400页；李绍明：《论氐和巴三苗的关系》，中国西南民族研究学会编：《西南民族研究》，成都：四川民族出版社，1983年，第190—213页；易明：《试论巴人中的氐羌成分——兼及土家族与白马藏的语言习俗》，《巴渝文化》第1辑，第86—95页。
③ 林奇：《巴楚关系初探》，《江汉论坛》1980年第4期，第87—91页。
④ 徐旭生：《中国古史的传说时代》（增订本），北京：文物出版社，1985年，第49页。
⑤ （晋）皇甫谧撰：《帝王世纪》，《丛书集成初编》，上海：商务印书馆，1936年，第2页。
⑥ 杨伯峻编著：《春秋左传注》（修订本），北京：中华书局，1990年，第1391页。
⑦ 朱圣钟：《"巴人源于古羌人"说质疑——兼与彭官章先生等人商榷》，《西南大学学报（社会科学版）》2009年第5期，第54—58页。

与周同姓，其先祖与周人源出一脉，姬姓周人兴起于陕西关中，因而巴人起源于陕西关中。二是依据宝鸡强国墓地的考古发现，认为商周之际强人南迁入今重庆、四川，与西进的廪君蛮会合而形成巴人，由此认为关中渭河之滨是巴人发源地之一。①

六、洞庭湖岳阳地区说

洞庭湖岳阳地区说认为巴人起源于今洞庭湖东岳阳地区，此说据《说文解字》所载"巴，虫也，或曰食象蛇"，认定巴人以大蛇为图腾，属南方苗蛮集团；又据《淮南子》载"羿断修蛇于洞庭"，从《浔江记》记载"羿屠巴蛇于洞庭，其骨若陵，曰巴陵也"推断早期巴人起源于洞庭湖东岳阳地区，因受中原尧、羿为首的部落打击向西北、东南两个方向迁徙，向东南者迁到今东南沿海一带，向西北者迁至鄂西清江和长江三峡乃至川陕边界地带，迁徙时代在夏代前新石器时代末期。②笔者曾对"后羿断修蛇"与"羿屠巴蛇"文献和相关史实进行了考证，认为早期文献记载为"羿断修蛇"，"屠巴蛇"说是后来文献被篡改的结果③；同时对洞庭湖东岳阳地区早期考古学文化及其与周边文化关系进行了梳理，认为巴人起源于洞庭湖东岳阳地区说缺乏考古学证据④，因此我们认为巴人起源于洞庭湖东岳阳地区的说法值得商榷。

七、川渝说

川渝说认为巴族早期聚居地在川东北、重庆一带，此说认为从出土文物和文献记载看巴族在四川、重庆的历史可上溯到殷商时代，文献载周初巴人随武王伐纣，又参加成王洛邑诸侯盟会，考古发现新石器时代至周代川东北、重庆皆有人类活动遗迹。⑤

与此类似的观点还有华阳梁岷地说，认为商代前已有巴名，地望在华阳梁岷地，主要依据为《华阳国志·巴志》载"华阳之壤，梁岷之域，是其一

---

① 孙华：《四川盆地的青铜时代》，第 362 页；林向：《近五十年来巴蜀文化与历史的发现与研究》，李绍明、林向、徐南洲主编：《巴蜀历史·民族·考古·文化》，第 3—22 页。
② 彭邦炯：《关于巴的探索》，《巴渝文化》第 3 辑，第 46—64 页。
③ 朱圣钟："后羿断修蛇"为何转变为"羿屠巴蛇"，《湖北民族学院学报（哲学社会科学版）》2011 年第 1 期，第 67—69 页。
④ 朱圣钟：《巴人源于洞庭湖岳阳说商榷——基于洞庭湖岳阳地区的考古学分析》，《银川大学学报》2012 年第 1 期，第 80—83、87 页。
⑤ 邓少琴：《巴史新探》，《巴蜀史迹探索》，第 1—51 页。

囷。囷中之国则巴蜀矣"。①

八、蛮河说

蛮河说认为廪君巴族起源于汉水支流蛮河流域,其依据一是汉水支流蛮河原名夷水,又称鄢水,东晋桓温时改夷水为蛮河;清江夷水名始自汉武帝伐西南夷取道清江下游,遂将宜都名为夷道,清江方称为夷水,夷水为后出地名。二是认为夷城即鄢城也即宜城。三是南郡江汉地区有人化虎或虎化人的传说,与廪君死化白虎传说一致,蛮河属江汉之地;《太平御览》卷891引《风俗通义》载南郡传说"虎本南郡中庐李氏公所化,呼'李耳'因喜,呼'班'便怒",李氏公为传说中的廪君,中庐在宜城附近,宜城一带为廪君巴人活动地区。②

九、淮河流域说

淮河流域说认为巴人起源自安徽淮河流域的东夷嬴姓钟离(终黎)氏,后西迁至晋南涑水流域,遂有五姓结盟,后南下鄂、渝等地,主要依据是《世本》载廪君蛮出"武落钟离山","钟离"为东夷"终黎氏","武落"为"巫落",又《水经·汾水注》载有"巫咸国",推断武落在山西南部,认为巴人最早居住在安徽淮北,后迁徙到山西南部,始有巴子五姓晋南结盟之举。③

十、二源说

二源说认为巴人起源地有两处,又有丹阳丹山—武落钟离山说、汉水—夔巫地说。

丹阳丹山—武落钟离山说认为远古巴人分布于大江南北两个区域,一为江北丹阳、丹山一带,二为江南武落钟离山一带,主要依据为《山海经·海内经》载"太皞生咸鸟,咸鸟生乘厘,乘厘生后照,后照始为巴人",认为巴人始祖为太皞。又据《山海经·海内南经》孟涂司巴的记载,《水经·江水注》"丹山,在丹阳南,属巴;丹山西,即巫山也"的记载,认为太皞子咸鸟从太

---

① 林奇:《巴楚关系初探》,《江汉论坛》1980 年第 4 期, 第 87—91 页。
② 李启良:《巴族渊源探微》,《史学集刊》1985 年第 1 期, 第 51—57 页。
③ 杨铭:《巴人源出东夷考》,《历史研究》1999 年第 6 期, 第 36—50 页;杨铭:《巴子五姓晋南结盟考》,《民族研究》1997 年第 5 期, 第 102—106 页;白俊奎、张学文:《襄樊市"樊"城得名新探——兼论廪君系巴人的起源地》,《西南民族学院学报(哲学社会科学版)》2001 年第 6 期, 第 69—73 页;应骥:《巴人源流及其文化》,昆明:云南大学出版社,2007 年, 第 11—68 页。

皞之墟迁出，一部分居于江北丹山和巫山一带为丹阳巴人，其后裔居于江南武落钟离山者发展为夷城巴人，即廪君巴人。丹阳—丹山巴人聚居于巫山、秭归、当阳、丹山至接近江陵区域，这支巴人为风姓，后向汉中和米仓迁徙，迁徙路线一由大巴山南沿大宁河进入镇坪、岚皋、紫阳，或入城口、万源，二由大巴山北循秭归驿路越小神龙山至房县，再往平利、安康至镇巴、西乡，有些巴人迁居万源和通江地带，部分散居汉中平原和米仓山一带，这些地方遂有了巴名。夷城巴人溯清江至恩施建立夷城，后分数路入迁川渝：一由夷城溯夷水上达利川，再翻齐岳山，循龙河过石柱至丰都；二由利川越齐岳山，循郁水达彭水，沿乌江至涪陵；三由夷城顺流下转忠建河至宣恩，再经咸丰县越齐岳山，沿唐崖河经黔江，由龚滩转乌江至涪陵；四由恩施至奉节一带。①

汉水—夔巫地说认为早期巴人有二支，一居汉水流域为伏羲族，以龙蛇为图腾；二居夔巫地区为廪君族，以白虎为图腾，主要依据为《山海经》所载巴国及巴国世系，以及《世本》廪君之先巫诞及廪君蛮的记载，认为伏羲族即后来板楯蛮，廪君族即为后来廪君蛮，他们为巴人的两大部族。②

以上关于巴人起源地各说皆有所据，也都有一定道理。那为何会出现这种情况呢？究其原因，是因为早期巴人资料有限且多含糊不清所致。我们尝试对早期巴人起源地进行探究，除要充分利用有限的文献资料外，还必须充分利用考古材料，并将二者结合起来综合分析，或更有利于巴人起源地这一学术问题的解决。

第二节　从文献记载看巴人族群起源与活动地域

巴人族群历史大致可分三个阶段：第一阶段为巴国建立以前，即巴人早期发展阶段，或称为前巴国时代；第二阶段是巴国时代，这段时期巴人建邦立国，巴地域人们共同体逐渐形成；第三阶段为巴国灭亡以后时段，即巴人不断迁徙融合，最后趋于消亡的时期，或可称为后巴国时代。

巴人早期活动情况文献中只有零星记载，这些文献记载是巴史研究非常重要的史料，许多学者以这些文献为据推导演绎早期巴人历史。由于文献资料少而简略，学者们对文献的理解各异，遂导致早期巴史研究中诸多争议性

---

① 周集云：《巴族史探微》，第1—59页。
② 董其祥：《〈山海经〉记载的巴史》，《巴史新考》，第34—51页。

问题出现。

对巴人起源地的讨论我们依然离不开文献的利用和分析。但在利用文献记录前，我们首先应对史料的真实性进行必要分析。只有史料无误，我们才能利用它做相应的研究，才能使结论接近历史的真实，但目前早期巴史研究领域中，学者们对史料本身的真实性问题并未给予足够的重视与关注。

关于早期巴人文献记载不多，下面我们首先就巴国建立前夏商时期巴人史料及相关史实分别展开讨论，并借以还原早期巴人历史。

夏朝及其以前有关巴人史迹的文献，就目前所知主要有以下几条史料：

史料一　《华阳国志·巴志》的记载

人皇始出，继地皇之后，兄弟九人分理九州，为九圈，人皇居中州，制八辅。华阳之壤，梁岷之域，是其一圈，圈中之国则巴、蜀矣。……其君上世未闻。五帝以来，黄帝、高阳之支庶世为侯伯。[①]

史料二　《山海经·海内经》《路史·国名纪》的记载：

西南有巴国。大暤生咸鸟，咸鸟生乘厘，乘厘生后照，后照是始为巴人。[②]

伏羲生咸鸟，咸鸟生乘厘，是司水土，生后照，后照生顾相，夅（降）处于巴，是生巴人。[③]

史料三　《世本》的记载

巴郡南郡蛮，本有五姓：巴氏、樊氏、瞫氏、相氏、郑氏，皆出于五落钟离山。其山有赤黑二穴。巴氏之子生于赤穴，四姓之子皆生黑穴。未有君长，俱事鬼神。廪君名曰务相，姓巴氏，与樊氏、瞫氏、相氏、郑氏凡五姓，俱出皆争神。乃共掷剑于石，约能中者，奉以为君。巴氏子务相，乃独中之，众皆叹。又令各乘土船，雕文画之，而浮水中，约能浮者，当以为君。余姓悉沉，惟务相独浮。因共立之，是为廪君。乃

---

① （晋）常璩著，刘琳校注：《华阳国志校注》（修订版），第4页。

② 袁珂校注：《山海经校注》，第514页。

③ （宋）罗泌：《路史》，上海：中华书局，1936年，第62页。又《路史·后纪》（第66页）载"太昊伏戏氏……母华胥，居于华胥之渚"，其注载"乃阆中俞水之地"，又载"今峨眉亦有女娲洞。常璩《华阳国志》等谓伏羲女娲之所常游。此类犹多"，则伏羲生于阆中渝水，作为太昊（伏羲）女弟的女娲也生于阆中渝水一带，他们兄妹活动于川北与川西一带。于是有"伏羲生咸鸟，咸鸟生乘厘，是司水土，生后照，后照生顾相，夅（降）处于巴，是生巴人"的记载，将伏羲与阆中巴地联系起来，这与众多文献所载"伏羲生成纪"说法相抵牾。

乘土船从夷水至盐阳。盐水有神女谓廪君曰："此地广大，鱼盐所出，愿留共居。"廪君不许。盐神暮辄来取宿，旦即化为飞虫，与诸虫群飞，掩蔽日光，天地晦冥，积十余日。廪君不知东西所向七日七夜。使人操青缕以遗盐神，曰："婴此即相宜。云与女俱生，宜将去。"盐神受而婴之。廪君即立阳石上，应青缕而射之，中盐神。盐神死，天乃大开。廪君于是君乎夷城，四姓皆臣之。世尚秦女。①

史料四　《墨子·节葬》的记载

舜西教乎七戎，道死，葬南巴之中，衣衾三领，款木之棺，葛以缄之。②

史料五　《华阳国志·巴志》的记载

禹会诸侯于会稽，执玉帛者万国，巴蜀往焉。③

史料六　《竹书纪年》《山海经·海内南经》的记载

（启）八年，帝使孟涂入巴涖讼。④

夏后启之臣曰孟涂，是司神于巴。人请讼于孟涂之所，其衣有血者乃执之，是请生。居山上；在丹山西。丹山在丹阳南，丹阳居属也。⑤

（大巫山）神孟涂所处。《山海经》曰："夏后启之臣孟涂，是司神于巴。巴人讼于孟涂之所，其衣有血者执之。是请生，居山上。在丹山西。郭景纯云：丹山在丹阳，属巴。丹山西即巫山者也。"⑥

第一条史料出自常璩《华阳国志》，是将巴族源上溯到中原地区传说时代的人皇身上。人皇为古谶纬书中的人物，谶纬诸书创始于西汉末而盛于东汉初，谶纬之说自然不能当作分析远古史事的依据，这在史学界已是共识。黄帝为传说中华夏文明的缔造者，是华夏族先祖，也是三皇五帝谱系中的代表。常璩此说在《山海经》后、《路史》前，与《路史》虽略有不同，但核心思想一样，都认为巴人与华夏族同源同宗。童恩正认为常璩如此记载的目的是将

---

① 《世本·秦嘉谟辑补本》，（汉）宋衷注，（清）秦嘉谟等辑：《世本八种》，北京：中华书局，2008年，第333—335页。
② （南朝·宋）范晔撰，（唐）李贤等注：《后汉书》卷49《王符传》，北京：中华书局，1965年，第1637页。又（清）毕沅校注《墨子》，清乾隆四十九年（1784年）灵岩山馆刻本，卷6载为"舜西教乎七戎，道死，葬南巳之市，衣衾三领，款木之棺，葛以缄之"，毕沅认为"南巳实当作南巴，形相近，字之讹也"。
③ （晋）常璩著，任乃强校注：《华阳国志校补图注》，上海：上海古籍出版社，1987年，第4页。
④ （梁）沈约：《竹书纪年集解》，上海：广益书局，1936年，第26页。
⑤ 袁珂校注：《山海经校注》，第326页。周集云《巴族史探微》（第2页）认为"居属"为"巴属"，"丹山，在丹阳南"为郭璞羼入《山海经》正文的，原文无此记载。
⑥ （北魏）郦道元著，（清）王先谦校：《合校水经注》，北京：中华书局，2009年，第492—493页。

各少数民族全部纳入中原文化体系①，以人种一元论为中原王朝对少数民族政治统治的合理性寻找理论依据。顾颉刚也认为："自从人皇到黄帝，他们对于巴蜀的关系大抵由于一二人的掉舌弄笔生出来的枝节，没有历史的价值。"②后世学者也深以为然，孙华就指出巴人源自黄帝的说法"不可信"③，林奇也认为此说是"不可靠的"④。因此我们认为《华阳国志》这段关于巴族起源的记载并不可信，对我们研究巴人起源没有太大的史料价值。

第二条史料中的巴人世系初见于《山海经·海内经》，罗泌《路史·国名纪》大体延续了《山海经》的说法又有所改动，两条史料出处和撰者虽不同，但所载巴人世系大体相同，显然罗泌是继承和发扬了《山海经》的说法，所以我们将这两条史料当作同一史料在不同时代的两个版本处理。这条史料目前在巴史研究中引用率很高，多数学者论及巴人起源等问题时都会引用，有的甚至以此为据衍生出关于巴人族源、起源地的诸多说法，都是以这条史料真实可信为前提的。

《山海经》究竟作于何时至今仍众说纷纭，顾颉刚认为《山海经》是周末到西汉中叶写成的⑤，谭其骧认为《山海经》中《山经》写成于秦始皇统一六国后⑥，徐显之认为《山海经》大量资料定型于夏，润色成文于春秋战国，资料补充一直延续到汉晋⑦，蒙文通认为《山海经》成书时代在公元前4世纪中叶以前⑧，孙致中认为《山海经》成书时代在战国或战国以前⑨，唐世贵认为《山海经》成书于西周初中期至战国中期⑩，万群认为《山海经》中《山经》成书于战国中晚期，《海经》《荒经》成书于战国末至汉初⑪。由于《山海经》成书时代存疑，因此我们无法判断"西南有巴国"中的巴国始于何时。

《山海经》史料价值历代也争讼不一。《汉书·艺文志》将其归入数术刑

---

① 童恩正：《古代的巴蜀》，第8页。
② 顾颉刚：《论巴蜀与中原的关系》，成都：四川人民出版社，1981年，第36—37页。
③ 孙华：《四川盆地的青铜时代》，第354页。
④ 林奇：《巴楚关系初探》，《江汉论坛》1980年第4期，第87—91页。
⑤ 顾颉刚：《论巴蜀与中原的关系》，第39页。
⑥ 谭其骧：《论五藏山经的地域范围》，《长水集续编》，北京：人民出版社，1994年，第373—413页。
⑦ 徐显之：《山海经探原》，武汉：武汉出版社，1991年，第283页。
⑧ 蒙文通：《略论〈山海经〉的写作时代及其产生地域》，中华书局上海编辑所编辑：《中华文史论丛》第1辑，北京：中华书局，1962年，第43—70页。
⑨ 孙致中：《〈山海经〉的作者及著作时代》，《贵州文史丛刊》1986年第1期，第78—82页。
⑩ 唐世贵：《〈山海经〉成书时地及作者新探》，《成都理工大学学报（社会科学版）》2006年第1期，第51—56页。
⑪ 万群：《从汉语史角度看〈山海经〉的成书年代》，《中国典籍与文化》2013年第2期，第4—11页。

法类，杜佑《通典》以《山海经》为"恢怪不经"之书①，《宋史·艺文志》将其列入五行类，胡应麟《四部正讹》称其为神怪之书，纪昀《四库全书总目提要》将其归入小说类，唯刘歆、《隋书·经籍志》以《山海经》为地理书，张之洞《书目答问》将《山海经》归入史书类②。

今人对《山海经》史料价值也是各抒己见。部分学者以《山海经》为有利用价值的史书、地理书，如蒙文通以《山海经》为研究我国及东亚、中亚各族上古时代生活斗争、民族关系的重要书籍③；吕子方认为《山海经》是名物方志书，虽夹杂神话传说，但更多是上古社会的实况记录，反映我国某个时期某些地区氏族部落的文化概况，史料价值极高④；常征认为《山海经》是极有价值的史料书，"纪事之古始论，存世古文献恐无出其右者"⑤；徐显之认为《山海经》为氏族社会志，《山经》为以山为经的方物志，《海经》为以氏族为经的社会志，《海内经》则有科技志的性质⑥；胡远鹏认为《山海经》为一部信史⑦；安京认为《山海经》为地理书⑧；董其祥认为《山海经》成书比《蜀王本纪》《三巴记》《华阳国志》早，其史料是可信的⑨；周集云认为《山海经》中巴人世系是据巴人早期传说记录的⑩。而部分学者则认为其史料价值有限，如袁珂认为《山海经》是"现存的唯一的保存中国古代神话资料最多的著作"⑪，属神话传说一类；童恩正认为《山海经》是反映古代南方文化的作品，记载了很多南方民族、特别是西南民族的神话，而太皞又是其中极具普遍性的人物，他和女娲都是传说中的世界创造者，原是某一民族的神话人物，后流传成共同的神话人物，到战国时期被整理成谱系齐全的历史，因此不能以此作为解释巴人历史的依据⑫；林时九认为《山海经》为反映古代的文化作品，其中记载了许多古代民族的神话传说，传说故事不能作为巴人起源

① （唐）杜佑撰，王文锦等点校：《通典》卷174《州部》，北京：中华书局，1988年，第4562页。
② 张之洞：《书目答问》，上海：商务印书馆，1933年，第56页。
③ 蒙文通：《略论〈山海经〉的写作时代及其产生地域》，中华书局上海编辑所编辑：《中华文史论丛》第1辑，第43—70页。
④ 吕子方：《中国科学技术史论文集》（下），成都：四川科学技术出版社，1984年，第1页。
⑤ 常征：《〈山海经〉及其史料价值》，《北京社会科学》1988年第3期，第28—40页。
⑥ 徐显之：《山海经探原》，第1—92页。
⑦ 胡远鹏：《论〈山海经〉是一部信史》，《中国文化研究》1995年第4期，第50—55页。
⑧ 安京：《〈山海经〉史料比较研究》，《中国边疆史地研究》1996年第1期，第1—13页。
⑨ 董其祥：《〈山海经〉记载的巴史》，《巴史新考》，第34—51页。
⑩ 周集云：《巴族史探微》，第1页。
⑪ 袁珂：《中国古代神话》，北京：华夏出版社，2006年，第9页。
⑫ 童恩正：《古代的巴蜀》，第7—8页。

的历史依据①。这两种截然不同的观点恰好反映了《山海经》内容庞杂，传说与史实相混，因此我们引用这部著作中的资料，要有审慎的态度，不能主观上认定其史料可靠就以其为凭据进行古史推演。

《山海经》将巴人祖先上溯到太皞，而《路史》将巴人始源上溯到伏羲。据中国古史传说，太皞氏为东方部族，太皞又作"大皓""太昊"，为太皞氏部族首领，出生地及活动地域据《左传·昭公十七年》载"陈，大皞之虚"，又载"大皞氏以龙纪，故为龙师而龙名"②，《左传·僖公二十一年》载"任、宿、须句、颛臾，风姓也，实司大皞与有济之祀，以服事诸夏"③，《诗补传》载"营丘，太皞之后爽鸠氏之墟"④，《礼记·月令》疏载"东方之帝谓之大皞"⑤。陈在今河南淮阳，任在今山东济宁，宿、须句在今山东东平，颛臾在今山东费县⑥，营丘位置一说在山东淄博，一说在山东昌乐⑦，从地域看太皞活动地在今山东中西部和河南东部一带，周集云认为在河南开封以东，安徽亳县以北地域⑧，徐旭生认为在今山东西部一带⑨，如此则太皞氏部族处诸夏之东，西与中原诸夏相邻，故太皞被称为东方之帝。太皞氏部族"以服事诸夏"，在"侯、服、甸、要、荒"五服中处于第二等级，表明太皞氏本不属"诸夏"系统，故太皞氏被认定为东夷部族⑩。西汉谶纬说盛行，作为东夷部族首领的太皞被纳入远古帝王世系中，排序还在黄帝之先⑪，太皞也由东夷变身为华夏帝王。《山海经》将僻处西南的巴族渊源比附于太皞，是将巴人族源与华夏远古帝王联系在一起，与常璩将巴族源比附于人皇、黄帝的做法无二致。为何古文献多将巴族源比附于中原帝王呢？罗泌《路史》解释是"蛮夷之种多帝者之苗矣，若巴人之出于伏戏……安是果信邪？……蛮夷之丑，虽有盛强，苟非先王之后者，皆不足以得志于中国"⑫，可见将族源比附于远古帝王，

① 林时九：《巴文化与土家族刍议》，《吉首大学学报（社会科学版）》1987年第4期，第30—38页。
② 杨伯峻编著：《春秋左传注》（修订本），第1391、1386页。
③ 杨伯峻编著：《春秋左传注》（修订本），第391—392页。
④ （宋）范处义撰：《诗补传》卷29，文渊阁四库全书本，第72—423（上）页。
⑤ （清）孙希旦撰，沈啸寰、王星贤点校：《礼记集解》，北京：中华书局，1989年，第404页。
⑥ （清）阮元校刻：《十三经注疏》，北京：中华书局，1980年，第1811页。
⑦ 魏嵩山主编：《中国历史地名大辞典》，广州：广东教育出版社，1995年，第995页；戴均良等主编：《中国古今地名大词典》，上海：上海辞书出版社，2005年，第2654页。
⑧ 周集云：《巴族史探微》，第1页。
⑨ 徐旭生：《中国古史的传说时代》，第49页。
⑩ 杨铭：《巴人源出东夷考》，《历史研究》1999年第6期，第36—50页。
⑪ （清）阮元校刻：《十三经注疏》，第776页。
⑫ （宋）罗泌撰：《路史》，第323页。

只是为了蛮夷能"得志于中国",这完全是一种政治需要,而实情远非如此。因此对于巴人起源的这类记载,我们当然不能信以为真。

伏羲又称宓羲、庖牺、炮牺、包牺、伏戏、伏牺。晋皇甫谧《帝王世纪》载华胥"生伏羲,长于成纪,蛇身人首"①,后世也多有伏羲生成纪的记载。《元和郡县图志》载秦州成纪县"本汉旧县,属天水。伏羲氏母曰华胥,履大人迹,生伏羲于成纪,即此丘也"②,雍正《甘肃通志》载秦州成纪废县"庖羲氏生于成纪"③,成纪在今甘肃省天水、秦安一带,则是伏羲出生在西北,伏羲氏为西方部族,在远古族系中属西戎一族。

汉代以后史籍多将太皞与伏羲视为一人,或以太皞指伏羲,或称太皞伏羲氏,实则不然。从太皞、伏羲出生地、图腾、世次关系和姓氏来看,太皞与伏羲实非一人④,我们认为此说有理⑤。首先太皞为东方部族,伏羲为西方部族,二者出生地和活动地域不同。其次从图腾来看,《左传·昭公十七年》载"太皞氏以龙纪,故为龙师而龙名",孔颖达疏引服虔称"太昊以龙名官,春官为青龙氏,夏官为赤龙氏,秋官为白龙氏,冬官为黑龙氏,中官为黄龙氏",则太皞氏以龙为图腾。《帝王世纪》称伏羲"蛇身人首",司马贞《补史记三皇本纪》载伏羲"蛇身人头",陈耀文《天中记》卷二十二载"伏羲人头蛇身",则伏羲与蛇联系密切,以蛇为图腾。另外从世次关系看,《韩非子·说难》《易·系辞》《礼记》等载上古世系依次为有巢氏、燧人氏、伏羲氏、神农氏、黄帝、尧、舜,伏羲氏世系明确。太皞在先秦文献中与伏羲无瓜葛,春秋战国时东夷为齐、鲁等国所并,始融入华夏,至秦并天下,淮、泗夷散为民户,东夷才完全融入华夏族,太皞始纳入华夏族帝王世系,因此太皞原本不属华夏族。最后从姓氏看,《左传·僖公二十一年》载太皞氏"风姓"。伏羲氏据《左传》杜预注"共工氏以诸侯霸九州岛者,在神龙前、太昊后",《国语》韦昭注"共工氏在羲农之间",司马贞《补史记三皇本纪》载"宓羲之后已经数世……诸侯有共工氏",《国语》贾逵注"共工氏姜姓",则伏羲氏为姜姓,太皞氏、伏羲氏,姓氏不同。

既然太皞是太皞,伏羲是伏羲,为何后世文献将二者等同起来呢?这要

---

① (晋) 皇甫谧:《帝王世纪》,第 2 页。

② (唐) 李吉甫撰,贺次君点校:《元和郡县图志》,第 982 页。

③ (清) 徐客修,李迪等纂:《甘肃通志》卷 23《古迹·直隶秦州》,清乾隆元年(1736 年)刻本。

④ 屠武周:《伏羲非太昊考》,《东南文化》1990 年第 4 期,第 20—25 页。

⑤ 朱圣钟:《"巴人源于古羌人"说质疑——兼与彭官章先生等人商榷》,《西南大学学报(社会科学版)》2009 年第 5 期,第 54—58 页。

归咎于汉以后的学者。战国中期以前文献诸如《论语》《墨子》《左传》《国语》《孟子》等载太皞而无伏羲，即便是涉及古帝王较多的《山海经》也没有伏羲的记载。战国中晚期后伏羲始见记载，其身份或神或人，如《庄子》"内篇"两处、"外篇"三处提到伏羲，之后《管子》《荀子》《商君书》《易·系辞》遂有伏羲的记载。司马迁撰《史记》，其《五帝本纪》始自黄帝而未载伏羲；班固撰《汉书》，伏羲始进入远古帝王序列，身份也由创始神演变为历史人物。可见伏羲进入远古帝王行列也经历了一个从无到有、从零散到系统、从神到人的变化过程。在先秦史籍中伏羲与太皞也无任何关联，如战国末《荀子·正论篇》载"太昊"，而其《成相篇》载"伏羲"，荀子将二人分开记述，显见二者并非一人。

最早将太皞、伏羲并称的是西汉末刘歆的《世经》，它将太皞与伏羲并列于黄帝之上构建了一套上古帝王世系。刘歆革新战国邹衍以土、木、金、火、水顺序解说朝代更替的"五德终始说"，提出木、火、土、金、水五行相生的新五德终始说，将太皞伏羲氏、炎帝神农、少昊氏、颛顼、帝喾、尧、舜等原未纳入帝王世系的都囊括到新五德终始说体系中，此后文献遂有太皞伏羲氏之名，太皞与伏羲也合二为一了。崔述《崔东壁遗书》[①]、徐旭生《中国古史的传说时代》[②]也认为太皞、伏羲合而为一是后人捏造的。

根据对太皞与伏羲关系的讨论，我们认为早期太皞与伏羲本为两人，罗泌《路史》因受五德终始说影响，认定太皞、伏羲为一人，遂在《路史·国名纪》中以伏羲代替《山海经》中的太皞，遂有巴人出自伏羲之说。因此罗泌《路史》中的巴人始自伏羲说有待商榷。因此我们不能单凭《山海经》或《路史·国名纪》的记载来推演巴人始自太皞或伏羲。

既然太皞、伏羲皆不可作巴人始祖，那咸鸟、乘厘、后照、顾相又如何呢？遍查典籍及出土文献，我们尚未发现与之相关的资料，因此也难找到《山海经》和《路史》所载真实性的佐证。

咸鸟，有人认为玄、咸音近义通，咸鸟即玄鸟，玄鸟氏即咸鸟氏。[③]《左传·昭公十七年》载"高祖少皞挚之立也，凤鸟适至，故纪于鸟，为鸟师而鸟名：凤鸟氏，历正也；玄鸟氏，司分者也"[④]，则少皞氏后裔有玄鸟氏。玄

---

① 崔述撰著，顾颉刚编订：《崔东壁遗书》，上海：上海古籍出版社，1983 年，第 38 页。
② 徐旭生：《中国古史的传说时代》，第 49 页。
③ 董其祥：《〈山海经〉记载的巴史》，《巴史新考》，第 34—51 页；田敏：《巴人世系考》，《吉首大学学报（社会科学版）》1996 年第 4 期，第 59—61 页。
④ 杨伯峻编著：《春秋左传注》（修订本），第 1387 页。

鸟与商族关系密切，《诗经·玄鸟》载"天命玄鸟，降而生商"，《史记·殷本纪》载"殷契，母曰简狄……为帝喾次妃。三人行浴，见玄鸟堕其卵，简狄取吞之，因孕生契"①，玄鸟生商多理解为玄鸟氏部族后来建立商王朝。商兴起于东方，与少皞氏地域相近，因此商人可能为少皞氏后裔②，玄鸟氏即咸鸟氏，时代在夏末商初。也有人认为咸即盐，咸鸟即盐鸟，说巴人驾载巫盐舟船在江河上像鸟一样快捷行进故称咸鸟③，此说确有见地，但无确证以成定论；在巴地实地考察时我们也未发现以咸鸟称运盐舟船的传说。又有以图腾解释咸鸟，认为咸为麤省文，麤为白虎，为廪君巴人图腾；鸟为鸟氏族图腾，为东来之鱼凫族巴人④，但此说与《山海经》原意相悖，太皞为人名，则其后所列咸鸟、乘厘、后照都应为人名，咸鸟亦当为人名，因此不可作上述望文生义之释读。

乘厘，有人认为即"乘牝"，"牝"为牝牛。⑤《世本》"胲作服牛"，宋衷注载"胲少昊时人，始架牛"⑥，"乘牝"即驾牛、服牛。董其祥认为"乘厘"即巴人始祖"廪君"，"乘厘"两字连读为"廪"，"君"为部族酋长称号，"廪"又有仓廪之意，表示农产品有了剩余，需加储存遂有"廪君"之号；"乘牝"的驾牛和服牛之意说明廪君时代巴人农业生产发达，能驾牛服牛；又《华阳国志·蜀志》载"有王杜宇，教民务农……巴亦化其教而务农"，推测廪君时代在杜宇后、开明王朝前，时间在春秋初年，即公元前7世纪左右⑦，"乘厘"为廪君说还有待深入研讨。还有人认为乘为"乘载"，厘为"治理"，即治理乘载之事，可释为管理运盐之人⑧，这也有望文生义之嫌。上古时代人名，特别是涉及少数民族首领的称谓，我们不能简单地以汉语字面义去释读。有人以"乘厘"与尧子丹朱之厘姓有关，依据是尧封丹朱于丹淅，并以丹淅为巴人聚居地，巴人因崇华夏文化而尊崇丹朱为先祖，丹朱"狸"姓与"厘"同，

---

① （汉）司马迁撰：《史记》卷3《殷本纪》，第91页。
② 董其祥：《〈山海经〉记载的巴史》，《巴史新考》，第34—51页。
③ 管维良：《巫山盐泉与巴族兴衰》，《巴渝文化》第4辑，第79—99页。
④ 徐南洲：《〈山海经〉中的巴人世系考》，《古巴蜀与〈山海经〉》，第228—238页；徐南洲：《试论巴越关系》，《古巴蜀与〈山海经〉》，第239—254页。
⑤ 董其祥：《〈山海经〉记载的巴史》，《巴史新考》，第34—51页。徐南洲《〈山海经〉中的巴人世系考》《古巴蜀与〈山海经〉》，第228—238页）、《试论巴越关系》《古巴蜀与〈山海经〉》，第239—254页）对乘厘作图腾学解释，认为乘即麤，厘即麢，《尔雅》释麤为牝麤，释麢为牝獐，乘厘为麤、獐合体，为巴人中濮族的图腾，"濮"亦作"獽"。
⑥ 《世本·王谟辑本》，（汉）宋衷注，（清）秦嘉谟等辑：《世本八种》，第38页。
⑦ 董其祥：《〈山海经〉记载的巴史》，《巴史新考》，第34—51页。
⑧ 管维良：《巫山盐泉与巴族兴衰》，《巴渝文化》第4辑，第79—99页。

乘厘之称与此有关。[1]此说也有不妥，少数民族尊崇先祖，断然无以异族为先祖的道理。

后照，《太平御览》引文作"后昭"[2]。按古帝王称谓，"后照""后昭"中"后"为"帝后"，如夏启称"夏后启"，稷称"后稷"，帝辛称"后辛"，羿称"后羿"，董其祥以"后昭"为楚贵族昭姓[3]。历史上确有称帝王为"后×"的，但都在商代以前，商周已无"后×"称谓，则"后照"应是商代前人，楚贵族昭姓形成在楚立国后，最早为西周时事，因此不能以商以前称谓来附会周楚贵族姓氏。扬雄《蜀王本纪》载"荆有一人名鳖灵，其尸亡去，荆人求之不得。鳖灵尸随江水上，至郫遂活。与望帝相见，望帝以鳖灵为相。时玉山出水，若尧之洪水。望帝不能治，使鳖灵决玉山，民得安处。鳖灵治水去后，望帝与其妻通，惭愧自以为德薄，不如鳖灵，乃委国授之而去，如尧之禅舜。鳖灵即位，号曰开明帝"[4]，这里记载了荆人鳖灵西迁入蜀建立开明王朝事迹，"尸"为"夷"，鳖灵"尸亡去"即"鳖灵夷亡去"，指鳖灵夷西迁入蜀，结合"望帝与其（鳖灵）妻通"，则是鳖灵携家室举族西迁入蜀。董其祥认为后照即蜀开明氏姓昭氏，即《山海经》"后照"[5]。田敏释"后照"与尧子丹朱名"启明""开明"有关，"明"与"照"字异义同[6]，但此说忽略了《山海经》所载乘厘、后照为两人，丹朱不可能分身为二人。

顾相，《山海经》未载此人，当是罗泌在《山海经》世系基础上增加的，顾相究竟是谁目前已不可知。有人以顾相为"务相"，认为罗泌是受巴人廪君传说影响在《山海经》巴人世系中加入的[7]，但说者又未解释为何《路史》记"顾相"而不直接写"务相"，其说也缺乏说服力。

既然这两条关于巴人的史料有诸多疑点。我们本着存疑史料不用的原则，在研究早期巴人或巴史相关问题时，不宜用这两条史料作立论的依据。因此，许多以这两条史料为立论依据推演出的关于巴人或巴史的结论都是值得商

① 田敏：《巴人世系考》，《吉首大学学报（社会科学版）》1996年第4期，第59—61页。
② （宋）李昉等撰：《太平御览》卷168《州郡部》，北京：中华书局，1960年，第818页。
③ 董其祥：《〈山海经〉记载的巴史》，《巴史新考》，第35—41页。
④ （汉）扬雄撰，（明）郑朴辑：《蜀王本纪》，壁经堂丛书本，第211页。
⑤ 董其祥：《〈山海经〉记载的巴史》，《巴史新考》，第35—41页。徐南洲《〈山海经〉中的巴人世系考》（《古巴蜀与〈山海经〉》，第228—238页）、《试论巴越关系》（《古巴蜀与〈山海经〉》，第239—254页）对后照亦作图腾学解释，认为"后"即"胸"，"胸"引申义为蚯蚓，蚯蚓为胸忍夷图腾；"照"为昭，昭、摇叠韵，摇人图腾为鼉、鳝，即扬子鳄，巴人中的瑶族为巫蜒。"后照是始为巴人"是说东夷集团的胸和摇两支氏族部落迁至巫山一带，这两族才被称作巴人。
⑥ 田敏：《巴人世系考》，《吉首大学学报（社会科学版）》1996年第4期，第59—61页。
⑦ 田敏：《巴人世系考》，《吉首大学学报（社会科学版）》1996年第4期，第59—61页。

榷的。

第三条史料记载了廪君及巴人起源的相关情况，也是很多学者在论及巴人起源时引用的一段史料。廪君的记载目前所知最早出自《世本》，《世本》为研究先秦历史的重要典籍，清王谟说"欲稍知先古世系源流，舍《世本》更别无考据"①；梁启超说"史学界最初有组织之名著，则春秋、战国间得二书焉，一曰左丘之《国语》，二曰不知撰人之《世本》"②，可见《世本》的史料价值是很高的。

《世本》成书时间还有争议，一说在春秋时期，为左丘明所著，如《颜氏家训·书证》载"《世本》，左丘明所书"，近代章太炎信从此说，其《訄书·尊史》第五十六称"改左丘明成《春秋》内、外《传》，又有《世本》以为肬翼"，现有人认为《世本》成书于春秋末年，战国末年增入战国史料，至楚汉之际略有增益③，是对春秋成书说有所发展。二说成书于春秋战国之际，认为最初为记载世系谱牒之书，各篇成书时间不一，初有《世》《系世》《经世》《谱牒》《系本》等名，《国语·鲁语》《国语·楚语》《周礼·小史》《庄子·齐物论》《荀子·礼论》《大戴礼·卫将军文子篇》等多有提及。④三说成书于战国末年，为赵国人编著，清张澍《辑〈世本〉序》载"《王侯大夫谱》云'赵孝成王丹生悼襄王偃，偃生今王迁'，是作者犹赵王迁时"⑤，近代学者陈梦家也持此说⑥，又吕幼樵也认为《世本》成书于战国末年⑦。四说成书于楚汉时期，其说始见晋杨泉《物理论》，但此书已佚，清人曾从唐《意林》、宋《太平御览》引文中辑出其文"楚汉之际，有好事者作《世本》，上录黄帝，下逮汉末"，刘知几《史通·古今正史》亦载"楚汉之际，有好事者录自古帝王、公侯、卿大夫之世，终乎秦末，号曰《世本》十五篇"，现也有学者赞同此说⑧，徐中舒说《世本》成书最晚是在秦汉之间⑨。五说为西汉刘向辑录成书，如《隋书·经籍志》载"《世本》二卷，刘向撰"，后李宗邺⑩、陈建梁⑪、乔

---

① 《世本·王谟辑本·序录》，（汉）宋衷注，（清）秦嘉谟等辑：《世本八种》，第 1 页。
② 梁启超：《中国历史研究方法》，北京：中华书局，2012 年，第 15 页。
③ 周晶晶：《〈世本〉研究》，山东大学硕士学位论文，2005 年，第 6—11 页。
④ 王玉德：《〈世本〉成书初探》，《华中师范大学学报（人文社会科学版）》1986 年第 1 期，第 100—105 页。
⑤ 《世本·张澍稡集补注本》，（汉）宋衷注，（清）秦嘉谟等辑：《世本八种》，第 2 页。
⑥ 陈梦家：《〈世本〉考略》，《西周年代考·六国纪年》，北京：中华书局，2005 年，第 135—141 页。
⑦ 吕幼樵：《〈世本〉述论》，《贵州师范大学学报（社会科学版）》1997 年第 4 期，第 46—48 页。
⑧ 齐思和：《黄帝之制器故事》，吕思勉、童书业编著：《古史辨》第 7 册中编，上海：上海古籍出版社，1982 年，第 381—415 页。
⑨ 徐中舒：《巴蜀文化初论》，《论巴蜀文化》，第 1—47 页。
⑩ 李宗邺：《中国历史要籍介绍》，上海：上海古籍出版社，1982 年，第 106 页。
⑪ 陈建梁：《〈世本〉析论》，《史学史研究》1996 年第 1 期，第 55—60 页。

治忠①也持此观点。六说为古史官所著，时代不确，如《汉书·艺文志》载"《世本》十五篇。古史官记黄帝以来讫春秋时诸侯大夫"②，司马贞《史记索隐》引刘向语亦载"《世本》，古史官明于古事者所记也，录黄帝已来帝王诸侯及卿大夫系谥名号，凡十五篇"③，成书时代界定模糊。以上诸说虽对《世本》成书时间看法不同，但都认同《世本》各篇撰成时代早于《世本》编辑成书时间，书中有汉初学者附益内容。

在重视世系与血统的王朝时代，承载谱系和血统的《世本》造假的可能性不大，因此其史料价值就弥足珍贵，这也是《世本》为后世学者多所征引的一个重要原因。而同时代书籍如《山海经》等，只能是"为《世本》增益旧闻。其它胄系名号，棼缪难理矣，及以《世本》为权度，而亦灼然昭彻"④，故古史世系编次还当以《世本》为准。因此司马迁编著《史记》就多有征引⑤，汉班固、刘向、王充、郑玄、赵岐等史家著书也多引用此书。

从目前《世本》辑本内容看，除王梓材撰本外各辑本都载有廪君事迹，王谟辑本廪君史迹载于周世系下；孙冯翼集本廪君史迹载于氏姓篇下；陈其荣增订本氏姓篇下载廪君事迹，并称"巴氏，巴子国，子孙以国为氏"；秦嘉谟辑补本氏姓篇下载廪君事迹，张澍稡集补注本氏姓篇下载"巴氏，巴子国，子孙以国为氏"，后载廪君事迹；雷学淇校辑本氏姓下载"巴子国，子孙以国为氏"，后载廪君事迹；茆泮林辑本氏姓篇下巴氏后载廪君事迹。⑥因此从《世本》各辑本来看，巴国就是廪君巴氏建立的方国。巴氏子务相在与樊、瞫、相、郑等四姓结盟后取得部落联盟首领地位，巴成为部落联盟名称，后向外扩张，建立国家，国家也以巴为名，故"巴氏，巴子国，子孙以国为氏"。我国历史上乃至世界历史上，曾建立过民族政权的部族在发展过程中都有过类似经历。正因为巴国与廪君有渊源关系，故《世本》中廪君事迹才会在《后汉书》《晋书》《水经注》《通志》《十六国春秋》《蛮书》《元和郡县图志》《太平寰宇记》《舆地广记》《通典》《文献通考》《太平御览》《太平广记》《册府

① 乔治忠、童杰：《〈世本〉成书年代问题考论》，《史学集刊》2010 年第 5 期，第 39—45 页。
② （汉）班固撰，（唐）颜师古注：《汉书》卷 30《艺文志》，北京：中华书局，1962 年，第 1714 页。
③ （汉）司马贞撰：《史记·史记集解序》，第 2 页。
④ 章太炎：《訄书·尊史》，上海人民出版社编：《章太炎全集》（三），上海：上海人民出版社，1984 年，第 313 页。
⑤ （汉）班固撰，（唐）颜师古注：《汉书》卷 62《司马迁传》（第 2737 页）载"《世本》，录黄帝以来至春秋时帝王公侯卿大夫祖世所出"，"司马迁据《左氏》、《国语》，采《世本》、《战国策》，述《楚汉春秋》，接其后事，讫于天汉"，是说司马迁撰《史记》亦采用《世本》史料为据。
⑥ （汉）宋衷注，（清）秦嘉谟等辑：《世本八种》，北京：中华书局，2008 年。

元龟》《广博物志》等诸多文献中被征引。

在巴人起源研究中多数学者以廪君为巴人始祖[①]，我们认为此说比较符合历史实际。既以廪君为巴人始源，就涉及廪君时代问题。目前关于廪君时代主要有氏族社会末期说[②]、新石器时代说[③]、夏商时代说[④]、西周说[⑤]、春秋末战国初说[⑥]、战国说[⑦]。产生争议的根源在于《世本》未明载廪君的时代，

①　童恩正《古代的巴蜀》（第 8 页）认为《世本》中廪君种传说可能是巴人自己对历史的追忆，虽朴素简单，但较为可靠，《世本》关于廪君的记载虽然夹杂一些神话，却也指明巴人最初发源地及向外迁徙路线；林奇、邓辉：《錞于刍议》，《江汉考古》1987 年第 4 期，第 61—88 页；王宏：《巴、蜀文化源流粗疏》，《江汉考古》1997 年第 3 期，第 63—74 页；杨铭：《巴人源出东夷考》，《历史研究》1999 年第 6 期，第 36—50 页；周明阜：《湘西先秦考古文化的多元性建构探讨》，《吉首大学学报（社会科学版）》1993 年第 12 期，第 71—79 页。

②　童恩正《古代的巴蜀》（第 9 页）认为廪君巴人生活时代在原始社会后期，廪君蛮五姓可理解为部落的五个氏族，五姓争为君长实质上为五个氏族贵族争夺军事酋长职位的斗争；彭武一《古代巴人廪君时期的社会和宗教——兼及土家族与古代巴人的渊源关系》（《吉首大学学报（社会科学版）》1982 年第 2 期，第 71—75、70 页）认为廪君所处时代是野蛮时代，巴、樊、瞫、相、郑分别为五个部落，务相称廪君说明当时建立了以巴氏为首的部落联盟；张侯《廪君在清江流域的足迹》（《湖北民族学院学报（社会科学版）》1993 年第 1 期，第 65—69 页）认为廪君时代为远古氏族时期；段超《略论巴文化和土家族文化的关系》（《中南民族学院学报（哲学社会科学版）》1991 年第 2 期，第 17—87 页）认为廪君时代巴人已进入父系氏族社会阶段；王宏《巴、蜀文化源流粗疏》（《江汉考古》1997 年第 3 期，第 63—74 页）认为廪君所出时代大致在原始社会末期向阶级社会转化的时期。

③　林奇《巴楚关系初探》（《江汉论坛》1980 年第 4 期，第 87—91 页）认为巴国建立于新石器时代夷水流域，夷水流域巴国为廪君所建，廪君时代在新石器时代；王宏《巴、蜀文化源流粗疏》（《江汉考古》1997 年第 3 期，第 63—74 页）认为廪君处新石器时代末期至夏商时代。

④　潘光旦《湘西北的土家与古代的巴人》（《中国少数民族社会历史调查资料丛刊》修订编辑委员会编：《土家族社会历史调查》，第 19—115 页）认为廪君年代约相当于夏代初年；彭英明《试论湘鄂西土家族“同源异支”——廪君蛮的起源及其发展述略》（《中南民族学院学报（哲学社会科学版）》1984 年第 3 期，第 12—20 页）认为廪君蛮留居长阳武落钟离山时间最迟在公元前 21 世纪，即夏代初年。姚政《论巴族国家的形成》（《巴渝文化》第 3 辑，第 65—91 页）认为廪君筑夷城、建国时间在商代早期；杨铭《巴人源出东夷考》（《历史研究》1999 年第 6 期，第 36—50 页）认为廪君时代在殷商时期，巴人形成和得名也是在殷商时代；杨权喜《略论古代的巴》（《四川文物》1991 年第 1 期，第 12—17 页）认为廪君巴为古代民族融合的产物，殷商卜辞中“虎方”可能与廪君巴有关，商代后期廪君巴可能据有川东、鄂西；张希平《廪君时代的巴人活动地域》（《江汉论坛》1983 年第 12 期，第 59—65 页）认为廪君所处时代远在西周之前。

⑤　周集云《巴族史探微》（第 57 页）认为廪君兴起于周初；蒙默、刘琳、唐光沛，等《四川古代史稿》（成都：四川人民出版社，1988 年，第 25 页）认为廪君时代不会早于西周。

⑥　段渝《“古荆为巴”说考辨》（《贵州社会科学》1984 年第 3 期，第 70—76 页）认为廪君时代在春秋末叶以后；又段渝《试论宗姬巴国与廪君蛮的关系》（贾大泉主编：《四川历史研究文集》，成都：四川省社会科学院出版社，1987 年，第 19—35 页）说不早于春秋战国之际。

⑦　董其祥《巴子五姓考》（《巴史新考》，第 66—77 页）认为廪君时代在战国时代；彭官章《廪君时代考略》（《贵州民族研究》1987 年第 3 期，第 69—71 页）、彭官章、朴永子《羌人·巴人·土家族》（《吉首大学学报（社会科学版）》1982 年第 1 期，第 106—117、93 页）认为廪君年代为战国时期，具体年代在公元前 377 年至公元前 361 年左右；赵小帆《试论湘鄂川黔边界地区出土的虎钮錞于的族属问题》（《贵州民族研究》1995 年第 2 期，第 54—58 页）认为“君”为战国时期封爵，周以前未有此封号，故断定廪君时代在战国后期；沈长云《论姬姓巴国的建立与其土著的族属等有关问题》，（《巴渝文化》第 3 辑，第 82—92 页）认为廪君与蜀杜宇同时，廪君也在战国之世。

因此后世文献也无法判定其时代，如《水经注》载廪君"事既鸿古，难以明征"①，《通典》称"廪君种不知何代"②，未指明时代或说明其时代较早，至少比《世本》成书著录其事时代更早。氏族社会末期说的依据是廪君获得部族首领的遴选方式与氏族社会末期相似，遂断定廪君处氏族社会末期，此说或有道理，但仍无法确定具体时代，毕竟历史上很多族群发展历程与华夏族存在不同步现象。新石器时代说、夏商时代说倒有可能，毕竟在清江流域及峡江地区发现众多新石器时代至夏商时期人类遗物，虽不能肯定是廪君及其部族留下的，但也不能排除这种可能。又《世本》记录的是"黄帝以来讫春秋时"史迹③，则可排除廪君为战国时人物的可能；西周初年巴与濮、楚、邓已是周之南土，巴已建国，则廪君时代又当在巴建国之前，则廪君时代又当在西周以前，因此又可排除廪君时代西周说、春秋末战国初说、战国说诸说。结合前文所述夏启时孟涂司巴事件及汉水上游紫阳、汉阴等地夏商时期巴（蜀）文化的考古发现，我们可将廪君时代上溯至黄帝时代至夏朝间。

《世本》所载廪君活动地域涉及夷水、武落钟离山、盐阳、夷城等地。《世本》未载夷水在何处，晋袁崧《宜都山川记》载佷山县"夷水又东迳石室……乡人今名为仙人室"，"自盐水西北行五十余里有一山，独立峻绝，名为难留城"④，则是夷水在佷山县境。又《水经注》载"夷水即佷山清江"，"盐水即夷水"⑤，则夷水即盐水，即佷山清江，也即今湖北清江，后世文献也多持此说，如《元和郡县图志》载施州清江郡"清江，一名夷水，昔廪君浮土舟于夷水，即此也"⑥，《通典》载"今夷陵郡巴山县清江水，一名夷水，一名盐水，其源出清江郡清江县西都亭山"⑦，《太平寰宇记》载"清江，一名夷水……昔巴蛮有五姓，未有君长，俱事鬼神。又各令乘土船，约浮当以为君。唯务相独浮，因共立之，是为廪君"⑧，夷水为清江说为众多文献所认可，故大多

① （北魏）郦道元著，（清）王先谦校：《合校水经注》，第530页。
② （唐）杜佑撰，王文锦、王永兴、刘俊文，等点校：《通典》卷187《边防》，第5043页。
③ （汉）班固撰，（唐）颜师古注：《汉书》卷30《艺文志》，第1714页。
④ （清）王谟辑：《汉唐地理书钞》，北京：中华书局，1961年，第357页。
⑤ （北魏）郦道元著，（清）王先谦校：《合校水经注》，第529、530页。
⑥ （唐）李吉甫撰，贺次君点校：《元和郡县图志》卷30《江南道》，第753页。
⑦ （唐）杜佑撰，王文锦、王永兴、刘俊文，等点校：《通典》卷187《边防》三，第5043页。
⑧ （宋）乐史撰，王文楚等点校：《太平寰宇记》卷147《峡州》，北京：中华书局，2007年，第2865页。

数学者均以清江为廪君夷水[①]，我们也赞成此说。至于廪君夷水其他说法因缺乏系统的文献证据链和考古材料作支撑[②]，我们不予采信。

《世本》载武落钟离山与夷水有关。夷水即今清江，则武落钟离山在清江流域。《水经》载"难留城"，但未载与廪君有关系。袁崧《宜都山川记》载佷山县难留城山"自盐水西北行五十余里有一山，独立峻绝，名为难留城。从西面上里余得石穴，行百许步得石碛，有二文石并在穴中"[③]，也未载与廪君有关系。南朝刘宋时难留城山仍见著于世，盛弘之《荆州记》载"难留山北有石室，可容数百人，常以此室僻崄不可考，因名为难留城。西北有石穴，把火行百余步，有二大石，相去可丈余，名为阴阳石。阴石常湿，阳石常燥。旱则鞭阴石，应时雨；雨则鞭阳石，俄时而晴"，又引《世本》载"廪君使人操青缕以遗盐神，曰：'婴此即相宜。云与女俱生，宜将去'。盐神受缕而婴之。廪君即立阳石上，应青缕而射之，中盐神。盐神死，天乃大开也"[④]，是盛弘之将难留城山石穴及阴阳石与廪君事迹联系在一起；而同时代的范晔《后汉书·南蛮西南夷列传》巴郡南郡蛮条引述《世本》廪君事迹，是说廪君蛮分布地域在巴郡、南郡地域内，而夷水在南郡地域内，故武落钟离山当在此地域内探寻。至郦道元注《水经》遂将廪君事迹载难留城山条下："（夷水）东南迳难留城南。城即山也，独立峻绝。西面上里余得石穴。把火行百许步，得二大石碛，并立穴中，相去一

[①] 童恩正：《古代的巴蜀》，第9页；董其祥：《古代的巴与越》，《巴史新考》，第8—33页；董其祥：《〈山海经〉记载的巴史》，《巴史新考》，第34—51页；李绍明：《川东南为巴国南境说》，《土家族研究论文选集》，第65—72页；李绍明：《川东南土家与巴国南境问题》，《思想战线》1985年第6期，第74—78、50页；罗二虎：《初论晚期巴文化的类型》，重庆市文物局、重庆市移民局编：《重庆2001三峡文物保护学术研讨会论文集》，第162—174页；柳春鸣：《试论廪君蛮迁徙的方向》，《巴渝文化》第3辑，第113—121页；彭邦炯：《关于巴的探索》，《巴渝文化》第3辑，第46—64页；王家祐、王子岗：《涪陵出土的巴文物与川东巴国》，四川大学学报编辑部编：《四川大学学报丛刊》第5辑，第166—169、164页；周集云：《巴族史探微》，第47—51页；李恕豪：《试论"巴"的得名之由》，《天府新论》1986年第1期，第57—60页；孙华、曾宪龙：《尖底杯与花边陶釜——兼说峡江地区先秦时期的鱼盐业》，《巴渝文化》第4辑，第59—78页；管维良：《巫山盐泉与巴族兴衰》，《巴渝文化》第4辑，第79—99页；邓少琴：《巴史再探》，《巴蜀史迹探索》，第52—90页；王宏：《巴、蜀文化源流粗疏》，《江汉考古》1997年第3期，第63—74页。

[②] 关于廪君夷水，段渝《试论宗姬巴国与廪君蛮的关系》（贾大泉主编：《四川历史研究文集》，第19—35页）认为夷水为汉水支流蛮河，主要依据是《水经·沔水注》载蛮河在东晋桓温之前名为夷水，因避讳而改称蛮河，因此河有夷水名，故推测为廪君夷水，并推论清江夷水名是廪君南迁清江后才有的。此说虽有道理，但蛮河流域我们找不到武落钟离山，后世文献也无蛮河即廪君夷水的记载，蛮河流域也无相应的考古遗物，因此我们不取廪君夷水蛮河说。另外周宏伟《廪君巴人夷水应为今大宁河考——兼论廪君巴人的迁徙原因》（《历史地理》第23辑，上海：上海人民出版社，2008年，第380—399页）认为廪君夷水为今大宁河；杨铭《巴子五姓晋南结盟考》（《民族研究》1997年第5期，第102—106页）认为夷水为今黄河支流涑水，但均缺乏系统的文献证据链和考古材料作支撑，无法形成定论。因此我们判定廪君夷水地望时，虽提及这几种说法，但不取用其说。

[③]（清）王谟辑：《汉唐地理书钞》，第357页。

[④]（清）王谟辑：《汉唐地理书钞》，第380—381页。

丈，俗名阴阳石。……东北面又有石室，可容数百人。每乱，民入室避贼，无可攻理，因名难留城也。昔巴蛮有五姓，未有君长，俱事鬼神。乃共掷剑于石穴，约能中者，奉以为君。巴氏子务相乃中之。又令各乘土舟，约浮者当以为君，惟务相独浮。因共立之，是为廪君。乃乘土舟，从夷水下至盐阳。盐水有神女，谓廪君曰：'此地广大，鱼盐所出，愿留共居'。廪君不许。盐神暮辄来宿，且化为虫，群飞蔽日，天地晦暝，积十余日。廪君因伺便射杀之，天乃开明。廪君乘土舟下及夷城……因立城其傍而居之，四姓臣之。死，精魂化而为白虎，故巴氏以虎饮人血，遂以人祀。"[①]郦道元所载廪君事迹与《世本》大略相同，只是《世本》中"武落钟离山"变成《水经注》"难留城山"。考虑到《世本》成书时代早于《水经》《宜都山川记》《后汉书》《水经注》，且汉晋文献无武落钟离山记载，则难留城山名当是由武落钟离山演变而来的。

难留城山即武落钟离山，据《水经注》载为"夷水自沙渠县入，水流浅狭，裁得通船，东迳难留城南……夷水又东与温泉三水合……夷水又东迳佷山县故城南"[②]，则难留城山在沙渠县东，温泉、佷山县故城以西，据此有学者提出武落钟离山柳山说[③]、三里城说[④]。但是《水经注》所载是

① （北魏）郦道元著，（清）王先谦校：《合校水经注》，第 529—530 页。
② （北魏）郦道元著，（清）王先谦校：《合校水经注》，第 529—530 页。
③ 宫哲兵：《廪君巴人发源地"武落钟离山"新考：兼论"赤、黑二穴"在长阳柳山》，《中南民族大学学报（人文社会科学版）》2005 年第 1 期，第 15—19 页；宫哲兵：《巴人"赤、黑二穴"考》，《三峡大学学报（人文社会科学版）》2005 年第 1 期，第 24—29 页；宫哲兵：《廪君巴人"武落钟离山"新考》，《湖北民族学院学报（哲学社会科学版）》2007 年第 2 期，第 1—5 页。武落钟离山柳山说主要的依据，一是柳山地理位置符合史志所载难留城山，二是柳山地形符合史志所载难留城山，三是柳山地貌符合史志记载的难留城山，四是柳山因为难留水而名柳山，五是地质勘探表明柳山是难留水的山，六是武汉大学图书馆线装书民国长阳县地图柳山位置标注难留城山，七是以榨洞为赤穴虎洞为黑穴。宫哲兵、何智斌《武落钟离山在水布垭大坝一带——从一幅古地图分析巴人发祥地》（《湖北民族学院学报（哲学社会科学版）》2010 年第 3 期，第 22—26 页）一文在柳山说基础上将武落钟离山地域扩大，认为巴东水布垭大坝、长阳柳山、榨洞、盐池河、招徕河为武落钟离山中心区域，还包括香炉石、白虎垅等地，这是对此前武落钟离山柳山说的修正，但也间接否定了先前的武落钟离山柳山说。
④ 郑国晋：《再论武落钟离山应是巴东三里城——就几份古地图与宫哲兵教授商榷》，《重庆三峡学院学报》2011 年第 2 期，第 32—35 页。该文对宫哲兵武落钟离山柳山说提出反对意见，理由一是柳山说依据的地图本身缺乏可信度，如武汉大学图书馆线装图书 1921 年长阳地图本身没有比例标记，无法确定地点间距离，图上所标难留城山并非一定是柳山；二是柳山说与史料不符，柳山不满足武落钟离山的条件，如柳山特征与难留城山的记载不符，榨洞、虎洞所处方位与难留城石穴和避难石室不符，且柳山说颠倒了清江由西向东最后注入长江的事实，难留城位于温泉以西，柳山说却将难留城山界定在温泉以东，违背了《水经·夷水注》中关于夷水流向的记载；三是柳山说于情理不符，认为若以榨洞为赤穴，则距盐池温泉直线距离仅 800 米，廪君大可不必乘土船沿清江至盐阳，且榨洞口下即水流湍急的牛皮滩，即便是现代机帆船尚不能过滩，廪君不可能舍弃八百米的陆路近路不走，而乘简陋的土船冒生命危险从牛皮滩上盐池；若以榨洞为赤穴，则廪君与盐池温泉的盐神女部落为邻居，而榨洞考古出土文物只能是盐神女部落生活的佐证。同时据清杨守敬《水经注图》、汪士铎《水经注图》二图标示难留城位置在盐池温泉以西，推定难留城山也即武落钟离山在今巴东境内三里城。

否可信呢？这仍是一个值得讨论的问题。就笔者对《水经注》的研习体会而言，该书对南方地区水文地理的记载舛误甚多，其中廪君沿夷水迁徙路线的记载也是有问题的①，郦道元载"（廪君）从夷水下至盐阳"，"廪君乘土舟下及夷城"，是说廪君迁徙路线是顺夷水而下。而《世本》关于廪君沿夷水迁徙路线只是说"（廪君）乘土船从夷水至盐阳"，"廪君于是君乎夷城"，并未说是溯夷水而上，还是顺夷水而下，郦道元首倡廪君顺夷水而下说。

《世本》载盐阳是廪君沿夷水迁徙路线上的重要地名，因此确定盐阳地望对判断廪君迁徙路线及武落钟离山方位至为重要。查清江流域历史时期有迹可循的盐产地在今长阳县渔峡口镇盐池温泉一带，旧称盐井寺之地②，宋代还曾在此置汉流盐井、飞鱼盐井煮盐③，因此夷水流域"鱼盐所出"的盐水神女部落聚居地盐阳当在此处。而廪君巴人是自清江流域武落钟离山向西扩张入川渝并于今重庆一带建立巴国的，因此廪君巴人总体迁徙方向是西迁，在清江流域则是溯清江西迁徙的。因此我们认为廪君始居地武落钟离山当在盐阳下游去寻找。前述武落钟离山三里城说显然与此方位相悖；而柳山与盐池温泉相邻，若柳山为廪君始居地，则廪君五姓部落与盐水神女部落比邻而处，显然与《世本》所载盐阳与武落钟离山为两地、廪君自武落钟离山迁徙至盐阳的说法相悖，因此武落钟离山柳山说也不妥。

盐池温泉以东武落钟离山方位，《通典》载"在今夷陵郡巴山县"④，此后《文献通考》《御定渊鉴类函》也有相同的记载⑤，《太平寰宇记》载长阳县"武落钟山，一名难留山，在县西北七十八里。本廪君所出处也"⑥，《嘉庆重

① 朱圣钟：《〈水经注〉所载土家族地区若干历史水文地理问题考释》，《中央民族大学学报（哲学社会科学版）》2002年第6期，第68—72页；朱圣钟：《〈水经·江水注〉"江水汉安"与"洛水汉安"考》，《中国史研究》2011年第2期，第194—196页；朱圣钟：《〈水经·夷水注〉正误一则》，《中国历史地理论丛》2000年第4辑，第159—160页。
② （清）李拔纂修：《长阳县志》卷2《寺观》，故宫博物院编：《故宫珍本丛刊》第143册《湖北府州县志》第13册，海口：海南出版社，2001年，第65页。
③ 朱圣钟：《区域经济与空间过程——土家族地区历史经济地理规律探索》，北京：科学出版社，2015年，第201页。
④ （唐）杜佑撰，王文锦、王永兴、刘俊文，等点校：《通典》卷187《边防》，第5043页。
⑤ （元）马端临撰《文献通考》卷328《四裔考》（北京：中华书局，1986年，第2576页）载武落钟离山"在今夷陵郡巴山县"。
⑥ （宋）乐史撰，王文楚等点校：《太平寰宇记》卷147《峡州》，第2864页。

修一统志》载武落钟离山"在长阳县西北七十八里，一名难留山"①，巴山县为隋分佷山县置，属清江郡，唐初仍置巴山县，先后属江州、睦州、东松州、峡州（夷陵郡）②，至唐天宝年间省巴山县入长阳③，治地在今长阳县州衙坪④，现已为隔河岩水库所淹没。宋长阳县治今长阳县城，州衙坪至长阳县城距离与"七十八里"之数基本相合，因此武落钟离山当在州衙坪近旁。考察州衙坪一带山地，州衙坪对岸佷山三面环水，在清江河谷中成独立山势，而佷山魁头岩与《水经注》所载难留城山"城即山也，独立峻绝"山势相合。实地考察发现魁头岩下有石层堆积，有一石下四面悬空成石穴，因大石背阳，石面阴湿而黑，有人以此为黑穴；其下一穴岩呈丹色，表面部分风化成朱石粉，遂被视为赤穴。⑤其实魁头岩下的石层堆积应是山岩崩塌形成的，用崩塌岩石形成的石穴作廪君巴人赤穴、黑穴显然是不合理的，不过也不排除盔头岩下堆积石层是赤、黑二穴崩塌后形成的。因为实地考察在魁头岩东北岩间还发现有一石穴，穴腹狭长可容百余人，石室东南岩如刀削，仅西北有小径相通，易守难攻，即民避贼之处，赤、黑二穴可能与此岩穴类似。又《嘉庆重修一统志》、同治《长阳县志》、同治《宜昌府志》等也以清江北岸龙角山为武落钟离山⑥，但查阅清嘉庆以前史籍只载龙角山石穴有阴阳石，不载与武落钟离山或廪君有何关系⑦，因此清代方志将龙角山视作武落钟离山的记载也是不可信的。也正因为如此，目前学术界多数学者还是以武落钟离山在湖北长阳县

① （清）仁宗敕撰：《嘉庆重修一统志》卷350《宜昌府·山川》，上海：上海书店，1984年。
② （后晋）刘昫等撰：《旧唐书》卷39《地理志》，北京：中华书局，1975年，第1554页。
③ （宋）欧阳修、宋祁撰：《新唐书》卷40《地理志》，北京：中华书局，1975年，第1028页。
④ 长阳土家族自治县地方志编纂委员会：《长阳县志》，北京：中国城市出版社，1992年，第47页。
⑤ 张希周：《试论古代巴人发源于湖北长阳佷山》，《四川大学学报（哲学社会科学版）》1982年第1期，第77—79页。
⑥ （清）仁宗敕撰：《嘉庆重修一统志》卷350《宜昌府》载武落钟离山"在长阳县西北七十八里，一名难留山，一名龙角山"；（清）陈惟模修，谭大勋纂：《长阳县志》卷1《地理志》（江苏古籍出版社编：《中国地方志集成·湖北府县志辑》第54册，南京：江苏古籍出版社，2001年，第442页）载龙角山"即武落钟离山"；（清）聂光銮修，王柏心、雷春沼纂：《宜昌府志》卷2《疆域志》（台北：成文出版社有限公司，1970年，第65页）载龙角山与同治《长阳县志》相同。
⑦ （宋）王象之编：《舆地纪胜》卷73《峡州》（台北：文海出版社，1971年，第440、441页）载龙角山"在长阳县清江北，山穴有阴阳石"，又载武落钟离山，则是视二者非同一山；（明）李贤等撰：《大明一统志》卷62《荆州府》（西安：三秦出版社，1990年，第945、950页）载龙角山"在长阳县清江北，山穴内有阴阳二石，阴石常湿，阳石常燥。旱鞭阴石则雨潦，鞭阳石则霁"，亦并列载有钟离山石穴；（清）陈惟模修，谭大勋纂：《长阳县志》卷1《地理志》（第442页）载龙角山"清江北。……山穴有阴阳二石，阴石常湿，阳石常燥，旱鞭阴石则雨，涝鞭阳石则霁"，不载与武落钟离山有何关系。

佷山故地①，今日长阳佷山魁头岩已被认定为武落钟离山，并以其为巴人发源地而成为旅游胜地。

　　廪君夷城文献记载无多，《世本》载廪君从武落钟离山发，先至盐阳征服盐水神女部落，然后才"君乎夷城"，可见夷城与盐阳为两地。从廪君西迁入川渝的态势来看，夷城当在自盐阳至川、渝的西迁路途中。目前一些论著提到的夷城地望主要有恩施、渔峡口镇、佷山故城、宜昌和宜城诸说。夷城恩施说认为夷城在今恩施一带②，主要依据是《后汉书·南蛮西南夷列传》李贤注引盛弘之《荆州记》载"今施州清江县水一名盐水，源出清江县西都亭山"，隋清江县治今恩施市，则恩施清江有盐水名；又《隋书·地理志》载北周在清江上游置盐水县，《读史方舆纪要》载盐水废县在"（施州）卫东百七十里。吴沙渠县地，后周置盐水县"，恩施清江古称盐水，设县也以盐水为名，则廪君夷城距恩施不远。夷城渔峡口镇说认为廪君夷城在长阳县渔峡口镇一带③，其依据一是《世本》《后汉书》未将盐阳、夷城分开，《水经注》《太平寰宇记》

① 童恩正：《古代的巴蜀》，第 9 页；朱世学：《三峡考古与巴文化研究》，北京：科学出版社，2009 年，第 39 页；杨华、屈定富：《长江三峡南岸入蜀古道考证》，《三峡大学学报（人文社会科学版）》2006 年第 4 期，第 5—11 页；张雄：《"巴氏蛮夷"浅论》，《中南民族学院学报（哲学社会科学版）》1984 年第 2 期，第 81—87 页；张雄、黄成贤：《"廪君蛮"的发源地及迁徙走向考》，《土家族研究论文选集》，第 52—64 页；姚政：《论巴族国家的形成》，《巴渝文化》第 3 辑，第 65—81 页；彭英明：《试论湘鄂西土家族"同源异支"——廪君蛮的起源及其发展述略》，《中南民族学院学报（哲学社会科学版）》1984 年第 3 期，第 12—20 页；沈长云：《论姬姓巴国的建立与其土著的族属等有关问题》，《巴渝文化》第 3 辑，第 82—92 页；赵小帆：《试论湘鄂川黔边界地区出土的虎钮錞于的族属问题》，《贵州民族研究》1995 年第 2 期，第 54—58 页；罗二虎：《初论晚期巴文化的类型》，重庆市文物局、重庆市移民局编：《重庆 2001 三峡文物保护学术研讨会论文集》，第 162—174 页；张希周：《试论古代巴人发源于湖北长阳佷山》，《四川大学学报（哲学社会科学版）》1982 年第 1 期，第 77—79 页；张希周：《廪君时代的巴人活动地域》，《江汉论坛》1983 年第 12 期，第 59—65 页；李绍明：《川东南土家与巴国南境问题》，《思想战线》1985 年第 6 期，第 74—78、50 页；田敏：《廪君巴迁徙走向考》，《中南民族学院学报（哲学社会科学版）》1996 年第 6 期，第 61—64 页；张文：《巴蜀古王考》，《巴渝文化》第 3 辑，第 98—112 页；申世放：《巴族鱼文化》，《巴渝文化》第 3 辑，第 223—234 页；王家祐、王子岗：《涪陵出土的巴文物与川东巴国》，四川大学学报编辑部：《四川大学学报丛刊》第 5 辑，第 166—169、164 页；李恕豪：《试论"巴"的得名之由》，《天府新论》1986 年第 1 期，第 57—60 页。
② 童恩正：《古代的巴蜀》，第 12 页；董其祥：《〈山海经〉记载的巴史》，《巴史新考》，第 34—51 页；周集云：《巴族史探微》，第 49 页；管维良：《巴族史》，第 38 页；管维良：《巫山盐泉与巴族兴衰》，《巴渝文化》第 4 辑，第 79—99 页；李绍明：《川东南为巴国南境说》，《土家族研究论文选集》，第 65—72 页；李绍明：《川东南土家与巴国南境问题》，《思想战线》1985 年第 5 期，第 74—78、50 页；姚政：《论巴族国家的形成》，《巴渝文化》第 3 辑，第 65—81 页；申世放：《巴族鱼文化》，《巴渝文化》第 3 辑，第 223—234 页。
③ 邓身先：《夷城考》，胡绍华主编：《三峡文化研究丛刊》第 3 辑，武汉：武汉出版社，2003 年，第 23—25 页；张希周：《廪君时代的巴人活动地域》，《江汉论坛》1983 年第 12 期，第 59—65 页；张希周：《试论古代巴人发源于湖北长阳佷山》，《四川大学学报（哲学社会科学版）》1982 年第 1 期，第 77—79 页；朱世学：《三峡考古与巴文化研究》，第 41—42 页；罗家新：《浅谈夷城》，《江汉考古》1991 年增刊，第 175—176、192 页。

载夷城"石岸险曲""其水亦曲""望如穴状",与今渔峡口、白虎垄、巴王沱一带地貌相合;二是《晋书》载廪君杀盐水女神后乘土船经夷城,渔峡口处盐池温泉东约三十里,是从㦨山至盐池温泉必经之地;三是《世本》《后汉书》载廪君死化白虎,今渔峡口有白虎垄地名;四是在渔峡口、白虎垄、巴王沱至招徕河清江北岸,考古发现有古城遗迹及香炉石遗址。不过夷城渔峡口镇说仍有疑点,如白虎垄、巴王沱等地名不见于清以前史籍,故不排除它们为后世附会衍生的地名,这些地名不能作为廪君遗迹的直接依据;《世本》《后汉书》中盐阳、夷城名并列,则盐阳、夷城自当为两地;若以盐池温泉一带为盐水神女部落聚居地,则渔峡口镇处武落钟离山至盐阳路途中,则是廪君征服盐神部落后又率部东迁渔峡口镇一带,这与廪君巴人溯清江西迁川渝大势不合;渔峡口一带考古发现的聚落遗址也有可能是盐水神女部落的居址,或是廪君巴人在征服盐水神女部落时所建聚居点,却未必一定就是廪君夷城;至于文献所载"石岸险曲""其水亦曲""望如穴状"的夷城地貌,在清江河谷类似地方有很多,非独渔峡口、白虎垄、巴王沱如此,因此夷城渔峡口镇说仍值得商榷。至于夷城㦨山故城说则不太可能①,㦨山武落钟离山为廪君蛮发源地,夷城是廪君迁出武落钟离山后所建都城,与其发源地肯定不在一处。夷城宜昌说、宜城说也无相关文献和考古证据作支撑,故此二说也不可取。因此对已有诸说我们更倾向夷城恩施说,其地正处盐阳盐池温泉以西、廪君巴人西迁入川渝路线上。

关于廪君及其族人西迁入川渝路线,目前既无文献记载,也没有可资利用的直接考古材料,因此我们只能依据常理推断其西迁路线:居于武落钟离山的廪君巴人在廪君率领下溯夷水而上,打败盐神部落后据有清江流域,在清江上游恩施一带建立夷城,控制了清江流域后逐渐向西扩张,分数路进入今重庆境内,一部分由夷城溯清江上行达利川县境,再越齐岳山,循龙河过石柱,达今丰都一带;一部分越齐岳山,循郁水至彭水,沿乌江达涪陵;一部分由夷城经宣恩县、咸丰县,越过齐岳山,沿唐崖河过黔江,由龚滩转乌江下行至涪陵;一部分可能从夷城越齐岳山至今奉节一带。②此外可能有部分廪君巴人溯清江而上向西迁徙,然后再沿大溪北上达今重庆巫山境内。③

———————————

① 柳春鸣:《试论廪君蛮迁徙的方向》,《巴渝文化》第 3 辑,第 113—121 页。

② 周集云:《巴族史探微》,第 42、52—53 页。

③ 童恩正:《古代的巴蜀》,第 11—13 页;彭英明:《试论湘鄂西土家族"同源异支"——廪君蛮的起源及其发展述略》,《中南民族学院学报(哲学社会科学版)》1984 年第 3 期,第 12—20 页;张雄、黄成贤:《"廪君蛮"的发源地及迁徙走向考》,《土家族研究论文选集》,第 52—64 页。

　　《世本》载廪君事迹截止到"君乎夷城"，未涉及夷城廪君巴人时代巴人疆域及后廪君时代巴人分布地域，这也导致廪君时代及后廪君时代巴人地域成为巴史研究的又一疑案。据《左传》《竹书纪年》《水经注》载，夏、商时期巴人活动地域北达汉水上游，东北达襄阳附近汉水南岸，东达江汉平原西部枝江、松滋，西与蜀地东境相接，如此广大的疆域形成不可能是廪君务相完成的，而当是集数代廪君之功形成的。后世文献载廪君蛮分布范围，如《后汉书·南蛮西南夷列传》巴郡南郡蛮下载廪君蛮，则汉代巴郡、南郡均有廪君蛮，《通典》载"（廪君种）皆出于武落钟离山。……巴梁间诸巴皆是也。即巴汉之地"①，《太平寰宇记》载"（廪君）始生自武落钟离山"，"后散居巴梁间，即古荆、梁之境。……大约今为巴、峡、巫、夔四郡地皆是也"②，廪君巴人跨渝、川、陕、鄂、湘、黔等地的分布格局当是廪君及其后继者逐步完成的。从巴子五姓分布来看，《蛮书》载巴郡有四姓，为巴氏、繁（即樊）氏、陈氏、郑氏，无《世本》五姓中瞫、相二姓，又多一陈姓，可能瞫、相二姓多分布于南郡，其他姓氏多分布于巴郡。③这种姓氏分布差异当是廪君巴人在迁徙过程中形成的。

　　第四条史料记载的是舜死后葬所问题。李贤等注《后汉书》引《墨子·节葬》以为舜死葬于"南巴"，清毕沅注《墨子》也认为"'南已'实当作'南巴'，形相近，字之讹也"，又说"九嶷古巴地"，并引《史记正义》称"《周地志》云：'南渡老子水，登巴岭山，南回记大江。此南是古巴国，因以名山。'是已"④。今世学者论及舜死葬之地也以"葬南已之市"为"葬南巴之市"，并推断"苍梧古有南巴之称。疑自楚以西，自巴以南至于苍梧，古皆称巴；战国以后始谓象郡以南为百越"⑤。

　　史家对这条史料真伪其实早有讨论，毕沅引《吕氏春秋·安死》云"舜葬纪市"，与南巴无涉，晋高诱称为"纪邑"，而王念孙引《北堂书钞》及《初学记·礼部下》《后汉书·赵咨传》注及《太平御览》并作"南已"，今人孙启治亦说"王说'南已'是"⑥，则《墨子》所载"舜葬南已之市"之"南已"

① （唐）杜佑撰，王文锦、王永兴、刘俊文，等点校：《通典》卷187《边防》，第5043页。
② （宋）乐史撰，王文楚等点校：《太平寰宇记》卷178《四夷》，第3398页。
③ 徐中舒：《巴蜀文化续论》，《论巴蜀文化》，第48—137页。
④ 吴毓江撰，孙启治点校：《墨子校注》，北京：中华书局，1993年，第283—284页。
⑤ 蒙文通：《百越民族考》，《历史研究》1983年第1期，第54—59页；张勋僚：《古代巴人的起源及其与蜀人、僚人的关系》，四川大学博物馆、中国古代铜鼓研究学会编：《南方民族考古》第1辑，第45—70页。
⑥ 吴毓江撰，孙启治点校：《墨子校注》，第283—284页。

为"南巴"说难令人信服，以"南巴"推导出"自巴以南至于苍梧，古皆称巴"的结论也不可信。查舜活动地域在河南东部、山东一带[①]，未远及苍梧地，苍梧为古百越地，与巴地相隔甚远，因此舜死葬南巴说不可信，自然"自巴以南至于苍梧，古皆称巴"的说法也不能成立。

第五条史料最早见于《华阳国志》，是说夏王禹会盟诸侯于会稽，巴、蜀也参与了会盟。有学者以此为信史推断巴人在夏禹时代就与中原地区有了联系[②]，其说有待商榷。早期史籍确有禹会诸侯于会稽的记载，如《左传·哀公七年》载"禹合诸侯于涂山，执玉帛者万国"[③]，《国语·鲁语》载"昔禹致群神于会稽之山"[④]。不过学者们对"禹会盟诸侯于会稽"仍有怀疑[⑤]，认为会稽山在浙江绍兴，禹活动地域在豫西、晋南一带，禹不可能把会盟地选在绍兴会稽山，会稽禹迹是禹后裔迁越地后出于对禹的尊崇和拜祭而设置的[⑥]，我们认为此说有理，禹会诸侯于会稽说不能成立。涂山地望在河南登封、嵩县伊河、洛河以南山岳地带[⑦]，其地在夏王朝中心区域内，涂山作为盟会地点倒是合适、可能的。

既然禹会诸侯于会稽说难以成立，那么巴参与会稽会盟也就为无稽之谈。史籍虽载禹会诸侯于涂山，但未载会盟诸侯名目，其中有无巴、蜀不得而知。《华阳国志》之前也无巴、蜀参与大禹诸侯会盟的记载。夏后氏建立夏朝前主要活动地域在豫西和晋南，中心区域在豫西[⑧]，其势力未远播巴、蜀；巴、蜀僻处西南，且自古是"蜀道之难，难于上青天"，山川阻隔，距离辽远，巴、蜀能否参与会盟未可知。因此常璩说禹会诸侯"巴蜀与焉"有想当然之嫌，顾颉刚先生曾对常璩此说提出过质疑[⑨]，确乎为中肯之语。

第六条史料记载了夏启时孟涂司巴事件。《竹书纪年》《山海经·海内南经》《水经·江水注》所载为同一事件而详略不同，因此我们将其视为同一条史料的不同版本。

① 周苏平：《尧、舜、禹"禅让"的历史背景》，《西北大学学报（哲学社会科学版）》1993年第2期，第45—52页。
② 潘光旦：《湘西北的土家与古代的巴人》，《中国少数民族社会历史调查资料丛刊》修订编辑委员会编：《土家族社会历史调查》，第19—115页。
③ 杨伯峻编著：《春秋左传注》（修订本），北京：第1642页。
④ 上海师范大学古籍整理组校点：《国语》，上海：上海古籍出版社，1978年，第213页。
⑤ 田敏：《夏代巴人地域考》，《湖北民族学院学报（社会科学版）》1994年第1期，第25—26页。
⑥ 田继周：《先秦民族史》，成都：四川人民出版社，1988年，第174页。
⑦ 董其祥：《涂山新考》，《巴史新考》，第78—93页。
⑧ 周苏平：《尧、舜、禹"禅让"的历史背景》，《西北大学学报（哲学社会科学版）》1993年第2期，第45—52页。
⑨ 顾颉刚：《论巴蜀与中原的关系》，第69页。

　　《竹书纪年》为战国时魏国史书，晋武帝太康二年（281 年）出土于汲郡（治今河南省汲县西南）古墓中，因书于竹简上故称《竹书》，体裁按年编次故称《纪年》，全书原十三篇，叙述了夏、商、西周和春秋、战国史事，具有较高史料价值。《竹书纪年》原简已散佚，现流传有《古本竹书纪年》《今本竹书纪年》两个版本。清代学者朱右曾将南北朝至宋代古书中的注释和一些类书中原本的佚文汇辑编为《汲冢纪年存真》，王国维在《存真》基础上重辑为《古本竹书纪年辑校》，沈祥雍又对王国维"辑校"本校订增补，编为《古本竹书纪年辑校订补》，这些皆称古本。现流行的今本较早的是明天一阁刻本，《今本竹书纪年》也是从古注、类书所引古本辑录出来的，但又增加了一些非古本佚文，并抄录沈约《宋书·符瑞志》作沈约注，经重编的今本《竹书纪年》中春秋、战国部分采用东周纪年，与古本用晋国、魏国纪年不同，今本出现时间也较早，故今本也有一定史料价值。而"孟涂司巴"仅见于今本《竹书纪年》[①]，《古本竹书纪年》各本中无此记载[②]，又《山海经》也有孟涂司巴的记载，两相印证，孟涂司巴的真实性似无可怀疑，而《水经注》则是祖述《山海经》。

　　据这条史料分析，孟涂为夏启派入巴地负责刑狱的官吏，孟涂司巴说明夏启时巴人已臣属于夏王朝。[③]孟涂听讼之巴地在何处？《竹书纪年》《山海经》均未指明。郭璞注《山海经》称"晋建平郡丹阳城秭归县东七里，即孟涂所居"，是以孟涂司巴地在湖北秭归县境，郦道元注《水经》，秭归县下也引述了孟涂司巴事迹，认为丹山西在巫山，丹山、丹阳在三峡地区。以孟涂司巴地在秭归还见于《竹书纪年集解》《山海经·海内南经》"丹阳"注。罗泌《路史》"丹"注亦载"今建平郡有丹阳城，在秭归县之东七里。丹山之西，即孟涂之所理也。丹山乃今巫山"[④]，则似乎孟涂司巴地在湖北秭归县，后世学者以郭璞注为信史，亦以孟涂司巴地在秭归。[⑤]

① 明嘉靖中四明范氏天一阁刊本《竹书纪年》卷上、聚学轩丛书本《竹书纪年》卷上、四部丛刊本《竹书纪年》卷上、增定古今逸史本《竹书纪年》卷上、日本早稻田大学图书馆藏本《竹书纪年》卷上均有相同记载："（帝启）八年，使孟涂如巴涖讼。"

② 范祥雍编：《古本竹书纪年辑校订补》，上海：上海人民出版社，1957 年；方诗铭、王修龄：《古本竹书纪年辑证》，上海：上海古籍出版社，1981 年；佚名撰，张洁、戴和冰点校：《古本竹书纪年》，济南：齐鲁书社，2000 年。

③ 周集云：《巴族史探微》，第 4 页。

④ （宋）罗泌撰：《路史》，第 149 页。

⑤ 周集云《巴族史探微》（第 3 页）认为丹山在今江陵至秭归长江北岸丘陵地带，巫山、秭归、丹阳、丹山以至于江陵地带，都是巴人聚居地；李学勤《巴史的几个问题》（第 3 辑，第 41～45 页）认为丹山西即巫山，为巴东界，以此认为夏代巴在四川（今四川省、重庆市）东部一带活动；董其祥《古代的巴与越》（《巴史新考》，第 8～33 页）也认为"孟涂司巴"地在今湖北秭归西巫山一带，是廪君蛮源出地；邓少琴《巴蜀史稿》（第 72 页）认为熊挚所居地即孟涂司巴地，其地在峡江地区秭归一带。

说丹山、丹阳在秭归有两大疑点：一是夏王朝版图西起华山以东，东达豫东平原，北自济水以南，南至淮河沿岸[①]，中心区域在豫西、晋南[②]，若丹山、丹阳在峡江地区，则夏王朝势力已延伸到三峡地区。而秭归峡江地区与夏王朝中心区山川阻隔，距离辽远，在交通不发达的夏代，夏朝势力不可能扩展至此。一是早有人对丹山、丹阳秭归说提出疑议，清郝懿行引《晋书·地理志》称"建平郡有秭归，无丹阳，其丹阳属丹阳郡也"[③]，查《晋书·地理志》建平郡确有秭归无丹阳，丹杨（阳）郡辖有丹阳[④]，郭璞说建平郡有丹阳，言之无据。晋丹阳郡丹阳县在安徽省当涂县丹阳镇，其地距豫西、晋南甚远，郝懿行所说丹阳也非孟涂司巴地。

学者们对孟涂司巴之丹阳、丹山秭归说也多有怀疑，王光镐认为郭璞秭归丹山、丹阳说"破绽百出，处处露出生造的痕迹"[⑤]。何光岳据夏启与有扈氏交战地甘在今陕西西安市鄠邑区甘亭推断巴人在夏活动地域以南，丹山即商县丹霞山，丹山西在镇巴巴庙河一带。[⑥]《通典》载"梁州当夏殷之间为蛮夷之国，所谓巴賨彭濮之人也"[⑦]，是说夏商梁州曾为巴、賨、彭、濮人聚居地，而巴、賨、濮人后来也是巴人部族。田敏据《史记》载秦、楚丹阳之战认为丹阳在丹水之阳，在丹江与淅水交汇之地，其地近豫西、晋南，"孟涂所司丹阳之地，正应是今丹江流域的丹淅地区，而与秭归无关"[⑧]，亦属言之有据。另据汉江上游考古发现，在陕南紫阳县马家营、白马石、汉阴县阮家坝等遗址夏商遗存中出土陶器以绳纹圆底罐为主，该遗存被界定为早期巴蜀文化白马石类型[⑨]，而夏商以前文化面貌与关中和豫西考古文化联系密切，表明陕南汉江流域早期巴蜀文化是从南边传入的，而陕南汉

① 郑杰祥：《夏史初探》，郑州：中州古籍出版社，1988 年，第 73—86 页。
② 杜勇：《论夏朝国家形式及其统一的意义》，《天津师范大学学报（社会科学版）》2007 年第 1 期，第 31—39 页。
③ 袁珂校注：《山海经校注》，第 327 页。
④ （唐）房玄龄等撰：《晋书》卷 15《地理志》，北京：中华书局，1974 年，第 456、460 页。中华书局 1974 年本作"丹杨郡"，县作"丹杨"，而郡下载"汉置"。《汉书》卷 28《地理志》（第 1592 页）载有丹扬郡，郡下辖有丹阳县，则是《晋书·地理志》"丹杨"即《汉书》"丹阳"，同音异写而已。
⑤ 王光镐：《楚文化源流新证》，武汉：武汉大学出版社，1988 年，第 347 页。
⑥ 何光岳：《南蛮源流史》，第 399 页。
⑦ （唐）杜佑撰，王文锦、王永兴、刘俊文，等点校：《通典》卷 175《州郡》，第 4574 页。
⑧ 田敏：《夏代巴人地域考》，《湖北民族学院学报（哲学社会科学版）》1994 年第 1 期，第 25—26 页。
⑨ 陕西省考古研究所、陕西省安康水电站库区考古队：《陕南考古报告集》，西安：三秦出版社，1994 年，第 268、345、386 页。

水流域在地域上与巴地邻近，这种早期巴蜀文化白马类型的主人当为北迁巴人。因此夏代巴人地域北界扩展到汉水上游是可能的。孟涂司巴之丹山、丹阳当在汉水上游何处？目前因资料所限还无法确认，前述何光岳、田敏之说或皆有可能。

商朝巴人文献主要为甲骨文，主要集中在《殷契粹编》[①]、《殷虚文字乙编》[②]、《殷虚文字丙编》[③]、《甲骨文合集释文》[④]、《铁云藏龟》[⑤]中。巴人甲骨文史料主要有以下几条：

"壬申卜，争，贞令妇好从沚戚伐巴方，受有又"。[⑥]（《殷契粹编》1230）

"贞王从沚戚伐巴"，"王勿从沚戚伐巴"。（《殷虚文字丙编》25）

"壬申卜，争，贞王佳妇好令沚戚伐巴方，受有又？贞王勿佳妇好从沚戚伐巴方，弗其受有又？"[⑦]（《殷虚文字丙编》313）

"贞王勿住令妇好从沚戚伐巴方，弗其受有"（《殷虚文字乙编》961）。

"令从……伐巴方"。（《殷虚文字乙编》1656）

"辛未卜，争，贞妇好其从沚戚伐巴方，王自东𧶠伐𣠽'阱于妇好立"。[⑧]（《殷虚文字乙编》2948）

"贞妇好其从沚戚伐巴方，王勿王自东𧶠伐𣠽'阱于妇好立"。（《殷虚文字乙编》2950）

"……㩴，贞震称册呼从伐巴"。[⑨]（《殷虚文字乙编》7739）

"癸丑卜，亘，贞王从奚伐巴"。[⑩]（《殷虚文字乙编》7741）

---

① 郭沫若：《殷契粹编》，北京：科学出版社，1965年。
② 董作宾：《殷虚文字乙编》，上海：商务印书馆，1948年。
③ 张秉权：《殷虚文字丙编》，台北："中央研究院"历史语言研究所，1957年。
④ 胡厚宣主编：《甲骨文合集释文》第1册，北京：中国社会科学出版社，1999年。
⑤ （清）刘鹗撰：《铁云藏龟》，上海：上海古籍出版社，1995年。
⑥ 卜辞大意：卜问命令妇好率将军沚戚去讨伐巴方，能否受到保佑。
⑦ 贞，问话；沚，地名；妇好，武丁妻；戚，商王武丁时名将；又，灾祸。卜辞大意：殷王武丁问掌管卜告的史官，经过××吉日的卜告，命令妇好率领大将沚戚去征伐巴方，会受到祸灾吗？又问，不叫妇好带领沚戚率军征伐巴方，会受到祸灾吗？。
⑧ 东𧶠、𣠽均为地名；阱，陷兽于井中而杀之；立，《说文》释为"住"，《释名》释为"林木森然各驻其所"。卜辞大意：经史官争在辛未日的卜告，殷王武丁命妇好率领沚戚征伐巴方，殷王亲自率领另一支军队巴方在'东𣠽'的驻军，把溃败的敌军歼灭在妇好设下的埋伏里。
⑨ 㩴为武丁时贞人，震即卜辞中沚国国君，称为述说，册为册命，从为将领名。卜辞大意：贞人㩴卜问，震口述商王武丁册命，叫从带兵去伐巴方吗？
⑩ 亘为武丁时期贞人，奚为武丁时将领。卜辞大意：亘卜问，商王武丁统率奚伐巴方吗？

"辛未卜，宾，贞沚戉启巴，王勿住从止。"①（《殷虚文字乙编》7818）

"贞，巴方不其败。"②（《殷虚文字乙编》8171）

"贞，我收人伐巴方。"③（《铁云藏龟》259）

"贞王勿从沚戉伐巴"，"贞王从沚戉伐巴方。"④（《甲骨文合集释文》223）

学术界对甲骨文巴人史料有两种截然不同的态度，一说甲骨文中有"巴"，一说甲骨文中无"巴"，这两种不同的观点使得甲骨文"巴"史料的可靠性成了问题。

早期甲骨学专家对甲骨文中"𢎥""𢎦""𢎧""𢎨""𢎩""𢎪""𢎫""𢎬""𢎭""𢎮""𢎯""𢎰"等字的释读有分歧。唐兰、胡厚宣、王宇信等释为"巴"，如唐兰《天壤阁甲骨文存并考释》中将"𢎧"释为"巴"，认为巴方在西南，商王武丁时疆域西连巴蜀⑤，这是甲骨文专家首次释读甲骨文"巴"字。胡厚宣《战后京津新获甲骨集》释文有"巴方"，并推论巴方在殷西北⑥，非今重庆市地，他主编的《甲骨文合集释文》也有"巴""巴方"，但未明其处所。⑦王宇信等《试论殷墟五号墓的"妇好"》将《殷契粹编》《殷虚文字乙编》《殷虚文字丙编》中相关甲骨字均释为"巴""巴方"，并因袭唐兰巴在西南地区的说法。⑧此后许多学者以唐兰、胡厚宣、王宇信等对"巴"字的释读为定论，由此推演殷商时代巴人历史，如姚政引用卜辞中的"巴"讨论巴人与商的关系，还引用《诗经》春秋时宋襄公对其先祖武丁伐楚事件的追忆"挞彼殷武，奋伐荆楚。罙入其阻，裒荆之旅"⑨，认为武丁军队曾深入楚国方城之内和汉水以南，武丁与妇好征伐的巴方处汉水流域⑩。顾颉刚、邓少琴以巴方在陕南汉水黄金峡地段⑪；童书业、石泉认为巴方即西周春秋初

① 宾为武丁时贞人，启，开导教化。卜辞大意：宾卜问，沚（戉）去开导教化巴人，商王不同意。

② 卜辞大意：巴方未能被打败。

③ 我为武丁的自称，收即登，即征。卜辞大意：我武丁亲自征发众人去讨伐巴方。

④ 卜辞大意：卜问：商王不统帅沚（戉）去讨伐巴方？卜问：商王统帅沚（戉）去讨伐巴方？

⑤ （清）王懿荣藏，唐兰校释：《天壤阁甲骨文存并考释》，《甲骨文研究资料汇编》编委会编：《甲骨文研究资料汇编》第 14 册，北京：北京图书馆出版社，2000 年，第 491 页。

⑥ 胡厚宣编：《战后京津新获甲骨集》，《甲骨文研究资料汇编》第 11 册，北京：北京图书馆出版社，2000 年，第 18 页。

⑦ 胡厚宣主编：《甲骨文合集释文》第 1 册，第 3、6 页。

⑧ 王宇信、张永山、杨升南：《试论殷墟五号墓的"妇好"》，《考古学报》1977 年第 2 期，第 1—22 页。

⑨ 程俊英、蒋见元：《诗经注析》，北京：中华书局，1991 年，第 1040 页。

⑩ 姚政：《论巴族国家的形成》，《巴渝文化》第 3 辑，第 65—81 页。

⑪ 顾颉刚、章巽编著，谭其骧校订：《中国历史地图集》（古代史部分），第 2 页；邓少琴：《巴蜀史迹探索》，第 9 页。

的巴，其地在今陕东南、大巴山以北、汉水上游①；董其祥认为巴方中心地在江汉间，春秋时巴人仍活动在汉水流域②；庄燕和认为巴方在今陕西汉水流域黄金峡地段，地域包括陕西汉中、镇巴、紫阳地区，武丁时巴人臣服于商，后随周人灭商③；唐昌朴认为巴方是与商周同时且在四川盆地及其毗邻地带发展的部落联盟④；童恩正、赵小帆认为巴方活动于汉水流域，后为商方国⑤；李绍明、李世平认为殷商巴方主要活动于江汉间⑥；沈仲常、孙华认为巴方为邻近商王朝邦畿的方国⑦；周集云认为巴方在古巴州地，即今四川省巴中市，武丁、妇好讨伐巴方是自关中经褒斜道入汉中的⑧；段超认为巴方最早活动在山西、甘肃一带⑨；段渝认为巴方即周代宗姬巴，在汉水上游一带⑩；杨华认为商代巴族活动于汉水中、上游⑪；李干、夏渌认为巴方发源于清江流域武落钟离山，地跨川渝鄂湘黔，北与殷商为邻，后为殷人征服⑫；王然认为巴人主要活动在鄂西南，商代向东北发展到湖北荆州市⑬；刘韵叶认为甲骨卜辞有巴方⑭；白吟认为巴方在今汉水上游紫阳、镇巴、黄金峡一带⑮；杨权喜认为巴方活动于川鄂陕接壤地区，中心在三峡地区，包括汉水中上游一带，汉水上

---

① 童书业：《古巴国辨》，《中国古代地理考证论文集》，上海：中华书局，1962 年，第 121—122 页；童书业遗著：《春秋左传研究》，第 241—243 页；石泉：《古代荆楚地理新探》，武汉：武汉大学出版社，1988 年，第 122 页、183 页；石泉：《古代荆楚地理新探续集》，武汉：武汉大学出版社，2004 年，第 13—19 页。

② 董其祥：《甲骨文中的巴与蜀》，《巴史新考》，第 1—7 页。

③ 庄燕和：《古代巴史中的几个问题》，《西南师范学院学报（哲学社会科学版）》1979 年第 4 期，第 41—44 页；庄燕和：《重庆古史考辨》，《历史考古文集（1950—1984）》，重庆：重庆市博物馆编印，1984 年，第 259—261 页。

④ 唐昌朴：《先秦巴国都邑与疆域考议》，《巴渝文化》第 3 辑，第 122—134 页；唐昌朴：《从船棺葬俗考查巴蜀的族源》，《历史教学问题》1990 年第 5 期，第 51—54 页。

⑤ 童恩正：《古代的巴蜀》，第 16 页；赵小帆：《试论湘鄂川黔边界地区出土的虎钮錞于的族属问题》，《贵州民族研究》1995 年第 2 期，第 54—58 页。

⑥ 李绍明：《川东南为巴国南境说》，《土家族研究论文选集》，第 65—72 页；李绍明：《川东南土家与巴国南境问题》，《思想战线》1985 年第 6 期，第 74—78、50 页；李绍明：《巴人与土家族》，李绍明、林向、徐南洲主编：《巴蜀历史·民族·考古·文化》，第 93—104 页；李世平：《试论巴文化对西南少数民族文化的传递》，《巴渝文化》第 3 辑，第 243—254 页。

⑦ 沈仲常、孙华：《楚国灭巴考》，《贵州社会科学》1984 年第 6 期，第 52—56 页。

⑧ 周集云：《巴族史探微》，第 32—43、26 页。

⑨ 段超：《略论巴文化和土家族文化的关系》，《中南民族学院学报（哲学社会科学版）》1991 年第 2 期，第 17—22 页。

⑩ 段渝：《试论宗姬巴国与廪君蛮的关系》，贾大泉主编：《四川历史研究文集》，第 19—35 页。

⑪ 杨华：《对"武王伐纣"之战几个有关问题的探讨》，《巴渝文化》第 4 辑，第 132—144 页。

⑫ 李干、夏渌：《卜辞中南方民族史料偶拾》，张正明主编：《楚史论丛》，第 286—304 页。

⑬ 王然：《夏商西周至春秋时期的巴人遗存考》，王光镐主编：《文物考古文集》，武汉：武汉大学出版社，1997 年，第 102—112 页。

⑭ 刘韵叶：《武王伐纣无巴论》，《巴渝文化》第 3 辑，第 93—97 页。

⑮ 白吟：《略述巴渝地区的古代先民》，《巴渝文化》第 3 辑，第 166—168 页。

游陕南地区为巴与中原联系的主要地区①；何光岳、杨铭认为巴方在今山西南部②。

还有部分学者认为甲骨文无"巴"。最早进行甲骨文研究的王襄释"𢓊"作"虺"③；郭沫若释"𢓊""𢓊"作"儿方"，释《殷契粹编》1230片甲骨文为"壬申卜，争，贞令妇好从沚㦡伐儿方，受屮佑"，注文载"儿即《说文》所说古文字奇字人。儿方当即夷方"④，则郭沫若认为甲骨文有"儿方"无"巴方"；陈梦家释"𢓊""𢓊"作"印"，"印方"涉及甲骨卜辞有《殷虚文字乙编》2948"妇好其从沚㦡伐印方，王自东伐𢓊"，《殷虚文字乙编》961"勿隹妇好从沚㦡伐印方，弗其受屮又"，《殷契粹编》1230"令妇好从沚㦡伐印方，受屮又"，《殷虚文字乙编》3787"王宙沚㦡从伐印方，帝受我又"，《殷虚文字乙编》1873、2248"王从沚㦡伐印"，所引甲骨与唐兰同，但陈梦家释文有"印方"而无"巴方"，是陈梦家不认为甲骨文有"巴"或"巴方"，"印方"在晋南地区⑤；日本学者岛邦男释"𢓊""𢓊"作"人"，"人方"即"夷方"，赞同郭沫若的"儿方"即"夷方"⑥，故其所著《殷墟卜辞综类》中未列"巴"字⑦；张政烺释"𢓊""𢓊"为"它"，为象形字，本义为一种短蛇⑧，彭邦炯亦赞同此说⑨；李孝定编《甲骨文字集释》⑩、徐中舒主编《甲骨文字典》⑪所收录甲骨文均未录"巴"字，也认为甲骨文无"巴""巴方"。由于这些学者对甲骨文做了非"巴"字的释读，因此后世学者否认甲骨文有"巴"，如袁庭栋认为"甲骨文中没有'巴'字，一些学者认为甲骨文中有'巴'，乃是误解"，在巴史研究中不能以"目前尚不能肯定的材料来作'愈古愈佳'的推论"⑫；

---

① 杨权喜：《略论古代的巴》，《四川文物》1991年第1期，第12—17页。
② 何光岳：《楚灭国考》，上海：上海人民出版社，1990年，第97—110页；杨铭：《巴人源出东夷考》，《历史研究》1999年第6期，第36—50页。
③ 王襄著，唐石父、王巨儒整理：《王襄著作选集》，天津：天津古籍出版社，2005年，第752页。
④ 郭沫若：《殷契粹编》，第660页。
⑤ 陈梦家：《殷虚卜辞综述》，北京：中华书局，1988年，第284页。
⑥ 〔日〕岛邦男：《殷墟卜辞研究》，濮茅左、顾伟良译，上海：上海古籍出版社，2006年，第749—750页。
⑦ 〔日〕岛邦男：《殷墟卜辞综类》，东京：汲古书院，1971年。
⑧ 张政烺：《释它示——论卜辞中没有蚕神》，吉林大学古文字研究室编：《古文字研究》第1辑，北京：中华书局，1979年，第63—70页。
⑨ 彭邦炯：《关于巴的探索》，《巴渝文化》第3辑，第46—64页。
⑩ 李孝定编述：《甲骨文字集释》，台北："中央研究院"历史语言研究所专刊之五十，1965年。
⑪ 徐中舒主编：《甲骨文字典》，成都：四川辞书出版社，1989年。
⑫ 袁庭栋：《巴蜀文化》，第4页。

孙华在进行巴史研究时也不采用有争议的甲骨文史料[①]，孟世凯、郝良真也认为甲骨文无"巴"[②]。

由于早期巴人史料匮乏，利用文献我们很难确定甲骨文中究竟有无"巴""巴方"，不过我们可从汉江上游考古发现中寻找线索，这在下一节夏商时期汉水上游考古学文化的讨论中能提供相应的答案。

第三节 从考古发现看巴人族群起源与活动地域

以重庆为中心的渝、川、陕、鄂、湘、黔毗邻地带石器时代就有人类活动。目前发现的旧石器时代遗址，川江沿岸主要有重庆江津区莲花石江巴赖[③]，九龙坡区桃花溪[④]，大渡口区马王场，南岸区广阳新房，江北区寸滩羊坝滩[⑤]，涪陵区北拱，丰都县烟墩堡、井水湾、枣子坪、高家镇、范家河、冉家路口、老鹰嘴、池坝岭、和平村、黄金坡、丰稳坝、树人乡、新城，忠县永兴、乌杨、唐家河、复新、石宝寨、滄井沟，万州区渣子门、武陵、秦家湾、武陵南、蒲家村，开州区书香，云阳县大地坪、桥沟湾、双江、稻场，奉节县藕塘、鱼腹浦、横路、庙湾子、洋安渡、草堂、五马石、宝塔坪、三坨、三塘、堰塘、桑树坪、黄果树、观武、瞿塘村[⑥]、兴隆洞[⑦]、刘家院坝[⑧]，巫山县江东嘴、安坪、林家湾[⑨]、迷宫洞、雷坪洞[⑩]、龙骨坡[⑪]，巴东县李家湾、高桅子、

① 孙华：《四川盆地的青铜时代》，第 354 页。
② 孟世凯：《巴渝文化琐议》，《巴渝文化》第 3 辑，第 135—141 页；郝良真：《巴文化的发展及特点试析》，《巴渝文化》第 3 辑，第 142—153 页。
③ 董其祥：《重庆地区的远古文化》，《历史考古文集（1950—1984）》，第 1—4 页。
④ 李宣民：《桃花溪旧石器》，《人类学学报》1992 年第 11 卷第 2 期，第 126—132 页。
⑤ 四川省文物管理委员会、四川省文物考古研究所：《四川省文物考古十年（1979—1989）》，文物编辑委员会编：《文物考古工作十年（1979—1989）》，北京：文物出版社，1991 年，第 251—262 页。
⑥ 高星、裴树文：《三峡远古人类的足迹——三峡库区旧石器时代考古的发现和研究》，成都：巴蜀书社，2010 年，第 13—17 页。
⑦ 黄万波：《重庆奉节兴隆洞及其象牙刻划的发现》，《化石》2010 年第 1 期，第 35—40 页；邹后曦：《重庆考古 60 年》，《四川文物》2009 年第 6 期，第 32—45 页。
⑧ 吉林大学边疆考古研究中心、奉节县白帝城文物管理所：《奉节刘家院坝遗址发掘报告》，重庆市文物局、重庆市移民局编：《重庆库区考古报告集·2002 卷》，北京：科学出版社，2010 年，第 154—166 页。
⑨ 高星、裴树文：《三峡远古人类的足迹——三峡库区旧石器时代考古的发现和研究》，第 13—17 页。
⑩ 邹后曦：《重庆考古 60 年》，《四川文物》2009 年第 6 期，第 32—45 页。
⑪ 四川省文物管理委员会、四川省文物考古研究所：《四川省文物考古十年（1979—1989）》，文物编辑委员会编：《文物考古工作十年（1979—1989）》，第 251—262 页。

福利溪、长渡河、红庙岭、西瀼口遗址、万流、石柱子[1]、楠木园、大坪、沿渡河、编鱼溪、马家村、官渡口[2]，秭归县唐家冲、水田坝、三门洞、孙家洞、崔家湾、郭家坝、玉虚洞、李园坪、尤家河、新滩[3]、锁龙坪、万古寺[4]、兴山县深渡河[5]，宜都市九道河[6]，当阳市季家湖[7]等遗址；清江流域主要有长阳县长阳人[8]、鲢鱼山、伴峡小洞、伴峡榨洞[9]，建始县建始人[10]，恩施市凤凰山[11]等遗址；乌江流域主要有黔江区红土垮遗址[12]；嘉陵江流域主要有铜梁县铜梁人[13]，合川区桥角村[14]，广元市中子铺[15]等遗址；汉江流域主要有丹江口市后山坡[16]，房县樟脑洞[17]、兔子洼、莲花湾[18]，郧阳郧县人[19]、伏龙观[20]、

① 高星、裴树文：《三峡远古人类的足迹——三峡库区旧石器时代考古的发现和研究》，第 13—17 页。
② 邓辉：《土家族区域的考古文化》，北京：中央民族大学出版社，1999 年，第 24 页。
③ 高星、裴树文：《三峡远古人类的足迹——三峡库区旧石器时代考古的发现和研究》，第 13—17 页。
④ 邓辉：《土家族区域的考古文化》，第 24 页。
⑤ 高星、裴树文：《三峡远古人类的足迹——三峡库区旧石器时代考古的发现和研究》，第 13—17 页。
⑥ 李天元：《湖北枝城九道河旧石器时代遗址发掘报告》，《考古与文物》1990 年第 1 期，第 6—20 页；杨宝成、黄锡全编：《湖北考古发现与研究》，武汉：武汉大学出版社，1995 年，第 15—16 页。
⑦ 湖北省博物馆：《当阳季家湖新石器时代遗址》，文物编辑委员会编：《文物资料丛刊》第 10 辑，北京：文物出版社，1987 年，第 1—15 页。
⑧ 贾兰坡：《长阳人化石及共生的哺乳动物群》，《古脊椎动物与古人类》1957 年第 3 期，第 247—258 页。
⑨ 王善才主编：《清江考古》，第 6—33 页。
⑩ 郑绍华主编：《建始人遗址》，北京：科学出版社，2004 年。
⑪ 邓辉：《土家族区域的考古文化》，第 25 页。
⑫ 四川省文物管理委员会、四川省文物考古研究所：《四川省文物考古十年（1979—1989）》，文物编辑委员会编：《文物考古工作十年（1979—1989）》，第 251—262 页。
⑬ 李宣民、张森水：《铜梁旧石器文化之研究》，《古脊椎动物与古人类》1981 年第 4 期，第 359—369 页。
⑭ 袁钧：《三江流域的石器采集点》，《三江考古调查纪要》，重庆市文化局文物处重庆市博物馆编印，1987 年，第 4—9 页。
⑮ 白九江、蒋晓春、赵炳清：《川东北地区先秦时期考古学文化序列研究》，重庆市文物考古所、重庆文化遗产保护中心编：《"早期中国的文化交流与互动——以长江三峡库区为中心"学术研讨会论文集》，北京：科学出版社，2012 年，第 283—298 页。
⑯ 湖北省博物馆、丹江口市博物馆：《丹江口市石鼓后山坡旧石器地点调查简报》，《江汉考古》1987 年第 4 期，第 1—6 页。
⑰ 黄万波、徐晓风、李天元：《湖北房县樟脑洞旧石器时代遗址发掘报告》，《人类学学报》1987 年第 4 期，第 298—304 页；李天元、武仙竹：《房县樟脑洞发现的旧石器》，《江汉考古》1986 年第 3 期，第 1—4 页。
⑱ 杨宝成、黄锡全编：《湖北考古发现与研究》，第 20 页。
⑲ 李炎贤、计宏祥、李天元，等：《郧县人遗址发现的石制品》，《人类学学报》1998 年第 2 期，第 94—113 页。
⑳ 武仙竹、周兴明、王运辅：《湖北郧县伏龙观旧石器时代遗址调查简报》，《人类学学报》2008 年第 1 期，第 33—37 页。

刘湾①，郧西县白龙洞②、黄龙洞③，陕西汉中市梁山龙岗④等遗址；澧水流域主要有石门县燕儿洞⑤、桑植县朱家台⑥等遗址；沅水流域主要有保靖县拔茅东洛⑦，秀山县扁口洞，泸溪县田溪口、岩坪⑧、玉皇阁、半山坪、灰窑、必井坳⑨等遗址。从目前旧石器时代考古研究来看，各遗址间的文化联系还有待深入讨论，单从旧石器时代遗址分布看，表明旧石器时代巴地已经有人类在此繁衍生息。

　　新石器时代以重庆为中心的渝、川、陕、鄂、湘、黔毗邻地带人类文化遗址更多。峡江地区及邻近区域新石器时代遗址主要有当阳市罗家山⑩、冯山、杨木岗⑪、季家湖⑫，荆门市叉堰冲⑬，松滋市桂花树⑭，枝江市关庙山⑮，宜都市城背溪⑯、鸡子河、茶店子、王家渡、蒋家桥⑰、红花套⑱、刘

① 北京联合大学应用文理学院历史文博系、中国科学院古脊椎动物与古人类研究所：《湖北郧县刘湾旧石器时代遗址发掘简报》，《江汉考古》2012 年第 2 期，第 3—11 页。
② 武仙竹、裴树文、吴秀杰，等：《湖北郧西白龙洞古人类遗址初步研究》，《人类学学报》2009 年第 1 期，第 1—14 页。
③ 武仙竹、吴秀杰、陈明惠，等：《湖北郧西黄龙洞古人类遗址 2006 年发掘报告》，《人类学学报》2007 年第 3 期，第 193—240 页。
④ 阎嘉祺：《陕西汉中地区梁山龙岗寺首次发现旧石器》，《考古与文物》1980 年第 4 期，第 1—5 页；阎嘉祺：《陕西汉中地区梁山旧石器的再调查》，《考古与文物》1981 年第 2 期，第 1—5 页。
⑤ 湖南省文物考古研究所、石门县博物馆：《石门县燕儿洞遗址试掘》，湖南省文物考古研究所、湖南省考古学会编：《湖南考古辑刊》第 6 集，长沙：求索杂志社，1994 年，第 1—7 页。
⑥ 周明阜：《湘西先秦考古文化的多元性建构探讨》，《吉首大学学报（社会科学版）》1993 年第 4 期，第 71—79 页。
⑦ 周明阜：《湘西先秦考古文化的多元性建构探讨》，《吉首大学学报（社会科学版）》1993 年第 4 期，第 71—79 页。
⑧ 邓辉：《土家族区域的考古文化》，第 28、23 页。
⑨ 周明阜：《湘西先秦考古文化的多元性建构探讨》，《吉首大学学报（社会科学版）》1993 年第 4 期，第 71—79 页。
⑩ 宜昌地区博物馆：《当阳罗家山新石器时代遗址调查简报》，《江汉考古》1989 年第 4 期，第 9—12 页。
⑪ 湖北省博物馆、武汉大学历史系考古专业：《当阳冯山、杨木岗遗址试掘简报》，《江汉考古》1983 年第 1 期，第 43—50 页。
⑫ 湖北省博物馆：《湖北当阳季家湖新石器时代遗址》，文物编辑委员会编：《文物资料丛刊》第 10 辑，第 1—15 页。
⑬ 杨权喜：《荆门市叉堰冲新石器时代遗址》，中国考古学会编：《中国考古学年鉴 2001》，北京：文物出版社，2002 年，第 218—219 页；杨权喜：《荆门市叉堰冲新石器时代遗址》，中国考古学会编：《中国考古学年鉴 2002》，北京：文物出版社，2003 年，第 275—276 页。
⑭ 湖北省荆州地区博物馆：《湖北松滋县桂花树新石器时代遗址》，《考古》1976 年第 3 期，第 187—196、160 页。
⑮ 中国社会科学院考古研究所湖北工作队：《湖北枝江县关庙山新石器时代遗址发掘简报》，《考古》1981 年第 4 期，第 289—297 页。
⑯ 湖北省文物考古研究所：《1983 年湖北宜都城背溪遗址发掘简报》，《江汉考古》1996 年第 4 期，第 1—17 页。
⑰ 杨权喜、陈振裕：《宜都县茶店子等四处新石器时代遗址》，中国考古学会编：《中国考古学年鉴 1985》，北京：文物出版社，1985 年，第 182—183 页。
⑱ 红花套考古发掘队：《红花套遗址发掘报告》，《史前研究》1990—1994 年辑刊，第 309—317 页；张弛、林春：《红花套遗址新石器时代的石制品研究》，《南方文物》2008 年第 3 期，第 68—77 页。

家河①、枝城北、花庙堤、金子山、孙家河、栗树窝子②，公安县鸡鸣城③、荆州市黄家草场④、朱家台⑤、套嘴⑥、阴湘城，宜昌市柳家畈、沱盘溪、枇杷垴、林子岗⑦、四渡河⑧、下岸⑨、朱家台⑩、清水滩⑪、三斗坪⑫、荞麦岭⑬、杨家湾⑭、大坪⑮、窝棚墩⑯、白庙⑰、白狮湾⑱、中堡岛⑲、黄土包⑳、

① 长江流域规划办公室考古队：《1976 年清江下游沿岸考古调查简报》，《江汉考古》1985 年第 4 期，第 20—23 页。
② 陈振裕、杨权喜：《宜都县枝城北新石器时代早期遗址》，中国考古学会编：《中国考古学年鉴 1985》，第 177—178 页；陈振裕、杨权喜：《宜都县花庙堤等四处新石器时代早期遗址》，中国考古学会编：《中国考古学年鉴 1985》，第 178—179 页。
③ 刘建业：《荆州市鸡鸣城新石器时代遗址》，中国考古学会编：《中国考古学年鉴 2015》，北京：中国社会科学出版社，2016 年，第 246 页。
④ 田勇：《荆州市荆州区黄家草场新石器时代遗址》，中国考古学会编：《中国考古学年鉴 2013》，北京：文物出版社，2014 年，第 325—326 页。
⑤ 湖北省文物考古研究所、武汉大学历史系考古研究室：《湖北江陵朱家台遗址 1991 年的发掘》，《考古学报》1996 年第 4 期，第 443—471 页。
⑥ 胡文春：《荆州市套嘴新石器时代遗址》，中国考古学会编：《中国考古学年鉴 2011》，北京：文物出版社，2012 年，第 348 页。
⑦ 宜昌地区博物馆：《宜昌县艾家河古遗址群调查简报》，《江汉考古》1989 年第 3 期，第 26—29 页。
⑧ 林向：《大溪文化与巫山大溪遗址》，中国考古学会编：《中国考古学会第二次年会论文集（1980）》，北京：文物出版社，1982 年，第 124—132 页。
⑨ 国家文物局三峡考古队：《湖北宜昌县下岸遗址发掘简报》，《考古》1999 年第 1 期，第 31—39 页。
⑩ 鄂博三峡考古队第三组：《宜昌县朱家台遗址试掘》，《江汉考古》1989 年第 2 期，第 22—26 页。
⑪ 湖北省宜昌地区博物馆、四川大学历史系考古专业：《宜昌县清水滩新石器时代遗址的发掘》，《考古与文物》1983 年第 2 期，第 1—17 页；武汉大学历史系考古专业：《清水滩遗址 1984 年发掘简报》，《江汉考古》1988 年第 3 期，第 1—9、107 页。
⑫ 湖北省文物考古研究所：《1985—1986 三峡坝区三斗坪遗址发掘简报》，《江汉考古》1999 年第 2 期，第 1—20 页。
⑬ 梁柱：《宜昌荞麦岭新石器时代及商时期遗址》，中国考古学会编：《中国考古学年鉴 1985》，第 159 页。
⑭ 宜昌地区博物馆：《宜昌县杨家湾新石器时代遗址》，《江汉考古》1984 年第 4 期，第 27—37 页。
⑮ 三峡考古队：《宜昌大坪遗址发掘简报》，《江汉考古》1994 年第 1 期，第 35—38 页。
⑯ 湖北省文物考古研究所：《宜昌窝棚墩遗址的调查与发掘》，《江汉考古》1994 年第 1 期，第 13—21 页。
⑰ 湖北宜昌地区博物馆、四川大学历史系考古专业：《湖北宜昌白庙遗址试掘简报》，《考古》1983 年第 5 期，第 415—419 页；三峡考古队：《湖北宜昌白庙遗址 1993 年发掘简报》，《江汉考古》1994 年第 1 期，第 22—34 页；湖北省文物考古研究所：《1985—1986 宜昌白庙遗址发掘简报》，《江汉考古》1996 年第 3 期，第 1—12、54 页。
⑱ 湖北省文物考古研究所：《长江三峡工程坝区白狮湾遗址发掘简报》，《江汉考古》1999 年第 1 期，第 1—10 页。
⑲ 湖北省宜昌地区博物馆、四川大学历史系：《宜昌中堡岛新石器时代遗址》，《考古学报》1987 年第 1 期，第 45—98 页；国家文物局三峡考古队：《朝天嘴与中堡岛》，北京：文物出版社，2001 年，第 85—265 页。
⑳ 湖北省博物馆：《宜昌覃家沱两处周代遗址的发掘》，《江汉考古》1985 年第 1 期，第 38—56 页。

路家河①、鹿角包②，秭归县下尾子③、缆子杆④、朝天嘴⑤、黄土嘴⑥、沙湾⑦、渡口⑧、柳林溪⑨、伍相庙⑩、将军滩⑪、卜庄河⑫、东门头（含李家街）⑬、龚家大沟⑭、旧州河⑮、何家坪（岭）⑯、何家坡⑰、庙坪⑱、官庄坪⑲、玉种地⑳、

① 长江水利委员会编著：《宜昌路家河——长江三峡考古发掘报告》，北京：科学出版社，2002 年，第 9—128 页。
② 孟华平：《宜昌鹿角包新石器时代和商周遗址》，中国考古学会编：《中国考古学年鉴 1994》，北京：文物出版社，1997 年，第 225—226 页。
③ 宜昌博物馆、秭归屈原纪念馆：《秭归下尾子遗址发掘简报》，《江汉考古》1994 年第 1 期，第 69—77 页。
④ 宜昌博物馆：《秭归缆子杆遗址发掘简报》，国务院三峡工程建设委员会办公室、国家文物局编著：《湖北库区考古报告集》（第五卷），北京：科学出版社，2010 年，第 157—173 页。
⑤ 国家文物局三峡考古队：《湖北秭归朝天嘴遗址发掘简报》，《文物》1989 年第 2 期，第 41—51 页；国家文物局三峡考古队：《朝天嘴与中堡岛》，第 7—81 页。
⑥ 湖北省文物考古研究所：《秭归黄土嘴遗址考古发掘简报》，国务院三峡工程建设委员会办公室、国家文物局编著：《湖北库区考古报告集》（第二卷），北京：科学出版社，2005 年，第 351—358 页。
⑦ 宜昌博物馆：《秭归沙湾遗址发掘简报》，国务院三峡工程建设委员会办公室、国家文物局编著：《湖北库区考古报告集》（第一卷），北京：科学出版社，2003 年，第 302—312 页。
⑧ 宜昌博物馆：《秭归渡口遗址发掘报告》，国务院三峡工程建设委员会办公室、国家文物局编著：《湖北库区考古报告集》（第一卷），第 522—562 页。
⑨ 国务院三峡工程建设委员会办公室、国家文物局编著：《秭归柳林溪》，北京：科学出版社，2003 年，第 9—146 页。
⑩ 湖北省博物馆、江陵考古工作站：《宜昌伍相庙新石器时代遗址发掘简报》，《江汉考古》1988 年第 1 期，第 9—14 页。
⑪ 宜昌博物馆：《秭归将军滩遗址发掘简报》，国务院三峡工程建设委员会办公室、国家文物局编著：《湖北库区考古报告集》（第一卷），第 626—630 页。
⑫ 宜昌博物馆：《卜庄河古遗址（A、B 区）发掘简报》，国务院三峡工程建设委员会办公室、国家文物局编著：《湖北库区考古报告集》（第三卷），北京：科学出版社，2006 年，第 19—34 页。
⑬ 国务院三峡工程建设委员会办公室、国家文物局编著：《秭归东门头》，北京：科学出版社，2010 年，第 29—77 页；湖北省博物馆：《秭归李家街遗址发掘》，国务院三峡工程建设委员会办公室、国家文物局编著：《湖北库区考古报告集》（第六卷），北京：科学出版社，2010 年，第 379—440 页。
⑭ 湖北省博物馆考古部：《秭归龚家大沟遗址的调查试掘》，《江汉考古》1984 年第 1 期，第 3—20 页。
⑮ 宜昌博物馆、秭归屈原纪念馆：《秭归旧州河遗址发掘报告》，国务院三峡工程建设委员会办公室、国家文物局编著：《湖北库区考古报告集》（第一卷），第 704—718 页。
⑯ 湖北黄石市博物馆：《秭归何家坪遗址发掘简报》，国务院三峡工程建设委员会办公室、国家文物局编著：《湖北库区考古报告集》（第三卷），第 182—196 页；襄樊市文物考古研究所：《秭归何家坪遗址 2007 年发掘报告》，国务院三峡工程建设委员会办公室、国家文物局编著：《湖北库区考古报告集》（第五卷），第 477—513 页。
⑰ 秭归县文化局：《秭归何家坡遗址发掘简报》，国务院三峡工程建设委员会办公室、国家文物局编著：《湖北库区考古报告集》（第五卷），第 284—301 页。
⑱ 湖北省文物考古研究所三峡考古队：《秭归庙坪遗址 1995 年试掘简报》，国务院三峡工程建设委员会办公室、国家文物局编著：《湖北库区考古报告集》（第一卷），第 274—282 页。
⑲ 国务院三峡工程建设委员会办公室、国家文物局编著：《秭归官庄坪》，北京：科学出版社，2005 年，第 10—53 页。
⑳ 宜昌博物馆：《秭归玉种地遗址发掘简报》，国务院三峡工程建设委员会办公室、国家文物局编著：《湖北库区考古报告集》（第一卷），第 283—291 页。

砂罐岭①、白水河②、仓坪③、独石子④、大沱湾⑤，兴山县田家坡⑥、邹家岭、巴东县红庙岭⑦，东瀼口⑧、雷家坪⑨、茅寨子湾⑩、鸭子嘴⑪、鸽子窝⑫、黎家沱⑬、龙王庙⑭、长渡河⑮、高桅子⑯、火焰石⑰、链子溪⑱、楠木园⑲、李家湾⑳、

---

① 湖北省文物考古研究所：《秭归县砂罐岭遗址发掘简报》，国务院三峡工程建设委员会办公室、国家文物局编著：《湖北库区考古报告集》（第四卷），北京：科学出版社，2007 年，第 430—457 页。

② 杨华：《秭归县白水河新石器时代至唐宋时期遗址》，中国考古学会编：《中国考古学年鉴 2002》，第 273—275 页。

③ 南京大学历史学系考古教研室：《秭归仓坪遗址发掘报告》，国务院三峡工程建设委员会办公室、国家文物局编著：《湖北库区考古报告集》（第一卷），第 341—430 页。

④ 宜昌博物馆：《秭归独石子遗址发掘简报》，国务院三峡工程建设委员会办公室、国家文物局编著：《湖北库区考古报告集》（第五卷），第 174—189 页。

⑤ 宜昌博物馆：《秭归大沱湾遗址发掘简报》，国务院三峡工程建设委员会办公室、国家文物局编著：《湖北库区考古报告集》（第五卷），第 190—201 页。

⑥ 宜昌地区博物馆、兴山县王昭君纪念馆：《兴山县古文化遗址调查简报》，《江汉考古》1987 年第 1 期，第 11—13 页。

⑦ 国务院三峡工程建设委员会办公室、国家文物局编著：《巴东红庙岭》，第 16—321 页。

⑧ 陈官涛、倪婉：《巴东县东瀼口新石器时代遗址及清代墓地》，中国考古学会编：《中国考古学年鉴 2003》，北京：文物出版社，2004 年，第 341—342 页。

⑨ 国务院三峡工程建设委员会办公室、国家文物局编著：《巴东雷家坪》，北京：科学出版社，2009 年，第 23—46 页。

⑩ 厦门大学历史系考古教研室：《巴东茅寨子遗址发掘报告》，国务院三峡工程建设委员会办公室、国家文物局编著：《湖北库区考古报告集》（第一卷），第 101—133 页；湖北省文物考古研究所：《巴东茅寨子湾遗址的第二次发掘》，国务院三峡工程建设委员会办公室、国家文物局编著：《湖北库区考古报告集》（第三卷），第 428—516 页。

⑪ 湖北省文物考古研究所：《巴东鸭子嘴遗址（西区）发掘简报》，国务院三峡工程建设委员会办公室、国家文物局编著：《湖北库区考古报告集》（第二卷），第 252—280 页。

⑫ 南京大学历史学系考古教研室、巴东县博物馆：《巴东鸽子窝遗址 2000 年发掘简报》，国务院三峡工程建设委员会办公室、国家文物局编著：《湖北库区考古报告集》（第一卷），第 183—188 页。

⑬ 山东大学考古系：《巴东黎家沱遗址发掘简报》，国务院三峡工程建设委员会办公室、国家文物局编著：《湖北库区考古报告集》（第一卷），第 11—46 页；中山大学人类学系、巴东县博物馆：《巴东黎家沱遗址 2000 年度发掘简报》，国务院三峡工程建设委员会办公室、国家文物局编著：《湖北库区考古报告集》（第一卷），第 47—65 页。

⑭ 黄石市博物馆：《巴东龙王庙遗址发掘简报》，国务院三峡工程建设委员会办公室、国家文物局编著：《湖北库区考古报告集》（第三卷），第 234—245 页。

⑮ 湖北省文物考古研究所纪南城工作站：《巴东长渡河遗址发掘简报》，国务院三峡工程建设委员会办公室、国家文物局编著：《湖北库区考古报告集》（第二卷），第 17—21 页。

⑯ 湖北省文物考古研究所纪南城工作站：《巴东高桅子遗址发掘报告》，国务院三峡工程建设委员会办公室、国家文物局编著：《湖北库区考古报告集》（第二卷），第 66—85 页。

⑰ 湖北省文物考古研究所纪南城工作站：《巴东火焰石遗址发掘报告》，国务院三峡工程建设委员会办公室、国家文物局编著：《湖北库区考古报告集》（第二卷），第 92—119 页。

⑱ 恩施自治州博物馆：《巴东链子溪遗址发掘简报》，国务院三峡工程建设委员会办公室、国家文物局编著：《湖北库区考古报告集》（第三卷），第 331—334 页。

⑲ 余西云：《巴东县楠木园新石器时代和秦六朝明清时期遗址》，中国考古学会编：《中国考古学年鉴 2001》，第 211—212 页；余西云：《巴东县楠木园新石器时代西周汉唐遗址》，中国考古学会编：《中国考古学年鉴 2002》，第 271—272 页。

⑳ 国务院三峡工程建设委员会办公室、国家文物局编著：《巴东李家湾》，北京：科学出版社，2009 年，第 10—70 页。

白羊坪①、四季坪②、店子头③、土寨子④、万流⑤，巫山县城关南门⑥、培（碚）石⑦、欧家老屋⑧、跳石⑨、南陵、孔圣泉、宝子滩⑩、江东嘴⑪、琵琶洲⑫、魏家梁子⑬、柏树林⑭、锁龙⑮、大溪⑯、四龙嘴⑰、杜家坪、李家坝、老油

---

① 恩施自治州博物馆：《巴东白羊坪遗址发掘简报》，国务院三峡工程建设委员会办公室、国家文物局编著：《湖北库区考古报告集》（第一卷），第1—10页。

② 湖北省文物考古研究所：《巴东四季坪遗址发掘简报》，国务院三峡工程建设委员会办公室、国家文物局编著：《湖北库区考古报告集》（第二卷），第187—191页；荆州博物馆：《巴东四季坪遗址发掘简报》，国务院三峡工程建设委员会办公室、国家文物局编著：《湖北库区考古报告集》（第三卷），第407—414页。

③ 湖北省文物考古研究所：《巴东店子头遗址发掘简报》，国务院三峡工程建设委员会办公室、国家文物局编著：《湖北库区考古报告集》（第二卷），第35—45页。

④ 湖北省文物考古研究所：《巴东土寨子遗址发掘简报》，国务院三峡工程建设委员会办公室、国家文物局编著：《湖北库区考古报告集》（第二卷），第197—209页。

⑤ 湖北省文物考古研究所：《巴东万流遗址发掘简报》，国务院三峡工程建设委员会办公室、国家文物局编著：《湖北库区考古报告集》（第二卷），第210—219页。

⑥ 四川省文物管理委员会、四川省文物考古研究所、巫山县文化馆：《巫山境内长江、大宁河流域古遗址调查简报》，四川省考古研究所编：《四川考古报告集》，北京：文物出版社，1998年，第1—10页。

⑦ 南京博物院考古研究所、巫山县文物管理所：《巫山培石遗址第一次发掘报告》，重庆市文物局、重庆市移民局编《重庆库区考古报告集·1999卷》，北京：科学出版社，2006年，第59—79页。

⑧ 吴耀利：《巫山县欧家老屋新石器时代遗址》，中国考古学会：《中国考古学年鉴1995》，北京：文物出版社，1997年，第214页。

⑨ 南京博物院考古研究所、重庆市文化局、巫山县文物管理所：《巫山跳石遗址第二次发掘报告》，重庆市文物局、重庆市移民局编：《重庆库区考古报告集·1998卷》，北京：科学出版社，2003年，第27—57页。

⑩ 四川省文物管理委员会、四川省文物考古研究所、巫山县文化馆：《巫山境内长江、大宁河流域古遗址调查简报》，四川省考古研究所编：《四川考古报告集》，第1—10页。

⑪ 南京大学历史系考古专业、重庆市文物局、巫山县文管所：《巫山江东嘴遗址发掘报告》，重庆市文物局、重庆市移民局编：《重庆库区考古报告集·2000卷》，北京：科学出版社，2007年，第84—108页；湖南省文物考古研究所、重庆市文物局、巫山县文物管理所：《巫山江东嘴石时代遗址发掘报告》，重庆市文物局、重庆市移民局编：《重庆库区考古报告集·2000卷》，第374—394页。

⑫ 四川省文物管理委员会、四川省文物考古研究所、巫山县文化馆：《巫山境内长江、大宁河流域古遗址调查简报》，四川省考古研究所编：《四川考古报告集》，第1—10页。

⑬ 中国社会科学院考古研究所长江三峡考古队：《四川巫山县魏家梁子遗址的发掘》，《考古》1996年第8期，第1—18、48页。

⑭ 陈冰白：《巫山县柏树林新石器时代西周六朝至清代遗址》，中国考古学会编：《中国考古学年鉴2001》，第260—261页。

⑮ 成都市文物考古工作队、巫山县文物管理所：《巫山锁龙遗址发掘简报》，重庆市文物局、重庆市移民局编：《重庆库区考古报告集·1997卷》，北京：科学出版社，2001年，第1—30页；成都市文物考古研究所、成都市文物考古工作队：《巫山锁龙遗址发掘简报》，重庆市文物局、重庆市移民局编：《重庆库区考古报告集·1998卷》，第1—18页；成都市文物考古研究所：《重庆市巫山县锁龙遗址1997年发掘简报》，《考古》2006年第3期，第14—30页。

⑯ 重庆市文物考古所、重庆市文物局、巫山县文物管理所《巫山大溪遗址勘探发掘简报》（重庆市文物局、重庆市移民局编：《重庆库区考古报告集·2000卷》，第424—480页）提到两湖地区大溪文化遗址曾广泛分布，大溪遗址其最西界，为大溪文化最晚期遗存。何介钧《试论大溪文化》（中国考古学会编：《中国考古学会第二次年会论文集（1980）》，第116—123页）提到大溪文化分布范围西到四川巫山，东到鄂东黄冈，北到湖北江陵或京山，南到洞庭湖北岸，跨越大江南北，东西一千多里，中心区在江汉平原西南部和洞庭湖北岸一带。杨权喜《试论鄂西地区古代文化的发展与楚文化的形成问题》（中国考古学会编：《中国考古学会第二次年会论文集（1980）》，第21—32页）说大溪文化分布范围西起巫山大溪镇，东至江汉平原江陵毛家山—公安王岗一线，南跨湖北，北未过荆山，时代约在距今六七千年前。

⑰ 成都市文物考古研究所、成都市文物工作队：《巫山四龙嘴遗址调查与试掘》，重庆市文物局、重庆市移民局编：《重庆库区考古报告集·1998卷》，第19—26页。

坊，奉节县老关庙[①]、洋安渡[②]、三沱、藕塘[③]，云阳县丝栗包[④]、东阳子、畲家嘴、兰溪沟、牯牛滩[⑤]、大地坪、尸山包，万州区中坝子[⑥]、黄柏溪[⑦]、关（棺）木溪[⑧]、巴豆林[⑨]、苏和坪[⑩]、大周溪[⑪]、渣子门[⑫]、王家沱[⑬]、麻柳湾[⑭]、麻柳沱[⑮]、中嘴[⑯]、涪溪口[⑰]、大地嘴[⑱]、黄金、巨鱼沱、密溪沟[⑲]，石柱县观音寺[⑳]，

① 吉林大学考古学系：《四川奉节老关庙遗址第一、二次发掘》，《江汉考古》1999年第3期，第7—13页；赵宾福、邹后曦、雷霆军：《重庆奉节县老关庙新石器时代遗址土坑墓的发掘》，《考古》2006年第8期，第89—93页；吉林大学考古学系、四川省文物考古研究所：《奉节县老关庙遗址第三次发掘》，四川省考古研究所编：《四川考古报告集》，第11—40页；代玉彪：《老关庙下层文化研究》，吉林大学硕士学位论文，2009年。

② 中国科学院古脊椎动物与古人类研究所等：《奉节洋安渡石器遗址发掘报告》，重庆市文物局、重庆市移民局编：《重庆库区考古报告集·2000卷》，第481—495页。

③ 白九江：《重庆地区的新石器文化——以三峡地区为中心》，成都：巴蜀书社，2010年，第12页。

④ 罗二虎：《云阳县丝栗包新石器时代至唐代遗址》，中国考古学会编：《中国考古学年鉴2005》，北京：文物出版社，2006年，第310—312页。

⑤ 张之恒：《巴渝文化的起源和发展》，《巴渝文化》第3辑，第195—201页。

⑥ 白九江：《重庆地区的新石器文化——以三峡地区为中心》，第12页。

⑦ 重庆市博物馆、益阳市文物管理处、重庆万州区文物管理所：《万州黄柏溪遗址发掘报告》，重庆市文物局、重庆市移民局编：《重庆库区考古报告集·1998卷》，第506—538页；重庆市文化局、重庆市博物馆、益阳市文物考古队等：《万州黄柏溪遗址发掘报告》，重庆市文物局、重庆市移民局编：《重庆库区考古报告集·1999卷》，第402—432页。

⑧ 重庆市文物考古所、重庆市文物局、万州区博物馆：《万州关木溪遗址发掘简报》，重庆市文物局、重庆市移民局编：《重庆库区考古报告集·2001卷》，北京：科学出版社，2007年，第854—864页。

⑨ 重庆市文物考古所、重庆市文物局、万州区博物馆：《万州巴豆林遗址发掘报告》，重庆市文物局、重庆市移民局编：《重庆库区考古报告集·2001卷》，第1409—1424页。

⑩ 重庆市博物馆、万州区文管所：《万州苏和坪遗址发掘报告》，重庆市文物局、重庆市移民局编：《重庆库区考古报告集·1999卷》，第433—450页；重庆市文物考古所、重庆市文物局、重庆市万州区博物馆：《万州苏和坪遗址第二次发掘报告》，重庆市文物局、重庆市移民局编：《重庆库区考古报告集·2000卷》，第689—708页。

⑪ 山东大学考古系、重庆市文化局、重庆市万州区文管所：《万州大周溪遗址发掘报告》，重庆市文物局、重庆市移民局编：《重庆库区考古报告集·1999卷》，第253—327页。

⑫ 中国科学院古脊椎动物与古人类研究所、重庆市文物局、重庆市万县三峡博物馆，等：《万州渣子门遗址考古发掘报告》，重庆市文物局、重庆市移民局编：《重庆库区考古报告集·2001卷》，第713—720页。

⑬ 杨群：《万州区王家沱新石器时代至明清遗址》，中国考古学会编：《中国考古学年鉴2002》，第317—318页。

⑭ 陈淳、黄颖：《万州区麻柳湾新石器时代至明清时期遗址》，中国考古学会编：《中国考古学年鉴2002》，第323页。

⑮ 重庆市博物馆、万州区文管所、复旦大学文博系：《万州麻柳沱遗址发掘报告》，重庆市文物局、重庆市移民局编：《重庆库区考古报告集·1998卷》，第539—558页；重庆市博物馆、复旦大学文博系：《万州麻柳沱遗址考古发掘报告》，重庆市文物局、重庆市移民局编：《重庆库区考古报告集·1999卷》，第498—523页。

⑯ 广西壮族自治区文物工作队、柳州市博物馆、重庆市文物局，等：《万州中嘴遗址发掘简报》，重庆市文物局、重庆市移民局编：《重庆库区考古报告集·2001卷》，第1174—1181页。

⑰ 福建省考古队、重庆万州区文保所：《万州涪溪口遗址第三期发掘报告》，重庆市文物局、重庆市移民局编：《重庆库区考古报告集·1999卷》，第478—497页。

⑱ 青海省文物考古研究所、重庆市文物考古所、南京师范大学文博系：《万州大地嘴遗址发掘简报》，重庆市文物局、重庆市移民局编：《重庆库区考古报告集·1998卷》，第479—505页。

⑲ 张之恒：《巴渝文化的起源和发展》，《巴渝文化》第3辑，第195—201页。

⑳ 河南省文物考古研究所、重庆市文物局、石柱土家族自治县文物管理所：《石柱观音寺遗址发掘报告》，重庆市文物局、重庆市移民局编：《重庆库区考古报告集·2001卷》，第1449—1479页。

忠县老鸹冲①、中坝②、王家堡③、沧井沟、水坪、翁家塘④、瓦渣地⑤、杜家院子⑥、哨棚嘴⑦、邓家沱⑧，丰都县沙溪嘴⑨、玉溪⑩、玉溪坪⑪、信号台（金刚背）⑫、秦家院子⑬、石地坝⑭、凤凰嘴、黄柳嘴、麻柳嘴、花庙，涪陵区点易村（龙角山、转转堡）⑮、黄荆背⑯、蔺市⑰、镇安、石

① 重庆市文物考古所、重庆市文物局：《忠县老鸹冲遗址（居址部分）发掘简报》，重庆市文物局、重庆市移民局编：《重庆库区考古报告集·2000 卷》，第 870—888 页。

② 四川省文物考古研究所、重庆市文物局三峡办、忠县文物保护管理所：《忠县中坝遗址Ⅱ区发掘简报》，重庆市文物局、重庆市移民局编：《重庆库区考古报告集·1998 卷》，第 607—648 页；四川省文物考古研究所、北京大学考古文博学院、美国 UCLA 大学，等：《忠县中坝遗址 1999 年度发掘简报》，重庆市文物局、重庆市移民局编：《重庆库区考古报告集·2000 卷》，第 964—1042 页；四川省考古研究所、忠县文物保护管理所：《忠县中坝遗址 2000 年度发掘简报》，重庆市文物局、重庆市移民局编：《重庆库区考古报告集·2002 卷》，第 1556—1616 页。

③ 方刚：《忠县王家堡商周至汉代遗址》，中国考古学会：《中国考古学年鉴 2003》，第 283—284 页；方刚：《忠县王家堡商周时期遗址及战国秦汉墓群》，中国考古学会：《中国考古学年鉴 2005》，第 315—316 页。

④ 张之恒：《巴渝文化的起源和发展》，《巴渝文化》第 3 辑，第 195—201 页。

⑤ 北京大学考古学系三峡考古队、忠县文物保护管理所：《忠县瓦渣地遗址发掘简报》，重庆市文物局、重庆市移民局编：《重庆库区考古报告集·1998 卷》，第 649—678 页。

⑥ 成都文物考古研究所、重庆市文物局、忠县文物管理所：《忠县杜家院子遗址发掘简报》，重庆市文物局、重庆市移民局编：《重庆库区考古报告集·2001 卷》，第 1507—1599 页。

⑦ 北京大学考古文博学院三峡考古队、成都市文物考古研究所、重庆市忠县文物管理所：《重庆市忠县哨棚嘴遗址商周时期遗存》，成都市考古研究所编：《成都考古发现》，北京：科学出版社，2001 年，第 421—438 页；北京大学考古学研究中心、北京大学考古文博学院三峡考古队、重庆市忠县文物管理所：《忠县哨棚嘴遗址发掘报告》，重庆市文物局、重庆市移民局编：《重庆库区考古报告集·1999 卷》，第 530—643 页；北京大学考古文博学院、成都文物考古研究所、重庆市文物局：《忠县哨棚嘴遗址 2001 年发掘报告》，重庆市文物局、重庆市移民局编：《重庆库区考古报告集·2001 卷》，第 1530—1546 页。

⑧ 李锋、许俊平：《忠县邓家沱新石器时代至清代遗址》，中国考古学会：《中国考古学年鉴 2002》，第 324 页。

⑨ 绵阳市文物考古研究所、绵阳博物馆、重庆市文化局等：《丰都沙溪嘴遗址 2001 年度发掘报告》，重庆市文物局、重庆市移民局编《重庆库区考古报告集·2002 卷》，第 1747—1822 页。

⑩ 重庆市文物考古所：《丰都玉溪遗址勘探早期遗存发掘简报》，重庆市文物局、重庆市移民局编：《重庆库区考古报告集·1998 卷》，第 745—765 页。

⑪ 白九江：《重庆地区的新石器文化——以三峡地区为中心》，第 12 页。

⑫ 白九江：《丰都县信号台新石器时代至明清遗址》，中国考古学会：《中国考古学年鉴 2007》，北京：文物出版社，2008 年，第 397 页。

⑬ 重庆市文物考古所、丰都县文物管理所：《丰都秦家院子发掘报告》，重庆市文物局、重庆市移民局编：《重庆库区考古报告集·2002 卷》，第 1239—1281 页。

⑭ 重庆市文物考古所、重庆市文物局、丰都县文物管理所：《丰都石地坝遗址发掘简报》，重庆市文物局、重庆市移民局编：《重庆库区考古报告集·2001 卷》，第 1613—1626 页；重庆市文物考古所、丰都县文物管理所：《丰都石地坝遗址第四次发掘报告》，重庆市文物局、重庆市移民局编：《重庆库区考古报告集·2002 卷》，第 1201—1224 页。

⑮ 周勇、李大地：《涪陵区点易村新石器时代商周及汉晋明清遗址》，中国考古学会编：《中国考古学年鉴 2011》，第 398—399 页；汪伟、李大地：《涪陵区转转堡新石器时代至明清遗址》，中国考古学会编：《中国考古学年鉴 2012》，北京：文物出版社，2013 年，第 356—357 页；邹后曦、代玉彪：《涪陵区龙山北角下新石器时代至宋代遗址》，中国考古学会编：《中国考古学年鉴 2012》，第 356 页。

⑯ 周勇、李大地：《涪陵区黄荆背新石器时代至唐宋时期遗址》，中国考古学会编：《中国考古学年鉴 2014》，北京：中国社会科学出版社，2015 年，第 366 页。

⑰ 重庆市文物考古所、重庆市涪陵区博物馆：《涪陵蔺市遗址发掘简报》，重庆市文物局、重庆市移民局编：《重庆库区考古报告集·1999 卷》，第 786—806 页；重庆市文物考古研究所、涪陵区博物馆：《2000 年度涪陵蔺市遗址发掘报告》，重庆市文物局、重庆市移民局编：《重庆库区考古报告集·2002 卷》，第 1633—1715 页。

沱①、龙头山北角下②、长寿区陈家湾、杨家湾、渡口石湾③、垫江林场④，渝北区文家湾、观音阁⑤，江北区平善桥、唐草湾⑥、唐家沱⑦、朝阳河嘴、寸滩水文站、朝阳河、前进村、赵家溪⑧、羊坝滩⑨，南岸区鸡冠石、大沙溪、老君坡、华光村⑩、熊家湾⑪，巴南区干溪沟⑫、白沙沱、薛家溪、新房后湾、广阳坝、团结河嘴，九龙坡区娄溪沟、杨树凼、道角、龙凤溪、鱼鳅浩⑬，江津区王爷庙、菜坝、猫儿沱郭坝⑭、鼎锅浩、瓦厂沙坝、燕坝⑮、下坝⑯、永川区汉东城⑰；川江支流赤水河流域主要有板桥⑱、官仓坝⑲；嘉

① 重庆市博物馆：《重庆市长江河段新石器时代遗址调查与试掘》，《考古》1992 年第 12 期，第 1068—1081 页。
② 邹后曦、代玉彪：《涪陵区龙头山北角下新石器时代至宋代遗址》，中国考古学会编：《中国考古学年鉴 2012》，第 356 页。
③ 董其祥：《重庆地区的远古文化》，《重庆市博物馆历史考古文集（1950—1984）》，重庆市博物馆编印，1984 年，第 1—4 页。
④ 张之恒：《巴渝文化的起源和发展》，《巴渝文化》第 3 辑，第 195—201 页。
⑤ 重庆市博物馆：《重庆市长江河段新石器时代遗址调查与试掘》，《考古》1992 年第 12 期，第 1068—1081 页。
⑥ 董其祥：《重庆地区的远古文化》，《重庆市博物馆历史考古文集（1950—1984）》，第 1—4 页。
⑦ 重庆市博物馆：《重庆市长江河段新石器时代遗址调查与试掘》，《考古》1992 年第 12 期，第 1068—1081 页。
⑧ 董其祥：《重庆地区的远古文化》，《重庆市博物馆历史考古文集（1950—1984）》，第 1—4 页。
⑨ 重庆市博物馆：《重庆市长江河段新石器时代遗址调查与试掘》，《考古》1992 年第 12 期，第 1068—1081 页。
⑩ 董其祥：《重庆地区的远古文化》，《重庆市博物馆历史考古文集（1950—1984）》，第 1—4 页。
⑪ 方刚、代玉彪：《巴南区熊家湾新石器西周及明清遗址》，中国考古学会编：《中国考古学年鉴 2011》，第 398 页。
⑫ 重庆市博物馆：《重庆市长江河段新石器时代遗址调查与试掘》，《考古》1992 年第 12 期，第 1068—1081 页。
⑬ 董其祥：《重庆地区的远古文化》，《重庆市博物馆历史考古文集（1950—1984）》，第 1—4 页。
⑭ 陈丽琼、申世放：《江津王爷庙新石器时代遗址》，《重庆市博物馆历史考古文集（1950—1984）》，第 8—10 页。
⑮ 冯庆豪、陈丽琼：《合川沙梁子新石器时代遗址的调查》，《三江考古调查纪要》，第 10—14 页；白九江、邹后曦：《渝西地区先秦考古发现与考古学文化》，重庆市文物考古所、重庆文化遗产保护中心编：《"早期中国的文化交流与互动——以长江三峡库区为中心"学术研讨会论文集》，第 1—23 页。
⑯ 白九江、邹后曦：《渝西地区先秦考古发现与考古学文化》，重庆市文物考古所、重庆文化遗产保护中心编：《"早期中国的文化交流与互动——以长江三峡库区为中心"学术研讨会论文集》，第 1—23 页。
⑰ 代玉彪、白九江：《永川区汉东城新石器时代至明清时期遗址》，中国考古学会编：《中国考古学年鉴 2014》，第 367 页。
⑱ 张改课、王新金、蔡回阳：《习水县与赤水市赤水河流域新石器时代至汉代遗址》，中国考古学会编：《中国考古学年鉴 2010》，北京：文物出版社，2011 年，第 392—394 页。
⑲ 张改课、王新金、蔡回阳：《习水县与赤水市赤水河流域新石器时代至汉代遗址》，中国考古学会编：《中国考古学年鉴 2010》，第 392—394 页。

陵江流域主要有北碚区大士①，合川区小河村、十二村、下场口、老观音河坎、小溪沟、廖家沟、狮子山、河漫滩、青龙嘴、九村、袁家坝、唐家堡、杨家溪②、沙梁子③、老菜园、牛黄坝、河嘴屋基、猴清庙、唐家坝④、砖瓦窑、铜梁西廓水库⑤、潼南县十六村、红岩嘴、鹭鸶嘴⑥，四川省南充市明月嘴、淄佛寺、南部县涌泉坝、报本寺、阆中市蓝家坝⑦，广元市邓家坪、张家坡、鲁家坟⑧，巴中市月亮岩⑨、月亮湾⑩、沙泥坪⑪，南江县阳八台⑫，通江县擂鼓寨、凤凰包、大梁上⑬、碉堡梁⑭、风箱崖、禹王宫⑮，宣汉县罗家坝⑯、栽田坝、转角坝、李家坝，万源市荆竹坝、魏家坝、严家坝、

① 白九江、邹后曦：《渝西地区先秦考古发现与考古学文化》，重庆市文物考古所、重庆文化遗产保护中心编：《"早期中国的文化交流与互动——以长江三峡库区为中心"学术研讨会论文集》，第1—23页。
② 袁钧：《三江流域的石器采集点》，《三江考古调查纪要》，第4—9页。
③ 冯庆豪、陈丽琼：《合川沙梁子新石器时代遗址的调查》，《三江考古调查纪要》，第10—14页。
④ 白九江、邹后曦：《渝西地区先秦考古发现与考古学文化》，重庆市文物考古所、重庆文化遗产保护中心编：《"早期中国的文化交流与互动——以长江三峡库区为中心"学术研讨会论文集》，第1—23页。
⑤ 张之恒：《巴渝文化的起源和发展》，《巴渝文化》第3辑，第195—201页。
⑥ 袁钧：《三江流域的石器采集点》，《三江考古调查纪要》，第4—9页。
⑦ 重庆市博物馆：《四川嘉陵江中下游新石器时代遗址调查》，《考古》1983年第6期，第496—500页。
⑧ 白九江、蒋晓春、赵炳清：《川东北地区先秦时期考古学文化序列研究》，重庆市文物考古所、重庆文化遗产保护中心编：《"早期中国的文化交流与互动——以长江三峡库区为中心"学术研讨会论文集》，第283—298页。
⑨ 雷雨、陈德安：《巴中月亮岩和通江擂鼓寨遗址调查简报》，《四川文物》1991年第6期，第52—55页。
⑩ 马幸辛：《川东北考古文化分期刍论》，《四川文物》1989年第6期，第26—30页。
⑪ 四川省文物考古研究院：《渠江流域古遗址调查简报》，《四川文物》2005年第6期，第10—16、62页。
⑫ 马幸辛：《川东北考古文化分期刍论》，《四川文物》1989年第6期，第26—30页。
⑬ 四川省文物考古研究院：《渠江流域古遗址调查简报》，《四川文物》2005年第6期，第10—16、62页；四川省文物考古研究所、通江县文物管理所：《通江县擂鼓寨遗址试掘报告》，四川省考古研究所编《四川考古报告集》，第41—58页；雷雨、陈德安：《巴中月亮岩和通江擂鼓寨遗址调查简报》，《四川文物》1991年第6期，第52—55页。
⑭ 白九江、蒋晓春、赵炳清：《川东北地区先秦时期考古学文化序列研究》，重庆市文物考古所、重庆文化遗产保护中心编：《"早期中国的文化交流与互动——以长江三峡库区为中心"学术研讨会论文集》，第283—298页。
⑮ 四川省文物考古研究院：《渠江流域古遗址调查简报》，《四川文物》2005年第6期，第10—16、62页。
⑯ 四川省文物考古研究所、达州地区文物管理所、宣汉县文物管理所：《四川宣汉罗家坝遗址2003年发掘简报》，《文物》2004年第9期，第34—47页；四川省文物考古研究院、达州地区文物管理所、宣汉县文物管理所：《四川宣汉罗家坝遗址1999年度发掘简报》，《四川文物》2009年第4期，第3—14页；白九江、蒋晓春、赵炳清：《川东北地区先秦时期考古学文化序列研究》，重庆市文物考古所、重庆文化遗产保护中心编：《"早期中国的文化交流与互动——以长江三峡库区为中心"学术研讨会论文集》，第283—298页。

红玉泉、六块田、黄泥嘴①、穿心垭②，达州市锣鼓塘、渠县中河嘴、王家坝、清河坝③、土溪、锣尔顶④；乌江流域主要有涪陵区陈家嘴，武隆县盐店嘴⑤，彭水县漆树湾⑥，酉阳县清源⑦、邹家坝⑧、范家坝⑨、瓦厂坝⑩、笔山坝⑪、桃花、大园子、高家坝、白蜡堡⑫、沿河县中锥堡⑬、大河嘴⑭，开阳县白岩洞⑮、修文县泥竹洞⑯、八儿山⑰、贵阳市肖家洞⑱；清江流域主要有长阳县南岸坪⑲、覃家坪、烧鸡坳⑳、西寺坪、深潭湾、沙嘴、伴峡榨

① 四川省文物考古研究院：《渠江流域古遗址调查简报》，《四川文物》2005 年第 6 期，第 10—16、62 页。
② 马幸辛：《川东北考古文化分期刍论》，《四川文物》1989 年第 6 期，第 26—30 页。
③ 四川省文物考古研究院：《渠江流域古遗址调查简报》，《四川文物》2005 年第 6 期，第 10—16、62 页；马幸辛：《川东北考古文化分期刍论》，《四川文物》1989 年第 6 期，第 26—30 页。
④ 马幸辛：《川东北考古文化分期刍论》，《四川文物》1989 年第 6 期，第 26—30 页。
⑤ 李大地、白九江、袁东山、方刚：《渝东南地区先秦时期的考古发现》，重庆市文物考古所、重庆文化遗产保护中心：《"早期中国的文化交流与互动——以长江三峡库区为中心"学术研讨会论文集》，第 24—42 页。
⑥ 汪伟、方刚：《彭水县漆树湾新石器时代至汉代遗址》，中国考古学会编：《中国考古学年鉴 2010》，第 346—347 页。
⑦ 重庆市文物考古所、重庆文化遗产保护中心、四川大学历史文化学院考古学系编：《酉阳清源》，北京：科学出版社，2009 年，第 10—245 页。
⑧ 重庆市文物考古所、重庆文化遗产保护中心编著：《酉阳邹家坝》，北京：科学出版社，2012 年，第 16—264 页。
⑨ 重庆市文物考古所、涪陵区博物馆、酉阳县文物管理所：《酉阳县范家坝石器采集点发掘简报》，《酉阳邹家坝》，第 367—376 页。
⑩ 重庆市文物考古所、涪陵区博物馆、酉阳县文物管理所：《酉阳县瓦厂坝石器采集点发掘简报》，《酉阳邹家坝》，第 377—380 页；重庆市文物考古所、彭水县文物管理所、酉阳县文物管理所：《乌江彭水电站工程建设征地区（重庆市）文物调查勘探试掘简报》，《酉阳邹家坝》，第 323—347 页。
⑪ 李大地、白九江、袁东山，等：《渝东南地区先秦时期的考古发现》，重庆市文物考古所、重庆文化遗产保护中心编：《"早期中国的文化交流与互动——以长江三峡库区为中心"学术研讨会论文集》，第 24—42 页。
⑫ 重庆市文物考古所、彭水县文物管理所、酉阳县文物管理所：《乌江彭水电站工程建设征地区（重庆市）文物调查勘探试掘简报》，《酉阳邹家坝》，第 323—347 页。
⑬ 王新金、刘秀丹：《沿河县中锥堡史前遗址》，中国考古学会编：《中国考古学年鉴 2006》，北京：文物出版社，2007 年，第 371—372 页；张合荣、吴小华：《沿河县中锥堡新石器时代至汉代遗址》，中国考古学会编：《中国考古学年鉴 2007》，第 427—428 页。
⑭ 吴小华：《沿河县大河嘴新石器时代至汉代及明清时期遗址》，中国考古学会编：《中国考古学年鉴 2007》，第 428—429 页。
⑮ 韦松恒：《开阳县白岩洞新石器时代遗址》，中国考古学会编：《中国考古学年鉴 2013》，第 407 页。
⑯ 吴天庄、邓雪梅、赵星：《修文县泥竹洞时期时代遗址》，中国考古学会编：《中国考古学年鉴 2000》，北京：文物出版社，2002 年，第 250 页。
⑰ 张改科、王新金：《修文县八儿山石器时代遗址》，中国考古学会编：《中国考古学年鉴 2008》，北京：文物出版社，2009 年，第 382—383 页。
⑱ 胡昌国：《乌当区肖家洞新石器时代遗址》，中国考古学会编：《中国考古学年鉴 2007》，第 427 页。
⑲ 王善才：《长阳南岸坪商周遗址》，中国考古学会编：《中国考古学年鉴 1993》，北京：文物出版社，1995 年，第 205 页；王善才：《长阳南岸坪新石器时代至东周遗址》，中国考古学会编：《中国考古学年鉴 1996》，北京：文物出版社，1998 年，第 192—193 页。
⑳ 长江流域规划办公室考古队：《1976 年清江下游沿岸考古调查简报》，《江汉考古》1985 年第 4 期，第 20—23 页。

洞、桅杆坪①；沅水流域主要有桃源县周家岗②、保靖押马坪、渴洞③、柳树坪、押马坪、长丘，龙山县里耶④、酉阳笔山坝⑤，凤凰县马六坡，吉首市车田，泸溪县浦市、罗家坪、桅子、龙志坪⑥，辰溪县征溪口、松溪口⑦、台坎⑧、沙田⑨，麻阳县火车站⑩，铜仁市施滩⑪、岩憧⑫，中方县高坎垅⑬、岩匠屋⑭，洪江市高庙⑮、金家园⑯、岩里，会同县长洲⑰，新晃县柏树坪、石钨溪、长乐坪，靖州县斗篷坡⑱，天柱县辞兵洲⑲、盘塘⑳、烂草坪、溪口、坡脚㉑、学堂背㉒、月山背㉓、茅坪、潘寨、锦屏县培芽㉔等；澧水流域有澧县

---

① 王善才主编：《清江考古》，第34—195页。
② 王良智：《桃源县周家岗新石器时代遗址》，中国考古学会编：《中国考古学年鉴2012》，第341页。
③ 邓辉：《土家族区域的考古文化》，第74页。
④ 周明阜：《湘西先秦考古文化的多元性建构探讨》，《吉首大学学报（社会科学版）》1993年第4期，第71—79页。
⑤ 李大地、白九江、袁东山，等：《渝东南地区先秦时期的考古发现》，重庆市文物考古所、重庆文化遗产保护中心编：《"早期中国的文化交流与互动——以长江三峡库区为中心"学术研讨会论文集》，第24—42页。
⑥ 周明阜：《湘西先秦考古文化的多元性建构探讨》，《吉首大学学报（社会科学版）》1993年第4期，第71—79页。
⑦ 贺刚：《辰溪县征溪口和松溪口新石器时代贝丘遗址》，中国考古学会编：《中国考古学年鉴1994》，第227—228页。
⑧ 吴顺东：《辰溪县台坎大地史前贝丘遗址》，中国考古学会编：《中国考古学年鉴2007》，第346—347页。
⑨ 张兴国：《辰溪县沙田石器时代和商时期遗址》，中国考古学会编：《中国考古学年鉴2010》，第322—323页。
⑩ 曾志鸿：《麻阳火车站新石器时代遗址》，中国考古学会编：《中国考古学年鉴1989》，北京：文物出版社，1990年，第207—208页。
⑪ 李飞：《铜仁县施滩新石器时代晚期遗址》，中国考古学会编：《中国考古学年鉴2002》，第366—367页。
⑫ 李飞：《铜仁市锦江流域商周至汉代遗址》，中国考古学会编：《中国考古学年鉴2010》，第396—397页。
⑬ 湖南省文物考古研究所、怀化地区文物工作队：《怀化高坎垅新石器时代遗址》，《考古学报》1992年第3期，第301—328页。
⑭ 张兴国：《中方县岩匠屋新石器时代遗址》，中国考古学会编：《中国考古学年鉴2010》，第323—324页。
⑮ 湖南省文物考古研究所：《湖南洪江市高庙新石器时代遗址》，《考古》2006年第7期，第9—15页。
⑯ 尹检顺：《洪江托口电站金家园新石器时代遗址》，中国考古学会编：《中国考古学年鉴2012》，第340页。
⑰ 向开旺：《会同县长洲石器时代遗址》，中国考古学会编：《中国考古学年鉴1995》，第188页。
⑱ 贺刚：《靖州县斗篷破新石器时代至商代遗址》，中国考古学会编：《中国考古学年鉴1991》，北京：文物出版社，1992年，第253页。
⑲ 胡昌国：《天柱县辞兵洲村新石器时代遗址》，中国考古学会编：《中国考古学年鉴2012》，第393页。
⑳ 胡昌国：《天柱县辞兵洲村新石器时代遗址》，中国考古学会编：《中国考古学年鉴2012》，第393页；杨洪、李飞、胡昌国，等：《天柱县盘塘新石器时代遗址》，中国考古学会编：《中国考古学年鉴2012》，第394页。
㉑ 于孟洲、白彬：《天柱县坡脚新石器时代及战国秦汉宋代遗址》，中国考古学会编：《中国考古学年鉴2010》，第391—392页。
㉒ 于孟洲、白彬：《天柱县学堂背新石器时代遗址》，中国考古学会编：《中国考古学年鉴2010》，第390—391页。
㉓ 白彬、于孟洲：《天柱县月山背新石器时代遗址》，中国考古学会编：《中国考古学年鉴2010》，第390页。
㉔ 张改课、王新金、肖航：《锦屏县培芽新石器时代遗址》，中国考古学会编：《中国考古学年鉴2011》，第427—428页。

城头山①、孙家岗②，临澧县邹家山③、杉龙岗④，石门县皂市、咸林岗⑤、新关、大龙潭，慈利县茅屋台、火烧铺、车渡、碎米地⑥；汉水中上游主要有湖北竹山县霍山⑦、王家套、北坝、小府坪，房县金家沟⑧、七里河⑨、羊鼻岭⑩、兔子洼、翁家店、长望、化龙⑪、计家嘴⑫、何家村⑬，丹江口市彭家院、明家院、观音坪、张家营，郧县东峰、辽瓦店子⑭、店子河、大坪、犟河口、鲤鱼嘴、白鹤观、刘湾、沈家坎、郭家院、大寺⑮、青龙泉⑯、三明寺⑰、庹家洲⑱、十堰市犟河口、双坟店⑲、朱家台、乱石滩⑳，郧西县庹家湾㉑、归仙

① 何介钧：《澧县城头山新石器时代城址》，中国考古学会编：《中国考古学年鉴1994》，第239—240页。
② 郑元日、席道合：《澧县孙家岗新石器时代晚期墓地》，中国考古学会编：《中国考古学年鉴1992》，北京：文物出版社，1994年，第279页。
③ 刘茂：《临澧县新石器时代遗址及战国两汉墓葬》，中国考古学会编：《中国考古学年鉴1985》，第196—197页。
④ 盛伟：《临澧县杉龙岗新石器及周代遗址》，中国考古学会编：《中国考古学年鉴2013》，第342页。
⑤ 袁家荣：《澧县咸林岗新石器时代遗址》，中国考古学会编：《中国考古学年鉴1991》，第251页。
⑥ 郑元日：《三江口水电站淹没区新石器时代及商周遗址》，中国考古学会编：《中国考古学年鉴1989》，第210页。
⑦ 郧阳地区博物馆、竹山县文化馆：《竹山县霍山遗址调查简报》，《江汉考古》1994年第4期，第1—10页。
⑧ 向其芳：《房县金家沟新石器时代遗址》，中国考古学会编：《中国考古学年鉴2012》，第314页。
⑨ 湖北省文物考古研究所编著：《房县七里河》，北京：文物出版社，2008年，第21—266页。
⑩ 湖北省博物馆、房县文化馆、武汉大学考古专业七六级：《房县羊鼻岭遗址调查简报》，《江汉考古》1982年第1期，第59—62页；十堰市博物馆、房县博物馆：《房县羊鼻岭遗址再调查》，《江汉考古》1998年第2期，第11—15、25页。
⑪ 李俊：《房县发现新石器时代遗址和古城址》，《江汉考古》1985年第4期，第76页。
⑫ 罗运兵、史德勇：《房县计家嘴新石器西周战国秦汉时期遗址》，中国考古学会编：《中国考古学年鉴2013》，第321—323页。
⑬ 郭长江：《房县何家村新石器时代东周及宋明清时期遗址》，中国考古学会编：《中国考古学年鉴2012》，第313页。
⑭ 辽瓦店子考古队：《湖北郧县辽瓦店子遗址考古获重要发现》，《中国文物报》2008年1月9日，第2版。
⑮ 湖北省文物考古研究所、湖北省文物局南水北调办公室：《湖北郧县大寺遗址2006年发掘简报》，《考古》2008年第4期，第3—13页。
⑯ 武汉大学考古系、湖北省文物考古研究所：《湖北郧县青龙泉遗址2008年度发掘简报》，《江汉考古》2010年第1期，第15—31页。
⑰ 李长盈：《郧县三明寺新石器时代至明清时期遗址》，中国考古学会编：《中国考古学年鉴2013》，第323—324页。
⑱ 余西云：《郧县庹家洲新石器时代东周及唐代遗址》，中国考古学会编：《中国考古学年鉴2012》，第310—311页。
⑲ 张敏、王新天：《十堰双坟店新石器时代遗址》，中国考古学会编：《中国考古学年鉴2012》，第312—313页。
⑳ 中国社会科学院考古研究所长江工作队：《湖北均县乱石滩遗址发掘报告》，《考古》1986年第7期，第586—596页。
㉑ 湖北省文物考古研究所、湖北省文物局南水北调办公室、郧西县博物馆：《湖北郧西庹家湾遗址发掘报告》，《考古学报》2013年第1期，第59—101页。

河①、张家坪②、中台子，陕西旬阳县李家那、陈家坎，安康市柏树岭③、王家碥、柳家河、张家坝、中渡台、奠安，岚皋县肖家坝，石泉县冉家坝、好汉坡、七里沟④，紫阳县白马石、马家营，汉阴县阮家坝⑤，西乡县何家湾⑥、红岩坝⑦、水东、李家村、二里桥、红岩洞，洋县土地庙、窑沟，城固县莲花池、江湾、周家坎、单家嘴、宝山，南郑县龙岗寺，勉县仓台堡、杨家寨等遗址⑧。总体上渝、川、陕、鄂、湘、黔毗邻地带新石器时代遗址比旧石器时代遗址分布更密集，反映巴地远古居民在逐渐增多。

从考古学文化来看，鄂西北汉水中游新石器时代考古文化多含北方仰韶文化、龙山文化以及江汉平原屈家岭文化、石家河文化等文化因素，显示汉江中游地区与北方中原地区和江汉平原地区联系更密切。如房县象鼻岭新石器时代文化遗物中，第一类陶片以泥质红陶为主，彩陶占很大比例，彩陶中草叶纹最多，以圆点、钩叶、弧线三角构成的花瓣纹较突出，这类纹饰有仰韶文化庙底沟类型特点，器形接近庙底沟类型的有卷沿方唇或圆唇彩陶盆、尖底瓶、彩陶钵、圆锥形足鼎、红顶碗、红顶钵、黑陶敛口钵及陶锉；第二类相当于屈家岭文化时期，有与屈家岭遗址器物类似的薄胎喇叭口饰晕彩条纹红陶小杯、凹瓦形足和扁厚卷花边足鼎；第三类陶器以泥质黑陶、灰陶为主，次为夹砂红陶，纹饰除素面外还有篮纹、绳纹、方格纹、附加堆纹、划纹、锥刺纹，典型器物有鬶、锥刺麻面纹足、三角形足、鬼脸形足鼎、矮圈足盖纽上有四个凹口器盖，特征与郧县青龙泉三期器物相似，属湖北龙山文

① 武汉大学考古系：《湖北郧西归仙河遗址 2009 年度发掘简报》，《江汉考古》2012 年第 1 期，第 3—22 页。
② 湖北省文物考古研究所、湖北省文物局南水北调办公室：《湖北郧西张家坪遗址发掘简报》，《江汉考古》2010 年第 3 期，第 3—19 页。
③ 魏京武：《汉江上游新石器时代文化初探》，中国考古学会编：《中国考古学会第二次年会论文集（1980）》，第 107—115 页。
④ 陕西考古所汉水队：《陕西安康专区考古调查简报》，《考古》1960 年第 3 期，第 19—20、24 页。
⑤ 陕西省考古研究所、陕西省安康水电站库区考古队：《陕南考古报告集》，205—387 页。
⑥ 陕西省考古研究所、陕西省安康水电站库区考古队：《陕南考古报告集》，第 45—191 页；魏京武：《汉江上游新石器时代文化初探》，中国考古学会编：《中国考古学会第二次年会论文集（1980）》，第 107—115 页。
⑦ 陕西省考古研究所汉水考古队：《陕西西乡红岩坝遗址的调查与试掘》，《考古与文物》1982 年第 5 期，第 6—11 页。
⑧ 魏京武：《汉江上游新石器时代文化初探》，中国考古学会编：《中国考古学会第二次年会论文集（1980）》，第 107—115 页；唐金裕、王寿芝：《陕西城固县莲花池新石器时代遗址》，《考古》1977 年第 5 期，第 351—352 页；唐金裕：《汉中地区新石器时代遗址调查简报》，《考古与文物》1981 年第 1 期，第 1—4 页；西北大学文博学院编著：《城固宝山——1998 年发掘报告》，北京：文物出版社，2002 年，第 11—173 页。

化①，表明房县象鼻岭新石器时代文化与仰韶文化和江汉流域屈家岭文化关系密切。又如竹山县霍山遗址新石器时代中期遗物尖椎鼎足在淅川下王岗一期、郧县庚家洲均有发现，细泥红陶碗、钵在下王岗、青龙泉、大寺仰韶文化层中有大量出现，它们属仰韶文化范畴；晚期遗物壶形器是屈家岭文化代表性器物，高颈罐在青龙泉遗址屈家岭地层中也有出土，罐口沿与青龙泉屈家岭早期罐口沿相似，大批鸭嘴形鼎也属屈家岭文化范畴，新石器时代末期遗存中高颈罐、厚胎筒形缸为龙山文化遗址常见器物，盆在青龙泉遗址龙山文化层中有出土，这些遗物又属龙山文化器物②，表明霍山文化受仰韶文化、屈家岭文化、龙山文化影响，受到北方中原地区及江汉平原考古文化影响较大。

另据湖北房县七里河新石器时代墓葬人骨体质测量数据分析，七里河新石器时代居民头骨颅骨各项数值与新石器时代宝鸡组及现代蒙古组头骨关系密切③，说明房县七里河墓葬主人与关中地区早期居民有渊源关系，他们可能是新石器时期从关中地区翻越秦岭南迁至房县的。另从考古学文化面貌来看，七里河遗址属石家河文化青龙泉类型遗存④，其文化受石家河文化影响较大。这些体质人类学测量数据及考古学文化表明汉水中游新石器时代居民与中原地区及江汉平原居民间有密切的联系。

陕南汉水上游新石器时代考古学文化与关中及豫西地区关系更密切。以何家湾遗址为例，其仰韶文化半坡类型早、中期遗存与宝鸡北首岭中层、西安半坡遗址早期、临潼姜寨遗址一期遗存基本相同，何家湾遗址仰韶文化半坡类型晚期与渭水流域宝鸡北首岭上层、姜寨二期遗存相近，何家湾遗址仰韶文化庙底沟类型与河南西部地区以及渭水流域仰韶文化庙底沟类型遗存文化面貌基本一致，反映新石器时期何家湾人群与关中、豫西人群在文化上有共性；又陕西省紫阳县白马石遗址第一期遗存文化面貌为老官台文化李家村类型向仰韶文化半坡类型过渡形态，与汉水流域同期文化相同，无论是老官台文化，还是仰韶文化，都与关中地区及豫西地区关系密切⑤，说明白马石遗址新石器时代文化跟关中及豫西地区关系密切。另从体质人类学方面看，汉

① 湖北省博物馆、房县文化馆、武汉大学考古专业七六级：《房县羊鼻岭遗址调查简报》，《江汉考古》1982 年第 1 期，第 59—62 页。
② 郧阳地区博物馆、竹山县文化馆：《竹山县霍山遗址调查简报》，《江汉考古》1994 年第 4 期，第 1—10 页。
③ 吴海涛、张昌贤：《湖北房县七里河遗址新石器时代人骨研究报告》，《房县七里河》，第 302—312 页。
④ 湖北省文物考古研究所编著：《房县七里河》，第 21—266 页；湖北省博物馆、武大考古专业、房县文化馆：《房县七里河遗址发掘的主要收获》，《江汉考古》1984 年第 3 期，第 1—12 页。
⑤ 陕西省考古研究所、陕西省安康水电站库区考古队：《陕南考古报告集》，第 167—168、385—386 页。

江上游新石器时代居民体质特征与北方及关中地区早期人群体质特征接近，如何家湾新石器时代墓地四具头骨与黄河中游新石器时代蒙古人种头骨一般综合特征相合，如卵圆形颅，眉弓和眉间凸度不强烈，鼻根平浅，颅顶简单，圆钝眼眶，梨状孔下缘出现鼻前窝型，鼻棘不发达，鼻骨突度弱，犬齿窝浅中，颧骨发达，鼻额缝多弧形等。根据颅、面部测量特征比较，何家湾仰韶文化时期头骨与关中仰韶文化时期头骨有普遍的相似性，如平均颅形为中颅型和高颅形中狭面型，鼻突度弱，具有阔鼻倾向，齿槽突颌，大的上面水平偏平度，矢状方向突度为中颌型等，因此何家湾组头骨与关中地区仰韶文化居民头骨形态可视为同种类型[1]，从体质特征上看何家湾遗址居民与关中地区也是相同的。因此，从考古学文化和体质人类学角度分析，汉水上游新石器时代居民与关中和豫西地区早期居民有渊源关系。

嘉陵江、渠江流域以及重庆地区长江沿岸新石器时代考古学文化虽有差异，但总体面貌有一定共性，这些新石器时代考古学文化，张之恒称为早期巴渝文化[2]，马幸辛称为早期巴蜀文化[3]。因这些区域为巴人主要分布区，我们认为称为早期巴文化更妥当，毕竟巴人迁入后这些考古文化都融入巴文化了，但新石器时代考古学文化与巴文化又有较大区别。将巴地文化称为巴渝文化是为突出重庆地方特色，但这个提法遭到部分学者反对；而巴蜀文化涵盖整个巴蜀地区，而这里只涉及巴地，从地域文化命名角度来说我们不能用包含巴、蜀的大地域来界定作为局部地域的巴地考古学文化名称，因此界定为早期巴文化应该不会有问题。

目前嘉陵江、渠江流域考古发掘工作进展缓慢，与峡江地区考古工作广泛深入反差明显。要了解嘉陵江流域、渠江流域与重庆地区新石器时代考古学文化，只能利用嘉陵江、渠江流域有限的考古材料及相关考古调查材料，并结合峡江地区考古材料作粗略分析。从考古学文化发展序列来看，嘉陵江、渠江流域考古文化可分为两个阶段，即早期巴文化和晚期巴文化[4]，早期巴文化又可称为早期土著文化，时间自新石器时代末至殷商时代，此时当地已有土著居民，晚期巴文化是巴建国后巴人群体创造的文化。

据新石器时代考古学文化研究显示，渠江流域出土石器、陶器与通江擂鼓寨、巴中月亮岩所出器物相似，陶器以夹砂陶为主，平底器较常见，不见

① 韩家康：《西乡县何家湾仰韶文化居民头骨》，《陕南考古报告集》，第192—200页。
② 张之恒：《巴渝文化的起源和发展》，《巴渝文化》第3辑，第195—201页。
③ 马幸辛：《川东北考古文化分期刍论》，《四川文物》1989年第6期，第26—30页。
④ 马幸辛：《川东北考古文化分期刍论》，《四川文物》1989年第6期，第26—30页。

三足器，纹饰有划纹、方格纹、篮纹、绳纹、戳印纹；石器为打制与磨制并存，石材多河滩砾石，器形以斧、砍砸器、刮削器常见，与江津王爷庙及峡江地区新石器时代遗址有相同或相近的文化因素[①]，江津王爷庙遗址石器以砾石为原料，打制多于磨制，器形有耜、锄、刀、矛、镞、球、网坠，陶器以灰砂夹红褐陶为主，器形有寰底釜、绳纹罐、灰陶薄胎杯、纺轮、管珠，无三足器、彩陶器，与重庆地区其他遗址文化面貌相似[②]；又如合川沙梁子、南岸区干溪沟遗址出土陶器、石器特征与忠县㴐井沟类型相似[③]，显示重庆长江沿线、嘉陵江、渠江流域新石器时代土著文化（或称早期巴文化）有联系。通江、万源、南江、巴中等地新石器时代遗址未发现晚期文化堆积，说明遗址延续时间短，当时居民有流动或曾频繁迁徙。

从川东、重庆地区新石器时代考古学文化区际联系来看，渠江流域新石器文化除土著文化外，与陕西龙山文化（客省庄二期文化）也有关系，如石器有斧、锛、凿，陶器有纺轮，陶色以灰陶最多，褐陶次之，黑陶少见，纹饰以绳纹、篮纹普遍；但也有区别，如器物组合方面陕西龙山文化除盆、碗外，主要有深腹鬲、高腰斝、鬶、盉、鼎、单双夹砂罐，这些在渠江流域没有；渠江流域新石器考古学文化还与三峡地区大溪文化有关系，如石器以打制为主，有斧、锛、凿，较多锄、矛，但大溪文化陶器多素面无纹，有少量弦纹、堆纹、朱绘和彩陶，朱绘多施于黑陶上，彩陶多为细泥红陶，这些在嘉陵江、渠江流域没有；与三峡地区西部新石器遗存大致相同，石器多取材卵石，打制较多，器形有长条石斧、有柄石锄、石矛，陶器有夹砂、泥质灰陶，纹饰有绳纹；与嘉陵江中下游新石器遗址基本一致，陶器有罐、盆、碗，石器有斧、锄、锛、刮削器，陶器为夹砂灰陶，纹饰有凸凹纹、斜方格纹[④]，考古学文化显示新石器时代嘉陵江、渠江流域以及重庆沿江一带多有土著居民，他们相互间有经济文化交流，因而在考古文化上呈现出共性或相似性。

鄂西峡江地区和清江流域乃至三峡以东江陵以西新石器时代中期偏早阶段属城背溪文化区，陶器以夹砂、夹炭红陶、红褐陶为大宗，制法以手制为

① 四川省文物考古研究院：《渠江流域古遗址调查简报》，《四川文物》2005 年第 6 期，第 10—16、62 页。
② 苏兆庆：《考古发现与巴文化探源》，《巴渝文化》第 3 辑，第 202—210 页。
③ 重庆市博物馆：《重庆市长江河段新石器时代遗址调查与试掘》，《考古》1992 年第 12 期，第 1068—1081 页。
④ 马幸辛：《川东北考古文化分期刍论》，《四川文物》1989 年第 6 期，第 26—30 页。

主，泥片贴塑法成形，器形有圜底釜、大口罐、双耳罐、扁壶、钵、圈足盘和支座；石器多打制而成，通体磨制者较少，有的只磨光刃部，器形有刮削器、网坠。新石器时代中期偏晚鄂西峡江地区为柳林溪文化区，该文化向西扩展到大宁河流域，典型遗址有秭归柳林溪、宜昌杨家湾、巫山欧家老屋。柳林溪文化之后的大溪文化陶器多泥质红陶，多施深红色或红褐色陶衣，部分陶器呈外红内黑，纹饰多绳纹、划纹、戳印纹、镂孔，有部分彩陶，制法以手制为主，泥条盘筑成形，慢轮修整，器形多圈足器、圜底器，典型器物有圈足碗、大圈足盘、筒形瓶、圜底釜、猪嘴形支座。大溪文化区东至湖北江陵毛家山、松滋桂花树，南到湖南澧县三元宫，西至重庆巫山县境，北至湖北当阳一带[1]，清江流域也属大溪文化区[2]，典型遗址有湖北宜昌中堡岛、清水滩、重庆巫山大溪、人民医院等遗址。大溪文化之后鄂西峡江地区为屈家岭文化区，其中心区在江汉平原[3]，鄂西峡江地区屈家岭文化陶器以灰陶为主，黑陶次之，有少量红陶、橙黄陶，器表多素面，主要纹饰有弦纹、镂孔，有少量刻花纹、附加堆纹，制法普遍采用轮制技术，典型陶器为双腹碗、双腹豆、高圈足杯、壶形器、甑、彩陶纺轮，典型遗址如秭归中堡岛、仓坪、台丘等遗址。新石器时代末期峡江地区早期为石家河文化，后期为白庙文化（或称白庙遗存）。峡江地区石家河文化与屈家岭文化有直接渊源关系，陶器有夹砂陶、泥质陶和夹炭陶，陶色有红陶、黑陶、灰陶，纹饰以篮纹为主，有拍印方格纹、绳纹，器类以圈足器、三足器为主，典型器物有带突棱宽扁足盆形鼎、麻面宽扁足鼎、筒形澄滤器、厚胎红陶杯、垂腹罐、腰鼓形罐、大圈足盘，典型遗址有秭归庙坪遗址。白庙文化遗存陶器以夹砂红陶和泥质灰陶为主，纹饰主要为绳纹、方格纹、篮纹、戳印纹，典型器物有侧装三角形足罐形鼎、大圈足盘、盆形甑、单耳杯、尖底缸、高领罐、橄榄形罐，典型遗址有宜昌白庙、秭归柳林溪等遗址。[4]

从渝、鄂峡江地区新石器时代考古学文化来看，它们与早期巴文化都有一定联系，如宜昌朱家台新石器时代晚期陶器罐类多圆唇侈口或卷沿，形制、纹饰和质地在三峡地区其他同期遗址中多有发现，它们对后来圜底釜形器有

---

① 中国社会科学院考古研究所湖北工作队：《湖北枝江县关庙山新石器时代遗址发掘简报》，《考古》1981 年第 4 期，第 289—297 页。
② 王善才主编：《清江考古》，第 34—195 页。
③ 林邦才：《关于屈家岭文化区系类型问题的初步分析》，《江汉考古》1997 年第 1 期，第 36—48 页。
④ 白九江：《重庆地区的新石器文化——以三峡地区为中心》，第 21—23 页。

影响，这种风格与巴文化有较密切联系①；又如江津王爷庙新石器文化层上叠压战国时期巴文化层，其器形与巴文化遗存相似，如石矛象巴氏柳叶剑，钺形石斧与巴式铜钺相似，圆底陶釜、陶罐与巴式铜釜、铜鍪、铜罐相似，这些新石器时代遗物可能是重庆、川东当地居民留下的，巴人移居重庆、川东后，继承并发展了土著文化，形成独具特色的巴文化②，文化上它们有一定联系或者说是继承性。

另据巫山大溪组和湖北房县七里河组人骨测量数据分析，渝、鄂两地新石器时代峡江地带及其邻近地区居民在体质特征上属同一类型，即峡江地区类型，其居民体质特征是有较大颅宽绝对值和较小颅高绝对值，长宽比例上属中颅型，宽高比例上属偏阔的中颅型，鼻型略窄，为中鼻型，上面部扁平度可能较大，这些颅面部基本特征与南方沿海地区类型、黄河中下游地区类型居民有较大区别。③从体质人类学角度看，峡江地区居民与周边地区居民体质特征上的差异说明峡江地区新石器时代就有不同于邻近地区的人群聚居。从地域性人群来看，这群具有巫山大溪组体质特征的早期人类群体与早期巴人应有一定渊源关系。

乌江下游新石器时代考古学文化总体面貌与峡江西段考古学文化基本一致，新石器时代中期文化为玉溪下层文化，新石器时代晚期为玉溪上层文化—玉溪坪文化—哨棚嘴文化（中坝文化），典型遗址为武隆盐店嘴遗址④，说明乌江下游新石器时代考古学文化与重庆峡江地区联系最为密切。

湘西沅水、澧水流域新石器时代遗址在考古调查中虽有发现，但考古发掘工作进展缓慢，给这两个区域新石器时代考古学文化及与邻近区域文化的研究造成了一定难度。湘西北新石器时代晚期考古学文化与峡江地区大溪文化有一定联系，沅水支流酉水上游酉阳笔山坝一期文化遗存带有浓厚大溪文化因素，二、三期文化则为大溪文化⑤，至于酉水流域新石器时代文化与湘西

① 鄂博三峡考古队第三组：《宜昌县朱家台遗址试掘》，《江汉考古》1989 年第 2 期，第 22—26 页。
② 陈丽琼、申世放：《江津王爷庙新石器时代遗址》，《重庆市博物馆历史考古文集（1950—1984）》，第 8—10 页。
③ 朱泓：《中国南方新石器时代居民体质类型的聚类分析》，中国考古学会编：《中国考古学会第七次年会论文集》，北京：文物出版社，1992 年，第 68—75 页。
④ 李大地、白九江、袁东山，等：《渝东南地区先秦时期的考古发现》，重庆市文物考古所、重庆文化遗产保护中心编：《"早期中国的文化交流与互动——以长江三峡库区为中心"学术研讨会论文集》，第 24—42 页。
⑤ 李大地、白九江、袁东山，等：《渝东南地区先秦时期的考古发现》，重庆市文物考古所、重庆文化遗产保护中心编：《"早期中国的文化交流与互动——以长江三峡库区为中心"学术研讨会论文集》，第 24—42 页。

舞水文化、高庙文化、斗篷坡文化的联系则是湘西考古发掘和考古研究尚待深入探讨的问题。

夏商时期渝、川、陕、鄂、湘黔毗邻地带文化遗址仍有广泛分布，汉水上游有紫阳县白马石、马家营、汉阴县阮家坝[①]、城固县宝山[②]等遗址。这些遗址夏商遗存中包含有巴蜀文化遗存，这类遗存或称为巴文化遗存更恰当，因为地域上这些遗址与巴地更接近，巴文化也是巴蜀文化的构成部分。

阮家坝遗址夏商遗存陶器以夹砂黑褐陶圜底绳纹罐为主，这种陶器与重庆忠县㵠井沟夹砂深腹圜底罐有较密切联系。[③]这类圜底器在商周巴地很流行，也是后来盛行的浅圜底釜的前身，有人将其界定为青铜时代巴蜀文化遗存[④]，故汉水上游夏商时期这类遗存被界定为巴蜀文化[⑤]，或当称为巴文化。阮家坝遗址仰韶文化时期考古学文化与关中、豫西地区关系密切，至夏商时期增加了早期巴文化因素，说明夏商时期汉水流域巴文化是从巴地传播扩张而来的，这应与巴人向汉水流域的迁徙扩张有关。

马家营遗址夏商陶器以黑皮陶高领器为主的风格与紫阳白马石遗址巴蜀文化白马石类型有一定联系[⑥]，白马石类型在文化面貌上与早期巴蜀文化相近，因此也被界定为汉水上游早期巴蜀文化[⑦]，或当称为早期巴文化，结合马家营夏商以前考古学文化及其渊源，则马家营夏商时期白马石类型文化也是从巴地传播来的，是巴人北迁汉水流域时带来的。

白马石遗址第一期遗存为老官台文化李家村类型向仰韶文化半坡类型过渡形态，文化与汉水流域同期文化相同，而其老官台文化、仰韶文化都与关中及豫西地区关系密切，而第二期遗存与重庆、峡江地区早期巴文化关系密切，文化属性为早期巴蜀文化白马石类型[⑧]，时代上白马石类型文化出现较晚，反映其主人是从川东、重庆或是峡江地区北迁而来的。

在汉水上游城固宝山、洋县安冢、张村、范坝等地曾出土大批商代青铜

① 陕西省考古研究所、陕西省安康水电站库区考古队：《陕南考古报告集》，205—387 页。
② 西北大学文博学院：《城固宝山——1998 年发掘报告》，第 11—173 页。
③ 四川省长江流域文物保护委员会文物考古队：《四川忠县㵠井沟遗址的试掘》，《考古》1962 年第 8 期，第 416—417 页。
④ 赵殿增：《巴蜀文化的考古学分期》，中国考古学会编：《中国考古学会第四次年会论文集》，北京：文物出版社，1985 年，第 214—224 页。
⑤ 陕西省考古研究所、陕西省安康水电站库区考古队：《陕南考古报告集》，第 268 页。
⑥ 陕西省考古研究所、陕西省安康水电站库区考古队：《陕南考古报告集》，第 345 页。
⑦ 王炜林、孙秉君：《汉水上游巴蜀文化的踪迹》，中国考古学会编：《中国考古学会第七次年会论文集》，第 236—248 页。
⑧ 陕西省考古研究所、陕西省安康水电站库区考古队：《陕南考古报告集》，第 385—386 页。

器和陶器，青铜器有虎纹钺、柳叶形铜矛等巴人铜器[①]，而城固宝山遗址陶器与峡江地区路家河二期后段遗存有很多相似之处，如陶器中夹砂陶以褐陶为主，泥质陶多黑皮红胎，陶器中陶釜数量最多，形制为小口圜底，小底尊形杯、高柄器座也常见，两地共有器物还有高柄豆、高圈足尊形杯、细高柄尊形杯、圈足罐、大口深腹罐、有柄簋，纹饰以绳纹最多，还有方格纹、三角折线纹、贝纹，均以釜为主要炊器，二者应是相同技术、相同文化传统的产物，宝山文化与路家河二期后段遗存密切相关，城固宝山文化可能是由路家河二期后段遗存分化出来的，路家河二期后段遗存属巴文化[②]，因此学者们认为城固、洋县等地的商代遗存属巴文化，如尹盛平认为"城固发现的殷商时代的青铜武器呈现出巴蜀文化特征，当是商代巴人的遗物"[③]，唐金裕也认为这些具巴蜀文化特征的遗物为殷商时期巴人遗物[④]，周集云认为城固原为巴人居地，商王武丁及妇好伐巴方后，巴人战败退守城固以东以南地域，并通过巴中、通江、镇巴、寒泉山至汉水河谷道路往来巴、汉间[⑤]，黄尚明认为城固、洋县青铜器群主人为巴人[⑥]，城固、洋县一带巴人从何而来？他们当是商代早期或稍晚时溯江而上，从大宁河—任河古道或其他河谷通道北上汉水流域[⑦]，后溯汉江而上聚居在城固、洋县一带的[⑧]。从安康至峡江地区、清江流域的古代交通推测，汉水流域的这支巴人可能是从清江流域经由大溪水道入长江，再溯大宁河北上，于神农架与大巴山尾脉交界处沿今宣汉、城口小江与任河进入陕南的[⑨]，迁入时间大致在夏初或更早，夏启派孟涂司巴，其地当即在汉水流域，则夏启八年以前巴人一支可能已活动在汉水上游一带了。

汉水上游河谷这些考古遗存表明夏商时期汉水河谷有巴人活动，这在一定程度上为"孟涂司巴"地在汉水河谷说提供了考古学证据，同时也说明商

① 黄尚明：《城固洋县商代青铜器群族属再探》，《考古与文物》2002年第5期，第40—45页；西北大学文博学院编著：《城固宝山——1998年发掘报告》，第181—188页；李烨、张历文：《洋县出土殷商铜器简报》，《文博》1996年第6期，第73—75页。
② 赵丛苍：《从考古新发现看早期巴文化——附论巴蜀文化讨论中的相关问题》，《华中师范大学学报（人文社会科学版）》2006年第4期，第95—99页；白九江：《巴文化西播与楚文化西渐》，《重庆社会科学》2009年第10期，第94—99页。
③ 尹盛平：《西周的强国与太伯、仲雍奔"荆蛮"》，《陕西省文博考古科研成果汇报会论文选集》，陕西省文物事业管理局编印，1981年，第126—142页。
④ 唐金裕：《汉水上游巴文化的探讨》，《文博》1984年第1期，第1—4页。
⑤ 周集云：《巴族史探微》，第27—29页。
⑥ 黄尚明：《城固洋县商代青铜器群族属再探》，《考古与文物》2002年第5期，第40—45页。
⑦ 彭邦本：《先秦汉水上游与峡江地区的交通试探》，宫长为主编《史海侦迹——庆祝孟世凯先生七十岁文集》，香港：香港新世纪出版社，2006年，第267—276页。
⑧ 西北大学文博学院编著：《城固宝山——1998年发掘报告》，第181—188页。
⑨ 刘帝智：《巴人源流·巴人迁徙·宣汉巴人》，《成都教育学院学报》2003年第5期，第15—17页。

代汉水上游有巴人活动，也为唐兰等甲骨学专家释读殷墟甲骨文"巴"或"巴方"也提供了考古学佐证。

陕西宝鸡茹家庄、竹园沟、纸坊头等地曾发掘 20 多座弦族墓，墓葬时间在西周文王至穆王时代。[1]弦人与巴人墓葬有较多相同之处：弦人长方形土坑竖穴墓及仰身直肢葬式与巴人相同；陶器以尖底罐为特征性器物，形制为侈口折沿，鼓腹较深，整体呈心形，尖底，个别加小圈足，而尖底罐为巴人典型陶器；青铜兵器数量较多，有柳叶形剑 13 柄，且时代较早，说明弦人使用柳叶剑较早，西周中期以后柳叶剑在北方绝迹，出土实战铜戈 49 件，明器铜戈 94 件，实战戈多巴式戈；竹园沟出土板楯 12 件，外形多呈梯形，表明弦人使用木盾，与巴人板楯蛮"以木板为楯"[2]特性相同，因此有学者认为弦氏是廪君蛮的一支。通过宝鸡弦人墓出土器物与城固商代器物比较，发现弦人墓陶尖底罐及戈、斧、钺、铜脸壳等青铜器多是由城固、洋县商代同类器物发展而来的[3]，则商王武丁前后城固、洋县巴人曾北上经武都、康县、成县、徽县进入凤县和两当县，越秦岭顺清姜河至宝鸡渭水南岸清姜、益门、竹园沟、茹家庄一带建立弦国[4]，自城固、洋县北迁宝鸡的弦人为巴人部族[5]。

宝鸡弦人在西周穆王以后完全消失，史籍中也没有其去向的记载，据弦人使用木楯习俗推测，国灭后的弦人残部可能南迁汉水上游，部分人越巴山山脉迁入嘉陵江、渠江流域，即后世之板楯蛮。[6]郑人、蜀人和秦争夺南郑前汉中盆地多有巴人；郑国为犬戎所逼，部分郑人越秦岭南迁今汉中，遂有郑人聚居南郑，而汉中巴人则向东、向南流徙，1973 年汉中出土的带虎形符号铜矛和虎钮錞于[7]，当是巴人曾活动于此地的物证。

峡江地带及附近区域很多遗址都有夏商时期遗存，如沮漳河流域有当阳

---

① 卢连成、胡智生、宝鸡市博物馆编辑：《宝鸡弦国墓地》，北京：文物出版社，1988 年，第 415 页。
② （元）胡三省撰：《资治通鉴释文辨误》卷 2，《景印文渊阁四库全书》，台北：商务印书馆，1986 年影印本，第 6 册，第 242 页。
③ 尹盛平：《巴文化与巴族的迁徙》，李绍明、林向、徐南洲主编：《巴蜀历史·民族·考古·文化》，第 253—268 页。
④ 卢连成、胡智生、宝鸡市博物馆编辑：《宝鸡弦国墓地》，第 460—461 页。
⑤ 尹盛平：《巴文化与巴族的迁徙》，李绍明、林向、徐南洲主编：《巴蜀历史·民族·考古·文化》，第 253—268 页；西北大学文博学院编著：《城固宝山——1998 年发掘报告》，第 188 页；黄中模、管维良主编：《中国三峡文化史》，重庆：西南师范大学出版社，2003 年；朱世学：《对虎钮錞于若干问题的认识》，《三峡大学学报（人文社会科学版）》2010 年第 1 期，第 5—10 页。
⑥ 尹盛平：《巴文化与巴族的迁徙》，李绍明、林向、徐南洲主编：《巴蜀历史·民族·考古·文化》，第 253—268 页。
⑦ 童恩正：《古代的巴蜀》，第 15 页。

市镇头山①、杨木岗②,荆州市张家山③、荆南寺④、陀江寺⑤、梅槐桥⑥、周良
(梁)玉桥⑦、东岳庙⑧,松滋市桂花树⑨、苦竹寺⑩、汪家嘴⑪,宜都市红花套、
毛溪套⑫、向家沱、吴家岗、石板巷子、莲花埝、白水港⑬、城背溪、鸡嘴河⑭、
王家渡、茶店子,宜昌市沱盘溪⑮、下岸⑯、枇杷埫、林子岗⑰、杨家嘴⑱、
三斗坪⑲、荞麦岭⑳、鹿角包㉑、窝棚墩㉒、白庙㉓、白狮湾㉔、中堡岛㉕、朱

① 杨华:《从鄂西考古发现谈巴文化的起源》,《考古与文物》1995 年第 1 期,第 30—43 页。
② 湖北省博物馆、武汉大学历史系考古专业:《当阳冯山、杨木岗遗址试掘简报》,《江汉考古》1983 年第 1 期,第 43—50 页。
③ 陈贤一:《江陵张家山遗址的试掘与探索》,《江汉考古》1980 年第 2 期,第 77—86、113 页。
④ 荆州地区博物馆、北京大学考古系:《湖北江陵荆南寺遗址第一、二次发掘简报》,《考古》1989 年第 8 期,第 679—692、698 页。
⑤ 杨华:《从鄂西考古发现谈巴文化的起源》,《考古与文物》1995 年第 1 期,第 30—43 页。
⑥ 湖北荆州地区博物馆、北京大学考古系:《湖北江陵梅槐桥遗址发掘简报》,《考古》1990 年第 9 期,第 790—796 页。
⑦ 沙市市博物馆:《湖北沙市周梁玉桥遗址试掘简报》,文物编辑委员会编:《文物资料丛刊》第 10 辑,第 22—30 页。
⑧ 张正发:《荆州市沙市区东岳庙商周遗址》,中国考古学会编:《中国考古学年鉴 2013》,第 326—327 页。
⑨ 湖北省荆州地区博物馆:《湖北松滋县桂花树新石器时代遗址》,《考古》1976 年第 3 期,第 187—196/160 页。
⑩ 何介钧:《湖南商周时期古文化的分区探索》,湖南省博物馆、湖南省考古学会编:《湖南考古辑刊》第 2 集,长沙:岳麓书社,1984 年,第 120—127 页。
⑪ 枝柳铁路复线工程考古队荆州博物馆支队:《湖北松滋西斋汪家嘴遗址发掘报告》,《江汉考古》2002 年第 4 期,第 3—43 页。
⑫ 林春:《宜昌地区长江沿岸夏商时期的一支新文化类型》,《江汉考古》1984 年第 2 期,第 29—38、22 页。
⑬ 杨华:《从鄂西考古发现谈巴文化的起源》,《考古与文物》1995 年第 1 期,第 30—43 页。
⑭ 长江流域规划办公室考古队:《1976 年清江下游沿岸考古调查简报》,《江汉考古》1985 年第 4 期,第 20—23 页。
⑮ 宜昌地区博物馆:《宜昌县艾家河古遗址群调查简报》,《江汉考古》1989 年第 3 期,第 26—29 页。
⑯ 国家文物局三峡考古队:《湖北宜昌县下岸遗址发掘简报》,《考古》1999 年第 1 期,第 31—39 页。
⑰ 宜昌地区博物馆:《宜昌县艾家河古遗址群调查简报》,《江汉考古》1989 年第 3 期,第 26—29 页。
⑱ 三峡考古队第三组:《湖北宜昌杨家嘴遗址发掘简报》,《江汉考古》1994 年第 1 期,第 39—55、12 页。
⑲ 湖北省文物考古研究所:《1985—1986 三峡坝区三斗坪遗址发掘简报》,《江汉考古》1999 年第 2 期,第 1—20 页。
⑳ 梁柱:《宜昌荞麦岭新石器时代及商时期遗址》,中国考古学会编:《中国考古学年鉴 1985》,第 159 页。
㉑ 孟华平:《宜昌鹿角包新石器时代和商周遗址》,中国考古学会编:《中国考古学年鉴 1994》,第 225—226 页。
㉒ 湖北省文物考古研究所:《宜昌窝棚墩遗址的调查与发掘》,《江汉考古》1994 年第 1 期,第 13—21 页。
㉓ 湖北宜昌地区博物馆、四川大学历史系考古专业:《湖北宜昌白庙遗址试掘简报》,《考古》1983 年第 5 期,第 415—419 页;三峡考古队:《湖北宜昌白庙遗址 1993 年发掘简报》,《江汉考古》1994 年第 1 期,第 22—34 页;湖北省文物考古研究所:《1985—1986 年宜昌白庙遗址发掘简报》,《江汉考古》1996 年第 3 期,第 1—12、54 页。
㉔ 湖北省文物考古研究所:《长江三峡工程坝区白狮湾遗址发掘简报》,《江汉考古》1999 年第 1 期,第 1—10 页。
㉕ 湖北省宜昌地区博物馆、四川大学历史系:《宜昌中堡岛新石器时代遗址》,《考古学报》1987 年第 1 期,第 45—98 页。

其沱①、路家河②、苏家坳、银街、杨泗庙③、小溪口、刘家河、李家河、杀人沟、西湾、艾家河④、秭归县下尾子⑤、缆子杆⑥、朝天嘴⑦、长府沱⑧、台丘⑨、青草坝⑩、大沙坝⑪、王家湾⑫、沙湾⑬、渡口⑭、柳林溪⑮、伍相庙⑯、卜庄河⑰、东门头（含李家街）⑱、何家大沟⑲、何家坪（岭）⑳、何家坡㉑、石门嘴㉒、庙

① 三峡考古队：《宜昌朱其沱遗址发掘简报》，《江汉考古》1994年第1期，第56—59页。
② 长江水利委员会编著：《宜昌路家河——长江三峡考古发掘报告》，第9—128页。
③ 高应勤、卢德佩：《长江西陵峡至川东夏商时期文化初析》，李绍明、林向、徐南洲主编：《巴蜀历史·文化·考古·民族》，第310—319页。
④ 杨华：《从鄂西考古发现谈巴文化的起源》，《考古与文物》1995年第1期，第30—43页。
⑤ 宜昌博物馆、秭归屈原纪念馆：《秭归下尾子遗址发掘简报》，《江汉考古》1994年第1期，第69—77页。
⑥ 宜昌博物馆：《秭归缆子杆遗址发掘简报》，国务院三峡工程建设委员会办公室、国家文物局编著：《湖北库区考古报告集》（第五卷），第157—173页。
⑦ 国家文物局三峡考古队：《湖北秭归朝天嘴遗址发掘简报》，《文物》1989年第2期，第41—51页；国家文物局三峡考古队：《朝天嘴与中堡岛》，第7—81页；林向：《大溪文化与巫山大溪遗址》，中国考古学会编：《中国考古学会第二次年会论文集（1980）》，第124—132页。
⑧ 宜昌博物馆：《秭归长府沱遗址试掘简报》，国务院三峡工程建设委员会办公室、国家文物局编著：《湖北库区考古报告集》（第一卷），第268—273页；宜昌博物馆：《秭归长府沱商代遗址发掘报告》，国务院三峡工程建设委员会办公室、国家文物局编著：《湖北库区考古报告集》（第一卷），第320—340页。
⑨ 天津市历史博物馆考古部：《秭归台丘遗址发掘报告》，国务院三峡工程建设委员会办公室、国家文物局编著：《湖北库区考古报告集》（第一卷），第603—625页。
⑩ 湖北省文物考古研究所纪南城工作站：《秭归青草坝遗址发掘报告》，国务院三峡工程建设委员会办公室、国家文物局编著：《湖北库区考古报告集》（第二卷），第394—403页。
⑪ 湖北省文物考古研究所：《秭归大沙坝遗址的发掘》，国务院三峡工程建设委员会办公室、国家文物局编著：《湖北库区考古报告集》（第二卷），第484—521页。
⑫ 湖北省文物考古研究所：《秭归王家湾遗址发掘简报》，国务院三峡工程建设委员会办公室、国家文物局编著：《湖北库区考古报告集》（第一卷），第682—693页。
⑬ 宜昌博物馆：《秭归沙湾遗址发掘简报》，国务院三峡工程建设委员会办公室、国家文物局编著：《湖北库区考古报告集》（第一卷），第302—312页。
⑭ 宜昌博物馆：《秭归渡口遗址发掘报告》，国务院三峡工程建设委员会办公室、国家文物局编著：《湖北库区考古报告集》（第一卷），第522—562页。
⑮ 国务院三峡工程建设委员会办公室、国家文物局编著：《秭归柳林溪》，第147—176页。
⑯ 宜昌博物馆：《宜昌伍相庙遗址2001年度发掘简报》，国务院三峡工程建设委员会办公室、国家文物局编著：《湖北库区考古报告集》（第五卷），第559—567页；湖北省博物馆、江陵考古工作站：《宜昌伍相庙新石器时代遗址发掘简报》，《江汉考古》1988年第1期，第9—14页。
⑰ 宜昌博物馆：《卜庄河古遗址（A、B区）发掘简报》，国务院三峡工程建设委员会办公室、国家文物局编著：《湖北库区考古报告集》（第三卷），第19—34页。
⑱ 国务院三峡工程建设委员会办公室、国家文物局编著：《秭归东门头》，第78—95页；湖北省文物考古研究所：《秭归东门头遗址第三次发掘简报》，国务院三峡工程建设委员会办公室、国家文物局编著：《湖北库区考古报告集》（第二卷），第294—307页；湖北省博物馆：《秭归李家街遗址发掘》，国务院三峡工程建设委员会办公室、国家文物局编著《湖北库区考古报告集》（第六卷），第379—440页。
⑲ 广东省文物考古研究所：《秭归何家大沟遗址的发掘》，国务院三峡工程建设委员会办公室、国家文物局编著：《湖北库区考古报告集》（第三卷），第105—159页。
⑳ 襄樊市文物考古研究所：《秭归何家坪遗址2007年发掘报告》，国务院三峡工程建设委员会办公室、国家文物局编著：《湖北库区考古报告集》（第五卷），第477—513页。
㉑ 秭归县文化局：《秭归何家坡遗址发掘简报》，国务院三峡工程建设委员会办公室、国家文物局编著：《湖北库区考古报告集》（第五卷），第284—301页。
㉒ 王立新：《秭归县石门嘴商周魏晋和明代遗址》，中国考古学会编：《中国考古学年鉴2000》，第206—207页。

坪①、王家坝②、官庄坪③、张家坪④、鲢鱼山⑤、陶家坡⑥、大梁尾⑦、玉种地⑧、白水河⑨、油厂⑩、独石子⑪、小厶（幺）姑⑫、大沱湾⑬、五马桥、老鼠岩、大沙坝⑭、坟堰湾⑮、兴山县邹家岭⑯、巴东县红庙岭⑰、雷家坪⑱、茅寨子湾⑲、大罗围墓地⑳、大河坪㉑、老五亩田㉒、鸭子嘴㉓、黎家沱㉔、前进

① 湖北省文物考古研究所三峡考古队：《秭归庙坪遗址 1995 年试掘简报》，国务院三峡工程建设委员会办公室、国家文物局编著：《湖北库区考古报告集》（第一卷），第 274—282 页。
② 湖北省文物考古研究所：《秭归王家坝遗址发掘简报》，国务院三峡工程建设委员会办公室、国家文物局编著：《湖北库区考古报告集》（第一卷），第 719—736 页。
③ 国务院三峡工程建设委员会办公室、国家文物局编：《秭归官庄坪》，第 54—116 页。
④ 湖北省宜昌博物馆：《秭归张家坪遗址发掘的报告》，国务院三峡工程建设委员会办公室、国家文物局编著：《湖北库区考古报告集》（第二卷），第 436—460 页。
⑤ 杨权喜、陈振裕：《秭归鲢鱼山与楚都丹阳》，《江汉考古》1987 年第 3 期，第 71—78 页。
⑥ 秭归县屈原纪念馆：《秭归陶家坡遗址发掘报告》，国务院三峡工程建设委员会办公室、国家文物局编著：《湖北库区考古报告集》（第五卷），第 434—454 页。
⑦ 宜昌博物馆：《秭归大梁尾遗址发掘简报》，国务院三峡工程建设委员会办公室、国家文物局编著：《湖北库区考古报告集》（第一卷），第 563—577 页。
⑧ 宜昌博物馆：《秭归玉种地遗址发掘简报》，国务院三峡工程建设委员会办公室、国家文物局编著：《湖北库区考古报告集》（第一卷），第 283—291 页。
⑨ 宜昌博物馆：《秭归白水河遗址发掘简报》，国务院三峡工程建设委员会办公室、国家文物局编著：《湖北库区考古报告集》（第六卷），第 441—462 页。
⑩ 岳阳市文物考古研究所、秭归县文物局：《秭归油厂夏商时期遗址与六朝墓葬发掘简报》，国务院三峡工程建设委员会办公室、国家文物局编著：《湖北库区考古报告集》（第五卷），第 207—228 页。
⑪ 宜昌博物馆：《秭归独石子遗址发掘简报》，国务院三峡工程建设委员会办公室、国家文物局编著：《湖北库区考古报告集》（第五卷），第 174—189 页。
⑫ 湖北省文物考古研究所：《小厶姑遗址发掘报告》，国务院三峡工程建设委员会办公室、国家文物局编著：《湖北库区考古报告集》（第三卷），第 160—182 页。
⑬ 宜昌博物馆：《秭归大沱湾遗址发掘简报》，国务院三峡工程建设委员会办公室、国家文物局编著：《湖北库区考古报告集》（第五卷），第 190—201 页。
⑭ 杨华：《从鄂西考古发现谈巴文化的起源》，《考古与文物》1995 年第 1 期，第 30—43 页。
⑮ 梁柱：《秭归县坟堰湾商代至汉代遗址》，中国考古学会编：《中国考古学年鉴 1999》，北京：文物出版社，2001 年，第 233—234 页。
⑯ 宜昌博物馆：《兴山县邹家岭遗址 2005 年发掘简报》，国务院三峡工程建设委员会办公室、国家文物局编著：《湖北库区考古报告集》（第四卷），第 481—493 页。
⑰ 国务院三峡工程建设委员会办公室、国家文物局编著：《巴东红庙岭》，第 16—321 页。
⑱ 国务院三峡工程建设委员会办公室、国家文物局编著：《巴东雷家坪》，第 47—99 页。
⑲ 湖北省文物考古研究所：《巴东茅寨子湾遗址的第二次发掘》，国务院三峡工程建设委员会办公室、国家文物局编著：《湖北库区考古报告集》（第三卷），第 428—516 页。
⑳ 湖北省文物考古研究所：《巴东大罗围墓地发掘简报》，国务院三峡工程建设委员会办公室、国家文物局编著：《湖北库区考古报告集》（第二卷），第 192—196 页。
㉑ 湖北省文物考古研究所纪南城工作站：《巴东大河坪遗址发掘简报》，国务院三峡工程建设委员会办公室、国家文物局编著：《湖北库区考古报告集》（第二卷），第 29—34 页。
㉒ 恩施自治州博物馆：《巴东老五亩田遗址发掘简报》，国务院三峡工程建设委员会办公室、国家文物局编著：《湖北库区考古报告集》（第一卷），第 197—202 页。
㉓ 湖北省文物考古研究所：《巴东鸭子嘴遗址（西区）发掘简报》，国务院三峡工程建设委员会办公室、国家文物局编著：《湖北库区考古报告集》（第二卷），第 252—280 页。
㉔ 山东大学考古系：《巴东黎家沱遗址发掘简报》，国务院三峡工程建设委员会办公室、国家文物局编著：《湖北库区考古报告集》（第一卷），第 11—46 页；中山大学人类学系、巴东县博物馆：《巴东黎家沱遗址 2000 年度发掘简报》，国务院三峡工程建设委员会办公室、国家文物局编著：《湖北库区考古报告集》（第一卷），第 47—65 页。

滩①、龙王庙②、仁家坪③、高桅子④、长沱河⑤、火焰石⑥、楠木园⑦、杨家棚⑧、白羊坪⑨、四季坪⑩、店子头⑪、土寨子⑫，巫山县培（碚）石⑬、江东嘴⑭、下沱⑮、琵琶洲⑯、大昌坝⑰、双龙、罗家院子、下湾、涂家坝、龙池坝、阳溪河、殷家坝、韩家坝、双堰塘、七里⑱、柏树林⑲、大溪⑳、跳

① 恩施自治州博物馆：《巴东前进滩遗址发掘简报》，国务院三峡工程建设委员会办公室、国家文物局编著：《湖北库区考古报告集》（第一卷），第189—196页。

② 黄石市博物馆：《巴东龙王庙遗址发掘简报》，国务院三峡工程建设委员会办公室、国家文物局编著：《湖北库区考古报告集》（第三卷），第234—245页。

③ 岳阳市文物考古研究所：《巴东仁家坪遗址2002年发掘简报》，国务院三峡工程建设委员会办公室、国家文物局编著：《湖北库区考古报告集》（第三卷），第398—406页。

④ 湖北省文物考古研究所纪南城工作站：《巴东高桅子遗址发掘报告》，国务院三峡工程建设委员会办公室、国家文物局编著：《湖北库区考古报告集》（第二卷），第66—85页。

⑤ 湖北省文物考古研究所纪南城工作站：《巴东长沱河遗址发掘简报》，国务院三峡工程建设委员会办公室、国家文物局编著：《湖北库区考古报告集》（第二卷），第22—28页。

⑥ 湖北省文物考古研究所纪南城工作站：《巴东火焰石遗址发掘报告》，国务院三峡工程建设委员会办公室、国家文物局编著：《湖北库区考古报告集》（第二卷），第92—119页。

⑦ 余西云：《巴东县楠木园新石器时代和秦六朝明清时期遗址》，中国考古学会编：《中国考古学年鉴2001》，第211—212页；余西云：《巴东县楠木园新石器时代西周汉唐遗址》，中国考古学会编：《中国考古学年鉴2002》，第271—272页。

⑧ 湖北省文物考古研究所：《巴东杨家棚汉代遗址发掘简报》，国务院三峡工程建设委员会办公室、国家文物局编著：《湖北库区考古报告集》（第二卷），第281—293页。

⑨ 恩施自治州博物馆：《巴东白羊坪遗址发掘简报》，国务院三峡工程建设委员会办公室、国家文物局编著：《湖北库区考古报告集》（第一卷），第1—10页。

⑩ 湖北省文物考古研究所：《巴东四季坪遗址发掘简报》，国务院三峡工程建设委员会办公室、国家文物局编著：《湖北库区考古报告集》（第二卷），第187—191页；荆州博物馆：《巴东四季坪遗址发掘简报》，国务院三峡工程建设委员会办公室、国家文物局编著：《湖北库区考古报告集》（第三卷），第407—414页。

⑪ 湖北省文物考古研究所：《巴东店子头遗址发掘简报》，国务院三峡工程建设委员会办公室、国家文物局编著：《湖北库区考古报告集》（第二卷），第35—45页。

⑫ 湖北省文物考古研究所：《巴东土寨子遗址发掘简报》，国务院三峡工程建设委员会办公室、国家文物局编著：《湖北库区考古报告集》（第二卷），第197—209页。

⑬ 南京博物院考古研究所、巫山县文物管理所：《巫山培石遗址第一次发掘报告》，重庆市文物局、重庆市移民局编：《重庆库区考古报告集·1999卷》，第59—79页。

⑭ 南京大学历史系考古专业、重庆市文物局、巫山县文管所：《巫山江东嘴遗址发掘报告》，重庆市文物局、重庆市移民局编：《重庆库区考古报告集·2000卷》，第84—108页；南京大学历史系、重庆市文物局、巫山县文物管理所：《巫山江东嘴遗址发掘报告》，重庆市文物局、重庆市移民局编：《重庆库区考古报告集·2001卷》，第1—33页。

⑮ 南京大学历史系考古教研室、重庆市文物局、巫山县文物管理所：《巫山下沱遗址发掘报告》，重庆市文物局、重庆市移民局编：《重庆库区考古报告集·2000卷》，第255—265页。

⑯ 中国社会科学院考古研究所三峡工作队：《巫山琵琶洲遗址发掘报告》，重庆市文物局、重庆市移民局编：《重庆库区考古报告集·1998卷》，第172—188页。

⑰ 高应勤、卢德佩：《长江西陵峡至川东夏商时期文化初析》，李绍明、林向、徐南洲主编《巴蜀历史·文化·考古·民族》，第310—319页。

⑱ 四川省文物管理委员会、四川省文物考古研究所、巫山县文化馆：《巫山境内长江、大宁河流域古遗址调查简报》，四川省考古研究所编：《四川考古报告集》，第1—10页。

⑲ 武汉大学考古系、重庆市文物局：《巫山柏树林遗址第二次发掘报告》，重庆市文物局、重庆市移民局编：《重庆库区考古报告集·2001卷》，第71—87页。

⑳ 重庆市文物考古所、重庆市文物局、巫山县文物管理所：《巫山大溪遗址勘探发掘简报》，重庆市文物局、重庆市移民局编：《重庆库区考古报告集·2000卷》，第424—480页。

石①、老关庙②、奉节县王家包③、陈家坪④、三塘⑤、毛狗堆⑥、新浦⑦、云阳县东洋子⑧、丝栗包⑨、伍家湾⑩、大地坪⑪、李家坝⑫、余家包⑬、明月坝⑭、畲家嘴⑮、万州区黄柏溪⑯、关（棺）木溪⑰、巴豆林⑱、苏和坪⑲、

① 丛德新：《巫山县跳石商周时期遗址》，中国考古学会编《中国考古学年鉴1995》，第220—221页。
② 吉林大学考古学系：《四川奉节老关庙遗址第一、二次发掘》，《江汉考古》1999年第3期，第7—13页；赵宾福、邹后曦、雷霆军：《重庆奉节县老关庙新石器时代遗址土坑墓的发掘》，《考古》2006年第8期，第89—93页；吉林大学考古学系、四川省文物考古研究所：《奉节县老关庙遗址第三次发掘》，四川省考古研究所编：《四川考古报告集》，第11—40页。
③ 成都市文物考古工作队、成都市文物考古研究所、奉节县白帝城文管所：《奉节王家包遗址发掘简报》，重庆市文物局、重庆市移民局编：《重庆库区考古报告集·1999卷》，第189—201页。
④ 洛阳市文物工作队、重庆市文物局、奉节县白帝城文物管理所：《奉节陈家坪遗址发掘简报》，重庆市文物局、重庆市移民局编：《重庆库区考古报告集·2000卷》，第565—581页。
⑤ 河北省文物研究所、重庆市文化局、奉节县文物管理所：《奉节三塘旧石器地点发掘报告》，重庆市文物局、重庆市移民局编：《重庆库区考古报告集·2002卷》，第227—234页。
⑥ 中国文物研究所、重庆市文物局、奉节县文物管理所：《奉节毛狗堆遗址第二次发掘简报》，重庆市文物局、重庆市移民局编：《重庆库区考古报告集·2000卷》，第496—502页。
⑦ 吉林大学考古学系、奉节县白帝城文物管理所：《奉节新浦遗址发掘报告》，重庆市文物局、重庆市移民局编：《重庆库区考古报告集·1998卷》，第239—255页；吉林大学考古学系、奉节县白帝城文管所：《奉节新浦遗址发掘简报》，重庆市文物局、重庆市移民局编：《重庆库区考古报告集·1999卷》，第168—179页；吉林大学边疆考古研究中心、重庆市文物局、奉节县白帝城文物管理所：《奉节新浦遗址2001年发掘报告》，重庆市文物局、重庆市移民局编：《重庆库区考古报告集·2001卷》，第310—321页。
⑧ 李永宪：《云阳县东阳子商周时期及汉代遗址》，中国考古学会编：《中国考古学年鉴1998》，北京：文物出版社，2000年，第217—218页。
⑨ 罗二虎：《云阳县丝栗包新石器时代至唐代遗址》，中国考古学会编：《中国考古学年鉴2005》，第310—312页。
⑩ 内蒙古文物考古研究所、包头市文物管理处、重庆市文物局：《云阳伍家湾遗址2001年度发掘报告》，重庆市文物局、重庆市移民局编：《重庆库区考古报告集·2001卷》，第559—581页；内蒙古文物考古研究所、包头市文物管理处：《云阳伍家湾遗址发掘报告》，重庆市文物局、重庆市移民局编：《重庆库区考古报告集·2002卷》，第518—535页。
⑪ 席道合：《云阳县大地坪新石器时代至夏商时期遗址》，中国考古学会编：《中国考古学年鉴2004》，北京：文物出版社，2005年第322—323页。
⑫ 四川大学历史文化学院考古系、云阳县文物管理所：《云阳李家坝遗址发掘报告》，重庆市文物局、重庆市移民局编：《重庆库区考古报告集·1997卷》，第209—243页。
⑬ 曹建恩、王晓琨：《云阳余家包商周战国汉唐遗址》，中国考古学会编：《中国考古学年鉴2002》，第326—327页。
⑭ 四川大学历史系考古专业：《云阳县明月坝遗址试掘简报》，四川省考古研究所编：《四川考古报告集》，第91—111页。
⑮ 厦门大学三峡考古队、重庆市文化局三峡办、云阳县文物保护管理所：《云阳巴阳镇畲家嘴遗址2000年发掘报告》，重庆市文物局、重庆市移民局编：《重庆库区考古报告集·2002卷》，第1485—1521页。
⑯ 重庆市博物馆、益阳市文物管理处、重庆万州区文物管理所：《万州黄柏溪遗址发掘报告》，重庆市文物局、重庆市移民局编：《重庆库区考古报告集·1998卷》，第506—538页；重庆市文化局、重庆市博物馆、益阳市文物考古队等：《万州黄柏溪遗址发掘报告》，重庆市文物局、重庆市移民局编：《重庆库区考古报告集·1999卷》，第402—432页。
⑰ 重庆市文物考古所、重庆市文物局、万州区博物馆：《万州关木溪遗址发掘简报》，重庆市文物局、重庆市移民局编：《重庆库区考古报告集·2001卷》，第854—864页。
⑱ 重庆市文物考古所、重庆市文物局、重庆市万州区博物馆：《万州巴豆林遗址发掘报告》，重庆市文物局、重庆市移民局编：《重庆库区考古报告集·2001卷》，第1409—1424页。
⑲ 重庆市博物馆、万州区文管所：《万州苏和坪遗址发掘报告》，重庆市文物局、重庆市移民局编：《重庆库区考古报告集·1999卷》，第433—450页；重庆市文物考古所、重庆市文物局、重庆市万州区博物馆：《万州苏和坪遗址第二次发掘报告》，重庆市文物局、重庆市移民局编：《重庆库区考古报告集·2000卷》，第689—708页。

塘房坪①、中坝子②、渣子门③、涪滩④、王家沱⑤、麻柳湾⑥、黄角梁⑦、
麻柳沱⑧、黄陵嘴⑨、涪溪口⑩、冯家河⑪、石柱县观音寺⑫、沙湾⑬、向家
坝⑭、忠县中坝、瓦渣地、哨棚嘴、老鸹冲、王家堡⑮、上油坊⑯、沧井沟⑰、

① 重庆市文化局三峡办、陕西省考古研究所三峡考古队：《万州塘房坪遗址发掘报告》，重庆市文物局、重庆市移民局编：《重庆库区考古报告集·1998 卷》，第 575—591 页；陕西省考古研究所三峡考古队、重庆市文物局、重庆市万州区博物馆：《万州塘房坪遗址 2001 年考古发掘报告》，重庆市文物局、重庆市移民局编：《重庆库区考古报告集·2001 卷》，第 1079—1113 页。
② 王建新、王涛：《试论重庆万州中坝子遗址夏商周时期文化遗存》，《江汉考古》2002 年第 3 期，第 46—59 页；西北大学考古队：《万州中坝子遗址第三次发掘简报》，重庆市文物局、重庆市移民局编：《重庆库区考古报告集·1999 卷》，第 235—252 页。
③ 中国科学院古脊椎动物与古人类研究所、重庆市文物局、重庆市万县三峡博物馆等：《万州渣子门遗址考古发掘报告》，重庆市文物局、重庆市移民局编：《重庆库区考古报告集·2001 卷》，第 713—720 页。
④ 南京市博物馆、南京市文物研究所：《万州涪滩遗址发掘报告》，重庆市文物局、重庆市移民局编：《重庆库区考古报告集·2001 卷》，第 825—838 页。
⑤ 重庆市博物馆、上海大学文物考古研究中心、重庆市文化局等：《万州王家沱遗址发掘报告》，重庆市文物局、重庆市移民局编：《重庆库区考古报告集·1999 卷》，第 451—477 页。
⑥ 陈淳、黄颖：《万州区麻柳湾新石器时代至明清时期遗址》，中国考古学会编：《中国考古学年鉴 2002》，第 323 页。
⑦ 陆建松、潘碧华：《万州区燕山黄角梁商周至明清时期遗址》，中国考古学会编：《中国考古学年鉴 2002》，第 324—325 页。
⑧ 重庆市博物馆、万州区文管所、复旦大学文博系：《万州麻柳沱遗址发掘报告》，重庆市文物局、重庆市移民局编：《重庆库区考古报告集·1998 卷》，第 539—558 页；重庆市博物馆、复旦大学文博系：《万州麻柳沱遗址考古发掘报告》，重庆市文物局、重庆市移民局编：《重庆库区考古报告集·1999 卷》，第 498—523 页。
⑨ 吴春明：《万县市黄陵嘴商周及汉代遗址》，中国考古学会编：《中国考古学年鉴 1995》，第 222 页。
⑩ 福建省博物馆考古队、万州区文物管理所：《万州涪溪口遗址发掘报告》，重庆市文物局、重庆市移民局编：《重庆库区考古报告集·1997 卷》，第 325—346 页；福建省考古队、重庆万州区文物保管所：《万州涪溪口遗址发掘报告》，重庆市文物局、重庆市移民局编：《重庆库区考古报告集·1998 卷》，第 454—478 页；福建省考古队、重庆万州区文保所：《万州涪溪口遗址第三期发掘报告》，重庆市文物局、重庆市移民局编：《重庆库区考古报告集·1999 卷》，第 478—497 页。
⑪ 重庆市文物考古研究所、万州区博物馆：《万州冯家河遗址发掘报告》，重庆市文物局、重庆市移民局编：《重庆库区考古报告集·2002 卷》，第 536—547 页。
⑫ 河南省文物考古研究所、重庆市文物局、石柱土家族自治县文物管理所：《石柱观音寺遗址发掘报告》，重庆市文物局、重庆市移民局编：《重庆库区考古报告集·2001 卷》，第 1449—1479 页。
⑬ 河南省文物考古研究所、重庆市文物局、石柱土家族自治县文物管理所：《石柱沙湾遗址的发掘》，重庆市文物局、重庆市移民局编：《重庆库区考古报告集·2001 卷》，第 1480—1487 页。
⑭ 林必忠：《藤子沟水电站工程商周时期遗址和东汉至唐宋墓葬》，中国考古学会编：《中国考古学年鉴 2005》，第 316—317 页。
⑮ 杨华：《三峡夏商时期考古文化》，北京：科学出版社，2014 年，第 11 页。
⑯ 《忠县上油坊西周遗存和汉代窑址》，中国考古学会编：《中国考古学年鉴 2002》，第 329—331 页。
⑰ 四川长江流域文物保护委员会文物考古队：《四川忠县沧井沟遗址的试掘》，《考古》1962 年第 8 期，第 416—417 页。

崖脚①、邓家沱②、丰都县沙溪嘴③、玉溪④、玉溪坪⑤、信号台（金刚背）⑥、秦家院子⑦、石地坝⑧、麻柳嘴⑨、汀溪⑩、观石滩⑪、黄柳嘴⑫、丁庄、凤凰嘴、黄燕嘴⑬、垫江县东山林场⑭、涪陵区焦岩⑮、点易村（龙角山、转转堡）⑯、

① 李水城：《忠县崖脚商周时期至唐宋遗址》，中国考古学会编：《中国考古学年鉴 1995》，第 221 页。
② 李锋、许俊平：《忠县邓家沱新石器时代至清代遗址》，中国考古学会编：《中国考古学年鉴 2002》，第 324 页。
③ 绵阳市文物考古研究所、绵阳博物馆、重庆市文化局等：《丰都沙溪嘴遗址 2001 年度发掘报告》，重庆市文物局、重庆市移民局编：《重庆库区考古报告集·2002 卷》，第 1747—1822 页。
④ 重庆市文物考古所：《丰都玉溪遗址勘探早期遗存发掘简报》，重庆市文物局、重庆市移民局编：《重庆库区考古报告集·1998 卷》，第 745—765 页。
⑤ 杨华、袁东山：《丰都县玉溪坪新石器时代至清代遗址》，中国考古学会编：《中国考古学年鉴 2002》，第 319—320 页；袁东山、白九江：《丰都县玉溪坪新石器时代至汉唐及明清时期遗址》，中国考古学会编：《中国考古学年鉴 2003》，第 281—282 页。
⑥ 白九江：《丰都县信号台新石器时代至明清遗址》，中国考古学会编：《中国考古学年鉴 2007》，第 397 页。
⑦ 重庆市文物考古所、丰都县文物管理所：《丰都秦家院子发掘报告》，重庆市文物局、重庆市移民局编：《重庆库区考古报告集·2002 卷》，第 1239—1281 页。
⑧ 重庆市文物考古所、丰都县文物管理所：《丰都石地坝遗址商周时期遗存发掘报告》，重庆市文物局、重庆市移民局编：《重庆库区考古报告集·1999 卷》，第 702—737 页；重庆市文物考古所、丰都县文物管理所：《丰都石地坝遗址第四次发掘报告》，重庆市文物局、重庆市移民局编：《重庆库区考古报告集·2002 卷》，第 1201—1224 页；四川省文物考古研究所：《丰都县三峡工程淹没区调查报告》，四川省考古研究所编：《四川考古报告集》，第 281—349 页。
⑨ 河北省文物研究所、重庆市文化局、丰都县文物管理所：《丰都麻柳嘴遗址发掘简报》，重庆市文物局、重庆市移民局编：《重庆库区考古报告集·2002 卷》，第 1078—1085 页；四川省文物考古研究所：《丰都县三峡工程淹没区调查报告》，四川省考古研究所编：《四川考古报告集》，第 281—349 页。
⑩ 四川省文物考古研究所：《丰都县三峡工程淹没区调查报告》，四川省考古研究所编：《四川考古报告集》，第 281—349 页。
⑪ 宁夏文物考古研究所、丰都县文物管理所：《丰都镇江镇观石滩遗址发掘报告》，重庆市文物局、重庆市移民局编：《重庆库区考古报告集·2002 卷》，第 1086—1122 页；四川省文物考古研究所：《丰都县三峡工程淹没区调查报告》，四川省考古研究所编：《四川考古报告集》，第 281—349 页。
⑫ 河北省文物研究所、重庆市文物局、丰都县文物管理所：《丰都黄柳嘴遗址发掘报告》，重庆市文物局、重庆市移民局编：《重庆库区考古报告集·2001 卷》，第 1627—1648 页；四川省文物考古研究所：《丰都县三峡工程淹没区调查报告》，四川省考古研究所编：《四川考古报告集》，第 281—349 页。
⑬ 四川省文物考古研究所：《丰都县三峡工程淹没区调查报告》，四川省考古研究所编：《四川考古报告集》，第 281—349 页。
⑭ 刘豫川、邹后曦《重庆文物考古工作五十年》，《巴渝文化》第 4 辑，第 6—37。
⑮ 马晓娇、周虹：《涪陵区焦岩商周至明清时期遗址》，中国考古学会编：《中国考古学年鉴 2015》，第 282 页。
⑯ 周勇、李大地：《涪陵区点易村新石器时代商周及汉晋明清遗址》，中国考古学会编：《中国考古学年鉴 2011》，第 398—399 页；汪伟、李大地：《涪陵区转转堡新石器时代至明清遗址》，中国考古学会编：《中国考古学年鉴 2012》，第 356—357 页；邹后曦、代玉彪：《涪陵区龙山北角下新石器时代至宋代遗址》，中国考古学会编：《中国考古学年鉴 2012》，第 356 页。

八角亭渡口①、蔺市②、镇安③、石沱④、龙头山北角下⑤、长寿区碾场嘴、土坪⑥、渝北区茅草坪⑦、南岸区熊家湾⑧、江津区瓦厂沙坝、大土、鼎锅浩⑨、永川区汉东城⑩，川江支流赤水河流域有习水县官仓坝、黄金湾⑪、习水市东门河⑫、仁怀市牛鼻洞⑬等遗址。嘉陵江流域主要有北碚区大土⑭、合川区沙梁子⑮、猴清庙、河嘴屋基、唐家坝⑯，南充市淄佛寺、明家嘴、南部县报本寺、

---

① 周勇、李大地：《涪陵区易村新石器时代商周及汉晋明清遗址》，中国考古学会编：《中国考古学年鉴 2011》，第 398—399 页。
② 重庆市文物考古所、涪陵区文物管理所：《涪陵蔺市遗址发掘简报》，重庆市文物局、重庆市移民局：《重庆库区考古报告集·1998 卷》，第 813—833 页；重庆市文物考古所、重庆市涪陵区博物馆：《涪陵蔺市遗址发掘简报》，重庆市文物局、重庆市移民局编：《重庆库区考古报告集·1999 卷》，第 786—806 页；重庆市文物考古研究所、涪陵区博物馆：《2000 年度涪陵蔺市遗址发掘报告》，重庆市文物局、重庆市移民局编：《重庆库区考古报告集·2002 卷》，第 1633—1715 页。
③ 北京市文物研究所三峡考古队、重庆市涪陵区博物馆：《涪陵镇安遗址发掘报告》，重庆市文物局、重庆市移民局编：《重庆库区考古报告集·1998 卷》，第 850—894 页。
④ 北京市文物研究所三峡考古队、涪陵区博物馆：《涪陵石沱遗址发掘报告》，重庆市文物局、重庆市移民局编《重庆库区考古报告集·1997 卷》，第 713—757 页；北京市文物研究所三峡考古队、北京市文物研究所三峡考古队、重庆市文物局，等：《涪陵石沱遗址发掘报告》，重庆市文物局、重庆市移民局：《重庆库区考古报告集·2000 卷》，第 1092—1111 页；北京市文物研究所、重庆市文物局、重庆市涪陵区博物馆：《涪陵石沱遗址 2001 年度发掘报告》，重庆市文物局、重庆市移民局编：《重庆库区考古报告集·2001 卷》，第 1981—2009 页。
⑤ 邹后曦、代玉彪：《涪陵区龙头山北角下新石器时代至宋代遗址》，中国考古学会编：《中国考古学年鉴 2012》，第 356 页。
⑥ 陈东：《长寿区江南镇重钢迁建区商周汉代至明代遗存》，中国考古学会编：《中国考古学年鉴 2008》，第 352 页。
⑦ 陈东、白九江：《渝北区茅草坪商周至唐宋时期遗址群》，中国考古学会编：《中国考古学年鉴 2009》，北京：文物出版社，2010 年，第 367—368 页。
⑧ 方刚、代玉彪：《巴南区熊家湾新石器西周及明清遗址》，中国考古学会编：《中国考古学年鉴 2011》，第 398 页。
⑨ 白九江、邹后曦：《渝西地区先秦考古发现与考古学文化》，重庆市文物考古所、重庆文化遗产保护中心编：《"早期中国的文化交流与互动——以长江三峡库区为中心"学术研讨会论文集》，第 1—23 页。
⑩ 代玉彪、白九江：《永川区汉东城新石器时代至明清时期遗址》，中国考古学会编：《中国考古学年鉴 2014》，第 367 页。
⑪ 吴小华：《近年贵州高原新石器至商周时期文化遗存的发现与分区》，《四川文物》2011 年第 1 期，第 43—49、67 页；张改课、王新金、蔡回阳：《习水县与赤水市赤水河流域新石器时代至汉代遗址》，中国考古学会编：《中国考古学年鉴 2010》，第 392—394 页；
⑫ 万广云：《仁怀县东门河商周遗址》，中国考古学会编：《中国考古学年鉴 1995》，第 239—240 页。
⑬ 胡昌国：《仁怀市三合镇牛鼻洞商周时期遗址》，中国考古学会编：《中国考古学年鉴 2013》，第 409 页。
⑭ 重庆市文化遗产研究院、北碚区文物管理所：《重庆市北碚区大土遗址新石器时代遗存发掘简报》，《四川文物》2013 年第 2 期，第 3—7 页。
⑮ 冯庆豪、陈丽琼：《合川沙梁子新石器时代遗址的调查》，《三江考古调查纪要》，第 10—14 页；刘豫川、邹后曦：《重庆文物考古工作五十年》，《巴渝文化》第 4 辑，第 6—37 页；白九江、邹后曦：《渝西地区先秦考古发现与考古学文化》，重庆市文物考古所、重庆文化遗产保护中心编："早期中国的文化交流与互动——以长江三峡库区为中心"学术研讨会论文集》，第 1—23 页。
⑯ 白九江、邹后曦：《渝西地区先秦考古发现与考古学文化》，重庆市文物考古所、重庆文化遗产保护中心编：《"早期中国的文化交流与互动——以长江三峡库区为中心"学术研讨会论文集》，第 1—23 页。

涌泉坝、阆中市蓝家坝①、坪上②、剑阁颜家沟③、广元市摆宴坝④、张家坡⑤、鲁家坟⑥，渠江流域主要有渠江县土溪⑦、罗家坝⑧，涪江流域有潼南县曾家坝⑨等遗址。乌江流域主要有涪陵区陈家嘴、武隆县蒋家坝⑩、盐店嘴、庙嘴、黄草、蒋家坝、彭水县共和、大河嘴、徐家坝、大田、漆树湾⑪、徐家坝⑫、鸭母池⑬、黄家堡⑭、黔江区沙坝、石牛寺⑮、酉阳县清源⑯、邹家坝⑰、范家坝⑱、瓦厂坝⑲、

---

① 重庆市博物馆：《四川嘉陵江中下游新石器时代遗址调查》，《考古》1983 年第 6 期，第 496—500 页；蒋晓春、白九江、赵炳清：《川东北地区新石器时代考古学文化初探》，《西华大学学报（哲学社会科学版）》2008 年第 3 期，第 12—17 页。

② 胡昌钰、孙智彬：《阆中县坪上商周时代遗址》，中国考古学会编：《中国考古学年鉴 1990》，北京：文物出版社，1991 年，第 299—300 页。

③ 郑万泉：《剑阁县颜家沟商周汉代宋明清时期遗址》，中国考古学会编：《中国考古学年鉴 2014》，第 383 页。

④ 陈卫东：《广元市土基坝和摆宴坝西周至汉代遗址调查》，中国考古学会编：《中国考古学年鉴 2015》，第 295 页。

⑤ 中国社会科学院考古研究所四川工作队、四川省广元市文物管理所：《四川广元市张家坡新石器时代遗址的调查与试掘》，《考古》1991 年第 9 期，第 774—780 页。

⑥ 郑若奎、唐志工：《广元市鲁家坟新石器时代遗址调查记》，《四川文物》1992 年第 3 期，第 58—60 页。

⑦ 刘化石：《渠县城坝战国及汉代遗址与墓葬》，中国考古学会编：《中国考古学年鉴 2006》，第 360—361 页。

⑧ 陈卫东、王鲁茂：《宣汉县罗家坝新石器时代晚期至汉代遗址》，中国考古学会编：《中国考古学年鉴 2008》，第 371—372 页。

⑨ 陈东、冯硕：《潼南县航电枢纽工程征地区商周至明清遗存》，中国考古学会编：《中国考古学年鉴 2015》，第 282 页。

⑩ 范鹏、白九江：《武隆县蒋家坝商周秦汉及唐宋遗址》，中国考古学会编：《中国考古学年鉴 2011》，第 399—400 页。

⑪ 李大地、白九江、袁东山，等：《渝东南地区先秦时期的考古发现》，重庆市文物考古所、重庆文化遗产保护中心编：《"早期中国的文化交流与互动——以长江三峡库区为中心"学术研讨会论文集》，第 24—42 页。

⑫ 杨小刚、邹后曦、赵丛苍，等：《重庆彭水许家坝遗址出土商周时期船形杯功能研究》，重庆市文物考古所、重庆文化遗产保护中心编：《"早期中国的文化交流与互动——以长江三峡库区为中心"学术研讨会论文集》，第 433—440 页。

⑬ 重庆市文物考古所、黔江区文物管理所、彭水县文物管理所：《彭水县鸭母池遗址发掘简报》，《酉阳邹家坝》，第 386—393 页。

⑭ 重庆市文物考古所、黔江区文物管理所、彭水县文物管理所：《彭水县黄家堡遗址发掘简报》，《酉阳邹家坝》，第 416—417 页；重庆市文物考古所、彭水县文物管理所、酉阳县文物管理所：《乌江彭水电站工程建设征地区（重庆市）文物调查勘探试掘简报》，《酉阳邹家坝》，第 323—347 页。

⑮ 袁东山、朱寒冰：《黔江区箱子岩水电站库区商周唐宋明清时期遗存》，中国考古学会编：《中国考古学年鉴 2008》，第 352—353 页。

⑯ 重庆市文物考古所、重庆文化遗产保护中心、四川大学历史文化学院考古学系编：《酉阳清源》，第 10—245 页。

⑰ 重庆市文物考古所、重庆文化遗产保护中心编著：《酉阳邹家坝》，第 16—264 页。

⑱ 重庆市文物考古所、涪陵区博物馆、酉阳县文物管理所：《酉阳县范家坝石器采集点发掘简报》，《酉阳邹家坝》，第 367—376 页。

⑲ 重庆市文物考古所、涪陵区博物馆、酉阳县文物管理所：《酉阳县瓦厂坝石器采集点发掘简报》，《酉阳邹家坝》，第 377—380 页；重庆市文物考古所、彭水县文物管理所、酉阳县文物管理所：《乌江彭水电站工程建设征地区（重庆市）文物调查勘探试掘简报》，《酉阳邹家坝》，第 323—347 页。

白蜡堡、高家坝①、断龙桥②、聚宝（断龙桥）③、沿河县大河嘴④、中锥堡、李家坪、木甲岭、黑獭堡、神渡坝、小河口⑤、思南县赵家坝、小河口⑥等遗址。清江流域主要有长阳县南岸坪、深潭湾⑦、香炉石⑧、渔峡口、伴峡榨洞、桅杆坪⑨、祖院包⑩、巴东县鄂家坪、南潭河、建始县景阳河、恩施市浑水河⑪、大脉龙、太平桥、水田坝、龙潭坪⑫等遗址。

　　学者们多将峡江地区及其附近区域夏商周时期考古文化遗存界定为早期巴文化，是巴人创造的具有地域文化特征的文化⑬，但在早期巴文化界定上又略有差异，杨权喜认为早期巴文化陶器组合以圜底罐、长柄豆、小平底罐、尖底缸、尖底杯、褐陶盉、豆形器最具特色，分布地主要在三峡地区⑭；高应勤认为夏商巴文化陶器组合以灯座形器、鼓肩罐、卷沿圜底釜、竹节柄豆、尖底羊角杯、鸟头柄勺为特征⑮；杨华认为早期巴文化陶器主要为小平底器、尖底器、圈足器、三足器、圜底器，常见器物有平底罐、灯形器、平底钵、圜底釜、圜底杯、圈足豆、盉、斝、鬲、簋、盘、觚、盆、大口尊、壶、瓮、缸、罍、器盖、角状杯、鸟首形器⑯；赵冬菊认为夏商巴文化陶器主要有圜底

① 李大地、白九江、袁东山，等：《渝东南地区先秦时期的考古发现》，重庆市文物考古所、重庆文化遗产保护中心编《"早期中国的文化交流与互动——以长江三峡库区为中心"学术研讨会论文集》，第24—42页。
② 林必忠、白九江：《酉阳县彭水县新石器时代至六朝遗址和清代民居纤道与廊桥》，中国考古学会编：《中国考古学年鉴2004》，第318—322页。
③ 重庆市文物考古所、酉阳县文物管理所：《酉阳县聚宝遗址发掘简报》，《酉阳邹家坝》，第394—401页。
④ 重庆市文物考古所、酉阳县文物管理所：《酉阳大河嘴遗址发掘简报》，《酉阳邹家坝》，第381—385页；重庆市文物考古所、彭水县文物管理所、酉阳县文物管理所：《乌江彭水电站工程建设征地区（重庆市）文物调查勘探试掘简报》，《酉阳邹家坝》，第323—347页。
⑤ 张合荣、吴小华、张兴龙，等：《贵州沿河抢救发掘新石器晚期至商周遗址群》，《中国文物报》2007年4月20日，第2版；吴小华：《近年贵州高原新石器至商周时期文化遗存的发现与分区》，《四川文物》2011年第1期，第43—49、67页。
⑥ 张改谋、汪汉华、覃军：《思南县乌江沿岸商周至汉代遗址》，中国考古学会编：《中国考古学年鉴2010》，第397—398页。
⑦ 王善才主编：《清江考古》，第157—195页。
⑧ 湖北省清江隔河岩考古队：《湖北清江香炉石遗址的发掘》，《文物》1995年第9期，第4—28页；王善才主编：《清江考古》，第196—308页。
⑨ 王善才主编：《清江考古》，第34—80页。
⑩ 杨华：《宜长高速公路段两周和汉代遗址及蜀汉和清代墓葬》，中国考古学会编：《中国考古学年鉴2003》，第245—246页。
⑪ 邓辉：《土家族区域的考古文化》，第83、90页。
⑫ 王晓宁：《清江流域物质文化遗产分类特征及其保护》，《湖北民族学院学报（哲学社会科学版）》2006年第5期，第57—61页。
⑬ 朱世学：《三峡考古与巴文化研究》，第1页。
⑭ 杨权喜：《略论古代的巴》，《四川文物》1991年第1期，第12—17页。
⑮ 高应勤：《巴国及廪君探源》，《三峡大学学报（人文社会科学版）》2003年第2期，第32—34页。
⑯ 杨华：《从鄂西考古发现谈巴文化的起源》，《考古与文物》1995年第1期，第30—43页。

器、灯座形器、尖底器、三足器①；王然认为巴文化遗存在鄂西南商周至春秋早期以釜为代表，以釜为主的陶器群在峡江地区始终是最稳定、最主要的文化因素②；余西平认为巴文化标志为侈沿、束颈、鼓腹圜底釜③；朱世学认为夏商周巴文化陶器多圜底器，少三足器，圜底釜为早期巴文化最典型、最具特色器物④；方刚、张建文认为圜底釜为商、西周巴人典型器物，是巴人主要炊器⑤；白九江认为夏商巴文化盛行圜底器和尖底器⑥；刘豫川、邹厚曦认为夏商巴文化陶器组合以釜、小平底罐、高领壶、高柄豆、灯形器、器盖为常见⑦。

据夏商周峡江地区巴文化内涵的讨论，结合峡江地区考古发现，我们认同峡江地区夏商周时期确实存在早期巴文化。如湖北宜昌下岸遗址夏代陶器以釜、罐为主要器类，流行卷沿，多饰绳纹特征与鄂西巴文化特征相符，商代陶器以卷沿釜、鼓肩小平底罐、大口缸、豆、豆形器为主，也属巴文化范畴⑧；三斗坪遗址商周陶器有釜、尖底缸、收腹小底罐、尖底杯、鬶、豆、高柄豆形器等巴文化器物⑨；宜昌白狮湾遗址有商至西周初巴人典型陶器小底陶罐、侈口鼓腹圜底罐、灯座形器、尖底杯、高柄豆，主要炊器为侈口鼓腹圜底罐，表明该地早期有巴人活动⑩，夔国建立后巴人始逐渐西移；秭归张家坪遗址商周灯形器座、鼓肩小平底罐、钵、圜底釜、尖底杯亦为早期巴文化器物，西周偏晚楚文化因素开始出现，这种情况在秭归官庄坪、鲢鱼山、卜庄河、旧州河、白水河、柳林溪、渡口、宜昌上磨垴、小溪口、下尾子、三斗坪等遗址中也有发现⑪；秭归渡口商代陶器有小平底罐、羊角杯、高足实柄豆、

① 赵冬菊：《三峡考古与巴文化研究》，《贵州民族研究》2000 年第 4 期，第76—83、46 页。
② 王然：《夏商西周至春秋时期的巴人遗存考》，王光镐主编：《文物考古文集》，第102—112 页。
③ 余西云：《巴史——以三峡考古为证》，北京：科学出版社，2010 年，引言。
④ 朱世学：《三峡考古与早期巴文化源头研究》，《重庆三峡学院学报》2010 年第 1 期，第18—24 页。
⑤ 方刚、张建文：《巴文化研究几点思考》，重庆市文物局、重庆市移民局编：《重庆 2001 三峡文物保护学术研讨会论文集》，第136—141 页。
⑥ 白九江：《巴文化西播与楚文化西渐》，《重庆社会科学》2009 年第 10 期，第94—99 页。
⑦ 刘豫川、邹后曦：《重庆文物考古工作五十年》，《巴渝文化》第 4 辑，第6—37 页。
⑧ 国家文物局三峡考古队：《湖北宜昌县下岸遗址发掘简报》，《考古》1999 年第 1 期，第31—39 页。
⑨ 湖北省文物考古研究所：《1985—1986 三峡坝区三斗坪遗址发掘简报》，《江汉考古》1999 年第 2 期，第1—20 页。
⑩ 湖北省文物考古研究所：《长江三峡工程坝区白狮湾遗址发掘简报》，《江汉考古》1999 年第 1 期，第1—10 页。
⑪ 湖北省宜昌博物馆：《秭归张家坪遗址发掘的报告》，国务院三峡工程建设委员会办公室、国家文物局编著：《湖北库区考古报告集》（第二卷），第436—460 页。

灯形器等巴文化器物①；秭归县沙坝遗址商周陶器有绳纹大口罐、侈口圜底罐、收腹小底罐、大口罐、瓮、夹砂褐陶鬶、绳纹尖底缸、直口尖底杯、喇叭形器、豆等早期巴文化器物，与宜昌三斗坪、杨家嘴商周陶器特点相同②；巴东县茅寨子湾遗址 B 区、C 区、D 区商周陶器中收腹小底罐、喇叭形器、侈口鼓腹圜底罐、浅盘豆、敛口平底盘、直口尖底杯也属早期巴文化范畴③；重庆奉节县老关庙遗址上层甲组陶器绳纹或方格纹夹砂罐、羊角杯、尖底罐、灯形器与鄂西、川东及成都平原夏商遗物基本相同④；云阳东洋子遗址商周遗存有鄂西早期文化因素，也有巴式铜器印章、镞、矛⑤；万州黄柏溪遗址商周陶器有花边口沿罐、大、中口罐、折沿罐、长颈壶等器物⑥；万州中坝子遗址夏商周陶器以平底器为主，圈足器常见，还有一定数量尖底器、三足器，以罐、豆形器、碗为基本器类，尤以罐数量最多⑦；万州区塘房坪遗址夏商周遗存代表性陶器为高领和矮领鼓肩罐、花边和素沿带绳纹釜⑧。这些文化遗存陶器以圜底器、尖底器、灯座形器为基本特征，器类以釜、罐为常见，到春秋战国时期峡江地区巴式青铜器中釜、罐也是最基本器物，巴文化地方性特征极其明显。

从夏商时期峡江地区早期巴文化动态变化来看，巴文化传播方向是从峡江东部向周边地区扩展的。峡江西部渝东地区商代中晚期至西周早期遗址较多，如忠县邓家沱、哨棚嘴、丰都石地坝、涪陵镇安等遗址出土的鼓肩小平底罐、尖底盏、尖底杯、高领圆肩罐、船形杯、圜底釜、侈口圜底罐与成都平原十二桥文化接近，但也有地方特征，有学者称之为石地坝文化，这种文化在渝、黔等地商代遗存中也有发现，如合川猴清庙、沙梁子遗址、酉阳邹

① 宜昌博物馆：《秭归渡口遗址发掘报告》，国务院三峡工程建设委员会办公室、国家文物局编著：《湖北库区考古报告集》（第一卷），第 522—562 页。
② 湖北省文物考古研究所：《秭归大沙坝遗址的发掘》，国务院三峡工程建设委员会办公室、国家文物局编著：《湖北库区考古报告集》（第二卷），第 484—521 页。
③ 湖北省文物考古研究所：《巴东茅寨子湾遗址的第二次发掘》，国务院三峡工程建设委员会办公室、国家文物局编著：《湖北库区考古报告集》（第三卷），第 428—516 页。
④ 吉林大学考古学系、四川省文物考古研究所：《奉节县老关庙遗址第三次发掘》，四川省考古研究所编：《四川考古报告集》，第 11—40 页。
⑤ 四川大学历史文化学院考古系、云阳县文物管理所：《云阳东洋子遗址考古勘探发掘报告》，重庆市文物局、重庆市移民局编：《重庆库区考古报告集·1997 卷》，第 187—208 页。
⑥ 重庆市博物馆、益阳市文物管理处、重庆万州区文物管理所：《万州黄柏溪遗址发掘报告》，重庆市文物局、重庆市移民局编：《重庆库区考古报告集·1998 卷》，第 506—538 页。
⑦ 王建新、王涛：《试论重庆万州中坝子遗址夏商周时期文化遗存》，《江汉考古》2002 年第 3 期，第 46—59 页。
⑧ 重庆市文化局三峡办、陕西省考古研究所三峡考古队：《万州塘房坪遗址发掘报告》，重庆市文物局、重庆市移民局编：《重庆库区考古报告集·1998 卷》，第 575—591 页。

家坝、贵州黑獭堡遗址等。峡江东部夏商巴文化典型陶器有圜底釜、高领罐、尖底罐、折腹尖底杯、大口缸、灯形器，这类遗存被称为路家河文化，或称香炉石文化，其传播方向是"从鄂西山区向外发展，沿着长江向东西两个方向延伸，东边到达荆南寺一带与中原商文化接触融合，西边到达川东（今渝东）忠县㴽井沟一带与当地的土著文化融合发展……它的中心地区应在鄂西清江流域的中、下游一带，也可能包括长江三峡的部分地区"①，典型遗址有宜昌路家河、秭归长府沱、长阳香炉石、奉节新浦等。从峡江东部和峡江西部考古学文化时代来看，路家河文化始自二里岗上层时期，约相当于商代前期早段，石地坝文化起始年代不晚于殷墟一期，时间上限到二里岗上层偏晚阶段，可见时间上路家河文化比石地坝文化早，路家河文化可能是石地坝文化的源头，也可能是汉水流域宝山文化的源头。②这表明夏商时期峡江地区巴文化是从峡江东部向峡江西部传播的，西传时间大致在商代或更早时段。早期巴文化甚至溯江向西传入川西平原，使川西平原原始文化受到强烈冲击。③而鄂西峡江东口附近宜昌、当阳、荆州市、宜都一带，夏商时期考古遗存虽有早期圜底釜、圜底罐等巴文化器物，但也有其他文化因素，如荆南寺遗址夏商遗存中花边口沿夹砂罐、深腹盆形鼎与二里头同类器物相同，而鬲、甗、簋、盆、爵、斝则多见于郑州二里岗和黄陂盘龙城，则是荆南寺夏商文化与中原、鄂东北商文化有密切联系④；又如张家山遗址商代遗存中尖锥状鬲足、甗、斝、爵、大口缸及陶器纹饰中绳纹、堆纹、乳钉纹、圆圈纹、叶脉纹等⑤，又与郑州二里岗与黄陂盘龙城商代同类器物相似，说明其考古学文化也受到中原和鄂东北商文化的影响。峡江东口、江汉平原西部商代遗址中巴文化、商文化因素并存的情况显示巴文化因素是从峡江地区扩展而来的。巴文化东扩原因是"大溪至季家湖这支文化此时也正中衰，早期巴人就趁机从清江流

---

① 湖北省清江隔河岩考古队：《湖北清江香炉石遗址的发掘》，《文物》1995 年第 9 期，第 4—28 页。
② 白九江：《巴文化西播与楚文化西渐》，《重庆社会科学》2009 年第 10 期，第 94—99 页。
③ 杨华：《从鄂西考古发现谈巴文化的起源》，《考古与文物》1995 年第 1 期，第 30—43 页。又段渝《论"早期巴文化"——长江三峡的古蜀文化因素与"早期巴文化"》《巴渝文化》第 3 辑，第 185—194 页）认为重庆地区新石器时代晚期到青铜时代初期的文化遗址、遗存"是成都平原古蜀文化沿江辐射、扩散和传播的结果，其中多数应当是古蜀人迁徙传播所致，即古蜀人的东向移殖开拓所造成，而不是早期巴文化"，则是认为重庆一带夏商时期文化遗存属蜀文化范畴。不过从重庆地区夏商时期文化遗存来看，巴文化中常见陶器寰底器釜、罐较多，灯座形器、尖底器较常见，且地方特色明显，而川西蜀文化中常见平底器但不占主体，因此重庆地区主体文化并非蜀文化，而是巴文化或地方性文化。
④ 荆州地区博物馆、北京大学考古系：《湖北江陵荆南寺遗址第一、二次发掘简报》，《考古》1989 年第 8 期，第 679—692、698 页。
⑤ 陈贤一：《江陵张家山遗址的试掘与探索》，《江汉考古》1980 年第 2 期，第 77—86、113 页。

域发展起来，扩展到长江沿岸"①，这当是鄂西峡江东口附近遗址中突然出现大量早期巴文化遗存的原因所在。

目前学界对峡江地区巴文化起源地还有争议，有人认为巴文化起源地在鄂西峡江地带而非清江流域②，有人认为在清江流域③，还有人认为在宜都石板巷子。从早期巴文化遗址分布来看，峡江沿岸确实比清江流域多，但考察巴文化起源地还必须考虑巴文化遗存的时代。清江流域巴文化最早可上溯到夏代，而峡江地区巴文化遗存时代多在商代，峡江地区巴文化应该是部分巴人从清江流域迁徙至峡江地区时带去的。石板巷子为新石器时代晚期遗址，遗存中陶器主要有鼎、釜、高领罐、瓮、圈足盘、豆、器盖、杯，主要炊器为鼎、釜，圈足器、高足器常见④，与峡江地区夏商巴文化以釜、罐为主要炊器，圜底器、尖底器常见的特征有一定差异，因此早期巴文化虽与石板巷子新石器时代遗存有相似性，但却不是石板巷子文化的继承，相反在清江流域却有较为完整的文化发展序列，因此我们不认为早期巴文化起源于宜都石板巷子。另据清江流域出土人骨体质测量与分析结果显示，清江流域新石器时代至青铜时代居民体质特征相似，深潭湾青铜时代人骨特征与桅杆坪新石器时代人骨相似，如面部低而不宽且较前突，鼻部低而宽、鼻梁低平，反映长阳地区青铜时代居民体征是由清江流域新石器时代居民体征发展而来的，而深潭湾青铜时代人骨特征与我国长江以南居民体质特征更为接近⑤，这说明清江流域自新石器时代至青铜时代居民均为南方当地土著人群。

渝东南、黔东、湘西、鄂西南沅水流域、酉水流域夏商时期也有人类活动。澧水流域夏商遗址主要有澧县斑竹、文家山、宝宁桥、周家湾、周家坟

---

① 俞伟超：《先楚与三苗文化的考古学推测——为中国考古学会第二次年会而作》，《文物》1980年第10期，第1—12页。
② 朱世学：《三峡考古与早期巴文化源头研究》，《重庆三峡学院学报》2010年第1期，第18—24页；杨华：《从鄂西考古发现谈巴文化的起源》，《考古与文物》1995年第1期，第30—43页。
③ 俞伟超：《先楚与三苗文化的考古学推测——为中国考古学会第二次年会而作》，《文物》1980年第10期，第1—12页；宋治民：《蜀文化与巴文化》，第192—193页；王宏：《巴、蜀文化源流粗疏》（《江汉考古》1997年第3期，第63—74页）、王宏、余介方、金国栋：《浅论三峡地区夏商周时期的文化及其变迁》（重庆市文物局、重庆市移民局编：《重庆2001三峡文物保护学术研讨会论文集》，第144—154页）认为巴人最初起源于鄂西南清江流域，出清江后在鄂西南长江流域活动，时间在新石器时代末期至夏和早商时期，晚商到西周时期部分巴人迁至陕东南汉中东部一带发展。
④ 宜都考古发掘队：《湖北宜都石板巷子新石器时代遗址》，《考古》1985年第11期，第961—976页。
⑤ 张振标、王善才：《湖北长阳青铜时代人骨的研究》，《人类学学报》1992年第3期，第230—240页。

山、黄泥岗①、石门皂市②、宝塔、桅岗③、东方桥④、马鞍⑤、高桥、慈利县合兴、明潭⑥、茅屋台、火烧铺、车渡、碎米地、水磨滩、沙窝⑦、合心村、明潭村⑧、桥头、姚仁华田、康家溪、屋场田、樟树塔、大田、柳枝坪、胜岭岗、象鼻嘴、北岗、洞湾、张家界市三兜丘、台上、龚家嘴台地、公王庙、桑植县庙湾、吴家塝、长田、渡口、车坝田、浸水田、南兴台地、楠木岗⑨、鹤峰县江口、千户坪、唐家河、刘家河⑩；沅水流域主要有来凤县杨家堡、葫芦堡、田家河、吊水河、牛摆尾⑪、酉阳县笔山坝、牛角田、秀山县人口溪、下坪⑫、龙山县尚家屋场、里耶瓦场、金卡毕、龙洞湾、溪口、婆婆庙、刘家堡、保靖县瓦场（厂）、柳树坪、拔茅、普溪、荒地坪、马洛坪、阳对门、大丘堡、团鱼背、大坪、芭蕉湾、大田坎、庄屋、喜鹊溪、溪口、长丘、尚堡、枫香堡、庙堡、庙嘴、永顺县不二门、杨公桥、船铺后头、乌龟包、五合门、半坡、下颗砂、哈水丘、田家寨、巴了坪、新田堡、沅陵县董家坪（高坪）⑬、泸溪县浦市、辰溪县炮台、张家溜、潭湾、下湾、沙田、麻阳县城东新区、兰里、龙舌子、步云坪、新晃县朱木山、白洲滩等⑭、柏树林、铜仁市施滩、

① 何介钧、曹传松：《湖南澧县商周时期古遗址调查与试掘》，湖南省文物考古研究所、湖南省考古学会合编：《湖南考古辑刊》第 4 集，长沙：岳麓书社，1987 年，第 1—10 页。
② 湖南省文物考古研究所：《湖南石门皂市商代遗存》，《考古学报》1992 年第 2 期，第 185—218 页。
③ 王文建、龙西斌：《石门县商时期遗存调查——宝塔遗址与桅岗墓葬》，湖南省文物考古研究所、湖南省考古学会编：《湖南考古辑刊》第 4 集，第 11—18 页。
④ 王文建：《石门县东方桥商代遗址》，中国考古学会编：《中国考古学年鉴 1987》，北京：文物出版社，1988 年，第 210—211 页。
⑤ 尹检顺、何赞：《石门县马鞍商代遗址》，中国考古学会编：《中国考古学年鉴 2007》，第 349—350 页。
⑥ 周能、尚巍：《慈利县江垭库区合兴村与明潭村商代遗址》，中国考古学会编：《中国考古学年鉴 1996》，第 205 页。
⑦ 郑元日：《三江口水电站淹没区新石器时代及商周遗址》，中国考古学会编：《中国考古学年鉴 1989》，第 210 页。
⑧ 周能、尚巍：《慈利县江垭库区合心村与明潭村商代遗址》，中国考古学会编：《中国考古学年鉴 1996》，第 205 页。
⑨ 湖南省文物考古研究所、桑植县文物管理所：《湖南桑植县朱家台商代遗址的调查与发掘》，《江汉考古》1989 年第 2 期，第 27—32 页；柴焕波：《湘西商周文化的探索》，湖南省文物考古研究所、湖南省考古学会编：《湖南考古 2002》，长沙：岳麓书社，2004 年，第 522—533 页。
⑩ 邓辉：《土家族区域的考古文化》，第 98 页。
⑪ 邓辉：《土家族区域的考古文化》，第 100 页。
⑫ 李大地、白九江、袁东山，等：《渝东南地区先秦时期的考古发现》，重庆市文物考古所、重庆文化遗产保护中心编：《"早期中国的文化交流与互动——以长江三峡库区为中心"学术研讨会论文集》，第 24—42 页。
⑬ 郭伟民：《沅陵高坪商时期遗址》，中国考古学会编《中国考古学年鉴 1996》，第 205—206 页。
⑭ 邓辉：《土家族区域的考古文化》，第 98、101 页；何介钧：《湖南商周时期古文化的分区探索》，湖南省博物馆、湖南省考古学会合编：《湖南考古辑刊》第 2 集，第 120—127 页；柴焕波：《湘西商周文化的探索》，湖南省文物考古研究所、湖南省考古学会编：《湖南考古 2002》，第 522—533 页；杨志勇：《沅水中上游商周考古学文化特点与民族格局》，《怀化学院学报》2006 年第 12 期，第 1—5 页；胡建军：《麻阳县城东新区商周时期遗址及战国两汉墓葬》，中国考古学会编：《中国考古学年鉴 2009》，第 348—349 页；张兴国：《辰溪县沙田石器时代和商时期遗址》，中国考古学会编：《中国考古学年鉴 2010》，第 322—323 页。

岩懂[①]、杜家园（漾头）、落鹅、坳田懂、黄腊关、落箭坪、坳上坪、新屋、坝皂、纸厂、笔架冲、磨刀湾、茅溪、锡堡、宋家坝、方田坝、龙井、寨坝[②]、洪江市窑场坪[③]、老屋背[④]、天柱县溪口[⑤]、靖州县斗篷坡[⑥]、芷江县四方园等遗址。澧水下游石门皂市商代遗存与郑州二里岗与黄陂盘龙城商文化有相似之处，如方唇长体锥形实足分裆鬲、夹砂红陶附加堆纹大口缸、斝、爵、锯齿状扉棱鼎足，表明商代澧水下游考古学文化受到中原和鄂东北商文化影响；澧水上游桑植庙湾、吴家塝商代陶器以釜、罐为主，文化源头与三峡地区、清江流域以釜、罐为生活器具的巴文化密切相关；酉水上游来凤一带商代遗址陶器多夹砂褐陶、红褐陶，器形多釜、罐、缸，纹饰多绳纹，显示商代考古学文化与三峡地区、清江流域和澧水上游巴文化关系密切。酉水中下游及沅水流域商代遗址出土遗物除釜、罐外，还有大口缸，纹饰中回纹、云雷纹等非本地文化因素，也非中原文化因素，考古文化具有多元性特点。[⑦]

　　黔北赤水河流域、黔东北乌江流域考古发现夏商周时期也一直有人类活动，如赤水河流域夏商周时期遗址有习水县官仓坝、黄金湾、习水市东门河、仁怀市牛鼻洞等，乌江流域则有沿河县大河嘴、中锥堡、李家坪、木甲岭、黑獭堡、神渡坝、小河口、思南县赵家坝、小河口等遗址。从考古学文化面貌来看，黔东北乌江流域的夏商周考古学文化与峡江地区同期考古学文化有较大相似性，陶器多夹砂陶，纹饰多绳纹，器形有花边口沿罐、釜、三足器、尖底盏、高柄豆、尖底杯、船形杯、陶网坠；赤水河流域商周考古学文化与峡江地区考古学文化也有一定相似性，陶器多夹砂陶，纹饰多绳纹，器形有花边口沿罐、陶网坠等，吴小华等将赤水河流域、乌江流域的夏商周考古

① 李飞：《铜仁县施滩新石器时代晚期遗址》，中国考古学会编：《中国考古学年鉴 2002》，第 366—367 页；李飞：《铜仁县岩懂新石器时代晚期遗址》，中国考古学会编：《中国考古学年鉴 2002》，第 367 页。
② 李飞：《铜仁市锦江流域商周至汉代遗址》，中国考古学会编：《中国考古学年鉴 2010》，第 396—397 页。
③ 郭伟民：《洪江市窑场坪商代及明清遗址》，中国考古学会编：《中国考古学年鉴 2000》，第 217 页。
④ 莫林恒、田云国：《洪江市老屋背商周至秦汉时期遗址》，中国考古学会编：《中国考古学年鉴 2013》，第 343—344 页。
⑤ 贵州省文物考古研究所、天柱县文物局：《贵州天柱县溪口遗址商周时期遗存发掘简报》，《四川文物》2015 年第 2 期，第 5—13 页。
⑥ 贺刚：《靖州县斗篷破新石器时代至商代遗址》，中国考古学会编：《中国考古学年鉴 1991》，第 253 页。
⑦ 邓辉：《土家族区域的考古文化》，第 98—104 页。

学文化界定为"巴蜀文化"①，我们认为将其界定为巴文化更为恰当，因为这些地方在巴国时代皆为巴国疆域范围。

通过考古学文化分析我们认为夏商西周时期渝、川、陕、鄂、湘、黔毗邻地带确实存在早期巴文化，但各地又存在一些非巴文化因素，如城固宝山商代遗存有较多商文化因素②；鄂西峡江以东江汉平原西部、澧水下游地区还含有中原及鄂东北商文化因素；沅水、酉水流域则含有地方文化因素，重庆地区还含有较多蜀文化因素，这反映了不同文化人群与巴文化人群并存的局面，这些不同文化的人群有可能是巴人所辖部族群体，毕竟巴部族政权是建立在以巴人为首的部族联盟基础上的，巴人群体中有众多部族是可以理解的，"盖巴本落后民族，种姓匪一，文化亦不齐同，虽亦号称能建国矣，而大部分族众流动性仍甚大，如两汉时西南夷之比，此服彼叛，已去复来，彼一巴，此亦一巴，或化整为零，或化零为整，莫可究诘"③。如果这样理解无误，那么孟涂巴、廪君巴（白虎之巴）、板楯巴、宗姬巴（姬姓之巴）、巴夷赛国、枳巴、龙蛇巴、鱼鳖巴、风姓巴、赢姓巴、子姓巴④，以及濮、赛、鱼、卢、巫蜑、彭、枳、獽等都是巴人部族⑤，他们相对于廪君巴族处于半独立状态，在氏族内部存在牢固的血缘关系，但都是巴人族群的构成部分。所以说"夏商时期鄂西、川东峡江流域的巴人遗存，是巴文化的源头。而其他巴人也许同这里的巴人有某种族属之缘或联系，但不是巴族的直接源头所在"⑥，是有道理的。因此我们认为夏商时期，至迟到商代末年以廪君蛮部族为首的巴人部族联盟已活跃在今渝、川、陕、鄂、湘、黔毗邻地区，其中心区域在今重庆地区、清江流域及长江三峡地区。

① 吴小华：《近年贵州高原新石器至商周时期文化遗存的发现与分区》，《四川文物》2011 年第 1 期，第 43—49、67 页。
② 西北大学文博学院编著：《城固宝山——1998 年发掘报告》，第 180 页。
③ 陈槃：《春秋大事表列国爵姓及存灭表撰异》（三订本），上海：上海古籍出版社，2009 年，第 400—401 页。
④ 邓少琴：《巴史再探》，《巴蜀史迹探索》，第 52—90 页；蒙默：《试论古代巴、蜀民族及其与西南民族的关系》，《贵州民族研究》1983 年第 4 期，第 46—58 页；管维良：《巴族史》，第 9—40 页；陈槃：《春秋大事表列国爵姓及存灭表误异》（三订本），398—407 页。
⑤ 董其祥：《古代的重庆》，《巴史新考》，第 117—126 页。
⑥ 郝良真：《巴文化的发展及特点试析》，《巴渝文化》第 3 辑，第 142—153 页。

第三章　巴国地域及族群分布

《山海经》载"西南有巴国"，但巴国建立于何时？由何人所建？地域范围如何？这些问题史籍语焉不详，为巴史研究制造了很大的难度，但这又是巴史研究绕不开的问题。

第一节　巴国建立

巴国历史最早可上溯到廪君时代。廪君务相通过掷剑、浮土船于夷水等方式确立巴氏在巴、相、瞫、樊、郑五姓部落中的领导地位，巴由氏族名称演变为部落名称，随后廪君率领五姓部落打败盐水女神部落，在夷城建立初具规模的部族联盟政权。

夏商时期巴人自清江流域向外扩张，向东顺清江而下扩展至西陵峡峡口以东至今荆州市荆南寺至松滋桂花树一线；向东北扩展至沮漳河流域当阳一带；向北扩展至峡江地区，其中一支溯长江、大宁河，经任河达汉水河谷，再溯汉水至汉中城固、洋县一带，一部分越秦岭经清姜河达陕西宝鸡渭河南岸一带；向西溯清江而上越齐岳山多路进入重庆境内，一部分巴人溯长江西上，部分巴人进入嘉陵江、渠江流域；向南部分巴人活动于澧水、沅水、酉水流域一带。这些巴人与当地部族构成早期巴人群体，这在上一章已有清晰的阐述。

商代巴人已成为南方颇具实力的部族群体。巴人进入汉水流域后与中原地区有了更多联系，商王多次发动对巴方的战争就是最好的证明，不过巴方并不是商王朝的对手，巴人最后臣服于商并成为商王朝在秦巴山地及其以南的重要方国。

商朝后期商王无道导致诸侯离心，周文王、武王励精图治使周逐渐强盛。

周武王联合各方势力伐商，周武王的追随者中就有巴人，故《华阳国志》载"周武王伐纣，实得巴、蜀之师……巴师勇锐，歌舞以凌殷人……武王既克殷，封其宗姬于巴，爵之以子"①，巴人在周武王伐商战争中也贡献了一份力量，并由此得到周王的分封。

对《华阳国志》这段巴人参与周武王伐商并受封的史料，学界对其真实性认识并不统一，争议焦点集中在两方面：一是周武王伐纣，巴人是否参与其中；二是巴人伐商后周王是否封宗姬为巴王治巴地。

学界对巴人是否参与伐商有两种观点：一种是否认巴人参与武王伐商②，理由是周原甲骨文中无巴国记载；殷周金文无巴、蜀记载；《尚书·牧誓》西土八国中无巴；《华阳国志》"周武王伐纣，实得巴、蜀之师，著乎《尚书》"所记有误，梅赜《古文尚书》59篇中仅有《牧誓》等28篇为原始记录，其中无巴参与武王伐纣的记载，常璩说"著乎《尚书》"失真；而"武王伐纣，前歌后舞"与汉初"陷阵锐气善舞"的賨人随刘邦平三秦鼎定天下有关，刘邦不谙历史，以賨人之歌为"武王伐纣之歌"，以此自比武王伐纣正义之师，此后传为信史，常璩以此为史著《华阳国志》，不足为据；若巴参与了伐纣之役，巴于周有功，周王应直接封其首领为君，以"宗姬"封巴地则带惩罚性质，于理不合。另一种观点认为巴人参与了武王伐纣③，这是多数学者的观点，主要依据一是《华

① （晋）常璩著，刘琳校注：《华阳国志校注》（修订版），第4页。
② 顾颉刚：《牧誓八国》，《史林杂识初编》，北京：中华书局，1963年，第26—33页；顾颉刚：《论巴蜀与中原的关系》，第61—62页；刘韵叶：《武王伐纣无巴论》，《巴渝文化》第3辑，第93—97页。
③ 潘光旦：《湘西北的土家与古代的巴人》，《中国少数民族社会历史调查资料丛刊》修订编辑委员会编：《土家族社会历史调查》，第19—115页；童恩正：《古代的巴蜀》，第16—17页；徐中舒：《巴蜀文化初论》，《论巴蜀文化》，第1—47页；蒙文通：《巴蜀史的问题》，《巴蜀古史论述》，第1—143页；蒙文通：《古族甄微》，重庆：巴蜀书社，1993年，第97—98页；邓少琴：《巴史三探》，《巴蜀史迹探索》，第91—110页；董其祥：《古代的巴与越》，《巴史新考》，第8—33页；董其祥：《甲骨文中的巴与蜀》，《巴史新考》，第1—7页；董其祥：《古代的重庆》，《巴史新考》，第117—126页；庄燕和：《古代巴史中的几个问题》，《西南师范学院学报（哲学社会科学版）》1979年第4期，第41—44页；段渝：《试论宗姬巴国与廪君蛮的关系》，贾大泉主编：《四川历史研究文集》，第19—35页；段渝：《"古荆为巴"说考辨》，《贵州社会科学》1994年第5期，第70—76页；孟世凯：《巴渝文化琐议》，《巴渝文化》第3辑，第135—141页；尹盛平：《西周的彊国与太伯、仲雍奔"荆蛮"》，《陕西省文博考古科研成果汇报会论文选集》，第126—142页；姚政：《论巴族国家的形成》，《巴渝文化》第3辑，第65—81页；沈长云：《论姬姓巴国的建立与其土著的族属等有关问题》，《巴渝文化》第3辑，第82—92页；郝良真：《巴文化的发展及特点试析》，《巴渝文化》第3辑，第142—153页；白吟：《略述巴渝地区的古代先民》，《巴渝文化》第3辑，第166—168页；邓廷良：《楚资入巴王蜀说》，张正明主编：《楚史论丛》，第215—227页；罗开玉：《板楯"七姓"与賨人》，李绍明、林向、徐南洲主编：《巴蜀历史·民族·考古·文化》，第132—143页；周集云：《巴族史探微》，第65、61、68页；任乃强：《任乃强民族研究文集》，北京：民族出版社，1990年，第540页；何光岳：《南蛮源流史》，第401页；管维良：《巴族史》，第51页；汪宁生：《释"武王伐纣前歌后舞"》，《历史研究》1981年第4期，第173—179页；杨华：《对"武王伐纣"之战几个有关问题的探讨》，《巴渝文化》第4辑，第132—144页。

阳国志》的记载，认为常璩载巴人参与伐纣应有所本；二是巴渝舞得名于武王伐纣时巴人的阵前战舞；三是《尚书·牧誓》誓词虽未提及巴人，但所率部众应有巴人；四是甲骨文有巴、巴方记载，巴是商王征伐对象。

　　我们认为巴人参与了周武王伐商。周原甲骨文及殷、周金文不载巴人是可以理解的，巴只是南方蛮夷，不见于甲骨文和金文并不奇怪。武王伐纣之师成分复杂，有周王统辖的军队，有臣属于周的部族，也有臣属于周的方国，武王牧野誓词中不可能——列举，而且《尚书·牧誓》中誓词是否为周武王牧野誓师的原话还有待探究[①]，因此《尚书·牧誓》无巴不能作为伐商无巴的证据。《华阳国志》载武王伐纣"实得巴蜀之师"是说伐商的有巴师、蜀师，而巴师可能隐含在武王誓词中所提及的部族中，故有"著乎《尚书》"之语，武王伐商前迁居宝鸡的巴人是周王属民，巴不见于《尚书·牧誓》可以理解，但却不能因《尚书·牧誓》无巴就否认巴人参与了伐商。至于说汉高祖刘邦赞赏板楯蛮"陷阵锐气善舞"之舞为"武王伐纣，前歌后舞"之舞，賨人之歌为"武王伐纣之歌"是刘邦不谙历史，借周武王抬高自己身份的说法，我们认为有想当然之嫌。汉高祖刘邦在定三秦、夺取天下过程中，巴人确实出了不少力，但巴人只是刘邦军队的一小部分，巴人战舞能进入宫廷，除刘邦个人喜好外，巴人战舞在武王伐纣之役中的历史贡献也是一个原因，我们认为刘邦说巴渝舞为武王伐纣之战舞不仅不是刘邦无知，相反说明他有一定的历史知识；即便刘邦不谙历史，他身边的萧何、张良等人哪个不是博学之士？断无可能让刘邦信口雌黄、留下贻笑后世的话柄。

　　另据我们对夏商巴文化遗址的梳理发现，商代巴文化遗存分布地遍及今重庆峡江地带、乌江下游、重庆、川东嘉陵江、渠江流域、汉水上游、湖北峡江及峡口以东地域，清江流域、澧水上游、酉水上游也有巴文化遗存分布，巴文化甚至扩展至渭水流域宝鸡一带，而巴文化的主人是以巴人为主体的。汉水上游隔秦岭与关中为邻，而宝鸡渭水南岸一带距周人发祥地岐山不远，这支巴人与周人地域邻近，而商代巴人又曾是商王朝征讨对象，巴人与商王朝有历史宿怨，巴人参与武王伐商也是合情合理的。

　　巴人参与武王伐纣之役是以什么身份参与的呢？学术界对此也有不同看法。多数学者在《牧誓》西土八国中寻找巴人线索，因此有彭即巴说[②]、髳即

---

① 顾颉刚：《论巴蜀与中原的关系》，第 54—55 页。

② 童恩正：《古代的巴蜀》，第 16—17 页；邓少琴：《巴史新探》，《巴蜀史迹探索》，第 1—51 页；彭英明：《试论湘鄂西土家族"同源异支"——廪君蛮的起源及其发展述略》，《中南民族学院学报（哲学社会科学版）》1984 年第 3 期，第 12—20 页；庄燕和：《古代巴史中的几个问题》，《西南师范学院学报（哲学社会科学版）》1979 年第 4 期，第 41—44 页；袁庭栋：《巴蜀文化》，第 4 页。

巴说①、濮即巴说（或举濮而包巴说）②，有的学者从周武王部属中讨论巴人归属，遂有巴为弜人说③、师氏虎贲说④。

如前文所述，夏商时期巴人一支北迁至汉水上游安康至汉中河谷地带，其中一支商代又北迁至宝鸡市渭河南岸，周初他们被称为弜人，与周人比邻而居。周人在岐山崛起后弜人成为周王部族。他们随武王伐商，因勇武善战被编入虎贲军⑤，成为周王重要的军事力量。巴人因在牧野之战前的战舞激励了周军士气，在战争中勇猛善战立下战功，在灭商鼎定天下后弜人得以受封为弜国，因弜国邻近周人发祥地岐山，遂以姬姓周人为国君，即《华阳国志》所载"封宗姬于巴"。但毕竟巴人在灭商时战功卓著，巴人理应得到封赏，因而秦巴山地及其以南廪君巴人的巴部族联盟政权得到周王室认可，这当是《华阳国志》"爵之以子"的由来，因此真正意义上的巴国建立时间当在西周初年。

说巴建国于西周初年还有一条史料可供佐证。《左传·昭公九年》载"及武王克商……巴、濮、楚、邓，吾南土也"⑥，隐含的意思是周武王克商鼎定天下后，巴、濮、楚、邓为周南土，也即拱卫周王室南部疆土的方国，巴何以得封方国？自然是随武王伐商有功才得如此，受封建国时间在西周初年⑦。

宝鸡弜国在先秦史籍中无记载，可能是弜国部族多为巴人，而巴人为蛮

---

① 邓少琴：《巴史三探》，《巴蜀史迹探索》，第91—110页。
② 蒙文通：《古族甄微》，第97—98页；董其祥：《古代的巴与越》，《巴史新考》，第8—33页；董其祥：《甲骨文中的巴与蜀》，《巴史新考》，第1—7页；董其祥：《古代的重庆》，《巴史新考》，第117—126页；姚政：《论巴族国家的形成》，《巴渝文化》第3辑，第65—81页；李启良：《巴族渊源探微》，《史学集刊》1985年第1期，第51—57页。
③ 尹盛平：《西周的弜国与太伯、仲雍奔"荆蛮"》，《陕西省文博考古科研成果汇报会论文选集》，第126—142页。
④ 周集云：《巴族史探微》，第65、61、68页。
⑤ 周集云：《巴族史探微》，第65、61、68页。
⑥ 杨伯峻编著：《春秋左传注》（修订本），第1308页。
⑦ 童恩正：《古代的巴蜀》，第39页；蒙文通：《巴蜀史的问题》，《巴蜀古史论述》，第1—143页；唐嘉弘：《"巴国"是一个奴隶制王国吗？》，《四川文物》1984年第1期，第8—12、29页；周兴茂：《巴人、巴国与巴文化》，《徐州师范大学学报（哲学社会科学版）》2007年第4期，第57—61页；刘不朽：《巴人·巴国·巴文化——正在破解中的历史谜团》，《中国三峡建设》1998年第6期，第45—47页；任乃强：《四川上古史新探》，第233页；袁庭栋《巴蜀文化》第4页认为至少在殷末周初，巴"作为一个部族或早期国家，已经在古老的政治舞台上活动了"，主要依据是《尚书·牧誓》所提到的西土八国中有蜀，又有彭，并认为彭即巴，其理由有三：一是《尚书·牧誓》中"彭、濮"连言，《左传·昭公九年》则是"巴、濮"连言，二是巴、彭古读音相通，三是《华阳国志·巴志》载"周武王伐纣，实得巴、蜀之师，著乎《尚书》"，此外，《逸周书·王会解》中提到"巴人以比翼鸟"，《山海经·海内南经》多次提到"巴""巴国""巴人""巴蛇"等，《左传》中也多次提到"巴"，这些也是商末周初已有巴人的佐证；段超：《略论巴文化和土家族文化的关系》，《中南民族学院学报（哲学社会科学版）》1991年第2期，第17—22页。

夷，史官对弴国未给予关注。卢连成、胡智生据考古材料对弴伯世系的研究表明弴国存国时间为周文王晚年至周穆王时①，即西周早中期，弴国灭后弴人再无踪迹。这部分弴人当又南迁汉水上游，一部分南迁嘉陵江、渠江流域，弴人南迁时间当周穆王之后。弴国巴人南迁嘉陵江、渠江流域也可找到相关线索，嘉陵江、渠江流域的板楯蛮得名于木楯，而弴人墓曾出木楯，板楯蛮与弴国巴人木楯当有紧密联系，巴人柳叶形青铜剑在时间上与弴人柳叶形剑有前后相承的时间关系，后文提到的楚共王宠妾巴姬当是南迁弴国巴人后裔。

我们不以廪君族所建巴国为周武王所封巴国，主要是考虑宝鸡弴国巴人是廪君巴人的支系，若武王封宗姬为巴王取代巴氏廪君王族，这在当时是非常严厉的惩治措施，与巴人伐商有功应受封赏的常情不符，因此所封宗姬巴地，应该只是廪君巴人支系的领地，而据有渝、川、陕、鄂、湘、黔毗邻地带的廪君巴部族联盟政权得到周王认可，即是对周王对巴人伐商之功的奖赏。李学勤先生也认为西周初年所建巴国都城先后在江州、垫江、平都、阆中一带②，是视重庆、川东巴国为西周初年所封巴国。另外我们说秦巴山地以南巴国王族不是周王宗族，还可从巴王世系不见于史籍得到印证，不管是传世文献，还是出土文献、文物，都还未发现巴王世系的记载，这也反映巴王世系自成系统，与周王族没有血缘联系。

廪君巴国获周王认可，巴王爵位按常璩说法为"子"爵，即所谓"爵之以子"③。是否如此呢？考察西周金文发现西周并无"子"爵④，"爵之以子"说法与西周实情不符，这可能是常璩杜撰的。西周初年巴王爵位究竟如何？目前我们无法得知，只能留待以后新的出土文献出现后再作讨论，但巴王作为一国之主对巴地领导权得到周王室认可应该是可以肯定的。

第二节　巴国疆域及都城变迁

关于西周时期巴国疆域，有学者以《华阳国志》所载"东至鱼复，西至僰道，北接汉中，南极黔涪"为西周以来巴国疆域⑤，我们认为此说与实情不符。

① 卢连成、胡智生，宝鸡市博物馆编辑：《宝鸡弴国墓地》，第415—416页。
② 李学勤：《巴史的几个问题》，《巴渝文化》第3辑，第41—45页。
③ （晋）常璩著，刘琳校注：《华阳国志校注》（修订版），第4页。
④ 童恩正：《古代的巴蜀》，第17页；赵心帆：《试论湘鄂川黔边界地区出土的虎钮錞于的族属问题》，《贵州民族研究》1995年第2期，第54—58页；李禹阶、黄晓东：《巴族社会组织的一般性与特殊性》，《巴渝文化》第3辑，第169—177页。
⑤ 郝良真：《巴文化的发展及特点试析》，《巴渝文化》第3辑，第142—153页。

西周时期巴国疆域，东部地域在今湖北西部峡江地带、清江流域、西陵峡口附近区域，向东曾扩张到荆州市荆南寺、松滋市桂花树一带，向北扩展至沮漳河流域当阳一带，向南扩展至澧水上游、沅水流域一带。

商以来鄂西北汉水中上游有不少族群聚居，他们和巴人一起曾参加周武王伐商之役。牧野誓师时周武王提到西土部族"庸、蜀、羌、髳、微、卢、彭、濮人"①。顾颉刚《牧誓八国》对八个部族进行了考证，指出蜀在今蜀地，北境达汉中；庸在湖北竹山县境；麇在汉水陕西与湖北交界处，南距竹山不远；卢戎在汉水西，荆山东；彭在湖北谷城一带；巴在湖北②，则商、西周时期汉水中上游一带有蜀、巴、庸、麇、彭、卢戎等部族活动。

商、西周时期庸人活跃在以竹山县为中心的地域，地跨今陕、鄂、渝三省市地。③《通志》载庸为"商时侯国"④，《古今姓氏书辨证》载庸"出自商诸侯之国，以国为氏"⑤，表明庸为商方国。庸国疆域，据《太平寰宇记》载房州"古麇、庸二国之地。……又阚骃云：'防陵，即春秋时防渚也'"⑥，《舆地纪胜》载房州"古麇、庸二国之地"⑦，《舆地广记》载房州"春秋时为麇、庸二国"⑧。宋房州辖房陵、上庸、竹山、永清4县，房陵县及其以东为麇国地，房州西部上庸、竹山县为庸国地。具体到房县，《左传·文公十一年》载"楚子伐麇。成大心败麇师于防渚"，防渚即房陵县，为麇国地⑨，又《元和郡县图志》载房州"古麇国之地"⑩，唐房州即今房县，则房县为麇国地。又雍正《湖广通志》载房县"古麇、庸二国地"⑪，同治《房县志》载房县"属麇、庸地"⑫，结合文献记载及房县西部与竹山县毗邻的地理位置，则今房县西部为庸国地，县治及其以东为麇国地。

① （汉）司马迁撰：《史记》卷4《周本纪》，第122页。
② 顾颉刚：《牧誓八国》，《史林杂识初编》，第26—33页。
③ 朱圣钟：《庸国历史地理问题三论》，《地域文化研究》2018年第1期，第128—142页。
④ （唐）郑樵撰：《通志》卷26《氏族》，北京：中华书局，1987年，第453页。
⑤ （宋）邓名世撰：《古今姓氏书辨证》卷3，王云五主编：《丛书集成初编》，上海：商务印书馆，1937年，第31页。
⑥ （宋）乐史撰，王文楚等点校：《太平寰宇记》卷143《房州》，第2783页。
⑦ （宋）王象之编：《舆地纪胜》卷85《房州》，第504页。
⑧ （宋）欧阳忞撰，李勇先、王小红校注：《舆地广记》卷8《房州》，成都：四川大学出版社，2003年，第179页。
⑨ 杨伯峻编著：《春秋左传注》（修订本），第580页。
⑩ （唐）李吉甫撰，贺次君点校：《元和郡县图志》卷21《均州》，第545页。
⑪ （清）迈柱修，夏力恕纂：《湖广通志》卷3《沿革志》，清雍正十一年（1733年）刻本。
⑫ （清）杨廷烈纂修：《房县志》卷1《沿革》，《中国方志丛书》第329号，台北：成文出版社有限公司，1976年，第95页。

安康及其所属各地多属庸国。楚顷襄王十九年（前 280 年）"割上庸汉北地予秦"，《史记正义》称"谓割房、金、均三州及汉水之北与秦"①，中华书局标点本在"上庸""汉北"间加顿号，其实此处可去掉顿号，意为所割地为汉水以北庸地；若按中华书局本句读，是将上庸及汉水以北地割属秦，这与实情不符。又《括地志》载金州及房州竹山县"古庸国"②，《太平寰宇记》载金州"于周为庸国之地"③，《方舆胜览》载金州"周为庸国之地"④，《舆地纪胜》载金州"周为庸国之地"⑤，宋金州辖西城、平利、洵阳、汉阴、石泉 5 县。《明一统志》载金州"周为庸国地"⑥，《读史方舆纪要》载兴安州"春秋时庸国地"⑦，明清兴安州（府）辖安康（兴安所）、白河县、洵阳县、平利县、紫阳县、石泉县、汉阴县（厅），宋金州、明清兴安州地包括今陕西省安康市、白河县、旬阳县、平利县、镇坪县、岚皋县、紫阳县、汉阴县、石泉县、宁陕县⑧，则上述各县古属庸国疆域。故《安康史略》载"商、周之际，今安康地区属庸国辖地"⑨，《安康碑石》亦载"安康地区商周之际为庸国"⑩，其说确有所本。宋金州、明清兴安州（府）辖区不包括今镇安、柞水二县，则二县不属庸国。今白河县也不属庸国，白河县即春秋锡穴（或误作锡穴），秦汉设锡县，《左传》载楚"潘崇复伐麇，至于锡穴"，注载"锡穴当是麇国都城"⑪。《后汉书》载汉中郡锡县"春秋时曰锡穴"，注引《左传》载"楚伐麇（麋），至于锡穴"⑫。《水经注》载"汉水又东，迳魏兴郡之锡县故城北，

---

① （汉）司马迁撰：《史记》卷 40《楚世家》，第 1735 页。
② （唐）李泰等著，贺次君辑校：《括地志辑校》卷 4《房州》，北京：中华书局，1980 年，第 203 页。
③ （宋）乐史撰，王文楚等点校：《太平寰宇记》卷 141《金州》，第 2727 页。
④ （宋）祝穆撰，（宋）祝洙增订，施和金点校：《方舆胜览》卷 68《金州》，北京：中华书局，2003 年，第 1189 页。
⑤ （宋）王象之编：《舆地纪胜》卷 189《金州》，第 904 页。
⑥ （明）李贤等撰：《大明一统志》卷 34《汉中府》，第 592 页。
⑦ （清）顾祖禹撰，贺次君、施和金点校：《读史方舆纪要》卷 56《陕西五》，北京：中华书局，2005 年，第 2707 页。
⑧ 谭其骧主编：《中国历史地图集 第六册：宋、辽、金时期》，北京：中国地图出版社，1982 年，第 12—13 页；谭其骧主编：《中国历史地图集 第七册：元、明时期》，北京：中国地图出版社，1982 年，第 59—60 页；谭其骧主编：《中国历史地图集 第八册：清时期》，北京：中国地图出版社，1982 年，第 26—27 页。
⑨ 徐信印编著：《安康史略》，西安：三秦出版社，1988 年，第 3、7 页。
⑩ 张沛编著：《安康碑石》，西安：三秦出版社，1991 年，序言第 2 页。
⑪ 杨伯峻编著：《春秋左传注》（修订本），第 580 页。
⑫ （南朝·宋）范晔撰，（唐）李贤等注：《后汉书》，第 3506 页。

为白石滩。县故春秋之锡穴地"①。雍正《陕西通志》载锡"古麇国地。楚潘崇伐麇,至于锡穴。按,锡今白河县"②。又杨东晨以旬阳县为麇国地,是否如此?考旬阳又作旬阳、郇阳、洵阳,一地异名。旬阳首见于战国,苏秦说楚威王称"(楚)北有陉塞、郇阳"③,又雍正《陕西通志》载洵阳县"苏秦说楚王曰:'北有洵阳'。按即今洵阳县"④,所载与《史记》同,又《关中胜迹图志》载洵阳县"战国,楚洵阳邑"⑤,则旬阳为人所知始自战国,为楚县⑥。又《读史方舆纪要》载兴安州"春秋时庸国地",旬阳为兴安州辖县,地属庸国,徐印信也认为春秋初旬阳为庸国地⑦,故杨东晨旬阳麇地说不能成立。

　　商、西周时汉水上游汉中有褒国。褒国在《路史》、《诗地理考》、《诗传旁通》、《诗说解颐·字义》、《六家诗名物疏》、雍正《陕西通志》中都有记载,初为夏方国,与夏王同为姒姓。《水经注》载褒县故城"褒中县也,本褒国"⑧,《元和郡县图志》载褒城县"本汉褒中县……古褒国也"⑨,《太平寰宇记》载褒中"古褒国"⑩,《舆地广记》载褒城县"故褒国"⑪,雍正《陕西通志》载褒城"周褒国""褒国在褒城县东三里许骆驼坪",《行水金鉴》载褒县故城"褒中县也,本褒国"⑫,《关中胜迹图志》载褒城县"周褒国"⑬,则汉至隋褒中县、唐以后褒城县即古褒国地,在今勉县褒城镇一带,褒国疆域以褒城为中心,包括今褒水流域留坝县、勉县及汉中市汉台区等地。说褒国疆域包括褒水流域,主要是从地名学上分析,褒水得名应与褒国控制途经褒水河谷的褒斜道有关;又《水经注》载南郑县"故褒之附庸"⑭,《蜀鉴》载"南郑本古

---

① (北魏)郦道元著,(清)王先谦校:《合校水经注》,第 417 页。
② (清)刘于义修,沈青崖纂:《陕西通志》卷 3《建置》,清雍正十三年(1735 年)刻本。
③ (汉)司马迁撰:《史记》卷 69《苏秦列传》,第 2259 页。
④ (清)刘于义修,沈青崖纂:《陕西通志》卷 3《建置》。
⑤ (清)毕沅撰:《关中胜迹图志》卷 28,张智主编:《中国风土志丛刊》,扬州:广陵书社,2003 年,第 23 册,第 1372 页。
⑥ 朱圣钟:《秦汉中郡辖县考》,周长山、林强主编:《历史·环境与边疆——2010 年中国历史地理国际学术研讨会论文集》,桂林:广西师范大学出版社,2012 年,第 146—150 页。
⑦ 徐信印编著:《安康史略》,第 7 页。
⑧ (北魏)郦道元著,(清)王先谦校:《合校水经注》,第 411 页。
⑨ (唐)李吉甫撰,贺次君点校:《元和郡县图志》卷 22《兴元府》,第 558 页。
⑩ (宋)乐史撰,王文楚等点校:《太平寰宇记》卷 133《兴元府》,第 2613 页。
⑪ (宋)欧阳忞撰,李勇先、王小红校注:《舆地广记》卷 32《兴元府》,第 946 页。
⑫ (清)傅泽洪录:《行水金鉴》卷 71,上海:商务印书馆,1936 年,第 1046 页。
⑬ (清)毕沅编撰:《关中胜迹图志》卷 19,第 22 册,第 895 页。
⑭ (北魏)郦道元著,王先谦校:《水经注》,第 453 页。

褒国"①，都说南郑地属褒国，南郑在今汉中汉台区，则褒国地包括今汉中市汉台区。褒后为西周方国，西周末年"周幽王伐有褒，褒人以褒姒女焉"②，周幽王纳褒姒为嬖妾，遂有使诸侯离心的"烽火戏诸侯"和西周的覆亡。西周时褒国以东、以南汉水上游为巴国北部疆域，今汉中以东至安康以西的汉水上游在秦、蜀、楚势力介入前皆属巴地。

　　西周成王洛阳会盟诸侯后不久，庸国向南越过大巴山顺大宁河向南扩张，占领大宁河流域巫溪、巫山及峡江沿岸奉节、云阳、万州、开县、梁平等地，并一直持续到秦、巴、楚联合灭庸的公元前 611 年。《大清一统志》载夔州府地"春秋时为庸国地"③，又光绪《巫山县志》载"周巫为庸国地"④，则西周至春秋早期巫山县属庸国地。又光绪《大宁县志》载巫山县"周庸国地"，又载"四川大宁、奉节、云阳、万县、梁山皆其地"⑤，《三峡古栈道·大宁河栈道》载"庸国的中心大约在湖北，领域大致覆盖大宁河流域或其北部地区。……周初在宁河下游与长江一带则建有鱼复国。春秋时，宁河流域先为庸国之邦，后为楚巴之地"⑥，则庸国灭前巫溪地也为庸国地。巫溪处连接长江与汉江的宁河—堵水古道上⑦，今大宁河、堵河间还残存一些古道遗迹，而蜿蜒于大宁河沿岸的古栈道就是其中一部分⑧，便捷的交通为庸国控制巫溪、巫县等地提供了可能。奉节县曾为庸国鱼邑，有人以安康鱼脯谷为鱼邑⑨，古汉水有鱼脯谷，《水经注》仅载其为西城、广城二县分界谷，与"鱼邑"无关，说鱼脯谷为庸鱼邑纯属望文生义。而据《逸周书·王会解》载"其西鱼复鼓钟钟牛"，孔晁注载"鱼复南蛮国也，贡鼓及钟而似牛形者"⑩，《后汉书》巴郡鱼复县注载"古庸国"⑪；《通典》载夔州"春秋时为鱼国"⑫，雍正《四川

① （宋）郭允蹈撰：《蜀鉴》卷 1，王云五主编：《丛书集成初编》，上海：商务印书馆，1937 年，第 1 页。
② 上海师范大学古籍整理组校点：《国语》卷 7《晋语》，第 255 页。
③ （清）穆彰阿等修，潘锡恩总纂：《嘉庆重修一统志》卷 397《夔州府》。
④ （清）连山等修，李友梁等纂：《巫山县志》卷 1《沿革志》，清光绪十九年（1893 年）刻本。
⑤ （清）高维岳修，魏远猷等纂：《大宁县志》卷 1《地理志》，清光绪十一年（1885 年）刻本。
⑥ 重庆市文物局、重庆市移民局、西安文物保护修复中心编著：《三峡古栈道·大宁河栈道》，北京：文物出版社，2006 年，第 27 页。
⑦ 蓝勇：《四川古代交通路线史》，重庆：西南师范大学出版社，1989 年，第 191—194 页。
⑧ 朱圣钟、王高飞、付玉强：《重庆古盐井（场）探访之旅纪实（一）》，西南大学历史地理研究所编：《中国人文田野》第 5 辑，成都：巴蜀书社，2012 年，第 46—76 页。
⑨ 何光岳：《庸国的兴亡及其与楚的关系》，《求索》1983 年第 3 期，第 123—126 页。
⑩ 黄怀信、张懋镕、田旭东撰，李学勤审定：《逸周书汇校集注》，上海：上海古籍出版社，1995 年，第 954 页。
⑪ （南朝·宋）范晔撰，（唐）李贤等注：《后汉书》，第 3507 页。
⑫ （唐）杜佑撰，王文锦、王永兴、刘俊文等，点校：《通典》卷 175《州郡》，第 4596 页。

通志》载奉节县“周庸国之鱼邑”[①]；道光《夔州府志》载奉节县“周庸国之鱼邑，春秋时为庸国地”[②]；光绪《奉节县志》载“春秋时庸国之鱼邑”[③]；咸丰《开县志》、光绪《大宁县志》亦载奉节为庸国地[④]，鱼复县为庸国鱼邑，则今奉节县属庸国。潘新藻说“庸之领地，南至江”[⑤]，谭其骧《中国历史地图集》春秋图幅奉节标注“鱼”字[⑥]，也都认可奉节为鱼邑。云阳县也曾属庸国，咸丰《云阳县志》载云阳“殷、周为庸国地”[⑦]，光绪《大宁县志》载“四川大宁、奉节、云阳、万县、梁山皆其地”[⑧]，则庸国灭前云阳亦属庸国地。开县也曾为庸国地，咸丰《开县志》载开县“周庸国地”[⑨]，春秋时庸国灭后其地再入巴。万州区亦曾为庸国地，光绪《大宁县志》载“今湖北竹山县四十里有上庸城，即庸国建都处，四川大宁、奉节、云阳、万县、梁山皆其地”[⑩]，清万县即今万州区，汉属朐忍县地，周属庸国地，则万州地亦属庸国。梁平县也曾属庸国，咸丰《开县志》载“今湖广竹山县西四十里有上庸城，即庸国建都处，四川大宁、奉节、云阳、万县、梁山皆其地”[⑪]，光绪《大宁县志》亦有相同记载[⑫]，则梁平县也曾为庸国地。

西周中期楚人自荆山向南扩张，原巴国鄂西巴东、秭归、兴山、宜昌及渝东巫山等地为夔子国所据。夔子国据《水经注》载“古楚之嫡嗣有熊挚者，以废疾不立，而居于夔，为楚附庸。后王命为夔子。春秋僖公二十六年，楚以其不祀，灭之者也”[⑬]，则夔子国始于熊挚时，国亡于鲁僖公二十六年（前634年）。《汉书》载“秭归，归乡”[⑭]，《史记集解》引服虔载“夔，楚熊渠之孙，熊挚之后。夔在巫山之阳，秭归乡是也”[⑮]，《太平寰宇记》载归州“周

①（清）黄廷桂等修，张晋生等纂：《四川通志》卷2《建置沿革》，清乾隆元年（1736年）补版增刻本。
②（清）恩成修，刘德铨纂：《夔州府志》卷2《沿革志》，清道光七年（1827年）刻本。
③（清）曾秀翘修，杨德坤等纂：《奉节县志》卷2《沿革》，清光绪十九年（1893年）刻本。
④（清）朱肇奎等修，陈崑等纂：《开县志》卷2《建置志》，清咸丰三年（1853年）刻本；（清）高维岳修，魏远猷等纂：《大宁县志》卷1《地理志》。
⑤ 潘新藻：《湖北省建制沿革》，武汉：湖北人民出版社，1987年，第121页。
⑥ 谭其骧主编：《中国历史地图集　第一册：原始社会、夏、商、西周、春秋、战国时期》，第20—21页。
⑦（清）江锡麒修，陈崑纂：《云阳县志》卷1《舆地》，清咸丰四年（1854年）刻本。
⑧（清）高维岳修，魏远猷等纂：《大宁县志》卷1《地理志》。
⑨（清）朱肇奎等修，陈崑等纂：《开县志》卷2《建置志》。
⑩（清）高维岳修，魏远猷等纂：《大宁县志》卷1《地理志》。
⑪（清）朱肇奎等修，陈崑等纂：《开县志》卷2《建置志》。
⑫（清）高维岳修，魏远猷等纂：《大宁县志》卷1《地理志》。
⑬（北魏）郦道元著，（清）王先谦校：《合校水经注》，第493页。
⑭（汉）班固撰，（唐）颜师古注：《汉书》卷28《地理志》，第1566页。
⑮（汉）司马迁撰：《史记》卷40《楚世家》，第1698页。

夔子之国。战国时其地属楚"①，同治《归州志》载"归即夔，归乡即夔乡"②，光绪《大宁县志》载"古夔国，在今湖北归州地"③，则夔子国治今湖北秭归县。熊挚何时入夔无明确记载，但熊挚王夔在熊勇前二王，熊勇为熊延子，《史记·楚世家》载"熊勇六年，而周人作乱，攻厉王，厉王出奔彘"④，熊勇六年即公元前842年，则熊挚入夔时间在公元前9世纪初⑤。熊挚入夔后楚人扩展至鄂西峡江地带、巫山及大宁河沿线。

据前文所述，西周至春秋前期庸国疆域包括今湖北竹山、竹溪及房县西部，陕西安康、旬阳、白河、平利、岚皋、汉阴、紫阳、石泉、镇坪，重庆巫山、巫溪、奉节、云阳、万州、开县、梁平等地，这个区域以西、以南则为巴国疆域。有人说西周至春秋巴立国于汉水中上游以西，为周王室镇抚南土，是周初分封的汉阳诸姬之一⑥，巴国位于汉水上游与大巴山之间，至春秋中叶，不断东出襄阳，与楚、邓争夺汉水以东地⑦，是忽略了商、西周至春秋前期今陕南、重庆、鄂西毗邻地带有以竹山为中心的庸国，在今陕西白河县、湖北郧西县、郧县、房县地等地有麋国的史实⑧。若巴国在汉水上游以西，就不可能越过庸国、麋国东出襄阳，与楚争夺汉水以东地域，巴、楚在襄阳附近的争斗另有途径，后文另有交代。

巴国西与蜀国为邻，商周时期巴、蜀边界如何？因文献资料缺乏且考古材料有限，西周巴、蜀疆界划分难度较大。唐昌朴对四川三台县郪江乡岩椁墓分析后认为郪王墓与独立于巴、蜀边界的部落王国有关，在巴、蜀统一各部建国后，巴、蜀交界地带仍有些独立部落，因此推测巴、蜀边界在北起阆中，南经简阳东至宜宾一线⑨，此说有一些道理。唐代文献对古巴国地域的记载或可为唐昌朴界定的巴蜀边界线提供佐证，如唐梁载言《十道志》载泸州"巴子国"⑩，果州"属巴子国"，《图经》载阆州"为巴国之地"⑪，唐泸州治今四川泸州市，

① （宋）乐史撰，王文楚等点校：《太平寰宇记》卷148《归州》，第2877页。
② （清）余思训修，陈凤鸣纂：《归州志》卷1《地舆志·沿革》，台北：成文出版社有限公司，1975年，第98页。
③ （清）高维岳修，魏远猷等纂：《大宁县志》卷1《地理志》。
④ （汉）司马迁撰：《史记》卷40《楚世家》，第1693页。
⑤ 邓廷良：《楚裔入巴王蜀说》，张正明主编：《楚史论丛》，第215—227页。
⑥ 段渝：《"古荆为巴"说考辨》，《贵州社会科学》1984年第5期，第70—76页。
⑦ 段渝、谭晓钟：《涪陵小田溪战国墓及所见之巴、楚、秦关系诸问题》，《四川文物》1991年第2期，第3—9页。
⑧ 何浩：《麋国地望与灭年》，《求索》1988年第2期，第127—129页。
⑨ 唐昌朴：《先秦巴国都邑与疆域考议》，《巴渝文化》第3辑，第122—134页。
⑩ （宋）李昉等撰，夏剑钦等校点：《太平御览》卷166《州郡部·泸州》，石家庄：河北教育出版社，1994年，第2册，第577页。
⑪ （宋）李昉等撰：《太平御览》卷167《州郡部·阆州》，第816页。

果州治今四川南充市，阆州治今四川阆中市，据《十道志》《图经》记载上述各地属西周巴国地，这些地域大致也在唐昌朴所界定的巴蜀边界线以东。

西周巴国南部疆界可能到达黔北赤水河流域习水、仁怀一带。习水县官仓坝、黄金湾等遗址商、西周遗物陶器多夹砂灰褐陶、红褐陶，器形有花边口沿罐、直口尖唇罐、网坠等，纹饰多绳纹、方格纹、压印纹等，文化面貌与重庆峡江地区相同，其考古学文化与黔东北沿河、印江、思南乌江河谷地带考古学文化属同一文化系统[1]，应属巴文化系统，由此推测西周时巴国南界应扩展至黔北赤水河流域的仁怀、习水县一带。在江津区瓦厂沙坝、大土等遗址考古发现有商、西周时期遗存，陶器有圜底罐、圜底釜、平底罐、灯座形器[2]，这些器物属巴人器物类型，也说明西周时江津长江南岸山地一带属巴国疆域范围。

西周巴国东南部疆域曾扩展到乌江下游、酉水流域、澧水中上游一带。重庆酉阳清源遗址商、西周陶器组合以圜底釜（罐）、尖底盏、尖底杯、小平底罐、豆、灯形器最常见[3]，巴文化特征明显，此外在酉阳县邹家坝遗址、大河嘴遗址[4]、范家坝遗址[5]、聚宝遗址[6]、彭水县鸭母池遗址[7]等商周遗存中也包含有早期巴文化遗物，说明商周时期酉阳、彭水一带属巴文化区，表明乌江下游一带属巴国疆。又地处湘西北沅水支流酉水流域永顺县不二门遗址商周遗存出土遗物显示，其考古学文化与峡江及鄂西山区商周文化属同一文化系统[8]，属这一文化类型的遗址还有永顺杨公桥、船铺后头、乌龟包、五合门、半坡、下颗砂、哈水丘、田家寨、巴了坪、保靖瓦场、荒地坪、阳对门、喜鹊溪、桑植朱家台、长田、渡口、车坝田、浸水田、南兴台地、楠木岗、张家界三兜丘、台上、龚家嘴台地、慈利县桥头、姚仁华田等遗址的商周遗存[9]，都应属于巴文

① 吴小华：《近年贵州高原新石器至商周时期文化遗存的发现与分区》，《四川文物》2011 年第 1 期，第 43—49、67 页。
② 白九江、邹后曦：《渝西地区先秦考古发现与考古学文化》，重庆市文物考古所、重庆文化遗产保护中心编："早期中国的文化交流与互动——以长江三峡库区为中心"学术研讨会论文集》，第 1—23 页。
③ 重庆市文物考古所、重庆文化遗产保护中心、四川大学历史文化学院考古学系编：《酉阳清源》，第 10—245 页。
④ 重庆市文物考古所、彭水县文物管理所、酉阳县文物管理所：《乌江彭水水电站工程建设征地（重庆市）文物调查勘探试掘简报》，《酉阳邹家坝》，第 323—347 页。
⑤ 重庆市文物考古所、涪陵区博物馆、酉阳县文物管理所：《酉阳县范家坝石器采集点发掘简报》，《酉阳邹家坝》，第 367—376 页。
⑥ 重庆市文物考古所、酉阳县文物管理所《酉阳县聚宝遗址发掘简报》，《酉阳邹家坝》，第 394—401 页。
⑦ 重庆市文物考古所、黔江区文物管理所、彭水县文物管理所：《彭水县鸭母池遗址发掘简报》，《酉阳邹家坝》，第 386—393 页。
⑧ 湖南省文物考古研究所、湘西自治州文物管理处：《湘西永顺不二门发掘报告》，湖南省文物考古研究所、湖南省考古学会编：《湖南考古 2002》，第 72—125 页。
⑨ 柴焕波：《湘西商周文化的探索》，湖南省文物考古研究所、湖南省考古学会编：《湖南考古 2002》，第 522—533 页。

化系统，表明湘西酉水流域、澧水流域在商西周时期属巴文化区或是受到巴文化强烈影响，则商西周时湘西酉水流域、澧水中上游可能属巴国疆域。

　　西周巴国疆域内巴文化遗物也多有发现。三峡地区当地考古学文化多被认定为巴文化，圜底釜为典型器物，也是巴人主要炊器，商至西周早期峡江地区巴人就用寰底釜作炊器，西周早中期至春秋中晚期巴人炊器以花边圜底釜为主。如忠县老鸹冲第二期遗存圜底釜数量占绝对多数[①]，陶器组合中，三峡西部地区除圜底釜外常见平底罐、尖底杯、豆、盆器盖、缸、盏、钵，罐、釜、鬲口沿多捏成花边，延续了夏商以来特点，三峡东部地区西周中期以前陶器也保持了夏商以来巴文化特点，陶器中圜底釜、圜底罐、三足鬶、三足盉、平底器、高柄豆较常见，西周中期楚人进入峡江地区。三峡东部遂成为楚文化区，陶器中鬲、盘、斗、罐、鼎、壶与楚地同期遗存大致相同或相近，而一些罐、釜、壶又保留了巴文化色彩，青铜器中錞于、钲、编钟，兵器中柳叶形剑、虎纹戈、矛、钺等巴人器物多有出现，西陵峡以东枝江、宜都、当阳、荆门、江陵等地也有巴人遗物出土，巴东西瀼口、雷家坪、秭归庙坪、宜昌前坪等地多有巴人墓葬[②]，楚人进入前这里也是巴地。嘉陵江流域商、西周考古材料目前不多，已知遗址如重庆合川区唐家坝陶器有花边口沿罐，猴清庙商周陶器有圜底釜、圜底罐、壶、炮弹形尖底杯、角状尖底杯、尖底盏、豆，尤以釜、罐、壶数量较多[③]，沙梁子商周陶器有尖底杯、釜[④]，这些典型巴文化遗物说明商、西周时期嘉陵江流域也是巴人活动地域。

　　另据《逸周书·王会解》载周成王洛阳会诸侯，"巴人以比翼鸟"[⑤]，说巴人遣使者进献比翼鸟。《逸周书》成书时代还有争议，李学勤认为各篇时代不一，部分为西周作品，大部分在春秋时期成篇[⑥]；黄怀信认为成书时代在春

---

① 方刚、张建文：《巴文化研究几点思考》，重庆市文物局、重庆市移民局编：《重庆 2001 三峡文物保护学术研讨会论文集》，第 136—141 页。

② 杨华：《长江三峡地区西周、东周时期文化遗迹的考古发现研究》，《三峡大学学报（人文社会科学版）》2001 年第 2 期，第 47—52 页。

③ 白九江、邹后曦：《渝西地区先秦考古发现与考古学文化》，重庆市文物考古所、重庆文化遗产保护中心编：《"早期中国的文化交流与互动——以长江三峡库区为中心"学术研讨会论文集》，第 1—23 页。

④ 冯庆豪、陈丽琼：《合川沙梁子新石器时代遗址的调查》，《三江考古调查纪要》，第 10—14 页；白九江、邹后曦：《渝西地区先秦考古发现与考古学文化》，重庆市文物考古所、重庆文化遗产保护中心编：《"早期中国的文化交流与互动——以长江三峡库区为中心"学术研讨会论文集》，第 1—23 页。

⑤ 黄怀信、张懋镕、田旭东撰，李学勤审定：《逸周书汇校集注》，第 918 页。

⑥ 黄怀信、张懋镕、田旭东撰，李学勤审定：《逸周书汇校集注》，序言第 2—3 页。

秋晚期①，唐元发认为在战国初期②。我们认为《逸周书》作为先秦时期重要典籍，其成书应经历了一个过程，部分篇章成于西周时期，部分在春秋时期，战国时有所增益，但《逸周书》成书于战国以前不会有太大问题，所记周代史事应有一定可信度。又《尔雅·释地》载"南方有比翼鸟焉，不比不飞，其名谓之鹣鹣"，注载"似凫，青赤色"③，邓子琴认为比翼鸟即螨蜴，即山鸡，又名子母鹊④，以重庆市奉节县产比翼鸟，周集云认为给周王的比翼鸟产于夔州府（今奉节）三峡地区⑤，若比翼鸟产地所论不差，则西周初渝东峡江一带为巴国地，唯其如此巴王才有比翼鸟献周王，如此则万州至巫山峡江地段入庸国是在周成王后至春秋初年时段内。

廪君巴部族联盟政权建立初，"廪君于是君乎夷城"，指明都城在夷城。夷城当在夷水即今清江流域，廪君夷城可能在长阳县鱼峡口一带，也可能在今恩施一带，目前因文献和考古材料缺乏难以确指，具体方位只能留待以后去确认了。

西周时巴国都城当在今重庆渝中区，《水经注》载"江州县，故巴子之都"⑥，《括地志》载"巴子都江州"⑦，同治《巴县志》载巴县"周巴子国"⑧，则是周代巴国都城在江州县，即巴县，也即今重庆市渝中区。谭其骧《中国历史地图集》西周图幅巴国就标注在重庆市渝中区。⑨

东周时期巴国疆域较西周又有些变化。《华阳国志·巴志》载巴国"东至鱼复"，鱼复即今奉节县。春秋战国时巴国东部疆域变化很大，东部疆界并非只是"东至鱼复"。

西周成王洛阳会盟诸侯后不久，以湖北竹山县为中心的庸国向南越过大巴山顺大宁河向南扩张，占领大宁河流域巫溪、巫山及峡江沿岸奉节、云阳、万州、开县、梁平等地，并一直持续到秦、巴、楚联合灭庸的公元前611年，此后奉节、云阳、万州、开县、梁平等地才又成为巴国领地，巫山、巫溪等地则为楚国所有。

① 黄怀信：《〈逸周书〉时代略考》，《西北大学学报（哲学社会科学版）》1990年第1期，第111—117页。
② 唐元发：《〈逸周书〉成书于战国初期》，《南昌大学学报（人文社会科学版）》2006年第6期，第176—179页。
③ （清）郝懿行撰：《尔雅义疏》，上海：上海古籍出版社，1983年，第833页。
④ 邓少琴：《巴史新探》，《巴蜀史迹探索》，第1—51页。
⑤ 周集云：《巴族史探微》，第86页。
⑥ （北魏）郦道元著，（清）王先谦校：《合校水经注》，第487页。
⑦ （唐）李泰等著，贺次君辑校：《括地志辑校》卷4《渝州》，第202页。
⑧ （清）霍为棻等修，熊家彦等纂：《巴县志》卷1《疆域志·建置沿革》，清同治六年（1867年）刻本。
⑨ 谭其骧主编：《中国历史地图集　第一册：原始社会、夏、商、西周、春秋、战国时期》，第15—16、17—18页。

春秋战国时期鄂西峡江地区及渝东部分地域为楚人所控制，这在鄂西、渝东考古中也得到证实。在宜昌黄土包、覃家沱①、朱其沱②、周家湾③、上磨垴④、小溪口⑤、秭归庙湾⑥、渡口⑦、缆子杆⑧、曲溪口⑨、龚家大沟⑩、何家大沟⑪、庙坪⑫、香溪口（水府庙）⑬、官庄坪⑭、河坎上⑮、张家坪⑯、砂罐岭⑰、白水河⑱，兴山县甘家坡⑲，巴东雷家坪⑳、茅寨子湾㉑、

① 湖北省博物馆：《宜昌覃家沱两处周代遗址的发掘》，《江汉考古》1985 年第 1 期，第 38—56 页。
② 三峡考古队：《宜昌朱其沱遗址发掘简报》，《江汉考古》1994 年第 1 期，第 56—59 页。
③ 湖北省文物考古研究所：《西陵峡北岸周家湾山岗遗址》，《江汉考古》1994 年第 1 期，第 60—64 页。
④ 湖北省文物考古研究所：《湖北宜昌县上磨垴周代遗址的发掘》，《考古》2000 年第 8 期，第 23—35 页。
⑤ 湖北省文物考古研究所：《宜昌县小溪口遗址发掘简报》，《江汉考古》1994 年第 1 期，第 65—68 页。
⑥ 宜昌博物馆：《秭归庙湾遗址发掘简报》，国务院三峡工程建设委员会办公室、国家文物局编著：《湖北库区考古报告集》（第六卷），第 559—562 页。
⑦ 宜昌博物馆：《秭归渡口遗址发掘报告》，国务院三峡工程建设委员会办公室、国家文物局编著：《湖北库区考古报告集》（第一卷），第 522—562 页。
⑧ 宜昌博物馆：《秭归缆子杆遗址发掘简报》，国务院三峡工程建设委员会办公室、国家文物局编著：《湖北库区考古报告集》（第五卷），第 157—173 页。
⑨ 宜昌博物馆：《秭归曲溪口遗址发掘简报》，国务院三峡工程建设委员会办公室、国家文物局编著：《湖北库区考古报告集》（第一卷），第 313—319 页。
⑩ 湖北省博物馆考古部：《秭归龚家大沟遗址的调查试掘》，《江汉考古》1984 年第 1 期，第 3—20 页。
⑪ 广东省文物考古研究所：《秭归何家大沟遗址的发掘》，国务院三峡工程建设委员会办公室、国家文物局编著：《湖北库区考古报告集》（第三卷），第 105—159 页。
⑫ 湖北省文物考古研究所三峡考古队：《秭归庙坪遗址 1995 年试掘简报》，国务院三峡工程建设委员会办公室、国家文物局编著：《湖北库区考古报告集》（第一卷），第 274—282 页。
⑬ 黄冈市博物馆：《秭归香溪几处遗址墓葬 2007 年的发掘》，国务院三峡工程建设委员会办公室、国家文物局编著：《湖北库区考古报告集》（第五卷），第 353—388 页。
⑭ 国务院三峡工程建设委员会办公室、国家文物局编：《秭归官庄坪》，第 117—501 页。
⑮ 湖北省文物考古研究所：《秭归河坎上遗址发掘简报》，国务院三峡工程建设委员会办公室、国家文物局编著：《湖北库区考古报告集》（第二卷），第 319—350 页。
⑯ 湖北省宜昌博物馆：《秭归张家坪遗址发掘的报告》，国务院三峡工程建设委员会办公室、国家文物局编著：《湖北库区考古报告集》（第二卷），第 436—460 页。
⑰ 湖北省文物考古研究所：《秭归县砂罐岭遗址发掘简报》，国务院三峡工程建设委员会办公室、国家文物局编著《湖北库区考古报告集》（第四卷），第 430—457 页。
⑱ 宜昌博物馆：《秭归白水河遗址发掘简报》，国务院三峡工程建设委员会办公室、国家文物局编著《湖北库区考古报告集》（第六卷），第 441—462 页。
⑲ 咸宁市博物馆：《兴山县甘家坡遗址发掘简报》，国务院三峡工程建设委员会办公室、国家文物局编著：《湖北库区考古报告集》（第四卷），第 494—515 页。
⑳ 国务院三峡工程建设委员会办公室、国家文物局编著：《巴东雷家坪》，第 100—118 页。
㉑ 湖北省文物考古研究所：《巴东茅寨子湾遗址的第二次发掘》，国务院三峡工程建设委员会办公室、国家文物局编著：《湖北库区考古报告集》（第三卷），第 428—516 页。

旧县坪[①]、团包[②]、学堂包[③]、宋家墝[④]、吴家坝[⑤]、龙王庙[⑥]、仁家坪[⑦]、高桅子[⑧]、四季坪[⑨]、店子头[⑩]、巫山培石[⑪]、上阳村[⑫]、水田湾墓地[⑬]、跳石[⑭]、林家码头[⑮]、蓝家寨[⑯]、涂家坝[⑰]等遗址都出土有楚文化典型陶器鬲、豆、盘、鼎、敦、壶，时代自西周晚期至春秋晚期不等，这些楚文化遗物表明鄂西峡江地

① 国务院三峡工程建设委员会办公室、国家文物局编著：《巴东旧县坪》，北京：科学出版社，2010年，第 20—60、721—734 页。
② 广东省文物考古研究所：《巴东团包遗址发掘简报》，国务院三峡工程建设委员会办公室、国家文物局编著：《湖北库区考古报告集》（第一卷），第 153—167 页。
③ 湖北省文物考古研究所：《巴东学堂包遗址发掘简报》，国务院三峡工程建设委员会办公室、国家文物局编著：《湖北库区考古报告集》（第二卷），第 245—251 页。
④ 黄冈市博物馆：《巴东宋家墝遗址发掘简报》，国务院三峡工程建设委员会办公室、国家文物局编著：《湖北库区考古报告集》（第五卷），第 72—85 页。
⑤ 襄樊市文物考古研究所：《巴东县吴家坝遗址（西区）2006 年发掘报告》，国务院三峡工程建设委员会办公室、国家文物局编著：《湖北库区考古报告集》（第四卷），第 256—307 页；湖南省怀化市博物馆：《巴东县吴家坝遗址发掘报告》，国务院三峡工程建设委员会办公室、国家文物局编著：《湖北库区考古报告集》（第四卷），第 308—332 页；怀化市博物馆：《巴东吴家坝遗址 2006 年发掘报告》，国务院三峡工程建设委员会办公室、国家文物局编著：《湖北库区考古报告集》（第六卷），第 99—124 页；岳阳市文物考古研究所、巴东县博物馆：《巴东吴家坝遗址 2006 年发掘简报》，国务院三峡工程建设委员会办公室、国家文物局编著：《湖北库区考古报告集》（第六卷），第 125—144 页。
⑥ 黄石市博物馆：《巴东龙王庙遗址发掘简报》，国务院三峡工程建设委员会办公室、国家文物局编著：《湖北库区考古报告集》（第三卷），第 234—245 页。
⑦ 岳阳市文物考古研究所：《巴东仁家坪遗址 2002 年发掘简报》，国务院三峡工程建设委员会办公室、国家文物局编著：《湖北库区考古报告集》（第三卷），第 398—406 页。
⑧ 湖北省文物考古研究所纪南城工作站：《巴东高桅子遗址发掘报告》，国务院三峡工程建设委员会办公室、国家文物局编著：《湖北库区考古报告集》（第二卷），第 66—85 页；鄂州市博物馆三峡考古队：《巴东县高桅子遗址 2005 年发掘简报》，国务院三峡工程建设委员会办公室、国家文物局编著：《湖北库区考古报告集》（第四卷），第 153—165 页。
⑨ 湖北省文物考古研究所：《巴东四季坪遗址发掘简报》，国务院三峡工程建设委员会办公室、国家文物局编著：《湖北库区考古报告集》（第二卷），第 187—191 页。
⑩ 湖北省文物考古研究所：《巴东店子头遗址发掘简报》，国务院三峡工程建设委员会办公室、国家文物局编著：《湖北库区考古报告集》（第二卷），第 35—45 页。
⑪ 南京博物院考古研究所、巫山县文物管理所：《巫山培石遗址第一次发掘报告》，重庆市文物局、重庆市移民局编：《重庆库区考古报告集·1999 卷》，第 59—79 页。
⑫ 重庆市文物考古所、益阳市文物考古队、重庆市文物局、巫山县文物管理所：《巫山上阳村遗址发掘报告》，重庆市文物局、重庆市移民局编：《重庆库区考古报告集·2000 卷》，第 109—124 页。
⑬ 重庆市文物考古所、武汉市文物考古研究所、重庆市文物局、巫山县文物管理所：《巫山水田湾东周两汉墓葬发掘简报》，重庆市文物局、重庆市移民局编：《重庆库区考古报告集·2000 卷》，第 125—145 页。
⑭ 南京博物院考古研究所、巫山县文物管理所：《巫山跳石遗址发掘报告》，重庆市文物局、重庆市移民局编：《重庆库区考古报告集·1997 卷》，第 65—99 页。
⑮ 中山大学人类学系、重庆市文物局、巫山县文物管理所：《巫山林家码头遗址 2001 年发掘报告》，重庆市文物局、重庆市移民局编：《重庆库区考古报告集·2001 卷》，第 88—143 页。
⑯ 重庆市博物馆、湖南益阳市文物工作队、重庆巫山县文物管理所：《巫山蓝家寨遗址发掘报告》，重庆市文物局、重庆市移民局编：《重庆库区考古报告集·1998 卷》，第 103—118 页；重庆市文物考古所、湖南益阳市文物考古队、重庆市文物局、巫山县文物管理所：《巫山蓝家寨遗址发掘报告》，重庆市文物局、重庆市移民局编《重庆库区考古报告集·2000 卷》，第 1—24 页。
⑰ 中山大学人类学系、重庆市文物局、巫山县文物管理所：《巫山涂家坝遗址发掘报告》，重庆市文物局、重庆市移民局编：《重庆库区考古报告集·2000 卷》，第 206—245 页。

区及大宁河沿线巫山等地西周晚期至春秋时期曾为楚地。蒙文通先生曾说"房
州一带以至湖北的施南都是巴国的境土"①，房州即今房县，施南即今恩施市。
结合前文分析和考古发现来看，春秋时期鄂西峡江沿线及其以北、大宁河河
谷沿线为楚地而非巴地，蒙先生此说还有待商榷。

　　春秋时代鄂西峡江地区虽已成为楚人疆土，但仍有巴人活动。宜昌上磨
垴②、小溪口③、秭归曲溪口④、台丘⑤、何家大沟⑥、官庄坪⑦，巴东雷家坪⑧、
茅寨子湾⑨、旧县坪⑩、龙王庙⑪、巫山上阳村⑫、跳石⑬、双堰塘（大昌西坝）⑭、

① 蒙文通：《巴蜀史的问题》，《巴蜀古史论述》，第 1—113 页。
② 湖北省文物考古研究所：《湖北宜昌县上磨垴周代遗址的发掘》，《考古》2000 年第 8 期，第 23—35 页；
　湖北省文物考古研究所：《宜昌上磨垴周代遗址发掘简报》，国务院三峡工程建设委员会办公室、
　国家文物局编著：《湖北库区考古报告集》（第一卷），第 737—750 页。
③ 湖北省文物考古研究所：《宜昌县小溪口遗址发掘简报》，《江汉考古》1994 年第 1 期，第 65—68 页。
④ 宜昌博物馆：《秭归曲溪口遗址发掘简报》，国务院三峡工程建设委员会办公室、国家文物局编著：
　《湖北库区考古报告集》（第一卷），第 313—319 页。
⑤ 天津市历史博物馆考古部：《秭归台丘遗址发掘报告》，国务院三峡工程建设委员会办公室、国家
　文物局编著：《湖北库区考古报告集》（第一卷），第 603—625 页。
⑥ 广东省文物考古研究所：《秭归何家大沟遗址的发掘》，国务院三峡工程建设委员会办公室、国家
　文物局编著：《湖北库区考古报告集》（第三卷），第 105—159 页。
⑦ 国务院三峡工程建设委员会办公室、国家文物局编：《秭归官庄坪》，第 117—501 页；湖北省博物
　馆：《秭归官庄坪遗址试掘简报》，《江汉考古》1984 年第 3 期，第 19—34 页。
⑧ 恩施自治州博物馆：《巴东雷家坪遗址 2006 年发掘简报》，国务院三峡工程建设委员会办公室、国
　家文物局编著：《湖北库区考古报告集》（第六卷），第 243—257 页；吉林大学边疆考古研究中心：
　《巴东雷家坪遗址 2005 年发掘简报》，国务院三峡工程建设委员会办公室、国家文物局编著：《湖
　北库区考古报告集》（第六卷），第 258—263 页；国务院三峡工程建设委员会办公室、国家文物局
　编著：《巴东雷家坪》，第 100—118 页。
⑨ 厦门大学历史系考古教研室：《巴东茅寨子遗址发掘报告》，国务院三峡工程建设委员会办公室、
　国家文物局编著：《湖北库区考古报告集》（第一卷），第 101—133 页；湖北省文物考古研究所：《巴
　东茅寨子湾遗址的第二次发掘》，国务院三峡工程建设委员会办公室、国家文物局编著：《湖北库
　区考古报告集》（第三卷），第 428—516 页；厦门大学历史系考古专业、巴东县博物馆：《巴东县
　太极图墓群 2005 年发掘简报》，国务院三峡工程建设委员会办公室、国家文物局编著：《湖北库区
　考古报告集》（第四卷），第 1—14 页。
⑩ 国务院三峡工程建设委员会办公室、国家文物局编著：《巴东旧县坪》，第 20—60、721—734 页。
⑪ 黄石市博物馆：《巴东龙王庙遗址发掘简报》，国务院三峡工程建设委员会办公室、国家文物局编
　著：《湖北库区考古报告集》（第三卷），第 234—245 页。
⑫ 重庆市文物考古所、益阳市文物考古队、重庆市文物局，等：《巫山上阳村遗址发掘报告》，重庆
　市文物局、重庆市移民局编：《重庆库区考古报告集·2000 卷》，第 109—124 页。
⑬ 南京博物院考古研究所、巫山县文物管理所：《巫山跳石遗址发掘报告》，重庆市文物局、重庆市
　移民局编：《重庆库区考古报告集·1997 卷》，第 65—99 页；南京博物院考古研究所、重庆市文化
　局、巫山县文物管理所：《巫山跳石遗址第二次发掘报告》，重庆市文物局、重庆市移民局编：《重
　庆库区考古报告集·1998 卷》，第 27—57 页。
⑭ 中国社会科学院考古研究所长江三峡工作队、巫山县文物管理所：《巫山双堰塘遗址发掘报告》，
　重庆市文物局、重庆市移民局编：《重庆库区考古报告集·1997 卷》，第 30—64 页；中国社会科学
　院考古研究所长江三峡工作队、巫山县文物管理所：《巫山双堰塘遗址发掘报告》，重庆市文物局、
　重庆市移民局编《重庆库区考古报告集·1998 卷》，第 58—102 页；中国社会科学院考古研究所长
　江三峡工作队、巫山县文物管理所：《巫山双堰塘遗址发掘报告》，重庆市文物局、重庆市移民局
　编：《重庆库区考古报告集·1999 卷》，第 80—144 页。

林家码头①、蓝家寨②、窑坪③等遗址春秋时期遗物中多有巴人典型器物圜底釜、圜底罐、花边口沿罐、釜、高柄竹节豆、尖底杯，在秭归天灯堡、下马台、马营等地还发现巴人典型器物虎钮镎于④，秭归卜庄河出土虎纹戈，宜昌、枝江、江陵、荆门曾出土柳叶形剑或矛，有的饰手心纹⑤，这些遗物表明周代楚地峡江地区仍有巴人活动。

春秋早期峡江地区的巫山、巴东、秭归、宜昌等地为楚人所据，但巴人仍占有西陵峡口东宜都、当阳、荆门等地，甚至向北扩展至襄阳以南区域。在巴人向北扩展、楚国自荆山向南、向东扩张过程中，巴、楚交往增多，相互间时战时和。终因巴、楚实力悬殊，巴国在争斗中节节败退，巴国东部疆界也随之发生变化。

文献记载巴、楚交往始于公元前703年，《左传·桓公九年》载："巴子使韩服告于楚，请与邓为好。楚子使道朔将巴客以聘于邓，邓南鄙鄾人攻而夺之币，杀道朔及巴行人。楚子使薳章让于邓。邓人弗受。夏，楚使斗廉帅师及巴师围鄾。邓养甥、聃甥帅师救鄾。三逐巴师，不克。斗廉衡陈其师于巴师之中，以战，而北。邓人逐之，背巴师；而夹攻之。邓师大败。鄾人宵溃。"⑥又《华阳国志·巴志》亦载："鲁桓公九年，巴子使韩服告楚，请与邓为好。楚子使道朔将巴客聘邓，邓南鄙攻而夺其币。巴子怒，伐邓，败之。"⑦鲁桓公九年即公元前703年，这里楚子指楚武王，聘即诸侯国间派使臣互访。这两条材料记载了公元前703年巴欲与邓国建交，假道于楚，路途中邓南部鄾人杀巴、楚使者，引起巴、楚联兵围鄾，邓出兵救鄾，为巴、楚联军所败的历史事件。

---

① 中山大学人类学系、重庆市文物局、巫山县文物管理所：《巫山林家码头遗址2001年发掘报告》，重庆市文物局、重庆市移民局编：《重庆库区考古报告集·2001卷》，第88—143页。
② 重庆市博物馆、湖南益阳市文物工作队、重庆巫山县文物管理所：《巫山蓝家寨遗址发掘报告》，重庆市文物局、重庆市移民局编：《重庆库区考古报告集·1998卷》，第103—118页；重庆市文化局、重庆市博物馆、湖南省益阳市文物考古队，等：《巫山蓝家寨遗址发掘报告》，重庆市文物局、重庆市移民局编：《重庆库区考古报告集·1999卷》，第1—25页；重庆市文物考古所、湖南益阳市文物考古队、重庆市文物局，等：《巫山蓝家寨遗址发掘报告》，重庆市文物局、重庆市移民局编：《重庆库区考古报告集·2000卷》，第1—24页。
③ 南京博物馆考古研究所、重庆市文物局、巫山县文物管理所：《巫山窑坪遗址的调查与发掘》，重庆市文物局、重庆市移民局编：《重庆库区考古报告集·2001卷》，第40—47页。
④ 中国音乐文物大系总编辑部：《中国音乐文物大系·湖北卷》，郑州：大象出版社，1999年，第90—93、98页。
⑤ 杨权喜：《探索鄂西地区商周文化的线索》，《江汉考古》1986年第4期，第60—67页。
⑥ 杨伯峻编著：《春秋左传注》（修订本），第124—125页。
⑦ （晋）常璩著，刘琳校注：《华阳国志校注》（修订版），第9页。

春秋初年楚都丹阳在汉水上游丹淅之地①，邓在湖北襄阳西北古邓城②，鄾在今古邓城南③。从楚、邓、鄾方位看，鄾在邓南，楚在邓西，楚西为麇国④，麇国西为庸国，巴人出使路线不可能从楚西向东行进，只能是从楚东，邓、鄾南向北行进。早期学者多认为春秋初期楚为巴宗主国，所以巴与邓国结交须先取得楚国同意⑤，这是从春秋时期国际关系角度的解释。若跳出这种思维定式从地理空间上可做出新的释读：楚在邓南，巴在楚南，巴地"东北近邓"⑥，巴与邓间隔着楚国，巴使者至邓国，须假道楚国，故巴子命人向楚国借道，楚王派人领巴人过境，后有鄾人袭杀巴使团和楚护卫，从而引发巴、楚与邓、鄾的战争。结合前文分析的巴、楚、邓、鄾方位，这种解释也是合理的。

　　早期学者多以邓、鄾、楚在汉水中游襄樊附近，遂武断地认为巴国在汉

① 楚都丹阳地望目前有当涂说、枝江说、秭归说、丹淅说等。据徐少华考证，当涂说、枝江说、秭归说等与相关史实不合，唯有丹淅说较为合理（徐少华：《周代南土历史地理与文化》，武汉：武汉大学出版社，1994 年，第 242—258 页；《楚都丹阳地望探索的回顾与思考》，徐少华主编、晏昌贵副主编：《历史地理与长江中游开发——2008 年中国历史地理国际学术研讨会论文集》，武汉：湖北人民出版社，2009 年，第 51—63 页），我们赞同徐少华先生之说。学术界也还有很多论著也支持丹阳丹淅说，如石泉、徐德宽《楚都丹阳新考》（《江汉论坛》1982 年第 3 期，第 67—76 页）、石泉《楚都丹阳及古荆山在丹淅附近补证》（《古代荆楚地理新探》，第 200—210 页）、石泉《再论早期楚丹阳地望：与南漳说商榷》（楚文化研究会编：《楚文化研究论集》第 4 集，郑州：河南人民出版社，1994 年，第 10—21 页）、张正明《豫西南与楚文化》（楚文化研究会《楚文化研究论集》第 4 集，第 22—27 页）、刘士莪、黄尚明《荆山与丹阳》（楚文化研究会编：《楚文化研究论集》第 4 集，第 28—36 页）、赵世刚《从楚人初期活动看丹阳之所在》（楚文化研究会编：《楚文化研究论集》第 4 集，第 37—50 页）、许天申《关于楚都丹阳的几个问题》（楚文化研究会编：《楚文化研究论集》第 4 集，第 51—58 页）、鞠辉《浅析楚始都丹阳地望》（楚文化研究会编：《楚文化研究论集》第 4 集，第 59—63 页）、李玉山《楚都丹阳管见》（楚文化研究会编：《楚文化研究论集》第 4 集，第 80—88 页）、董其祥《古代的巴与越》（《巴史新考》，第 8—33 页）等。楚都自丹阳徙郢时间也有不同说法，清宋翔凤认为在楚武王三十五年，即公元前 706 年 [（清）宋翔凤撰，梁运华点校：《过庭录》卷 9《楚鬻熊居丹阳武王徙郢考》，北京：中华书局，1986 年，第 156—162 页]，石泉认为是在楚武王三十八年至四十二年初，即公元前 703 年—前 699 年初（石泉：《楚都何时迁郢》，《江汉论坛》1984 年第 4 期，第 76—78 页），孙华依据楚武王后期用兵开拓汉水以东区域形势分析楚国迁都郢在公元前 703 年前（孙华：《四川盆地的青铜时代》，第 364 页），此说有一定道理。
② 石泉：《古邓国邓县考》，《古代荆楚地理新探》，第 105—126 页；吴致华：《四川古代史》，第 11 页。
③ 石泉：《古邓国邓县考》，《古代荆楚地理新探》，第 105—126 页。
④ 何浩《麇国地望与灭年》（《求索》1988 年第 2 期，第 127—129 页）认为春秋初期麇国在今陕西白河县、湖北郧西县、郧县、房县之间。从方位上来说，麇国位于楚西，而麇国西与庸国为邻。
⑤ 童恩正：《古代的巴蜀》，第 22 页；徐中舒：《巴蜀文化初论》，《论巴蜀文化》，第 1—47 页。
⑥ 林奇：《巴楚关系初探》，《江汉论坛》1980 年第 4 期，第 87—91 页；李绍明：《川东南为巴国南境说》，《土家族研究论文选集》，第 65—72 页。

水中游①，这也是一种误解。原因是不了解春秋初巴国东部疆域向北曾伸展至今襄樊附近区域，以巴国局部界定巴国全域，误将春秋初期巴国定位于汉水中游，实在有失偏颇。徐中舒认为春秋"巴之疆域必兼及长江北岸、邓迤西之地。如以汉代的巴郡、南郡为巴的旧壤，或不至于有很大的错误"②，这里说巴国东部疆域向北伸展至长江以北邓以西地域，巴国疆域包括后来的巴郡和南郡，与我们分析的巴国疆域大致吻合，只是徐先生说汉代南郡皆为巴国疆域就不精确了，春秋初期鄂西峡江地区北至荆山及汉水流域丹淅之地为楚地，而非巴地。

巴、楚间第一次直接争斗发生在楚文王时，后延至楚武王时期。《左传》载"及文王即位，与巴人伐申，而惊其师。巴人叛楚而伐那处，取之，遂门于楚。阎敖游涌而逸。……冬，巴人因之以伐楚。……十九年春，楚子御之，大败于津"③。又《华阳国志》也载"巴师、楚师伐申，楚子惊巴师"，"鲁庄公十八年，巴伐楚，克之"④。据《春秋左传正义》疏引《世本》载"楚鬻熊居丹阳，武王迁郢"⑤，而《史记·楚世家》载"文王熊赀立，始都郢"⑥，楚武王公元前740—前690年在位，楚文王公元前689—前677年在位，楚都自丹阳迁郢显然经历了一个过程，武王虽迁都郢，但都城仍在丹阳，文王始

① 童书业《春秋史》（校订本）（北京：中华书局，2006年，第144页）认为春秋巴在今河南南部、湖北北部与陕西南部一带，一部分在今四川省东部、重庆一带，巴国在楚西北汉水中游；又其《春秋左传研究》（第241—243、364—365页）、《古巴国辨》（《中国古代地理考证论文集》，第121—122页）认为巴国在汉水流域今陕西、川陕间大巴山脉、巴水之地；顾德融、朱顺龙《春秋史》（上海：上海人民出版社，2001年，第68页）所述巴地与童书业相同；沈长云《论姬姓巴国的建立与其土著的族属等有关问题》（《巴渝文化》第3辑，第82—92页）认为春秋时期巴在湖北汉水中游，与邓、楚、申、庸等国接近，大致在今湖北省西北部与豫、陕、川交界一带；蒙文通《巴蜀古史论述》（第18页）认为湖北施南府原是巴国地，重庆市涪陵原是巴国地，汉中上庸是巴地，施州以北直到房州，枝江以西都是巴地，施州以西的牂牁也是巴地；段渝《涪陵小田溪巴王墓新证》（李绍明、林向、徐南洲主编：《巴蜀历史·民族·考古·文化》，第269—283页）认为西周春秋巴国在汉水上游与大巴山间，春秋中叶巴不断东出襄阳与楚、邓争夺汉东地，春秋末巴国沿大巴山东缘和汉水西岸地带南迁至清江流域；何光岳《南蛮源流史》（第401—402页）认为春秋初巴国在房县北至郧县西一带；田敏《夏代巴人地域考》（《湖北民族学院学报（哲学社会科学版）》1994年第1期，第25—26页）、田耕《春秋以前巴人史迹辨析》（《贵州民族研究》1995年第3期，第65—71页）认为早期巴人主要活动在汉水中上游地区；董其祥《伏羲女娲图像新释》（《巴史新考续编》，第1—34页）认为巴国为汉阳诸姬之一，巴人原居住在汉水中游；庄燕和《古代巴史中的几个问题》（《西南师范学院学报（哲学社会科学版）》1979年第4期，第41—44页）认为川北、川东、清江流域、贵州乌江遵义一带巴人都是陕西汉水流域巴人向东南迁移的结果，也认为巴人最早在汉水流域；赵小帆《试论湘鄂川黔边界地区出土的虎钮錞于的族属问题》（《贵州民族研究》1995年第2期，第54—58页）认为商周至春秋巴人活动在汉水流域。
② 徐中舒：《巴蜀文化初论》，《论巴蜀文化》，第1—47页。
③ 杨伯峻编著：《春秋左传注》（修订本），第209—210页。
④（晋）常璩著，刘琳校注：《华阳国志校注》（修订版），第9页。
⑤（清）阮元校刻：《十三经注疏》，第1743页。
⑥（汉）司马迁撰：《史记》卷40《楚世家》，第1659页。

定都郢。①文王所都郢，童书业认为在汉水中游②，石泉认为在今湖北宜城南蛮河下游北岸近汉水处③，我们认为春秋早期郢都宜城说合乎实情。荆州市纪南城遗址 C¹⁴ 测年最早为春秋晚期或战国早期④，因此纪南城不会是楚文王、楚武王之郢都。楚文王时巴、楚联合伐申，巴人叛楚致巴楚相互攻伐是在楚自丹阳迁郢时段内。申在今河南南阳⑤，那处一说在湖北荆门市东南⑥，一说在湖北钟祥市西北⑦；津一说在湖北枝江县西⑧，一说在湖北江陵县境⑨，一说在湖北宜城县南⑩。

　　楚文王时巴、楚联合伐申，因楚惊巴师而致巴、楚失和，巴转而攻楚邑那处，并进逼楚都郢。后巴、楚又于津再次战争，以巴国失利而告终。从文王都郢不久来看，当时楚国势力还未扩展到江陵、枝江一带，津、那处应在楚都郢附近，因此我们认为那处在钟祥西北、津在宜城县南的说法更合理。说巴国势力曾伸展至湖北荆门及其以北还可从《后汉书》中找到佐证，东汉建武二十三年（47 年）"南郡潳山蛮雷迁等始反叛，寇掠百姓"⑪，潳亦作祖、沮，潳山在沮水一带，即今沮水流域⑫，其地在荆门市西；潳山蛮属廪君巴人，从侧面说明巴国东境曾远及湖北荆门一带。又襄阳山湾东周楚墓曾出土柳叶形青铜剑 1 把、柳叶形矛 2 件、虎纹戈 2 件⑬，荆门车桥大坝东周墓曾出土刻

① 孙华：《四川盆地的青铜时代》，第 364 页。
② 童书业：《春秋楚郢都辨疑》，《中国古代地理考证论文集》，第 81—99 页；童书业遗著：《春秋左传研究》，第 231—234 页。
③ 石泉：《楚郢都秦汉至梁江陵城故址新探》，《古代荆楚地理新探》，第 417—501 页。
④ 湖北省博物馆：《楚都纪南城的勘查与发掘（下）》，《考古学报》1982 年第 4 期，第 477—506 页。
⑤ 童书业遗著：《春秋左传研究》，第 241—243、364—365 页；童书业：《古巴国辨》，《中国古代地理考证论文集》，第 121—122 页；童恩正：《古代的巴蜀》，第 23 页；邓少琴：《巴史再探》，《巴蜀史迹探索》，52—90 页；董其祥：《古代的巴与越》，《巴史新考》，第 8—33 页；（晋）常璩著，刘琳校注：《华阳国志校注》（修订版），第 9 页；杨伯峻编著：《春秋左传注》（修订本），第 169 页。
⑥ 吴致华：《四川古代史》，第 11 页；童恩正《古代的巴蜀》（第 23 页）称那处在荆门县东南，而董其祥《古代的巴与越》（《巴史新考》，第 8—33 页）、邓少琴《巴史再探》（《巴蜀史迹探索》，第 52—90 页）、《巴蜀史稿》（第 73 页）称那处在荆门县那口；徐中舒：《巴蜀文化初论》，《论巴蜀文化》，第 1—47 页；谭其骧主编：《中国历史地图集　第一册：原始社会、夏、商、西周、春秋、战国时期》，第 29—30 页。
⑦ 石泉主编：《楚国历史文化辞典》，武汉：武汉大学出版社，1996 年，第 171 页。
⑧ 童恩正：《古代的巴蜀》，第 23 页；（北魏）郦道元著，（清）王先谦校《合校水经注》（第 497 页）载枝江 "县西三里有津乡。津乡，里名也。春秋庄公十九年巴人伐楚，楚子御之，大败于津。应劭曰：'南郡江陵有津乡'，今则无闻矣。郭仲产云：'寻楚御巴人，枝江是其涂'，便此津乡，殆即其地"，则是童氏说津在枝江县西确有所本；杨权喜：《略论古代的巴》，《四川文物》1991 年第 1 期，第 12—17 页。
⑨ 吴致华：《四川古代史》，第 11 页；徐中舒：《巴蜀文化初论》，《论巴蜀文化》，第 1—47 页；董其祥：《古代的巴与越》，《巴史新考》，第 8—33 页。
⑩ 石泉主编：《楚国历史文化辞典》，第 311 页。
⑪ （南朝·宋）范晔撰，（唐）李贤等注：《后汉书》卷 86《南蛮西南夷列传》，第 2841 页。
⑫ 朱圣钟：《秦汉时期巴人的分布与迁徙》，《重庆社会科学》2010 年第 1 期，第 85—91 页。
⑬ 湖北省博物馆：《襄阳山湾东周墓葬发掘报告》，《江汉考古》1983 年第 2 期，第 1—35 页。

有"大武"字样铜戚1件,柳叶形铜剑1件[①],铜戚与柳叶剑、柳叶矛、虎纹戈都是巴人遗物[②],这也为巴人曾到达荆门一带提供了考古学证据。另外宜昌红花岭、纪家湖、关庙山等遗址中也有巴文化遗物,枝江也出土过巴式柳叶剑[③],宜都、长阳、恩施、利川等地发现有巴人墓葬,松滋、长阳等地发现虎钮錞于[④],这些巴人遗迹、遗物显示上述地区都曾是巴人活动区域。从巴人器物出土地点看,春秋时期巴人活动范围向北曾到达襄阳及其以南江汉平原西部一带,当时巴、楚间疆界可能在荆门以北、宜城以南区域摆动。杨伯峻说"巴国当在襄阳附近"[⑤],张雄也说巴国东北部边界曾达襄阳[⑥],这可作为巴国东部北界曾至襄阳附近的旁证。

巴、楚、秦于公元前611年联合灭庸,三分庸国后巴国渝东峡江地区疆界向东扩展至奉节一带。《左传》载鲁文公十六年,"庸人帅群蛮以叛楚","秦人、巴人从楚师。群蛮从楚子盟,遂灭庸"[⑦],《华阳国志》也载"鲁文公十六年,巴与秦、楚共灭庸"[⑧]。鲁文公十六年即公元前611年,庸国疆域以竹山为中心,地跨湖北、陕西、重庆三省市,秦、巴、楚灭庸后,巴得到渝东峡江一带,楚得湖北西部上庸地,秦分得庸北境。[⑨]《左传》杜预注"神、儵、鱼,庸三邑。鱼,鱼复县",秦汉鱼复县即庸鱼邑[⑩],鱼复县治今重庆奉节县,秦、楚、巴灭庸后巴得鱼邑,即今重庆梁平、万州、开县、云阳、奉节等地[⑪]。今安康地区西、南皆与巴国邻界,三分庸国后安康西南汉水沿岸可能也纳入巴国疆域,这一带巴地名即为巴人曾控制其地的佐证。

巴与楚国在楚共王时曾联姻。《左传》载"(楚)共王无冢适,有宠子五人,无适立焉。乃大有事于群望,而祈曰:'请神择于五人者,使主社稷。'乃徧以璧见于群望,曰:'当璧而拜者,神所立也,谁敢违之?'既,乃与巴

① 王毓彤:《荆门出土的一件铜戈》,《文物》1963年第1期,第64页。
② 俞伟超:《"大武闘兵"铜戚与巴人的"大武舞"》,《考古》1963年第3期,第153—155页;俞伟超:《"大武"舞戚续记》,《考古》1964年第1期,第54—57页;张勋燎:《荆门出土巴蜀铜戈图铭新探》;李绍明、林向、徐南洲主编:《巴蜀历史·民族·考古·文化》,第197—206页。
③ 林奇:《巴楚关系初探》,《江汉论坛》1980年第4期,第87—91页。
④ 董其祥:《古代的巴与越》,《巴史新考》,第8—33页。
⑤ 杨伯峻编著:《春秋左传注》(修订本),第209页。
⑥ 张雄:《"巴氏蛮夷"浅论》,《中南民族学院学报(哲学社会科学版)》1984年第2期,第81—87页。
⑦ 杨伯峻编著:《春秋左传注》(修订本),第617、619页。
⑧ (晋)常璩著,刘琳校注:《华阳国志校注》(修订版),第9页。
⑨ 童恩正:《古代的巴蜀》,第24页。
⑩ (晋)常璩著,刘琳校注:《华阳国志校注》(修订版),第34页。
⑪ 董其祥:《重庆及川东地区史迹表》,《巴史新考》,第127—170页。

姬密埋璧于大室之庭"①。又《史记·楚世家》载"共王有宠子五人,无适立,乃望祭群神,请神决之,使主社稷,而阴与巴姬埋璧于室内,召五公子斋而入"②,都说楚共王埋璧于室择立储君,楚王宠妾巴姬参与其中。楚共王公元前 590—前 560 年在位,参与此次择立楚国储君的"巴姬"为嫁给楚王的巴国姬姓贵族女子,《华阳国志》载巴"尝与楚婚"③,当是指此而言。巴、楚既为姻亲关系,说明楚共王时两国关系较为融洽,巴、楚间疆界可能维持着灭庸后的状态。

春秋中后期巴国东部疆界大致在湖北松滋—枝江一线。《吕氏春秋·论威篇》载鲁定公四年(前 506 年),"吴阖庐选多力者五百人,利趾者三千人,以为前陈。与荆战,五战五胜,遂有郢。东征至于庳庐,西伐至于巴蜀"④,阖庐即阖闾。此时楚都郢为荆州纪南城,《吕氏春秋》说吴王阖庐曾西征巴、蜀,"巴蜀"当为"巴",蜀在巴西,吴王阖庐伐楚入郢,兵锋可能达巴国东界,公元前 506 年巴国东界在郢西。徐中舒、唐嘉弘认为阖闾灭楚后,被楚所侵略的巴蜀旧境,因属楚而遭到吴军的攻伐⑤,何光岳认为吴伐巴蜀是因巴国趁吴灭楚之机,企图夺回被楚国侵占的旧土而与吴国交兵⑥,这也可能是吴西伐巴的缘由。春秋巴国东境大致在湖北枝江—松滋一带⑦,《太平寰宇记》载松滋县有巴山、巴复村,并引《左传》"巴人伐楚",又引《荆南志》"巴人复遁而归,因有巴复村,在山北,故曰巴山也"⑧,巴山、巴复村因巴人得名。吴人西征至枝江—松滋一带在地理上是可能的,吴伐巴蜀仅至巴国东境。张雄也认为春秋时巴国东部疆界曾至枝江—松滋一线。⑨

春秋末叶巴国在与楚国争斗中节节败退,巴国东部疆界开始南移西退。《左传》载鲁哀公十八年,"巴人伐楚,围鄾。……楚公孙宁、吴由于、薳固败巴师于鄾"⑩。《华阳国志》亦载"哀公十八年,巴人伐楚,败于鄾。是后,

① 杨伯峻编著:《春秋左传注》(修订本),第 1350 页。
② (汉)司马迁撰,《史记》40《楚世家》,第 1709 页。
③ (晋)常璩著,刘琳校注:《华阳国志校注》(修订版),第 9 页。
④ (汉)高诱注:《吕氏春秋》,上海:上海书店,1986 年,第 80 页。
⑤ 唐嘉弘:《古代楚蜀的关系》,《中国古代民族研究》,西宁:青海人民出版社,1987 年,第 194—210 页;徐中舒:《古代楚蜀的关系》,《论巴蜀文化》,第 212—236 页。
⑥ 何光岳:《南蛮源流史》,第 403 页。
⑦ 蒙文通:《巴蜀史的问题》,《巴蜀古史论述》,第 1—113 页。
⑧ (宋)乐史撰,王文楚等点校:《太平寰宇记》卷 146《荆州》,第 2842 页。
⑨ 张雄:《"巴氏蛮夷"浅论》,《中南民族学院学报(哲学社会科学版)》1984 年第 2 期,第 81—87 页。
⑩ 杨伯峻编著:《春秋左传注》(修订本),第 1713 页。

楚主夏盟，秦擅西土，巴国分远，故于盟会稀"①。鲁哀公十八年即公元前 477 年。公元前 506 年楚遭吴国打击后，巴国东部疆界可能向北扩展至襄樊一带，遂有公元前 477 年伐楚围鄾。巴人乘楚白公之乱远攻鄾地，欲在汉水中游阻止楚国南下西进，借以巩固巴国在汉水以南的领地。②鄾在湖北襄樊一带，则巴国兵锋曾达及湖北襄樊附近，随后巴军为楚军所败。后随着楚国强势西进，巴国东部疆界日渐西退南缩。有人说春秋战国之际峡江以东江汉平原西部巴国地域东以沮水为界，西以秭归为限，北不过荆山，南不越长江③，这或即公元前 477 年前巴国东部疆界。公元前 477 年巴楚鄾之战后，"楚主夏盟"，楚国强势扩张，巴在江汉平原西部疆界逐渐向西向南退缩；汉水上游巴人也因"秦擅西土"，在秦国强势扩张下为规避战祸逐渐向秦巴山地以南转徙，遂导致"巴国分远，会盟者稀"的局面，这是春秋战国之际巴国政治生态的真实描述，也是巴国东部疆界退缩的原因所在。

战国以前巴国方位，早期学者多据巴国与楚、邓、申、鄾、庸方位为基础，以文献所载巴人活动地域为巴国所在地，却忽略了另一种可能，即巴国东部偏北疆界与上述各地邻近，巴人在汉水流域与这些诸侯国、部族发生交集，因而见载于文献，但汉水流域巴人只是巴人一部，汉水流域只是巴国疆域一部分，却不是巴人及巴国地域全部。本文研究巴国东部疆域和巴国方位，就是在这个思路指导下进行的。

春秋时期，清江流域也是巴国东部疆域的一部分。唐梁载言《十道志》载施州"春秋时巴国"④，则清江流域春秋时为巴国地。战国时期随着楚人西进，巴、楚疆界持续西移，巴国东部疆域逐渐为楚所据。由于巴国自西周时就失去对峡江地区的控制，清江河谷成为春秋至战国前期渝、鄂巴地重要的交通孔道，倲山捍关即是在这个背景下修建的。

《史记》载"肃王四年，蜀伐楚，取兹方。于是楚为扞关以距之"，《史记正义》引《古今地名》载兹方"荆州松滋县古鸠兹地，即楚兹方是也"⑤，楚肃王四年即公元前 377 年，松滋即今湖北松滋县。又《太平寰宇记》载长阳县"废巴山县，在县南七十里。本倲山县地，即古捍关，楚肃王拒蜀之处"⑥，

① （晋）常璩著，刘琳校注：《华阳国志校注》（修订版），第 9 页。
② 周集云：《巴族史探微》，第 96 页。
③ 孙华：《四川盆地的青铜时代》，第 366 页。
④ （宋）李昉等撰：《太平御览》卷 171《州郡部·施州》，第 836 页。
⑤ （汉）司马迁撰：《史记》卷 40《楚世家》，第 1720 页。
⑥ （宋）乐史撰，王文楚等点校：《太平寰宇记》卷 147《峡州》，第 2865 页。

则楚肃王所筑捍关在湖北长阳县境。楚肃王四年伐楚之战，巴人行军路线即是借由清江河谷。

有人以《史记》中"蜀"为蜀国[①]，认为战国中期巴国开始衰弱，蜀人乘机伐巴，楚应巴请求西向攻蜀，并乘机占领巴国大片国土，遂出现《史记·秦本纪》所载"楚自汉中，南有巴、黔中"之疆域。考虑到当时的政治格局，此说也有道理。楚悼王时任用吴起变法使楚国实力增强，当时"秦始复强，而三晋益大，魏惠王、齐威王尤强"[②]，楚难以向北发展，而"越已灭吴而不能正江、淮北；楚东侵，广地至泗上"[③]，楚向东北发展也较难，而向西南可拓展疆土，于是"南并蛮越，遂有洞庭、苍梧"[④]，西向攻伐巴、蜀，巴国首当其冲。此时蜀国实力强盛，"蜀伐秦，取南郑"[⑤]。蜀东向伐巴，巴蔓子求救于楚，蜀东向伐楚取兹方也是有可能的。蜀助巴伐楚的路线应是自恩施经建始、长阳至松滋。[⑥]因为此时渝东、鄂西峡江地带为楚人所据，蜀人伐楚就只能经由尚在巴人控制下的清江河谷。

公元前 377 年巴楚之战后楚在清江修筑捍关防捍巴人东进，此时清江流域巴、楚疆界在长阳县捍关一带[⑦]，西陵峡口以东江汉平原西部已为楚人所有。长阳祖院包考古发现的东周时期鼎、壶、盂、豆等楚文化遗物[⑧]，也印证了春秋战国之际楚巴疆界在长阳县境一带的推论。随着楚国不断西进蚕食巴国东部疆土，巴国东部疆界不断西移。前引《十道志》载恩施一带战国时已为楚巫郡地，因此楚据有清江上游巴地当在公元前 377 年以后。

战国初期巴国峡江地带东部边界向东曾推进到巫山—巴东沿江地带。巴

① 顾颉刚：《论巴蜀与中原的关系》，第 83 页；徐中舒、唐嘉弘：《古代楚蜀的关系》，《文物》1981 年第 6 期，第 17—25 页；蒙文通：《巴蜀史的问题》，《巴蜀古史论述》，第 1—113 页；沈仲常、孙华：《楚国灭巴考》，《贵州社会科学》1984 年第 6 期，第 52—56 页；朱萍：《楚文化的西渐——楚国向西扩张的考古学观察》，重庆市文物局、重庆市移民局编：《重庆 2001 三峡文物保护学术研讨会论文集》，第 175—188 页。
② （汉）司马迁撰：《史记》卷 40《楚世家》，1720 页。
③ （汉）司马迁撰：《史记》卷 40《楚世家》，1719 页。
④ （南朝·宋）范晔撰，（唐）李贤等注：《后汉书》卷 86《南蛮西南夷列传》，第 2831 页。
⑤ （宋）司马光著，〔美〕王亦令点校：《稽古录点校本》，北京：中国友谊出版公司，1987 年，第 147 页。
⑥ 吴致华：《四川古代史》，第 11 页；邓少琴：《巴史再探》，《巴蜀史迹探索》，第 52—90 页；邓少琴：《巴蜀史稿》，第 75 页。
⑦ 朱圣钟：《〈后汉书·郡国志〉刘昭注鱼复扞关考》，《三门峡职业技术学院学报》2013 年第 2 期，第 83—84、105 页。
⑧ 杨华：《宜长高速公路段两周和汉代遗址及蜀汉和清代墓葬》，中国考古学会编：《中国考古学年鉴 2003》，第 245—246 页。

东西瀼口战国墓曾出土一批巴式柳叶形剑、戈、矛、斧、带钩戟、箭镞[1]，表明墓主为巴国将士，他们应是巴楚争夺巫山、巴东间疆土时死后下葬的，说明巴国峡江地区疆界曾由今奉节一带向东推进到巫山—巴东一带，后来在楚国持续西进打击下，巴、楚间峡江地带疆界不断西移。秦孝公元年（前 361 年）楚"南有巴、黔中"[2]，楚国西部疆域包有巴、黔中地，此时楚所据巴地西界为巴国东部疆界，黔中西界则为巴国东南部疆界。对"巴、黔中"，有人认为是巴国黔中地，故句读时界定为"巴黔中"[3]，有人认为"巴、黔中"为两地，巴为楚所占巴国地，黔中为楚黔中郡[4]，我们赞同巴、黔中为两地说。

秦孝公元年，楚"巴"地当指楚所据鱼复以西巴地。重庆巫山、奉节、云阳、万州、忠县等地战国中期墓葬出土大批以陶鼎、敦、壶为基本组合的楚文化器物，表明战国中期楚人曾大规模溯江西进，最西端扩张至重庆忠县一带[5]，这个时间段与《史记》所载公元前 361 年"南有巴"的记载吻合。因此，我们认为，秦孝公元年楚巴地应该是自重庆忠县以东至奉节的峡江地带巴地及清江流域楚所据巴地，峡江地区巴国东界大致在重庆忠县一带。

此后楚人继续沿江西进，至周显王三十二年（前 337 年）后蜀王封弟于

① 林奇：《巴楚关系初探》，《江汉论坛》1980 年第 4 期，第 87—91 页。
② （汉）司马迁撰，《史记》卷 4《秦本纪》，第 202 页。
③ 学术界对巴黔中地域界定有争议，如顾观光认为"巴"即"巫"，"巴、黔中"即"巫、黔中"；童恩正《古代的巴蜀》（第 26 页）认为在今重庆乌江下游地区；李绍明《川东南土家与巴国南境问题》（《思想战线》1985 年第 6 期，第 74—78、50 页）、《川东南为古巴国南境说》（《土家族研究论文选集》，第 64—72 页）、《巴人与土家族》（李绍明、林向、徐南洲主编：《巴蜀历史·民族·考古·文化》，第 93—104 页）认为"巴黔中"包括今酉阳、秀山、黔江、彭水等地及黔东、湘西部分地区，与《华阳国志·巴志》"南极黔涪"中"黔涪"地域相同，黔即黔中，即今乌江下游重庆河段，"黔"原为巴国地，后为楚、秦所据，楚、秦黔中郡包括鄂西、湘西及黔东北，涪为涪陵水，指乌江下游今重庆河段；田敏《楚国灭巴考》（《贵州民族研究》1997 年第 1 期，第 83—89 页）、程学忠《略论庄蹻西征的时代背景及路线》（《贵州民族研究》1998 年第 3 期，第 125—127 页）认为巴黔中地域在今渝东南长寿以东、长江以南酉阳、秀山、黔江、彭水等地，包括乌江流域从涪陵到贵州遵义、桐梓，西抵乌蒙山脉威宁地域；胡挠《试论巴人与土家族的关系》（《土家族研究论文选集》，第 73—81 页）认为巴黔中即常璩所说"黔涪"，楚占据后称楚黔中，黔涪、巴黔中、楚黔中在湘鄂渝黔毗邻地区。
④ 沈仲常、孙华：《楚国灭巴考》，《贵州社会科学》1984 年第 6 期，第 52—56 页；孙华：《楚经营西南考辨》，《贵州民族研究》1983 年第 1 期，第 75—85 页；赵炳清：《楚、秦黔中郡略论——兼论屈原之卒年》，《中国历史地理论丛》2006 年第 3 辑，第 107—115 页；熊传新：《湖南发现的古代巴人遗物》，文物编辑委员会编：《文物资料丛刊》第 7 辑，北京：文物出版社，1983 年，第 30—33 页。
⑤ 四川大学历史文化学院考古系、云阳县文物管理所：《云阳李家坝遗址发掘报告》，重庆市文物局、重庆市移民局编：《重庆库区考古报告集·1997 卷》，第 209—243 页；北京大学考古文博学院三峡考古队、重庆市忠县文物管理所：《忠县崖脚墓地发掘报告》，重庆市文物局、重庆市移民局编：《重庆库区考古报告集·1998 卷》，第 679—734 页；余静：《从近年来三峡考古新发现看楚文化的西渐》，《江汉考古》2005 年第 1 期，第 73—84 页；白九江：《从三峡地区的考古发现看楚文化的西进》，《江汉考古》2006 年第 1 期，第 51—64 页；黄尚明：《楚文化的西渐历程——兼论楚文化的"峡区类型"》，《华中师范大学学报（人文社会科学版）》2004 年第 6 期，第 20—29 页。

葭萌为苴侯，"苴侯与巴王为好，巴与蜀仇，故蜀王怒，伐苴侯。苴侯奔巴，求救于秦"[①]，葭萌在今四川广元昭化古城，此时巴国已迁都阆中，昭化与阆中相近，故苴侯与巴王交好。公元前 337 年前后巴国迁都阆中，沿江地带江州、垫江、枳等地可能为楚所据。在重庆以东、忠县以西峡江沿岸考古发现战国晚期楚文化遗物，如涪陵蔺市遗址曾出土 3 座带楚文化内涵的战国晚期墓葬[②]，证明战国晚期楚人曾扩张至重庆、涪陵一带。又《华阳国志》载，"巴、楚数相攻伐，故置扞关、阳关"[③]。扞关即捍关，在清江流域长阳县境，而阳关在涪陵西、重庆东峡江地带[④]，捍关是楚人为防御巴人东进而置，阳关则是巴国为防捍楚人西进而设置的，从楚人溯峡江西进态势看，战国中期楚人扩展至忠县一带，则阳关设置时间应在战国晚期。《史记》载，楚威王时"使将军庄蹻将兵循江上，略巴、黔中以西"[⑤]，楚威王公元前339—前329 在位，时间正在战国晚期，阳关应是巴国为阻击庄蹻西进逼近江州时设置的。只是阳关未挡住楚人西进步伐，巴国泸州以东川江沿线、乌江流域、涪江下游、渠江流域等地都曾为楚国所攻陷[⑥]，至战国末期巴国仅有以阆中为中心的一隅之地了[⑦]。

楚人西进和巴、楚疆界西移在考古学上也有所反映。宜昌朱家台、小溪口、路家河、覃家沱、白狮湾（黄土包）、中堡岛，秭归柳林溪、官庄坪、庙坪、曲溪口，巴东黎家沱、巫山麦沱，奉节上关、新浦、老关庙，云阳故陵、

---

① （晋）常璩著，刘琳校注：《华阳国志校注》（修订版），第 97 页。
② 重庆市文物考古所、涪陵区文物管理所：《涪陵蔺市遗址发掘简报》，重庆市文物局、重庆市移民局编：《重庆库区考古报告集·1998 卷》，第 813—834 页。
③ （晋）常璩著，刘琳校注《华阳国志校注》（修订版），第 24 页。
④ 关于阳关，《水经·江水注》载，"江水东迳阳关巴子梁，江之两岸犹有梁处。巴之三关，斯为一也。延熙中，蜀车骑将军邓芝为江州都督，治此"。（晋）常璩著，任乃强校注《华阳国志校补图注》（第 29 页）认为阳关在今渝北区唐家沱，处铜锣峡西口；（晋）常璩著，刘琳校注《华阳国志校注》（修订版）（第 25 页）据《玉海》卷 10 楚扞关条引《括地志》载"阳关，今涪州永安县治阳关城"，又《舆地纪胜》卷 174《涪州》（第 839 页）载阳关"距乐温县五里江口狭处，有栈道，遗俗传为张王战地，其上屯戍旧基存焉"，认为阳关在今重庆市长寿区永丰场，其地处黄草峡北、长江东岸。蒙文通《巴蜀史的问题》（《巴蜀古史论述》，第 1—143 页）认为阳关在今重庆长寿县境，其依据也是《括地志》关于阳关的记载；周集云《巴族史探微》（第 101 页）认为阳关在重庆、枳县间的巴子梁；蓝勇《四川古代交通路线史》（第 166 页）认为阳关在今重庆市长寿区横石滩，但又提到在今涪陵区西 45 里鬼门关的说法；段渝《涪陵小田溪巴王墓新证》（李绍明、林向、徐南洲主编：《巴蜀历史·民族·考古·文化》，第 269—283 页）也认为阳关在重庆市长寿区东南一带。这些观点对阳关方位说法虽不统一，但都确定在今重庆市以东，涪陵区以西长江沿岸的险要之地。
⑤ （汉）司马迁撰，《史记》116《西南夷列传》，第 2993 页。
⑥ 杨光华：《楚国设置巴郡考》，《中国历史地理论丛》2007 年第 4 辑，第 100—109 页。
⑦ 朱圣钟：《秦巴郡设置时间考辨——兼论秦巴郡政区的形成》，中国先秦史学会、重庆中国三峡博物馆编：《长江三峡古文化学术研讨会暨中国先秦史学会第九届年会论文集》，重庆：重庆出版社，2011 年，第 774—779 页。

李家坝，忠县崖脚，涪陵蔺市等遗址东周遗存均含楚文化遗物[①]，西周晚期至春秋早期秭归以东遗存中楚文化色彩浓厚，巴东地区楚文化色彩稍弱，大宁河一带出现楚式陶器，但楚文化并不占主体；春秋中晚期鄂西、巫山地区出现典型且单纯的楚文化遗存，奉节、云阳、万州、忠县等地或多或少出现一些鬲、瓿等楚文化遗物；战国中期晚段至晚期早段，约在秦灭巴、蜀前后，巫山、奉节、云阳、万州、忠县等地墓葬大量随葬以陶鼎、敦、壶为基本组合的楚式器物，向西甚至延伸至涪陵。[②]总体上，峡江地区东段楚文化遗存时代较早，峡江西段楚文化时代较晚，峡江地区楚文化遗存的地域时代性差异反映楚文化是逐渐由峡江东部向峡江西段传播的，这与巴、楚疆界逐渐西移的变化是对应的。

春秋战国时期巴国东南部疆界也有变动。《华阳国志》载巴国疆界"南极黔涪"，"黔涪"处巴国东南，其地域实为巴国东南部疆域，"黔涪"应是地域名称。"黔涪"涉及地域目前还有争议：一说在今渝东南一带，如蒙文通、田敏认为春秋战国涪为巴国南境，即今渝东南乌江流域，黔、涪并称，黔也在渝东南[③]；二说涪陵在鄂湘渝黔毗邻地带，如童恩正认为巴人曾据有今渝东南、黔东北、湘西北部地域，即战国楚黔中郡[④]，李绍明认为"黔"作地名指黔中，作江名为乌江及其支流，"涪"为涪陵江，即乌江与郁江汇合后的乌江河段，"黔涪"包括今酉阳、秀山、黔江、彭水等县及黔东、湘西部分地区[⑤]，胡挠认为"黔涪"为巴黔中，楚占领后称楚黔中，在湘鄂渝黔毗邻地区[⑥]；三说黔涪包括乌江流域、今贵州全境或部分地域，如王家佑、王子岗、刘盘石认为黔涪水古称黔水，晋称丹涪水，即乌江，黔水流域巴国置黔中郡，后有楚黔中郡，秦并巴、楚黔中置黔中郡[⑦]，任乃强认为黔指黔水，即今乌江，涪为涪

---

① 黄尚明：《楚文化的西渐历程——兼论楚文化的"峡区类型"》，《华中师范大学学报（人文社会科学版）》2004 年第 6 期，第 20—29 页；赵炳清：《从峡江地区楚文化遗存看东周时期的巴楚关系》，《考古》2010 年第 4 期，第 79—86 页。

② 白九江：《从三峡地区的考古发现看楚文化的西进》，《江汉考古》2006 年第 1 期，第 51—64 页；赵炳清：《从峡江地区楚文化遗存看东周时期的巴楚关系》，《考古》2010 年第 4 期，第 79—86 页；杨华：《长江三峡地区西周、东周时期文化遗迹的考古发现研究》，《三峡大学学报（人文社会科学版）》2001 年第 2 期，第 47—52 页；余静：《从近年来三峡考古新发现看楚文化的西渐》，《江汉考古》2005 年第 1 期，第 73—84 页。

③ 蒙文通：《巴蜀史的问题》，《巴蜀古史论述》，第 1—113 页；田敏：《廪君巴迁徙走向考》，《中南民族学院学报（哲学社会科学版）》1996 年第 6 期，第 61—64 页。

④ 童恩正：《古代的巴蜀》，第 15 页。

⑤ 李绍明：《川东南土家与巴国南境问题》，《思想战线》1985 年第 6 期，第 74—78、50 页。

⑥ 胡挠：《试论巴人与土家族的关系》，《土家族研究论文选集》，第 73—81 页。

⑦ 王家佑、王子岗：《涪陵出土的巴文物与川东巴国》，四川大学学报编辑部编：《四川大学学报丛刊》第 5 辑，第 166—169、164 页；王家佑、刘磐石：《涪陵考古新发现与古代"巴国"历史的一些问题》，文物编辑委员会编：《文物资料丛刊》第 7 辑，第 28—29 页。

水，即巴涪水，今赤水河，黔涪地包括今贵州省全境①，沈长云认为黔涪包括今重庆东南与贵州交界处②，刘琳认为巴国南部疆界至贵州思南一带③；四说认为"黔涪"包括湘西地区，如周明阜、熊传新认为湘西曾是巴国疆域④。

要真正理解"黔涪"地域，还须从东晋及其以前政区及地名中寻找线索。东晋以前"黔"多指黔中，与水无关，古黔中有楚黔中、秦黔中。部分学者以唐黔中郡为古黔中地，主要依据有《十道志》载黔中郡"战国为楚黔中地。秦昭王伐楚置黔中郡，其地又属焉"⑤，《汉书》颜师古注"黔中，即今黔州是其地，本巴人也"⑥，《通典》载黔中郡"春秋、战国皆楚地。秦惠王欲楚黔中地，以武关外易之，即此"，宁夷郡"历代土地与黔中郡同"⑦，这些唐代文献皆认为唐黔中郡为秦、楚黔中郡地。这其实是种误解，唐李吉甫在《元和郡县图志》中明确说："（黔中郡）本汉涪陵县理。后汉献帝时分为四县，置属国都尉……至蜀，先主又增置一县，改为郡。晋永嘉后，地没蛮夷，经二百五十六年，至宇文周保定四年，涪陵蛮帅田恩鹤以地内附，因置奉州，建德三年改为黔州，隋大业三年又改为黔安郡。因周、隋州郡之名，遂与秦、汉黔中郡犬牙难辨。其秦黔中郡所理，在今辰州西二十里黔中故郡城是，汉改黔中为武陵郡，移理义陵，即今辰州叙浦县是，后魏移理临沅，即今辰州是。今辰、锦、叙、奖、溪、澧、朗、施等州，实秦、汉黔中郡之地，而今黔中及夷、费、思、播，隔越峻岭，东有沅江水及诸溪，并合东注洞庭湖，西有延江水，一名涪陵江，自牂柯北历播、费、思、黔等州北注岷江，以山川言之，巴郡之涪陵与黔中故地，炳然分矣。"⑧由此可见，唐黔中郡与楚、秦黔中郡地域上是不同的，以唐黔中推导古黔中地域的做法是值得商榷的。有学者以乌江古称黔涪水、黔水，认定乌江流域、今贵州省全境皆为古黔中地，主要依据为《水经·延江水注》载延江水有支流"黔水"，以"黔"通"黔"，又以乌江名黔江，进而推断黔中包括乌江流域乃至整个贵州省地域。此说有

① （晋）常璩著，仍乃强校注：《华阳国志校补图注》，第6页。
② 沈长云：《论姬姓巴国的建立与其土著的族属等有关问题》，《巴渝文化》第3辑，第82—92页。
③ （晋）常璩著，刘琳校注：《华阳国志校注》（修订版），第6页。
④ 周明阜：《湘西先秦考古文化的多元性建构探讨》，《吉首大学学报（社会科学版）》1993年第4期，第71—79页；熊传新：《湘西出土古代青铜器及其族属问题》，《土家族研究论文选集》，第82—88页。
⑤ （宋）李昉等撰：《太平御览》卷171《州郡部》，第835页。
⑥ （汉）班固撰，（唐）颜师古注：《汉书》卷95《西南夷两粤朝鲜列传》，第3838页。
⑦ （唐）杜佑撰，王文锦、王永兴、刘俊文，等点校：《通典》卷183《州郡》，第4883、4884页。
⑧ （唐）李吉甫撰，贺次君点校：《元和郡县图志》卷30《黔州》，第735—736页。

两大疑点，一是北魏乌江下游名"延江水"非"黚水"，且"黚水"非"黔水"，仅是延江水支流，非乌江全称；二是乌江得黔江名始自宋代，王象之《舆地纪胜》始称乌江为黔江①，黔江名晚出，因此《华阳国志》"黔涪"的"黔"非指江名，故不得以"黔"作江名推导古黔中地域，说古黔中郡包括今乌江流域乃至今贵州省全境是经不起推敲的。但贵州省东部部分地域确曾属楚、秦黔中郡，清靖道谟《黔中考》载，古黔中包括"贵州之思、石、铜、黎诸府"②，但这个地域过于笼统。考查方志记载，今贵州松桃、沿河、印江、务川、思南、石阡、铜仁、江口、德江、万山、岑巩、玉屏、镇远、施秉、黄平、三穗、天柱、黎平、锦屏等地曾属古黔中郡地域。③部分学者认为渝东南属黔中地，依据是杜佑《通典》、颜师古"黔中"的注解，但这些文献对古黔中与唐

① （宋）王象之编：《舆地纪胜》卷174《涪州》，第839页。
② （清）蔡宗建修，龚传坤等纂：《镇远府志》卷1《疆域》，《中国地方志集成·贵州府县志辑》第16册，成都：巴蜀书社，2006年，第36页。
③ （清）徐鋐修，萧琯纂《松桃厅志》卷2《地理门·建置》（《中国地方志集成·贵州府县志辑》第46册，成都：巴蜀书社，2006年，第480页）载松桃厅周属楚国巫黔中地，秦属黔中郡。（民国）杨化育修，覃梦松纂《沿河县志》卷4《建置志》（《中国地方志集成·贵州府县志辑》第45册，成都：巴蜀书社，2006年，第590页）载沿河县春秋属楚，战国时属秦，秦属黔中郡。（清）夏修恕、周作楫修，萧琯、何廷熙纂《思南府续志》卷1《地理门·建置》（《中国地方志集成·贵州府县志辑》第46册，成都：巴蜀书社，2006年，第30页）载思南府周代属楚，秦属黔中郡，婺川（今务川）、安化（今思南）、印江皆属思南府。（清）敬文等修，徐如澍纂《铜仁府志》卷2《地理》（《中国地方志集成·贵州府县志辑》第45册，成都：巴蜀书社，2006年，第318页）载铜仁府周代属楚巫黔中地，秦属黔中郡；铜仁府辖江口县，其建置与铜仁府同。（清）蒋深纂《思州府志》卷1《区域志·沿革》（《中国地方志集成·贵州府县志辑》第15册，成都：巴蜀书社，2006年，第482页）载思州府春秋属楚，秦属黔中郡，清思州府治今岑巩县，（民国）蔡仁辉纂修《岑巩县志》卷6《地理志·沿革》（《中国地方志集成·贵州府县志辑》第16册，成都：巴蜀书社，2006年，第409页）亦载岑巩县周属楚巫黔中地，秦属黔中郡。（清）赵沁修，田榕纂《玉屏县志》卷2《区域志·沿革》（《中国地方志集成·贵州府县志辑》第47册，成都：巴蜀书社，2006年，第32页）载玉屏县春秋战国属楚巫黔中地，秦属黔中郡地，又（清）郑逢元纂《平溪卫志书·旧志序》（《中国地方志集成·贵州府县志辑》第47册，成都：巴蜀书社，2006年，第292页）载平溪卫春秋战国属楚，秦取楚地后属黔中郡地，平溪卫治今玉屏县。（民国）张礼纲修，黎民怡等纂《德江县志》卷1《地理志》（《中国地方志集成·贵州府县志辑》第47册，成都：巴蜀书社，2006年，第325页）载德江县战国属楚，秦属黔中郡。（民国）周国华等修，冯翰先等纂《石阡县志》卷2《建置志·沿革表》（《中国地方志集成·贵州府县志辑》第47册，成都：巴蜀书社，2006年，第408页）载石阡县周代属巫黔中地，秦属黔中郡地。（清）蔡宗建修，龚传坤等纂《镇远府志》卷4《沿革》（第49页）载镇远府周属楚巫黔中地，秦属黔中郡地。（清）李台修，王孚镛纂《黄平州志》卷1《方舆志·沿革》（《中国地方志集成·贵州府县志辑》第20册，成都：巴蜀书社，2006年，第45页）载黄平州原属夜郎且兰地，战国属楚，秦属黔中郡。（清）林佩纶等修，杨树琪等纂《续修天柱县志》卷2《地理志》（《中国地方志集成·贵州府县志辑》第22册，成都：巴蜀书社，2006年，第162页）亦载天柱县周代属楚巫黔中、夜郎属地，秦属黔中、夜郎属地。（清）俞渭修，陈瑜纂《黎平府志》卷2《地理志·建革》（《中国地方志集成·贵州府县志辑》第17册，成都：巴蜀书社，2006年，第61页）载黎平府周属楚巫黔中地、夜郎属地，秦属黔中、夜郎属地。（清）郝大成修，王师泰等纂《开泰县志·沿革志》（《中国地方志集成·贵州府县志辑》第19册，成都：巴蜀书社，2006年，第19页）载开泰县周属楚地，秦属黔中郡地。

黔中地域认识有偏差，因此笼统地说黔中包括渝东南是不精确的。尽管唐黔中郡与古黔中郡地域上有差异，但也有重合部分，正如李吉甫所述唐黔中郡"与秦、汉黔中郡犬牙难辨"。据方志记载，渝东南石柱、涪陵、武隆、黔江、彭水等地春秋战国属巴国，秦属巴郡地[①]，而酉阳、秀山等地春秋战国先属楚黔中郡，后属秦黔中郡地[②]，因此并非渝东南皆属古黔中地。湘西曾属古黔中地，靖道谟《黔中考》指出"今湖南之常、辰、宝、靖诸府州皆黔中"[③]，则又不尽然。常即常德府，治武陵县即今常德市，所辖武陵、桃源、龙阳等县属古黔中郡地[④]；辰即辰州府，治沅陵县今辖沅陵、泸溪、辰溪、溆浦等县属古黔中郡地[⑤]；宝即宝庆府，所辖城步、武冈等县州属古黔中地[⑥]；靖即靖州，治靖州，即今靖县，所辖靖州、会同、通道、绥宁等县属古黔中郡地[⑦]，此外，今湖南石门、慈利、张家界、桑植、龙山、永顺、保靖、花垣、古丈、吉首、凤凰、麻阳、怀化、新晃、芷江、黔阳等地也属古黔

---

① （清）庄定域修，支成祜等纂《彭水县志》卷 1《地舆志·沿革》（清光绪元年（1875 年）刻本）载"夏商周皆属巴国地"，"秦为巴郡地"。（清）张九章修，陈藩垣、陶祖谦等纂《黔江县志》卷 1《地舆志·沿革》[清光绪二十年（1894 年）刻本] 载"夏商周皆为巴国地"，"秦为巴郡地"。

② （清）王梦庚修，寇宗篪纂《重庆府志》卷 1《舆地志·建置沿革》[清道光二十三年（1843 年）刻本] 载重庆府"周为巴子国"，"战国时秦灭蜀，置巴郡"。（清）吕绍农等修，王应元、傅炳墀等纂《涪州志》卷 1《舆地志·沿革》[清同治九年（1870 年）刻本] 载涪州"春秋时巴国地，秦属巴郡，置枳县"。（清）王寿松修，李稽勋纂《秀山县志》卷 1《地志·沿革表》[清光绪十八年（1892 年）刻本] 载秦属黔中郡。（清）王鳞飞等修，冯世瀛、冉崇文纂《增修酉阳直隶州总志》卷 1《地舆志·沿革》[清同治二年（1863 年）刻本] 载"商周俱蛮夷地"，"春秋属楚"，"秦时隶黔中郡"。

③ （清）蔡宗建修，龚传坤等纂：《镇远府志》卷 1《疆域》，第 36 页。

④ （明）陈洪谟纂修《常德府志》卷 1《地理志·沿革》（《天一阁藏明代地方志选刊》，上海：上海古籍书店，1964 年景印本）载常德府周属楚，秦属黔中郡地。（清）余良栋修，刘凤苞纂《桃源县志》卷 1《疆域志·沿革》（台北：成文出版社有限公司，1970 年，第 64 页）载桃源县战国及秦皆为黔中地。（清）黄教镕、黄文桐修，陈保真、彭日晓纂《重修龙阳县志》卷 1《舆地志·沿革表》[清光绪元年（1875 年）刻本] 载龙阳县六国时属楚黔中地，秦属黔中郡。

⑤ （清）席绍葆等修，谢鸣谦、谢鸣盛纂《辰州府志》卷 1《沿革》[清乾隆三十年（1765 年）刻本] 载辰州府春秋战国属楚，秦属黔中郡地，辰州府治沅陵县。（清）徐金云等修，刘家川等纂《辰溪县志》卷 3《建置沿革志》[清道光元年（1821 年）刻本] 载辰溪县周代属楚地，秦属黔中郡。（民国）吴剑佩、陈整修，舒立淇纂《溆浦县志》卷 1《舆地志·沿革》[民国十年（1921 年）活字本] 载溆浦县"春秋战国属楚，秦属黔中郡"。

⑥ （清）盛镒源等修，戴联璧等纂《城步县志》卷 1《沿革》（《中国方志丛书》第 115 号，台北：成文出版社有限公司，1970 年，第 37 页）载城步县周代属黔巫中地，秦属长沙郡。（清）吴从谦修，潘应斗、潘应星纂《武冈州志》卷 2《地理·沿革》[清康熙二年（1663 年）刻本] 载武冈州春秋战国为楚黔巫中地，秦属长沙郡。

⑦ （清）金蓉镜纂辑《靖州乡土志》卷 1《沿革志》（《中国方志丛书》第 296 号；台北：成文出版社有限公司，1975 年，第 15—16 页）载靖州楚为黔中地，秦为黔中郡地。（清）孙炳煜纂修《会同县志》卷 1《方舆志·沿革》（《中国方志丛书》第 289 号，台北：成文出版社有限公司，1975 年，第 67 页）载会同县春秋战国属楚黔中地，秦属黔中郡地。

中地域①。另外，鄂西南恩施、建始、宣恩、来凤、咸丰、鹤峰、五峰、长阳等地也曾属古黔中地域。②

关于古黔中，学界有巴黔中、楚黔中、秦黔中的说法。据前文所述，西周渝东南地区考古学文化中巴文化特征明显，而湘西北也有巴文化因素，同时地方文化特色也很明显，显示巴人对湘西北地区也有一定控制力，但西周以前鄂湘渝黔毗邻地带是否有黔中之名就不得而知了，因此巴黔中说还有待商榷。黔中之名首次见于文献始自战国，《史记·秦本纪》载秦孝公元年"楚自汉中，南有巴、黔中"，因此目前所知黔中政区的设置始自战国时楚黔中郡，更早则无文献可证。战国末期秦据楚地后仍置黔中郡，其地域包括今鄂湘渝黔毗邻地带各地，此已见前文，不再赘述。

涪在东晋及其以前，指水有涪水，即《华阳国志》所载战国末期秦将司马错所取黔中之涪水③，又称延江水④，但东晋及其以前并无黔水、黔江、黔涪水之名。涪指政区在东晋以前则有汉涪陵县、蜀汉两晋涪陵郡。涪陵作为

---

① （清）张天如原本，魏式曾增修，郭鉴襄增纂《永顺府志》卷1《沿革》[清同治十二年（1873年）增刻乾隆本]载永顺府"春秋时属楚，秦为黔中郡地"，清永顺府辖永顺、保靖、桑植龙山等县，其中保靖县辖今古丈县地，清道光年间曾于其地置古丈坪厅。（清）赵亨钤修，熊国夏、王师麟纂《永定县志》卷2《建置沿革》[清嘉庆二十一年（1816年）修，道光三年（1823年）刻本]载永定县"春秋战国时属楚，秦置慈姑县，隶黔中郡"，永定县治今张家界市。（清）稽有庆修，魏湘纂《续修慈利县志》卷2《地舆》（《中国地方志丛书》第290号，台北：成文出版社有限公司，1976年，第206页）载慈利县东周属楚国白县，秦属黔中郡慈姑县地。（清）姜大定修，尹袭澍纂《安福县志》卷2《沿革》（《中国地方志集成·湖南府县志辑》第79册，南京：江苏古籍出版社，2002年，第80页）载安福县"春秋战国属楚"，"秦昭王伐楚取其地，置黔中郡，秦始皇三十六年……置慈姑县，隶黔中郡"，安福县治今临澧县。（清）蒋琦瑑原本，林书勋续修，张先达续纂《乾州厅志》卷1《沿革志》[清同治十一年（1872年）修，光绪三年（1877年）续修刻本]载乾州厅周代为楚地，秦属黔中郡地。（清）张映蛟等修，俞克振等纂《晃州厅志》卷3《建置沿革》（《中国方志丛书》第315号，台北：成文出版社有限公司，1975年，第45页）载晃州厅周末属楚地，秦属黔中郡。（清）张官五等纂修，吴嗣仲续修《沅州府志》卷2《沿革》（《中国地方志集成·湖南府县志辑》第66册，南京：江苏古籍出版社，2002年，第31页）载沅州府"周末属楚，秦为黔中郡地"，沅州府治芷江县。（清）陈鸿作等修，杨大诵、易燮尧等纂《黔阳县志》卷1《沿革》[清同治十三年（1874年）刻本]载黔阳县"春秋时属楚，秦为黔中郡地"。

② （清）多寿、罗凌汉等纂修《恩施县志》卷1《地理志·沿革》（《中国方志丛书》第356号，台北：成文出版社有限公司，1975年，第123—124页）载恩施县"春秋为巴国界，战国属楚巫郡地，秦属黔中郡"。（清）熊启咏撰《建始县志》卷1《方舆志·沿革》（《中国方志丛书》第354号，台北：成文出版社有限公司，1975年，第71页）载建始县上古为廪君国地，西周为夔子国地，战国时属楚、秦巫郡地，秦为黔中郡属地。（清）林翼池修，蒲又洪纂《来凤县志》卷1《沿革》（《故宫珍本丛刊·湖北府州县志辑》第13册，海口：海南出版社，2001年，第393页）载来凤县"春秋为巴国，秦属黔中郡"。（清）张梓修，张光杰纂《咸丰县志》卷1《疆域志·沿革》（《中国方志丛书》第340号，台北：成文出版社有限公司，1975年，第93页）载咸丰县"古属廪君国，秦属黔中郡"。

③ （晋）常璩著，刘琳校注：《华阳国志校注》（修订版），第37页。

④ （北魏）郦道元著，（清）王先谦校：《合校水经注》（第514页）经文载"延江水"名，则是至迟东汉末年《水经》成书时今乌江已有延江水名。

政区名始于西汉涪陵县，东汉末益州牧刘璋以原涪陵县分置丹兴、汉发（葭）县，并设巴东属国都尉，后又改巴东属国都尉为涪陵郡，蜀汉涪陵郡辖涪陵、丹兴、汉平、万宁、汉发（葭）、汉复等县，晋涪陵郡辖涪陵、汉复、汉平、汉葭、万宁等县。[①] 汉代涪陵县、三国两晋涪陵郡地域范围，大致包括今重庆武隆、彭水、黔江、酉阳、秀山，贵州务川、道真、印江、沿河、德江、思南等地。[②]

从地域上来说，不同时代的黔涪地域并不相同，如汉代涪陵县与三国两晋涪陵郡地域就有差异，楚黔中郡与秦黔中郡地域也有差异，因此《华阳国志》"南极黔涪"只能是笼统的地域概念。若以涪陵郡南界和秦黔中郡南界划定巴国疆界，则巴国东南疆界最远可能到达今黔东思南、石阡、黄平、施秉、黎平至湘西通道、城步、武冈一线。

春秋战国时期巴国东南部疆界在"黔涪"地域内也有变动。春秋战国时期在楚人不断西进、秦人不断南进逼迫下，部分巴人向南迁入鄂湘渝黔毗邻的五溪地区，这在文献和考古方面都能找到线索。文献方面，如《十道志》载"楚子灭巴，巴子兄弟五人流入黔中。汉有天下，名曰酉、辰、巫、武、沅等五溪，为一溪之长，故号五溪"[③]，此外，《通典》《元和郡县图志》《太平寰宇记》《方舆胜览》《路史》《文献通考》《通鉴地理通释》等也都有巴子兄弟五人南迁五溪事迹的记载。考古方面，如鄂、湘、渝、黔毗邻地带考古发现很多春秋战国时期巴人遗迹遗物，石门县新关、磨市，龙山县白羊、召市，

① 朱圣钟：《巴郡政区沿革史述论——兼论郡名流变与巴人的关系》，西南大学历史地理研究所编：《西南史地》第 2 辑，成都：巴蜀书社，2013 年，第 10—28 页。
② （晋）常璩著，刘琳校注《华阳国志校注》（修订版）（第 39—40 页）载晋涪陵郡辖涪陵县、丹兴县、汉平县、万宁县、汉发县等县。（清）庄定域修，支成祜等纂《彭水县志》卷 1《地舆志·沿革》载彭水县"汉为涪陵县，属巴郡"，"三国汉为涪陵郡"，"晋为涪陵郡，移治汉复"。（清）张九章修，陈藩垣、陶祖谦等纂《黔江县志》卷 1《地舆志·沿革》载黔江县"汉为涪陵县，又为丹兴县，属巴郡，又属涪陵郡"，"三国丹兴县省"，"晋为丹兴县，属涪陵郡"。（清）王鳞飞等修，冯世瀛、冉崇文纂《增修酉阳直隶州总志》卷 1《地舆志·沿革》载酉阳州"汉为巴郡涪陵、武陵郡迁陵二县地"。（清）王寿松修，李稽勋纂《秀山县志》卷 1《地志·沿革表》载秀山县汉属巴郡涪陵县南境，东汉末三国蜀汉属涪陵郡丹兴县，晋属武陵郡酉阳县地。（清）夏修恕、周作楫修，萧琯、何廷熙纂《思南府续志》卷 1《地理门·建置》（第 29 页）载思南府"汉献帝建安中分涪陵立永宁州（县）"，三国时"改永宁州（县）为万宁县"。（民国）杨化育修，覃梦松纂《沿河县志》卷 4《建置志》（第 590 页）载沿河县西汉属巴郡涪陵县，东汉属涪陵郡，晋初属涪陵郡，永嘉后没于蛮獠。（民国）张礼纲修，黎民怡等纂《德江县志》卷 1《地理志》（第 325 页）载德江县汉、晋属涪陵郡。（清）仁宗敕撰《嘉庆重修一统志》卷 420《石砫直隶厅·建置沿革》载石砫厅"汉为巴郡临江县南境"，"晋为巴东郡南浦县地"，则石柱县汉代不属于涪陵县地。（清）赵宜霖修，游玉堂纂《正安州志》卷 1《建置》（《中国地方志集成·贵州府县志辑》第 40 册，成都：巴蜀书社，2006 年，第 10 页）载正安州"周秦为夜郎且兰地"，"汉武帝元鼎六年平夜郎，寻置牂柯郡"，则是正安汉不属涪陵县地。
③ （宋）李昉等撰：《太平御览》卷 171《州郡部·辰州》，第 835 页。

吉首市双合(河),张家界青天街,古丈县茄通,花垣县县城、三角岩、龙潭,凤凰县竿子坪,保靖县梅花、多乐、簸箕、四方城、黄莲,泸溪县洗溪、舞水等地都曾发现柳叶形青铜剑、带虎头纹铜戈、烟荷包形铜斧等巴式窖藏青铜器。①重庆涪陵、彭水、黔江、酉阳、秀山,湖北利川、恩施、咸丰、宣恩、建始、巴东、鹤峰、长阳,湖南石门、慈利、龙山、保靖、花垣、常德、溆浦、贵州松桃、铜仁等地曾出土战国巴人遗物虎钮錞于。②湘西溆浦马田坪③、大江口镇④、古丈白鹤湾⑤、保靖四方城、沅陵木形山、泸溪桐木垅、龙山里耶、重庆涪陵小田溪⑥等地发掘有战国巴人墓或含巴文化因素的战国墓。文献记载及巴人遗迹和遗物的发现表明,战国时代鄂湘、渝黔毗邻的黔涪之地确曾为巴地。不过战国时期随着楚人不断扩张,武陵山区巴地最后还是成为楚国疆域的一部分。楚人据有湘西时间当以战国说较为恰当,在湘西溆浦、辰溪、沅陵、黔阳、保靖、古丈等地曾发现近三百座东周墓葬,其中有1/3被界定为春秋晚期至战国早期楚墓,2/3被界定为战国中期至晚期楚墓、巴墓和秦墓。但在被界定为春秋晚期至战国早期楚墓中不见或少见鬲,而江汉地区同期楚墓普遍出鬲,有无楚式鬲及楚式鬲数量是衡量是否为楚墓的重要标志;湘西春秋晚期至战国早期墓葬随葬器物多绳纹圆底罐、绳纹圆底钵、豆等器物,绳纹圆底罐曾被当作判定楚墓的依据,但这种圆底罐在江汉地区楚墓中有,在湖南湘阴晒网、汨罗江南堤、玉笥山等遗址也有,时代在西周至春秋早期,文化性质属越文化⑦;且会同江田遗址、麻阳枫木林古墓、麻阳九曲湾古铜矿井中都发现相同的绳纹圆底罐,时代在商、西周时期,因此单从这部

① 熊传新:《湘西出土古代青铜器及其族属问题》,《土家族研究论文选集》,第82—88页。
② 幸晓峰:《四川境内出土或传世錞于述略》,《四川文物》1996年第2期,第43—48页;《中国音乐文物大系》总编辑部编:《中国音乐文物大系·湖北卷》,第85—98页;《中国音乐文物大系》总编辑部编:《中国音乐文物大系·湖南卷》,郑州:大象出版社,2006年,第156—181页;林奇、邓辉:《錞于刍议》,《江汉考古》1987年第4期,第61—66、6页;李衍垣:《錞于述略》,《文物》1984年第8期,第69—72页。
③ 湖南省博物馆、怀化地区文物工作队:《湖南溆浦马田坪战国西汉墓发掘报告》,湖南省博物馆、湖南省考古学会编:《湖南考古辑刊》第2集,第38—69页。
④ 湖南省博物馆、张欣如:《溆浦大江口镇战国巴人墓》,湖南省博物馆编:《湖南考古辑刊》第1集,长沙:岳麓书社,1982年,第37页。
⑤ 湖南省博物馆、湘西土家族苗族自治州文物工作队:《古丈白鹤湾楚墓》,《考古学报》1986年第3期,第339—360页;湘西自治州文物管理处、古丈县文物管理所:《古丈县白鹤湾战国西汉墓发掘报告》,湖南省文物考古研究所、湖南省考古学会编:《湖南考古2002》,第147—173页。
⑥ 湘西自治州文物管理处、保靖县文物管理所:《保靖四方城战国汉代墓葬发掘报告》,湖南省文物考古研究所、湖南省考古学会编:《湖南考古2002》,第174—224页。
⑦ 张中一、彭青野:《论楚人入湘的年代》,《江汉考古》1984年第4期,第84—90页。

分早期墓葬随葬器物判定其为楚墓是值得商榷的①，如此则春秋晚期至战国早期楚人进入湘西的说法就值得商榷了。另据楚人的发展历史来看，春秋早期楚人受封丹阳，楚武王（前740—前690年）"始开濮地而有之"，楚成王时（前671—前626年）"天子赐胙曰：'镇尔南方夷越之乱，无侵中国'"，此后才有"楚地千里"②，楚庄王（前613—前591年）"并国二十六，开地三千里"③，始争霸中原，楚平王（前528—前516年）"为舟师以伐濮"④，楚人始向长江以南濮地扩张。吴起相楚时楚已"南并蛮越，遂有洞庭、苍梧"⑤，楚地向南扩张至洞庭湖流域及南岭一带。到楚宣王九年（秦孝公元年，前361年），"楚自汉中，南有巴、黔中"，黔中之名始见于史籍，湘西也成为楚人疆土，时间在战国中期，这又与湘西考古发现的大量战国中期至晚期楚墓相印证。因此我们认为，楚人大规模进入湘西并建立黔中郡是在战国中期，舒向今、赵炳清等人也持此观点。⑥楚人进入湘西并建立黔中郡后，巴国东南疆界持续向西退缩，湘西、黔东、渝东南部分地域成为楚黔中郡辖地，在庄蹻西征巴、黔中以西前巴国东南疆界大致维持在渝东南黔江、彭水一带。

春秋战国时期巴国北部疆域仍在汉水上游一带。《华阳国志》载巴国"北接汉中"⑦，汉中即秦汉汉中郡，秦、西汉汉中郡治西城县（今陕西省安康市），东汉郡治迁至南郑县（今陕西省汉中市）⑧，是巴国北境达汉水上游安康、汉中一带。目前学界对春秋战国巴国北界认识不统一，蒙文通认为汉水以西、南至竹山县境都是巴地，巴国东北界延伸至淯水、均水一线，汉中郡大部分都是巴地⑨；邓少琴认为汉中至安康间为巴人地域⑩；王家佑、刘盘石认为春秋时汉水以西皆为巴国疆域⑪；刘琳认为巴国北部疆界仅抵米仓山、大巴山南坡⑫。蒙文先生通界定的巴国疆域比常璩"北接汉中""东至鱼复"地域大很

① 舒向今：《楚势力进入"五溪"年代初探》，《江汉考古》1997年第4期，第53—55页。
② 司马迁撰：《史记》卷40《楚世家》，1695、1697页。
③ （清）王先慎撰，钟哲点校：《韩非子集解》卷2《有度》，北京：中华书局，2003年，第31页。
④ 杨伯峻编著：《春秋左传注》（修订本），第1402页。
⑤ （南朝·宋）范晔撰，（唐）李贤等注：《后汉书》卷86《南蛮西南夷列传》，第2831页。
⑥ 舒向今：《楚势力进入"五溪"年代初探》，《江汉考古》1997年第4期，第53—55页；赵炳清：《楚、秦黔中郡略论——兼论屈原之卒年》，《中国历史地理论丛》2006年第3辑，第107—115页。
⑦ （晋）常璩著，刘琳校注：《华阳国志校注》（修订版），第6页。
⑧ 朱圣钟：《秦汉中郡辖县考》，周长山、林强主编：《历史·环境与边疆——2010年中国历史地理国际学术研讨会论文集》，第146—150页。
⑨ 蒙文通：《巴蜀古史论述》，第9页。
⑩ 邓少琴：《巴史新探》，《巴蜀史迹探索》，第1—51页。
⑪ 王家佑、刘磐石：《涪陵考古新发现与古代"巴国"历史的一些问题》，文物编辑委员会编：《文物资料丛刊》第7辑，第28—29页。
⑫ （晋）常璩著，刘琳校注：《华阳国志校注》（修订版），第6页。

多，说巴地包括金州、房州的依据有《史记正义》引《括地志》"房州竹山县
即金州，古卢国"，"房陵即今房州房陵县，古楚汉中郡地也，是巴蜀之境"。
查对文献，我们发现《史记正义》引《括地志》载为"上庸，今房州竹山县
及金州是也"①，又中华书局本《史记·周本纪》注《史记正义》引《括地志》
载"房州竹山县及金州，古庸国"，又中华书局本《括地志辑校》载竹山县"房
州竹山县及金州，古庸国也"，"上庸，今房州竹山县及金州是也"②，则房州
竹山县及金州为庸国地而非卢国地，不知蒙先生说房州竹山县及金州为古卢
国地依据为何？唐、宋金州治今陕西安康市，竹山县治今湖北竹山县，则今
安康及竹山县为庸国地。公元前 611 年楚、秦、巴灭庸，今鄂西北及陕东南部
分地域入楚，金州"周为庸国之地。战国时为楚附庸地，后为楚所灭，复为楚
地"③，而房州"古麇、庸二国之地"④，"战国时属楚"⑤。因此，西周至战
国今安康市、竹山县先为庸国地，春秋时庸国灭后入楚，因此说巴国疆域北
至金、房二州地，汉水以西、南至竹山县地为巴地是值得商榷的。

　　春秋时期汉水上游有以今陕西白河县为中心的麇国，其疆域包括今陕西
白河县、湖北郧县、郧西县、房县等地，楚灭麇国后其地入楚。庸、麇以东
汉水丹、淅之地为楚人始兴地，楚都丹阳即在此⑥，则丹水、淅水及其邻近汉
水中上游周为楚地。《史记》载析、郦为"楚之故地"⑦，析、郦为楚地，也
就不可能为巴地，湍水、均水为巴国东界说值得商榷。

　　西周、春秋时申、邓为周方国，申在今河南南阳市北⑧，邓在今湖北襄阳
市西北古邓城。申、邓先后于公元前 688 年、公元前 678 年为楚所灭⑨，其地
入楚。据春秋时各诸侯国方位，邓、申在楚东，则巴国疆域不可能越庸、麇、

① （汉）司马迁撰：《史记》卷 5《秦本纪》，第 211 页。
② （唐）李泰等著，贺次君辑校：《括地志辑校》卷 4《房州》，第 203 页。
③ （宋）乐史撰，王文楚等点校：《太平寰宇记》卷 141《金州》，第 2727 页。
④ （宋）乐史撰，王文楚等点校：《太平寰宇记》卷 143《房州》，第 2783 页。
⑤ （宋）王象之编：《舆地纪胜》卷 86《房州》，第 504 页。
⑥ （清）宋翔凤撰，梁运华点校：《过庭录》卷 9《楚鬻熊居丹阳武王徙郢考》，第 156—162 页；石泉：
　　《楚都丹阳地望新探》，《古代荆楚地理新探》，第 174—199 页；石泉：《楚都丹阳及古荆山在丹、
　　淅附近补证》，《古代荆楚地理新探》，第 200—210 页；徐少华：《楚都丹阳地望探索的回顾与思考》，
　　徐少华主编、晏昌贵副主编：《历史地理与长江中游开发——2008 年中国历史地理国际学术研讨会
　　论文集》，第 51—63 页；徐少华：《楚丹阳当涂说辨正》，周长山、林强主编：《历史·环境与边疆——
　　2010 年中国历史地理国际学术研讨会论文集》，第 140—145 页。
⑦ （汉）司马迁撰：《史记》卷 69《苏秦列传》，第 1730 页。
⑧ 杨伯峻编著：《春秋左传注》（修订本），第 169 页；谭其骧主编：《中国历史地图集　第一册：原
　　始社会、夏、商、西周、春秋、战国时期》，第 17—18 页。
⑨ 杨伯峻编著：《春秋左传注》（修订本），第 169—170 页；何浩：《楚灭国研究》，武汉：武汉出版
　　社，1989 年，第 126、129 页。

楚等国远及申、邓，则申、邓为巴北境说值得商榷。战国时上述各地均入楚国版图，也就不可能为巴地了。

春秋战国巴国北部疆域包括陕南汉水流域。《战国策》载苏代说燕王"（秦）汉中之甲，乘舟出于巴，乘夏水而下汉，四日而至五渚"[1]，《史记·苏秦列传》也有相同记载。《战国策》未对"巴"予以说明，《史记索隐》载巴"水名，与汉水近"，《史记正义》则释为巴岭山[2]，也有人释为周武王所封巴。清程恩泽《国策地名考》载西汉水"入嘉陵道曰嘉陵江，又南迳略阳、广元合垫江"，"又南迳苍溪县，迳保宁府城西，又东迳南部、蓬州，过顺庆府东南，又南迳定远、合州东，至重庆府城北入于江。其下流所经皆巴故地"，"巴江出大巴山麓，在今南郑县，故即由汉中浮巴至合州，乃入西汉水，直达洞庭也"，"其必由巴入西汉者，巴近而西汉远，兵贵速且贵奇也"[3]，则程恩泽视"巴"为巴江，或即今渠江。《水经·沔水注》有若干"巴"地名，均在汉水以西、以南和大巴山南北。段渝认为"巴"指巴地，在大巴山东缘和汉水西岸间。[4]童恩正认为"巴"指汉中，战国后期汉中西部为蜀地，东部仍为巴地，其依据一是《水经注》载"沔水又东迳西乐城北。……城东容裘溪水注之，俗谓之洛水也，水南导巴岭山"，"有廉水出巴岭山……北注汉水"，"汉水又东迳胡城南……南对扁鹊城。……汉水出于二城之间，右会磐余水，水出南山巴岭上"，"汉水又东合蘧蒢溪口。水出北就谷，在长安西南。其水南流迳巴溪戍西"，"汉水又东，右会洋水。……洋水导源巴山"，"（汉水）又东迳魏兴郡广城县，县治王谷，谷道南出巴獠"[5]，这些"巴"地名因巴人得名；二是 1973 年汉中曾出土带虎符铜矛和虎钮镎于等巴人遗物[6]。在紫阳县白马石遗址的战国墓葬中出土有带虎纹的巴式长胡戈[7]，表明白马石一带战国时期有巴人活动。又《华阳国志·蜀志》载周赧王三年（前 312 年）"分巴、蜀置汉中郡"，也说明秦汉中郡部分地域原为巴郡地。

春秋战国时处秦、巴、蜀、楚间的汉中成为四方争夺焦点，四国在汉中

① （西汉）刘向集录：《战国策》，上海：上海古籍出版社，1985 年，第 1078 页。
② （汉）司马迁撰，《史记》卷 69《苏秦列传》，第 2272 页。
③ （清）程恩泽等撰：《国策地名考》卷 2，《续修四库全书》本第 422 册，上海：上海古籍出版社，2002 年，第 626 页。
④ 段渝：《涪陵小田溪巴王墓新证》，李绍明、林向、徐南洲主编：《巴蜀历史·民族·考古·文化》，第 269—283 页。
⑤ （北魏）郦道元著，（清）王先谦校：《合校水经注》，第 410—415 页。
⑥ 童恩正：《古代的巴蜀》，第 14—15 页。
⑦ 魏京武、孙秉君、王炜林：《紫阳县白马石村新石器时代遗址和战国汉代墓葬》，中国考古学会编：《中国考古学年鉴 1987》，第 254—256 页。

的疆界也随时有变化。春秋中期秦逐渐向汉中盆地渗透，秦武公十一年（前687年）"置南郑县"①，这是秦拓疆汉中盆地的开始。又《史记》载"（百里奚）相秦六七年……发教封内，而巴人致贡"②，百里奚相秦在秦穆公时（前659—前621年），卒于秦穆公三十三年（前627年），则巴人向秦纳贡当在公元前627年前；巴向秦进贡说明巴国汉水流域疆域与秦毗邻。有人说巴向秦致贡始自公元前632年晋楚城濮大战后，巴人摆脱楚国控制附秦，始有纳贡之举③，考虑到春秋五霸争雄的时代背景，此说也有道理。巴人向秦纳贡，则秦穆公时秦控制了汉中盆地，与盆地东部、南部巴地邻境。

战国时秦、蜀展开对汉中盆地的争夺，秦厉公二十六年（前451年）秦"城南郑"，秦躁公二年（前441年）"南郑反"，秦惠公十三年（前387年）"蜀取我南郑"④，同年秦"伐蜀，取南郑"⑤，南郑又为秦所有。《华阳国志》载"周显王之世，蜀王有褒、汉之地。因猎谷中，与秦惠王遇"⑥，周显王公元前368—前321年在位，则此时汉中盆地又为蜀所有。有人据《史记·秦本纪》载秦孝公元年（前361年）"楚自汉中，南有巴黔中"，认为公元前361年今汉中为楚所并⑦，此说不确，秦孝公元年楚汉中郡地域上不包括汉中盆地。那为何有以楚汉中郡为秦汉汉中郡的错误认识呢？这要归咎于唐张守杰和元胡三省了，张守杰《史记正义》注楚汉中称"（楚）北自梁州汉中郡"，又《资治通鉴》胡三省音注载"汉中郡，汉属益州，自晋以后为梁州"⑧，张守杰、胡三省都混淆了楚、秦汉汉中郡概念，将"汉中"地域模糊处理，将汉中与梁州并述，将秦汉汉中与楚汉中含混在一起，让人产生楚汉中等同秦汉汉中的认识，实际上楚汉中郡仅包括西至陕西旬阳县，东至丹江口附近地域⑨。周慎王五年（前316年）秦惠王"遣张仪、司马错救苴、巴，遂伐蜀，灭之"，则公元前316年南郑又为秦所据。秦惠文王后元十三年（前312年），"庶长章击楚于丹阳……又攻楚汉中，取地六百里，置汉中郡"⑩，《华阳国志》亦

① 周集云：《巴族史探微》，第15页。
② （汉）司马迁撰：《史记》卷68《商君列传》，第2234页。
③ 童恩正：《古代的巴蜀》，第23页；董其祥：《巴史新考》，第127—170页。
④ （汉）司马迁撰：《史记》卷15《六国年表》，第697、700、713页。
⑤ （汉）司马迁撰：《史记》卷5《秦本纪》，第200页。
⑥ （晋）常璩著，刘琳校注：《华阳国志校注》（修订版），第95页。
⑦ 周集云：《巴族史探微》，第15页。
⑧ （宋）司马光编著，（元）胡三省音注，标点资治通鉴小组校点：《资治通鉴》卷2《周纪》，北京：中华书局，1956年，第43页。
⑨ 史念海：《汉中历史地理》，《河山集》第6集，太原：山西人民出版社，1997年，第472—515页。
⑩ （汉）司马迁撰：《史记》卷5《秦本纪》，第207页。

载秦"分巴、蜀置汉中郡"①，则秦汉中郡置于公元前312年，出现较晚，原巴郡、蜀郡部分地域与楚汉中郡纳入秦汉中郡，其地域"自沔阳、成固至新城、上庸"②，辖西城县、旬阳县、上庸县、房陵县、成固、南郑、褒7县，郡治西城县③，汉汉中郡沿袭秦制，又增设安阳、沔阳、武陵3县，改褒县为褒中县④。因此秦汉中郡包括了部分巴郡地，而这部分巴地当为南郑以东至西城以西汉水沿岸地。后世文献界定巴国疆域时误以秦汉巴郡北界为春秋战国巴国北界，是忽略了巴国北部疆域远在大巴山以北汉水河谷地带的事实。大巴山以北、汉水河谷的巴地名，也是这些地方曾是巴地的有力佐证。

说巴国北部疆界在汉水上游河谷地带还有其他证据。《左传·昭公九年》载周大夫詹桓伯说："巴、濮、楚、邓，吾南土也"⑤，说明巴国在周疆域内，方位在周南。邓在今河南邓县，楚在汉水流域丹淅之会至荆山一带⑥，濮在湖北西部⑦。《左传》所载邓、楚、濮似乎是从东到西按方位排列，则巴在濮、楚西，汉水上游一带为巴地⑧，这与前文我们分析的安康以西、汉中以东汉水沿岸地域为巴国北部疆域也是吻合的。

战国时期"巴楚数相攻伐"，巴、楚为相防捍而置扞关、阳关及沔关，沔关即在汉水河谷。战国时汉水是巴国北部通往楚国的水上要道，巴楚间还有从上庸越大巴山至巴地的道路，任乃强认为巴迁都阆中后北据七盘关以护卫阆中，故以七盘关为沔关⑨，此说无相关史料为证难让人信服。童恩正以沔关

---

① （晋）常璩著，刘琳校注：《华阳国志校注》（修订版），第99页。

② （宋）司马光编著，（元）胡三省音注，标点资治通鉴小组校点：《资治通鉴》卷3《周纪》，第92页。

③ 朱圣钟：《秦汉中郡辖县考》，周长山、林强主编：《历史·环境与边疆——2010年中国历史地理国际学术研讨会论文集》，第146—150页。

④ （汉）班固撰，（唐）颜师古注，《汉书》卷28《地理志》，第1596页。

⑤ 杨伯峻编著：《春秋左传注》（修订本），第1308页。

⑥ 顾颉刚、章巽编著，谭其骧校订《中国历史地图集》（古代史部分）（第3页）以楚在丹阳，在丹水流域淅川丹阳。童书业遗著《春秋左传研究》（第241—243页）认为楚在丹阳荆山附近之地。段渝《楚地初探》（《民族论丛》第2辑，四川省民族研究所编印，1982年，第150—158页）、《古荆为巴说考辨》（《贵州社会科学》1985年第5期，第70—76页）认为楚在丹阳，在汉水、丹水、淅水之间。董其祥《古代的巴与越》，（《巴史新考》，第8—33页）认为楚都丹阳在丹水之阳，今河南淅川县境。

⑦ 童书业遗著《春秋时巴国所在》（《春秋左传研究》，第241—243页）认为濮亦在今湖北西部。段渝《楚地初探》（《民族论丛》第2辑，第150—158页）、《古荆为巴说考辨》（《贵州社会科学》1985年第5期，第70—76页）、段渝《试论宗姬巴国与廪君蛮的关系》（贾大泉主编：《四川历史研究文集》，第19—35页）认为濮在楚西南，居江汉流域，在今湖北省西部。

⑧ 童书业遗著：《春秋时巴国所在》，《春秋左传研究》，第241—243页；徐中舒：《巴蜀文化初论》，《论巴蜀文化》，第1—47页；段渝：《试论宗姬巴国与廪君蛮的关系》，贾大泉主编：《四川历史研究文集》，第19—35页。

⑨ （晋）常璩著，任乃强校补注：《华阳国志校补图注》，第29页。

在沔水上游一带[1]，邓少琴据《水经·沔水注》载"汉水又东，合蘧蒢溪口，水北出就谷，在长安西南，其水南流，适巴溪戍西"，认为巴溪戍即沔关[2]，何光岳认为沔关在陕西省西乡县东白沔峡[3]，董其祥认为沔关在汉水流域，但未详处所[4]，唐金裕认为沔关在今勉县境沔水上[5]。考虑到巴设沔关是为防扞东边楚国，因此沔关应在巴国东部疆域中寻找，显然七盘关说、勉县境内说不符合此条件，应予排除。又巴溪戍为汉水北岸支流蘧蒢溪上关隘，巴溪戍不是为了防扞楚国，倒可能是为了防扞秦国，因此巴溪戍说也可排除。在资料匮乏的情况下，已有观点中我们更倾向沔关白沔峡说，当然是否如此，还有待进一步讨论，不过沔关在汉水河谷巴地东部应是可以肯定的。

《华阳国志·巴志》载春秋战国时巴国西部疆界"西至僰道"，僰道即秦汉僰道县，治今四川宜宾市。从宜宾至汉水上游巴、蜀疆界走向如何，常璩没有交代。潘光旦认为巴国西部边界在阆中至宜宾一线[6]，刘琳认为巴国西部疆界在嘉陵江、涪江之间至泸州一带[7]，唐昌朴认为巴国西部边界北起阆中，南经简阳东至宜宾[8]，蒙文通认为汉中自南郑以东为巴境，射洪与合川间以涪江为巴蜀分界，大足、永川、富顺、江安、长宁皆为巴境，其西为蜀地[9]，但各家所界定的古巴国、蜀国边界都显得过于笼统。

今四川省旺苍县西周时东部属巴国，西部属蜀国，民国时期始建旺苍县，则巴国西界大致从北而南经旺苍县中部而过。《汉书·地理志》载广汉郡有葭萌县、梓潼县[10]，《华阳国志》载"蜀王别封弟葭萌于汉中，号苴侯，命其邑曰葭萌"，"（秦）许嫁五女于蜀，蜀遣五丁迎之。还到梓潼"[11]。葭萌即今四川广元市昭化古城，梓潼即今四川梓潼县，则梓潼、广元等地春秋战国为蜀国地，梓潼县东界剑阁县，东南界阆中市，则巴国西界大致在广元市东南界

---

① 童恩正：《古代的巴蜀》，第 15 页。
② 邓少琴：《巴史再探》，《巴史迹探索》，第 52—90 页。
③ 何光岳：《南蛮源流史》，第 405 页。
④ 董其祥：《巴蜀社会性质初探》，李绍明、林向、徐南洲主编：《巴蜀历史·民族·考古·文化》，第 23—43 页。
⑤ 唐金裕：《汉水上游巴文化的探讨》，《文博》1984 年第 1 期，第 1—4 页。
⑥ 潘光旦：《湘西北的土家与古代的巴人》，《中国少数民族社会历史调查资料丛刊》修订编辑委员会编：《土家族社会历史调查》，第 19—115 页。
⑦ （晋）常璩著，刘琳校注：《华阳国志校注》（修订版），第 6 页。
⑧ 唐昌朴：《先秦巴国都邑与疆域考议》，《巴渝文化》第 3 辑，第 122—134 页。
⑨ 蒙文通：《巴蜀史的问题》，《巴蜀古史论述》，第 1—143 页。
⑩ （汉）班固撰，（唐）颜师古注：《汉书》卷 28《地理志》，第 1597 页。
⑪ （晋）常璩著，刘琳校注：《华阳国志校注》（修订版），第 97 页。

一线。又同治《剑州志》载"秦始皇三十六年为巴郡地"①，清剑州即今四川剑阁县，则今四川剑阁在秦为巴郡地，春秋战国属巴国，剑阁县北界广元市、西北界江油市，西南界梓潼县，则巴国西界大致在剑阁县北界、西界一线。《元和郡县图志》载阆州"在秦为巴郡阆中县也"，果州"春秋、战国时为巴子国，秦灭巴立为巴郡，即汉巴郡之安汉县也"②，阆州为巴郡地，则春秋战国为巴国地，则巴国西界在唐阆州、果州西界一线。又道光《南部县志》载南部县"汉置充国县，属巴郡……唐属阆州"③，南部县西界盐亭县。又光绪《西充县志》载西充县"周为巴国……秦置巴郡，属焉，汉隶巴郡充国"④，西充县西界盐亭县，则巴国西界大致在盐亭县东界与南部县、西充县西界一线。嘉庆《南充县志》载南充县"春秋战国为巴国地，秦属巴郡，汉置安汉县，属巴郡……（隋开皇）十八年改县曰南充"⑤，南充县西界蓬溪县。道光《蓬溪县治》载蓬溪县"商周为蜀国地，秦为蜀郡地，汉广汉汉县地"⑥，则巴国西界大致在蓬溪县东界与南充市西界一线。光绪《续修定远县志》载定远县秦属巴郡地，隋置涪陵郡，所辖汉初县即定远县地，元至元年间置定远县，其西界蓬溪县东南界⑦，清定远县即今四川武胜县，则巴国东界大致在今武胜县西界与蓬溪县东南界一线。今合川区与潼南县交界处龙多山传说是巴、蜀分界处，今合川区与潼南县分界线仍过龙多山，则巴国西界大致在今合川与潼南分界线一带。又李膺《益州记》载青石山"昔巴蜀争界，久而不决，汉高帝八年，一朝密雾，石为之裂，自上及下破处，直若引绳焉，于是州界始判"，"（青石山）在涪水之南，山裂之处，至今犹存"⑧，青石山大致位于今潼南县涪江南岸石镜坝一带⑨。又《潼南县志》载周秦之际潼南县涪江一带属蜀国，琼江一带属巴国⑩。以现在地域看，巴、蜀分界线大致在从石镜坝向西北琼江与涪江的分水岭一线，向西北达今潼南与遂宁市的分界线一带。潼南县西界安岳县，巴国西界大致在潼南西界与安岳东界一线。民国《大足县志》载大

① （清）李溶、余文焕修，李榕等纂：《剑州志》卷1《疆域志》，清同治十二年（1873年）刻本。
② （唐）李吉甫撰，贺次君点校：《元和郡县图志》，第1065、1067页。
③ （清）王瑞庆等修，徐畅达等纂：《南部县志》卷2《舆地志·沿革》，清道光二十九年（1849年）年刻本、同治九年（1870年）承绶、孔咸若增刻本。
④ （清）高培毂修，刘藻纂：《西充县志》卷1《地舆志·沿革》，清光绪二年（1876年）刻本。
⑤ （清）袁凤孙修，陈榕等纂：《南充县志》卷1《舆地志·沿革》，清嘉庆十八年（1813年）刻本、咸丰七年（1857年）洪璋增刻本。
⑥ （清）吴章祁等修，顾士英等纂：《蓬溪县志》卷1《建置》，清道光二十五年（1845年）刻本。
⑦ （清）姜由范等修，王镛等纂：《续修定远县志》卷1《建置沿革志》，清光绪元年（1875年）刻本。
⑧ （宋）乐史撰，王文楚等点校：《太平寰宇记》卷136《合州》，第2657页。
⑨ 谭其骧主编：《中国历史地图集　第七册：元、明时期》，第19—20页。
⑩ 四川省潼南县志编纂委员会编纂：《潼南县志》，成都：四川人民出版社，1993年，第65页。

足县"本合州巴川县地"①，大足县西北界安岳县东南界，巴国西界当在大足、安岳县界一线。荣昌县西与内江市邻界，光绪《内江县志》载内江县"汉为资中县地"②，《汉书·地理志》载犍为郡辖资中县，则是内江县为蜀地，清内江县即今内江市，则巴国西界在大足与内江市界一线。光绪《荣昌县志》载荣昌县"本汉犍为郡资中、江阳、巴郡垫江三县地"③，其西北与内江县邻界，清内江县即今内江市，荣昌县即今荣昌区，则巴国西界大致在内江市、荣昌区界一线。同治《隆昌县志》载隆昌县"在昔应隶江阳"，明隆庆元年"割泸、富、荣三州县绣错地置县"④，而江阳县地"春秋、战国时为巴子国。秦并天下为巴郡地"⑤，则是隆昌县春秋战国时应属巴国地域，隆昌县北界内江市，则巴国西界大致在隆昌县与内江市界一线。道光《富顺县志》载富顺县汉属江阳县地，"后周武帝析江阳县置富世县，治即今县治"，唐贞观元年（627年）改富世为富义县，宋乾德四年（966年）改富义监，太平兴国元年（976年）改富顺监，置富顺县⑥，其北端与内江市邻界，西北与自贡市邻界，西与宜宾市、西南与南溪县邻界，则巴国西界大致在富顺县与内江市、自贡市、宜宾市、南溪县界一线。因此春秋战国时期，巴国西界则大致从汉中向南经旺苍县中部—阆中—剑阁县—南部县—西充县—南充市—武胜县—合川区西界，经龙多山—石镜坝—涪江与琼江分水岭—潼南县—大足县—荣昌区—隆昌县—富顺县北界，至江安县与南溪县界一线。

《华阳国志》说巴国"西至僰道"，据道光《江安县志》载江安县"汉江阳县地"⑦，江阳县原属巴国地，则江安县原本为巴国地。又同治《南溪县志》载南溪县"汉为僰道县地"⑧，江安县与南溪邻界，则二县分界线当为巴国与蜀分界线。

春秋战国时巴国西南部、南部边界关注的人较少。正如上引《江安县志》所载，江安县为巴国地，江安县西界长宁县，南界兴文县、叙永县，则古巴

① （民国）王安镇修，夏瑜纂：《潼南县志》卷1《方舆·沿革》，民国四年（1915年）刻本。
② （清）彭泰士修，曾庆昌、朱襄虞等纂：《内江县志》卷1《舆地志·沿革》，清光绪三十一年（1905年）刻本。
③ （清）文康修，廖朝翼纂，施学煌续修，敖册贤续纂：《荣昌县志》卷2《建置》，清光绪十年（1884年）刻本。
④ （清）魏元燮、花映均修，耿光祜纂：《隆昌县志》卷2《建置沿革》，清同治元年（1862年）刻本。
⑤ （唐）李吉甫撰，贺次君点校：《元和郡县图志》卷33《泸州》，第864页。
⑥ （清）张利贞修，黄靖图纂：《富顺县志》卷2《建置沿革志》，清道光七年（1827年）刻本。
⑦ （清）高学濂纂修：《江安县志》卷1《地理志·沿革》，清道光九年（1829年）刻本。
⑧ （清）福伦修，胡元翔、唐毓彤纂：《南溪县志》卷1《地舆志·沿革》，清同治十三年（1874年）刻本。

国界大致在江安与长宁县界、江安与兴文县界及江安与叙永县界一线。又嘉庆《纳溪县志》载纳溪县"汉江阳县地"①，江阳县属古巴国地，则纳溪县地亦属巴国地，纳溪县南界叙永县，则巴国南界大致在纳溪与叙永县界一线。同治《合江县志》载合江县"周属巴国，汉置符县"②，西南界叙永县，则巴国南界大致在合江与叙永县界一线。今贵州省赤水市地清代为仁怀直隶厅，道光《仁怀直隶厅志》载"秦为巴郡地，汉为犍为郡符县地"③，仁怀厅西南界叙永厅，即今四川叙永县，则巴国西南界大致在今赤水市与叙永县界一线。嘉庆《仁怀县草志》载仁怀"汉时为符县地"④，汉符县原为巴国地，清仁怀县西界仁怀直隶厅，西南界四川叙永厅，南界黔西县，东南界桐梓县，清仁怀县即今贵州习水县，黔西县地属今贵州仁怀市地，桐梓县即今贵州桐梓县，则巴国西南界大致在今习水与叙永县、仁怀市、桐梓县界一线。民国《桐梓县志》载桐梓县"在秦时地近巴、蜀，两郡分领其地"⑤，则是清桐梓县境一部分属秦巴郡，一部分属秦蜀郡地，从地理位置上看，梓潼县北部近巴地，则当时清梓潼县北部属巴，南部属蜀郡，而秦巴郡以巴国地而置，故清桐梓县北部当属巴国地，至于南北分界究竟在何处，目前因无相关佐证还难以定论，不过从习水、梓潼、綦江区交界点到梓潼、绥阳、正安县交界点的相对位置来看，笔者妄自揣测，巴国分界线大致在这两处交界点连线附近的夜郎镇至黄连乡一线。道光《遵义府志》载"正安一州当是巴之西南鄙"，"今思南、婺川等处皆涪陵郡地，正安于涪陵为西南鄙，于巴国全境乃当西南也极边也"⑥，则贵州正安州、思南、务川等地亦为巴国地，清正安州即今贵州正安县，南界绥阳县、龙泉县界，清绥阳县即今绥阳县，龙泉县即今凤冈县，思南府治今贵州思南县，务川县即今务川县，务川县南界凤冈县，则巴国南界在今正安县与绥阳县界、正安县与凤冈县界、务川县与凤冈县界一线。王燕玉说认为，巴国南境"约为今德江、正安两县以北的地方。……清郑珍《遵义府志》：

① （清）赵炳然、陈廷钰纂修：《纳溪县志》卷2《建置志·沿革》，民国二十六年（1937年）铅印本。
② （清）秦湘修，杨致道、郑国楹纂，瞿树荫等增修，罗增垣等增纂：《合江县志》卷3《建置沿革志》，清同治十年（1871年）增刻本。
③ （清）陈熙晋纂修：《仁怀直隶厅志》卷1《疆域志·建置》，《中国地方志集成·贵州府县志辑》第39册，成都：巴蜀书社，2006年，第12页。
④ （清）禹坡纂辑：《仁怀县草志·沿革》，《中国地方志集成·贵州府县志辑》第38册，成都：巴蜀书社，2006年，第4页。
⑤ （民国）李世祚修，犹海龙等纂：《桐梓县志》卷3《舆地志》，《中国地方志集成·贵州府县志辑》第37册，成都：巴蜀书社，2006年，第35页。
⑥ （清）平翰等修，郑珍、莫友芝纂：《遵义府志》卷2《建置》，《中国地方志集成·贵州府县志辑》第32册，成都：巴蜀书社，2006年，第43页。

'正安一州，当是巴国西南鄙。……正安于涪陵为西南鄙，于巴国全境乃当西南极边也'。……因此定为今正安、德江以北地，使其间稍有瓯脱，比较稳妥"①，也认为巴国南界在贵州正安—德江一线。而蒙文通认为乌江流域贵阳以北，西至威宁一带，为巴黔中地，后为秦黔中郡地，汉为牂柯郡地，均是巴国地②，则是将巴国南部疆域扩大化了，其说不可取。有人以今川南、渝南及黔北一带居民以竹为图腾，称其为"竹之巴"③，甚至认为夜郎是以巴国濮人廪君与板楯两个分部所建立的国，他们崇奉的竹王是白虎族开明氏蜀王的后裔④，又将夜郎族也视为巴人，周代巴、濮并称，显见巴、濮并非同族，以廪君巴、板楯巴为濮人不恰当，王燕玉就认为夜郎主体民族为濮人，也即夜郎当地居民，也即后来的僚人、仡佬，巴人与夜郎并无关系⑤，因此说夜郎人为巴人太过牵强。巴国南界当以在今正安—德江一线较为稳妥。因此，巴国西南界、南界大致在今江安县—纳溪县—合江县—赤水市—习水县—桐梓县中部—正安县—务川县南界接德江县西界一线。

春秋战国时期巴国国都，《华阳国志》载"巴子时虽都江州，或治垫江，或治平都，后治阆中。其先王陵墓多在枳"⑥，则江州、垫江、平都、阆中都曾是巴国都城。这几处都城的关系，有人认为巴国实行的是多都制⑦，江州、垫江、平都、阆中作为巴国都城同时并存；有人认为这几个都城都是巴国政治中心⑧，其说与多都制说相似；也有人认为江州是巴国唯一的政治中心，不存在第二个都城，垫江只是巴国一重镇，平都为巴国宗教中心和圣地，也是一军事重镇和军需供应基地，具有行都、陪都作用，阆中为巴国控制北方疆土的重镇，楚陷江州后巴王逃到那里，巴国末期为巴国都城。⑨我们认为这几处都城都是巴国的政治、经济中心，但作为都城，较长时间内以江州为主，平都作为都城是在战国时期楚人沿峡江西进过程中，巴王为强化长江防务，曾短期曾以此为都城，后在楚国军事打击下都城又迁回江州，楚势力西进至涪陵后，江州受到威胁，又被迫迁都垫江，楚庄蹻沿江西进经略巴黔中以西，

① 王燕玉：《贵州史专题考》（修增本），贵阳：贵州人民出版社，1986 年，第 167—168 页。
② 蒙文通：《巴蜀史的问题》，《巴蜀古史论述》，第 1—143 页。
③ 管维良：《巴文化及其功能浅说》，《巴渝文化》第 3 辑，第 154—165 页。
④ 王家祐：《夜郎与巴蜀》，《道教论稿》，成都：巴蜀书社，1991 年，第 116—130 页。
⑤ 王燕玉：《贵州史专题考》（修增本），第 114—133 页。
⑥ （晋）常璩著，刘琳校注：《华阳国志校注》（修订版），第 24 页。
⑦ 毛曦：《先秦巴蜀城市史研究》，北京：人民出版社，2008 年，第 228 页。
⑧ 董其祥：《古代的巴与越》，《巴史新考》，第 8—33 页。
⑨ 管维良主编：《重庆民族史》，重庆：重庆出版社，2002 年，第 53—54 页。

使江州沦陷，垫江也受到威胁，又迁都阆中，最后巴国在阆中为秦所灭，这大概是巴国都城变迁的历史过程。

江州，即秦汉巴郡江州县，治今重庆市渝中区。谭其骧主编的《中国历史地图集》中商、西周、春秋、战国图幅均将巴国标注在重庆市①，是以重庆为巴国都城。江州为巴国都城，在《左传杜注》《水经注》《元和郡县图志》《通典》《太平寰宇记》《舆地广记》《舆地纪胜》等史籍都有记载。巴国都江州也有古迹能提供佐证，《舆地纪胜》载重庆府巴王冢"在巴县西北五里，前后有石兽、石龟各二，麒麟、石虎各一，即古巴国之君"②，《蜀中名胜记》载重庆府"郡学后莲花坝，有石麟石虎，相传为古时巴君冢"，"治北康村，有阜二十余，俗呼古陵，亦曰巴子冢"③，莲花坝在今渝中区七星岗莲花池一带，巴王冢为巴国都江州时巴王族墓地。巴县冬笋坝（今重庆市九龙坡区铜罐驿）发掘的船棺墓也为巴人墓葬④，冬笋坝船棺墓在江州近旁，符合古代墓地近国都的惯例。有人认为巴国都城在巴县冬笋坝⑤，依据一是《通典》载"江州故城在今巴县西"，《巴县志》载"巴子故里在县西百里"，冬笋坝正在巴县西；二是冬笋坝发掘清理出战国巴人墓。其实《通典》只说江州故城在巴县西，并未说距离多少；冬笋坝为墓地，国都岂能建于墓地；《巴县志》说巴子故里在巴县西，是"故里"而非"国都"，因此冬笋坝不可能是巴都所在地。巴都江州及其附近还有一些历史地名，如巴子故宫、巴子岩、巴子石、巴子鱼池、巴子梁、巴子市（龟亭）、巴子古滩城⑥、巴子墓等，这些地名也印证了巴都江州的事实。巴子建国后江州很长时间内为巴国政治中心，战国中期或稍早，为加强东部防务，巴曾迁都平都，即《华阳国志》载"或治平都"，后在楚人逼迫下又从平都迁回江州，楚威王时庄蹻"略巴、黔中以西"⑦，巴都江州安全不保，都城又自江州北迁垫江，后迁阆中，迁都时间大致在楚威王时期或稍后。

平都，即汉巴郡平都县，治今重庆丰都县。《水经注》载江水"又迳东望

① 谭其骧主编：《中国历史地图集 第一册：原始社会、夏、商、西周、春秋、战国时期》，第 11—12、15—16、17—18、43—44 页。

② （宋）王象之编：《舆地纪胜》卷 175《重庆府》，第 844 页。

③ （明）曹学佺著，刘知渐点校：《蜀中名胜记》，重庆：重庆出版社，1984 年，第 238 页。

④ 四川省博物馆：《四川船棺葬发掘报告》，北京：文物出版社，1960 年，第 84—89 页。

⑤ 沈仲常、王家祐：《记四川巴县冬笋坝出土的古印及古货币》，《考古通讯》1955 年第 6 期，第 48—53 页。

⑥ （宋）王象之编：《舆地纪胜》卷 175《重庆府》，第 844 页。

⑦ （汉）班固撰，（唐）颜师古注：《汉书》卷 95《西南夷两粤朝鲜列传》，第 3838 页。

峡，东历平都。峡对丰民洲，旧巴子别都"①，《舆地广记》载丰都县"本平都，故巴子之别都"②。光绪《丰都县志》载"周为巴子别都"③。又丰都县旧有地名"巴折梁"，或称"巴子梁"④，其得名与巴子定都与此有关。丰都建城可能较早⑤，但作都城时间较晚。在巫山、奉节、云阳、万州、忠县等地战国中期墓葬曾出土大量以鼎、敦、壶为基本组合的楚器物，说明战国中期楚人曾大规模溯江西进，其最西端达忠县境内。⑥战国中期巴国为加强东线防务可能迁都丰都，这应是忠县以西包括丰都地域内考古未发现战国中期以前楚文化遗物的原因。吴致华认为公元前377年前巴国都丰都，公元前377年巴伐楚取兹方，后巴国内乱，巴向楚求救，楚人乘机西进取黔中地，于是巴都由丰都西迁江州⑦，此说与我们战国中期巴都丰都的结论是吻合的。

　　阆中，即秦汉阆中县，治今四川阆中市。《太平寰宇记》载阆中"春秋时为巴国之地"，"巴子后理阆中"⑧，《舆地纪胜》载阆州"春秋为巴地。巴子后理阆中。秦惠王灭巴，置巴郡。在秦为巴郡阆中县"⑨，道光《保宁府志》载阆中"巴国别都，秦为巴郡阆中县"⑩，可知春秋时阆中为巴地，战国曾为巴国都城。巴国迁都阆中，是在楚国西进逼迫下为规避危险而做出的举措。考古发现战国中期楚人势力曾拓展至忠县一带，巴国迁都阆中当在此后，有人认为巴国迁都阆中在公元前377—前361年间⑪，我们认为这个时间过早。巴国迁都阆中是巴都江州受到威胁后进行的，而楚对江州威胁最大的一次是楚威王时庄蹻西征⑫，时间在公元前339—前329年间，巴迁都阆中应该在此时段或稍后。

　　垫江，即秦汉巴郡垫江县，治今重庆合川区南津街，又称南坝。《括地志》

① （北魏）郦道元著，（清）王先谦校：《合校水经注》，第488页。
② （宋）欧阳忞著，李勇先、王小红校注：《舆地广记》卷33《忠州》，第1019页。
③ （清）田秀栗、徐浚镛修，徐昌绪、蒋履泰增纂：《丰都县志》卷1《舆地志·沿革》，清光绪十九年（1893年）续重刻同治本。
④ 邓少琴：《巴史新探》，《巴蜀史迹探索》，第1—51页。
⑤ 毛曦：《先秦巴蜀城市史研究》，第233页。
⑥ 白九江：《从三峡地区的考古发现看楚文化的西进》，《江汉考古》2006年第1期，第51—64页；黄尚明：《楚文化的西渐历程——兼论楚文化的"峡区类型"》，《华中师范大学学报（人文社会科学版）》2004年第6期，第20—29页。
⑦ 吴致华：《四川古代史》，第10—11页。
⑧ （宋）乐史撰，王文楚等点校：《太平寰宇记》卷86《阆州》，第1712页。
⑨ （宋）王象之编：《舆地纪胜》卷185《阆州》，第882页。
⑩ 道光《保宁府志》卷1《舆地志·沿革》。
⑪ 蒋晓春：《巴国迁都阆中考》，西南大学历史地理研究所编：《西南史地》第2辑，第2—9页。
⑫ （汉）班固撰，（唐）颜师古注：《汉书》卷95《西南夷两粤朝鲜列传》，第3838页。

载石镜县巴子城"在合州石镜县南五里"①，《元和郡县图志》载石镜县巴子城"在县南五里"②，《太平寰宇记》载合州石川郡"巴国别都"③，《舆地纪胜》载合州"古巴子之国"，"巴子城在合州石镜县南五里"④，乾隆《合州志》载巴子故城"合州即垫江故地，巴之别都"，"今州治之南地名水南，俗谓之故城口"⑤，考其方位在今合川区南津街一带。合川巴子城地名及传说表明该地曾为巴国都城。垫江成为巴国都城当在庄蹻西征前后，当时巴都江州受楚攻击，国都由江州北迁垫江，后再迁至阆中。秦灭阆中巴，掳巴王后，巴王余部南迁垫江再建巴国，仍以垫江为都城。楚襄王时（前298—前263年），楚再次攻垫江巴国，"灭巴子，封废子于濮江之南，号铜梁侯"⑥，至此巴国彻底灭亡。

枳，即秦汉巴郡枳县，治今重庆涪陵区。以枳为巴国都城之一，依据一是涪陵区白涛镇小田溪陈家咀一带发现战国时期规格较高的墓葬，这几处墓葬为巴王陵墓⑦；二是古代陵墓多近都城营建的古制，既然"先王陵墓多在枳"，则枳当为巴国都城。不过从传世文献看很少有枳为巴国都城的记载，因此枳是否为巴国都城目前还难以定论，枳为巴国都城说还有待后世新材料的验证。

从巴国都城丰都、江州、垫江、阆中地理位置来看，均位于大江大河沿岸，平都、江州位于长江之滨，垫江、阆中位于嘉陵江之畔，均有便利的水上交通。战国时期巴国都城数次迁徙，最直接原因是巴楚间的频繁征战，都城迁徙有强化军事防御的考虑，如丰都即是如此，也有规避楚国西进锋芒，保证国都安全的考虑，如后期巴国都城从丰都退居江州，再由江州退居垫江，由垫江退居阆中。我们这样说是有一定道理的，巴人历史总是与军事活动密切相关，而巴人频繁的军事征伐又与巴人尚武的民族个性有关系。⑧

① （唐）李泰等著，贺次君辑校：《括地志辑校》卷4《合州》，第193页。
② （唐）李吉甫撰，贺次君点校：《元和郡县图志》卷33《合州》，第856页。
③ （宋）乐史撰，王文楚等点校：《太平寰宇记》卷136《合州》，第2655页。
④ （宋）王象之编：《舆地纪胜》卷159《合州》，第796、798页。
⑤ （清）周澄修，张乃孚等纂：《合州志》卷3《职方志·古迹》，清乾隆五十四年（1789年）刻本。
⑥ （宋）王象之编：《舆地纪胜》卷159《合州》，第798页。
⑦ 四川省博物馆、重庆市博物馆、涪陵县文化馆：《四川涪陵地区小田溪战国土坑墓清理简报》，《文物》1974年第5期；王家祐、王子岗：《涪陵出土的巴文物与川东巴国》，《四川大学学报丛刊》第5辑，第166—169、164页；于豪亮：《四川涪陵的秦始皇二十六年铜戈》，《考古》1976年第1期；徐中舒、唐嘉弘：《古代楚蜀的关系》，《文物》1981年第6期，第17—25页。
⑧ 曾超：《巴人尚武精神研究》，北京：中国教育文化出版社，2006年，第104—126页。

第三节　巴国境内族群及其分布

巴国建立后巴族成为巴国境内的主体人群，也是巴国分布最广、影响最大的族群，几乎遍及巴国各地。随着巴族与所属部族杂居融合，巴人族群作为区域人们共同体名称逐渐为人们所熟知，巴族及所属各部族如濮、賨、苴、共、奴、獽、夷、蜑等皆称巴人，而巴国地域以外的巴人后裔，习惯上也纳入了巴人族群体系之中。

巴人族群中居统治地位的是巴族，即后世所说廪君蛮，而所属部族虽有巴人称号，但与巴族还略有不同。因而在巴国内，又有巴族与所属部族的区分，巴族及所属部族在巴地的分布情况也不尽相同。

一、巴族在巴国境内的分布

这里巴族主要指廪君巴族，他们在巴国居统治地位，在巴国分布也最广泛。

《后汉书·南蛮西南夷列传》巴郡南郡蛮下载廪君蛮，则巴郡、南郡均有廪君蛮分布，廪君巴族这种分布格局是廪君巴族不断迁徙及建国以后形成的。《通典》载廪君蛮"巴梁间诸巴皆是也。即巴汉之地"[①]，《太平寰宇记》载廪君蛮"散居巴梁间，即古荆、梁之境。五姓杂居。大约今为巴、峡、巫、夔四郡地皆是也"[②]，廪君巴族跨渝、川、陕、鄂、湘、黔的分布格局在战国以前就已形成。

巴族在巴地留下许多遗迹、遗物。今重庆渝中区曾有巴君冢、巴子冢，如《蜀中名胜记》载重庆府治莲花坝有巴君冢，治北康村有巴子冢，这些都是巴人遗迹。重庆市东有巴子城，巴县东七十九里有古滩城，"巴子于此置津立城，因名"[③]。忠县有巴王台，同治《忠州直隶州志》载"在州城东"[④]，白居易《九日登巴台》载"今岁重阳日，萧条巴子台"[⑤]，则唐代忠州巴子台仍为人熟知。又忠县西北有巴蔓子墓；西山顶有巴台寺，或称巴子台，"巴子

---

① （唐）杜佑撰，王文锦、王永兴、刘俊文，等点校：《通典》卷187《边防·南蛮》，第5043页。

② （宋）乐史撰，王文楚等点校：《太平寰宇记》卷178《四夷·南蛮》，第3398页。

③ （宋）王象之编：《舆地纪胜》卷175《重庆府》，第844页。

④ （清）侯若源、庆徵修，柳福培纂：《忠州直隶州志》卷1《方舆志·古迹》，清同治十二年（1873年）刻本。

⑤ （唐）白居易撰：《白氏长庆集》卷11《感伤》，北京：文学古籍刊行社，1955年，第254页。

所筑"；县东有巴王庙，"岁三月七日，太守以豕帛致祭"①，清代曾改巴王庙为土主庙，庙前丁房阙或即巴王庙庙阙②，这些也都是巴人遗迹。四川大竹县荣安乡有巴王河，"相传巴王经此"③。又《舆地纪胜》载四川广元昭化古城，"自城以南，纯带巴音，由城以北，杂以秦语"④，宋利州治今昭化古城，原为葭萌地，巴方言北抵昭化镇，则是早期巴族分布北界至此，这里也是巴方言区北界。汉中盆地以南、以东有巴水、巴溪、巴岭山、巴山等地名，汉水南岸支流泾洋河流域有镇巴县，县有巴庙，祀巴蛇神，或称巴王神，南临巴庙河，这些地名得名也都与早期巴人活动有关。

巴地东周考古遗存中多有巴文化遗物，这些也是东周巴族活动的重要线索。渝、川、陕、鄂、湘、黔等地东周青铜器有容器、兵器、乐器、饰品等类，其虎钮錞于、铜钲、宽茎无格柳叶形剑、圆刃束腰形（或称烟荷包形）钺、无胡宽援戈、短骹宽叶形矛（或称短骹弓耳矛）为巴人典型器物，这些青铜器上的虎形纹饰、手心纹徽识都是廪君巴族重要标识。⑤陶器中圜底釜为巴文化典型器物，商至西周早期峡江巴人就用寰底釜作炊器，西周早中期至春秋中晚期花边圜底釜为巴人主要炊器，春秋中晚期至战国时期素缘圜底釜、花边圜底釜、夹砂圜底釜为巴人典型器物。⑥

湖北荆门车桥东周墓出土巴人大武舞戚和柳叶形剑，时代在战国初年以前。⑦襄阳山湾东周墓出土巴式柳叶形剑、长胡直内虎纹戈、隆脊带血槽柳叶形矛，年代属春秋时期，时代早于重庆、川东同类器物⑧，表明春秋时期荆门、襄阳山湾一带曾有巴人活动。⑨江陵、当阳曾出土东周柳叶形青铜剑⑩，反映

① （明）曹学佺著，刘知渐点校：《蜀中名胜记》，第 272、274、275 页。
② 辜其一、陈振声：《四川忠县汉阙纪略》，文物编辑委员会编：《文物资料丛刊》第 4 辑，北京：文物出版社，1981 年，第 196—199 页。
③ （明）曹学佺著，刘知渐点校：《蜀中名胜记》，第 410 页。
④ （宋）王象之编：《舆地纪胜》卷 184《利州》，第 877 页。
⑤ 白九江：《巴蜀虎形纹饰与虎崇拜》，《巴渝文化》第 4 辑，第 116—131 页；杨权喜：《略论古代的巴》，《四川文物》1991 年第 1 期，第 12—17 页。马幸辛《川东北考古文化分期刍论》（《四川文物》1989 年第 6 期，第 26—30 页）认为，春秋战国至汉代柳叶形剑、烟荷包形钺、短骹宽叶状矛为典型的巴人器物。
⑥ 方刚、张建文：《巴文化研究几点思考》，重庆市文物局、重庆市移民局编：《重庆 2001 三峡文物保护学术研讨会论文集》，第 136—141 页。
⑦ 王毓彤：《荆门出土的一件铜戈》，《文物》1963 年第 1 期，第 64—65 页；张勋燎：《荆门出土巴蜀铜戈图铭新探》，李绍明、林向、徐南洲主编：《巴蜀历史·民族·考古·文化》，第 197—206 页。
⑧ 湖北省博物馆：《襄阳山湾东周墓葬发掘报告》，《江汉考古》1983 年第 2 期，第 1—27 页。
⑨ 李启良：《巴族渊源探微》，《史学集刊》1985 年第 1 期，第 51—57 页。
⑩ 林必忠：《试论柳叶形青铜剑的源流》，《巴渝文化》第 1 辑，第 165—173 页。

东周江陵、当阳也有巴人活动。

西陵峡东口附近春秋战国时期也有巴人活动。宜昌前坪 M23、葛洲坝 M4 战国墓出土有柳叶形剑、虎纹戈、虎钮錞于等巴人器物[1]，枝江化肥厂曾出土饰虎头或虎纹柳叶形剑[2]，宜都也有巴人墓葬出土，松滋境内曾出土虎钮錞于[3]，荆州市七星堰战国墓出土有柳叶形剑、柳叶形铜矛[4]，说明东周时宜昌、枝江、宜都、荆门、松滋等地也有巴人活动。他们均为活动于楚国境内的巴人。

清江流域长阳县香炉石遗址西周—东周遗存包含两种文化因素，一是以夹砂褐陶釜、圜底罐为代表的当地巴文化，二是以鬲、罐、盂、豆组合为特征的楚文化[5]，表明楚人进入清江流域后巴族仍是清江流域主要居民群体，长阳、恩施出土的东周柳叶形剑即是证明[6]。此外，在恩施市须须沟[7]、浑水河[8]等地出土东周遗物陶器以圜底器居多，器类则有釜、罐等，巴文化特征明显，也显示东周时期恩施一带仍为巴人聚居地。

鄂西峡江地带也多有周代巴人遗迹遗物。秭归县官庄坪遗址西周晚期至东周中期考古学文化包含楚文化和巴文化，楚文化陶器多三足器、凹圜底器，常见器物有鬲、甗、盂、罐、豆、盆、瓮，纹饰多粗绳纹，楚式陶器占绝对多数；巴文化陶器多三足器、尖圜底器、平底器，典型器物有鼎、釜、尖圜底缸、波浪口缘长腹罐、碗形豆。时间序列上官庄坪一期遗存楚式、巴式陶器大致相当，二期两类陶器已相当悬殊，三期楚式陶器已占统治地位，巴式陶器已较少，表明巴文化发展空间逐步被楚文化压缩[9]，考古文化的变化反映了楚人逐渐取代巴人成为官庄坪一带主要居民的变化过程。秭归县何家大沟遗址曾出土东周巴人器物绳纹圜底釜，陶鼎与巴人早期侈口鼓腹圜底罐近似，说明楚器受到了巴器影响[10]，则东周何家大沟一带还有巴人活动。宜昌市上磨

---

① 杨权喜：《略论古代的巴》，《四川文物》1991 年第 1 期，第 12—17 页。
② 王家德：《鄂西发现一批周代巴蜀青铜器》，《四川文物》1987 年第 1 期，第 79 页。
③ 董其祥：《古代的巴与越》，《巴史新考》，第 8—33 页。
④ 刘建业、贾汉清：《荆州市七星堰战国唐宋及明清时期墓地》，中国考古学会编：《中国考古学年鉴 2014》，第 344—345 页。
⑤ 湖北省清江隔河岩考古队：《湖北清江香炉石遗址的发掘》，《文物》1995 年第 9 期，第 4—28 页。
⑥ 林必忠：《试论柳叶形青铜剑的源流》，《巴渝文化》第 1 辑，第 165—173 页。
⑦ 宋有志：《恩施市须须沟东周时期遗址》，中国考古学会编：《中国考古学年鉴 2006》，第 311 页。
⑧ 宋有志：《恩施市浑水河东周时期遗址》，中国考古学会编：《中国考古学年鉴 2007》，第 330 页。
⑨ 胡雅丽、王红星：《秭归官庄坪周代遗址初析》，《江汉考古》1984 年第 4 期，第 74—79 页。
⑩ 广东省文物考古研究所：《秭归何家大沟遗址的发掘》，国务院三峡工程建设委员会办公室、国家文物局编著：《湖北库区考古报告集》（第三卷），第 105—159 页。

垴①、小溪口②，秭归县曲溪口③、官庄坪④、巴东雷家坪⑤、旧县坪⑥、茅寨子湾⑦、鸭子嘴⑧、西壤口⑨、龙王庙⑩等遗址出土的东周陶器以楚文化遗物居多，也有巴式器物花边口沿圜底釜、圜底罐等，表明东周时期这些地方仍有巴人活动。峡江地区出土的东周巴式青铜器也表明有巴人活动，秭归城关大沟、沙镇溪、卜庄河、树坪、中口镇、芝兰、杨林等地曾出土东周巴式柳叶剑、戈、矛，器物上饰虎纹，或饰手心纹⑪，这些遗物应属巴人遗物。秭归县兵书宝剑峡北壁石洞悬棺随葬铜器有矛、戈、柳叶剑、镞等，戈、矛饰虎纹、螳螂纹，则悬棺主人为巴人⑫，说明东周时兵书宝剑峡一带有巴人活动。秭归县庙坪遗址春秋中期墓葬有楚文化风格，随葬铜矛、柳叶形剑、箭镞有巴式风格⑬，表明春秋中期庙坪一带也有巴人活动。巴东县龙王庙东周遗存有巴式陶器花边口沿釜⑭，显示东周龙王庙一带有巴人活动。巴东县西瀼口战国墓 M8 随葬巴式柳叶形剑 2 件，又西瀼口出土柳叶形剑 20 余件，官渡口也发现柳叶

① 湖北省文物考古研究所：《湖北宜昌县上磨垴周代遗址的发掘》，《考古》2000 年第 8 期，第 23—35 页；湖北省文物考古研究所：《宜昌上磨垴周代遗址发掘简报》，国务院三峡工程建设委员会办公室、国家文物局编著：《湖北库区考古报告集》（第一卷），第 737—750 页。

② 湖北省文物考古研究所：《宜昌县小溪口遗址发掘简报》，《江汉考古》1994 年第 1 期，第 65—68 页；陈振裕、杨权喜：《宜昌县小溪口商至战国遗址》，中国考古学会编：《中国考古学年鉴 1987》，北京：文物出版社，1988 年，第 201 页。

③ 宜昌博物馆：《秭归曲溪口遗址发掘简报》，国务院三峡工程建设委员会办公室、国家文物局编著：《湖北库区考古报告集》（第一卷），第 313—319 页。

④ 国务院三峡工程建设委员会办公室、国家文物局编：《秭归官庄坪》，第 499—500 页。

⑤ 吉林大学考古学系：《巴东雷家坪遗址发掘简报》，国务院三峡工程建设委员会办公室、国家文物局编著：《湖北库区考古报告集》（第一卷），第 134—152 页。

⑥ 国务院三峡工程建设委员会办公室、国家文物局编著：《巴东旧县坪》，第 30 页。

⑦ 厦门大学历史系考古教研室：《巴东茅寨子遗址发掘报告》，国务院三峡工程建设委员会办公室、国家文物局编著：《湖北库区考古报告集》（第一卷），第 101—133 页。

⑧ 田晴：《巴东县鸭子嘴新石器时代及商周时期遗址》，中国考古学会编：《中国考古学年鉴 2002》，第 275—276 页。

⑨ 鄂西自治州博物馆：《巴东西瀼口古墓群发掘简况》，长江流域规划办公室库区规划设计处编：《葛洲坝工程文物考古成果汇编》，武汉：武汉大学出版社，1990 年，第 301—304 页。

⑩ 黄石市博物馆：《巴东龙王庙遗址发掘简报》，国务院三峡工程建设委员会办公室、国家文物局编著：《湖北库区考古报告集》（第三卷），第 234—245 页。

⑪ 王家德：《湖北秭归又发现一双巴式剑》，《江汉考古》1985 年第 3 期，第 78 页；张新明：《秭归县出土的几件青铜器》，长江流域规划办公室库区规划设计处编：《葛洲坝工程文物考古成果汇编》，第 225—229 页。

⑫ 秭归县屈原纪念馆：《秭归兵书宝剑峡悬棺清理简报》，国务院三峡工程建设委员会办公室、国家文物局编著：《湖北库区考古报告集》（第三卷），第 138—156 页。

⑬ 湖北省文物考古研究所三峡考古队：《秭归庙坪遗址 1995 年试掘简报》，国务院三峡工程建设委员会办公室、国家文物局编著：《湖北库区考古报告集》（第一卷），第 274—282 页。

⑭ 黄石市博物馆：《巴东龙王庙遗址发掘简报》，国务院三峡工程建设委员会办公室、国家文物局编著：《湖北库区考古报告集》（第三卷），第 234—245 页。

形剑^①，说明战国时期巴东县城一带也有巴人活动。

渝东峡江地带考古也发现有巴人活动的线索。巫山县上阳村遗址出土东周陶器虽以楚文化遗物为主，但仍保留有少量巴文化因素^②，表明春秋战国时期上阳村一带仍有巴人活动。巫山县跳石遗址春秋晚期至战国时期出土遗物以楚文化遗物为主，也含有巴文化遗物^③，表明当时跳石一带有巴人与楚人杂居。巫山县秀峰一中墓地战国巴人墓出土有巴式青铜兵器戈、矛，铜戈胡正面有虎纹^④，表明战国时期巫峡镇一带有巴人聚居。巫山县龙门至西坪一带春秋至汉代墓葬文化含有楚文化、秦文化、巴文化，以楚文化为主，秦文化为辅，巴文化较少^⑤，表明这一带早期有当地人聚居，后有巴人迁入，春秋时代楚人扩张至此，秦灭楚后有部分秦人迁入，但巴人一直是巫山一带居民群体中的一员。巫山县林家码头^⑥、蓝家寨^⑦、涂家坝^⑧、刘家坝^⑨等遗址春秋晚期至战国早期遗存以楚文化为主体，但仍有巴式器物高柄竹节豆、鼓腹扁圆球形罐等，大昌盆地西部曾出土大量西周巴文化遗存，说明楚人入主前大昌盆地为巴人聚居地，楚人控制大昌盆地后仍有巴人留居此地。巫山县曲尺乡柏树梁子墓地战国墓出土有柳叶形剑、戈、矛^⑩，说明战国时期曲尺乡一带有巴人活动。奉节县瞿塘峡盔甲洞悬棺外形、出土柳叶形剑与巴县冬笋坝相似，反映盔甲洞悬棺为春秋战国时期巴人遗物。^⑪风箱峡岩缝悬棺也出土有

① 鄂西自治州博物馆：《巴东西瀼口古墓群发掘简况》，长江流域规划办公室库区规划设计处编：《葛洲坝工程文物考古成果汇编》，第301—304页。
② 重庆市文物考古所、益阳市文物考古队、重庆市文物局，等：《巫山上阳村遗址发掘报告》，重庆市文物局、重庆市移民局编：《重庆库区考古报告集·2000卷》，第109—124页。
③ 南京博物院考古研究所、巫山县文物管理所：《巫山跳石遗址发掘报告》，重庆市文物局、重庆市移民局编：《重庆库区考古报告集·1997卷》，第65—99页；南京博物院考古研究所、重庆市文化局、巫山县文物管理所：《巫山跳石遗址第二次发掘报告》，重庆市文物局、重庆市移民局编：《重庆库区考古报告集·1998卷》，第27—57页。
④ 河南省文物考古研究所、重庆市文物局、巫山县文物管理所：《巫山秀峰一中战国两汉墓地发掘报告》，重庆市文物局、重庆市移民局编：《重庆库区考古报告集·2000卷》，第177—205页。
⑤ 雷兴军、罗宏斌：《巫山东周两汉墓分期及分区》，重庆市文物局、重庆市移民局编：《重庆2001三峡文物保护学术研讨会论文集》，第121—123页。
⑥ 中山大学人类学系、重庆市文物局、巫山县文物管理所：《巫山林家码头遗址2001年发掘报告》，重庆市文物局、重庆市移民局编：《重庆库区考古报告集·2001卷》，第88—143页。
⑦ 重庆市博物馆、湖南益阳市文物工作队、重庆巫山县文物管理所：《巫山蓝家寨遗址发掘报告》，重庆市文物局、重庆市移民局编：《重庆库区考古报告集·1998卷》，第103—118页。
⑧ 中山大学人类学系、重庆市文物局、巫山县文物管理所：《巫山涂家坝遗址发掘报告》，重庆市文物局、重庆市移民局编：《重庆库区考古报告集·2000卷》，第206—245页；王宏：《巫山县涂家坝周至宋代遗址》，中国考古学会：《中国考古学年鉴2003》，第287—288页。
⑨ 郑若葵：《巫山县龙溪刘家坝东周遗址》，中国考古学会编：《中国考古学年鉴1995》，第226页。
⑩ 范鹏：《巫山县柏树梁子新石器时代至汉代墓群》，中国考古学会编：《中国考古学年鉴2014》，第366页。
⑪ 童恩正：《记瞿塘峡盔甲洞中发现的巴人文物》，《考古》1962年第5期，第253页。

战国巴式铜剑①，瞿塘峡附近被当地人称为巴蛮洞的其他岩洞也多有铜罐、剑、矛出土，巫溪南门湾、凤凰山、荆竹坝、庙峡，巫山错开峡，巴东龙船河，秭归兵书宝剑峡、宜昌小峰也都有悬棺，其形制及棺内遗物都相似，均属巴人遗物，这类墓葬文化被称为巴文化盔甲洞类型②，这些悬棺也表明春秋战国时期巫山、巫溪、巴东、秭归、宜昌峡江地带有巴人活动。奉节县营盘包战国墓葬中有楚文化因素，同时也含有巴文化因素③，表明战国时期营盘包一带有巴人活动。奉节新浦遗址东周遗存中有楚文化器物，也有青铜柳叶剑等巴人遗物④，表明东周新浦一带有巴人活动。云阳县故陵战国墓地出土有楚文化遗物，也有巴文化遗物⑤，表明战国时期故陵一带有巴人活动。云阳县东洋子遗址商周至战国遗存中巴文化一直占据重要地位⑥，表明东洋子一带商周至战国时期为巴人聚居地。云阳县赵家嘴遗址春秋时期遗存巴文化特征明显，表明赵家嘴春秋时期为巴人小型聚落。⑦云阳县李家坝春秋战国时期墓葬中多巴式铜兵器戈、矛、剑，其上饰虎纹，显示墓主为崇白虎的廪君巴人；墓葬中的人殉现象与廪君巴人人祀风俗吻合⑧，表明战国以前李家坝一带曾为巴人聚居地，战国时期受到楚文化影响，汉代以后巴文化才逐渐消失⑨。云阳县佘家嘴遗址战国遗存中含楚文化器物，也含有巴式柳叶形剑⑩，表明战国时佘家嘴一带有巴人活动。万州区中坝子遗址东周遗存中有巴式柳叶形铜剑、柳叶形

① 林向：《川东峡江地区的崖葬》，中国民族学研究会编：《民族学研究》第4辑，北京：民族出版社，1982年，第261—276页。
② 罗二虎：《初论晚期巴文化的类型》，重庆市文物局、重庆市移民局编：《重庆2001三峡文物保护学术研讨会论文集》，第162—174页。
③ 刘兴林：《奉节县营盘包战国至汉代墓地》，中国考古学会编：《中国考古学年鉴2005》，第318—319页。
④ 吉林大学考古学系、奉节县白帝城文物管理所：《奉节新浦遗址发掘报告》，重庆市文物局、重庆市移民局编：《重庆库区考古报告集·1998卷》，第239—255页；滕铭予：《奉节县三峡工程库区新石器时代及青铜时代遗址》，中国考古学会编：《中国考古学年鉴1995》，第217—218页。
⑤ 杨林：《云阳县故陵镇帽盒岭战国至汉代墓葬》，中国考古学会编：《中国考古学年鉴2000》，第209—210页。
⑥ 四川大学历史文化学院考古系、云阳县文物管理所：《云阳东洋子遗址考古勘探发掘报告》，重庆市文物局、重庆市移民局编：《重庆库区考古报告集·1997卷》，第187—208页。
⑦ 成都市文物考古研究所、绵阳博物馆、重庆市文化局，等：《云阳赵家嘴遗址发掘报告》，重庆市文物局、重庆市移民局编：《重庆库区考古报告集·2002卷》，第286—318页。
⑧ 四川大学历史文化学院考古系、云阳县文物管理所：《云阳李家坝巴人墓地发掘报告》，重庆市文物局、重庆市移民局编：《重庆库区考古报告集·1998卷》，第348—387页；黄伟：《试论云阳李家坝战国墓地的几个问题》，重庆市文物局、重庆市移民局编：《重庆2001三峡文物保护学术研讨会论文集》，第107—113页。
⑨ 四川大学历史文化学院考古系、云阳县文物管理所：《云阳李家坝遗址发掘报告》，重庆市文物局、重庆市移民局编：《重庆库区考古报告集·1997卷》，第209—243页。
⑩ 《云阳县佘家嘴新石器时代至东晋遗址》，中国考古学会编：《中国考古学年鉴2003》，第280—281页。

矛[①]，表明东周时中坝子一带为巴人聚居地。万州区曾家溪战国墓出多件带虎皮斑纹柳叶剑，秦墓中含有巴人铜印章、柳叶剑[②]，说明战国时期曾家溪一带有巴人聚居。万州区黄陵嘴[③]、麻柳沱[④]遗址东周遗存中多有花边口沿罐、尖底杯、尖底盏等巴人器物，表明麻柳沱一带东周时期为巴人聚居地。万州大坪墓地出土有东周陶圜底罐、单耳铜鏊、柳叶剑、双弓形柳叶形矛、折肩钺、图形印章，剑、矛、戈部分饰虎纹，说明大坪为东周巴人墓地[⑤]，则东周大坪一带有巴人聚居。开县余家坝战国墓出土有虎纹柳叶形剑[⑥]，说明战国时余家坝有巴人活动。开县先农战国墓出土有柳叶形剑、矛等巴人遗物[⑦]，说明战国时先农一带仍有巴人活动。忠县李园遗址战国至秦遗存中多有巴式陶尖底杯、尖底盏、圜底釜、矮柄豆[⑧]，表明战国时李园一带仍有巴人聚居。忠县老鸹冲遗址东周遗存有巴式花边口沿罐、圜底釜、尖底杯等陶器及柳叶形矛等铜器[⑨]，表明东周老鸹冲一带仍有巴人聚居。忠县王家堡遗址战国墓出土有巴式圜底釜、罐等陶器[⑩]，表明战国晚期王家堡一带仍有巴人活动。忠县瓦渣地遗址东周遗存出土有花边口沿圜底陶罐和柳叶形铜剑等巴人遗物，表明东周瓦渣地一带仍有巴人聚居。忠县罗家桥遗址出土的战国中期墓葬多数属楚墓，其中有巴人墓葬 1 座[⑪]，表明战国时期罗家桥一带有巴人活动。忠县崖脚发掘的 3 座战国晚期巴人墓打破楚墓，当是楚人从峡江地区撤离后巴人又重回此地所致[⑫]。丰都县玉溪遗址春秋战国遗存出土有巴式陶器花边釜、罐、尖底盏、尖

---

① 西北大学考古队、万州文物管理所：《万州中坝子东周时期墓葬发掘报告》，重庆市文物局、重庆市移民局编：《重庆库区考古报告集·1998 卷》，第 592—606 页。
② 肖梦龙：《重庆市万州区新田曾家溪墓地发掘收获与初步认识》，重庆市文物局、重庆市移民局编《重庆 2001 三峡文物保护学术研讨会论文集》，第 128—135 页。
③ 广西壮族自治区文物工作队、重庆市文物局、重庆市万州区文物管理所：《万州黄陵嘴遗址发掘报告》，重庆市文物局、重庆市移民局编：《重庆库区考古报告集·2001 卷》，第 1127—1173 页。
④ 重庆市博物馆、万州区文管所、复旦大学文博系：《万州麻柳沱遗址发掘报告》，重庆市文物局、重庆市移民局编：《重庆库区考古报告集·1998 卷》，第 539—558 页。
⑤ 重庆市文物局、重庆市移民局编：《万州大坪墓地》，北京：科学出版社，2006 年，第 54—55 页。
⑥ 山东大学考古系：《四川开县余家坝战国墓葬发掘简报》，《考古》1999 年第 1 期，第 53—59 页。
⑦ 于秋伟：《开县先农墓地战国墓》，中国考古学会编：《中国考古学年鉴 2008》，第 355 页。
⑧ 孙华：《忠县李园战国及汉代遗址》，中国考古学会编：《中国考古学年鉴 1995》，第 229 页。
⑨ 方刚：《忠县老鸹冲商周时期遗址及战国秦汉墓群》，中国考古学会编：《中国考古学年鉴 2005》，第 314—315 页。
⑩ 方刚：《忠县王家堡商周时期遗址及战国秦汉墓群》，中国考古学会编：《中国考古学年鉴 2005》，第 315—316 页。
⑪ 成都市文物考古研究所、忠县文物管理所：《忠县罗家桥遗址发掘报告》，重庆市文物局、重庆市移民局编：《重庆库区考古报告集·2002 卷》，第 956—977 页。
⑫ 北京大学考古文博学院三峡考古队、重庆市忠县文物管理所：《忠县崖脚墓地发掘报告》，重庆市文物局、重庆市移民局编：《重庆库区考古报告集·1998 卷》，第 679—734 页。

底罐、豆、圜底钵等[1]，说明玉溪一带东周有巴人生活。丰都县石地坝东周墓地出土有巴式花边口沿釜[2]，说明该地东周时也有巴人活动。丰都县糖房[3]、铺子河[4]、观石滩[5]、洋房子[6]等遗址出土有东周巴式陶尖底杯、花边口沿器、圜底釜、圜底罐、尖底杯、尖底盏等物，表明这些地区东周时有巴人活动。涪陵区吴家石梁墓地[7]、八卦遗址[8]出土有战国巴式陶圜底釜、圜底罐，表明这些地方战国时有巴人活动。涪陵区鹤凤村墓地[9]出土有战国巴式柳叶剑、柳叶矛、烟荷包式钺等铜兵器，表明战国鹤凤村一带有巴人活动。涪陵区蔺市[10]、镇安[11]遗址战国晚期遗存有巴式陶圜底釜、印章，表明在战国时期这些地方仍有巴人活动。江北区朝阳河嘴遗址出土有战国巴式剑、矛等器物[12]，表明战国时期该地有巴人活动。九龙坡区铜罐驿冬笋坝、四川广元宝轮镇战国船棺墓出土大量饰虎纹、手心纹柳叶剑、圆刃折腰式钺、短骹弓耳矛、半月形刃铜斧[13]，表明战国时冬笋坝、广元宝轮镇一带有巴人活动。江津区下坝遗址出土有东周巴式陶圜底罐、花边口沿器、高柄豆等器物[14]，说明东周下坝一带有巴

① 重庆市文物考古所：《丰都玉溪遗址勘探早期遗存发掘简报》，重庆市文物局、重庆市移民局编：《重庆库区考古报告集·1998卷》，第745—765页。
② 重庆市文物考古所、重庆市文物局、丰都县文物管理所：《丰都石地坝遗址发掘简报》，重庆市文物局、重庆市移民局编：《重庆库区考古报告集·2001卷》，第1613—1626页。
③ 内蒙古文物考古研究所、丰都县文物管理所：《丰都糖房遗址发掘报告》，重庆市文物局、重庆市移民局编：《重庆库区考古报告集·2002卷》，第1225—1238页。
④ 山西省考古研究所、重庆市文物局：《丰都铺子河遗址考古发掘报告》，重庆市文物局、重庆市移民局编：《重庆库区考古报告集·2001卷》，第1705—1770页。
⑤ 宁夏文物考古研究所、丰都县文物管理所：《丰都镇江镇观石滩遗址发掘报告》，重庆市文物局、重庆市移民局编：《重庆库区考古报告集·2002卷》，第1086—1122页。
⑥ 于桂兰、白九江：《丰都县洋房子战国汉代遗址》，中国考古学会编：《中国考古学年鉴2011》，第400页。
⑦ 重庆市文物考古研究所、涪陵区博物馆：《涪陵吴家石梁（大院子）墓群发掘报告》，重庆市文物局、重庆市移民局编：《重庆库区考古报告集·2002卷》，第1308—1338页。
⑧ 重庆市文物考古所、重庆市文物局、重庆市涪陵区博物馆：《涪陵八卦遗址发掘简报》，重庆市文物局、重庆市移民局编：《重庆库区考古报告集·2000卷》，第1112—1138页。
⑨ 赵杰：《涪陵区鹤凤村战国南朝墓葬》，中国考古学会编：《中国考古学年鉴2008》，第358—360页。
⑩ 重庆市文物考古所、涪陵区文物管理所：《涪陵蔺市遗址发掘简报》，重庆市文物局、重庆市移民局编：《重庆库区考古报告集·1998卷》，第813—833页。
⑪ 北京市文物研究所三峡考古队、重庆市涪陵区博物馆：《涪陵镇安遗址发掘报告》，重庆市文物局、重庆市移民局编：《重庆库区考古报告集·1999卷》，第747—785页。
⑫ 林必忠、汪伟：《江北区朝阳河嘴东周及汉代遗址》，中国考古学会编：《中国考古学年鉴2008》，第353—354页；汪伟：《江北区朝阳河嘴战国至明代遗址》，中国考古学会编：《中国考古学年鉴2009》，第369—370页；董其祥：《重庆地区的远古文化》，《重庆市博物馆历史考古文集（1950—1984）》，第1—4页。
⑬ 四川省博物馆编：《四川船棺葬发掘报告》，第36—54页。
⑭ 白九江、邹后曦：《渝西地区先秦考古发现与考古学文化》，重庆市文物考古所、重庆文化遗产保护中心编：《"早期中国的文化交流与互动——以长江三峡库区为中心"学术研讨会论文集》，第1—23页。

人活动。

　　乌江流域考古也发现不少春秋战国时期巴人活动的线索。涪陵区小田溪战国墓出土有扁茎无格柳叶剑、圆刃折腰式铜钺、短骹式铜矛等巴式铜兵器，而铜釜甑、铜鍪与巴县冬笋坝、广元宝轮院同类器物相同①，涪陵小田溪墓也为战国巴人墓，这里可能是巴王族墓区。武隆县土坎遗址战国墓葬出土有巴式柳叶剑、矛、巴式钺等青铜兵器及巴式陶圜底釜、圜底罐、尖底器等物②，说明战国时土坎一带有巴人活动。黔江区涪碛口遗址出土有战国巴式陶器花边口沿罐等物③，表明战国时洛碛口一带有巴人活动。酉阳县聚宝遗址出土有东周巴式陶器花边口沿罐、圜底釜、尖底杯、尖底盏等物④，表明东周聚宝一带有巴人活动。沿河县中锥堡⑤、大河嘴⑥、木甲岭⑦、思南县赵家坝、小河口⑧等遗址出土有商周至汉代巴式陶器花边口沿罐、尖底杯、尖底盏、船形杯、高柄豆等物，则东周时这些地方也都有巴人活动。

　　渠江流域考古也发现春秋战国时期巴人活动线索。四川省渠县土溪镇曾出土青铜虎纹戈1件⑨，说明渠县土溪一带有巴人活动。达州市万家扁、坑上寨等遗址考古发现春秋战国时期遗物陶片⑩，这些陶片当是巴人板楯蛮的遗物。宣汉县罗家坝战国墓出土柳叶形剑、烟荷包形钺、短骹弓耳矛，剑、钺、

---

① 四川省博物馆、重庆市博物馆、涪陵县文化馆：《四川涪陵地区小田溪战国土坑墓清理简报》，《文物》1974年第5期，第61—89页；徐中舒：《四川涪陵小田溪出土的虎钮錞于》，《文物》1974年第5期，第81—83页；王家祐、王子岗：《涪陵出土的巴文物与川东巴国》，四川大学学报编辑部编：《四川大学学报丛刊》第5辑，第166—169、164页；王家祐、刘磐石：《涪陵考古新发现与古代"巴国"历史的一些问题》，文物编辑委员会：《文物资料丛刊》第7辑，第28—29页；段渝：《涪陵小田溪巴王墓新证》，李绍明、林向、徐南洲主编：《巴蜀历史·民族·考古·文化》，第269—283页。
② 李大地：《武隆县土坎先秦遗址》，中国考古学会编：《中国考古学年鉴2007》，第399页；李大地、于桂兰：《武隆县土坎东周宋代遗址》，中国考古学会编：《中国考古学年鉴2009》，第368—369页。
③ 袁东山、朱寒冰：《黔江区箱子岩水电站库区商周唐宋明清时期遗存》，中国考古学会编：《中国考古学年鉴2008》，第352—353页。
④ 重庆市文物考古所、酉阳县文物管理所：《酉阳聚宝遗址发掘简报》，《酉阳邹家坝》，第394—401页。
⑤ 王新金、刘秀丹：《沿河县中锥堡史前遗址》，中国考古学会编：《中国考古学年鉴2006》，第371—372页；张合荣、吴小华：《沿河县中锥堡新石器时代至汉代遗址》，中国考古学会编：《中国考古学年鉴2007》，第427—428页。
⑥ 吴小华：《沿河县大河嘴新石器时代至汉代及明清时期遗址》，中国考古学会编：《中国考古学年鉴2007》，第428—429页。
⑦ 吴小华：《沿河县木甲岭商周时期至汉代遗址》，中国考古学会编：《中国考古学年鉴2007》，第430页。
⑧ 张改课、汪汉华、覃军：《思南县乌江沿岸商周至汉代遗址》，中国考古学会编：《中国考古学年鉴2010》，第397—398页。
⑨ 钱玉趾：《渠县发现的巴族青铜铭文戈考析》，《三峡大学学报（人文社会科学版）》2007年第2期，第5—7页。
⑩ 四川省文物考古研究院：《渠江流域古遗址调查简报》，《四川文物》2005年第6期，第10—16、62页。

矛上饰虎皮纹、手心纹、虎形纹、雷纹等，均为典型的战国巴式器物；陶器主要有圜底罐、釜、釜甑钵、豆等，纹饰以绳纹为主，也具巴式器物特征，这批战国墓地位于河流近旁，与巴人择水而居习性一致，表明罗家坝战国墓群为巴人墓[①]，说明战国宣汉也有巴人活动。

嘉陵江流域考古也发现春秋战国时期巴人活动线索。重庆北碚区庙嘴墓地出土有战国巴式柳叶剑、矛[②]，表明战国时期当地有巴人分布。四川省武胜县烈面镇沿江村苏家坝一带发现苏家坝等 7 处春秋至汉代巴文化遗址[③]，说明春秋战国时期沿江村一带有巴人聚居。南部县沙井坝、江陵坝、杜家坝等遗址也发现有战国陶片[④]，这些陶片属巴人板楯蛮遗物。阆中彭城镇曾出土虎纹铜钺 1 件，刃部呈弧形，钺身饰虎纹，阆中还曾出土巴式烟荷包式铜钺[⑤]，蓝家坝还出土战国巴式陶器尖底器、圜底釜、罐等，在青龙堡也发现有战国遗存[⑥]，这些铜钺和陶器为巴人遗物，说明春秋战国时期阆中一带有巴人活动。

渝、陕、鄂、湘、黔毗邻地带巴国时代也多有巴人分布。在这个区域内曾出土大量战国至汉代虎钮錞于，这些虎钮錞于为巴人典型青铜器。[⑦]目前重庆涪陵、彭水、酉阳、秀山、万州、云阳、奉节、梁平、湖北利川、恩施、咸丰、宣恩、建始、巴东、鹤峰、秭归、长阳、宜昌、宜都（枝城）、松滋、湖南石门、慈利、龙山、保靖、花垣、常德、桃江、溆浦、贵州松桃、铜仁、陕西安康、西乡等地都有战国虎钮錞于出土，说明战国时期这些地方曾有巴人活动。

文献记载战国时期巴人曾向南迁入武陵山区，他们后成为五溪蛮的一员。巴人南迁一说是在楚人不断西进紧逼下进行的，如《十道志》载"楚子灭巴，巴子兄弟五人流入黔中。汉有天下，名曰酉、辰、巫、武、沅等五溪，为一

① 四川省文物考古研究所、达州地区文物管理所、宣汉县文物管理所：《四川宣汉罗家坝遗址 2003 年发掘简报》，《文物》2004 年第 9 期，第 34—47 页；马幸辛：《川东北考古文化分期刍论》，《四川文物》1989 年第 6 期，第 26—30 页；刘化石：《渠县城坝战国及汉代遗址与墓葬》，中国考古学会编：《中国考古学年鉴 2006》，第 360—361 页。
② 陈东、白九江：《北碚区庙嘴西汉墓地》，中国考古学会编：《中国考古学年鉴 2011》，第 401 页。
③ 赵德云、周科华、戴丽鹃，等：《武胜县苏家坝春秋至明清时期遗址》，中国考古学会编：《中国考古学年鉴 2013》，第 388—389 页。
④ 《嘉陵江南充地区河段考古调查记实》，南充地区文化局、重庆市博物馆编印，1979 年，第 8 页。
⑤ 张启明：《阆中县出土虎纹铜钺》，《四川文物》1984 年第 3 期，第 54 页。
⑥ 重庆市博物馆：《四川嘉陵江中下游新石器时代遗址调查》，《考古》1983 年第 6 期，第 496—500 页；《嘉陵江南充地区河段考古调查记实》，南充地区文化局、重庆市博物馆编印，1979 年，第 5 页。
⑦ 徐中舒：《巴蜀文化初论》，《论巴蜀文化》，第 1—47 页。

溪之长，故号五溪"①。《通典》载"五溪谓酉、辰、巫、武、沅等五溪也。古老相传云，楚子灭巴，巴子兄弟五人流入黔中，各为一溪之长。一说云，五溪蛮皆槃瓠子孙，自为统长，非巴子也"②。《元和郡县图志》载"辰州蛮戎所居也，其人皆槃瓠子孙。或曰巴子兄弟立为五溪之长"③。光绪《湖南通志》载"楚子灭巴，巴子兄弟五人流入黔中。汉有天下，名曰酉、辰、巫、武、沅等五溪，各为一溪之长，故号五溪"④。《通鉴地理通释》载"黔州，楚黔中。谓之五溪，谓酉、辰、巫、武、沅等。故老相传云：楚子灭巴，巴子兄弟五人流入黔中，各为一溪之长。一说云五溪蛮皆槃瓠子孙，非巴子"⑤。《太平寰宇记》载"楚子灭巴，巴子兄弟五人流入五溪，各为一溪之长；一说五溪蛮皆盘弧子孙，自为统长，故有五溪之号焉。古谓之蛮蜑聚落"⑥。《方舆胜览》载"楚子灭巴，巴子兄弟五人流入五溪，各为一溪之长。一说谓五溪蛮皆槃瓠子孙，自为统长"⑦，《路史》载"巴灭，巴子五季流于黔而君之，生黑穴四姓。辰、酉、巫、武、元，是为五溪"⑧。《文献通考》载"五溪谓酉、辰、巫、武、陵等五溪也。……楚子灭巴，巴子兄弟五人流入黔中……一说云五溪蛮皆槃瓠子孙，自为统长，非巴子"⑨。《杜诗详注》引《酉阳正俎》载"五溪皆槃瓠子孙所居，其后为巴。春秋时楚子灭巴，巴子兄弟五人，流入五溪，各为一溪之长。秦昭王伐楚，取其地，因谓之五溪蛮"⑩。这些文献都记载了巴人是在楚人逼迫下南迁五溪的。关于楚灭巴，或说是楚占领巴国都城枳⑪，枳是否为巴都尚无定论，即便枳曾为巴都，枳也只是楚人西进所占巴都之一。古之灭国非真亡其国，多指据其国都，文献所载楚灭巴当属此类。战国时巴楚交争，楚国沿峡江不断西进，巴楚疆界逐渐西移，必然是先据平都，后据有枳、江州、垫江等地。平都、枳先后为楚所占领，遂有"楚

① （宋）李昉等撰：《太平御览》卷 171《州郡部·辰州》，第 835 页。
② （唐）杜佑撰，王文锦、王永兴、刘俊文，等点校：《通典》卷 183《州郡》，第 4883 页。
③ （唐）李吉甫撰，贺次君点校：《元和郡县图志》卷 30《辰州》，第 746 页。
④ （清）李瀚章等修，曾国荃等纂：《湖南通志》卷 81《武备志》，清光绪十一年（1885 年）刻本。
⑤ （宋）王应麟著，傅林祥点校：《通鉴地理通释》卷 5《十道山川考》，北京：中华书局，2013 年，第 151 页。
⑥ （宋）乐史撰，王文楚等点校：《太平寰宇记》卷 120《黔州》，第 2396—2397 页。
⑦ （宋）祝穆撰，祝洙增订，施和金点校：《方舆胜览》卷 60《绍庆府》，第 1055 页。
⑧ （宋）罗泌：《路史》，第 62 页。
⑨ （元）马端临撰：《文献通考》卷 319《舆地考》，第 2509 页。
⑩ （唐）杜甫著，（清）仇兆鳌注：《杜诗详注》卷 11，北京：中华书局，1999 年，第 945 页。
⑪ 熊传新：《湖南发现的古代巴人遗物》，《文史资料丛刊》1983 年第 7 期，第 30—33 页；童恩正：《从出土文物看楚文化与南方诸民族的关系》，湖南省博物馆、湖南省考古学会编：《湖南考古辑刊》第 3 集，长沙：岳麓书社，1986 年，第 168—183 页。

灭巴"说，因此楚据巴国有一个过程，不应单指某次攻占巴都，这期间可能陆续有巴国贵族南迁五溪。

巴子兄弟五人身份，有人认为代表巴子五姓，如董其祥认为巴子五姓指廪君蛮巴氏、樊氏、曋氏、相氏、郑氏五姓①，沈仲常、孙华、田敏也认为以巴氏为首的五姓即流入黔中的巴子兄弟五人②，童恩正认为巴子兄弟五人流入五溪与巴境内蛮族迁徙有关③，结合《世本》《后汉书》《水经注》中对廪君蛮的记载，我们认为巴子兄弟五人的提法应始于巴族巴、樊、曋、相、郑五姓，但我们释读文献时又不能简单机械地将巴子兄弟五人与巴蛮五姓相对应，总体理解为廪君巴族应更为恰当。

也有人认为巴子兄弟五人南迁五溪在秦灭巴后。④公元前316年秦灭阆中巴后，秦、楚展开对江州以东峡江地区的争夺，秦昭襄王二十七年（前280年）"使司马错发陇西卒，因蜀攻楚黔中，拔之"，秦攻楚黔中后不久，楚又"使将军庄蹻将兵循江上，略巴、黔中以西"⑤。庄蹻西略巴地震惊秦人，秦遂东向攻楚，秦昭襄王三十年（前277年）"蜀守若伐楚，取巫郡，及江南为黔中郡"⑥，因此才有庄蹻"欲归报，会秦击夺楚巴、黔中郡，道塞不通，因还，以其众王滇"⑦。从上述史实来看，秦取枳在公元前280年，公元前277年据黔中、巫郡后，巴地全部为秦所据，秦灭巴到据有巴地也经历了一个过程。

巴子兄弟五人南迁五溪是在楚灭巴后还是秦灭巴后是个值得讨论的问题。文献载秦灭阆中巴是公元前316年，秦顺嘉陵江南下进逼，巴王族一部向南迁入五溪也是可能的。因此我们认为巴人向五溪地区迁徙也经历了一个过程：楚人不断西进蚕食巴国东部疆土过程中，部分巴人迁入五溪；秦灭阆中巴后，也有部分巴人南迁五溪，因此有人认为楚灭巴"巴人进入五溪，只不过是巴人迁徙的历史潮流中的又一次高潮而已"⑧，我们认为此说有理。

湘西、黔东地区考古发现也为巴人南迁五溪提供了佐证。据前文所述，在湖南石门、慈利、张家界、桑植、永顺、保靖、古丈、龙山、吉首、花垣、

① 董其祥：《巴子五姓考》，《巴史新考》，第66—77页。
② 沈仲常、孙华：《楚国灭巴考》，《贵州社会科学》1984年第6期，第52—56页；田敏：《廪君巴迁徙走向考》，《中南民族学院学报（哲学社会科学版）》1996年第6期，第61—64页。
③ 童恩正：《古代的巴蜀》，第50页。
④ 邓少琴：《巴史新探》，《巴蜀史迹探索》，第1—51页。
⑤ （汉）班固撰，（唐）颜师古注：《汉书》卷94《西南夷两粤朝鲜列传》，第3838页。
⑥ （汉）司马迁撰：《史记》卷5《秦本纪》，第213页。
⑦ （汉）司马迁撰：《史记》卷116《西南夷列传》，第2993页。
⑧ 李绍明：《川东南为古巴国南境说》，《土家族研究论文选集》，第65—72页。

凤凰、泸溪、靖县、沅陵、溆浦、安化等地曾先后出土窖藏柳叶剑、虎钮錞于、虎纹戈、虎头斧、钟、铎、洗、壶等窖藏青铜器，这些器物与巴人同类器物相同或相近，可以认定它们属巴人遗物，因此东周湘西是巴人重要的活动区域。①另外，湘西还发现许多战国巴人墓或含巴文化因素的战国墓，如溆浦马田坪一带清理战国中期或偏晚巴人墓 8 座②，溆浦大江口镇清理战国巴人墓 1 座③，古丈县河西镇白鹤湾战国楚墓随葬品含巴式柳叶形剑、短骹弓耳矛及肖形虎印④，保靖县四方城发掘的 44 座春秋战国墓中近 1/3 为春秋中期巴人墓，同样墓葬还见于沅陵木形山战国墓、泸溪桐木垅战国墓、龙山里耶战国墓、涪陵小田溪战国墓⑤、中方县荆坪战国墓⑥、黔东铜仁市笔架冲、磨刀湾等遗址春秋时期遗存中含巴式花边口沿陶罐、圜底罐、釜等⑦，说明春秋时期笔架冲一带也是巴人活动场所。锦屏县亮江遗址战国时期遗存中也有巴式柳叶剑、矛、钺等器物⑧，表明亮江一带战国时期也有巴人活动。而前文提到的黔东铜仁、松桃等地出土战国窖藏虎钮青铜錞于也是黔东地区有巴人活动的有力证据。

湖南其他地方战国墓中也出土有巴文化遗物，如常德、益阳曾出土虎首形弧刃铜钺、虎纹剑⑨；常德、长沙楚墓出土铸有巴文字符号铜戈，一件虎纹铜戈有"伯命：'献与楚君监王孙'"铭文，此戈被认为是巴人首领与楚使监官交往的遗物⑩；津市邵家嘴楚墓曾出土柳叶形铜剑 1 把⑪，这些巴人遗物反映常德、津市、益阳、长沙等地战国时期与巴人有某种联系或是有少量巴人

① 熊传新：《湘西出土古代青铜器及其族属问题》，《土家族研究论文选集》，第 82—88 页。
② 湖南省博物馆、怀化地区文物工作队：《胡南溆浦马田坪战国西汉墓发掘报告》，湖南省博物馆、湖南省考古学会编：《湖南考古辑刊》第 2 集，第 38—69 页。
③ 湖南省博物馆、张欣如：《溆浦大江口镇战国巴人墓》，湖南省博物馆：《湖南考古辑刊》第 1 集，第 37 页。
④ 湖南省博物馆、湘西土家族苗族自治州文物工作队：《古丈白鹤湾楚墓》，《考古学报》1986 年第 3 期，第 339—360 页；湘西自治州文物管理处、古丈县文物管理所：《古丈县白鹤湾战国西汉墓发掘报告》，湖南省文物考古研究所、湖南省考古学会编：《湖南考古 2002》，第 147—173 页。
⑤ 湘西自治州文物管理处、保靖县文物管理所：《保靖四方城战国汉代墓葬发掘报告》，湖南省文物考古研究所、湖南省考古学会编：《湖南考古 2002》，第 174—224 页。
⑥ 盛伟：《中方县荆坪战国至西汉墓葬》，中国考古学会编：《中国考古学年鉴 2015》，第 260—261 页。
⑦ 张改课、李飞、詹艳军：《铜仁市锦江流域先秦及宋代遗址》，中国考古学会编：《中国考古学年鉴 2011》，第 429—431 页。
⑧ 宋先世：《锦屏县亮江战国时期兵器》，中国考古学会编：《中国考古学年鉴 1994》，第 266 页。
⑨ 林必忠：《试论柳叶形青铜剑的源流》，《巴渝文化》第 1 辑，第 165—173 页。
⑩ 沈仲常、孙华：《楚国灭巴考》，《贵州社会科学》1984 年第 6 期，第 52—56 页；高至喜、熊传新：《楚人在湖南的活动遗迹概述——兼论有关楚文化的几个问题》，《文物》1980 年第 10 期，第 50—60 页。
⑪ 津市市文物管理所：《津市邵家嘴楚墓发掘报告》，湖南省文物考古研究所、湖南省考古学会编：《湖南考古 2002》，第 373—399 页。

活动。

巴人迁入五溪使该地族群构成发生变化。巴人、楚人进入五溪前其主体居民为槃瓠蛮[①]、八蛮[②]等当地部族，春秋战国时期巴人、楚人、濮人相继迁入五溪地区。濮人在楚人沿汉水向南、向西扩张过程中被迫南迁五溪地区，与当地居民构成早期居民。[③]同时江汉平原西部、西陵峡东口附近巴人随着楚国不断西进南下，一部分沿清江河谷向西迁入重庆、四川，一部分向南进入湘西地区。[④]战国末秦灭巴后部分板楯蛮也迁入五溪地区，他们成为湘西土家族先民，土家族赶、射白虎习俗与板楯蛮射白虎习俗有承袭关系。[⑤]因此春秋战国时期进入五溪地区的巴人以廪君蛮与板楯蛮为主体，这也使土家族在对白虎态度上有较大差异，廪君蛮裔土家族敬白虎，而板楯蛮裔土家族赶白虎、射白虎。

巴人南迁五溪后是否成为五溪之长呢？巴子兄弟五人南迁五溪地区后与槃瓠蛮、八蛮等当地居民杂居，由于族群间力量此消彼长，巴人、八蛮、槃瓠蛮在五溪地区的领导权或曾发生变动。初期以槃瓠蛮、八蛮为长，后巴人势力强盛，逐渐获得五溪地区的统治地位。这种情况在早期西南民族地区也发生过，如庄蹻王滇[⑥]、爨氏成为西南夷首领[⑦]，都属异族入迁少数民族地区并成为少数民族地区统治者的例子。巴人入迁五溪地区成为五溪之长，或许经历了类似的过程。

二、巴国所属部族的分布

巴国所属主要部族，《华阳国志·巴志》载"其属有濮、賨、苴、共、奴、獽、夷蜑之民"，濮、賨、苴、共、奴、獽、夷、蜑大致就是巴国除廪君巴族外势力较大一些部族。

1. 巴国境内的濮人及其分布

濮人为中国古代南方族群之一。商末武王伐纣，濮人是《尚书·牧誓》

① （南朝·宋）范晔撰，（唐）李贤等注：《后汉书》卷86《南蛮西南夷列传》，第2829—2830页。
② 王承尧、罗午：《土家族土司简史》，北京：中央民族学院出版社，1991年，第5—6页。
③ 周明阜：《湘西先秦考古文化的多元性建构探讨》，《吉首大学学报（社会科学版）》1993年第4期，第71—79页。
④ 沈仲常、孙华：《楚国灭巴考》，《贵州社会科学》1984年第6期，第52—56页。
⑤ 彭英明：《试论湘鄂西土家族"同源异支"——廪君蛮的起源及其发展述略》，《中南民族学院学报（哲学社会科学版）》1984年第3期，第12—20页；田敏：《廪君巴迁徙走向考》，《中南民族学院学报（哲学社会科学版）》1996年第6期，第61—64页；《楚国灭巴考》，《贵州民族研究》1997年第1期，第83—89页。
⑥ （南朝·宋）范晔撰，（唐）李贤等注：《后汉书》卷86《南蛮西南夷列传》，第2845页。
⑦ （宋）欧阳修、宋祁撰：《新唐书》卷222《南蛮传》，第6315页。

所载西土八部之一。早期濮人分布地很广，巴地也有濮人活动。《史记·楚世家》载周成王时"封熊绎于楚蛮，封以子男之田，姓芈氏，居丹阳"，周宣王初"叔堪亡，避难于濮"①，楚始兴地丹阳在丹淅之地，叔堪逃奔濮，则濮地离丹淅地不远，有人说早期濮人活动于丹江流域②，也有一定依据。谭其骧主编的《中国历史地图集》中商、西周图幅"濮"标注在今渝东、鄂西长江两岸。③周平王时"楚蚡冒于是乎启濮"④，楚武王时"始开濮地而有之"⑤，楚蚡冒公元前757—前741年在位，楚武王公元前740年—前690年在位，二人都在春秋早期。楚武王开濮地正是楚都自丹阳迁郢之时，郢初在今湖北宜城，濮地距宜城不远，有人说西周濮人在江汉一带⑥，是有道理的。春秋时期湖北竹山县以南，武当、荆、巫诸山中，北接麇，东北邻楚地域内有濮人活动。⑦在楚国连续打击下，出现"百濮离居，将各走其邑，谁暇谋人"的局面⑧，部分濮人臣服于楚，部分向西南迁入重庆、四川、云南、贵州、湖南等地⑨，迁入重庆、鄂西的濮人后成为巴人部族⑩，这是巴国濮人的由来。

　　春秋战国时期今重庆、川东有濮人活动。陈寿《益部耆旧传》载"楚襄王灭巴子，封废子于濮江之南，号铜梁侯"⑪，《太平寰宇记》载石镜县"铜梁山，在县南九里"⑫，《舆地纪胜》载合川钓鱼山双墓"巴王、濮王会盟于此，酒酣，击剑相杀，并墓而葬"⑬，合川即古垫江，铜梁山在今合川区下游沥鼻峡一带，这里有濮王，则合川南有濮族部落，合川南嘉陵江段濮江之名即源于此。合川有地名濮崖，濮崖下有濮湖，对面水湾名濮溪湾，北宋刘象功作《濮崖铭》载"巴、濮邻国，气象相贼，为狼为貊"，该地有濮人墓、濮王坟也印证合川有濮人活动。童恩正也认为春秋时合川有臣属于巴族的濮族

① （汉）司马迁撰：《史记》卷40《楚世家》，第1691—1692、1694页。
② 林邦存：《三苗与濮关系初探》，湖北省考古学会选编：《湖北省考古学会论文选集》（一），武汉：武汉大学学报编辑部，1987年，第176—185页。
③ 谭其骧主编：《中国历史地图集　第一册：原始社会、夏、商、西周、春秋、战国时期》，第11—12、15—16页。
④ 徐元诰撰，王树民、沈长云点校：《国语集解》，北京：中华书局，2002年，第477页。
⑤ （汉）司马迁撰：《史记》卷40《楚世家》，第1695页。
⑥ 童恩正：《古代的巴蜀》，第43页。
⑦ 顾颉刚：《牧誓八国》，《史林杂识初编》，第26—33页。
⑧ 杨伯峻编著：《春秋左传注》（修订本），第618页。
⑨ 童恩正：《古代的巴蜀》，第43页。
⑩ 郝良真：《巴文化的发展及特点试析》，《巴渝文化》第3辑，第142—153页。
⑪ （宋）王象之编：《舆地纪胜》卷159《合州》，第798页。
⑫ （宋）乐史撰，王文楚等点校：《太平寰宇记》卷136《合州》，第2656页。
⑬ （宋）王象之编：《舆地纪胜》卷159《合州》，第799页。

部落。①不仅合川有濮人，川东、重庆其他地方也有濮人，扬雄《蜀都赋》载"东有巴賨，绵亘百濮"②，左思《蜀都赋》载"东则左绵巴中，百濮所充"，李善注"今巴中七姓有濮"③，则今川东、重庆多有濮人杂居。又《尔雅注疏》载"巴、濮之人，自称阿阳"④，巴、濮连称，反映濮人与巴人在文化、语言方面多有交融，这是巴、濮长期比邻而居造成的。重庆、川东濮人在晋以后不见于史籍，可能是融入巴人或汉族，也可能是向西南地区迁徙了。

重庆綦江区綦江有支流蒲河，"蒲"或为"濮"变音，可能与濮人有关。又横乡东汉岩墓中镌刻有两组集体舞蹈图，第一组七人一排，左边妇女五人穿筒裙，露发髻，手连手跳舞，右边一吹箫人首、蛇身、男子坐像，右边一女人独舞，第二组七人一排，左边一吹箫人首蛇身男子坐像，其旁一男子在跳舞，往右是手连手五人跳舞图，其中男子一人，女子四人。该岩墓画像中女子筒裙、发髻与《唐书》所载南平獠一样，其文化特征有别于汉墓，属少数民族，此岩墓为古濮人墓葬⑤，若此说成立，则今綦江横乡汉以前有濮人活动。

湘西北考古发现一种宽格青铜短剑，与楚式铜剑、巴式柳叶形剑不同，其主人可能为濮人⑥，果真如此，则春秋战国时期湘西北也有濮人。

关于巴人与濮人的关系，有人认为早期濮人包含巴人，依据是《宗周钟》铭文所载二十六邦濮人群体含巴人，巴人不仅包含在濮人中，而且是华夏族南向扩展最早遇到的濮之荆蛮，巴人早期活动地域西至汉中、竹山，北至漯河、南阳，南及襄樊、宜城，西据汉中及巴中时间不晚于春秋。⑦此说中荆、巴、濮关系的提法存在以下疑点：一是"荆"为地名非族称，作地名荆地不仅有巴人，也包含濮、楚、庸、麋等部族，"荆人"是一个地域人们共同体称谓，何独以荆指巴人；二是史料运用不够准确，谈巴人炼丹事用的是巴郡寡妇清史料，巴郡属梁州，不属荆地；三是《宗周钟》虽提到濮人，并未说二十六邦就是濮人，也未提及巴人，先秦文献巴濮连称，未说二者为同一部族，相反说明巴、濮有别，二者非一；四是笼统地将地名中有"巴"的地方都说成是巴人居住地，有望文生义之嫌；五是以《汉书·地理志》《华阳国志》《隋

① 童恩正：《古代巴境内民族考》，《思想战线》1979 年第 4 期，第 55—61 页。
②《古文苑》卷 4，守山阁丛书本。
③（南朝·梁）萧统撰，（唐）李善注：《文选》卷 4，清同治八年（1869 年）湖北崇文书局刻本。
④（清）阮元校刻：《十三经注疏》，第 2573 页。
⑤ 刘岩：《傣族渊源与巴蜀文化》，《巴渝文化》第 3 辑，第 275—290 页。
⑥ 何介钧：《关于湘西、湘西北发现的宽格青铜短剑》，《湖南先秦考古学研究》，长沙：岳麓书社，1996 年。
⑦ 朱俊明：《古荆为巴说》，《贵州社会科学》1983 年第 4 期，第 56—64、12 页。

书·地理志》所载荆州与巴渝风俗作类比分析后认为周至隋巴人一直是荆州当地居民中最多的，而忽略了荆州地域历史时期有变化，忽略了风俗区与民族区并非完全对应以及区际风俗相互融合的问题；六是今四川、重庆、湖北、湖南、贵州等地出土虎钮錞于时代为战国至汉代，非商周时代，虎钮錞于只能说明战国至汉代上述地区有巴人，却不能作为商周荆为巴的证据。因此以荆为巴，以濮包巴的说法有待商榷。我们认为濮人和巴人一样，都是古代中国南方族群，只是历史时期二者在地域分布上有重叠而已。

2. 巴国境内的賨人及其分布

賨人又称板楯蛮、阆中夷、胊忍夷、白虎复夷、弜头虎子，是川东、重庆嘉陵江、渠江流域古老的部族。

板楯蛮最早见于《华阳国志》："秦昭襄王时，白虎为害，自秦、蜀、巴、汉患之。秦王乃重募国中：'有能杀白虎者，邑万家，金帛称之。'于是夷胊忍廖仲药、何射虎、秦精等乃作白竹弩于高楼上，射虎，中头三节。……秦王嘉之曰：'虎历四郡，害千二百人，一朝患除，功莫大焉。'欲如要，王嫌其夷人；乃刻石为盟，要复夷人顷田不租，十妻不筭，伤人者论，杀人雇死倓钱。盟曰：'秦犯夷，输黄龙一双；夷犯秦，输清酒一钟。'夷人安之。……故世号'白虎复夷'，一曰'板楯蛮'，今所谓'弜头虎子'者。"[1]又《后汉书》亦载有："板楯蛮夷者，秦昭襄王时有一白虎，常从群虎数游秦、蜀、巴、汉之境，伤害千余人。昭王乃重募国中有能杀虎者，赏邑万家，金百镒。时有巴郡阆中夷人，能作白竹之弩，乃登楼射杀白虎。昭王嘉之，而以其夷人，不欲加封，乃刻石盟要，复夷人顷田不租，十妻不筭，伤人者论，杀人者得以倓钱赎死。盟曰：'秦犯夷，输黄龙一双；夷犯秦，输清酒一钟。'夷人安之。"[2]

据这两段文献所载，板楯蛮名彰显于世始自战国末期秦昭襄王时。从文献时代看，《华阳国志》成书于东晋，《后汉书》著于南朝刘宋时期，《华阳国志》比《后汉书》要早，则《后汉书》板楯蛮事迹当渊源于《华阳国志》，不同的是《后汉书》将《华阳国志》中射虎之人"夷胊忍廖仲药、何射虎、秦精等"改成了"巴郡阆中夷人"。

板楯蛮得名源自其兵器木盾，板楯即木盾[3]，《释名》载有："盾，遁也，

---

① （晋）常璩著，刘琳校注：《华阳国志校注》（修订版），第11页。
② （南朝·宋）范晔撰，（唐）李贤等注：《后汉书》卷86《南蛮西南夷列传》，第2842页。
③ 童恩正：《古代的巴蜀》，第45页。

跪其后避刃似隐遁也。大而平者曰吴魁，本出于吴，为魁帅者所持也；隆者曰须盾，本出于蜀，须所持也，或曰羌盾，言出于羌也；约胁而邹者曰陷虏，言可以陷破虏敌也，今谓之曰露见是也；狭而长者曰步盾，步兵所持与刀相配者也；狭而短者曰子盾，车上所持者也，子小称也；以络编版谓之木络；以犀皮作之曰犀盾；以木作之曰木盾，皆因所用为名也。"①板楯即《释名》所载"木盾"，即木质盾牌，使用木盾的部族被称为板楯蛮。

宝鸡西周弢国墓地曾出土木盾，也是较早的木盾实物。弢国墓文化与城固宝山文化相同，巴文化色彩浓厚，而宝山巴文化又渊源于峡江地区巴文化，因此宝鸡木盾也属巴人遗物。部分弢国巴人在国灭后或迁回汉水流域，部分人继续向南越过大巴山进入嘉陵江、渠江流域，因使用木盾被称为板楯蛮。廪君巴人建立巴国，板楯蛮为所属部族之一，他们主要居住在渝东长江以北及川、渝嘉陵江、渠江流域。

板楯蛮射杀白虎事件部分学者给予了社会学解析，认为白虎指廪君巴人，因其崇拜白虎而被称为白虎。白虎为害指廪君巴叛乱，叛乱波及秦、蜀、巴、汉四郡，板楯蛮射杀白虎指秦采用分化政策，利用板楯巴蛮镇压了廪君巴人叛乱②，平叛中板楯蛮得到秦国大力支持，最终廪君巴人失败，板楯蛮作为巴人部族而为人所知。

板楯蛮称賨人始于秦汉时期，许慎《说文解字》载"賨，南蛮赋"③，賨人是因其赋税而得名。板楯蛮因助刘邦定三秦有功在汉代继续受到优待，仅缴纳少量赋税，称为"賨"，以布代赋称賨布，以钱上税称賨钱，賨在汉代逐渐成为对板楯蛮的称呼，后又成为板楯蛮专称④，在秦汉以前多称为板楯蛮。

板楯蛮分布地域，《华阳国志·巴志》载"宕渠盖故賨国，今有賨城"，《舆地纪胜》载巴西宕渠"古之賨国都"，"故賨城在流江县东北七十里"⑤，《太平寰宇记》载流江县"故賨国城，在县东北七十四里，古之賨国都"⑥，賨国城

① （汉）刘熙撰：《释名》卷7，北京：中华书局，1985年，第112—113页。
② 童恩正：《古代的巴蜀》，第149—150页；罗开玉：《板楯"七姓"与賨人》，李绍明、林向、徐南洲主编：《巴蜀历史·民族·考古·文化》，第132—143页；董其祥：《〈山海经〉记载的巴史》，《巴史新考》，第34—51页；庄燕和：《古代巴史中的几个问题》，《西南师范学院学报（哲学社会科学版）》1979年第4期，第41—44页；李恕豪：《试论"巴"的得名之由》，《天府新论》1986年第1期，第57—60页。
③ （汉）许慎撰，（清）段玉裁注：《说文解字注》，第282页。
④ 童恩正：《古代的巴蜀》，第45页。
⑤ （宋）王象之编：《舆地纪胜》卷162《渠州》，第810页。
⑥ （宋）乐史撰，王文楚等点校：《太平寰宇记》卷138《渠州》，第2695页。

在今渠县土溪渠江镇南岸城坝①，即今土溪镇城坝村，可见渠江流域是板楯蛮聚居地。又《风俗通义》载"阆中有渝水，賨人左右居"②，《华阳国志》亦载"阆中有渝水，賨民多居水左右"③，渝水即今嘉陵江，则嘉陵江流域也是板楯蛮聚居地。又《华阳国志·巴志》载夷胸忍廖仲药、何射虎、秦精等射杀白虎，则胸忍县也有板楯蛮活动，胸忍即秦汉巴郡胸忍县，包括今云阳、万州、开县、梁平等地。另云阳县曾出土"汉归义賨邑侯"金印，为胸忍曾有板楯蛮活动提供了考古学证据。

最终板楯蛮一部分可能逐渐汉化，一部分与巴人、濮人融入南北朝僚族。④司马相如《上林赋》注《史记集解》引郭璞"巴西阆中有俞水，獠人居其上，皆刚勇好舞，汉高募取以平三秦"⑤，是以賨人为僚人，又《新唐书》载有"南平獠"⑥，《宋史》载"渝州蛮者，古板楯七姓蛮，唐南平獠"⑦，也是以板楯蛮为僚人。

廪君巴与板楯蛮关系，何法盛《晋中兴书》载"賨者，廪君之苗裔。巴氏子务相，乘土船而浮，众异之，立为廪君。子孙列巴中。秦并天下，而薄其税赋。巴人谓赋为賨，因名巴賨"⑧，又《通典》载"巴人呼赋为賨，谓之賨人焉。代号为板楯蛮夷"⑨，则是以板楯蛮为廪君后裔。但其实板楯蛮与廪君蛮为巴人两个不同部族，早在东汉就为人熟知，应劭《风俗通义》载"巴有賨人剽勇"，是说賨人是巴人一部。李贤等注《后汉书》将板楯蛮与廪君蛮并列，二者区别也很明显：发源地不同，巴族发源地在清江，板楯蛮在嘉陵江、渠江流域；姓氏不同，巴族有巴、樊、曋、相、郑五姓，板楯蛮有罗、朴、督、鄂、度、夕、龚七姓；传说信仰不同，巴人因廪君死后化白虎而崇拜白虎，板楯蛮则射杀白虎。⑩巴国时代廪君蛮为巴国统治民族，板楯蛮为巴王统属部族。因廪君巴与渝水、渠江流域賨人长期杂居，使賨人与巴人有许多共同点，汉晋称重庆、川东板楯蛮为"弩头虎子"，也说明板楯蛮也被视为巴人族群的

① （晋）常璩著，刘琳校注：《华阳国志校注》（修订版），第45页；《四川省渠县地名录》，四川省渠县地名领导小组编印，1982年，第53页。
② （汉）应劭撰，王利器校注：《风俗通义校注》，北京：中华书局，1981年，第491页。
③ （晋）常璩著，刘琳校注：《华阳国志校注》（修订版），第12页。
④ 童恩正：《古代的巴蜀》，第46—47页。
⑤ （汉）司马迁撰：《史记》卷117《司马相如列传》，第3039页。
⑥ （宋）欧阳修、宋祁撰：《新唐书》卷222《南蛮传》，第6325页。
⑦ （元）脱脱等撰：《宋史》卷496《蛮夷传》，北京：中华书局，1985年，第14240页。
⑧ （南朝·宋）何法盛撰：《晋中兴书》卷6，光绪广雅丛书本。
⑨ （唐）杜佑撰，王文锦、王永兴、刘俊文，等点校：《通典》卷187《边防·南蛮》，第5045页。
⑩ 童恩正：《古代的巴蜀》，第45页。

一员。[1]从巴国所属部族来看，板楯蛮为其中势力最大的部族。

3. 巴国境内的苴人及其分布

《华阳国志·巴志》载巴国部族有"苴"蛮。《华阳国志》又载"蜀王别封弟葭萌于汉中，号苴侯，命其邑曰葭萌焉。苴侯与巴王为好，巴与蜀仇，故蜀王怒，伐苴侯。苴侯奔巴，求救于秦"，"周慎王五年秋，秦大夫张仪、司马错、都尉墨等从石牛道伐蜀。蜀王自于葭萌拒之，败绩。……冬十月，蜀平，司马错等因取苴与巴"。[2]

《华阳国志》基本概括了苴侯国历史及苴与巴、蜀的关系。苴侯为蜀王所封，为蜀王兄弟，其王族为蜀人。从苴侯与巴王交好致蜀王伐苴侯，苴侯向秦求救导致秦灭巴、蜀的关系推断，蜀王封苴侯于葭萌时间在战国末期。苴侯封地大致从广元北达汉中，所辖部族为苴人，苴人主要分布在苴侯封地内。苴侯国都葭萌，秦汉为葭萌县、蜀汉为汉寿县、晋为晋寿县治地，即今四川广元市昭化镇，处嘉陵江与白龙江汇合处，历来为秦蜀要道上重镇，今昭化镇及曲回坝、土基坝、摆宴坝、战胜坝还多有战国及其以前的遗迹、遗物。

部分学者以苴人为巴人[3]，依据一是《史记索隐》载"苴音巴。谓巴、蜀之夷自相攻击也。今字作'苴'者，按巴苴是草名，今论巴，遂误作'苴'也。或巴人、巴郡本因芭苴得名，所以其字遂以'苴'为'巴'也"。《史记集解》徐广曰："谯周曰益州'天苴'读为'包黎'之'包'，音与'巴'相近，以为今之巴郡。"[4]无论是谯周还是徐广，皆以"苴"读音为巴判断"苴"为巴，并以苴为巴人支系。二是苴侯封地葭萌在今四川广元一带，而广元宝轮镇出土船棺为巴人墓葬[5]，宝轮镇为苴侯封地，该地为苴人聚居地，宝轮镇船棺葬当为苴人遗物。三是认为蜀王开明氏为巴人鳖灵，苴侯本为巴人。

我们认为春秋战国时期苴为地名，是苴人活动区域，商周时期巴人在嘉陵江流域和汉水上游迁徙扩张，苴地或有巴人活动。春秋时期蜀国向北扩张，

① 田敏：《廪君巴迁徙走向考》，《中南民族学院学报（哲学社会科学版）》1996年第6期，第61—64页；田敏：《楚国灭巴考》，《贵州民族研究》1997年第1期，第83—89页。
② （晋）常璩著，刘琳校注：《华阳国志校注》（修订版），第97、98页。
③ 童恩正：《我国西南地区青铜剑的研究》，《考古学报》1977年第2期，第35—54页；童恩正：《古代巴境内民族考》，《思想战线》1979年第4期，第55—61页；童恩正：《古代的巴蜀》，第42页；邓少琴：《巴史新探》，《巴蜀史迹探索》，第1—51页；（晋）常璩著，刘琳校注：《华阳国志校注》（修订版），第8页；沈仲常、孙华：《关于四川船棺葬的族属问题》，《民族论丛》第2辑，第115—122、149页；薛登：《"杜宇禅位"与"巴人灭蜀"——蜀史探源之一》，《成都大学学报（社会科学版）》1988年第1期，第24—28页。
④ （汉）司马迁撰：《史记》卷70《张仪列传》，第2281页。
⑤ 四川省博物馆编：《四川船棺葬发掘报告》，第86页。

地处汉中盆地的南郑和处秦蜀要道上的葭萌为蜀国所据，蜀王为保证蜀道通畅，兼以防巴国沿嘉陵江北进经略汉中，于葭萌至汉中一带置苴侯国。至于苴侯与巴王交好，却出乎蜀王预料，后才有蜀王攻苴、巴，致蜀、苴、巴相继被秦所灭的后果。苴侯国范围当以今四川广元昭化镇为中心，北接汉中，南与巴国阆中邻境，在阆中以北嘉陵江沿岸及今剑阁一带也有苴人活动，而剑阁一带曾属巴国疆域，这里的苴人可能即《华阳国志•巴志》所载巴国苴人。

4. 巴国境内的共人及其分布

《华阳国志•巴志》载巴国部族有共人。

《逸周书•王会解》载"且瓯文蜃，共人玄贝。海阳大蟹（蟹）"，孔晁注"共人，吴越之蛮"[1]，且瓯为古太湖名，海阳在今江苏扬州东。从三地贡品看，孔晁注"文蜃，大蛤"，蟹即蟹，玄贝王应麟引《尔雅》载"玄贝，贻贝"，注文"黑色贝"，故玄贝即黑贝，三种贡品均为水产品。据此共人最早居住在海阳与且瓯间，即今太湖至扬州间吴越之地。又《吕氏春秋》载鲁定公四年（前506年），"吴阖庐选多力者五百人，利趾者三千人，以为前陈。与荆战，五战五胜，遂有郢。东征至于庳庐，西伐至于巴蜀"，吴王阖庐西征至于巴蜀，西征大军中有共人，部分共人在伐楚征巴后进入巴地，他们后来成为巴人部族之一。蒙默也认为巴地共人是由越地西迁而来的[2]，这与我们的分析相合。

"共"与"龚"音近，"共"或为板楯蛮七姓中的龚氏。《华阳国志》载板楯蛮七姓为"罗、朴、昝、鄂、度、夕、龚"[3]，《后汉书》载板楯蛮七姓为"罗、朴、督、鄂、度、夕、龚"[4]，二者所载七姓中都有龚姓，可见龚氏是板楯蛮重要一族，而龚氏当即巴国部族共人，其分布地大致在嘉陵江、渠江流域[5]。今重庆酉阳县有地名龚滩，《太平寰宇记》载唐麟德二年（665年）曾移洪杜县于龚湍，龚湍曾是洪杜县治所[6]，龚湍即龚滩，龚滩可能曾是共人聚居地[7]，他们当是巴灭国后迁来的。

5. 巴国境内的奴人及其分布

《华阳国志》载巴国部族有奴人。

① 黄怀信、张懋镕、田旭东撰，李学勤审定：《逸周书汇校集注》，第896—901页。
② 蒙默：《试论古代巴、蜀民族及其与西南民族的关系》，《贵州民族研究》1983年第4期，第46—58页。
③ （晋）常璩著，刘琳校注：《华阳国志校注》（修订版），第12页。
④ （南朝•宋）范晔撰，（唐）李贤等注：《后汉书》卷86《南蛮西南夷列传》，第2842页。
⑤ 沈仲常、孙华：《关于四川船棺葬的族属问题》，《民族论丛》第2辑，第115—122、149页。
⑥ （宋）乐史撰，王文楚等点校：《太平寰宇记》卷120《黔州》，第2397页。
⑦ 邓少琴：《巴史新探》，《邓少琴西南民族史地论集》，成都：巴蜀书社，2001年，第1—40页。

关于奴人，很多学者以"奴"与"卢"音近，认为卢人即奴人。[①]卢人最早见于《尚书·牧誓》，为助周武王伐纣西土八部之一。春秋时卢与楚、罗毗邻，鲁桓公十三年（前 699 年），卢戎与罗国联军大败楚军，使楚将莫敖自缢于荒谷。[②]据《水经·沔水注》载襄阳"其土，古鄀、鄢、卢、罗之地"，又载中庐县"县即《春秋》卢戎之国"，杨守敬以中庐县在襄阳西南[③]，清顾栋高《春秋大事表》以庐为卢戎，在今湖北南漳县东南中庐镇[④]，杨伯峻以湖北南漳县中庐镇为卢戎地[⑤]，蒙默以中庐县在今襄阳市西南、南漳县东[⑥]，潘新藻以卢戎在今襄阳南次庐村，辖今襄阳南部和南漳北部[⑦]，则卢戎在襄阳、南漳间是可以肯定的。春秋时楚灭卢戎，部分卢戎留居原地，即桓谭《新论》所载"鼻饮之蛮"、"头飞之夷"[⑧]，刘珍《东观汉记》、范晔《后汉书》称为"骆越"[⑨]，部分卢人南迁成为巴国部族[⑩]。

奴（卢）人在巴国的分布，《华阳国志》载宕渠郡有卢城[⑪]，卢城为卢人聚居地，东晋宕渠郡卢城当因春秋时入迁的卢戎而得名。又《华阳国志·巴志》载巴东郡"有奴、獽、夷、蜑之蛮民"，则巴东郡也有奴（卢）人，巴东郡在今万州、开县、云阳县、奉节县一带。

6. 巴国境内的獽人及其分布

《华阳国志·巴志》载巴国部族有獽人。

獽人起源无考，可能为巴地当地居民，喜聚居于江河入口处。峡江地带历史上多有"瀼"字地名，"瀼"或即"獽"，这些地方可能为獽人居地。《水经注》

① 邓少琴：《巴史新探》，《巴蜀史迹探索》，第 1—51 页；邓少琴：《巴蜀史稿》，第 81 页；蒙文通：《巴蜀古史论述》，第 1—143 页；蒙默：《试论古代巴、蜀民族及其与西南民族的关系》，《贵州民族研究》1983 年第 4 期，第 46—58 页；沈仲常、孙华：《关于四川船棺葬的族属问题》，《民族论丛》第 2 辑，第 115—122、149 页。

② 杨伯峻编著：《春秋左传注》（修订本），第 137—138 页。

③ （北魏）郦道元注，（民国）杨守敬、熊会贞疏，段仲熙点校，陈桥驿复校：《水经注疏》，南京：江苏古籍出版社，1989 年，第 2371、2386 页。

④ （清）顾栋高辑，吴树平、李解民点校：《春秋大事表》卷 5，北京：中华书局，1993 年，第 598 页。

⑤ 杨伯峻编著：《春秋左传注》（修订本），第 137 页。

⑥ 蒙默：《试论古代巴、蜀民族及其与西南民族的关系》，《贵州民族研究》1983 年第 4 期，第 46—58 页。原文作"南潼"，考襄樊南只有南漳，"南潼"当为"南漳"，"潼"为"漳"之误。

⑦ 潘新藻：《湖北省建制沿革》，第 187 页。

⑧ （宋）李昉等撰：《太平御览》卷 737《方术部》，第 3270 页。

⑨ （东汉）刘珍等撰，吴树平校注：《东观汉记校注》，北京：中华书局，2008 年，第 351 页；（南朝·宋）范晔撰，（唐）李贤等注：《后汉书》卷 18《臧宫传》，第 693 页。

⑩ 邓少琴：《巴史新探》，《巴蜀史迹探索》，第 1—51 页；邓少琴：《巴蜀史稿》，第 81 页；蒙文通：《巴蜀史的问题》，《巴蜀古史论述》，第 1—143 页。

⑪ （晋）常璩著，刘琳校注：《华阳国志校注》（修订版），第 44 页。

载白帝山"东傍东瀼溪"①，瀼涂在今忠县涂井溪口②。峡江沿线还有以"瀼"为名的河流，如万州区有瀼渡溪，奉节县有东瀼溪，云阳县汤溪河有西瀼水、东瀼河名，巴东县龙船河又名西瀼溪，又有东瀼溪。宋峡江地带仍多"瀼"字地名，陆游《入蜀记》载有东瀼、西瀼、大瀼、泗瀼等名，"土人谓山间之流，通江者曰瀼"③，这些有瀼名的通江山涧河流沿线可能是獽人居地④。而以瀼为名的河流多有崖棺葬，如巫山大宁河泗瀼有崖棺；宋代獽人还实行崖葬，"遭丧，乃以竿悬布置其门庭，殡于别所，至其体骸燥，以木函盛，置于山穴中"⑤，棺置山穴即崖棺葬，因此渝鄂峡江地带的崖棺可能与獽人有关⑥。

巴国时獽人分布，《华阳国志》载涪陵郡"多獽、蜑之民"，"诸县北有獽、蜑"，巴东郡"有奴、獽、夷、蜑之蛮民"⑦，则獽人主要分布于峡江地带溪河与长江汇合处附近。

7. 巴国境内的夷人及其分布

《华阳国志·巴志》载巴国部族有夷人。

夷人，蒙默认为即唐夷子、元蚁子、明羿子，语言与仡佬语接近，夷人为濮人一支⑧；刘琳认为夷为巴人一支，即白虎夷或板楯蛮⑨，此说欠妥，板楯蛮为賨人，《华阳国志》"夷"与"賨"并列，则夷与板楯蛮有别；童恩正认为夷是与賨、獽相近的部族⑩。目前受材料所限，我们还难确认巴国夷人的起源和族属，夷人为巴国部族是可以肯定的。考虑到文献对夷人缺载，我们推测夷人可能和獽人一样为巴地本地部族，巴人迁入建国后，夷人与獽人一样成为巴国属民。

夷人在巴国境内的分布，据《华阳国志》载巴东郡"有奴、獽、夷、蜑之蛮民"，又涪陵郡"有蟾夷"，则夷人主要分布于渝东峡江地带。涪陵郡"蟾夷"当为夷人一支，有人以蟾夷即南北朝以后巴峡黔中"冉氏蛮"或明清以

---

① （北魏）郦道元著，（清）王先谦校：《合校水经注》，第491页。
② 邓少琴：《巴史再探》，《巴蜀史迹探索》，第52—90页。
③ （宋）陆游撰：《入蜀记》卷6，知不足斋本。
④ 董其祥：《古代的巴与越》，《巴史新考》，第8—33页；邓少琴：《巴史再探》，《巴蜀史迹探索》，第52—90页；邓少琴：《巴蜀史稿》，第80页。
⑤ （宋）乐史撰，王文楚等点校：《太平寰宇记》卷76《简州》，第1537页。
⑥ 林向：《川东峡江地区的崖葬》，中国民族学研究会编：《民族学研究》第4辑，第261—276页。
⑦ （晋）常璩著，刘琳校注：《华阳国志校注》（修订版），第37、40、33页。
⑧ 蒙默：《试论古代巴、蜀民族及其与西南民族的关系》，《贵州民族研究》1983年第4期，第46—58页。
⑨ （晋）常璩著，刘琳校注：《华阳国志校注》（修订版），第8页。
⑩ 童恩正：《古代巴境内民族考》，《思想战线》1979年第4期，第55—61页。

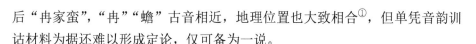

后"冉家蛮","冉""蟾"古音相近，地理位置也大致相合①，但单凭音韵训诂材料为据还难以形成定论，仅可备为一说。

8. 巴国境内的蜑人及其分布

《华阳国志·巴志》载巴国部族有蜑人。

蜑为南方族群，古属南蛮。巴地蜑人多认为与越族有关，如罗香林认为"蜑族原即越族遗裔"②，董其祥认为蜑属百越族一种③，李绍明认为蜑人属濮越族系④。《资治通鉴》载"（杨）素遣巴蜑千人，乘五牙四艘，以拍竿碎其十余舰，遂大破之"，胡三省注"蜑亦蛮，居巴中者曰巴蜑，此水蜑之习于用舟者"⑤，又《后山谈丛》载"舟居谓之蜑人"⑥，《桂海虞衡志》载"蜑，海上水居蛮"⑦，则蜑指南方水上舟居之人，本无族属之分。有学者对蜑名变迁及蜑民族属考证后认为，长江流域蜑人与沿海地区蜑人没有血缘关系，蜑与蛮同义，为泛称，不同地方蜑人族属不一定相同⑧，我们认为此说有理。因此巴地蜑人就是居住在巴地善于操舟的水居之人，他们本属本地，与长江下游及沿海越族没有关系。

巴国蜑人的分布，《华阳国志》载巴东郡"有奴、獽、夷蜑之蛮民"，涪陵郡"多獽、蜑之民"，"诸县北有獽、蜑"⑨，则巴东郡、涪陵郡有蜑人，主要分布在渝东和渝东南山岳丘陵一带⑩。巫山峡江一带在廪君巴人兴起前就有蜑人，世人称为"巫诞"，据说廪君还与巫蜑有关⑪，不管此说是否真实，也反映廪君巴、蜑人与水居环境是相关的。汉晋巴郡有蜑人，江州"结舫水居五百余家"⑫，这些结舫水居者也可称为蜑人⑬。又重庆长寿区原有公社名蜑

---

① （晋）常璩著，刘琳校注：《华阳国志校注》（修订版），第33、40、41页。
② 罗香林：《唐代蜑族考·上篇》，《国立中山大学文史学研究所月刊》1934年第2卷第2、3、4期合刊，第26页。
③ 董其祥：《古代的巴与越》，《巴史新考》，第8—33页。
④ 李绍明：《巴人与土家族》，李绍明、林向、徐南洲主编：《巴蜀历史·民族·考古·文化》，第93—104页。
⑤ （宋）司马光编著，（元）胡三省音注，标点资治通鉴小组校点：《资治通鉴》卷177《隋纪》，第5512页。
⑥ （宋）陈师道撰，李伟国点校：《后山谈丛》，北京：中华书局，2007年，第77页。
⑦ （宋）范成大撰，孔凡礼点校：《范成大笔记六种》，北京：中华书局，2002年，第160页。
⑧ 詹坚固：《试论蜑名变迁与蜑民族属》，《民族研究》2012年第1期，第81—91页。
⑨ （晋）常璩著，刘琳校注：《华阳国志校注》（修订版），第33、37、40页。
⑩ 董其祥：《巴子五姓考》，《巴史新考》，第66—77页。
⑪ 《世本·茆泮林辑本》，（汉）宋衷注，（清）秦嘉谟等辑：《世本八种》，第93页。
⑫ （晋）常璩撰，刘琳校注：《华阳国志校注》（修订版），第19页。
⑬ 邓少琴：《巴史再探》，《巴蜀史迹探索》，第52—90页。

市，可能与蜑人有关。①

此外，重庆巫山、奉节、云阳、巫溪、万州、忠县、石柱、涪陵、长寿、江北、巴南、綦江、四川达州等地有数量不等的岩椁墓，部分岩椁墓被称为"蛮子洞"、"蛮洞"②，说明这些岩椁墓主人为少数民族，他们应属巴人群体的组成部分，只是目前受材料限制，难以确定究竟属哪个部族。

三、巴国境内外来族群的分布

巴国时代也有部分外来族群因不同原因迁到巴地，成为巴地居民群体，这在一定程度上改变着巴地原有的族群构成与分布格局。西周至东周时期进入巴地的外来族群主要有蜀人、楚人、秦人等。

1. 蜀人在巴地的分布

春秋战国时期有部分蜀人迁入巴地。盛弘之《荆州记》载"建平信陵县有税氏。昔蜀王栾君王巴，蜀王见兵强，结好饮宴，以税氏五千人遗巴蜀廪君"③，又《路史·国名纪》载"蜀王以税氏五十遗廪君者。盛《荆州记》云：建平信陵，今有税氏"④。这里说蜀王栾君王巴蜀，可能反映的是巴、蜀联合抗楚之事，只是这两条文献并未载蜀王栾君会巴王廪君的时间。扬雄《蜀王本纪》载"蜀王据有巴蜀之地，本治广都樊乡，徙居成都"⑤，又《路史·余论》载"开明子孙八代都郫，九世至开明尚，始去帝号称王，治成都"⑥，则开明氏九世尚去帝号称王并都成都，蜀王栾君最早也当为开明十世，若以每代 29 年计算，则蜀王栾君时代最早约在公元前 385 年左右⑦，其时已是战国时期，当时有税氏蜀人东迁至今奉节、巴东一带。当时正值楚人大举西进之时，巴王廪君可能联蜀抗楚，因联盟以蜀王为首，后世学者以蜀王栾君王巴、蜀称之，实非蜀王真王巴蜀。至于蜀王栾君所见廪君，非巴族始祖廪君务相，而是务相若干代裔孙⑧，因其巴王身份故有廪君名号。

① 董其祥：《古代的巴与越》，《巴史新考》，第 8—33 页。
② 唐昌朴：《论四川岩椁墓的形成与族属》，《中南民族学院学报（哲学社会科学版）》1988 年第 1 期，第 43—50、119 页。
③ （清）王谟辑：《汉唐地理书钞》，第 325 页。
④ （宋）罗泌撰：《路史》，第 394 页。
⑤ （宋）乐史撰，王文楚等点校：《太平寰宇记》卷 72《益州》，第 1463 页。
⑥ （宋）罗泌撰：《路史》，第 168 页。
⑦ 周集云：《巴族史探微》，第 100 页。
⑧ 周集云：《巴族史探微》，第 99 页。

2. 楚人在巴地的迁徙与分布

巴国时代巴、楚间疆界变化较大，总体上巴国东部疆界逐渐向西退缩，楚国西部疆界则相应西进南移。迁入巴地的楚人成为巴地重要的居民群体。

楚人向巴地迁徙始于西周中期，楚雄挚入秭归建立夔国，此后楚国势力不断沿峡江向巴地扩张，楚人分布地也相应沿三峡水道由东向西扩展。西周中期至春秋早期，峡江地区秭归、宜昌、巴东等地为夔子国地，考古发现这些地区多有西周中期至春秋早期楚文化遗址，如巴东黎家沱[①]、雷家坪[②]、茅寨子[③]、团包[④]，秭归官庄坪[⑤]、柳林溪[⑥]、渡口[⑦]、庙湾[⑧]、庙坪[⑨]、何家坪[⑩]、缆子杆[⑪]、曲溪口[⑫]、白水河[⑬]，宜昌上磨垴[⑭]、黄土包、覃家沱[⑮]、周家湾[⑯]等，这些楚文化遗址是楚人在此区域内活动的直接证据。

春秋中期至战国早期楚国势力由西陵峡向瞿塘峡以东、巫峡及其以西地区扩张。瞿塘峡以东巫山地区春秋时楚文化遗址主要有巫山跳石[⑰]、培

---

① 山东大学考古系：《巴东黎家沱遗址发掘简报》，国务院三峡工程建设委员会办公室、国家文物局编著：《湖北库区考古报告集》（第一卷），第11—46页；中山大学人类学系、巴东县博物馆：《巴东黎家沱遗址2000年度发掘简报》，国务院三峡工程建设委员会办公室、国家文物局编著：《湖北库区考古报告集》（第一卷），第47—65页。
② 国务院三峡工程建设委员会办公室、国家文物局编著：《巴东雷家坪》，第100—111页。
③ 厦门大学历史系考古教研室：《巴东茅寨子遗址发掘报告》，国务院三峡工程建设委员会办公室、国家文物局编著：《湖北库区考古报告集》（第一卷），第101—133页。
④ 广东省文物考古研究所：《巴东团包遗址发掘简报》，国务院三峡工程建设委员会办公室、国家文物局编著：《湖北库区考古报告集》（第一卷），第153—167页。
⑤ 国务院三峡工程建设委员会办公室、国家文物局编著：《秭归官庄坪》，第117—501页。
⑥ 国务院三峡工程建设委员会办公室、国家文物局编著：《秭归柳林溪》，第177—222页。
⑦ 宜昌博物馆：《秭归渡口遗址发掘报告》，国务院三峡工程建设委员会办公室、国家文物局编著：《湖北库区考古报告集》（第一卷），第522—562页。
⑧ 宜昌博物馆：《秭归庙湾遗址发掘简报》，国务院三峡工程建设委员会办公室、国家文物局编著：《湖北库区考古报告集》（第六卷），第559—562页。
⑨ 湖北省文物考古研究所三峡考古队：《秭归庙坪遗址1995年试掘简报》，国务院三峡工程建设委员会办公室、国家文物局编著：《湖北库区考古报告集》（第一卷），第274—282页。
⑩ 湖北省文物考古研究所：《秭归贺家坪遗址发掘简报》，国务院三峡工程建设委员会办公室、国家文物局编著：《湖北库区考古报告集》（第一卷），第579—589页。
⑪ 宜昌博物馆：《秭归缆子杆遗址发掘简报》，国务院三峡工程建设委员会办公室、国家文物局编著：《湖北库区考古报告集》（第五卷），第157—173页。
⑫ 宜昌博物馆：《秭归曲溪口遗址发掘简报》，国务院三峡工程建设委员会办公室、国家文物局编著：《湖北库区考古报告集》（第一卷），第313—319页。
⑬ 宜昌博物馆：《秭归白水河遗址发掘简报》，国务院三峡工程建设委员会办公室、国家文物局编著：《湖北库区考古报告集》（第六卷），第441—462页。
⑭ 湖北省文物考古研究所：《宜昌上磨垴周代遗址发掘简报》，国务院三峡工程建设委员会办公室、国家文物局编著：《湖北库区考古报告集》（第一卷），第737—750页。
⑮ 湖北省博物馆：《宜昌覃家沱两处周代遗址的发掘》，《江汉考古》1985年第1期，第38—56页。
⑯ 湖北省文物考古研究所：《西陵峡北岸周家湾山岗遗址》，《江汉考古》1994年第1期，第60—64页。
⑰ 南京博物院考古研究所、巫山县文物管理所：《巫山跳石遗址发掘报告》，重庆市文物局、重庆市移民局编：《重庆库区考古报告集·1997卷》，第65—99页；南京博物院考古研究所、重庆市文化局、巫山县文物管理所：《巫山跳石遗址第二次发掘报告》，重庆市文物局、重庆市移民局编：《重庆库区考古报告集·1998卷》，第27—57页。

（碚）石①、上阳村②、蓝家寨③、涂家坝④、大溪⑤、水田湾墓地⑥、秀峰一中墓地⑦、塔坪墓地⑧、麦沱墓地⑨，奉节老关庙⑩、老油坊⑪、新浦⑫，云阳马沱墓地⑬等，这些遗址或墓地表明这些地方春秋中期至战国早期已有楚人活动。西陵峡一带属楚地，主要楚文化遗址有宜昌朱家台⑭、朱其沱⑮、路

① 南京博物院考古研究所、巫山县文物管理所：《巫山培石遗址第一次发掘报告》，重庆市文物局、重庆市移民局编：《重庆库区考古报告集·1999 卷》，第 59—79 页。
② 重庆市文物考古所、益阳市文物考古队、重庆市文物局，等：《巫山上阳村遗址发掘报告》，重庆市文物局、重庆市移民局编：《重庆库区考古报告集·2000 卷》，第 109—124 页。
③ 重庆市博物馆、湖南益阳市文物工作队、重庆巫山县文物管理所：《巫山蓝家寨遗址发掘报告》，重庆市文物局、重庆市移民局编：《重庆库区考古报告集·1998 卷》，第 103—118 页；重庆市文物考古所、湖南益阳市文物考古队、重庆市文物局，等：《巫山蓝家寨遗址发掘报告》，重庆市文物局、重庆市移民局编：《重庆库区考古报告集·2000 卷》，第 1—24 页。
④ 中山大学人类学系、重庆市文物局、巫山县文物管理所：《巫山涂家坝遗址发掘报告》，重庆市文物局、重庆市移民局编：《重庆库区考古报告集·2000 卷》，第 206—245 页；中山大学人类学系、重庆市文化局、巫山县文物管理所：《巫山涂家坝遗址发掘报告》，重庆市文物局、重庆市移民局编：《重庆库区考古报告集·2002 卷》，第 112—153 页。
⑤ 中国社会科学院考古研究所长江三峡工作队：《巫山大溪新石器时代至清代遗址》，中国考古学会编：《中国考古学年鉴 1995》，第 215—216 页；邹厚曦、白九江：《巫山大溪遗址再次发掘发现丰富遗存》，《中国文物报》2002 年 5 月 10 日，第 1 版。
⑥ 重庆市文物考古所、武汉市文物考古研究所、重庆市文物局，等：《巫山水田湾东周两汉墓葬发掘简报》，重庆市文物局、重庆市移民局编：《重庆库区考古报告集·2000 卷》，第 125—145 页。
⑦ 河南省文物考古研究所、重庆市文物局、巫山县文物管理所：《巫山秀峰一中战国两汉墓地发掘报告》，重庆市文物局、重庆市移民局编：《重庆库区考古报告集·2000 卷》，第 177—205 页。
⑧ 白九江：《从三峡地区的考古发现看楚文化的西进》，《江汉考古》2006 年第 1 期，第 51—64 页。
⑨ 重庆市文化局、湖南省文物考古研究所、巫山县文物管理所：《巫山麦沱古墓群第二次发掘报告》，重庆市文物局、重庆市移民局编：《重庆库区考古报告集·1998 卷》，第 119—147 页；湖南省文物考古研究所、重庆市文物考古所、巫山县文物管理所：《巫山麦沱墓地第四次发掘报告》，重庆市文物局、重庆市移民局编：《重庆库区考古报告集·2002 卷》，第 72—109 页。
⑩ 吉林大学考古学系：《四川奉节老关庙遗址第一、二次发掘》，《江汉考古》1999 年第 3 期，第 7—13 页；吉林大学考古学系、四川省文物考古研究所：《奉节县老关庙遗址第三次发掘》，四川省考古研究所编：《四川考古报告集》，第 11—40 页；代玉彪：《老关庙下层文化研究》，吉林大学硕士学位论文，2009 年。
⑪ 重庆市文物局、重庆市移民局编：《奉节新浦与老油坊》，北京：科学出版社，2010 年，第 71—122 页；吉林大学考古学系、重庆市文化局、白帝城博物馆：《奉节老油坊遗址考古发掘报告》，重庆市文物局、重庆市移民局编：《重庆库区考古报告集·1998 卷》，第 256—275 页；吉林大学边疆考古研究中心、重庆市文物局、奉节县白帝城文物管理所：《奉节老油坊遗址 2001 年发掘报告》，重庆市文物局、重庆市移民局编：《重庆库区考古报告集·2001 卷》，第 322—336 页。
⑫ 吉林大学考古学系：《四川奉节县新浦遗址发掘报告》，《考古》1999 年第 1 期，第 40—52 页；吉林大学考古学系、奉节县白帝城文物管理所：《奉节新浦遗址发掘报告》，重庆市文物局、重庆市移民局编：《重庆库区考古报告集·1998 卷》，第 239—255 页；吉林大学边疆考古研究中心、重庆市文物局：《奉节新浦遗址发掘简报》，重庆市文物局、重庆市移民局编：《重庆库区考古报告集·2000 卷》，第 634—646 页；吉林大学边疆考古研究中心、重庆市文物局、奉节县白帝城文物管理所：《奉节新浦遗址 2001 年发掘报告》，重庆市文物局、重庆市移民局编：《重庆库区考古报告集·2001 卷》，第 310—321 页。
⑬ 郑州市文物考古研究所、重庆市文物局、云阳县文物保护管理所：《云阳马沱墓地 2001 年度发掘报告》，重庆市文物局、重庆市移民局编：《重庆库区考古报告集·2001 卷》，第 626—681 页；郑州市文物考古研究所、云阳县文物保护管理所：《云阳马沱墓地发掘报告》，重庆市文物局、重庆市移民局编：《重庆库区考古报告集·2002 卷》，第 371—406 页。
⑭ 鄂博三峡考古队第三组：《宜昌县朱家台遗址试掘》，《江汉考古》1989 年第 2 期，第 22—26 页。
⑮ 三峡考古队：《宜昌朱其沱遗址发掘简报》，《江汉考古》1994 年第 1 期，第 56—59 页。

家河①、小溪口②、秭归龚家大沟③、何家大沟④、沙包岭墓地⑤、官庄坪⑥、河坎上⑦、张家坪⑧、砂罐岭⑨、兴山甘家坡⑩、巴东茅寨子湾⑪、西瀼口墓地⑫、旧县坪⑬、学堂包⑭、宋家墣⑮、吴家坝⑯、龙王庙⑰、仁家坪⑱、高桅子⑲、四

---

① 长江水利委员会编著：《宜昌路家河——长江三峡考古发掘报告》，第9—128页。

② 湖北省文物考古研究所：《宜昌县小溪口遗址发掘简报》，《江汉考古》1994年第1期，第65—68页。

③ 湖北省博物馆考古部：《秭归龚家大沟遗址的调查试掘》，《江汉考古》1984年第1期，第3—20页。

④ 广东省文物考古研究所：《秭归何家大沟遗址的发掘》，国务院三峡工程建设委员会办公室、国家文物局编著：《湖北库区考古报告集》（第三卷），第105—159页。

⑤ 潜江市博物馆：《秭归何家岭沙包岭墓地发掘简报》，国务院三峡工程建设委员会办公室、国家文物局编著：《湖北库区考古报告集》（第五卷），第402—433页。

⑥ 国务院三峡工程建设委员会办公室、国家文物局编：《秭归官庄坪》，第117—501页；湖北省博物馆：《秭归官庄坪遗址试掘简报》，《江汉考古》1984年第3期，第19—34页。

⑦ 湖北省文物考古研究所：《秭归河坎上遗址发掘简报》，国务院三峡工程建设委员会办公室、国家文物局编著：《湖北库区考古报告集》（第二卷），第319—350页。

⑧ 湖北省宜昌博物馆：《秭归张家坪遗址发掘的报告》，国务院三峡工程建设委员会办公室、国家文物局编著：《湖北库区考古报告集》（第二卷），第436—460页。

⑨ 湖北省文物考古研究所：《秭归县砂罐岭遗址发掘简报》，国务院三峡工程建设委员会办公室、国家文物局编著：《湖北库区考古报告集》（第四卷），第430—457页。

⑩ 咸宁市博物馆：《兴山县甘家坡遗址发掘简报》，国务院三峡工程建设委员会办公室、国家文物局编著：《湖北库区考古报告集》（第四卷），第494—515页；宜昌地区博物馆、兴山县王昭君纪念馆：《兴山县古文化遗址调查简报》，《江汉考古》1987年第1期，第11—13页。

⑪ 厦门大学历史系考古教研室：《巴东茅寨子遗址发掘报告》，国务院三峡工程建设委员会办公室、国家文物局编著：《湖北库区考古报告集》（第一卷），第101—133页；湖北省文物考古研究所：《巴东茅寨子湾遗址的第二次发掘》，国务院三峡工程建设委员会办公室、国家文物局编著：《湖北库区考古报告集》（第三卷），第428—516页。

⑫ 黑龙江省文物考古研究所：《巴东西瀼口墓群发掘报告》，国务院三峡工程建设委员会办公室、国家文物局编著：《湖北库区考古报告集》（第二卷），第220—236页。

⑬ 国务院三峡工程建设委员会办公室、国家文物局编著：《巴东旧县坪》，第20—60、721—734页。

⑭ 湖北省文物考古研究所：《巴东学堂包遗址发掘简报》，国务院三峡工程建设委员会办公室、国家文物局编著：《湖北库区考古报告集》（第二卷），第245—251页。

⑮ 黄冈市博物馆：《巴东宋家墣遗址发掘简报》，国务院三峡工程建设委员会办公室、国家文物局编著：《湖北库区考古报告集》（第五卷），第72—85页。

⑯ 襄樊市文物考古研究所：《巴东县吴家坝遗址（西区）2006年发掘报告》，国务院三峡工程建设委员会办公室、国家文物局编著：《湖北库区考古报告集》（第四卷），第256—307页；湖南省怀化市博物馆：《巴东县吴家坝遗址发掘报告》，国务院三峡工程建设委员会办公室、国家文物局编著《湖北库区考古报告集》（第四卷），第308—332页；怀化市博物馆：《巴东吴家坝遗址2006年发掘报告》，国务院三峡工程建设委员会办公室、国家文物局编著：《湖北库区考古报告集》（第六卷），第99—124页；岳阳市文物考古研究所、巴东县博物馆：《巴东吴家坝遗址2006年发掘简报》，国务院三峡工程建设委员会办公室、国家文物局编著：《湖北库区考古报告集》（第六卷），第125—144页。

⑰ 黄石市博物馆：《巴东龙王庙遗址发掘简报》，国务院三峡工程建设委员会办公室、国家文物局编著：《湖北库区考古报告集》（第三卷），第234—245页。

⑱ 岳阳市文物考古研究所：《巴东仁家坪遗址2002年发掘简报》，国务院三峡工程建设委员会办公室、国家文物局编著：《湖北库区考古报告集》（第三卷），第398—406页。

⑲ 湖北省文物考古研究所纪南城工作站：《巴东高桅子遗址发掘报告》，国务院三峡工程建设委员会办公室、国家文物局编著：《湖北库区考古报告集》（第二卷），第66—85页；鄂州市博物馆三峡考古队：《巴东县高桅子遗址2005年发掘简报》，国务院三峡工程建设委员会办公室、国家文物局编著：《湖北库区考古报告集》（第四卷），第153—165页。

季坪①、店子头②等，这些遗址表明春秋中期至战国早期鄂西峡江地带也有楚人分布。

战国中晚期楚人继续沿峡江西进，至秦孝公元年（前 361 年）"楚自汉中，南有巴、黔中"③，楚威王时"使将军庄蹻将兵循江上，略巴、黔中以西"④，楚国连续的西征也使部分巴人西迁至忠县以东峡江地带。在巫山陈家包墓地⑤、瓦岗槽墓地⑥、大水田⑦、冬瓜包⑧、琵琶洲⑨、奉节宝塔坪⑩、上关（瞿塘关）⑪、鱼复浦⑫、陈家坪⑬，云阳打望包墓地⑭、李家坝⑮、故陵墓地⑯、旧县坪⑰、富衣

① 湖北省文物考古研究所：《巴东四季坪遗址发掘简报》，国务院三峡工程建设委员会办公室、国家文物局编著：《湖北库区考古报告集》（第二卷），第 187—191 页。
② 湖北省文物考古研究所：《巴东店子头遗址发掘简报》，国务院三峡工程建设委员会办公室、国家文物局编著：《湖北库区考古报告集》（第二卷），第 35—45 页。
③ （汉）司马迁撰：《史记》卷 5《秦本纪》，第 202 页。
④ （汉）司马迁撰：《史记》卷 116《西南夷列传》，第 2993 页。
⑤ 汪伟：《巫山县陈家包战国至六朝时期墓群》，中国考古学会编：《中国考古学年鉴 2014》，第 367 页。
⑥ 南京博物院考古研究所、重庆市博物馆、巫山县文管所：《巫山瓦岗槽墓地发掘报告》，重庆市文物局、重庆市移民局编：《重庆库区考古报告集·1998 卷》，第 148—171 页；武汉市文物考古研究所、重庆市文物局、巫山县文物管理所：《巫山瓦岗槽墓地 2001 年度考古发掘报告》，重庆市文物局、重庆市移民局编：《重庆库区考古报告集·2001 卷》，第 151—180 页。
⑦ 代玉彪、白九江：《巫山县大水田新石器时代至宋代遗址》，中国考古学会编：《中国考古学年鉴 2015》第 281 页。
⑧ 南京博物院考古研究所、重庆市文物局、巫山县文物管理所：《巫山冬瓜包遗址发掘报告》，重庆市文物局、重庆市移民局编：《重庆库区考古报告集·2001 卷》，第 48—70 页。
⑨ 中国社会科学院考古研究所三峡工作队：《巫山琵琶洲遗址发掘报告》，重庆市文物局、重庆市移民局编：《重庆库区考古报告集·1998 卷》，第 172—188 页。
⑩ 吉林大学边疆考古研究中心、重庆市文物局、奉节县文物管理所：《奉节宝塔坪墓群战国汉代墓葬发掘报告》，重庆市文物局、重庆市移民局编：《重庆库区考古报告集·2000 卷》，第 514—526 页；重庆市文物局、重庆市移民局编：《奉节宝塔坪》，北京：科学出版社，2010 年，第 27—93 页。
⑪ 重庆市文物考古所：《奉节上关遗址发掘报告》，重庆市文物局、重庆市移民局编：《重庆库区考古报告集·1998 卷》，第 276—298 页；重庆市文物考古研究所：《奉节瞿塘关遗址发掘报告》，重庆市文物局、重庆市移民局编：《重庆库区考古报告集·1999 卷》，第 202—234 页。
⑫ 中国历史博物馆、内蒙古文物考古研究所、重庆市文物局，等：《奉节鱼复浦遗址 2001 年发掘报告》，重庆市文物局、重庆市移民局编：《重庆库区考古报告集·2001 卷》，第 525—552 页。
⑬ 吉林大学边疆考古研究中心、重庆市文化局、奉节县白帝城文物管理所：《奉节陈家坪遗址发掘报告》，重庆市文物局、重庆市移民局编：《重庆库区考古报告集·2002 卷》，第 235—255 页。
⑭ 邹后曦、龚玉龙：《云阳县打望包战国至六朝墓群》，中国考古学会编：《中国考古学年鉴 2014》，第 367 页。
⑮ 四川大学历史文化学院考古系、云阳县文物管理所：《云阳李家坝遗址发掘报告》，重庆市文物局、重庆市移民局编：《重庆库区考古报告集·1997 卷》，第 209—243 页；四川大学历史文化学院考古系、云阳县文物管理所：《云阳李家坝东周墓地发掘报告》，重庆市文物局、重庆市移民局编：《重庆库区考古报告集·1997 卷》，第 244—288 页；四川大学历史文化学院考古系、云阳县文物管理所：《云阳李家坝巴人墓地发掘报告》，重庆市文物局、重庆市移民局编：《重庆库区考古报告集·1998 卷》，第 348—387 页。
⑯ 中国历史博物馆故陵考古队、云阳县文物管理所：《云阳故陵楚墓发掘报告》，重庆市文物局、重庆市移民局编：《重庆库区考古报告集·1998 卷》，第 389—415 页。
⑰ 黑龙江省文物考古研究所：《云阳县旧县坪遗址发掘报告》，重庆市文物局、重庆市移民局编：《重庆库区考古报告集·1998 卷》，第 416—453 页；吉林省文物考古研究所三峡工作队、云阳县文物管理所：《云阳旧县坪遗址 1999 年发掘报告》，重庆市文物局、重庆市移民局编：《重庆库区考古报告集·2002 卷》，第 1377—1412 页。

井墓地①、张家嘴墓地②，万州曾家溪墓地③、王家沱④、麻柳沱⑤、忠县半边街（崖脚）⑥，罗家桥⑦等遗址或墓地发现大量以鼎、敦、壶为基本组合楚文化遗物，即是楚人西进后留下的，只是这次西进维持时间不长⑧。战国晚期楚人向西扩展到石柱、涪陵一带，在石柱砖瓦溪墓地⑨、涪陵蔺市⑩、镇安等遗址战国晚期遗存中含有楚文化因素，这些楚文化也是楚人西进此地后留下的。

战国时期楚国势力不仅扩展到巴地，甚至还远及蜀地。在四川新都九连墩⑪、荥经曾家沟⑫、青川郝家坪⑬等地战国中期或稍晚墓葬中施用白膏泥，陶器鼎、盒、壶组合及漆耳杯等楚文化特征明显。战国晚期蜀地楚文化应是楚人通过部族迁徙、上层人物往来等形式传入的。

春秋时期楚国势力不断南进，公元前477年巴、楚鄾之战后，"楚主夏盟，

① 邵星积、龚玉龙：《云阳县富衣井战国及西汉墓群》，中国考古学会编：《中国考古学年鉴2015》，第282—283页。
② 邵星积、刘继东：《云阳县张家嘴战国及东晋墓群》，中国考古学会编：《中国考古学年鉴2015》，第283页。
③ 镇江博物馆、重庆市文化局、重庆市文物考古所，等：《万州曾家溪墓地考古发掘报告》，重庆市文物局、重庆市移民局编：《重庆库区考古报告集·2001卷》，第979—1019页。
④ 重庆市博物馆、上海大学文物考古研究中心、重庆市文化局，等：《万州王家沱遗址发掘报告》，重庆市文物局、重庆市移民局编：《重庆库区考古报告集·1999卷》，第451—477页。
⑤ 上海大学文物考古研究中心、万州区文物管理所：《万州麻柳沱遗址发掘报告》，重庆市文物局、重庆市移民局编：《重庆库区考古报告集·1997卷》，第381—420页；重庆市博物馆、万州区文管所、复旦大学文博系：《万州麻柳沱遗址发掘报告》，重庆市文物局、重庆市移民局编：《重庆库区考古报告集·1998卷》，第539—558页；重庆市博物馆、复旦大学文博系：《万州麻柳沱遗址考古发掘报告》，重庆市文物局、重庆市移民局编：《重庆库区考古报告集·1999卷》，第498—523页。
⑥ 北京大学考古文博学院三峡考古队、重庆市忠县文物管理所：《忠县崖脚墓地发掘报告》，重庆市文物局、重庆市移民局编：《重庆库区考古报告集·1998卷》，第679—734页；北京大学考古文博学院三峡考古队、重庆市文物局、忠县文物保护管理所：《忠县㳠井沟遗址群崖脚（半边街）墓地发掘报告》，重庆市文物局、重庆市移民局编：《重庆库区考古报告集·2000卷》，第905—963页；北京大学考古文博学院三峡考古队、重庆忠县文物保护管理所：《忠县㳠井沟遗址群崖脚（半边街）墓地1999年度发掘报告》，重庆市文物局、重庆市移民局编：《重庆库区考古报告集·2002卷》，第1413—1484页。
⑦ 成都市文物考古工作队、重庆市文物局、忠县文物管理所：《忠县罗家桥遗址2001年度发掘报告》，重庆市文物局、重庆市移民局编：《重庆库区考古报告集·2001卷》，第1547—1566页；成都市文物考古研究所、忠县文物管理所：《忠县罗家桥遗址发掘报告》，重庆市文物局、重庆市移民局编《重庆库区考古报告集·2002卷》，第956—977页。
⑧ 白九江：《从三峡地区的考古发现看楚文化的西进》，《江汉考古》2006年第1期，第51—64页。
⑨ 陕西省考古研究所、重庆市文物局、石柱土家族自治县文物管理所：《石柱砖瓦溪墓地发掘报告》，重庆市文物局、重庆市移民局编：《重庆库区考古报告集·2001卷》，第1488—1526页。
⑩ 重庆市文物考古所、涪陵区文物管理所：《涪陵蔺市遗址发掘简报》，重庆市文物局、重庆市移民局编：《重庆库区考古报告集·1998卷》，第813—833页；重庆市文物考古研究所、涪陵区博物馆：《2000年度涪陵蔺市遗址发掘报告》，重庆市文物局、重庆市移民局编：《重庆库区考古报告集·2002卷》，第1633—1715页。
⑪ 四川省博物馆、新都县文物管理所：《四川新都战国木椁墓》，《文物》1981年第6期，第1—16页；沈仲常：《新都战国木椁墓与楚文化》，《文物》1981年第6期，第26—28页。
⑫ 四川省文官会、雅安地区文化馆、荥经县文化馆：《四川荥经曾家沟战国墓群第一、二次发掘》，《考古》1984年第12期，第1072—1084页。
⑬ 四川省博物馆、青川县文化馆：《青川县出土秦更修田律木牍——四川青川县战国墓发掘简报》，《文物》1982年第1期，第1—21页。

秦擅西土"①，西陵峡东口、江汉平原西部当阳、荆门、江陵、宜都、枝江、松滋等地为楚人所据。公元前 377 年巴、楚疆界西退至很山捍关一带，捍关以东山地及平原尽成楚地。此后楚国在清江流域继续向西扩张，楚文化也传播到清江流域，长阳香炉石遗址东周遗存中的陶器鬲、罐、盂、豆等楚文化遗物②，是战国时期楚人进入清江流域的考古实物证据。

楚人进入湘西是从北向南逐步推进的，今澧县姑儿山③、石门县二都④、古城堤⑤、慈利县石板村⑥等地发现有春秋晚期楚墓、城址，而湘西其他地方东周楚人遗迹时间大都在战国时期，如澧水流域临澧县九里乡战国楚墓群⑦，慈利县白公城战国遗址、官地墓地战国早中期楚墓⑧，张家界市土门岗、北正街、龙盘岗等地的战国楚墓群⑨；沅水流域有常德德山战国初期楚墓⑩，桃源县三元村战国中期楚墓⑪，沅陵县五强溪镇木形山、太常乡窑头村⑫战国中期至晚期楚墓，泸溪县浦市镇桐木垅战国早期中期楚墓⑬，辰溪县城郊米家滩战国初期至中期楚墓⑭，溆浦马田坪战国中期楚墓群⑮，马田坪乡高低村战国楚

① （晋）常璩著，刘琳校注：《华阳国志校注》（修订版），第 9 页。
② 湖北省清江隔河岩考古队：《湖北清江香炉石遗址的发掘》，《文物》1995 年第 9 期，第 4—28 页。
③ 贺刚：《临澧县姑儿山战国墓群》，中国考古学会编：《中国考古学年鉴 1986》，北京：文物出版社，1988 年，第 176—177 页。
④ 席道合、潘能艳、龙西斌：《石门县二都东周遗址》，中国考古学会编：《中国考古学年鉴 1992》，第 276 页。
⑤ 湖南省博物馆：《湖南石门县古城堤城址试掘》，《考古》1964 年第 2 期，第 104—105 页。
⑥ 吴顺东：《慈利县十板楚汉墓》，中国考古学会编：《中国考古学年鉴 2004》，第 281—283 页，此文中"十板"为"石板"的误写。
⑦ 湖南省文物考古研究所：《临澧九里双峰包南包大墓发掘简报》，湖南省文物考古研究所、湖南省考古学会编：《湖南考古辑刊》第 6 集，第 97—106 页；湖南省博物馆、常德地区文物工作队：《临澧九里楚墓发掘报告》，湖南省博物馆、湖南省考古学会编：《湖南考古辑刊》第 3 集，第 87—111 页。
⑧ 向桃初：《慈利白公城遗址》，中国考古学会编：《中国考古学年鉴 1994》，第 246—247 页；高中晓、袁家荣：《湖南慈利官地战国墓》，湖南省博物馆、湖南省考古学会编：《湖南考古辑刊》第 2 集，第 78—80、86 页。
⑨ 贺刚、宋谋军：《大庸市城区战国至明代墓葬》，中国考古学会编《中国考古学年鉴 1987》，第 220 页。
⑩ 湖南博物馆：《湖南常德德山楚墓发掘报告》，《考古》1963 年第 9 期，第 461—473、479 页。
⑪ 常德地区文物工作队、桃源县文化局：《桃源三元村一号楚墓》，湖南省文物考古研究所、湖南省考古学会编：《湖南考古辑刊》第 4 集，第 22—32 页。
⑫ 湖南省文物考古研究所：《沅陵木形山战国墓发掘简报》，湖南省文物考古研究所、湖南省考古学会编：《湖南考古辑刊》第 6 集，第 92—96 页；郭伟民：《沅陵太常楚汉墓葬》，中国考古学会编《中国考古学年鉴 1991》，第 254 页；胡建军、郭伟民：《沅陵木马岭战国西汉墓葬》，中国考古学会编《中国考古学年鉴 1992》，第 279—280 页；郭伟民、胡建军：《沅陵县窑头东周城址及战国西汉墓葬》，中国考古学会编：《中国考古学年鉴 1993》，第 210—211 页；胡建军：《沅陵县大洋山楚墓和窑头战国城址》，中国考古学会编：《中国考古学年鉴 2004》，第 284—285 页。
⑬ 湘西自治州文物管理处、泸溪县文管所：《泸溪桐木垅战国汉墓发掘报告》，湖南省文物考古研究所、湖南省考古学会编：《湖南考古 2002》，第 254—288 页。
⑭ 怀化地区文物工作队、辰溪县文化局：《米家滩战国墓发掘报告》，湖南省文物考古研究所、湖南省考古学会编：《湖南考古辑刊》第 4 集，第 33—47 页。
⑮ 湖南省博物馆、怀化地区文物工作队：《湖南溆浦马田坪战国西汉墓发掘报告》，湖南省博物馆、湖南省考古学会编：《湖南考古辑刊》第 2 集，第 38—69 页。

墓群①，江口镇战国楚墓群②，洪江市沙湾乡老屋背战国中晚期城址③，安江镇南（兰）头坡、黔城镇牛头湾、托口镇大塘岭等地战国楚墓④，中方县中方镇竹子园、荆坪⑤等地战国中晚期楚墓，麻阳县城东新区战国时期楚墓群⑥；酉水流域有古丈县西河镇沙湾⑦、白鹤湾⑧等地战国早期至晚期楚墓群，永顺县王村战国晚期楚墓⑨，保靖县四方城战国楚墓群⑩，龙山县里耶镇李拐堡、麦茶等地战国楚墓群⑪等。此外，湘西北澧县、临澧、石门、慈利、常德、桃源、溆浦、沅陵、辰溪等地发现的 14 座楚城遗址⑫，其时代大多也在战国时期。黔东天柱县坡脚遗址⑬、锦屏县亮江遗址⑭战国时期遗存中也发现有楚文化因素，表明战国时期这些地方也有楚人活动。湘西、黔东这些楚墓、楚城说明战国时期有许多楚人迁入澧水、沅水、酉水一带，这些地域在楚为黔中郡地。

战国末期楚国疆域最大时"南卷沅、湘，北绕颍、泗，西包巴、蜀，东

① 怀化地区文物工作队、溆浦县文化局：《溆浦县高低村春秋战国墓清理简报》，湖南省文物考古研究所、湖南省考古学会编：《湖南考古辑刊》第 5 集，1989 年《求索》增刊，第 46—51 页。
② 溆浦县文化局：《溆浦江口战国西汉墓》，湖南省博物馆、湖南省考古学会编：《湖南考古辑刊》第 3 集，第 112—119 页。
③ 莫林恒、田云国：《洪江市老屋背商周至秦汉时期遗址》，中国考古学会编：《中国考古学年鉴 2013》，第 343—344 页。
④ 杨祖沛：《黔阳县兰头坡战国墓群》，中国考古学会编：《中国考古学年鉴 1989》，第 213 页；舒禹钧：《黔阳县黔城南头坡战国墓》，中国考古学会编：《中国考古学年鉴 1993》，第 211 页；向开旺：《黔阳县黔城牛头湾战国墓》，中国考古学会编：《中国考古学年鉴 1997》，北京：文物出版社，1999 年，第 203 页；尹检顺：《洪江市托口电站大塘岭战国墓群》，中国考古学会编：《中国考古学年鉴 2013》，第 344 页。
⑤ 《中方县竹子园战国至西汉时期墓群》，中国考古学会编：《中国考古学年鉴 2014》，第 351—352 页；盛伟：《中方县荆坪战国至西汉墓葬》，中国考古学会编：《中国考古学年鉴 2015》，第 260—261 页。
⑥ 胡建军：《麻阳县城东新区商周时期遗址及战国两汉墓葬》，中国考古学会编：《中国考古学年鉴 2009》，第 348—349 页。
⑦ 周密：《古丈县河西沙湾战国及两汉墓葬》，中国考古学会编：《中国考古学年鉴 1994》，第 245—246 页。
⑧ 湖南省博物馆、湘西土家族苗族自治州文物工作队：《古丈白鹤湾楚墓》，《考古学报》1986 年第 3 期，第 339—360 页；湘西自治州文物管理处、古丈县文物管理所：《古丈县白鹤湾战国西汉墓发掘报告》，湖南省文物考古研究所、湖南省考古学会编：《湖南考古 2002》，第 147—173 页。
⑨ 永顺县文物管理所：《永顺县王村战国两汉墓清理简报》，湖南省文物考古研究所、湖南省考古学会编：《湖南考古 2002》，第 463—469 页。
⑩ 湘西土家族苗族自治州文物工作队：《湘西保靖县四方城战国墓》，湖南省博物馆、湖南省考古学会编：《湖南考古辑刊》第 3 集，第 122—126 页；湘西自治州文物管理处、保靖县文物管理所：《保靖四方城战国汉代墓葬发掘报告》，湖南省文物考古研究所、湖南省考古学会编：《湖南考古 2002》，第 174—224 页。
⑪ 湘西自治州文物管理处、湘西自治博物馆、龙山县文物管理所：《龙山县里耶镇李拐堡战国墓》，湖南省文物考古研究所、湖南省考古学会编：《湖南考古 2002》，第 126—146 页；柴焕波：《湘西里耶战国秦汉城址及墓葬》，中国考古学会编：《中国考古学年鉴 2004》，第 285—286 页。
⑫ 曹传松：《湘西北楚城调查与探讨——兼谈有关楚史几个问题》，楚文化研究会编：《楚文化研究论集》第 2 集，武汉：湖北人民出版社，1991 年，第 177—190 页。
⑬ 于孟洲、白彬：《天柱县坡脚新石器时代及战国秦汉宋代遗址》，中国考古学会编：《中国考古学年鉴 2010》，第 391—392 页。
⑭ 宋先世：《锦屏县亮江战国时期兵器》，中国考古学会编：《中国考古学年鉴 1994》，第 266 页。

襄郢、淮"①，向西扩展到巴蜀之地，向南据有沅江之地，考古发现的楚文化
遗址、遗迹也证实了这一点，应该说《淮南子》对战国末期楚国西部、西南
部疆界的描述还是有历史依据的。

　　3. 秦人在巴地的分布

　　楚国向西推进、侵夺巴国疆土时，秦国也自北向南、由西向东向巴国境
内扩张。秦昭襄王二十七年（前 280 年）"又使司马错发陇西，因蜀攻楚黔中，
拔之"，《史记正义》载黔中"今黔府也"②，"黔府"即唐黔中道，治今重庆彭水
县。秦昭襄王三十年（前 277 年）"蜀守若伐楚，取巫郡，及江南为黔中郡"，《史
记正义》引《括地志》载"巫郡在夔州东百里"，又载"黔中故城在辰州沅陵县
西二十里。江南，今黔府亦其地也"③，则公元前 277 年秦基本控制了巴国全部
疆土，并于江州建立完整意义上的巴郡④，其间或稍后有少量秦人迁入巴地。

　　战国末期至秦涪陵一带有秦人活动。涪陵小田溪巴王族墓曾出土四穿长
胡内刃戈 1 件，上有铭文"廿六年蜀月武造，东工师宦，丞业，工□"，其字
体与秦统一六国前后略同。学者们对铭文反映的青铜戈铸造时间认识不统一：
一说在秦始皇二十六年（前 221 年）⑤，一说在秦厉共公二十六年（前 451 年）⑥，
一说在秦昭王二十六年（前 281 年）⑦。尽管在铜戈铸造时间上有分歧，但对秦
戈属性均无异议，这件铜戈应是秦人东征或戍守巴地的遗物。此外，涪陵镇安遗
址战国秦汉墓葬有秦式陶瓮、铜戈、半两钱币、蒜头壶等秦文化遗物，陶器均为
日用器皿，铜器都是生活用具和兵器⑧，这些随葬物品也是涪陵秦人遗物。

　　战国晚期万州、忠县、云阳等地也有秦人活动。万州区武陵镇梁上墓地
战国晚期秦墓 M8 中陶器有秦人典型器物仿铜礼器蒜头壶 1 件、秦国大篆文印
章 1 枚、秦半两钱 4 枚⑨，表明战国晚期武陵镇附近有秦人活动。这些秦人居

① 刘文典撰，冯逸、乔华点校：《淮南鸿烈集解》，北京：中华书局，1989 年，第 497 页。
② （汉）司马迁撰：《史记》卷 5《秦本纪》，第 213、215 页。
③ （汉）司马迁撰：《史记》卷 5《秦本纪》，第 213、216 页。
④ 朱圣钟：《秦巴郡设置时间考辨——兼论秦巴郡政区的形成》，中国先秦史学会、重庆中国三峡博物
　馆编：《长江三峡古文化学术研讨会暨中国先秦史学会第九届会论文集》，第 774—779 页。
⑤ 于豪亮：《四川涪陵的秦始皇二十六年铜戈》，《考古》1976 年第 1 期，第 22—23、21 页。
⑥ 王家祐、王子岗：《涪陵出土的巴文物与川东巴国》，四川大学学报编辑部编：《四川大学学报丛刊》
　第 5 辑，第 166—169、164 页。
⑦ 徐中舒、唐弘嘉：《古代楚蜀的关系》，《文物》1981 年第 6 期，第 17—25 页；段渝、谭晓钟：《涪
　陵小田溪战国墓及所见之巴、楚、秦关系诸问题》，《四川文物》1991 年第 2 期，第 3—9 页。
⑧ 北京市文物研究所三峡考古队、重庆市涪陵区博物馆：《涪陵镇安遗址发掘报告》，重庆市文物局、
　重庆市移民局编：《重庆库区考古报告集·1998 卷》，第 747—785 页。
⑨ 杨群：《秦巴文化的关系考古学新证据——重庆万州梁上墓群 M8 战国秦人墓浅析》，重庆市文物考
　古所、重庆文化遗产保护中心编：《"早期中国的文化交流与互动——以长江三峡库区为中心"学术
　研讨会论文集》，第 100—114 页。

处巴地，因此秦墓中也有巴人器物，如梁上墓地 M8 陶釜与忠县老鸹冲、忠县崖脚、万州中坝子、云阳李家坝等墓地巴人墓同类器物相似①，说明巴地秦人也用巴人器物作炊器，则战国晚期忠县、万州、云阳等地都有秦人分布。

四川广元宝轮镇、重庆九龙坡铜罐驿战国时也有秦人活动。宝轮院、冬笋坝巴人墓出土有秦半两钱，而秦半两钱多集中在秦对外战争的战略要地②，若据此则宝轮镇宝轮院、九龙坡铜罐驿皆为秦战略要地，必有秦人驻守，秦半两钱当是秦人遗物。

湘西张家界、古丈、溆浦等地战国时期也有秦人活动。古丈县白鹤湾曾发现秦墓 1 座，溆浦县马田坪、丰收等地发现秦墓 3 座，张家界市发现秦墓 3 座③，辰溪县米家滩发现战国秦墓 2 座④，这些秦墓应是战国至秦代为官或从军入迁湘西的秦人遗物，这些地方在秦先属黔中郡，后可能属洞庭郡。

战国至秦代巴国及巴地秦人不多，这可能与秦在巴地统治时间不长有关，也可能与秦对巴人实行羁縻统治有关，秦王朝通过巴人部族首领间接实现对巴地的统治，巴地秦人不多也在情理之中。

四、巴人的外迁与流布

1. 蜀地巴人的迁入与流布

蜀国早期人物鳖灵因取代杜宇统治蜀地而被后世称为开明帝，开明氏统治蜀国约在春秋中期至战国后期。⑤《蜀王本纪》载"荆有一人名鳖灵，其尸亡去，荆人求之不得。鳖灵尸随江水上，至郫遂活。与望帝相见，望帝以鳖灵为相。时玉山出水，若尧之洪水。望帝不能治，使鳖灵决玉山，民得安处。鳖灵治水去后，望帝与其妻通，惭丑自以为德薄，不如鳖灵，乃委国授之而去，如尧之禅舜。鳖灵即位，号曰开明帝"⑥，这里记载了荆人鳖灵西迁入蜀建立蜀开明王朝事迹，"尸"多释为"夷"，"尸亡去"即"鳖灵夷亡去"，指鳖灵夷西迁入蜀，结合"望帝与其（鳖灵）妻通"，则鳖灵是举族西迁入蜀的，人数不少。

---

① 杨群：《秦巴文化的关系考古学新证据——重庆万州梁上墓群 M8 战国秦人墓浅析》，重庆市文物考古所、重庆文化遗产保护中心编：《"早期中国的文化交流与互动——以长江三峡库区为中心"学术研讨会论文集》，第 100—114 页。
② 蒋若是：《秦钱论（秦半两钱三议）》，《秦汉钱币研究》，北京：中华书局，1997 年，第 42—64 页。
③ 贺刚：《论湖南秦墓秦代墓与秦文化因素》，湖南省文物考古研究所、湖南省考古学会编：《湖南考古辑刊》第 5 集，第 165—182 页。
④ 怀化地区文物工作队、辰溪县文化局：《米家滩战国墓发掘报告》，湖南省文物考古研究所、湖南省考古学会编：《湖南考古辑刊》第 4 集，第 33—47 页。
⑤ 童恩正：《古代的巴蜀》，第 73 页。
⑥ （汉）扬雄撰，（明）郑朴辑：《蜀王本纪》，第 211 页。

　　文献称鳖灵为"荆人"，即荆楚之人，其族属目前有争议，主要有巴人说①、楚人说②、濮人说③、庸人说④、蜀人说⑤等。我们认为鳖灵不是楚人，主要理由一是从春秋战国时期蜀、巴、楚地理位置看，巴在蜀东，楚在巴东，楚人不可能越过巴国举族西迁到成都平原去建立政权；二是从考古学方面看，蜀地楚墓时代大都在战国时期，距鳖灵入蜀时间较远，因此鳖灵不可能为楚人。鳖灵也不会是蜀人，《蜀王本纪》明确载"荆人鳖灵"，鳖灵为荆人，非蜀人。鳖灵濮人说立论基础也有问题，首先确有濮人在楚国逼迫下从江汉平原迁入西南地区，但他们是否是《蜀王本纪》中的荆人鳖灵及其部属不得而知，其他文献也无这方面的记载，更没有直接的考古材料作支撑；其次说夜郎王蜀的依据是《野人闲话》中方士黄万佑"夜郎王蜀"的话语，《野人闲话》为杂事小说集，主要记载孟蜀时期朝野杂事，多方士道术的奇迹异闻，多志怪性质，而夜郎王蜀事即方士志怪之语，不足为据，因此夜郎王蜀说并不可信，鳖灵为濮人说也不可取。鳖灵庸人说讲庸人翻越大巴山进入嘉陵江中游地区，在阆中留下鳖灵庙，后继续西迁入川西平原，诚如此说，则庸人西迁入蜀走的是陆路，而《蜀王本纪》载"鳖灵尸随江水上，至郫遂活"，迁徙路线是溯江而上走水路；阆中虽有鳖灵庙，但并不确定庙为东周所立，也有可能是后人缅怀鳖灵修筑的，阆中有鳖灵庙不等于鳖灵一定到过此地；庸人有裨、儵、鱼等部族，他们属庸人却不能代表庸人，儵、鱼等部族或与彄人有关，也可

---

① 童恩正：《我国西南地区青铜剑的研究》，《考古学报》1977年第2期，第35—56页；童恩正：《古代的巴蜀》，第72—73页；董其祥：《五丁新诠》，《巴史新考》，第52—65页；朱俊明：《古荆为巴说》，《贵州社会科学》1983年第4期，第56—64、12页；张勋燎：《古代巴人的起源及其与蜀人、僚人的关系》，四川大学博物馆、中国古代铜鼓研究学会编：《南方民族考古》第1辑，第45—70页；杨权喜：《略论古代的巴》，《四川文物》1991年第1期，第12—17页。

② 沈仲常：《新都战国木椁墓与楚文化》，《文物》1981年第6期，第26—28页；邓廷良：《楚裔入巴王蜀说》，张正明主编：《楚史论丛》，第215—227页；胡长钰：《四川新都战国木椁墓主人身份的有关问题》，张正明主编：《楚史论丛》，第133—135页；李晓鸥：《蜀开明族文化性质初探》，李绍明、林向、徐南洲主编：《巴蜀历史·民族·考古·文化》，第68—75页。

③ 蓝峰、李尚义《蜀开明氏族属初探》（《民族论丛》第2辑，第198—203页）认为鳖灵为濮人，鳖灵为江汉之地的濮人，鳖灵即濮令，濮人在楚国的打击下先西迁至重庆綦江和贵州遵义一带，后来在首领鳖令的带领下沿岷江、沱江西上，以南安为治地建立大夜郎国，后来衰败的杜宇族又赶上洪水灾害，濮人乘机打败杜宇政权而在蜀地建立开明王朝。

④ 孙华：《蜀人渊源考》（《四川盆地的青铜时代》，第334—345页）认为鳖灵为庸人，认为庸人在被楚、秦、巴灭国后，翻越大巴山进入川东嘉陵江流域，并在阆中一带留下鳖灵庙的遗迹，后来继续向西迁徙，进入川西平原，后来取代杜宇族而建立开明氏蜀国，庸人部族中的裨即蒲卑之卑，中心在今四川省郫县一带，儵、鱼等部族与鱼关系密切，他们主要活动在川东陕南及鄂西一带。沈仲常、孙华：《关于四川船棺葬的族属问题》（《民族论丛》第2辑，第115—122、149页）认为蜀王开明是可能为有葄地西迁的庸人，而四川地区的船棺葬可能为庸人中的裨、儵、鱼人的葬俗。

⑤ 罗开玉：《"鳖灵决玉山"纵横论——兼析〈蜀王本纪〉的写作背景》，《四川师范学院学报（社会科学版）》1984年第4期；孙华：《鳖灵名义考——兼论鳖灵与蜀开明氏的关系》，《四川文物》1989年第5期，第17—24页。

能与鱼复鱼人有关，袢人应与儵、鱼一样为庸所辖部族，儵人、鱼人为巴人部族，即使他们随庸人西迁入川建立开明王朝，那也不能说是庸人建蜀国，而应是巴人或其他部族，因此鳖灵庸人说也有待商榷。

多数学者持鳖灵巴人说，主要依据一是鳖灵的"鳖"为鱼名，古代"巴"字义为鱼，鳖就是巴，鳖灵应是巴族；二是《华阳国志》载开明帝"乐曰荆，人尚赤"[①]，而《世本》载巴氏生于赤穴，左思《蜀都赋》载"丹砂赩炽出其坂……赤斧服而不朽"，李善注引《列仙传》"赤斧，巴人也，能炼丹，与消石服之，身体毛发尽赤"[②]，巴人亦尚赤；三是《华阳国志》载"蜀王别封弟葭萌于汉中，号苴侯"[③]，苴为巴，苴侯和蜀王都为巴人；四是巴、蜀两地出土战国前期船棺葬具、带虎纹青铜器、柳叶形剑等相同，两地统治者皆为巴人；五是《舆地纪胜》载阆中灵山"有古丛帝开明氏鳖令庙"[④]，又《太平寰宇记》载阆中县"灵山峰多杂树，昔蜀王鳖灵帝登此，因名灵山"[⑤]，鳖灵为巴人，故巴地阆中有鳖灵庙。

鳖灵巴人说基本思维逻辑是荆为巴人，鳖灵为荆人，则鳖灵为巴人。鳖灵巴人说的几个依据虽有些道理，但是推测成分较多，直接文献资料和考古材料阙如，因此鳖灵巴人说也是有缺陷的。若能找到鳖灵为巴人的直接文献记载或考古材料，鳖灵巴人说方能形成定论，但这个工作只能留待以后解决了。

尽管目前不能确定开明氏王朝为巴人所建，但开明王朝统治下的蜀国有巴人活动是可以肯定的，这在蜀地考古中也得到证实。蜀国境内发现的具巴文化特征的遗迹和遗物都是蜀地巴人留下的。20世纪50年代在今重庆九龙坡区铜罐驿及四川广元宝轮镇发掘出船棺葬[⑥]，后陆续在四川省绵竹市清道镇[⑦]、新都县马家镇[⑧]、彭州市太平社区[⑨]、大邑县五龙乡[⑩]、浦江县鹤山镇飞龙村[⑪]、德阳什邡城关[⑫]，成都市百花潭、金沙、抚琴、青羊、燕莎庭院、万博、商业街[⑬]、

① （晋）常璩著，刘琳校注：《华阳国志校注》（修订版），94页。
② （南朝·梁）萧统编，（唐）李善注：《文选》卷4，清同治八年（1869年）湖北崇文书局刻本。
③ （晋）常璩著，刘琳校注：《华阳国志校注》（修订版），第97页。
④ （宋）王象之编：《舆地纪胜》卷185《阆州》，第885页。
⑤ （宋）乐史撰，王文楚等点校：《太平寰宇记》卷86《阆州》，第1714页。
⑥ 四川省博物馆编：《四川船棺葬发掘报告》，第11—20页。
⑦ 王有鹏：《四川绵竹县船棺墓》，《文物》1987年第10期，第22—33页。
⑧ 四川省博物馆、新都县文物管理所：《四川新都战国木椁墓》，《文物》1981年第6期，第1—16页。
⑨ 赵殿增、胡长钰：《四川彭县发现船棺葬》，《文物》1985年第5期，第92页。
⑩ 四川省文物管理委员会、大邑县文化馆：《四川大邑县五龙战国巴蜀墓葬》，《文物》1985年第5期，第29—40页。
⑪ 四川省文物管理委员会、蒲江县文物管理所：《蒲江县战国土坑墓》，《文物》1985年第5期，第17—22页；四川省文物管理委员会、蒲江县文物管理所：《成都市蒲江县船棺墓发掘简报》，《文物》2002年第4期，第27—31页。
⑫ 四川省文物考古研究院、德阳市文物考古研究所、什邡市博物馆：《什邡城关战国秦汉墓地》，北京：文物出版社，2006年，第5—7页。
⑬ 成都文物考古研究所编著：《成都商业街船棺葬》，北京：文物出版社，2009年，第8页。

荥经同心村[①]等地也发现船棺葬。这些船棺随葬器物多有巴式柳叶剑、短骹弓耳柳叶形矛、烟荷包式铜钺、虎纹戈等铜器，陶器多圜底釜、圈足豆、尖底盏、釜甑、盆、壶、钵，器物组合与巴人相似，因此学者们多认为蜀地船棺葬墓主人为巴人。[②]另外，从体质人类学方面看，成都指挥街船棺内人骨与湖北长阳组颅骨形态有明显相关性，表现出最为接近的形态距离[③]，青铜时代长阳组人群为巴人，成都指挥街船棺内人骨体质特征与巴人接近，说明二者有亲缘关系，蜀地船棺葬主人也当为巴人。这些船棺葬时代在战国时期，说明成都、绵竹、新都、彭州、大邑、蒲江、什邡、荥经等地战国时期也有巴人活动。

2. 楚地巴人的流布

战国时期部分巴人迁入楚地成为楚国属民。战国时期楚都郢（今湖北省荆州北纪南城）有巴人聚居区。战国时期巴、楚数相攻伐，但也有和解之时，楚共王曾娶巴人女子为妾，是为"巴姬"，"巴姬"即巴楚联姻时楚王所娶巴人女子，她曾参与共王"埋璧于室内"选择王位继承人的重大活动。[④]又《绎史》载战国时楚都郢有"下里巴人"，他们歌于郢中，"国中属而和者数千人"[⑤]，"国中"即楚都郢，"下里"或为楚都一条街巷，下里巴人即居住于此的巴人[⑥]，"属而和者"自然都是巴人，他们一人带头，众人随声相应，集体合唱[⑦]，"数千人"说明当时郢都巴人有数千之众，纪南城附近曾采集到两把战国虎纹柳叶形剑[⑧]，这些柳叶剑的主人或即"下里巴人"。此外，楚地其他地方考古发现有巴人遗物，如在荆州市七星堰战国墓地出土有柳叶形铜剑、柳叶形铜矛[⑨]，荆门市罗坡岗、子陵岗东周墓地出土有巴式器物[⑩]，当阳县付家窑东周遗物中有巴式器物[⑪]，说明这些楚地也曾有巴人活动。

---

① 四川省文物考古研究所、荥经严道古城遗址博物馆：《荥经同心村巴蜀船棺葬发掘报告》，四川省考古研究所编：《四川考古报告集》，第212—280页。
② 四川省博物馆编：《四川船棺葬发掘报告》，第86页；宋治民：《四川战国墓葬试析》，《宋治民考古文集》，北京：科学出版社，2004年，第53—69页；刘雨茂：《试论川西发现的战国船棺葬》，罗开玉、罗伟先主编：《华西考古研究》（一），成都：成都出版社，1991年，第172—183页。
③ 张君、王毅、颜劲松：《成都商业街船棺葬出土人骨研究》，《成都商业街船棺葬》，第138—150页。
④ （汉）司马迁撰：《史记》卷40《楚世家》，第1709页。
⑤ （清）马骕撰，王利器整理：《绎史》卷132，北京：中华书局，2002年，第3233页。
⑥ 林奇：《巴楚关系初探》，《江汉论坛》1980年第4期，第87—91页。
⑦ 邓少琴：《巴史新探》，《巴蜀史迹探索》，第1—51页。
⑧ 杨权喜：《略论古代的巴》，《四川文物》1991年第1期，第12—17页。
⑨ 刘建业、贾汉清：《荆州市七星堰战国唐宋及明清时期墓地》，中国考古学会编：《中国考古学年鉴2014》，第344—345页；贾汉清、刘建业：《荆州市七星堰战国至清代墓地》，中国考古学会编：《中国考古学年鉴2015》，第252页。
⑩ 李桃元：《荆门罗坡岗、子陵岗东周墓地》，中国考古学会编：《中国考古学年鉴1997》，第187—188页。
⑪ 宜昌地区博物馆：《当阳付家窑两周遗址调查简报》，《江汉考古》1989年第4期，第13—15、8页。

第四章 秦汉巴人族群及其分布

秦汉时期巴国虽已灭亡，但巴人族群仍然活跃在巴郡、蜀郡、犍为郡、广汉郡、南郡、武陵郡、江夏郡等地，但由于多种原因促使秦汉时期部分巴人迁出巴地，导致巴人族群空间格局也发生了相应的变化。

第一节 巴地政区设置与调整

秦汉时期中央王朝开始对巴地进行直接管理，当时全国实行郡县制管理，渝、川、陕、鄂、湘、黔的巴人区先后设置巴郡、汉中郡、南郡、武陵郡[①]（秦为黔中郡，或为洞庭郡、巫黔郡）、犍为郡等郡级政区，而巴郡是在原巴国主体疆域上设置的，汉中郡、南郡、武陵郡部分区域原属巴国疆域。秦汉巴郡

[①] 文献载秦在湘西北、黔东北、鄂西南、渝东南设有黔中郡，如司马迁《史记》卷5《秦本纪》（第213页）载昭襄王三十年"蜀守若伐楚，取巫郡，及江南为黔中郡"，则自公元前277年后秦有黔中郡。又（北魏）郦道元著，（清）王先谦校注《合校水经注》（第535页）载"（秦昭王）三十年，秦又取楚巫、黔，及江南地以为黔中郡。汉高祖二年，割黔中故治为武陵郡"；（南朝·宋）范晔撰，（唐）李贤等注《后汉书》（第3484页）载武陵郡"秦昭王置，名黔中郡，高帝五年更名"；（唐）李吉甫撰，贺次君点校《元和郡县图志》（第735—736页）载"其秦黔中郡所理，在今辰州西二十里黔中故郡城是，汉改黔中为武陵郡，移理义陵，即今辰州叙浦县是"，则汉代所置武陵郡前身为楚、秦黔中郡。近世学者，如庄燕和《重庆古史考辨》（《历史考古文集（1950—1984）》，第259—261页）、舒向今《试探"五溪蛮地"的两个黔中郡》（《民族论坛》1997年第3期，第81—83页）、桑秀云《黔中黔中郡和武陵郡的关系》（《历史语言研究所集刊》第50本，1981年）、沈仲常和孙华《楚国灭巴考》（《贵州社会科学》1984年第6期，第52—56页）、徐少华和李海勇《从出土文献析楚秦洞庭、黔中、苍梧诸郡县的建置与地望》（《考古》2005年第11期，第1023—1030页）、赵炳清：《楚、秦黔中郡略论——兼论屈原之卒年》（《中国历史地理论丛》2006年第3辑，第107—115页）等皆认为秦在鄂湘渝黔毗邻地带设置过黔中郡。近来学者们据龙山里耶镇出土秦简分析认为汉武陵郡前身为洞庭郡、巫黔郡，以周宏伟《释"洞庭"及其相关问题》（《中国历史地理论丛》2010年第3辑，第84—92页）、后晓荣《秦代政区地理》（北京：社会科学文献出版社，2009年，第424—429页）为代表。也有学者认为公元前277年秦在鄂湘渝黔毗邻地区设有黔中郡，后黔中郡更名为洞庭郡，汉代更为武陵郡，此说以钟炜《楚秦黔中郡与洞庭郡关系初探》（《湖北大学学报（哲学社会科学版）》2005年第4期，第442—445页）为代表。

是巴人主要分布地，相邻各郡也有巴人分布。

秦巴郡辖江州、阆中、鱼复、朐忍、垫江、宕渠、江阳、枳8县①，汉中郡辖西城县、旬阳县、上庸县、房陵县、成固、南郑、褒7县，郡治西城②，南郡辖江陵、安陆、芰江、当阳、沙羡、郢、鄢、销、夷道、左云梦、右云梦、临沮、夷陵、州陵、竟陵、都、伊庐、邔、巫、秭归20县，黔中郡（洞庭郡）辖迁陵、酉阳、临沅、阳陵、零阳、昆阳、孱陵、索县、竟陵、澧阳、沅陵11县③。

汉代巴地政区有所调整。西汉武帝割巴郡江阳县属犍为郡，并在原江阳县地增设符县，与江阳县皆属犍为郡。巴郡又增设临江、安汉、充国、涪陵4县，西汉巴郡下辖11县，东汉增设平都、宣汉、汉昌3县，东汉末年巴郡下辖14县。④西汉在秦汉中郡基础上增设安阳、沔阳、锡、武陵、长利5县，西汉汉中郡辖12县⑤，东汉废旬阳、武陵、长利3县，东汉汉中郡辖9县⑥。西汉时割南郡沙羡、安陆、竟陵属江夏郡，秦销、左云梦、右云梦县不见于西汉，当是西汉时废除，西汉中庐县可能为秦伊庐县，与先秦卢戎有关，鄢更名为宜城，芰江更名为枝江，又增设襄阳、编、华容、高成4县，西汉南郡辖江陵、临沮、夷陵、华容、宜城、郢、邔、当阳、中庐、枝江、襄阳、秭归、夷道、州陵、若、巫、高成18县。⑦东汉废除郢、高成2县，武陵郡佷山县划属南郡，东汉南郡辖陵、临沮、夷陵、华容、宜城、邔、当阳、中庐、枝江、襄阳、秭归、夷道、州陵、若、巫、佷山17县。⑧西汉初改黔中郡（洞庭郡）为武陵郡，废阳陵、昆阳，又增设镡成、无阳、辰阳、义陵、佷山、充6县，西汉武陵郡辖索、孱陵、临沅、沅陵、镡成、无阳、迁陵、辰阳、酉阳、义陵、佷山、零阳、充13县。⑨东汉废无阳、义陵，

① 朱圣钟：《秦巴郡辖县考》，《三峡论坛（三峡文学·理论版）》2012年第1期，第2—5页。
② 朱圣钟：《秦汉中郡辖县考》，周长山、林强主编：《历史·环境与边疆——2010年中国历史地理国际学术研讨会论文集》，第146—150页。
③ 后晓荣《秦代政区地理》（第424—429页）载秦南郡辖江陵、安陆、芰江、当阳、沙羡、郢、鄢、销、夷道、左云梦、右云梦、临沮、夷陵、州陵、竟陵、都、伊庐、邔等18县，洞庭郡辖迁陵、酉阳、临沅、阳陵、零阳、昆阳、孱陵、索县、竟陵、澧阳、沅陵等11县，而将秭归、巫、沅陵3县系于巫黔郡。沅陵汉代为武陵郡辖县，在秦先为黔中郡地，后为洞庭郡地。故此秦南郡当辖江陵等20县，洞庭郡辖迁陵等11县。
④ 朱圣钟：《巴郡政区沿革史述论——兼论郡名流变与巴人的关系》，西南大学历史地理研究所编：《西南史地》第2辑，第10—28页。
⑤ （汉）班固撰，（唐）颜师古注：《汉书》卷28《地理志》，第1596页。
⑥ （南朝·宋）范晔撰，（唐）李贤等注：《后汉书》，第3506页。
⑦ （汉）班固撰，（唐）颜师古注：《汉书》卷28《地理志》，第1566页。
⑧ （南朝·宋）范晔撰，（唐）李贤等注：《后汉书》，第3479—3480页。
⑨ （汉）班固撰，（唐）颜师古注，《汉书》卷28《地理志》，第1594—1595页。

佷山县割属南郡，索县更名汉寿，又增设沅南、作唐 2 县，东汉武陵郡辖临沅、汉寿、孱陵、零阳、充、沅陵、辰阳、酉阳、迁陵、镡成、沅南、作唐 12 县。①

周赧王三年（前 312 年），秦"分巴、蜀置汉中郡"②，两汉延续秦汉中郡建置，因此秦汉中郡地部分地域原属巴郡，秦汉中郡南界至大巴山，由此反推秦巴郡北界应越过大巴山至汉水河谷地带，秦巴郡是以战国末期巴国地域设置的，巴国北界在汉水上游河谷地带，详见前文。汉水上游巴人分布地在南郑以东至安康汉水河谷地带，秦朝这些地方属成固、西城二县。这些区域此后较长时间内皆有巴人活动。

西汉高祖六年（前 201 年），"分巴、蜀置广汉郡"③，则秦巴郡嘉陵江上游部分地域被割入广汉郡，究竟哪些巴地被割入广汉郡，两汉史籍并无明载。考同治《剑州志》载剑阁"秦始皇三十六年为巴郡地"④，清剑州即今四川剑阁县，则今四川剑阁一带在秦为巴郡地，剑阁地汉属葭萌县，隶属广汉郡，汉高祖六年置广汉郡，原巴郡剑阁地被割入广汉郡。另外合川与射洪之间，巴、蜀本以涪江为界，汉高祖置广汉郡，将涪江以东部分巴地划入广汉郡广汉县，此后较长时间内射洪至合川间涪江以东还有巴人分布。西汉武帝建元六年（前 135 年），"分巴、蜀置犍为郡"⑤，这次郡县调整将秦江阳县割入犍为郡，并分江阳县置符县，江阳、符县并属犍为郡⑥，此后较长时间内犍为郡江阳县、符县有巴人活动。

第二节 巴地巴人族群分布

秦汉时代巴地仍是巴人族群集中分布区，巴人是巴地最主要的族群体，

---

① （南朝·宋）范晔撰，（唐）李贤等注：《后汉书》，第 3484 页。

② （汉）班固撰，（唐）颜师古注《汉书》卷 28《地理志》（第 1596 页）载汉中郡"秦置"；（晋）常璩著，刘琳校注《华阳国志校注》（修订版）（第 48、99 页）载周赧王三年"秦惠王置郡，因水名"，"分巴、蜀置汉中郡"。

③ （汉）班固撰，（唐）颜师古注《汉书》卷 28《地理志》（第 1597 页）载广汉郡"高帝置"；（晋）常璩著，刘琳校注《华阳国志校注》（修订版）（第 13、109 页）载"高帝乃分巴、蜀置广汉郡"，"高帝六年，始分置广汉郡"，则是广汉郡为汉高祖六年（前 201 年）分巴、蜀二郡所置。

④ （清）李溶、余文焕修，李榕等纂：《剑州志》卷 1《疆域志》。

⑤ （汉）班固撰，（唐）颜师古注《汉书》卷 28《地理志》（第 1599 页）载犍为郡"武帝建元六年开"；（晋）常璩著，刘琳校注《华阳国志校注》（修订版）（第 13 页）载"孝武帝又两割置犍为郡。故世曰'分巴割蜀，以成犍、广'"，"两割"即两割巴、蜀二郡，犍指犍为郡，广指广汉郡。

⑥ 朱圣钟：《秦巴郡辖县考》，《三峡论坛（三峡文学·理论版）》2012 年第 1 期，第 2—5 页。

同时外来移民也一定程度上影响着巴地巴人族群构成和分布格局。

一、巴地巴人族群及其分布

秦汉时代巴人族群主要分布在巴郡、南郡、武陵郡辖区范围内，同时汉中郡、犍为郡、广汉郡也有部分巴人分布。

巴郡南郡巴人按地域被称为"巴郡南郡蛮"，其主体为廪君巴人，《后汉书》载：

> 巴郡南郡蛮，本有五姓：巴氏，樊氏，瞫氏，相氏，郑氏。皆出于武落钟离山。其山有赤黑二穴，巴氏之子生于赤穴，四姓之子皆生黑穴。未有君长，俱事鬼神，乃共掷剑于石穴，约能中者，奉以为君。巴氏子务相乃独中之，众皆叹。又令各乘土船，约能浮者，当以为君。余姓悉沉，唯务相独浮。因共立之，是为廪君。乃乘土船，从夷水至盐阳。盐水有神女，谓廪君曰："此地广大，鱼盐所出，愿留共居。"廪君不许。盐神暮辄来取宿，旦即化为虫，与诸虫群飞，掩蔽日光，天地晦冥。积十余日，廪君伺其便，因射杀之，天乃开明。廪君于是君乎夷城，四姓皆臣之。廪君死，魂魄世为白虎。巴氏以虎饮人血，遂以人祠焉"。

> 及秦惠王并巴中，以巴氏为蛮夷君长，世尚秦女，其民爵比不更，有罪得以爵除。其君长岁出赋二千一十六钱，三岁一出义赋千八百钱。其民户出幏布八丈二尺，鸡羽三十鏃。汉兴，南郡太守靳强请一依秦时故事。[1]

范晔这两段文献中，前一段源自《世本》，主要讲述廪君巴人早期历史传说。由于记载的是上古传说时代事迹，没有年代信息，因此廪君生活时代成了巴史研究中的悬案，这在前文有交代，此不赘述。这里我们关注的是廪君巴人的活动地域。从文献记载来看，廪君早期活动与"夷水"相关，因此弄清"夷水"位置就能确定廪君巴人早期活动地域。差不多与范晔同时代的郦道元《水经·夷水注》载：

> 夷水出巴郡鱼复县江。夷水即佷山清江也。水色清照十丈，分沙石。蜀人见其澄清，因名清江也。……夷水自沙渠县入，水流浅狭，裁得通船，东迳难留城南。城即山也，独立峻绝，西面上里余得石穴……东北面又有石室，可容数百人，每乱，民入室避贼，无可攻理，因名难留城也。昔巴蛮有五姓，未有君长……（廪君）乃乘土舟从夷水下至盐阳。

① （南朝·宋）范晔撰，（唐）李贤等注：《后汉书》卷 86《南蛮西南夷列传》，第 2840—2841 页。

盐水有神女，谓廪君曰："此地广大，鱼盐所出，愿留共居"，廪君不许。盐神暮辄来宿，旦化为虫，群飞蔽日，天地晦暝，积十余日。廪君因伺便射杀之，天乃开明。廪君乘土舟下及夷城，夷城石岸险曲，其水亦曲，廪君望之而叹，山崖为崩，廪君登之，上有平石，方二丈五尺，因立城其傍而居之，四姓皆臣之。死，精魂化而为白虎，故巴氏以虎饮人血，遂以人祠，盐水即夷水也。……夷水又东迳很山县故城南。……夷水又东北迳夷道县北而东注，东入于江。[1]

据《水经注》载夷水流经沙渠、很山、夷道等地来看，沙渠县在今湖北恩施市境，很山县在今湖北长阳县境，夷道县在今湖北宜都境内[2]，与这些古地名相联系的河流只有清江，清江发源于鄂渝交界的七岳山脉，向东流经今恩施、长阳、宜都，最后在宜都注入长江。《水经·夷水注》所载廪君早期传说与《后汉书》基本一样，说明早期廪君巴人活动场所夷水即今清江。此后廪君巴人以清江流域和峡江地区为中心，不断向北、向西、向东和向南扩展，并以今重庆为中心建立地跨今渝、川、陕、鄂、湘、黔等省市的巴国。这其实在《后汉书》中有所反映，范晔以巴郡南郡蛮为廪君蛮，也即是说廪君蛮分布地域包括南郡和巴郡，这也印证了廪君蛮西迁入川、渝观点是有道理的。因为从上文可知，廪君时代廪君巴人活动地域主要在清江流域，这里秦为黔中郡、南郡地[3]，汉代进行郡县调整，鄂西南、峡江一带为南郡、武陵郡辖区，而巴郡廪君蛮自然是由南郡迁入的。

范晔第二段文献记载了秦、汉占领巴地后任命巴氏为蛮夷君长统治巴地的史实。"巴氏"实际上是廪君直系后裔，因廪君务相姓氏而为巴氏。秦为何要任命巴氏为蛮夷君长呢？这是因为巴氏在廪君巴人中享有很高地位和声望，封巴氏为廪君蛮君长，实际上是认可和延续巴氏在巴人中的统治地位，秦王朝通过巴氏实现对巴人的统治。

巴郡哪些地方有廪君巴人分布呢？巴国为廪君巴人所建，因此廪君巴人在巴国境内分布应很广泛，具体到秦汉巴郡也当如此。在一些政治中心，如巴国都城应该有较多廪君巴人分布。《华阳国志》载"巴子时虽都江州，或治

---

① （北魏）郦道元著，（清）王先谦校：《合校水经注》，第529—531页。

② 朱圣钟：《〈水经注〉所载土家族地区若干历史水文地理问题考释》，《中央民族大学学报（哲学社会科学版）》2002年第6期，第68—72页。

③ 谭其骧主编：《中国历史地图集 第二册：秦、西汉、东汉时期》，北京：中国地图出版社，1982年，第11—12页。

垫江，或治平都，后治阆中。其先王陵墓多在枳"①，尽管巴国都城几经改易，但这些曾经的政治中心应该有一定数量的廪君巴人聚居，这种情况到秦汉时代不会有太大改变。考古发现也提供了线索，据《汉隶字源》载《江州夷邑长卢丰碑》碑文载巴郡江州县有"夷邑长"，该碑立于东汉建安七年（202 年）②。夷邑长即江州巴人部族首领，朝廷封其为邑长，替朝廷统辖所属部族，说明东汉末年江州仍有巴人活动。另外，重庆市博物馆原藏汉砖砚一方，据该砚木盒盖铭文载此砖为白虎夷王墓圹砖，砖形制与川渝东汉墓砖相同③，说明东汉重庆巴人首领还有白虎夷王称号，也说明东汉江州仍有巴人分布。不过从墓砖形制与汉墓砖相同可看出白虎夷王已渐汉化。

犍为郡江阳、符县本巴郡江阳县地，原为巴国地，汉武帝时割属犍为郡，该地秦汉时期应有巴人分布。郦道元注《水经》称符县"故巴夷之地"④，江阳、符县有巴人是人所熟知的事情。

秦汉时期峡江地区有巴人分布。重庆丰都县汇南⑤、转转田梁子、半边桥、石宝寨⑥、马鞍山、青岗岭等墓地⑦秦汉时期墓葬中汉文化特征明显，但石宝寨 M1、M2 墓出土陶矮把豆式器盖、铜辫索纹釜为战国至西汉中期重庆地区墓葬中常见的巴文化遗物⑧，表明汉代丰都一带巴人已渐汉化，但巴文化特征仍有保留。重庆忠县崖脚墓地西汉中期至王莽时期土坑竖穴木椁墓出土陶釜与战国晚期至汉初巴人墓陶釜有继承性，这类汉墓也是汉代巴人遗存⑨，表明汉代忠州镇一带有巴人活动。忠县翠屏山有大量东汉中晚期至南朝时期崖墓⑩，通过对其中 8 座墓葬人骨体质特征鉴定⑪，发现其人骨颅骨在颅型特征上与新石器时代"峡江地区类型"人群特征接近，但时代比"峡江地区类型"晚，

① （晋）常璩著，刘琳校注：《华阳国志校注》（修订版），第 24 页。
② （宋）娄机撰：《汉隶字源·碑目》，明末清初毛氏汲古阁刊本。
③ 董其祥：《巴子五姓考》，《巴史新考》，第 66—77 页。
④ （北魏）郦道元著，（清）王先谦校：《合校水经注》，第 486 页。
⑤ 四川省文物考古研究所、丰都县文管所：《丰都汇南墓群发掘报告》，重庆市文物局、重庆市移民局编：《重庆库区考古报告集·1998 卷》，第 766—812 页。
⑥ 重庆市文物考古所、丰都县文物管理所：《丰都县迎宾大道沿线古墓发掘简报》，重庆市文物考古所、重庆文化遗产保护中心编著：《重庆公路考古报告集》，北京：科学出版社，2010 年，第 58—80 页。
⑦ 重庆市文物考古所、丰都县文物管理所：《丰都县产业大道工程考古发掘清理简报》，重庆市文物考古所、重庆文化遗产保护中心编著：《重庆公路考古报告集》，第 81—92 页。
⑧ 重庆市文物考古所、丰都县文物管理所：《丰都县迎宾大道沿线古墓发掘简报》，重庆市文物考古所、重庆文化遗产保护中心编著：《重庆公路考古报告集》，第 58—80 页。
⑨ 北京大学考古文博学院三峡考古队、重庆市忠县文物管理所：《忠县崖脚墓地发掘报告》，重庆市文物局、重庆市移民局编：《重庆库区考古报告集·1998 卷》，第 679—734 页。
⑩ 重庆市文物局、重庆市移民局编：《忠县翠屏山崖墓》，北京：科学出版社，2011 年，第 214—223 页。
⑪ 李法军、陈博宇：《重庆忠县翠屏山崖墓群人骨鉴定报告》，《忠县翠屏山崖墓》，第 256—265 页。

考虑到时代变迁中人群迁徙或文化互动等因素，不排除翠屏山崖墓群主人与"峡江地区类型"人群有关联的可能。另外，通过对万州大坪墓群人骨与翠屏山崖墓群人骨测量数据比较，发现两地人骨在颅骨骨壁总厚度上无明显统计学差异，表明二者在体质特征上也有一定关联性，大坪墓群东周墓葬主人为巴人[1]，由此我们推断翠屏山崖墓群主人为巴人后裔。万州区大坪墓地战国墓葬出土铜兵器柳叶形剑、烟荷包钺、中胡三穿戈，铜器上有巴蜀符号，陶器小口圜底罐为晚期巴文化典型器物；东汉墓葬也含有巴文化遗物，如 M42 出土铜钺为巴人器物，这种状况自战国延续到两汉、蜀汉时期[2]，说明战国秦汉至三国时代万州大坪一带皆有巴人聚居。万州区石地磅墓地曾发掘汉墓 4 座，复旦大学人类学研究中心对 M1、M2 墓人体骨骼进行了 DNA 检测，但由于酸性土壤不利于骨骼保存，样本受损严重，只在 M1 一块骨骼样本中提取到 DNA 片段，通过该样本与实验室数据库相关数据对比分析，显示 M1 主人可能为西南当地居民，在族属上与百越民族差异较大，与汉藏语系民族或三苗集团关系较近[3]，考虑到峡江地区为巴人居地，则 M1 主人当为巴人。

战国时期峡江地区巴人与入迁楚人长期杂居，巴文化和楚文化日渐融合，到东汉桓帝时江州以东峡江地带"其人半楚，姿态敦重"[4]，峡江巴人因受楚人影响文化面貌变化明显。

在廪君西迁路途沿线应有廪君巴人分布。廪君巴人西迁入川渝路线可能有多条：一是溯清江而上，由大溪河入长江，再溯江西上达重庆、川东[5]；二是自鄂西溯峡江水道入重庆、川东[6]；三是溯清江至其源头越齐岳山，顺郁水至彭水入乌江，再顺乌江入长江据有重庆、川东[7]；四是溯清江上行至利川境越齐岳山，循龙河，过石柱，达今丰都一带；五是经宣恩县、咸丰县越齐岳山，沿唐崖河，过黔江，由龚滩转乌江，下行至涪陵入重庆、川东[8]。这些路线均为早期鄂、渝间重要的交通要道，这几条路线都曾有廪君巴人往来其间，

---

① 重庆市文物局、重庆市移民局编：《万州大坪墓地》，第 54—57 页。

② 重庆市文化局、重庆市文物考古所、益阳市文物处，等：《万州大坪墓地发掘简报》，重庆市文物局、重庆市移民局编：《重庆库区考古报告集·2002 卷》，第 792—841 页。

③ 复旦大学现代人类学研究中心：《万州石地磅墓地出土人骨 DNA 检测报告》，重庆市文物局、重庆市移民局编：《重庆库区考古报告集·2000 卷》，第 829—830 页；重庆市文物考古所、复旦大学文博系、重庆市文物局：《万州石地磅墓地发掘报告》，重庆市文物局、重庆市移民局编：《重庆库区考古报告集·2000 卷》，第 806—828 页。

④（晋）常璩著，刘琳校注：《华阳国志校注》（修订版），第 19 页。

⑤ 童恩正：《古代的巴蜀》，第 13—14 页。

⑥ 任乃强：《重庆》，《社会科学研究》1980 年第 3 期，第 63—67 页。

⑦ 管维良：《巴族史》，第 42—43 页。

⑧ 周集云：《巴族史探微》，第 42、52—53 页。

因此这些道路沿线应该也有廪君巴人分布。

南郡为廪君蛮发祥地，秦汉时期南郡仍然有巴人分布，除文献明确记载南郡有廪君蛮外，考古也发现南郡巴人的线索。宜昌市前坪西汉墓群葛洲坝M4 曾出土镌刻"瞫偻"二字的铜印[①]，表明墓主人名瞫偻。瞫氏为廪君蛮五姓之一，宜昌与清江相邻，瞫偻当为巴人瞫氏后裔；此墓还出土带"枳"字戟刺 1 支，枳即巴郡枳县，这支戟刺与涪陵小田溪巴墓出土戟刺相同，表明"枳"字戟刺属巴人器物，说明葛洲坝西汉 M4 墓主人为巴人，西汉宜昌一带有巴人活动。又《水经注》引枝江县《陈留王子香庙颂》载"子香于汉和帝之时，出为荆州刺史。有惠政，天子征之，道卒枝江亭中。常有三白虎出入人间，送丧踰境。百姓追美甘棠，以永元十八年立庙设祠，刻石铭德，号曰枝江白虎王君。其子孙至今犹谓之为白虎王"[②]，以庙祀白虎王君说明东汉枝江一带仍有白虎信仰，白虎信仰源自廪君蛮白虎崇拜，说明东汉和帝年间枝江县一带有廪君蛮活动[③]。因汉代南郡多有巴人，经南北朝巴人在江汉平原迁徙流动，巴人风俗也传播到荆襄地，故至隋代荆州"其僻处山谷者，则言语不通，嗜好居处全异，颇与巴、渝同俗"[④]，这是汉代以后巴人迁徙流布与融合后的结果。

秦汉巴郡还有板楯巴人，他们是巴人族群中势力仅次于廪君巴人、分布地域较广的巴人部族。《后汉书》对板楯蛮也有详细记载：

> 板楯蛮夷者，秦昭襄王时有一白虎，常从群虎数游秦、蜀、巴、汉之境，伤害千余人。昭王乃重募国中有能杀虎者，赏邑万家，金百镒。时有巴郡阆中夷人，能作白竹之弩，乃登楼射杀白虎。昭王嘉之，而以其夷人，不欲加封，乃刻石盟要，复夷人顷田不租，十妻不筭，伤人者论，杀人者得以倓钱赎死。盟曰："秦犯夷，输黄龙一双；夷犯秦，输清酒一钟。"夷人安之。
>
> 至高祖为汉王，发夷人还伐三秦。秦地既定，乃遣还巴中，复其渠帅罗、朴、督、鄂、度、夕、龚七姓，不输租赋，余户乃岁入賨钱，口四十。世号为板楯蛮夷。阆中有渝水，其人多居水左右。天性劲勇，初为

---

① 湖北省博物馆：《宜昌前坪战国两汉墓》，《考古学报》1976 年第 2 期，第 115—148 页。
② （北魏）郦道元著，（清）王先谦校：《合校水经注》，第 497 页。
③ 关于陈留王子香庙修建时间，（清）王先谦复校《合校水经注》作"永元十八年"，但考东汉和帝永元年号历时仅有 16 年，和帝在位时间也只有 17 年，断无"十八"年之数，（民国）杨守敬、熊会贞疏，段熙仲点校，陈桥驿复校《水经注疏》（第 2857 页）改"十八年""十六年"，可备为一说。为稳妥起见，这里我们仅取和帝年号，以确定陈留王子香庙修筑的大致时间。
④ （唐）魏徵等撰：《隋书》卷 31《地理志》，北京：中华书局，1973 年，第 897 页。

汉前锋，数陷陈。俗喜歌舞，高祖观之，曰：'此武王伐纣之歌也。'乃命乐人习之，所谓《巴渝舞》也。遂世世服从。①

从上述文献可知板楯蛮分布地与阆中、渝水密切相关。阆中治今四川阆中市，渝水即流经阆中的嘉陵江，则以今阆中市为中心的嘉陵江流域是板楯蛮集中分布区。

汉代板楯蛮又称"賨人"，《风俗通义》载"阆中有渝水，賨人左右居"②，《华阳国志·巴志》亦载"阆中有渝水，賨民多居水左右"③，渝水即今嘉陵江。汉代巴郡宕渠县也是板楯蛮聚居地，《国语·吴语》载"奉文犀之渠"，韦昭注"文犀之渠，楯也。文犀，犀之有文理者"④，则"渠"即"楯"，地因"楯"而得名⑤，这是汉代宕渠县有板楯蛮的地名学证据。《华阳国志》载"宕渠盖为故賨国，今有賨城"⑥，《舆地纪胜》载巴西宕渠"古之賨国都"，"故賨城在流江县东北七十里"⑦，《太平寰宇记》载流江县"故賨国城，在县东北七十四里，古之賨国都"⑧，则宕渠曾受封为賨国，为賨人聚居地，賨国故城在渠县东北土溪公社南岸城坝⑨，即今四川渠县土溪镇城坝村。賨国是汉代所封侯国，汉王朝实行羁縻统治，遂给予板楯蛮首领賨侯封号，让賨侯替朝廷统治賨人。因此秦汉巴郡嘉陵江、渠江流域皆有板楯蛮。

秦昭王与板楯蛮订立盟约后至西汉巴郡板楯蛮与朝廷关系融洽，一方面是因汉王朝延续了对板楯蛮的羁縻统治，另一方面也是因为板楯蛮有射杀白虎及助汉高祖鼎定三秦之功，朝廷给予板楯蛮轻徭薄赋的政策，板楯蛮对秦、西汉王朝"世世服从"。但东汉后期板楯蛮异常活跃：桓帝时（147—167 年）"板楯数反，太守蜀郡赵温以恩信降服之"；灵帝光和二年（179 年）"巴郡板楯复叛，寇掠三蜀及汉中诸郡"；中平五年（188 年）"巴郡黄巾贼起，板楯蛮夷因此复叛，寇掠城邑，遣西园上军别部司马赵瑾讨平之"⑩。东汉后期板楯蛮数次反叛的原因，是因为"长吏乡亭更赋至重，仆役棰楚，过于奴虏，亦有嫁妻卖子，或乃至自刭割。虽陈冤州郡，而牧守不为通理。阙庭悠远，不

---

① （南朝·宋）范晔撰，（唐）李贤等注：《后汉书》卷 86《南蛮西南夷列传》，第 2842 页。
② （汉）应劭撰，王利器校注：《风俗通义校注》，第 491 页。
③ （晋）常璩著，刘琳校注：《华阳国志校注》（修订版），第 12 页。
④ 上海师范大学古籍整理组校点：《国语》卷 19《吴语》，第 608、609 页。
⑤ 邓少琴：《巴史新探》，《巴蜀史迹探索》，第 13 页。
⑥ （晋）常璩著，刘琳校注：《华阳国志校注》（修订版），第 44 页。
⑦ （宋）王象之编：《舆地纪胜》卷 162《梁州》，第 810 页。
⑧ （宋）乐史撰，王文楚等点校：《太平寰宇记》卷 138《渠州》，第 2695 页。
⑨ 《四川省渠县地名录》，四川省渠县地名领导小组编印，1982 年，第 53 页。
⑩ （南朝·宋）范晔撰，（唐）李贤等注：《后汉书》卷 86《南蛮西南夷列传》，第 2843 页。

能自闻。含怨呼天，叩心穷谷。愁苦赋役，困罹酷刑。故邑落相聚，以致叛戾"①，究其根源还是赋税徭役过重、刑罚过严之故，同时也与朝廷对板楯蛮征调频繁有关，"至于中兴，郡守常率以征伐"，中兴指光武帝中兴汉室，实指东汉时期；东汉对板楯蛮确实多次征调，如永初中（107—113 年）"羌入汉川，郡县破坏，得板楯救之"，建和二年（148 年）"羌复大入，实赖板楯连摧破之"，"前车骑将军冯绲南征武陵，虽受丹阳精兵之锐，亦倚板楯以成其功"，"益州郡乱，太守李颙亦以板楯讨而平之"②，对板楯蛮的征调主要集中在安帝、桓帝和灵帝时期，军事征调加重了板楯蛮兵役之苦。板楯蛮叛乱涉及巴川及汉中诸郡，巴川包括唐"通川、潾山、南平、涪陵、南川、清化、云安、始宁、巴川、南宾、南浦、阆中、南充、安岳、盛山等郡地"，汉中诸郡包括唐"汉中、安康、洋川、房陵郡地"③，叛乱涉及地域都应有板楯巴人活动。

秦汉时期峡江重庆段及其以北也有板楯蛮活动。《华阳国志》载朐忍县"有弩头白虎复夷"，板楯蛮射杀白虎时"夷朐忍廖仲药、何射虎、秦精等乃作白竹弩于高楼上，射虎，中头三节"，并且"世号'白虎复夷'，一曰'板楯蛮'，今所谓'弩头虎子'"④，说明板楯蛮射杀白虎，朐忍"弩头白虎复夷"廖仲药、何射虎、秦精等也参加了，而"弩头白虎复夷"即板楯蛮。秦汉朐忍县包括今重庆云阳县、万州区、开县、梁平县，县治今云阳县双江镇建民村旧县坪，则秦汉时今云阳、万州、开县、梁平境内也板楯蛮活动。清代云阳曾出土"汉归义賨邑侯"金印 1 枚⑤，为汉代今云阳境内有板楯蛮活动提供了实物证据。又《舆地纪胜》引《通川志》载"梁山军、忠州两界旧有汉刻石，著白虎夷王姓名。今其上刻汉时官属及白虎夷王及夷民等姓名"⑥，《蜀中名胜记》引《浮兰碑》载汉朐忍县石刻"署白虎夷王姓名，今其上刻汉时官属，及白虎夷王及时民等姓名"⑦，刻石在今重庆梁平县境，也说明汉代今梁平县境有白虎夷即板楯蛮聚居。另《水经·江水注》载彭水"水出巴渠郡獠中"⑧，彭水即今开江，"獠"是对彭水蛮族的误称，当指世居于此的板楯巴人。

① （南朝·宋）范晔撰，（唐）李贤等注：《后汉书》卷 86《南蛮西南夷列传》，第 2843 页。
② （南朝·宋）范晔撰，（唐）李贤等注：《后汉书》卷 86《南蛮西南夷列传》，第 2843 页。
③ （唐）杜佑撰，王文锦、王永兴、刘俊文，等点校：《通典》卷 187《边防·南蛮》，第 5045 页。
④ （晋）常璩著，刘琳校注：《华阳国志校注》（修订版），第 11 页。
⑤ （民国）朱世镛，黄葆初修，刘贞安等纂：《云阳县新志》卷 22《金石》，民国二十四年（1935 年）铅印本。
⑥ （宋）王象之编：《舆地纪胜》卷 179《梁山军》，第 857 页。
⑦ （明）曹学佺著，刘知渐校注：《蜀中名胜记》，第 337 页。
⑧ （北魏）郦道元著，（清）王先谦校：《合校水经注》，第 489 页。

汉代今重庆綦江境内也有板楯蛮。重庆綦江区横山乡二敦岩汉代崖墓壁有半裸七人联手而舞画像，专家们推测这是汉代巴渝舞的一种形式①，若如此则綦江横山乡一带汉代也有板楯蛮活动。

秦汉时期板楯蛮分布北界还延伸到汉水流域。《舆地纪胜》载洋州西乡县白公城"秦白起尝为汉中太守，筑此城以控制夷獠"②，西乡县地与巴地邻近，历史上为巴地，"夷獠"当指巴人，"夷"当指"白虎复夷"，即板楯蛮。正因为如此，秦末刘邦平定三秦，就近征召板楯巴人从军，故《后汉书》载"高祖为汉王，发夷人还伐三秦。秦地既定，乃遣还巴中……世号为板楯蛮夷"③，刘邦为汉中王治南郑县，即今陕西汉中市。这里"巴中"包括巴山南北巴人聚居地。

汉代汉中盆地板楯蛮数量不在少数。除世居此地的板楯蛮外，还有部分因军事征伐而迁居汉中的巴人，如汉永初年间（107—113年）"羌入汉川，郡县破坏，得板楯救之"，桓帝建和二年（148年）"羌复大入，实赖板楯连摧破之"，这两次讨伐羌人的军事行动中都有板楯蛮的身影。灵帝光和二年（179年）"巴郡板楯蛮叛，寇掠三蜀及汉中诸郡"④，"三蜀"非蜀郡、广汉郡、犍为郡三郡⑤，这次板楯蛮叛乱不可能波及犍为郡，这里"三蜀"当是泛指蜀地，仅涉及广汉郡和蜀郡，灵帝光和年间可能有部分板楯蛮扩展到蜀郡、广汉郡境。又洪迈《隶续》中《繁县长张禅等题名》碑文有"白虎夷王谢节""白虎夷王资伟"⑥，此碑为汉碑，汉繁县属蜀郡，说明汉代繁县有"白虎夷"，所以繁县留下白虎夷王墓、白虎夷王城⑦，白虎夷即板楯蛮。又《太平寰宇记》引《九州要记》载绵州有賨人，宋绵州汉属广汉郡，在今四川绵阳市一带，《九州要记》为西晋乐资所著，则西晋今绵阳有賨人活动，他们可能是东汉扩张到广汉郡的板楯蛮后裔。

秦汉时期重庆、湖北、湖南、贵州四省市毗邻的武陵山区先有秦黔中郡、洞庭郡，后有汉武陵郡，依据汉代以地域命名少数民族的惯例，武陵山区巴人及其他民族被笼统地称为武陵蛮。

① 刘豫川：《璀璨的巴渝文化遗迹——重庆市文物普查收获综述》，《巴渝文化》第1辑，第294—311页。
② （宋）王象之编：《舆地纪胜》卷190《洋州》，第912页。
③ （南朝·宋）范晔撰，（唐）李贤等注：《后汉书》卷86《南蛮西南夷列传》，第2842页。
④ （南朝·宋）范晔撰，（唐）李贤等注：《后汉书》卷86《南蛮西南夷列传》，第2843页。
⑤ （晋）常璩著，刘琳校注：《华阳国志校注》（修订版），第130页。
⑥ （宋）洪迈撰：《隶释·隶续》，北京：中华书局，1985年，第430页。
⑦ （清）张甲龙等修，龚世莹等纂：《彭县志》卷2《舆地门·古迹志》，《中国方志丛书》第391号，台北：成文出版社有限公司，1976年，第180页。

巴人迁入以前武陵山区已有当地居民，如酉水流域有当地"八蛮"，湘西考古也发现有地方特色的区域文化。春秋战国时期楚人迁入武陵山区，20 世纪 80 年代末 90 年代初在湘西张家界、桑植、保靖、古丈等地发掘的二百多座战国楚墓是武陵山区有楚人活动的明证。①

秦汉武陵山区有巴人活动，出土的大量虎钮錞于就是最好的证据。至迟战国时期錞于已由中原传入巴人手中，此后在形制和纹饰上也留下巴人印记，其形制不再是圆棱四方椭圆束腰形，而是肩部突出、下为椭圆直筒形；纹饰位置也由隧部和口部转移到顶端钮盘上，纹饰以船、鱼、梭子形回纹为主；钮以虎钮为主，其造型与巴地虎纹戈、虎纹剑相同，虎钮錞于为战国至汉代巴人典型器物。②秦汉时期虎钮錞于出土地点主要有四川什邡，湖南龙山、吉首、泸溪、张家界、石门、安化、凤凰、常德，湖北利川、宜昌、建始、巴东、宜都、五峰、松滋，重庆万州、奉节，贵州省松桃，河南省邓县、郑州，广西柳州市等地③，尤以武陵山区最集中，这可能与战国后期大量巴人流入武陵山区有关。

东汉冯绲南征武陵蛮，"虽受丹阳精兵之锐，亦倚板楯以成其功"④，冯绲南征板楯巴人居功至伟。在这次军事征伐中，可能有部分板楯巴人留居其地。

二、巴地外来移民及其分布

秦汉时期部分外地移民进入巴地，从而改变了局部区域巴人族群分布格局，同时对巴人族群的分化融合也起到了推动作用。

秦汉时期有自发性移民进入巴地。如东汉末年"南阳、三辅民数万户流入益州，焉悉收以为众，名曰'东州兵'"，汉献帝兴平元年（194 年）刘璋为益州牧，以赵韪为征东中郎将，而"赵韪之在巴中，甚得众心，璋委之以权"⑤。"巴中"即巴郡地，"众"上承"东州兵"，指来自南阳、三辅的移民，说明汉献帝兴平年间巴地也接纳有南阳、三辅移民。

秦汉时期朝廷任命外地官员主政巴地，外籍官员家属及随从也一起迁入

① 林时九：《从湘西民族地区考古发现看楚文化的影响》，《吉首大学学报（社会科学版）》1990 年第 3 期，第 18—21、33 页。
② 徐中舒：《四川涪陵小田溪出土的虎钮錞于》，《文物》1974 年第 5 期，第 81—83 页。
③ 见本书附表"虎钮錞于及巴地其他类型錞于分布简表"。
④ （南朝·宋）范晔撰，（唐）李贤等注：《后汉书》卷 86《南蛮西南夷列传》，第 2843 页。
⑤ （南朝·宋）范晔撰，（唐）李贤等注：《后汉书》卷 75《刘焉传》，第 2433 页。

巴地。如广都县朱辰"为巴郡太守，甚著德惠。辰卒官，郡獠民北送及墓"①，是蜀人朱辰曾入巴郡为太守；又重庆云阳县旧县坪出土《景云碑》载景云祖上秦末因"高祖龙兴，屡敬画计"，后"迁诸关东"，后又"家于梓潼"，则景氏自关中迁蜀地梓潼县②，后景云入巴郡为朐忍县令，则汉代有景氏入迁朐忍县③，景氏也是入迁巴地的汉人官员代表。《景云碑》载景云先祖伯况死于东汉永元十五年（103年），而雍陟宇为景云立碑在东汉熹平二年（173年），则以景云和雍陟宇为首的汉族移民入迁朐忍县大致在公元103—173年间。秦汉时期为官入迁巴地的汉人官员、家属及随从主要分布于各县治及其附近。

这些外来的汉族移民进入巴地后使巴地汉人逐渐增多，也使局部地域巴人族群数量相对下降。汉人进入巴地后也加速了巴人汉化进程。巴地考古发现的秦汉墓虽还有巴文化、楚文化、秦文化因素，但汉文化已成为主导文化，这种文化变迁是汉人及汉文化进入巴地后强势扩张的必然结果。

峡江地带秦汉墓葬主要有重庆民国重庆临时中央大学旧址、九石岗、杨公桥、化龙桥、枣子岚垭④、临江支路⑤、陈家馆、培善桥、相国寺、渝州大学、水泥厂、黄花园、玄坛庙⑥、马鞍山⑦、冬笋坝（铜罐驿）⑧、涪陵镇安、蔺市、易家坝、三堆子、点易、北岩寺、小田溪、石柱砖瓦溪、丰都人民医院⑨、汇南、赤溪、冉家路口、槽房沟、上河嘴、杜家坝⑩、忠县瓦窑、老鸹冲、陈家坝、上河坝、松岭包、万州胡家坝、庙湾、西山公园、安全、中坝子、大周溪、钟嘴、云阳李家坝、走马岭、故陵、开县红华村、奉节拖板、三塘、营盘包、上平皋、白帝村、风箱峡、巫山双堰塘、琵琶洲、麦沱、水田湾、瓦岗槽、江东嘴、跳石、高唐观、巫溪荆竹坝，湖北巴东西瀼口、地主坪、老屋场、茅寨子、雷家坪、雕楼包、孔包河、秭归台子湾、何家坪、庙坪、东门头、卜庄河、柳林溪、下尾子、宜昌前坪、葛洲坝、包金头等地⑪。这些秦汉墓早期墓葬中多包含巴文化、中原文化、楚文化和秦文化等多种文化因素，但随着时间的推

---

① （晋）常璩著，刘琳校注：《华阳国志校注》（修订版），第127页。
② 李乔：《从〈景云碑〉看景氏起源及汉代以前的迁徙》，《中原文物》2009年第4期，第55—61页。
③ 重庆文物局、重庆市移民局编：《云阳走马岭墓地》，北京：科学出版社，2011年，第239页。
④ 蒋晓春：《三峡地区秦汉墓研究》，成都：巴蜀书社，2010年，第13页。
⑤ 重庆市博物馆：《重庆市临江支路西汉墓》，《考古》1986年第3期，第230—242页。
⑥ 蒋晓春：《三峡地区秦汉墓研究》，第13页。
⑦ 龚廷万、庄燕和：《重庆市南岸区的两座西汉土坑墓》，《文物》1982年第7期，第28—29页。
⑧ 四川省博物馆：《四川船棺葬发掘报告》，第82—84页。
⑨ 吴天清：《丰都县名山镇汉墓清理简报》，《四川文物》1991年第3期，第63—64页。
⑩ 王力军：《丰都地区两汉—南朝墓葬的初步研究》，重庆市文物局、重庆市移民局编：《重庆2001三峡文物保护学术研讨会论文集》，第215—227页。
⑪ 蒋晓春：《三峡地区秦汉墓研究》，第13页。

移，墓葬中巴文化、楚文化、秦文化因素逐渐减弱，而汉文化因素则持续增长。

这些秦汉墓早期墓葬多含浓厚的巴文化因素，如流行狭长方形土坑墓，巴式陶器如圜底釜、圜底罐、矮柄豆、甗、铜器中釜、鍪、剑、钺等占较大比例；西汉中晚期巴文化因素减少但仍然存在，如临江支路汉墓 A 型陶釜、铜鍪和 A 型铜釜，冬笋坝 M32C 型陶釜、麦沱 M39Bb 型寰底陶罐都带有巴文化特征；新莽时期汉墓巴文化因素仅限于陶釜、B 型寰底陶罐、铜鍪和 A 型铜釜等，东汉墓葬中仅有巴人器物遗型，如赤溪 M3 陶釜、营盘包 B 型寰底陶罐、麦沱 M22 铜鍪及红华村 M1 铜釜。早期墓葬有秦文化和楚文化因素，它们是东周至秦代留居峡江地区的楚人、秦人遗物，分布状况与楚人、秦人分布相对应。早期墓葬秦文化主要体现在仿秦式铜礼器圆盒、陶俑覆斗冠式、陶彩绘带盖附耳鼎、蒜头壶、甗、甑、蒜头壶等器物上，楚文化体现在楚式青铜剑、铜钫、铜勺、铜镜，及仿铜礼器鼎、敦、壶、盘、匜、凹底罐等器物上。秦汉时期早期巴地墓葬也有中原汉文化因素，但很少；西汉中期伴随巴文化、楚文化、秦文化因素不断减少，汉文化因素逐渐增多并成为主流，如西汉长方形、宽方形土坑墓占主流，新莽以后砖（石）室墓成为主流，而随葬陶器罐、盆、钵、甑、井、仓壶、盒、洗、盘、勺、灯、厄、熏炉、耳杯、魁、豆、俑、碟等中原器物增多，出现釉陶器，地方性陶器寰底器等减少，青铜器中兵器逐渐消失，铁器中铁农具数量增多，五铢钱、大泉五十、货泉等汉代钱币数量增多，自西汉中后期峡江地区墓葬文化中汉文化逐渐占据主导地位。[①]秦汉峡江地区墓葬文化的这种变化，表明秦汉时代不断有汉人迁入峡江地区，他们在改变区域性族群构成与分布的同时，也加快当地居民汉化的进程。

秦汉时代嘉陵江流域多有汉人，这在考古中同样有所反映。重庆合川七间乡天子村、思居乡、南屏乡白鹿村、小河乡杨乐村、铜梁安居镇枇杷村、潼南县别口乡一村、独柏乡五村、东升乡六村、太和上场口、双江乡二村等

<hr />

① 郑君雷：《峡江地区西汉墓葬研究的若干线索》，重庆市文物局、重庆市移民局编：《重庆 2001 三峡文物保护学术研讨会论文集》，第 189—214 页；曾凡模：《巴的宗教文化简论》，重庆市博物馆：《巴渝文化》第 3 辑，第 178—184 页；重庆市文物考古所、重庆市文物局：《忠县老鸹冲（墓葬部分）遗址发掘简报》，重庆市文物局、重庆市移民局编：《重庆库区考古报告集·2000 卷》，第 831—869 页；重庆市文物局、重庆市移民局编：《云阳走马岭墓地》，第 229—240 页；陕西省考古研究所、重庆市文物局、石柱土家族自治县文物管理所：《石柱砖瓦溪墓地发掘报告》，重庆市文物局、重庆市移民局编：《重庆库区考古报告集·2001 卷》，第 1488—1526 页；长沙市文物考古研究所、忠县文物保护管理所：《忠县瓦窑古墓群发掘报告》，重庆市文物局、重庆市移民局编：《重庆库区考古报告集·2002 卷》，第 978—1026 页；南京师范大学文博系、重庆市文物考古研究所、万州市文物管理委员会：《万州胡家坝汉魏墓葬发掘报告》，重庆市文物局、重庆市移民局编：《重庆库区考古报告集·2002 卷》，第 670—739 页。

地都发现有汉代砖室墓，墓砖镌刻汉字"富贵"字样。[1]这些砖室墓主人当为汉人，表明汉代今嘉陵江、渠江流域有一定数量汉人活动。

也因为汉人的迁入，秦汉嘉陵江、渠江流域板楯巴人开始汉化。考古发现川东汉墓虽保留有巴文化因素，但也表现出汉化现象。四川达州市文化街曾出土西汉木板墓1座，葬具为形似船棺和木椁的木板，出土陶器有罐、碗、豆、盆，侈口圜底，纹饰为绳纹；铜器有鼎、甂釜、钫、盂、鍪、勺，釜甂上下分铸，蟠兽纹钫、鸟兽形流盂、短粗蹄足鼎与涪陵小田溪巴人墓同类器物相同，显示西汉川东巴人仍保持本地文化习俗；同时该墓又与绵竹、沔阳、大邑战国西汉初期墓、湖北云梦大坟头1号汉墓、宜昌前坪105号汉墓及关中汉墓大致相似，显示川东渠江流域西汉墓葬文化已与汉族地区趋同，西汉渠江流域板楯巴人汉化情况已出现。[2]另外，四川阆中天宫山东汉崖墓墓室壁刻有干栏式住宅，其顶部斗拱与瓦陇结构有汉式建筑色彩，显示嘉陵江流域巴人干栏建筑东汉末年也呈现汉化趋势。[3]而嘉陵江、渠江流域巴人墓葬文化的汉化只是当时巴人汉化现象的一个缩影。

巴地"有濮、賨、苴、共、奴、獽、夷、蜑之蛮"，这种族群构成及分布情况在秦汉时代应延续了较长时间，随着汉人不断迁入和汉文化不断传入，巴人及其部族慢慢发生变化，一部分逐渐融入汉人群体，一部分则流徙别处，如巴山渝水间的濮人秦汉时"居者多为賨，而濮已他走"[4]，苴、共人作为部族不再见于记载，估计秦汉时已汉化，或是融入賨人，而巴、獽、奴、夷、蜑、賨则延续到魏晋南北朝甚至唐宋时期。秦汉时期这些部族的分布格局大致与巴国时代相似，只是局部区域由于汉人迁入有微观变化。不过秦汉以后即便是巴地的獽、奴、夷、蜑、賨也都被笼统地称为巴人，以巴人这一族群称谓称呼巴地巴人及巴人曾经所属的部族。

第三节　巴人族群外徙及其分布

秦汉时期部分巴人因各种原因迁离故土，对秦汉时代巴人族群分布格局

---

[1] 郑丹：《沿江调查所见之汉代砖室墓及花纹砖》，《三江考古调查纪要》，第16—18页。

[2] 马幸辛：《川东北考古文化分期刍论》，《四川文物》1989年第6期，第26—30页；马幸辛、汪模荣：《四川达县市西汉木椁墓》，《考古》1992年第3期，第280—282页。

[3] 董其祥：《嘉陵江南充地区河段考古调查记实》，重庆中国三峡博物馆编：《董其祥历史与考古文集》，重庆：重庆出版社，2005年，第299—345页。

[4] 蒙文通：《古代民族移徙考》，《禹贡》第7卷6—7期，1937年，第13—38页。

也产生了一定影响。巴人外迁大致分以下几种情况。

一、巴人为官外迁及其分布

秦汉时期巴地巴人已开始汉化，但只是处于开始阶段，巴郡居民以巴人为主体的格局未有太大改变。也正因为如此，秦、汉王朝不得不与巴人订立互不侵犯盟约[①]，通过分封巴人上层人物为王、侯实现对巴人的统治；同时任命部分巴人上层人士到外地为官，逐步削弱巴人贵族对巴人的影响。秦汉时期巴地绝大多数居民仍为巴人，因此秦汉时期为官外迁的巴地之人，我们也将他们纳入巴人范畴。

秦代巴人外调为官情况因缺乏文献记载和考古材料现已无从考证，但两汉时期外调为官的巴人我们可利用文献进行粗略统计。巴郡为巴人集中分布区，因此统计巴人为官外迁时，主要以巴郡为例进行统计，这部分巴人为官外迁具典型性和代表性。据《华阳国志》《汉书》《后汉书》记载，两汉时期巴郡外迁为官人员情况统计如表4-1所示：

表 4-1　汉代巴郡巴人外迁为官人员统计表

姓名	时代	籍贯	迁入地	官职
范目	西汉高祖年间	巴郡阆中	长安	渡沔侯、慈凫乡侯
扶嘉	西汉高祖年间	巴郡朐忍	长安	廷尉
落下闳	西汉武帝年间	巴郡阆中	长安	聘士
谯隆	西汉武帝年间	巴郡阆中	长安	侍中
任文孙	西汉元帝年间	巴郡阆中	长安	侍御史
胥君安	西汉成帝年间	巴郡？	长安	先生
谯玄	西汉成帝、哀帝年间	巴郡阆中	长安	太中大夫
任文公	西汉哀帝年间	巴郡阆中	长安	司空掾
徐诵	西汉	巴郡阆中	长安	京兆尹
谯瑛	西汉	巴郡阆中	长安	尚书郎
赵珜	西汉	巴郡阆中	长安	公车令
赵毅	西汉	巴郡阆中	长安	公府掾
赵宏	西汉	巴郡阆中	陇县	凉州刺史
臧太伯	西汉	巴郡宕渠	长安	公车令
杨仁	东汉明帝年间	巴郡阆中	洛阳	治中从事
玄贺	东汉明帝年间	巴郡宕渠	洛阳	大司农
冯焕	东汉安帝年间	巴郡宕渠	蓟县	幽州刺史（牧）
庞雄	东汉安帝年间	巴郡宕渠	洛阳	大鸿胪

---

① （南朝·宋）范晔撰，（唐）李贤等注《后汉书》卷86《南蛮西南夷列传》（第2842页）载"刻石盟要，复夷人顷田不租，十妻不算，伤人者论，杀人者得以倓钱赎死。盟曰：'秦犯夷，输黄龙一双；夷犯秦，输清酒一钟'"。

续表

姓名	时代	籍贯	迁入地	官职
陈禅	东汉安帝年间	巴郡安汉	南郑、洛阳	汉中太守、司隶校尉
陈澄	东汉安帝年间	巴郡安汉	南郑	汉中太守
龚调	东汉安帝年间	巴郡安汉	襄阳	荆州刺史（牧）
张翕	东汉安帝年间	巴郡安汉	邛都	越巂太守
张璜	东汉安帝年间	巴郡安汉	邛都	越巂太守
黎景	东汉安帝年间	巴郡垫江	西卷	日南太守
陈实	东汉顺帝、桓帝年间	巴郡安汉	洛阳	别驾从事
陈宏	东汉桓帝年间	巴郡安汉	沮阳	上谷太守
赵芬	东汉桓帝年间	巴郡宕渠	洛阳	户曹掾
冯遵	东汉桓帝年间	巴郡宕渠	洛阳	尚书郎
冯允	东汉桓帝年间	巴郡宕渠	洛阳	降虏校尉
冯绲	东汉桓帝年间	巴郡宕渠	洛阳	车骑将军
严遵	东汉桓帝年间	巴郡阆中	寿春	扬州刺史（牧）
王伟卿	东汉桓帝年间	巴郡？	长安	长安令
龚荣	东汉桓帝年间	巴郡垫江	洛阳、襄阳	文学掾、荆州刺史（牧）
严羽	东汉桓帝、灵帝年间	巴郡阆中	郯城	徐州刺史（牧）
李颙	东汉灵帝年间	巴郡垫江	滇池	益州太守
冯湛	东汉灵帝年间	巴郡宕渠	宕渠	主簿
曲庚	东汉灵帝年间	巴郡宕渠	宕渠	主簿
先谠[1]	东汉灵帝年间	巴郡朐忍	华阴	华阴令
扶古	东汉灵帝年间	巴郡朐忍	江州	议曹掾
龚扬	东汉献帝年间	巴郡垫江	江州	巴郡太守
李温	东汉	巴郡宕渠	郴县	桂阳太守
赵邵	东汉	巴郡阆中	上蔡	上蔡令
郝伯通	东汉	巴郡阆中	江州	郡史
王潹	东汉	巴郡阆中	洛阳	茂才
孟彪	东汉	巴郡江州	洛阳	茂才
赵晏	东汉	巴郡安汉	邺城	魏郡太守
谒焕	东汉	巴郡江州	平舆	汝南太守
董和	东汉	巴郡江州	成都	成都令
然温	东汉	巴郡江州	郴县	桂阳太守、度辽将军
杨仁	东汉	巴郡阆中	长安	治中从事
甘宁	东汉	巴郡临江	西陵	折冲将军、西陵太守
赵赳	东汉	巴郡安汉	成都	征东中郎将

资料来源：朱圣钟《秦汉时期巴人的分布与迁徙》，《重庆社会科学》2010 年第 1 期，第 85—91 页。

说明：？表示地点不确定。

---

[1]（宋）洪迈：《隶释·隶续》，第 27 页。

从表 4-1 可看出：（1）从迁出人员籍贯来看，巴郡阆中有 18 人，安汉 9 人，宕渠 11 人，垫江 4 人，江州 4 人，朐忍 3 人，临江 1 人，籍贯地不详者 2 人。两汉为官外迁巴人主要出自阆中、宕渠、安汉等地，都位于板楯蛮即賨人聚居的嘉陵江、渠江流域，而板楯蛮在汉代与朝廷关系最密切，汉初为汉高祖平三秦鼎定天下立下汗马功劳，后来在镇压羌族叛乱及对外征讨中同样功不可没，汉王朝倚重板楯巴人，一定程度上也促使板楯巴人中外迁为官者较多，同时以阆中为中心的嘉陵江流域为最初置巴郡之地[①]，受汉文化和中原王朝影响最早、最深，因而在政治上、文化上与中央王朝的联系也最紧密，这也是嘉陵江流域、渠江流域巴人出仕为官较多的原因之一。

（2）从迁入地来看，迁入长安者 15 人，洛阳 12 人，江州 3 人，南郑、襄阳、邛都、成都、郴县各 2 人，其他如滇池、陇县、蓟县、西卷（今越南广治北）、平舆、邺城、上蔡、寿春、郯城、沮阳、华阴、西陵各 1 人，巴郡本地任职者 4 人，其中本地异地任职者 2 人。从外迁情况看，还是以迁入巴郡以外地区任职者占绝大多数；从迁入地来看，以都城长安、洛阳最为集中，两地总人数达 27 人，其他地方则较为稀散；从迁入地域来看，东至寿春，西至成都、邛都，北至沮阳、蓟县，南全西卷，涉及地域非常广阔。

（3）从时段上来看，西汉外迁为官者 14 人，东汉上升至 35 人，从两汉时段分布看，外迁为官人数呈上升趋势；从各时段地域分布看，西汉巴人迁入地集中在都城长安（13 人），东汉迁入地虽以都城洛阳较集中（12 人），但迁入地点更多，涉及地域更广；从迁出地时代变化看，西汉 14 名外迁官员中，出自阆中者 11 人，宕渠、朐忍各 1 人，籍贯不详 1 人，东汉 34 名外迁官员中，阆中 7 人，宕渠 8 人，安汉 9 人，垫江、江州各 4 人，朐忍、临江各 1 人。在地域上还是以嘉陵江、渠江流域为最多，总计 28 人，长江沿岸仅 5 人。但与西汉相比，阆中以东、以南地域外迁为官人数有所增加，沿江地带也出现外迁为官者，两汉时期外迁为官者迁出地呈现出从巴郡北部阆中地区向南部区域逐步扩展的趋势，这种空间上的变化一定程度上反映汉王朝对巴郡在政治、文化方面的控制逐渐加强，巴人汉化过程由巴郡北部地区逐渐向南部地区扩展的态势。

（4）从外迁巴人所任职官来看，有大司农、大鸿胪、车骑将军等朝廷要

---

① 朱圣钟：《秦巴郡设置时间考辨——兼论秦巴郡政区的形成》，中国先秦史学会、重庆中国三峡博物馆编：《长江三峡古文化学术研讨会暨中国先秦史学会第九届年会论文集》，第 774—779 页。

职，也有刺史、太守等地方大员，还有并无实职的茂才，巴郡外迁巴人职官呈现多层次的特点。

二、巴人叛乱被迫外迁及其分布

秦汉时代巴人因叛乱而被大规模外迁的，主要有《后汉书》记载的东汉时期两次：

> 至建武二十三年，南郡澧山蛮雷迁等始反叛，寇掠百姓，遣武威将军刘尚将万余人讨破之，徙其种人七千余口置江夏界中，今沔中蛮是也。和帝永元十三年，巫蛮许圣等以郡收税不均，怀怨恨，遂屯聚反叛。明年夏，遣使者督荆州诸郡兵万余人讨之。……大破圣等。圣等乞降，复悉徙置江夏。[1]

光武帝建武二十三年即公元 47 年，廪君蛮澧山蛮反叛，但很快被武威将军刘尚所镇压。为防止巴人继续在当地为乱，参与叛乱的巴人被迁至江汉平原江夏郡界内。"澧山蛮"以"澧山"命名，"澧山"在哪儿？史籍虽载"澧山蛮叛汉"事件，却对"澧山"地望疏于记载。唯清赵一清《水经注笺刊误》载"沮又讹为柤，今襄阳以南沮水左右皆曰沮中，亦谓之柤中。后汉建武二十三年，南郡蛮反，刘尚讨破之。杜佑曰澧山蛮也，澧亦作柤，即柤中蛮矣，郡县志南漳县东北一百八里有柤山"[2]，沮水即湖北境内沮水，若"澧"作"柤"，"柤"作"沮"，则"澧山"在古"沮水"一带，即今沮水流域，而沮水流域在东汉南郡地域范围之内[3]，此说似可成立。

和帝永元十三年即公元 101 年，巫蛮许圣等因不满朝廷收税不均发动叛乱。叛乱平定后许圣及其族众也被徙置江夏。"巫"即南郡巫县，汉巫县治今重庆巫山县境，巫为南郡辖县，巫蛮为南郡蛮一部，"南郡蛮"即廪君蛮[4]，巫蛮也即是廪君巴人部族。

东汉时迁置江夏的巴人数量很多，建武年间澧山蛮雷迁等七千余口被迁至江夏郡界内；和帝年间巫蛮许圣等叛乱平定后也被迁至江夏郡界内，而迁徙人口数量不明，从朝廷为平定许圣等叛乱调遣万余官兵参战，其兵力与建武年间平定澧山蛮兵力约略相等，则和帝年间参与叛乱的巫蛮人口数当与澧

---

① （南朝·宋）范晔撰，（唐）李贤等注：《后汉书》卷 86《南蛮西南夷列传》，第 2841 页。
② （清）赵一清撰：《水经注笺刊误》卷 11，清光绪六年（1880 年）章氏刻本。
③ 谭其骧主编：《中国历史地图集　第二册：秦、西汉、东汉时期》，第 49—50 页。
④ （南朝·宋）范晔撰，（唐）李贤等注：《后汉书》卷 86《南蛮西南夷列传》，第 2840 页。

山蛮数量约略相等，大致也在七千余口左右。由此，我们估计东汉两次迁入江夏郡的巴人数约一万四千余口左右。

东汉光武帝、和帝年间两次将巴人迁徙到江夏，使巴人在江汉平原江夏郡境形成新的聚居地。东汉江夏郡治西陵，辖西陵、西阳、轵、鄳、竟陵、云杜、沙羡、邾、下雉、蕲春、鄂、平春、南新市、安陆等 14 县。① 以现在行政区划来说大致包括今湖北省以武汉市为中心的长江南北之地，即武汉、红安、麻城、黄陂、黄冈、新州、天门、潜江、京山、浠水、鄂城、大冶、阳新、通山、安陆、云梦、应城、孝感、汉川、沔阳、荆门、钟祥、嘉鱼、咸宁、蒲圻、蕲春、罗田、广济、应山、随州、崇阳等地全部或部分地区。② 《水经注》载"江水左则巴水注之。水出雩娄县之下灵山，即大别山也。与决水同出一山，故世谓之分水山，亦或曰巴山，南历蛮中。吴时旧立屯于水侧，引巴水以溉野。又南迳巴水戍，南流注于江，谓之巴口"③，此处"巴水""巴山""巴口""巴水戍"等名见于经文，而《水经》相传撰于东汉末，这些"巴"地名与迁居此地的巴人有关。王桐龄认为这些廪君蛮早期迁入地在今湖北武昌、汉阳一带④，据《水经》所载"巴"地名来看，其时江夏郡巴人不限于一地一域。

这些迁入江夏郡的巴人，汉代因其居地称"江夏蛮"。数量众多的廪君蛮在江夏郡形成一股不小的地方势力，也成为一个不安定的因素，至东汉末先后两次发动叛乱，灵帝建宁二年（169 年）"江夏蛮叛，州郡讨平之"，光和三年（180 年）"江夏蛮复反，与庐江贼黄穰相连结，十余万人，攻没四县，寇患累年。庐江太守陆康讨破之，余悉降散"⑤，叛乱虽为朝廷所镇压，廪君蛮在江夏郡也定居下来。其后势力逐渐壮大，两晋南朝时期这部分巴人演变为后来的五水蛮、郢州蛮⑥、豫州蛮等。

东汉建武十八年（42 年）蜀郡守将史歆反叛，巴郡宕渠杨伟、朐䏰徐容等起兵响应，朝廷派吴汉平叛，"乃发广汉、巴、蜀三郡兵围成都，百余日城破，诛歆等。汉乃乘桴沿江下巴郡，杨伟、徐容等惶恐解散，汉诛其渠帅二百余人，徙其党与数百家于南郡、长沙而还"⑦，南郡治江陵，即今湖北荆州

① （南朝·宋）范晔撰，（唐）李贤等注：《后汉书》，第 3482 页。
② 潘新藻：《湖北省建制沿革》，第 216—217 页。
③ （北魏）郦道元著，（清）王先谦校：《合校水经注》，第 506 页。
④ 王桐龄：《中国民族史》，第 13 页。
⑤ （南朝·宋）范晔撰，（唐）李贤等注：《后汉书》卷 86《南蛮西南夷列传》，第 2841 页。
⑥ 章冠英：《两晋南北朝时期民族大变动中的廪君蛮》，《历史研究》1957 年第 2 期，第 67—85 页。
⑦ （南朝·宋）范晔撰，（唐）李贤等注：《后汉书》卷 18《吴汉传》，第 683 页。

市，长沙郡治临湘县，即今湖南长沙市。吴汉平叛乱后，参与叛乱的巴人杨伟、徐容及其家属数百家被迁至湖北荆州及湖南长沙等地。

三、巴人军事征调外迁及其分布

秦汉时期军队中不论常规兵种，还是战时征调的部队中都经常能见到巴人的身影，巴人是秦汉军队的重要兵源。巴人在随军服役过程中征战四方，部分巴人甚至留居驻地，成为当地居民，这对秦汉时期巴人的分布也产生了一些影响。

汉代常规兵种分材官、骑士、车士、楼船士四种[1]，《汉书·刑法志》载"天下既定，踵秦而置材官于郡国，京师有南北军之屯"[2]，又《后汉书·光武帝纪》李贤注引《汉官仪》载"高祖命天下郡国选能引关蹶张，材力武猛者，以为轻车、骑士、材官、楼船，常以立秋后讲肄课试，各有员数。平地用车骑，山阻用材官，水泉用楼船"[3]，可见材官为汉代兵种。《文献通考·兵考》载"汉兴，踵秦而置材官于郡国。十一年，发巴、蜀材官卫军霸上"[4]，则汉初曾征调巴人为材官驻军霸上。霸上在今西安市灞河西，汉初京师卫戍部队南北军中有巴人材官兵，这些巴人属军事性移民。东汉、蜀汉常备兵种有赤甲军，《华阳国志》载涪陵郡"汉时赤甲军常取其民"[5]，则赤甲军中多涪陵郡巴人。《太平寰宇记》载涪州"汉末为赤甲兵所聚"[6]，涪州即汉晋涪陵郡，也说东汉末涪陵多出赤甲军。另《元和郡县图志》载奉节县赤甲山"汉时尝取邑人为赤甲军"[7]，则汉代鱼复巴人也曾被征募编入赤甲军。这些巴人赤甲军驻守地方，也是一种军事性移民。

秦汉时期巴人除被征募编入朝廷常规军队外，一旦战事爆发，朝廷还从巴地临时征兵，这些巴人士兵是当时较为特殊的巴人群体。秦代对巴人的征调鲜于记载，汉代对巴人的军事征调主要有以下几次：

汉高祖十一年（前196年）七月，淮南王英布反，"上乃发上郡、北地、陇西车骑，巴蜀材官及中尉卒三万人"[8]，汉初巴人参与了平定淮南王英布的

---

① 陈连庆：《汉代兵制述略》，《史学集刊》1983年第2期，第21—30页。
② （汉）班固撰，（唐）颜师古注：《汉书》卷23《刑法志》，第1090页。
③ （南朝·宋）范晔撰，（唐）李贤等注：《后汉书》卷1《光武帝纪》，第51—52页。
④ （元）马端临撰：《文献通考》卷150《兵考》，第1309页。
⑤ （晋）常璩著，刘琳校注：《华阳国志校注》（修订版），第37页。
⑥ （宋）乐史撰，王文楚等点校：《太平寰宇记》卷120《涪州》，第2388页。
⑦ （唐）李吉甫撰，贺次君点校：《元和郡县图志》，第1057页。
⑧ （汉）班固撰，（唐）颜师古注：《汉书》卷1《高帝纪》，第73页。

叛乱。

建元六年（前 135 年），"帝乃拜（唐）蒙中郎将，发巴、蜀兵千人，奉币帛见夜郎侯，喻以威德，为置吏"①，又"发巴蜀卒治道，自僰道指牂柯江"②，则是征调了部分巴人士兵参与修筑自僰道至牂柯江的道路。

汉武帝元光五年（前 130 年），"发巴蜀卒治道，自僰道指牂牁江"，后"数岁，道不通，士罢饿喂，离暑湿，死者甚众"③，部分巴人士兵再次被征调修治僰道至牂柯江道路。

汉武帝元鼎五年（前 112 年），"南粤相国吕嘉反，诏粤人及江淮以南楼船十万师往讨之。卫尉路博德为伏波将军出桂阳，下湟水；主爵都尉杨仆为楼船将军出豫章，下横浦；故归义粤侯二人为戈船、下濑将军出零陵，或下离水，或抵苍梧；使驰义侯因巴、蜀罪人，发夜郎兵下牂牁江，咸会番禺"④，汉武帝元鼎年间获罪巴人被征调参与平定南越国相吕嘉的叛乱，从夜郎地顺牂牁江进入番禺。

汉武帝时，"及至南越反……且兰君恐远行，旁国虏其老弱，乃与其众反，杀使者及犍为太守。汉乃发巴蜀罪人尝击南越者八校尉击破之。……遂平南夷为牂柯郡"⑤，西汉武帝时曾征调部分巴地罪囚参与平定且兰的叛乱。

汉武帝元封二年（前 109 年），"天子发巴蜀兵击灭劳浸、靡莫，以兵临滇……于是以为益州郡"⑥，讨伐劳浸、靡莫也曾征调部分巴人从军。

王莽时，"越巂姑复夷人大牟亦皆叛，杀略吏人。莽遣宁始将军廉丹，发巴蜀吏人及转兵穀卒徒十余万击之"⑦，巴、蜀士卒曾远征越巂郡地。

王莽时期牂柯、句町侯国蛮夷反叛，"发巴、蜀、犍为吏士，赋敛取足于民，以击益州。出入三年，疾疫死者什七，巴蜀骚动"，又遣宁始将军廉丹与庸部牧史熊"大发天水、陇西骑士，广汉、巴、蜀、犍为吏民十万人，转输者合二十万人，击之"，因"军粮前后不相及，士卒饥疫，三岁余死者数万"⑧，王莽征伐益州也有巴人随军进入滇黔一带。

桓帝建和二年（148 年）三月，"白马羌寇广汉属国，杀长吏，益州刺史

① （晋）常璩著，刘琳校注：《华阳国志校注》（修订版），第 176 页。
② （汉）司马迁撰：《史记》卷 116《西南夷列传》，第 2994 页。
③ （汉）班固撰，（唐）颜师古注：《汉书》卷 95《西南夷两粤朝鲜列传》，第 3839—3840 页。
④ （元）马端临撰：《文献通考》卷 158《兵考》，第 1379 页。
⑤ （汉）司马迁撰：《史记》卷 116《西南夷列传》，第 2996 页。
⑥ （汉）司马迁撰：《史记》卷 116《西南夷列传》，第 2997 页。
⑦ （南朝·宋）范晔撰，（唐）李贤等注：《后汉书》卷 86《南蛮西南夷列传》，第 2846 页。
⑧ （汉）班固撰，（唐）颜师古注：《汉书》卷 95《西南夷两粤朝鲜列传》，第 3846 页。

率板楯蛮讨破之"①，板楯蛮参与了平定广汉蜀国白马羌的叛乱。

桓帝年间，"前车骑将军冯绲南征武陵，虽受丹阳精兵之锐，亦倚板楯以成其功"②，冯绲本"巴郡宕渠人"，即板楯蛮，南征武陵蛮时部属中除丹阳精兵外，也有板楯巴人，故有"斩首四千余级，受降十万余人"的战果③。

灵帝熹平中（172—177 年），"蛮夷复反，拥没益州太守雍陟。……（李）颙将巴郡板楯军讨之，皆破，陟得生出"④，板楯蛮曾远征益州郡地。

以上对巴人的征调使巴人足迹远涉淮南、夜郎、南越、益州郡、越嶲郡、广汉郡等地，淮南即汉初淮南国，国都六，即今安徽六安市，淮南国辖九江、庐江、衡山、豫章 4 郡，辖区除江淮之间外，还包括长江以南部分地区；夜郎即汉牂柯郡，辖地在今贵州境内，还包括与贵州邻境的云南、广西部分地区；南越包括今岭南两广之地；益州郡治今云南晋宁县滇池东南岸，辖以滇池为中心的今滇中地区；越嶲郡治邛都县，即今四川西昌市，辖今四川凉山彝族自治州、攀枝花市全部以及云南丽江、永胜、大姚、永仁等地；广汉属国治阴平道，即今甘肃文县，辖今四川平武、甘肃文县等地，这些地方都曾有巴人足迹。

指出这些地方有因军事征调而驻足的巴人也是有证据的，《华阳国志》载涪陵郡"汉时赤甲军常取其民"，"其人性质直，虽徙他所，风俗不变，故迄今有蜀、汉、关中、涪陵；其为军在南方者犹存"⑤。赤甲军中巴人随军征调，后散布蜀地、汉中、关中、南中等地，这与前文所引巴人随军征调的史实可相互印证。另外，1924 年在四川彭县九尺铺曾发现白虎夷王墓⑥，白虎夷王即从巴地迁入的巴人部族首领，死后就地安葬而有白虎夷王墓。又彭县曾出土《鞞舞》画像砖，砖上三人，左边一伎上身赤膊无饰，盘腿摇鼗，中间一伎身着长袖舞衣，翩翩起舞，右边一伎裸袒上身，两手舞动双剑，右脚踏鼓为节，形象展示了巴渝舞的内容（图 4-1）。《古今乐录》《隋书·音乐志》中载鞞舞源自"巴渝舞"，《文献通考·乐考》载"鞞

---

① （南朝·宋）范晔撰，（唐）李贤等注：《后汉书》卷7《桓帝纪》，第292页。
② （南朝·宋）范晔撰，（唐）李贤等注：《后汉书》卷86《南蛮西南夷列传》，第2843页。
③ （南朝·宋）范晔撰，（唐）李贤等注：《后汉书》卷38《冯绲传》，第1280、1283页。
④ （晋）常璩著，刘琳校注：《华阳国志校注》（修订版），第180—181页。
⑤ （晋）常璩著，刘琳校注：《华阳国志校注》（修订版），第37页。
⑥ 董其祥：《巴子五姓考》，《巴史新考》，第66—77页。

舞，本汉巴渝舞。高祖自蜀汉伐楚，其人勇而善斗，好为歌舞。帝观之，曰：'武王伐纣之歌'。使工习，号曰巴渝舞"①。彭县出土的《鞞舞》画像砖说明汉代鞞舞也流传到彭县一带，鞞舞表演者为賨人，即板楯蛮后裔。

图 4-1　彭县《鞞舞》画像砖拓片

说明：本图源自刘志远、余德章、刘文杰编：《四川汉代画像砖与汉代社会》，北京：文物出版社，1983 年，第 111—112 页"图九三《鞞舞》（拓片）"。

又《隶续》引《繁长张禅等题名》有"白虎夷王谢节"，"白虎夷王资伟"②，学术界对白虎夷有两种说法，一说即白虎复夷，即板楯蛮，晋代称"弜头虎子"③，为巴人一支，因秦昭襄王时射杀白虎、助刘邦平定关中有功，受到秦汉两朝复除租赋的褒奖，故称白虎复夷④；二说白虎夷为廪君蛮，因崇拜白虎得名⑤，主要依据有唐卢求《成都记序》载秦昭襄王时"白虎为患，意廪君之魂"⑥，以白虎为廪君化身。不管是板楯蛮还是廪君蛮，都属巴人族群是可以

① （元）马端临撰：《文献通考》卷 141《乐考》，第 1247 页。
② （宋）洪迈：《隶释·隶续》，第 430 页。
③ （晋）常璩著，刘琳校注：《华阳国志校注》（修订版），第 11 页。徐中舒《巴蜀文化初论》（《论巴蜀文化》，第 31 页）认为"白虎就是板楯的族徽，王就是酋长的称号"，则是以白虎夷为板楯蛮。
④ 周集云：《巴族史探微》，第 121 页。
⑤ 董其祥：《巴子五姓考》，《巴史新考》，第 66—77 页；董其祥：《四川地区悬棺葬的分布及其族属问题的研究》，《巴史新考》，第 94—116 页。
⑥ （明）杨慎编，刘琳、王晓波点校：《全蜀艺文志》卷 30《序》，第 782 页。

肯定的。繁即蜀郡繁县，治今四川彭州市天彭镇西古城①，说明今四川彭州市一带汉代有从巴地征调入蜀巴人聚居。

四川什邡县师古镇曾出土汉晋虎钮錞于 1 件②，虎钮錞于为巴人军乐器，这也是巴人曾迁居什邡一带的物证。昭化宝轮院船棺随葬铜器上有虎纹和王字，成都郊区及四川境内其他地区出土的虎纹及手和花蒂纹铜器也都是戍守蜀地的巴人遗物。③

汉蜀郡严道县有賨人，杨慎《徙斯训》引《玉篇》"郪"注载"汉之賨叟地，在蜀之边"，"徙也，斯也，叟也，郪也，賨也，一种夷人。古今随呼而易其名"④，西汉武帝分严道县置徙阳县，治今四川天全县东始阳⑤。杨慎将賨、徙、斯、叟视为同一种夷人，在族群识别上有问题，賨即板楯蛮，本在川东、重庆一带，徙、斯、叟为川西南少数民族，姑且不论徙、斯、叟是否同一民族，賨与这三种称谓的族群有别是不争的事实。杨慎说汉代徙阳县有賨人，则当时该地有賨人。据考古和民俗分析，也找到今荥经县（古严道县）賨人分布的线索。⑥严道古城南岷家山南北两侧有岩墓群，连绵数里，岩墓达千座以上，这些岩墓被认为是秦至晋代賨人遗物，主要依据是这些岩墓与四川南充天宫山賨人首领岩墓类似⑦；彭山县岩墓族属为彭人，彭人即賨人；除岷家山外，雅安小山子也有岩墓，也是严道賨人墓一部分。20 世纪 60 年代末雅安青衣江畔曾发现汉代"賨侯之赆"铜印 1 枚，为賨侯致送礼品专用印章，这也是严道县有賨人活动的物证。从遗俗民风看，賨人有度姓，或转写为庹姓，今荥经县有大姓庹氏，重庆合川、彭水也有庹姓，合川、彭水为早期板楯蛮分布地，荥经县庹姓与川东、重庆板楯蛮庹姓有渊源关系；今徐氏为荥经县大姓，賨人七姓有夕姓，徐或为"夕"之音转；荥经乡间方言称"吃"为"ká"，土家语"吃"读音与此相同，土家族为巴人后裔，"吃"读"ká"音或为賨人语音遗留；南充天宫山賨人首领岩墓中住宅模型与荥经山区的虚脚楼相似，虚脚楼即賨人住宅的遗留。賨人迁入蜀郡严道县大致在秦灭巴蜀后，秦为了镇压蜀地叛乱，征调巴賨人入蜀郡平叛，叛乱平定后，部分賨人在蜀地定居下来，严道县賨人即

① 蒲孝荣：《四川政区沿革与治地今释》，成都：四川人民出版社，1986 年，第 16 页。
② 李剑、李灿：《什邡新出土虎钮錞于》，《四川文物》2010 年第 2 期，第 78 页。
③ 徐中舒：《巴蜀文化初论》，《论巴蜀文化》，第 1—47 页。
④ （明）杨慎撰：《升庵集》卷 48，文渊阁四库全书本。
⑤ 蒲孝荣：《四川政区沿革与治地今释》，第 8 页。
⑥ 何元灿：《严道賨人考》，李绍明、林向、徐南洲主编：《巴蜀历史・民族・考古・文化》，第 84—92 页。
⑦ 仍乃强：《羌族源流探索》，重庆：重庆出版社，1984 年，第 90 页。

为镇戍蜀地賨人一部①。在蒲江县、荥经城区同心村、什邡市等地发现的巴人船棺墓，或许也是镇戍蜀地的巴人遗物②，从侧面印证了严道古城一带有巴人（賨人）分布的可能性。

东汉末年益州牧刘璋派张鲁率军经略汉中，"张鲁以璋暗懦，不复承顺。璋怒，杀鲁母及弟，而遣其将庞羲等攻鲁，数为所破。鲁部曲多在巴土，故以羲为巴郡太守。鲁因袭取之，遂雄于巴汉"③。张鲁部曲在巴中，是说巴中为张鲁根据地，张鲁北据汉中时，当有不少巴人随之迁居汉中。

四、强制性移民与巴人的流徙

秦汉时期朝廷曾用行政手段将巴人迁出巴地，从而改变局部区域巴人分布格局。《太平寰宇记》载金州"汉高祖发巴、蜀伐三秦，迁巴中渠帅七姓居商、洛。其俗至今犹多猎山伐木，深有楚风"④，又载商州"汉高祖发自巴、蜀，以克三秦，遂迁巴中渠帅七姓于商、洛之间，至今犹存"⑤，又房州风俗"同金州"⑥，《方舆胜览》中金州、商州风俗亦有相同记载⑦。《隋书·地理志》载豫州上洛、弘农"自汉高发巴、蜀之人，定三秦，迁巴之渠率七姓，居于商、洛之地，由是风俗不改其壤。其人自巴来者，风俗犹同巴郡"⑧。则西汉初部分板楯蛮被北迁商、洛地，唐金州治今陕西安康市，商州治今陕西商洛市，西汉皆为商、洛地，自西汉始这些地域内有巴人分布，直到宋代金州巴人后裔仍然"猎山伐木"，而商州巴风俗"犹存"，巴人遗风仍有所延续。

以上巴人大规模外迁四种类型中，为官外迁巴人尽管分布地广，但规模小，外迁者除官员本人及家属外，仅有少量部族随之迁移，其家族成员仍聚居于巴地，如汉代入长安为廷尉的扶嘉，尽管有部分族人随迁至长安，但其家族成员仍为巴郡朐忍县望族。⑨因军事征调而外迁巴人，我们只能

---

① 何元灿：《严道賨人考》，李绍明、林向、徐南洲主编：《巴蜀历史·民族·考古·文化》，第84—92页。
② 龙腾：《四川蒲江县巴族武士船棺》，《考古》1983年第12期，第1124页；四川省文物管理委员会、蒲江县文管所：《蒲江县战国土坑墓》，《文物》1985年第5期，第17—22页；宋治民：《什邡荥经船棺葬墓地有关问题探讨》，《四川文物》1999年第1期，第3—12页；四川省文物考古研究所、荥经严道古城遗址博物馆：《荥经同心村巴蜀船棺葬发掘报告》，四川省考古研究所编：《四川考古报告集》，第212—280页。
③ （南朝·宋）范晔撰，（唐）李贤等注：《后汉书》卷75《刘焉传》，第2433页。
④ （宋）乐史撰，王文楚等点校：《太平寰宇记》卷141《金州》，第2729页。
⑤ （宋）乐史撰，王文楚等点校：《太平寰宇记》卷141《商州》，第2734页。
⑥ （宋）乐史撰，王文楚等点校：《太平寰宇记》卷143《房州》，第2784页。
⑦ （宋）祝穆撰，祝洙增订，施和金点校：《方舆胜览》卷68《金州》，第1190页。
⑧ （唐）魏徵等撰：《隋书》卷30《地理志》，第843页。
⑨ （晋）常璩著，刘琳校注：《华阳国志校注》（修订版），第35页。

将其视为在服役区内曾做停留或驻居的特殊人群。真正规模较大、数量众多、对巴人分布产生重大影响的是因叛乱被迫外迁和遭强制性移民的巴人，他们在迁入地形成新的巴人聚居区，并对该地区社会发展产生深远影响。经过对秦汉时代巴人分布与迁徙情况的梳理，我们大致有以下几点认识：

（1）秦汉时代巴人还有集中分布地，主要位于巴郡、汉中郡、南郡、武陵郡（黔中郡）辖区内，即今天的重庆、四川、陕西、湖北、湖南、贵州等省、市毗邻地区。秦汉时代巴人分布地域大致包括了段渝界定的巴地[1]，但地域更广阔。在巴人集中分布区巴人主体为廪君巴、板楯（賨）巴，巴族和原巴国所辖各部族都被通称为巴人。

（2）秦汉时代巴人因各种原因向外迁徙，形成巴地巴人集中分布、其他地区零星分布的格局。巴人外迁原因主要有为官外迁、叛乱被迫外迁、军事征调外迁和强制性外迁等四种，除因叛乱被迫外迁规模较大外，其他原因导致的巴人外迁规模都不大，外力导致的巴人迁徙对巴人分布总体格局影响甚微，这也是秦汉时代巴地巴人分布最集中的一个原因。

（3）从秦汉时代巴人分布地时段变化看，秦代巴人主要分布在渝、川、陕、鄂、湘、黔等省市毗邻的巴郡、汉中郡、巫郡、南郡、黔中郡（洞庭郡）内，两汉时期巴人分布地变化明显，巴地巴人分布没有太大变化，巴人聚居地主要为巴郡、汉中郡、南郡、武陵郡，与巴郡相邻的广汉郡、蜀郡、犍为郡部分地区仍有巴人活动。汉代巴人分布最大变化为巴人散居地出现，西汉时巴人外迁较少，主要是少量异地为官巴人迁至外地，也有少量巴人因军事征调入居异地。东汉巴人外迁规模、数量、迁入地数量都比西汉多，汉代巴人分布地变化主要集中在东汉。这与秦汉王朝逐渐加强对巴地的控制密切相关，秦汉王朝通过增加巴地县级政区数量和将巴人异地安置等手段达到强化对巴人统治的目的。

---

[1] 段渝：《巴人来源的传说与史实》，《历史研究》2006 年第 6 期，第 3—18 页。

第五章　魏晋南北朝巴人族群及其分布

在魏晋南北朝族群大迁徙、大融合背景下，巴人作为南方族群也异常活跃，不仅原巴国地域巴人活动频繁，在今四川、陕西、山西、甘肃、河南、湖北、湖南、贵州、安徽、江西、江苏、广西等地也曾有他们的身影。这里我们将巴人族群分布地分为两大区域，即巴地和巴地以外区域，巴地主要指原巴国疆域涉及地域，而巴地以外地域则为原巴国疆域以外地域。我们从这两个区域入手进行讨论魏晋南北朝时期巴人族群分布情况。

第一节　魏晋南北朝巴地政区设置与调整

魏晋南北朝时期巴地政区发生了很大变化，无论是郡级政区，还是县级政区都与秦汉时期有很大不同。①

巴郡政区调整的构想酝酿于东汉末年，当时一些有识之士已认识到巴郡地域广大、人口众多难以有效管理的问题，其中以但望为代表。他在桓帝永兴二年（154年），提出《分巴疏》，其文撷其要者如下：

（巴郡）境界，南北四千，东西五千，周万余里。属县十四，盐、铁五官各有丞史。户四十六万四千七百八十，口百八十七万五千五百三十五。远县去郡二百至千五百里，乡亭去县或三四百，或及千里。土界邈远，令尉不能穷诘奸凶。时有贼发，督邮追案，十日乃到，贼已远逃踪迹，绝灭罪录。逮捕证验，文书诘讯，即从春至冬，不能究迄。绳宪末加，或遇德令。是以贼盗公行，奸宄不绝。

给吏休谒，往还数千。闭囚须报，或有弹劾，动便历年，吏坐逾科。恐

---

① 朱圣钟：《巴郡政区沿革史述论——兼论郡名流变与巴人的关系》，西南大学历史地理研究所编：《西南史地》第2辑，第10—28页。

失冬节，侵疑先死；如当移传，不能待报，辄自刑戮。或长吏忿怒，冤枉弱民，欲赴诉郡官，每惮还往。太守行桑农不到四县，刺史行部不到十县。

但望提出的解决方案是分巴而治："分为二郡，一治临江，一治安汉。"[①]

客观地讲，但望《分巴疏》对当时巴郡存在的各种弊端认识比较中肯，分巴之议也具有远见卓识，但这份上疏并未引起朝廷重视，分巴之议被搁置。但《分巴疏》却为后来分巴而治开了舆论先河，为后来巴郡政区分化调整提供了理论依据。

汉献帝初平元年（190 年），巴郡一分为三[②]，其时刘璋为益州牧，"以垫江以上为巴郡……治安汉；以江州至临江为永宁郡，胸忍至鱼复为涪陵郡"[③]。垫江治今重庆合川区，安汉治今四川南充市，江州治今重庆渝中区，临江治今重庆忠县东，胸忍县治今重庆云阳县旧县坪，鱼复治今重庆奉节县。建安六年（201 年），刘璋改永宁郡为巴郡，改固陵郡为巴东郡，改巴郡为巴西郡；又分涪陵县置丹兴、汉发（葭）县隶巴东属国都尉，后改巴东属国都尉为涪陵郡。[④]至此原巴郡一分为四：巴郡、巴东郡、巴西郡、涪陵郡。东汉末年尽

---

① （晋）常璩著，刘琳校注：《华阳国志校注》（修订版），第 19 页。

② 分巴时间目前还有争议，《晋书》卷 14《地理志》（第 436 页）梁州条载"献帝初平六年，以临江县属永宁郡"，中华书局本《晋书》校勘记对"初平六年"进行勘误，认为汉献帝初平年号只有四年，六年有误，当作初平元年；又《晋书》卷 14《地理志》（第 438—439 页）益州条载"献帝初平元年，刘璋分巴郡立永宁郡"，则刘璋分巴当在汉献帝初平元年。（南朝·梁）沈约撰《宋书》卷 37《州郡志》（北京：中华书局，1974 年，第 1120 页）引谯周《巴记》载"初平元年，荆州帐下司马赵韪建议分巴郡诸县安汉以下为永宁郡"，则赵韪建议分巴当在初平元年。《华阳国志·巴志》原作"初平元年"，刘琳《华阳国志校注》（修订本）（第 22 页）根据刘璋代其父刘焉为益州牧、赵韪为征东中郎将时间在兴平元年推断赵韪向刘璋建议分巴是在兴平元年，而不是初平元年。从《晋书·地理志》《宋书·州郡志》《华阳国志》记载来看，分巴时间应在初平元年。董其祥认为分巴时间在灵帝中平六年（189 年）（董其祥：《重庆及川东地区史迹表》，《巴史新考》，第 127—170 页）。

③ （晋）常璩著，刘琳校注：《华阳国志校注》（修订版），第 22 页。

④ （晋）常璩著，刘琳校注：《华阳国志校注》（修订版）（第 22—23 页）载分巴郡为巴、巴东、巴西三郡后，"涪陵谢本白刘璋，求以丹兴、汉发二县为郡。初以为巴东属国，后遂为涪陵郡"，未载置立巴东属国及涪陵郡具体时间。《宋书》卷 37《州郡志》（第 1120 页）载"建安六年，刘璋改永宁为巴东郡，以涪陵县分立丹兴、汉葭二县，立巴东属国都尉，后为涪陵郡"，以巴东属国都尉置立时间在汉献帝建安六年。而巴东属国改为涪陵郡时间，《元和郡县图志》卷 30、《太平寰宇记》卷 120 都说在三国刘备时，《舆地广记》卷 33《夔州路》（第 1022 页）涪州条载"建安二十一年蜀分立涪陵郡"，《舆地纪胜》卷 174《涪州》（第 838 页）载在汉献帝建安二十一年。又（晋）陈寿撰《三国志》卷 33《蜀书·后主传》（北京：中华书局，1959 年，第 898 页）载延熙十一年秋"涪陵属国民夷反，车骑将军邓芝往讨"，《三国志》卷 45《蜀书·邓芝传》（第 1072 页）载延熙十一年"涪陵国人杀都尉反叛"，涪陵属国即巴东属国，说明至蜀汉后主延熙十一年巴东属国还未改涪陵郡。又《三国志》卷《蜀书·庞统传》（第 956 页）载庞统子庞宏"轻傲尚书令费祎，为祎所抑，卒于涪陵太守"，陈祗为涪陵太守时间在延熙十四年至景耀元年间，则巴东属国改涪陵郡时间当在蜀汉延熙十一年至景耀元年间。考蜀汉涪陵郡所辖汉平县置立时间在蜀汉延熙十一年（朱圣钟：《蜀汉汉平县治考察》，西南大学历史地理研究所编：《中国人文田野》第 4 辑，成都：巴蜀书社，2011 年，第 138—143 页），则巴东蜀国改为涪陵郡时间当在蜀汉延熙十一年。刘琳以为巴东蜀国改涪陵郡在蜀汉延熙十三年改 [（晋）常璩著，刘琳校注：《华阳国志校注》（修订版），第 40 页]，恐误。

管政区有所变动，郡名大多保留了"巴"名。

汉献帝建安二十年（215年），曹操灭张鲁，"巴七姓夷王朴胡、賨邑侯杜濩举巴夷、賨民来附，于是分巴郡，以胡为巴东太守，濩为巴西太守，皆封列侯"[①]，曹魏分巴只是延续了刘璋的做法。曹魏据巴东、巴西二郡后，刘备"令张飞进兵宕渠，与郃等战于瓦口，破郃等，郃收兵还南郑"[②]，于是蜀汉尽得巴地，此后曹魏虽曾南下伐蜀[③]，但整个蜀汉时期原巴郡地大多隶属于蜀汉政权。

蜀汉时期刘备曾割巴西郡宣汉、宕渠二县置宕渠郡，不久郡废[④]，至蜀汉延熙年间又分巴西郡宕渠、宣汉、汉昌三县置宕渠郡，后郡又废[⑤]。纵观蜀汉时期原巴郡地区较长时期内有巴郡、巴西郡、巴东郡、涪陵郡4郡，短期内又有宕渠郡，因此蜀汉时期原巴郡地郡级政区最多时有5郡。郡名中有"巴"者三个，而涪陵郡、宕渠郡已失"巴"名。

巴郡辖江州、枳、临江、平都、垫江、乐城、常安7县。江州、枳、临江、平都、垫江为汉旧县。乐城、常安为新设，《后汉书》无记载，《华阳国志》巴郡下列此二县，故二县设置时间应在汉末刘璋时或蜀汉前期，乐城县在蜀汉延熙十七年（254年）撤销，平都县在延熙年间入临江县。[⑥]

巴东郡辖鱼复、胸忍、汉丰、南浦4县。鱼复、胸忍为旧县，公孙述时鱼复曾改名永安。汉丰县为汉献帝建安二十一年（216年），刘备分胸忍县北部置。[⑦]《华阳国志》载南浦县"晋初置"[⑧]，但《宋书·州郡志》载巴东郡"刘禅建兴八年十月，益州牧阎宇表改羊渠立"[⑨]，《舆地广记》载南浦"本羊渠，蜀建兴八年更名"[⑩]，《方舆胜览》载万州"蜀后主立南浦县，属巴东郡，此南浦县之所始"[⑪]。文献均载南浦县设于蜀汉时，则蜀汉巴东郡有南浦县，《华阳国志》载南浦县为晋初置不妥。

巴西郡辖县，《华阳国志》载有阆中、南充国、安汉、宕渠、汉昌、宣汉

①（晋）陈寿撰：《三国志》卷1《魏书·武帝纪》，第46页。

②（晋）陈寿撰：《三国志》卷32《蜀书·先主传》，第883页。

③《晋书》卷1《宣帝纪》（第6页）载魏明帝太和四年（230年）司马懿伐蜀，"自西城斫山开道，水陆并进，溯沔而上，至于胸忍，拔其新丰县"。

④（宋）乐史撰，王文楚等点校：《太平寰宇记》卷136《渝州》、卷138《渠州》，第2659、2693页。

⑤（晋）常璩著，刘琳校注：《华阳国志校注》（修订版），第45页。

⑥（晋）常璩著，刘琳校注：《华阳国志校注》（修订版），第30页。

⑦（宋）乐史撰，王文楚等点校：《太平寰宇记》卷137《开州》，第2670页。

⑧（晋）常璩著，刘琳校注：《华阳国志校注》（修订版），第36页。

⑨（南朝·梁）沈约撰：《宋书》卷37《州郡志》，第1120页。

⑩（宋）欧阳忞撰，李勇先、王小红校注：《舆地广记》卷33《万州》，第1020页。

⑪（宋）祝穆撰，祝洙增订，施和金点校：《方舆胜览》卷59《万州》，第1043页。

6县，未载西充国县。蜀汉巴西郡应辖有西充国县，谯周《三巴记》载东汉和帝分充国县置南充国县，原充国县并未撤销，蜀汉充国县因位置靠西而称西充国县；又《三国志》载谯周"巴西西充国人"①，也说明蜀汉巴西郡有西充国县。因此蜀汉巴西郡辖阆中、西充国、南充国、安汉、宕渠、汉昌、宣汉7县。

涪陵郡辖涪陵、丹兴、汉平、万宁、汉发（汉葭）、汉复6县。涪陵为汉旧县，万宁县为东汉灵帝增置，初名永宁，蜀汉更名万宁。②丹兴县，《宋书》载汉献帝建安六年（201年）刘璋分涪陵县置③，丹兴县仍保留。汉平县为蜀汉延熙十一年（248年）置。④汉发县，《宋书》载建安六年（201年）刘璋"以涪陵县分立丹兴、汉葭二县，立巴东属国都尉，后为涪陵郡"⑤，《华阳国志》载"涪陵谢本白璋，求以丹兴、汉发二县为郡。初以为巴东属国，后遂为涪陵郡"⑥。这两段文献表述均一致，唯"汉葭""汉发"县名不同，故汉葭、汉发应为同一县，当是置县时称汉发，后改汉葭⑦，《三国志》载吴景帝永安六年（263年）有"汉葭县长郭纯"⑧，时间是三国末期，也印证了"汉葭"是后起之名。汉复县《华阳国志》无载，《太平寰宇记》载蜀汉"增立汉复县"⑨，则蜀汉时涪陵郡辖汉复县。

宕渠郡辖宕渠、汉昌、宣汉3县，三县均为汉旧县，原属巴西郡，蜀汉置宕渠郡，先后割三县属之，宕渠郡废后三县仍属巴西郡。

汉水上游一带东汉末黄巾起义后为张鲁所据，汉献帝建安二十年（215年）曹操伐张鲁、据汉中，建安二十四年（219年）蜀攻魏，汉中遂属蜀汉，并置汉中郡。蜀汉汉中郡辖南郑、褒中、沔阳、成固、南乡、蒲池6县。南郑、褒中、沔阳、成固皆为汉旧县。南乡县，《宋书》载"蜀立曰南乡"⑩，是蜀汉置南乡县，《华阳国志》载蜀汉南乡侯董厥⑪，《三国志》载典曹都尉南乡人刘幹⑫，可证蜀汉确有南乡县。蒲池县，《晋书·地理志》汉中郡有蒲池县，

---

① （晋）陈寿撰：《三国志》卷42《蜀书·谯周传》，第1027页。
② （宋）乐史撰，王文楚等点校：《太平寰宇记》卷120《涪州》，第2389页。
③ （南朝·梁）沈约撰：《宋书》卷37《州郡志》，第1120页。
④ 朱圣钟：《蜀汉汉平县县治考察》，西南大学历史地理研究所编：《中国人文田野》第4辑，第138—143页。
⑤ （南朝·梁）沈约撰：《宋书》卷37《州郡志》，第1120页。
⑥ （晋）常璩著，刘琳校注：《华阳国志校注》（修订版），第22页。
⑦ （晋）常璩著，刘琳校注：《华阳国志校注》（修订版），第40页。
⑧ （晋）陈寿撰：《三国志》卷60《吴书·钟离牧传》，第1394页。
⑨ （宋）乐史撰，王文楚点校：《太平寰宇记》卷120《涪州》，第2389页。
⑩ （南朝·梁）沈约撰：《宋书》卷37《州郡志》，第1145页。
⑪ （晋）常璩著，刘琳校注：《华阳国志校注》（修订版），第316页。
⑫ （晋）陈寿撰：《三国志》卷39《蜀书·吕乂传》，第988页。

但未载置立，则蒲池可能为蜀汉所置。①曹魏文帝"分置黄金县，因黄金水为名"②，宣帝时"置兴势县，理在兴势山上，故以为名"③，则魏据蜀地后增设黄金、兴势2县，故三国末年汉中郡辖南郑、褒中、沔阳、成固、南乡、蒲池、黄金、兴势8县。

汉中郡东为魏兴郡。汉献帝二十年（215年），分汉中郡西城、安阳二县置西城郡，刘备以孟达、刘封伐房陵、上庸，遂据上庸、西城等地。后孟达、申耽降魏，西城郡更名魏兴郡，治西城，辖西城、安阳、锡、平阳4县。西城、安阳、锡县为汉旧县。平阳县，《宋书》载"魏立曰平阳"④，则魏置平阳县。魏兴郡东有上庸郡、新城郡、南乡郡，皆属魏。汉献帝建安十三年（208年），"分南阳西界立南乡郡"，晋武帝平吴，改南乡郡为顺阳郡，辖南乡、顺阳、丹水、析县、武当、酇、阴、筑阳8县。⑤建安二十年（215年），曹操平张鲁，分锡、上庸二县置上庸郡⑥，辖上庸、北巫、安乐、武陵、安富、建始6县。建安二十四年（219年），魏置新城郡，辖房陵、昌魏、绥阳、沶乡4县。⑦

三国时期峡江地区东段有建平郡、宜都郡，峡江以东有南郡。东汉末年三郡皆属南郡，汉献帝建安十三年（208年），曹操据荆州，分南郡北立襄阳郡，分南阳西界立南乡郡，分枝江以西立临江郡；赤壁之战后，南郡以南属吴，南郡、武陵以西属蜀，蜀分南郡立宜都郡；蜀、吴夷陵猇亭之战后宜都、南郡、武陵属吴，吴主孙休时分宜都立建平郡。建平郡辖巫、秭归、信陵、沙渠、兴山5县。巫、秭归为汉旧县，信陵、沙渠、兴山为三国吴立。⑧宜都郡辖夷道、佷山、西陵3县，皆为汉旧县。南郡辖江陵、枝江、旍阳、当阳、编、华容、孱陵、作唐8县，江陵、枝江、当阳、编、华容、孱陵、作唐为汉旧县，旍阳为吴设县。⑨襄阳郡属魏，辖襄阳、中庐、山都、邔、宜城、鄀、临沮7县，皆为汉旧县。

五溪之地东汉末年属武陵郡，先为刘备所据，蜀、吴夷陵猇亭之战后属吴。孙休时分武陵立天门郡。武陵郡辖临沅、龙阳、汉寿、沅南、沅陵、酉

① （晋）常璩著，刘琳校注：《华阳国志校注》（修订版），第61页。
② （唐）李吉甫撰，贺次君点校：《元和郡县图志》卷22《洋州》，第562页。
③ （唐）李吉甫撰，贺次君点校：《元和郡县图志》卷22《洋州》，第561页。
④ （南朝·梁）沈约撰：《宋书》卷37《州郡志》，第1146页。
⑤ （唐）房玄龄等撰：《晋书》卷15《地理志》，第454—455页。
⑥ （晋）陈寿撰：《三国志》卷1《魏书·武帝纪》，第45页。
⑦ （晋）常璩著，刘琳校注：《华阳国志校注》（修订版），第70页。
⑧ （南朝·梁）沈约撰：《宋书》卷37《州郡志》，第1122页。
⑨ （南朝·梁）沈约撰：《宋书》卷37《州郡志》，第1118页。

阳、迁陵、黔阳、辰阳、舞阳、镡成 11 县。天门郡辖零阳、溇中、充 3 县。

江汉平原东部巴人分布区东汉末年属江夏郡，辖西陵、西阳、鄳、轪、平春、南新市、云杜、竟陵、安陆、沙羡、邾、鄂、蕲春、下雉 14 县。[①] 三国时曹魏据江夏郡北部，并以其地置江夏郡，辖鄳、平春、南新市、安陆、石阳 5 县；孙吴据江夏郡南部，以其西部仍置江夏郡属荆州，辖武昌、云杜、竟陵、阳新、下雉、柴桑 6 县，东部则置蕲春郡辖蕲春、寻阳、邾 3 县属扬州。

两晋时期原巴郡地设有巴郡、巴东郡、巴西郡、涪陵郡、江阳郡。晋武帝泰始三年（267 年），分益州置梁州，州治汉中，巴郡、巴东郡、巴西郡、涪陵郡属梁州，江阳郡属益州。[②]

巴郡辖江州、垫江、临江、枳 4 县，较蜀汉时少了平都、乐城、常安 3 县。平都、乐城二县蜀汉延熙年间已裁撤[③]，常安县废止时间无考，《晋书·地理志》巴郡无常安县，则可能晋初裁撤了常安县。

巴东郡辖县，《晋书·地理志》载鱼复、胊忍、南浦 3 县，较蜀汉少了汉丰县。蒲孝荣巴东郡辖县列汉丰县[④]，恐误，《晋书·地理志》巴东郡未载汉丰县即为明证。但《宋书·州郡志》载"《太康地志》巴东有汉昌县"[⑤]，则汉昌或为旧汉丰，则晋代有汉昌县，《晋书·地理志》漏载，则晋巴东郡辖鱼复、胊忍、南浦、汉昌 4 县。

巴西郡辖阆中、西充国、苍溪、岐惬、南充国、汉昌、宕渠、安汉、平州 9 县[⑥]，辖县较蜀汉多了 3 个。阆中、西充国、南充国、汉昌、宕渠、安汉为蜀汉旧县，苍溪、岐惬、平州 3 县为新置。苍溪县原为汉阆中县地，"晋分置苍溪县"[⑦]。岐惬县置县始末无考，《晋书·地理志》巴西郡下载此县，则当为晋时增置。平州县，"晋武帝太康元年，以野民归化立"[⑧]，则晋武帝始置平州县。又《晋书·地理志》载桓温平蜀后"置益昌、晋兴二县"[⑨]，则晋巴西郡有益昌、晋兴 2 县，因此西晋巴西郡实辖阆中、西充国、苍溪、岐惬、南充国、汉昌、宕渠、安汉、平州、益昌、晋兴 11 县。龚煦春《四川郡县

① （南朝·宋）范晔撰，（唐）李贤等注：《后汉书》，第 3482 页。
② （唐）房玄龄等撰：《晋书》卷 14《地理志》，第 436、439 页。
③ （晋）常璩著，刘琳校注：《华阳国志校注》（修订版），第 30 页。
④ 蒲孝荣：《四川政区沿革与治地今释》，第 41 页。
⑤ （南朝·梁）沈约撰：《宋书》卷 37《州郡志》，第 1120 页。
⑥ （唐）房玄龄等撰：《晋书》卷 14《地理志》，第 437 页。
⑦ （明）李贤等撰：《大明一统志》卷 86《保宁府》，第 1055 页。
⑧ （南朝·梁）沈约撰：《宋书》卷 38《州郡志》，第 1171 页。
⑨ （唐）房玄龄等撰：《晋书》卷 14《地理志》，第 438 页。

志》亦载 11 县，但将"晋兴"误写为晋昌[①]，蒲孝荣巴西郡下漏载益昌、晋兴 2 县[②]。

巴郡以西有江阳郡，属益州。西晋仍置江阳郡，辖江阳、符、汉安 3 县。[③]李雄据蜀后江阳、汉安等地为夷獠所据，东晋另设东江阳郡统辖未没入夷獠的江阳郡地。[④]

涪陵郡辖汉复、涪陵、汉平、汉葭、万宁 5 县，较蜀汉少了丹兴县。据《太平寰宇记》引《晋太康地理记》载"省丹兴县，郡移理汉复"[⑤]，丹兴县裁撤在晋武帝太康年间或稍早。西晋末永嘉之乱后，"地没蛮夷，经二百五十六年，至宇文周保定四年"[⑥]，二百多年间为少数民族占据，涪陵郡及所属各县政区建制虽存但无实际意义。

两晋时期汉水上游有汉中郡，属梁州，辖南郑、蒲池、褒中、沔阳、成固、西乡、黄金、兴道 8 县[⑦]，南郑、褒中、沔阳、成固、蒲池、黄金、兴势皆蜀汉旧县，西乡县为蜀汉南乡县，晋时更名[⑧]。汉中郡东为魏兴郡，属荆州，辖晋兴、安康、西城、锡、长利、洵阳 6 县。[⑨]

两晋时期峡江地区东段有建平郡、宜都郡，宜都郡东又有南平郡、南郡、襄阳郡，皆属荆州。三国末年，晋、吴皆置建平郡，晋太康元年（280 年），建平郡合二为一，辖巫、北井、秦昌、信陵、兴山、建始、秭归、沙渠 8 县。晋宜都郡原为吴宜都郡，辖夷陵、夷道、佷山 3 县。[⑩]南平郡为晋武帝平吴后分南郡南部置[⑪]，辖江安、孱陵、作唐、安南 4 县。南郡辖江陵、编、当阳、华容、鄀、枝江、旌阳、州陵、监利、石首 10 县。襄阳郡辖宜城、中庐、临沮、邔、襄阳、山都、邓城、鄾 8 县。[⑫]

两晋时期江汉平原及鄂东巴人分布区有江夏郡、弋阳郡。晋平吴后将晋、吴江夏郡合一，又割邾县入弋阳郡，以魏义阳郡平春、郎属江夏郡，故晋江

① 龚煦春：《四川郡县志》，成都：成都古籍书店，1983 年，第 51—52 页。
② 蒲孝荣：《四川政区沿革与治地今释》，第 40 页。
③ （唐）房玄龄等撰：《晋书》卷 14《地理志》，第 440 页。
④ 朱圣钟：《〈水经·江水注〉"江水汉安"与"洛水汉安"考》，《中国史研究》2011 年第 2 期，第 194—196 页。
⑤ （宋）乐史撰，王文楚等点校：《太平寰宇记》卷 120《涪州》，第 2389 页。
⑥ （唐）李吉甫撰，贺次君点校：《元和郡县图志》卷 30《黔州》，第 735 页。
⑦ （唐）房玄龄等撰：《晋书》卷 14《地理志》，第 436 页。
⑧ （唐）李吉甫撰，贺次君点校：《元和郡县图志》卷 22《洋州》，第 561 页。
⑨ （唐）房玄龄等撰：《晋书》卷 15《地理志》，第 456 页。
⑩ （唐）房玄龄等撰：《晋书》卷 15《地理志》，第 456 页。
⑪ （唐）房玄龄等撰：《晋书》卷 15《地理志》，第 454 页。
⑫ （唐）房玄龄等撰：《晋书》卷 15《地理志》，第 455 页。

夏郡辖安陆、云杜、曲陵、平春、郧、竟陵、南新 7 县。[①]不过晋江夏郡辖县调整较多,武帝太康元年(280 年)复置沙羡县,并置沙阳、蒲圻二县,晋末为安置汝南流民又置汝南县[②],惠帝又置沌阳、滠阳县,孝武帝又置惠怀县[③],两晋江夏郡辖县最多时达 14 个。两晋弋阳郡延续了曹魏建制,下辖西阳、轪、蕲春、邾、西陵、期思、弋阳 7 县。[④]

两晋时期武陵山区有天门郡、武陵郡。天门郡辖零阳、溇中、充、临澧、澧阳 5 县,武陵郡辖临沅、龙阳、汉寿、沅陵、黚阳、酉阳、镡城、沅南、迁陵、舞阳 10 县。[⑤]其中临澧、澧阳为晋武帝太康四年(283 年)置[⑥],其他各县皆为三国时吴县。

南朝刘宋时期政区设置与调整渐趋纷繁,巴人分布区也有类似情况。原巴郡地巴郡、巴西郡、巴东郡依然存在,又新增巴渠、北巴西、南宕渠、南新巴等郡,涪陵郡为少数民族所据无郡县变更。原巴郡各地中巴郡、巴西郡、南新巴郡、南宕渠郡属益州,巴东郡属荆州,北巴西郡、巴渠郡属梁州。

巴郡辖江州、临江、垫江、枳 4 县,皆晋时旧县。巴西郡辖阆中、西充国、南充国、安汉、汉昌、晋兴、平州、怀归、益昌 9 县,阆中、西充国、南充国、安汉、汉昌、平州、晋兴、益昌等为晋旧县,晋苍溪、宕渠、岐惬等县不见于刘宋时期,晋兴、怀归、益昌 3 县为刘宋新置。苍溪县宋元嘉八年(431 年)省入汉昌县[⑦],宕渠县划入南宕渠郡[⑧],岐惬不见于《宋书·州郡志》,可能刘宋时裁撤。怀归县《宋书·州郡志》载于巴西郡,则怀归县为刘宋时新置。

南新巴郡"民流寓,文帝元嘉十二年,于剑南立"[⑨],则南新巴郡为侨置郡县,为安置迁居剑南流民而置,辖新巴、晋城、晋安、汉昌、桓陵、绥归 6 县,前 5 县为晋哀帝、安帝时置,绥归为刘宋时设。南新巴郡虽有巴名,但仅有地域表征意义,与巴人无涉。

南宕渠郡"本南中民,蜀立。……本属梁州,元嘉十六年度"[⑩],则南宕

① (唐)房玄龄等撰:《晋书》卷 15《地理志》,第 455 页。
② (南朝·梁)沈约撰:《宋书》卷 37《州郡志》,第 1124、1125 页。
③ 潘新藻:《湖北省建制沿革》,第 261—262 页。
④ (唐)房玄龄等撰:《晋书》卷 14《地理志》,第 421、422 页。
⑤ (唐)房玄龄等撰:《晋书》卷 15《地理志》,第 456、457 页。
⑥ (南朝·梁)沈约撰:《宋书》卷 37《州郡志》,第 1119 页。
⑦ (清)仁宗敕撰:《嘉庆重修一统志》卷 390《保宁府》。
⑧ (南朝·梁)沈约撰:《宋书》卷 38《州郡志》,第 1181 页。
⑨ (南朝·梁)沈约撰:《宋书》卷 38《州郡志》,第 1179 页。
⑩ (南朝·梁)沈约撰:《宋书》卷 37《州郡志》,第 1180 页。

渠郡为安置南中移民而置，原为蜀汉宕渠郡，属梁州，南朝刘宋时改隶益州，辖宕渠、汉兴、宣汉、宋康 4 县。宕渠、宣汉为汉晋旧县，汉兴县两晋属兴古郡，刘宋属南宕渠郡。宋康县《宋书·州郡志》载"新置"[1]，则宋康县刘宋时置。南宕渠郡原虽为巴地，但其地已多南中夷民，非旧时巴人聚居区可比。

巴郡以西原江阳地刘宋仍置东江阳郡，辖汉安、绵水 2 县。[2]

巴东郡辖鱼复、朐忍、新浦、南浦、汉丰、巴渠、龟阳 7 县。鱼复、朐忍、南浦为晋旧县，新浦、汉丰、巴渠、龟阳等县为新置。新浦县《宋书·州郡志》载"新立"[3]，巴渠、龟阳不见于《永初郡国志》，则刘宋永初年间还未设县，置县时间当在永初以后。汉丰县据《宋书·州郡志》载可能由晋汉昌县改。刘宋时因"三峡险隘，山蛮寇贼"，泰始三年（467 年）"立三巴校尉以镇之"，不久废除，升明二年（478 年）复置三巴校尉[4]，目的是从军事上加强对峡江地区巴蛮的控制。

北巴西郡为晋末置，《永初郡国志》载北巴西郡辖阆中、汉昌 2 县，而《宋书·州郡志》还载有安汉、南国、西国、平周、宋昌（寿）5 县，则刘宋北巴西郡辖阆中、汉昌、安汉、南国、西国、平周、宋昌（寿）7 县。

巴渠郡为刘宋新置，辖宣汉、始兴、巴渠、东关、始安、下蒲、晋兴 7 县。

汉水上游有汉中郡，为晋旧郡，属梁州，辖南郑、城固、沔阳、西乡 4 县，又《永初郡国志》载有苞中、远安二县[5]，则刘宋时汉中郡辖县最多时有南郑、城固、沔阳、西乡、苞中、远安 6 县。汉中郡东有魏兴郡，为魏晋旧郡，辖西城、郧乡、锡、广城、晋兴、旬阳、上廉、长乐、广昌、延寿、宣汉 11 县。西城为魏晋旧县。郧乡为汉晋锡县，晋太康五年（284 年）更名郧乡县。锡本汉长利县，东汉县废，晋武帝置长利县，后改为锡县。广城县见《永初郡国志》中，则是刘宋初年置。兴晋县为魏平阳县，晋太康元年（280 年）更名为兴晋县。旬阳为汉县，东汉废，至晋太康四年（283 年）复置。上廉为晋县，《永初郡国志》载属上庸郡，则刘宋初上廉县属上庸郡，后改属魏兴郡。长乐县载《永初郡国志》中，多"蜀郡流民"，属晋昌郡，则刘宋初年置长乐县属晋昌郡，后改属魏兴郡。广昌县晋成帝置，晋武帝时改广昌为庸昌属上庸郡，刘宋时广昌县属魏兴郡。安晋、延寿、宣汉《永初郡国志》载

---

① （南朝·梁）沈约撰：《宋书》卷 37《州郡志》，第 1154 页。
② （南朝·梁）沈约撰：《宋书》卷 38《州郡志》，第 1181 页。
③ （南朝·梁）沈约撰：《宋书》卷 37《州郡志》，第 1120 页。
④ （南朝·梁）萧子显撰：《南齐书》卷 15《州郡志》，北京：中华书局，1972 年，第 275 页。
⑤ （南朝·梁）沈约撰：《宋书》卷 37《州郡志》，第 1145—1146 页。

为晋昌郡属县，安晋、延寿多蜀郡流民，宣汉多建平流民。刘宋时曾置晋昌郡，辖长乐、安晋、延寿、宣汉 4 县。魏兴郡东有上庸郡，辖上庸、安富、北巫、微阳、武陵、新安、吉阳 7 县。上庸郡东有新城郡，辖房陵、绥阳、昌魏、祁乡、阆阳、乐平 6 县。上庸郡北有南上洛郡，辖上洛、商、流民、丰阳、渠阳、义 6 县。南上洛郡北有北上洛郡，辖北上洛、丰阳、流民、阳亭、拒阳、商、西丰阳 7 县。

刘宋时期峡江地区东部有建平郡、宜都郡，宜都郡以东有南河东郡、南郡、南平郡，再北有汶阳郡、武宁郡、永宁郡，属荆州。[①]建平郡辖巫、秭归、归乡、北井、泰昌、沙渠、新乡 7 县。巫、秭归为汉旧县。归乡不载《太康地志》中，则归乡县置于刘宋时期。北井、泰昌见于《太康地志》，则二县置于晋初。沙渠县三国吴置，后隶建平郡。新乡县为刘宋新置。宜都郡辖夷道、佷山、宜昌、夷陵 4 县。南河东郡为晋时安置司州侨户而设置，刘宋时仍置南河东郡，辖闻喜、永安、松滋、谯 4 县。南郡辖江陵、华容、当阳、临沮、编、枝江 6 县。南平郡辖江安、孱陵、作唐、南安 4 县。武宁郡为晋安帝时以沮、漳降蛮置郡，刘宋时仍置此郡，辖乐乡、长林 2 县。汶阳郡辖僮阳、沮阳、高安 3 县。

刘宋时期江汉平原东部鄂东一带有江夏郡、武昌郡、西阳郡，皆属郢州。[②]江夏郡辖汝南、沌阳、孝昌、惠怀、沙阳、义阳、蒲圻 7 县。武昌郡辖武昌、阳新、鄂 3 县。西阳郡辖西阳、西陵、孝宁、蕲阳、义安、蕲水左县、东安左县、建宁左县、希水左县、阳城左县 10 县。文帝元嘉二十五年（448 年）曾以豫部蛮民立建昌、南川、长风、赤亭、鲁亭、阳城、彭波、迁溪、东丘、东安、西安、南安、房田、希水、高坡、直水、蕲水、清石 18 县，皆属西阳郡，孝明帝时赤亭、彭波并入阳城，孝武帝时省建宁左郡为县属西阳郡，又省赤亭、阳城、彭波三县入阳城县，前废帝年间以蕲水、直水、希水三屯置东安左县。义安县为明帝泰始间（465—471 年）安置流民而置。

刘宋时武陵山区设天门郡、武陵郡，皆属郢州。[③]天门郡辖澧阳、临澧、零阳、溇中 4 县。武陵郡辖临沅、龙阳、汉寿、沅南、迁陵、辰阳、舞阳、酉阳、黚阳、沅陵 10 县。

从刘宋时期巴人分布区政区设置与管理来看，郡县置废更迭频繁，县与

---

① （南朝·梁）沈约撰：《宋书》卷 37《州郡志》，第 1117—1124 页。

② （南朝·梁）沈约撰：《宋书》卷 37《州郡志》，第 1124、1127—1128 页。

③ （南朝·梁）沈约撰：《宋书》卷 37《州郡志》，第 1119、1125—1126 页。

郡间隶属关系较为混乱，甚至史书记载也是模棱两可，出现不同郡辖县同名情况。这种情况与晋末南朝时期郡县设置及行政隶属关系混乱的总体形势相关，巴地出现的同名县分属不同郡现象，只是当时时代特征的缩影。

南朝萧齐时期原巴郡地分属益州、梁州和巴州。益州辖巴西郡、东宕渠獠郡、东遂宁郡、东江阳郡、江阳郡，梁州辖北巴西郡、巴渠郡、南宕渠郡、晋寿郡、宋熙郡，巴州辖巴郡、巴东郡、涪陵郡、建平郡。

益州巴西郡辖阆中、安汉、西充国、南充国、汉昌、平州、益昌、晋兴、东关9县，较刘宋少了怀归县，多了东关县。怀归县不见《南齐书·州郡志》，当是萧齐时裁撤。东关县刘宋属巴渠郡，萧齐巴西郡、西宕渠郡均辖有东关县，可能萧齐时东关县为益州巴西郡、西宕渠郡和梁州巴渠郡共管县。东宕渠獠郡不见《宋书·州郡志》，但见《南齐书·州郡志》，则东宕渠獠郡为萧齐新置，"獠"说明该郡为侨置郡，是就"夷獠"而置，辖宕渠、平州、汉初3县。东遂宁郡辖巴兴、小汉、晋兴、德阳4县。东江阳郡辖汉安、安乐、绵水3县。江阳郡辖江阳、常安、汉安、绵水4县。

梁州北巴西郡辖阆中、安汉、宋寿、南国、西国、平周、汉昌7县，与刘宋相同。巴渠郡辖宣汉、晋兴、始兴、巴渠、东关、始安、下蒲7县，也与刘宋一样。南宕渠郡原属益州，萧齐改属梁州，辖宕渠、汉安、宣汉、宋康4县。宕渠、宣汉为刘宋旧县，萧齐南宕渠郡无汉兴县，但有汉安县，则萧齐汉安即刘宋汉兴。宋康县为萧齐时增置。晋寿郡辖晋寿、邵欢、兴安、白水4县。宋熙郡辖兴平、宋安、阳安、元寿、嘉昌5县。

巴州巴郡原属益州，萧齐建元二年（480年）分益州巴郡、荆州巴东郡、建平郡设巴州，又割涪陵郡属巴州，永明元年（483年）省巴州，所辖各郡又归原属各州[1]，梁武陵王萧纪又于巴郡置楚州[2]。建平郡辖巫、秭归、北井、泰昌、沙渠、新乡6县。巴郡辖江州、枳、垫江、临江4县。巴东郡辖鱼复、朐忍、南浦、聂阳、巴渠、新浦、汉丰7县，辖县与刘宋大体相同，唯刘宋有黾阳，萧齐有聂阳，二者应为一县而前后异名。《南齐书·州郡志》载涪陵郡辖汉平、涪陵、汉玫3县[3]，但《元和郡县图志》《太平寰宇记》载刘宋永

---

① （南朝·梁）萧子显撰：《南齐书》卷15《州郡志》，第275—276页。

② （唐）李吉甫撰，贺次君点校：《元和郡县图志》卷33《遂州》，第853页。又（宋）乐史撰，王文楚等点校《太平寰宇记》卷136《渝州》（第2659页）载"梁太清四年，武陵王萧纪于巴郡置楚州"。董其祥《重庆及川东地区史迹表》（重庆：重庆出版社，1983年，第127—170页）认为，梁楚州置立时间在梁武帝大同三年。故楚州置立时间还有待于进一步考证。

③ （南朝·梁）萧子显撰：《南齐书》卷15《州郡志》，第276页。

嘉后至宇文周保定四年（564 年）涪陵郡一直为蛮夷所据①，《南齐书·州郡志》所载萧齐涪陵郡及其辖县当为侨置郡县。

萧齐时期汉江上中游置有汉中郡、晋昌郡、安康郡、新兴郡、上庸郡、南新城郡、南上洛郡、北上洛郡、齐兴郡。②汉中郡辖南郑、城固、沔阳、西乡、西上庸等 5 县。晋昌郡辖安晋、宣汉、吉阳、茌寿、东关、新兴、延寿、安乐 8 县。安康郡辖安康、宁都 2 县。新兴郡辖西城、旬阳、兴晋、广昌、南广城、广城 6 县。新兴郡辖吉阳、东关 2 县。上庸郡辖上庸、武陵、齐安、北巫、上廉、微阳、新丰、新安、吉阳 9 县。南新城郡辖房陵、绥阳、昌魏、祁乡、阆阳、乐平 6 县。南上洛郡辖上洛、商、流民、北丰阳、渠阳、义阳 6 县。北上洛郡辖上洛、商、丰阳、流民、秬阳、阳亭、齐化、西丰阳、东邶阳、齐宁、京兆、新附 12 县。齐兴郡辖齐兴、安昌、郧乡、锡、安富、略阳 6 县。

萧齐时期峡江地区及澧水流域置有荆州，辖巴东郡、建平郡、宜都郡、河东郡、南郡、南平郡、汶阳郡、永宁郡、武宁郡、新兴郡、南义阳郡、天门郡。③巴东郡、建平郡原属巴州，永明元年（483 年），巴东郡、建平郡及所属各县俱改属荆州。宜都郡辖夷道、佷山、夷陵、宜昌 4 县。河东郡为刘宋侨郡南河东郡，萧齐改为河东郡，辖闻喜、松滋、谯、永安 4 县。南郡辖江陵、华容、枝江、临沮、编、当阳 6 县。南平郡辖孱陵、作唐、江安、安南 4 县。汶阳郡辖僮阳、沮阳、高安 3 县。永宁郡辖长宁、上黄 2 县。武宁郡辖乐乡、长林 2 县。新兴郡辖定襄、新丰、广牧 3 县。南义阳郡为侨置郡，辖平氏、厥西 2 县。天门郡辖零阳、澧阳、临澧、宜昌 4 县。

萧齐时期江汉平原东部今鄂东地区设有江夏郡、武昌郡、西阳郡，皆隶属郢州。④江夏郡辖沙阳、蒲圻、滠阳、汝南、沌阳、惠怀 6 县。武昌郡辖武昌、鄂、阳新、义宁、真阳 5 县。西阳郡辖西陵、蕲阳、西阳、孝宁、期思、义安左县、希水左县、东安左县、蕲水左县 9 县。

萧齐时期黔东乌江沿岸及五溪地区设有武陵郡，隶属于郢州。⑤武陵郡辖

---

① （唐）李吉甫撰，贺次君点校：《元和郡县图志》卷30《黔州》（第735页）载"晋永嘉后，地没蛮夷，经二百五十六年，至宇文周保定四年，涪陵蛮帅田思鹤以地内附，因置奉州"；（宋）乐史撰，王文楚等点校：《太平寰宇记》卷120《涪州》（第2390页）亦载"自永嘉之后，没于夷獠，元魏之后，图记不传。至宇文周保定四年，涪陵首领田思鹤归化，初于其地立奉州，续又改为黔州"。
② （南朝·梁）萧子显撰：《南齐书》卷15《州郡志》，第289—292页。
③ （南朝·梁）萧子显撰：《南齐书》卷15《州郡志》，第274—275页。
④ （南朝·梁）萧子显撰：《南齐书》卷15《州郡志》，第276—277页。
⑤ （南朝·梁）萧子显撰：《南齐书》卷15《州郡志》，第277页。

沅陵、临沅、零陵、辰阳、酉阳、沅南、汉寿、龙阳、澧阳、黚阳 10 县。

第二节　魏晋南北朝巴人族群分布与迁徙

魏晋南北朝时期在原巴国地巴人族群仍是当地主要的居民群体之一，但在局部区域内巴人分布情况已发生了较大变化。

汉献帝建安二十年（215 年），"巴七姓夷王朴胡、賨邑侯杜濩举巴夷、賨民来附，于是分巴郡，以胡为巴东太守，濩为巴西太守，皆封列侯"①，是东汉末三国初巴郡、巴东郡、巴西郡仍为巴人分布地。张鲁据汉中时"以鬼道教民，自号'师君'。……不置长吏，皆以祭酒为治，民夷便乐之"②，而"鲁部曲多在巴土……鲁因袭取之，遂雄于巴汉"③，及曹操征张鲁，张鲁"奔南山入巴中"，张鲁降曹操后"封阆中侯，邑万户"④，说明张鲁部属为巴中巴人，他袭夺刘璋汉中地后割据汉中，部分巴人因此北迁汉中，故张鲁行五斗米教，"民夷便乐之"，"夷"指北迁汉中巴人及巴山北、汉水上游河谷地带的巴人。张鲁为曹操所败退居巴中，是回到其根据地，后曹操封其为阆中侯，与其巴人部族首领身份也有关系。

《季汉辅臣赞》载程畿"巴西阆中人也。刘璋时为汉昌长。县有賨人，种类刚猛，昔高祖以定关中。巴西太守庞羲以天下扰乱，郡宜有武卫，颇招合部曲。有谗于璋，说羲欲叛者，璋阴疑之。羲闻，甚惧，将谋自守，遣畿子郁宣旨，索兵自助"⑤。"索兵"在《资治通鉴》建安六年（201 年）载为"索賨兵"⑥，结合前文"县有賨人"，则庞羲征兵对象为賨人，东汉汉昌县治今四川巴中，也说明东汉末三国初今四川巴中一带仍有賨人活动。又蜀汉有牙门将句安、左将军宕渠侯汉昌句扶⑦，甚至唐代"蜀川多此姓"⑧，时至今日川东仍多句姓居民。他们当是句姓賨人后裔，但现已完全融入汉族了。

东汉末三国初有部分巴人北迁汉中。三国汉中有杨车巴，他们"自巴西

---

① （晋）陈寿撰：《三国志》卷 1《魏书·武帝纪》，第 46 页。
② （晋）陈寿撰：《三国志》卷 8《魏书·张鲁传》，第 263 页。
③ （南朝·宋）范晔撰，（唐）李贤等注：《后汉书》卷 75《刘焉传》，第 2433 页。
④ （晋）陈寿撰：《三国志》卷 8《魏书·张鲁传》，第 264、265 页。
⑤ （晋）陈寿撰：《三国志》卷 45《蜀书·杨戏传》，第 1089 页。
⑥ （宋）司马光编著，（元）胡三省音注，标点资治通鉴小组校点：《资治通鉴》卷 64《汉纪》，第 2042 页。
⑦ （晋）陈寿撰：《三国志》卷 22《魏书·陈群传》、卷 43《蜀书·王平传》，第 638、1051 页。
⑧ （宋）郑樵撰：《通志》卷 29《氏族》，第 478 页。

之宕渠迁于汉中杨车坂，抄掠行旅，号为杨车巴"①，宕渠即唐符阳郡地。这部分巴人中有后来在蜀地建立成汉政权的李特先祖，《晋书》载"汉末，张鲁居汉中，以鬼道教百姓，賨人敬信巫觋，多往奉之。……（特先祖）自巴西之宕渠迁于汉中杨车坂……魏武帝克汉中，特祖将五百余家归之，魏武帝拜为将军，迁于略阳"，这些北迁氐地的巴人移风易俗，与氐人融合，故"北土复号之为巴氐"，李特之父李慕还曾任"东羌猎将"②。这些北迁巴人虽称为"巴氐"，其族属仍为巴人，"巴氐"只是北方人的称呼而已。

魏晋时期北迁巴人远不止李特一族，据《十六国春秋·蜀录》载"徙内者亦万余家，散居陇右诸郡及三辅、弘农，所在号为巴人"③。陇右、三辅、弘农诸郡相当于今甘肃南部、陕西中部、河南西部，说明上述地域也有板楯巴蛮散居，总人数达万余家。刘备据蜀后"丞相亮亦发其劲卒三千人为连弩士，遂移家汉中"④，三千涪陵郡巴人为连弩士驻守汉中，后定居汉中，也使汉中巴人数量增多。

蜀汉延熙十一年（248年）⑤，"涪陵属国民夷反，车骑将军邓芝往讨，皆破平之"⑥，后"移其豪徐、蔺、谢、范五千家于蜀，为涉猎官。分羸弱配督将韩、蒋，名为助郡军，遂世掌部曲，为大姓"⑦。涪陵夷这次叛乱导致涪陵夷徐氏、蔺氏、谢氏、范氏数千家被迁入蜀地，涪陵巴人迁入蜀地后主要聚居于成都平原附近区域。从蜀汉迁大姓入蜀可知涪陵巴人仍保存着部族组织，由大姓统领部族。这从曹操以巴夷王、賨邑侯杜濩、朴胡、袁约为三巴太守也得到印证⑧，也是想利用巴人大姓首领控制巴地。诸葛亮《后出师表》有賨、叟、青羌⑨，賨包括西迁入蜀的巴人。东晋十六国时期依青城山而居的范长生，

① （唐）杜佑撰，王文锦、王永兴、刘俊文，等点校：《通典》卷187《边防·南蛮》，第5046页。
② （唐）房玄龄等撰：《晋书》卷120《李特载记》，第3022页。又（晋）常璩著，刘琳校注：《华阳国志校注》（修订版）（第361页）亦载李特"祖世本巴西宕渠賨民"，张鲁据汉中，"自巴西之宕渠移入汉中。魏武定汉中，祖父虎与杜濩、朴胡、袁约、杨车、李黑等移于略阳，北土复号曰'巴氐'"，其所载与《晋书·李特载记》《通典·边防》略同。
③ （宋）李昉等撰：《太平御览》卷123《偏霸部》，第596页。
④ （晋）常璩著，刘琳校注：《华阳国志校注》（修订版），第37页。
⑤ 关于叛乱发生的时间，（晋）常璩著，刘琳校注《华阳国志校注》（修订版）（第37页）载为"延熙十三年"，而《三国志》卷33《蜀书·后主传》（第898页）、卷45《蜀书·邓芝传》（第1072页）均载为"延熙十一年"，则《华阳国志校注》所载当有误，徐巨叛乱时间当以"延熙十一年"为是。
⑥ （晋）陈寿撰：《三国志》卷33《蜀书·后主传》，第898页。
⑦ （晋）常璩著，刘琳校注：《华阳国志校注》（修订版），第37页。
⑧ （晋）陈寿撰：《三国志》卷1《魏书·武帝纪》，第46页。
⑨ （三国）诸葛亮著，张连科、管淑珍校注：《诸葛亮集校注》，天津：天津古籍出版社，2008年，第36页。

其众千余家，晋益州刺史罗尚之参军徐举为涪陵人[1]，范长生、徐举皆为西迁入蜀涪陵巴人后裔。2009 年 10 月在今什邡市师古镇红豆村曾出土汉晋虎钮錞于 1 件[2]，这件錞于有可能是蜀时西迁入蜀的巴人遗物。

蜀汉在渝东南置巴东属国，《后汉书·百官志》载"属国都尉，主蛮夷降者"，"唯边郡往往置都尉及属国都尉"，则巴东属国属"边郡"，"稍有分县，治民比郡"[3]，则是巴东属国为蛮夷聚居的边地。巴东属国后改涪陵郡，其地"人多戇勇，多獽、蜑之民"[4]，则三国时巴东属国（涪陵郡）境内多有巴人中的獽人和蜑人部族，又《华阳国志》载涪陵郡"有蟾夷"[5]，刘琳以"冉""蟾"古音相近，又据同治《酉阳直隶州总志》卷 6 载"冉家一种，其居酉，在土官之先，有仡兜、冉高、梁冉等号"，民国《贵州通志·土民志》载"思南、沿河一带又有冉家蛮"，推断蟾夷即南北朝以后的"冉氏蛮"；又从语言学上分析仡兜语为苗语一方言，推测蟾夷为苗族先民武陵蛮一支[6]。任乃强也认为蟾夷为冉家蛮，分布在朱砂产地，最早在郁山北大江南与蜑、獽杂居，后以冉为姓[7]，此可备为一说。

三国时吴、蜀交界的鄂渝、湘黔边界地带为蛮夷聚居地。峡江地区巴东、建平、宜都等郡多有巴人后裔。宜都郡为廪君蛮发源地，东汉建安二十四年（219年），孙权使陆逊攻克公安、南郡，以陆逊为宜都太守，"备宜都太守樊友委郡走，诸城长吏及蛮夷君长皆降"[8]，备宜都郡守樊友或即廪君蛮五姓中樊氏后裔，郡有"蛮夷君长"，则宜都郡仍有廪君蛮聚居。建安二十五年（220 年），刘备伐吴至巫山、秭归，"自佷山通武陵，遣侍中马良安慰五溪蛮夷，咸相率响应"[9]，佷山在湖北长阳县，处清江流域，则自清江南至五溪地区仍多巴蛮聚居。

三国五溪地区武陵蛮较为活跃，其中也有巴人。吴黄龙三年（231 年）"武陵蛮夷蠢动"[10]，"遣太常潘浚率众五万讨武陵蛮夷"；嘉禾三年（234 年）"太常潘浚平武陵蛮夷"[11]。吴控制五溪后"武陵蛮夷反乱，攻守城邑，乃以盖领太守。……自春讫夏，寇乱尽平，诸幽邃巴、醴、由、诞邑侯君长，皆改操

① （唐）房玄龄等撰：《晋书》卷 120《李流载记》，第 3030 页。
② 杨剑、李灿：《什邡新出土虎钮錞于》，《四川文物》2010 年第 2 期，第 78 页。
③ （南朝·宋）范晔撰，（唐）李贤等注：《后汉书》，第 3621 页。
④ （晋）常璩著，刘琳校注：《华阳国志校注》（修订版），第 37 页。
⑤ （晋）常璩著，刘琳校注：《华阳国志校注》（修订版），第 40 页。
⑥ （晋）常璩著，刘琳校注：《华阳国志校注》（修订版），第 41 页。
⑦ （晋）常璩著，任乃强校注：《华阳国志校补图注》，第 44 页。
⑧ （晋）陈寿撰：《三国志》卷 58《陆逊传》，第 1345 页。
⑨ （晋）陈寿撰：《三国志》卷 32《蜀书·先主传》，第 890 页。
⑩ （晋）陈寿撰：《三国志》卷 60《吴书·吕岱传》，第 1385 页。
⑪ （晋）陈寿撰：《三国志》卷 47《吴书·吴主传》，第 1136、1140 页。

易节，奉礼请见，郡境遂清"①，武陵蛮反叛最后都遭到血腥镇压。武陵蛮夷民族成分有"巴、醴、由、诞"之属，其中"巴"即巴人，说明三国时五溪地区仍有巴人活动。

三国时期部分巴人因军事原因迁至外地。蜀汉丞相诸葛亮调遣涪陵夷三千人为连弩士，这些涪陵巴人组成的"连弩士"后定居汉中。部分賨人也被征召入伍，《三国志·诸葛亮传》注引《汉晋春秋》载"賨、叟、青羌散骑、武骑一千余人，此皆数十年之内纠合四方之精锐"②，则蜀汉精锐部队中也不乏巴賨士兵。蜀汉延熙二年（239 年），"马忠定越巂，置赤甲军，常取涪陵之民"③，越巂即越巂郡，郡治邛都县即今四川西昌市，则蜀汉后期今西昌市境有巴人赤甲军组成。三国时还有少量巴人士卒驻扎今广西柳州境内，明邝露《赤雅》载"怀远石阵临溪，阴风惨人，犹闻鬼哭。昔武侯立营于此，夜令云：'枕石者去，枕草者留。'中夜撤军，遗种斯在，尚能操巴音而歌乌乌"④。怀远即今广西柳州市，武侯指诸葛亮，说明蜀汉时有巴人征战并留居于此，后保留巴人习俗至明代仍能"操巴音而歌乌乌"。三国或稍早今湖南岳阳一带有巴人活动，长沙郡下隽县有"巴丘"，东吴曾命鲁肃率一万人屯戍于此⑤，晋太康元年（280 年）于巴丘地置巴陵县⑥，巴陵始为世人所知。晋洞庭湖又有"巴丘湖"⑦，"巴丘""巴陵""巴丘湖"当是因巴人而得名，则三国两晋洞庭湖岳阳一带有巴人聚居。南朝刘宋庾仲雍撰《浔江记》附会"后羿断修蛇于洞庭"故事⑧，将"修蛇"改成"巴蛇"，遂成"羿屠巴蛇于洞庭，其骨若陵，故曰巴陵"⑨，东晋末南朝初文献记载的这种转变与该地巴人活动有关⑩。

东汉末刘备入蜀，大量汉人随之迁入巴蜀，留居巴地的则成为巴地汉人的一部分。如辅匡"襄阳人也。随先主入蜀。益州既定，为巴郡太守"⑪，《华

① （晋）陈寿撰：《三国志》卷 55《吴书·黄盖传》，第 1285 页。
② （晋）陈寿撰：《三国志》卷 35《蜀书·诸葛亮传》，第 923 页。
③ （明）曹学佺撰：《蜀中广记》卷 19《名胜记》，《四库全书珍本初集》，民国商务印书馆影印故宫博物院藏文渊阁本。
④ （明）邝露撰：《赤雅》卷上《巴人》，知不足斋本。
⑤ （晋）陈寿撰：《三国志》卷 47《吴书·吴主传》，第 1119 页。
⑥ （清）胡渭著，邹逸麟整理：《禹贡锥指》，上海：上海古籍出版社，2006 年，第 207 页。
⑦ （唐）房玄龄等撰：《晋书》卷 34《杜预传》（第 1031 页）载"巴丘湖，沅湘之会，表里山川，实为险固，荆蛮之所恃也。预乃开杨口，起夏水达巴陵千余里，内泻长江之险，外通零桂之漕"，又（清）胡渭《禹贡锥指》卷 2 载引晋人郭璞注楚云梦"今南郡华容县东南巴邱湖是"。
⑧ （汉）刘安撰，高诱注：《淮南子》，北京：中华书局，1954 年，第 118 页。
⑨ （宋）李昉，《太平御览》卷 171《州郡部·岳州》，第 834 页。
⑩ 朱圣钟：《"后羿断修蛇"为何转变为"羿屠巴蛇"》，《湖北民族学院学报（哲学社会科学版）》2011 年第 1 期，第 67—69 页。
⑪ （晋）陈寿撰：《三国志》卷 45《蜀书·杨戏传》，第 1084 页。

阳国志》则载刘备以南郡辅匡为巴东郡太守①，则是辅匡为南郡襄阳人，入蜀后官至巴郡、巴东郡太守。蜀汉时巴地类似情况还有很多，如南郡襄阳人罗宪，继宗预后为永安都督，后为巴东郡太守②；江夏郡鄏人费观入蜀后官至巴郡太守、江州都督；汝南人陈到官至永安都督、征西将军③；南阳人宗预后为永安都督④；义阳人刘邕随先主入蜀为江阳太守⑤；武陵郡临沅人廖立跟随刘备后官至巴郡太守⑥；南阳人李严在刘备据蜀后留镇永安，后移屯江州⑦。也有部分蜀地汉人为官巴地，如汉嘉人王谋官至巴郡太守；梓潼郡涪县人孙福官至巴西太守、江州督；广汉郡郪县人义士"为符节长，迁牙门将，出为宕渠太守"⑧。这些汉人入巴地为官，对巴人汉化及族群融合有一定推动作用。

两晋时代巴地仍是巴人重要活动场所。西晋巴东郡境"有奴、獽、夷、蜑之蛮民"⑨，奴、獽、夷、蜑是延续旧称，实际上都为巴人部族。獽、蜑为峡江地区水居之民或傍水而居的当地居民，奴为来自汉水中游的卢戎后裔。夷，胸忍县"有弜头白虎复夷"，即"白虎复夷""弜头虎子"⑩，为板楯蛮部族，因地处胸忍县境故称胸忍夷。又《华阳国志》载巴东郡南浦县"郡南三百里"，"主夷"⑪。又《水经注》载更始水"东入巴东之南浦县"⑫，《太平寰宇记》引《荆州图副》"巴东南浦县与黔阳分界"⑬，吴、西晋黔阳县在今湖南龙山县境，则晋南浦县在今湖北利川市附近，辖今重庆万州区江南地及湖北利川市、宣恩县、咸丰县等地⑭。任乃强认为南浦县在长滩井（今重庆万州区长滩镇）⑮，任桂园认为南浦县治今重庆万州区龙驹

① （晋）常璩著，刘琳校注：《华阳国志校注》（修订版），第31页。
② （晋）常璩著，刘琳校注：《华阳国志校注》（修订版），第32页；（唐）房玄龄等撰：《晋书》卷57《罗宪传》，第1552页。
③ （晋）陈寿撰：《三国志》卷45《蜀书·杨戏传》，1082、1084页。
④ （晋）常璩著，刘琳校注：《华阳国志校注》（修订版），第31页。
⑤ （晋）陈寿撰：《三国志》卷45《蜀书·杨戏传》，第1084页。
⑥ （晋）陈寿撰：《三国志》卷40《蜀书·廖立传》，997页。《华阳国志·巴志》原载建安二十一年以武陵康立为固陵郡太守，与《三国志》所载不同。考司马光《资治通鉴》卷72《魏纪》（第2299页）载有"长水校尉廖立"，（宋）郑樵《通志》卷118《廖立列传》（第1791页）载廖立于建安二十年"为巴郡太守"，后"徙长水校尉"。则《华阳国志》"康立"为"廖立"之误，刘琳校注《华阳国志》（修订版）（第31页）时将"康"校正为"廖"。
⑦ （晋）陈寿撰：《三国志》卷40《蜀书·李严传》，998、999页。
⑧ （晋）陈寿撰：《三国志》卷45《蜀书·杨戏传》，第1082页、1087、1088页。
⑨ （晋）常璩著，刘琳校注：《华阳国志校注》（修订版），第33页。
⑩ （晋）常璩著，刘琳校注：《华阳国志校注》（修订版），第35、11页。
⑪ （晋）常璩著，刘琳校注：《华阳国志校注》（修订版），第36页。
⑫ （北魏）郦道元著，（清）王先谦校：《合校水经注》，第515页。
⑬ （宋）乐史撰，王文楚等点校：《太平寰宇记》卷120《黔州》，第2393页。
⑭ （晋）常璩著，刘琳校注：《华阳国志校注》（修订版），第37页。
⑮ （晋）常璩著，任乃强校注：《华阳国志校补图注》，第40页。

镇①，近人考证在今湖北利川市南坪附近②，各说皆以南浦县在长江南岸。据《宋书·州郡志》载南浦县"刘禅建兴八年十月，益州牧阎宇表改羊渠立。羊渠不详，何志吴立"③，则是吴置羊渠县。蜀汉建兴八年（230年）据羊渠县，改羊渠为南浦，但东吴仍置羊渠，晋平吴后省羊渠县，因袭蜀汉南浦县，故《华阳国志》载"巴东后省羊渠，置南浦"④，若如此，则当以任乃强所说为准。其实不管晋南浦县治长滩镇还是龙驹镇，都位于今磨刀溪河谷。南浦县"主夷"，则是晋代今磨刀溪河谷为蛮夷聚居地，长滩镇、磨刀溪河谷原为汉朐忍县地，朐忍县为板楯蛮聚居地，则南浦"夷"为"朐忍夷"后裔，属巴人板楯蛮。峡江东段建平郡一带晋代仍有巴人活动，《南齐书》载"晋太兴三年，建平夷王向弘、向瑑等诣台求拜除"，"元帝诏特以弘为折冲将军、当平乡侯，并亲晋王，赐以朝服"⑤。"建平夷"是地域族群称谓，据建平郡历史族群构成来看，其族属当为巴人，首领"向氏"即廪君蛮五姓中"相氏"的同音异写，表明东晋太兴年间建平郡仍有廪君巴人分布。

晋代沮漳河谷有巴人活动。东晋桓温割临沮西界置汶阳郡，其地"道带蛮、蜑"⑥，又"山蛮凶盛，据险为寇贼"⑦，秦汉汶阳、临沮属南郡，"山蛮""蛮蜑"属廪君巴人族系，汶阳郡后接纳部分流民，对巴人分布可能有些影响。两晋荆州"含带蛮、蜑"⑧，荆州多少数民族聚居，巴人是"蛮、蜑"的重要构成部分。也因为荆州多"蛮、蜑"，故西晋在荆州设南蛮校尉负责少数民族事务。⑨

两晋时期江汉平原东部江夏郡旧地仍有巴人活动。西晋太安二年（303年）沔中蛮之义阳蛮张昌在江夏郡安陆县起兵，参与者有称为蛮的巴人后裔，也有流人及避戍役者，"江沔间一时焱起"⑩。西晋末刘渊、石勒之乱加剧中原动荡，沔中蛮"渐得北迁陆浑以南，满于山谷"⑪，沔中蛮中很多属廪君蛮，

① 任桂园：《三峡盐业考古研究》，北京：中国言实出版社，2009年，第105—106页。
② 杨光华：《羊渠、南浦县建置沿革考——兼及魏晋"峡中"武陵郡》，《中国历史地理论丛》2013年第3辑，第36—49页。
③（南朝·梁）沈约撰：《宋书》卷37《州郡志》，第1120页。
④（晋）常璩著，刘琳校注：《华阳国志校注》（修订版），第33页。
⑤（南朝·梁）萧子显撰：《南齐书》卷58《蛮传》，第1008页。
⑥（南朝·梁）萧子显撰：《南齐书》卷15《州郡志》，第273页。
⑦（南朝·梁）萧子显撰：《南齐书》卷58《蛮传》，第1008页。
⑧（南朝·梁）萧子显撰：《南齐书》卷15《州郡志》，第273页。
⑨（唐）李延寿撰：《南史》卷79《夷貊传》，北京：中华书局，1975年，第1980页。
⑩（唐）房玄龄等撰：《晋书》卷100《张昌传》，第2613页。
⑪（唐）杜佑撰，王文锦、王永兴、刘俊文，等点校：《通典》卷187《边防·南蛮》，第5046页。

干宝《搜神记》载"江汉之域，有貙人。其先，廪君之苗裔"①，貙人为廪君巴人，也证明晋代江汉平原有廪君蛮活动。

两晋时期湘江流域也有巴人活动。湘江有貙人，"能化为虎。长沙所属蛮县东高居民，曾作槛捕虎。槛发，明日，众人共往格之，见一亭长，赤帻大冠，在槛中坐。……于是即出之。寻视，乃化为虎，上山走。或云：'貙虎化为人，好著紫葛衣，其足无踵。虎有五指者，皆是貙'"②。《水经·湘水注》载湘水有高东口，或即《搜神记》所载东高，则晋代湘江高东口一带有廪君蛮貙人活动。

两晋时期渝东南仍有巴人活动。《华阳国志》载涪陵郡"多獽、蜑之民"，"诸县北有獽、蜑，又有蟾夷"③，獽、蜑、夷为巴国时代巴人部族，则是涪陵郡辖区有巴人活动。

两晋时期今川东、重庆仍有板楯蛮聚居。《华阳国志》称板楯蛮为"弜头虎子"④，"弜头虎子"的"弜"，《说文解字》载"强也，重也"，段玉裁注"重当作緟……重弓者，强之意也。緟，叠之意"⑤，《释名》载"强，其性凝强，以制服乱发"⑥，邓少琴认为"弜头"为男子"椎结"头饰⑦，刘琳认为"弜头"是因板楯蛮头帕装饰如二弓相叠之形得名⑧。两晋时期今四川巴中为巴西郡汉昌县地，《华阳国志·巴志》载汉昌有大姓句氏，《晋书·刘曜载记》载关中有巴酋句徐、归善王句渠知，则汉昌句氏为与关中句氏同族，皆为板楯蛮后裔。

两晋北魏时期汉水中上游有巴人活动。《水经注》载"汉水右合池水，水出旱山……俗谓之獠子水"⑨，池水在汉水南岸，獠指由巴中迁居此地的巴人，非南中僚人。《水经注》又载"汉水又东合蘧蒢溪口，水北出就谷……其水南流迳巴溪戍西，又南流迳杨都坂东，坂自上及下盘折十九曲，西连寒泉岭。……其水南历蘧蒢溪，谓之蘧蒢水，而南流注于汉，谓之蒢口"⑩，何光岳以蘧蒢溪为椒溪河，发源于秦岭南麓，南流合汶水河为子午河入汉水，

---

① （晋）干宝撰，汪绍楹校注：《搜神记》卷12，北京：中华书局，1979年，第152页。
② （晋）干宝撰，汪绍楹校注：《搜神记》卷12，第152页。
③ （晋）常璩著，刘琳校注：《华阳国志校注》（修订版），第37、40页。
④ （晋）常璩著，刘琳校注：《华阳国志校注》（修订版），第11页。
⑤ （汉）许慎撰，（清）段玉裁注：《说文解字注》，第642页。
⑥ （汉）刘熙撰：《释名》卷4《释首饰》，第76页。
⑦ 邓少琴：《巴史新探》，《巴蜀史迹探索》，第1—51页。
⑧ （晋）常璩著，刘琳校注：《华阳国志校注》（修订版），第11页。
⑨ （北魏）郦道元著，（清）王先谦校：《合校水经注》，第412页。
⑩ （北魏）郦道元著，（清）王先谦校：《合校水经注》，第414—415页。

古称巴溪或巴水，巴溪戍即佛坪北长角坝[1]，故邓少琴说"汉水以北之子午河道，竟蒙巴溪之名……汉水当地呼为沔水而以沔水名之，故汉水亦被巴水之名"[2]，说今子午河又称巴溪、巴水，依据是《水经注》，其说确有所本，但说汉水有"巴水"名则欠妥当，毕竟《水经注》只说蘧蒢溪有巴溪戍，未说蘧蒢溪为巴溪，即便蘧蒢溪为巴溪或巴水，那也只是汉水一条支流，不能以支流名代汉水名。又据前文，汉初有巴人北迁商洛、安康一带，"巴溪戍"名或即巴人迁居此地后的地名，故见载于《水经注》，巴溪戍地名出现时间应较晚。

西晋末关中大旱引起饥荒，关陇百姓不得不南迁就食，南迁流民中也有巴人，如流人首领李特即"廪君之苗裔"，其祖先汉末迁至汉中杨车坂，号为杨车巴。曹操据汉中，李特先祖率五百余家归魏，被迁至略阳，后杂居于羌人中，"元康中，氐齐万年反，关西扰乱，频岁大饥，百姓乃流移就穀，相与入汉川者数万家。特随流人将入于蜀"，当时益州刺史赵廞欲招抚流人为己所用，而李特与赵廞同为巴西郡人，"廞厚遇之，以为爪牙，故特等聚众，专为寇盗"[3]，后"户曹李苾开关放入蜀，布散梁州及三蜀界"[4]。至太安元年（302年）李特据有益州。[5]李特部属"皆巴西人"[6]，其中多賨人部族。"三蜀"即汉蜀郡、广汉郡、犍为郡，也即以成都平原为中心的蜀地，尽管后来李雄建立的成汉政权拥有巴、蜀、汉中及南中地，但李氏流民集团主要根据地在绵竹赤祖，主要活动区域在北达绵竹、德阳，南达成都的成都平原[7]，这些区域内有一定数量的巴人分布。

李特等入蜀后，四川、重庆的巴人都较活跃。前秦与东晋的益梁争夺战中巴人也多有参与。晋咸安、宁康年间苻坚遣将王统、朱肜寇蜀，"杨亮率巴獠万余拒之，战于青谷，王师不利，亮奔固西城"；苻坚据益、梁二州后，"蜀人张育、杨光等起兵，与巴獠相应，以叛于坚。晋益州刺史竺瑶、威远将军桓石虔率众三万据垫江。育乃自号蜀王，遣使归顺，与巴獠酋帅张重、尹万等五万余人进围成都"[8]。"巴獠"中"巴"指巴人，"獠"指自南中迁居川、

① 何光岳：《南蛮源流史》，第 399 页。
② 邓少琴：《巴蜀史迹探索》，第 23 页。
③ （唐）房玄龄等撰：《晋书》卷 120《李特载记》，第 3022—3023 页。
④ （晋）常璩著，刘琳校注：《华阳国志校注》（修订版），第 334 页。
⑤ （唐）房玄龄等撰：《晋书》卷 120《李特载记》，第 3027 页。
⑥ （唐）房玄龄等撰：《晋书》卷 120《李特载记》，第 3023 页。
⑦ 杨伟立：《成汉史略》，重庆：重庆出版社，1983 年，第 26—32 页。
⑧ （唐）房玄龄等撰：《晋书》卷 113《苻坚载记》，第 2896—2897 页。

渝的僚人。在抗击前秦的战争中，蜀地巴人、僚人很好地配合了东晋王朝。这一时期蜀地巴人主要活动于梓潼郡一带，当时巴人或称"蛮巴"，或称"巴僚"[①]。

两晋时期成都平原西部及近山处也有巴人活动，他们多聚族而居。"涪陵人范长生率千余家依青城山"，而成都有益州太守罗尚之参军为"涪陵徐举"[②]，范长生、徐举二人籍贯为涪陵，为蜀汉时西迁入蜀涪陵巴人大姓范氏、徐氏后裔。[③]他们后来加入成汉政权，除谋求更大政治利益外，与他们同属巴人且崇奉天师道有较大关系。[④]

两晋时期今川西南严道、临邛等地也有巴人。李特入蜀后严道賨人与李氏同为巴人，遂在本地起事响应，迫使晋汉嘉太守王载南逃宁州，严道賨人则陆续迁入临邛蜀人弃地，一部分随李骧、李寿征战，少数留居本地。东晋南朝时临邛、严道賨人被误作僚人，首领称"保主""豪家能服僚者"，形成自治状态。[⑤]

两晋时期关中也有巴人活动。西晋初"移弩士于冯翊莲勺"[⑥]，这些连弩士为涪陵郡巴人。冯翊郡辖今陕西省铜川以东、黄河以西、渭水以北地域，莲勺为冯翊郡属县，在今渭南市渭河以北[⑦]，莲勺本为草名，因县境盐卤地多生此草故名。晋大兴元年（318年）刘曜僭号称帝，"（石）勒攻（靳）准于平阳小城，平阳大尹周置率杂户六千降于勒。巴帅及诸羌羯降者十余万落，徙之司州诸县"[⑧]，《资治通鉴》胡三省注载"巴，巴氏也。魏武帝平汉中，迁巴氏于关中，其后种落滋蔓，河东、平阳皆有之"[⑨]，平阳即西晋平阳郡，治今山西临汾市西南，司州治今河南洛阳市，河东即河东郡，治今山西夏县西北，则西晋末、东晋初关中平原、汾水流域、涑水流域、伊洛河谷等地都有巴人分布。前赵光初三年（320年），"长水校尉尹车谋反，潜结巴酋徐库彭，曜乃诛车，囚库彭等五十余人于阿房……尽杀库彭等，尸诸街巷之中十日，

① 张雄：《隋唐时期巴人的汉化趋势》，《中南民族学院学报（哲学社会科学版）》1999 年第 1 期，第 61—65 页。
② （唐）房玄龄等撰：《晋书》卷 120《李流载记》，第 3030 页。
③ 杨伟立：《成汉史略》，第 39 页。
④ 唐长孺：《范长生与巴氏据蜀的关系》，《魏晋南北朝史论丛续编》，北京：生活·读书·新知三联书店，1959 年，第 155—162 页。
⑤ 何元灿：《严道賨人考》，李绍明、林向、徐南洲主编：《巴蜀历史·民族·考古·文化》，第 84—92 页。
⑥ （晋）常璩著，刘琳校注：《华阳国志校注》（修订版），第 37 页。
⑦ 吴镇烽：《陕西地理沿革》，西安：陕西人民出版社，1981 年，第 338 页。
⑧ （唐）房玄龄等撰：《晋书》卷 104《石勒载记》，第 2728 页。
⑨ （宋）司马光编著，（元）胡三省音注，标点资治通鉴小组校点：《资治通鉴》卷 90《晋纪》，第 2863 页。

乃投之于水。于是巴氏尽叛，推巴归善王句渠知为主，四山羌、氐、巴、羯应之者三十余万，关中大乱……（曜）以（游）子远为车骑大将军、开府仪同三司、都督雍秦征讨诸军事。……子远次于雍城，降者十余万。进军安定，氐羌悉下，惟句氏宗党五千余家保于阴密，进攻平之"①，这次长水校尉尹车叛乱，关中巴人在首领徐库彭、句渠知等率领下参与其中，巴东郡朐忍县大姓有徐氏②，宕渠郡汉昌县有大姓勾氏，"勾"即"句"字异写③，徐库彭与朐忍县徐氏同族，句渠知与汉昌县勾氏同族。上文"四山"指关中四周之山，则关中平原四周山地也有巴人分布；雍州即京兆郡治，在今西安市西北，游子远驻雍州而降数十万人，则在西安市一带也有巴人活动；阴密即西晋安定郡阴密县，治今甘肃灵台县西，既为巴人句氏退保之地，则两晋时期阴密也是巴人聚居地。

由于巴人在各地活动频繁而为中原人熟知，魏收论及南方少数民族时说"巴、蜀、蛮、獠、溪、俚、楚、越，鸟声禽呼，言语不同，猴蛇鱼鳖，嗜欲皆异"④。"巴"即巴人，即以廪君蛮为主体的巴地域人们共同体。⑤由于陇右、关中、河东、平阳等地巴人分布广、人数多，晋代巴人与内迁五胡被合称为"六夷"，如《晋书·刘聪载记》载刘聪时"单于左右辅，各主六夷十万落"，《晋书·姚弋仲载记》载石勒"以姚弋仲为安西将军、六夷左都督"，石虎"迁（姚弋仲）持节、十郡六夷大都督、冠军大将军"，《晋书·石季龙载记》所附《冉闵传》载石祗"僭号称尊于襄国，诸六夷据州郡拥兵者皆应之"，上述事件《资治通鉴》分别载于晋愍帝建兴二年（314 年）、成帝咸和四年（329 年）、咸和九年（334 年）、晋穆帝永和六年（350 年）。胡三省注"六夷，盖胡、羯、鲜卑、氐、羌、巴蛮；或曰乌丸，非巴蛮"⑥，后又载"六夷：胡、羯、氐、羌、段氏及巴蛮"⑦，则巴蛮为六夷之一。东晋十六国时期，黄河流域巴人分布状况应该与东晋初年大致相同。

两晋之际南中僚人大量北迁巴、蜀，对当地族群分布格局也有较大影响。

---

① （唐）房玄龄等撰：《晋书》卷 103《刘曜载记》，第 2686—2687 页。
② （晋）常璩著，刘琳校注：《华阳国志校注》（修订版），第 35 页。
③ （晋）常璩著，刘琳校注：《华阳国志校注》（修订版），第 46 页。
④ （北齐）魏收撰：《魏书》卷 96《司马叡传》，北京：中华书局，1974 年，第 2093 页。
⑤ 陈寅恪：《陈寅恪集·金明馆丛稿初编》，北京：生活·读书·新知三联书店，2001 年，第 75—82 页。
⑥ （宋）司马光编著，（元）胡三省音注，标点资治通鉴小组校点：《资治通鉴》卷 89《晋纪》，第 2809 页。
⑦ （宋）司马光编著，（元）胡三省音注，标点资治通鉴小组校点：《资治通鉴》卷 98《晋纪》，第 3105—3106 页。

"群獠十余万从南越入蜀、汉间,散居山谷,因流布在此地。后遂为獠所据"①,以致"自汉中达于邛筰川洞之间,所在皆有"②,"荆州极西南界至蜀,诸民曰獠子"③,僚人分布极其广泛,地域上包括巴地,而将僚人分布区内所有族群统称为僚,显然又将僚的称谓泛化了。

关于僚人在巴蜀的分布,李势时"诸獠始出巴西、渠川、广汉、阳安、资中、犍为、梓潼,布在山谷,十余万落,攻破郡县,为益州大患。自桓温破蜀之后,力不能制。又蜀人东流,山险之地多空,獠遂夹山傍谷,与人参居"④,则僚人初入蜀主要分布于巴西、渠川、广汉、阳安、资中、犍为、梓潼等地,桓温破蜀后蜀人东迁,僚人分布地域遂逐步扩大。僚人在巴地主要分布在哪呢?北魏宣武帝时"以梁、益二州控摄险远,乃立巴州以统诸獠。后以巴酋帅严始欣为刺史,又立隆城镇,所缩獠二十万户,所谓北獠也"⑤,则北魏巴州僚人达数十万。又《元和郡县图志》载唐集州"夷獠散居其地",州属嘉川县西北石壅山"獠人常恃此以为阻";唐壁州"李雄乱后,为夷獠所据"⑥;唐巴州"李寿时有群獠十余万从南越入蜀,散居山谷,此地遂为獠所有",所属曾口县"宋末于此置归化郡以抚獠户",归仁县"为獠所据"⑦;唐蓬州"李特孙寿时,夷獠散居",伏虞县伏虞山"夷獠被征讨,即入此山中"⑧;唐渠州邻山县"自晋至齐并为夷獠所据",邻水县"后陷夷獠"⑨。这些地方原为巴地,后遂多僚人分布,甚至东晋南朝时期巴地少数民族皆泛称为"獠",甚至以巴为僚。《上林赋》注《史记集解》引郭璞曰:"巴西阆中有俞水,獠人居其上,皆刚勇好舞,汉高募取以平三秦"⑩,是郭璞认为助刘邦夺取关中的是僚人,这显然与史实不合。渝水賨人助刘邦平定三秦事迹见于应劭《风俗通义》、谯周《三巴记》、常璩《华阳国志》,皆载为"賨人",郭璞独载为"獠人"显然是对"賨人"说的篡改,不足为信。僚人北迁巴蜀在西晋末东晋初,此前渝水流域主体居民为賨人(板楯蛮),晋代僚人才迁居渝水左右,他们怎么可能随汉高祖平定三秦呢?

① (清)王谟辑:《汉唐地理书钞》,第293页。
② (北齐)魏收撰,《魏书》卷101《獠传》,第2248页。
③ (晋)张华撰,范宁校证:《博物志校证》,北京:中华书局,1980年,第24页。
④ (唐)杜佑撰,王文锦、王永兴、刘俊文,等点校:《通典》卷187《边防·南蛮》,第5051页。
⑤ (唐)杜佑撰,王文锦、王永兴、刘俊文,等点校:《通典》卷187《边防·南蛮》,第5051页。
⑥ (唐)李吉甫撰,贺次君点校:《元和郡县图志》,第1063页。
⑦ (唐)李吉甫撰,贺次君点校:《元和郡县图志》,第1064页。
⑧ (唐)李吉甫撰,贺次君点校:《元和郡县图志》,第1065页。
⑨ (唐)李吉甫撰,贺次君点校:《元和郡县图志》,第1068—1069页。
⑩ (汉)司马迁撰:《史记》卷117《司马相如列传》,第3039页。

关于东晋嘉陵江、渠江流域巴地居民的族属，有人认为獽蜑蛮賨皆为僚[1]，"賨族就是獠族"[2]，"巴族又有僚称"[3]。巴人、賨人及獽、蜑、賨为川东、重庆当地居民，隶属巴人族群，而僚人来自南中，二者来源不同，因此僚不可以称巴，巴亦非僚。自西晋末巴氏流民乱蜀之后，嘉陵江、渠江流域民族构成是巴人与僚人杂居，巴人为当地居民，僚人为外来移民。因二者杂居一地，故晋代巴地少数民族合称"巴僚"，如《晋书·苻坚载记》载"（苻坚遣）王统、朱肜率卒二万为前锋寇蜀……（晋梁州刺史）杨亮率巴僚万余拒之，战于青谷，王师不利，亮奔固西城。……蜀人张育、杨光起兵，与巴僚相应，以叛于坚。……育乃自号蜀王，遣使归顺，与巴僚酋帅张重、尹万等五万余人进围成都"[4]，张重、尹万当为巴人而非僚人[5]；又《魏书·傅竖眼传》载"（竖眼）转昭武将军、益州刺史。以州初置，境逼巴獠，给羽林虎贲三百人，进号冠军将军。及高肇伐蜀，假竖眼征虏将军、持节，领步兵三万先讨北巴"[6]，益州即北魏益州，领东晋寿郡、西晋寿郡、新巴郡、南白水郡、宋熙郡5郡[7]，地域包括今四川广元、青川、旺苍、江油部分地区，北巴即北巴西郡，治今四川阆中市。此外还有以巴濮指称巴地少数民族的，如《周书》载魏恭帝时（554—556年），"迁哲先至巴州……梁巴州刺史牟安民惶惧，开门请降。……军次鹿城……迁哲进击，破之，遂屠其城，虏获千余口。自此巴、濮之民，降款相继"[8]，梁巴州治今四川巴中市，西魏时渠江流域已无濮人，"巴濮"当是沿用旧称，即指当地的巴人和僚人。

西晋末年，峡江地区有氐人活动。晋怀帝永嘉五年（311年）正月，"荆、湘有乱，氐苻成、隗文作乱宜都，西上巴东"，二月"氐隗文等反于巴东"[9]，氐人苻成、隗文应是从北方南迁至此的，他们在宜都、巴东一带叛乱，说明永嘉年间宜都、巴东有氐人活动，能祸乱一方，说明氐人数量有一定规模。

南北朝时期巴人分布最广，涉及地域包括今重庆、四川、甘肃、陕西、河南、湖北、安徽、江西、湖南、贵州等地，另外广西、江苏等地也有少量巴人。

① 邓少琴：《巴史再探》，《巴蜀史迹探索》，第52—90页。
② 董其祥：《古代的巴与越》，《巴史新考》，第8—33页。
③ 徐中舒：《巴蜀文化初论》，《论巴蜀文化》，第1—47页。
④ （唐）房玄龄等撰：《晋书》卷113《苻坚载记》，第2896—2897页。
⑤ 蒙默：《魏晋南北朝的賨人》，李绍明、林向、徐南洲主编：《巴蜀历史·民族·考古·文化》，第105—121页。
⑥ （北齐）魏收撰：《魏书》卷70《傅竖眼传》，第1557—1558页。
⑦ （北齐）魏收撰：《魏书》卷106《地形志》，第2614—2615页。
⑧ （唐）令狐德棻等撰：《周书》卷44《李迁哲传》，北京：中华书局，1971年，第791页。
⑨ （晋）常璩撰，刘琳校注：《华阳国志校注》（修订版），第354页。（唐）房玄龄等撰《晋书》卷5《怀帝纪》（第121页）载永嘉四年（310年），"流氐隗伯等袭宜都"，"隗伯"即常璩所说之"隗文"。

南北朝时期川东、重庆地区仍有巴人活动，因其聚居地而被称为"××蛮""××獠"。南北朝时期"蛮""獠"与朝廷多次发生冲突，而朝廷则以叛乱处之，当时川东、重庆地区少数民族叛乱情况统计如表 5-1 所示：

表 5-1　南北朝时期川东、重庆巴人叛乱统计表

蛮族称谓	时间	活动地域	事件经过	事件结局
巴西蛮	南朝宋后废帝永徽初	巴西郡	巴西人李承明作乱	遣苏侃衔使慰劳，还除羽林监，加建武将军
巴西蛮	南朝齐武帝永明二年（484 年）	巴西郡	劫帅韩武方常聚党千余人，断流为暴，郡县不能禁，行旅断绝。鉴室至上明，武方乃出降	自是巴西蛮夷凶恶，皆望风降附
巴西蛮	南朝梁天监十年（511 年）	巴西郡	姚景和聚合蛮蜑，抄断江路，攻破金井	巴西郡守张齐平之
隆州蛮信州蛮	西魏废帝二年（553 年）	南梁州北巴西郡、信州	巴西人谯淹居南梁州，扇动群蛮，以附于梁。蛮帅向镇侯、向白彪等应之。向五子王又攻陷信州。田乌度、田都唐等抄断江路	田弘、贺若敦、潘招、李迁哲讨破之
隆州蛮	西魏废帝三年（554 年）	隆州	隆州人开府李光赐反于盐亭，与其党帛玉成、寇食堂、谯淹、蒲皓、马术等围攻隆州。州人李祐亦聚众反，开府张遁举兵应之	宇文贵乃命开府叱奴兴救隆州，又令开府成亚击祐及遁。势蹙遂降，执送京师
信州蛮	北周孝闵帝时	信州	信州滨江负阻，远连殊俗，蛮左强犷，历世不宾，乃表请讨之	赵刚率利沙等十四州兵，马步一万往经略。刚初至，渠帅惮次降款。后以刚师出踰年，士卒疲敝，寻复亡叛。后遂以无功而还。
邻州蛮	北周明帝初	邻州	蛮酋蒲微为邻州刺史，举兵反	李迁哲率军讨平之
涪陵夷	北周武帝保定四年（564 年）	奉州	涪陵首领田思鹤归化	于故枳城上立涪陵镇，因置奉州。又改为黔州
信州蛮	北周武帝天和元年（566 年）	信州	冉令贤、向白彪、向五子王等据江峡反叛，连接二千余里，攻陷白帝，杀开府杨长华，遂相率作乱	诏开府陆腾陶讨平之
恒稜獠	北周武帝天和三年（568 年）	梁州、巴州	恒稜獠叛。恒稜者并夷、僚所居，恃其险固，常怀不轨	赵文表军次巴州，讨之
信州蛮	北周武帝天和六年（571 年）	信州	蛮渠冉祖喜、冉龙骧又反	诏大将军赵闿讨平之
涪陵蛮、楚州蛮、信州蛮、开州蛮临州蛮、容州蛮	北周时	涪陵郡、楚州、临州、容州、开州、信州	涪陵郡守蔺休祖又据楚、向、临、容、开、信等州，地方二千余里，阻兵为乱	诏陆腾讨之

资料来源：《周书》卷 49《异域传》、《周书》卷 5《武帝纪》、《周书》卷 19《宇文贵传》、《周书》卷 27《田弘传》、《周书》卷 28《陆腾传》、《周书》卷 28《贺若敦传》、《周书》卷 33《赵刚传》、《周书》卷 44《泉企传》、《周书》卷 44《李迁哲传》、《周书》卷 44《阳雄传》、《北史》卷 66《泉仚传》、《北史》卷 69《赵文表传》、《太平寰宇记》卷 120《黔州》、《太平寰宇记》卷 120《涪州》、《册府元龟》卷 382《将帅部》。

　　据表 5-1 统计可知，南北朝时期川东、重庆地区曾叛乱的有隆州（巴西）蛮、恒稜獠、信州蛮、涪陵蛮、楚州蛮、开州蛮、临州蛮、容州蛮、邻州蛮等，涉及地域有隆州（巴西郡）、梁州、巴州[①]、信州、奉州、开州、楚州、临州、容州、邻州等地。西魏隆州、北巴西郡即南朝宋、齐梁巴西郡，治今四川阆中市；北周梁州治今陕西汉中市；北周巴州治今四川巴中市；西魏、北周信州治今重庆奉节县；北周奉州治今重庆彭水县境；北周开州治今重庆开县境；楚州治今重庆渝中区；临州治今重庆忠县境；容州治今重庆合川区境；邻州治今四川大竹县境。从地域上看，嘉陵江流域有隆州（巴西）蛮、容州蛮、恒稜獠[②]、邻州蛮，乌江流域有涪陵蛮，长江沿线有楚州蛮、信州蛮、临州蛮、开州蛮，这些地方原都是巴地，这些"蛮"除部分獠人外，绝大多数为当地当地巴人。

　　南北朝这些地域有巴人活动还可找到其他证据。《水经注》载彭水"水出巴渠郡獠中"，其支流清水"出西北巴渠县东北巴岭南獠中"[③]，巴渠郡治宣汉县，即今四川达州市，巴东郡巴渠县治今重庆开县谭家乡，彭水即今澎溪，郦道元载其居民为獠人并不精确。达州所处渠江流域和澎溪河原是板楯蛮聚居地，北魏时未有太大改变，因此渠江、澎溪河流域主体居民应为板楯蛮而非獠人。渠江支流南江一带北魏曾"立巴州以统诸獠，后以巴酋严始欣为刺史。又立隆城镇，所绾獠二十万户，彼谓北獠，岁输租布"[④]，北魏巴州治今四川巴中市，所统辖獠户若以每户五口计算，总人数约在百万左右，巴州刺史严始欣为巴酋，为巴人首领，以巴酋统獠户，与常理相悖，所谓獠户实多为巴人。又西魏恭帝时李迁哲与贺若敦南略巴地，进兵至巴州，"自此巴、濮之民，降款相继"[⑤]，巴州治大谷郡，在今四川巴中市境，李迁哲经略巴州在严始欣之后，巴山以南巴州等地巴人先后归附西魏，"巴、濮之民"实指当地的巴人和獠人。北周天和年间辛昂任渠州、通州刺史时，"推诚布信，甚得夷

① （唐）令狐德棻等撰《周书》卷 49《异域传》（第 891 页）载北周天和三年（568 年）梁州恒稜獠叛乱，赵文表伐恒稜獠前"军次巴州"，又（唐）李延寿撰《北史》卷 69《赵文表传》（北京：中华书局，1974 年，第 2405 页）载"地名恒稜者，方数百里，并夷、獠所居"，恒稜为梁州辖地，北周梁州治南郑，即今陕西汉中市，巴州治今四川巴中市，而恒稜獠聚居地"方数百里"，则是其地域在今汉中以南、巴中市以北大巴山地，其地当跨梁州、巴州之地，故赵文表讨伐恒稜獠时从巴州进兵。

② "恒稜獠"虽有"獠"名，其主体居民仍当为巴人，巴人是南北朝时期巴山南北的当地居民，獠为外来族群，这里"獠"是对聚居在恒稜的包括巴、獠在内的少数民族的泛称。

③ （北魏）郦道元著，（清）王先谦校：《合校水经注》，第 489 页。

④ （北齐）魏收撰：《魏书》卷 101《獠传》，第 2250 页。

⑤ （唐）令狐德棻等撰：《周书》卷 44《李迁哲传》，第 791 页。

獠欢心。秩满还京，首领皆随昂诣阙朝觐"①，北周渠州治今四川渠县，通州治今四川达州市，"夷"指板楯蛮，"獠"为僚人，是北周今渠县、达州境有巴人活动。可见南北朝时渠江流域有巴人活动，并杂居有僚人。

表 5-1 提到西魏废帝时、北周闵帝时、武帝时信州蛮、涪陵夷（蛮）、楚州蛮、开州蛮、临州蛮曾反叛朝廷，表明西魏、北周峡江地区有"蛮""夷"活动，他们也多属巴人。《水经注》载巴乡村溪"地密恶蛮，不可轻至"②，故陵即今重庆云阳县故陵镇，"恶蛮"即"胸忍夷"，即板楯巴蛮。刘宋峡江地区中东部巴人被称为荆州蛮，刘宋景平年（423 年）宜都蛮帅石宁、元嘉六年（429 年）建平蛮张雍之、元嘉七年（430 年）宜都蛮田生等"谒阙上献"③，宜都蛮、建平蛮对刘宋王朝较恭顺，后因"山蛮寇贼"，刘宋泰始三年（467年）"立三巴校尉以镇之"④，但不久三巴校尉废除。至刘宋大明中（457—464年）建平蛮向光侯"寇暴峡川，巴东太守王济、荆州刺史朱修之遣军讨之，光侯走清江"，"时巴东、建平、宜都、天门四郡蛮为寇，诸郡民户流散，百不存一，太宗、顺帝世尤甚，虽遣攻伐，终不能禁"⑤，峡江蛮叛乱一直持续到顺帝升明年间（477—479 年），说明峡江地区巴人刘宋末期异常活跃。明帝泰始年间（465—471 年），孙谦任巴东、建平二郡太守，"布恩惠之化，蛮獠怀之，竞饷金宝，谦慰喻而遣，一无所纳。及掠得生口，皆放还家"，故"郡境翕然"⑥，以怀柔政策感化"蛮獠"达到安治效果，这里"獠"与"蛮"合称泛指巴东郡、建平郡巴人。臧质为巴东太守"甚得蛮楚心"⑦，蛮楚指巴东蛮，也即巴人。南朝萧齐时期峡江地带仍有"山蛮寇贼"，高帝建元二年（480年）就巴东、建平、巴、涪陵等郡置巴州，至齐永明元年（483 年）废州⑧，明惠照为巴州刺史，"绥怀蛮蜒"⑨，巴州设置时间虽短，在控御峡江蛮方面还是起到了一定作用。萧齐时峡江山蛮、蛮蜒即巴人。南朝萧梁太清二年（548年）阴子春"讨峡中叛蛮，平之"⑩，"蛮"亦指巴蛮。

南北朝时期汉水中上游仍有巴人活动。《周书》载北魏孝明帝时"蛮帅杜

① （唐）令狐德棻等撰：《周书》卷 39《辛庆之传》，第 699 页。
② （北魏）郦道元著，（清）王先谦校：《合校水经注》，第 490 页。
③ （南朝·梁）沈约撰：《宋书》卷 97《蛮夷传》，第 2396 页。
④ （南朝·梁）萧子显撰：《南齐书》卷 15《州郡志》，第 275 页。
⑤ （南朝·梁）沈约撰：《宋书》卷 97《蛮夷传》，第 2397 页。
⑥ （唐）姚思廉撰：《梁书》卷 53《良吏传》，北京：中华书局，1973 年，第 772 页。
⑦ （南朝·梁）沈约撰：《宋书》卷 74《臧质传》，第 1910 页。
⑧ （南朝·梁）萧子显撰：《南齐书》卷 15《州郡志》，第 275 页。
⑨ （南朝·梁）萧子显撰：《南齐书》卷 54《明僧绍传》，第 928 页。
⑩ （唐）姚思廉撰：《梁书》卷 46《阴子春传》，第 645 页。

清和自称巴州刺史，以州入附。朝廷因其所据授之，仍隶东梁州都督。清和以仲遵善于抚御，请隶仲遵。朝议以山川非便，弗之许也。清和遂结安康酋帅黄众宝等，举兵共围东梁州。复遣王雄讨平之。改巴州为洵州，隶于仲遵"，仲遵即泉仲遵，"出自巴夷"，"袭爵上洛郡公"①，东梁州、安康郡治今陕西石泉县东南石泉嘴，巴州即洵州，治今陕西旬阳县，蛮帅杜清和与"賨邑侯杜濩"同族，为板楯蛮杜氏后裔，而安康酋帅黄众宝与杜清和亲近，当同为巴蛮，则北魏今陕南石泉、汉阴至安康、旬阳的汉水流域仍有板楯蛮活动，大姓有杜氏、黄氏。又《周书》载魏恭帝时阳雄"除洵州刺史。俗杂賨、渝，民多轻滑。雄威惠相济，夷夏安之"②，北魏洵州治旬阳，即今陕西旬阳县，"賨""渝""夷"指板楯巴人，则北魏今陕西旬阳一带有巴人，他们是汉初刘邦所迁賨人后裔。

西魏至北周汉水中上游巴人又称"白兽蛮"，扶猛为"上甲黄土人也。其种落号白兽蛮，世为渠帅"③，"上甲黄土"在今汉水中上游，有人认为上甲指上州甲郡，黄土县治今陕西旬阳县东北蜀河口④，有人认为在今陕西旬阳县东⑤，则上甲黄土在今陕西旬阳县境。白兽蛮，中华书局本《周书》注载"'白兽'即白虎，避唐讳改。《华阳国志》卷一《巴志》称賨人为'白虎复夷'，《太平寰宇记》卷一二〇黔州蕃部有'白虎'"⑥，是以扶猛为板楯蛮后裔，我们赞同此说。扶猛降周后，"太祖以其世据本乡……复爵宕渠县男。割二郡为罗州，以猛为刺史"⑦，这也说明扶猛为巴西宕渠賨人后裔。为利用扶猛巴人身份，魏废帝初朝廷遣扶猛"率所部千人，从开府贺若敦南讨信州"，"俄而信州蛮反，猛复从贺若敦讨平之"⑧。信州治今重庆奉节县，《华阳国志·巴志》载朐忍县有大姓扶氏，与扶猛同姓同族，他在信州能取得"抚慰民夷，莫不悦附"⑨的佳绩，与他巴人身份也有关系。

南北朝时期汉水上游南岸大巴山北坡也有巴人。魏兴郡广城县南王谷有

① （唐）令狐德棻等撰：《周书》卷44《泉企传》，第789页。
② （唐）令狐德棻等撰：《周书》卷44《阳雄传》，第797页。
③ （唐）令狐德棻等撰：《周书》卷44《扶猛传》，第795页。
④ 蒙默：《魏晋南北朝的賨人》，李绍明、林向、徐南洲主编：《巴蜀历史·民族·考古·文化》，第105—121页。
⑤ （晋）常璩著，刘琳校注：《华阳国志校注》（修订版），第36页；尹盛平：《巴文化与巴族的迁徙》，李绍明、林向、徐南洲主编：《巴蜀历史·民族·考古·文化》，第253—268页。
⑥ （唐）令狐德棻等撰：《周书》卷44《扶猛传》，第803页。
⑦ （唐）令狐德棻等撰：《周书》卷44《扶猛传》，第795页。
⑧ （唐）令狐德棻等撰：《周书》卷44《扶猛传》，第795页。
⑨ （唐）令狐德棻等撰：《周书》卷44《扶猛传》，第795页。

巴獠，《水经注》载王谷"谷道南出巴獠"[1]，广城县治今陕西紫阳县南任河岸边，任河河谷古为汉水至巴岭南的重要交通孔道，称王谷道或任河道[2]，今任河岸边城口县曾出土五铢钱[3]，说明至迟汉代王谷道已开通，郦道元载任河有巴獠，则北魏此地有巴人。梁武帝大同年间"于巴岭侧立安宁、敬水、平南三郡，仍立东巴州以领三郡，州理在木马。按木马地名在今洋州界，无复遗址。后魏恭帝二年改东巴州为集州，以东北集川水为名，人户寡少，寄理梁州。后周天和五年移集州于巴岭南，即今州理"[4]，梁东巴州治木马在今陕西西乡县南木马城[5]，东巴州当是因巴人得名。萧梁时汉中盆地南面、东面有巴水、巴溪、巴岭山、巴山、巴庙、巴庙河，这些地名、河名当都与巴人有关。

　　南北朝汉水北岸、秦岭南麓也有巴人。北魏陕南巴人活动频繁，神麚元年（428 年）"上洛巴渠泉午触等万余家内附"，太延四年（438 年）"上洛巴泉荤等相率内附"[6]，太和元年（477 年）"汉川民泉会、谭酉等相率内属，处之并州"[7]，又魏高祖初年上洛"巴氏扰动，诏（李）崇以本将军为荆州刺史，镇上洛……（崇）乃轻将数十骑驰到上洛，宣诏绥慰，当即帖然"[8]，中华书局本《太平御览》作"巴兵扰动"[9]，与《魏书》"巴氏扰动"不同。不管"巴兵"，还是"巴氏"，都认可有巴人参与的事实。北魏孝昌初年萧宝夤反，"遣兵万人趣青泥，诱动巴人，图取上洛。上洛豪族泉、杜二姓密应之"，后为泉企与洛州刺史董绍宗所败。[10]泉企《北史》作"泉仚"，为同一人，《北齐书》《通志》《资治通鉴》皆作"企"，则应以《周书》为准。北魏洛州上洛郡泉氏、杜氏为巴人大姓，"巴人素轻杜而重泉"[11]，泉氏为洛州上洛郡巴人所拥戴。北魏上洛郡治今陕西商县，原为汉初刘邦迁巴蛮之地，因此《魏书》中"巴渠""巴氏"即板楯蛮，而泉午触、泉荤、泉会、谭酉等皆为上洛板楯蛮首领，从神麚元年巴蛮内附"万余家"看，当时上洛郡巴蛮数量众多。北魏汉水北

① （北魏）郦道元著，（清）王先谦校：《合校水经注》，第 415 页。
② 蓝勇：《四川古代交通路线史》，第 74 页。
③ （清）刘绍文秀修，洪锡畴纂：《城口厅志》卷 5《古迹》，清道光道光二十四年（1844 年）刻本。
④ （宋）乐史撰，王文楚等点校：《太平寰宇记》卷 140《集州》，第 2718 页。
⑤ 何光岳：《南蛮源流史》，第 398 页。
⑥ （北齐）魏收撰：《魏书》卷 4《世祖纪》，第 74、89 页。
⑦ （北齐）魏收撰：《魏书》卷 7《高祖纪》，第 143 页。
⑧ （北齐）魏收撰：《魏书》卷 66《李崇传》，第 1465 页。
⑨ （宋）李昉等撰：《太平御览》卷 278《兵部》，第 1296 页。
⑩ （唐）令狐德棻等撰：《周书》卷 44《泉企传》，第 786 页。
⑪ （唐）令狐德棻等撰：《周书》卷 44《泉企传》，第 787 页。

岸至伊洛河谷山地中也多有板楯巴人，北魏永平二年（509 年）诏书称"伊阙西南，群蛮填聚；沔阳贼城，连邑作戍；蠢尔愚巴，心未纯款"①，伊阙在今河南伊川县，沔水即汉水，则自伊川县西南至汉水，包括今豫西南、陕东南、鄂西北皆为群蛮所据，"愚巴"即板楯巴人。

北周末年至隋初，河南伊川县西南至峡江地带、汉水沿线及江淮间山地中多有"蛮"分布，《周书》载蛮"盘瓠之后。族类蕃衍，散处江、淮之间，汝、豫之郡。凭险作梗，世为寇乱。逮魏人失驭，其暴滋甚。有冉氏、向氏、田氏者，陬落尤盛。余则大者万家，小者千户。更相崇树，僭称王侯，屯据三峡，断遏水路，荆、蜀行人，至有假道者"②，令狐德棻等将"蛮"归入槃瓠族有失妥当；董其祥将"蛮"全归入廪君蛮③，也有失偏颇。《周书》所载群蛮中有巴人，北周末年"司马消难举兵反……于时北至商、洛，南拒江、淮，东西二千余里，巴蛮多叛，共推渠帅兰雒州为主。雒州自号河南王，以附消难，北连尉迥。谊率行军总管李威、冯晖、李远等分讨之"④，可知北周末年北自上州、洛州，南至长江、淮河都有巴蛮活动。据《隶续》引《繁长张禅等题名》碑文有"邑君兰世兴⑤，夷王、邑君为汉王朝给少数民族首领的封号，兰世兴为邑君，当为白虎夷即板楯蛮首领，兰雒州为巴蛮酋帅，与兰世兴同姓同族，都为板楯蛮，故《隋书》称参与叛乱的诸蛮为"巴蛮"⑥，蒙默也认为活动于伊阙西南、北至上洛、南拒江淮的巴蛮属板楯蛮一族⑦。

关于司马消难之乱，《周书》载"郧州总管司马消难举兵，以柱国、杨国公王谊为行军元帅，率军讨之。……豫州、荆州、襄州三总管内诸蛮，各率种落反，烧焚村驿，攻乱郡县"，"司马消难拥其众以鲁山、甑山二镇奔陈，遣大将军、宋安公元景山率众追击，俘斩五百余人，郧州平"⑧，北周豫州领汝南、临颍、汝阳、文城、初安、广宁 6 郡，地域在今河南郾城、西平、确山及其以东区域；荆州领新野、南阳、武关、顺阳、南乡 6 郡，大致在今河南南部；襄州领襄阳、河南、长湖、武泉、南襄阳、德广 6 郡，在今湖北襄

---

① （北齐）魏收撰：《魏书》卷 7《世宗纪》，第 208 页。
② （唐）令狐德棻等撰：《周书》卷 49《异域传》，第 887 页。
③ 董其祥：《巴子五姓考》，《巴史新考》，第 66—77 页。
④ （唐）魏徵等撰：《隋书》卷 40《王谊传》，第 1168—1169 页。
⑤ （宋）洪迈：《隶释·隶续》，第 430 页。
⑥ （唐）魏徵等撰：《隋书》卷 40《王谊传》，第 1168 页。
⑦ 蒙默：《魏晋南北朝的賨人》，李绍明、林向、徐南洲主编：《巴蜀历史·民族·考古·文化》，第 105—121 页；张雄：《"巴氏蛮夷"浅论》，《中南民族学院学报（哲学社会科学版）》1984 年第 2 期，第 81—87 页。
⑧ （唐）令狐德棻等撰：《周书》卷 8《静帝纪》，第 132—133 页。

樊市宜城、南漳等地①，地域与《隋书》所载"北至商洛，南拒江淮，东西二千余里"相当，豫州、荆州、襄州与南朝刘宋雍州地域接近。"诸蛮"族属，《资治通鉴》载陈太建十二年（580年）"郧州巴蛮多叛"条胡三省注载"晋、宋以来所谓山蛮也，南朝诸史所谓荆、雍州蛮者也。以其先出于巴种，故谓之巴蛮"②，则晋、宋山蛮、南朝雍州蛮为巴蛮，纠正了《宋书》《南史》以雍州蛮为"槃瓠蛮"的错误认识。是否豫州、荆州、襄州诸蛮都是巴蛮？蒙默认为三州境内诸蛮不一定全是巴蛮賨人，但必然是以巴蛮賨人为主③，我们赞同此说。上述地域北周至隋多巴蛮还可找到其他线索。《隋书·地理志》载豫州"上洛，弘农……自汉高发巴、蜀之人，定三秦，迁巴之渠率七姓，居于商、洛之地，由是风俗不改其壤。其人自巴来者，风俗犹同巴郡。淅阳、淯阳，亦颇同其俗云"④，上洛、弘农与三辅地有巴蛮分布已见前述；隋淅阳、淯阳二郡在鄂西北、豫西南汉水流域，与上洛、弘农、三辅同俗，则是因有巴人分布故风俗与巴郡相同，地域上在北周豫州界内。淅阳、淯阳巴人从何而来呢？《古今图书集成·氏族典》卷450载"《晋书》有昝姓，今襄阳多此姓"，而昝姓即《华阳国志》所载板楯蛮姓氏⑤，又《魏书》载董绍"新蔡鲷阳人也。……萧宝夤反于长安也，绍上书求击之，云：'臣当出瞎巴三千，生噉蜀子。'肃宗谓黄门徐纥曰：'此巴真瞎也？'纥曰：'此是绍之壮辞，云巴人劲勇，见敌无所畏惧，非实瞎也'"⑥，新蔡郡治今豫东新蔡县，鲷阳县治今皖西临泉县西北鲷城，新蔡郡北周属豫州，豫州正是巴蛮分布区，董绍说能出巴人三千，则董绍为巴人首领，陈寅恪、董其祥皆以董绍为廪君蛮⑦，蒙默以董绍为賨人⑧，其说虽异，但对其巴人身份的认识是一致的。

南北朝时期江汉平原、鄂东山地、皖西山地及今河南嵩县以南地域内有荆雍蛮（缘沔诸蛮、巴建蛮、汶阳蛮）、郢州蛮、豫州蛮（五水蛮、西阳蛮）。这种族群分布格局与当时北方局势动荡、南北割据分裂、南北相互攻伐的局

---

① 王仲荦：《北周地理志》，北京：中华书局，1980年，第655—664、410—420、470—478页。
② （宋）司马光编著，（元）胡三省音注，标点资治通鉴小组校点：《资治通鉴》卷184《陈纪》，第5428页。
③ 蒙默：《魏晋南北朝的賨人》，李绍明、林向、徐南洲主编《巴蜀历史·民族·考古·文化》，第105—121页。
④ （唐）魏徵等撰：《隋书》卷30《地理志》，第843页。
⑤ （晋）常璩著，刘琳校注：《华阳国志校注》（修订版），第12页。
⑥ （北齐）魏收撰：《魏书》卷79《董绍传》，第1758—1759页。
⑦ 陈寅恪：《陈寅恪集·金明馆丛稿初编》，第78—119页；董其祥：《巴子五姓考》《巴史新考》，第66—77页。
⑧ 蒙默：《魏晋南北朝的賨人》，李绍明、林向、徐南洲主编《巴蜀历史·民族·考古·文化》，第105—121页。

势有关，也与地方政权的民族政策有关。《宋书》载"蛮民顺附者，一户输谷数斛，其余无杂调，而宋民赋役严苦，贫者不复堪命，多逃亡入蛮。蛮无徭役，强者又不供官税，结党连群，动有数百千人，州郡力弱，则起为盗贼"①，对"蛮民"的轻徭薄赋政策固然可以拉拢少数民族使其归顺，却也容易导致少数民族势力坐大对朝廷构成威胁，南朝时江汉、江淮地区蛮人屡次叛乱，部分原因即在于此。江汉一带主要为雍州蛮、荆州蛮，江淮一带主要为郢州蛮、豫州蛮。刘宋荆州辖南郡、南平内史、宜都郡、巴东郡、建平郡，地域包括今湖北西南部及渝东峡江地带（清夔州府）②，雍州辖襄阳郡、南阳郡、新野郡、顺阳郡及京兆侨郡、始平侨郡、扶风侨郡、南上洛侨郡、河南侨郡、广平侨郡、义成侨郡、冯翊侨郡、南天水侨郡、建昌侨郡、华山侨郡、北河南侨郡、弘农侨郡③，地域包括清南阳府、襄阳府④。荆州峡江地区巴人已见前述，峡区以东荆州多"蛮"，其中也多巴人。刘宋元嘉二十四年（447 年）"南郡临沮当阳蛮反，缚临沮令傅僧骥"，后"中兵参军王谌讨破之"⑤，南郡临沮、当阳为汉南郡地，该地蛮族属南郡蛮，多为巴人。汉水中游晋武帝曾置宁蛮校尉管理雍州蛮，刘宋、萧齐沿袭了宁蛮校尉建置⑥，治今襄阳。刘宋时雍州蛮很活跃，刘道产任雍州刺史时因"善抚诸蛮，前后不附官者，莫不顺服，皆引出平土，多缘沔为居"，"及道产亡，蛮又反叛"，"世祖出为雍州，群蛮断道，击大破之"，元嘉二十八年（450 年）"龙山雉水蛮寇抄涅阳县，南阳太守朱昙韶遣军讨之"，同年"漳水诸蛮因险为寇"，又"蛮帅鲁奴子拐龙山，屡为边患"，"又遣军讨沔北诸蛮，袭浊山、如口、蜀松三柴，克之，又围升钱、柏义诸柴"，"大破之，斩首二百级，获生蛮千口，牛马八十头"⑦，反映刘宋时雍州雉水蛮、漳水蛮活跃，刘道产任雍州刺史曾使部分蛮人迁至汉水沿岸平地，但诸蛮仍以山居为主。沈敞之为征虏将军、监南阳郡，"击蛮有功"，"竟陵蛮屡为寇，庆之为设规略，每击破之"，"又别讨西陵蛮"⑧，是刘宋时南阳、竟陵、西陵均有蛮人活动。南朝时期荆州蛮、雍州蛮"结党连郡，动有

① （南朝·梁）沈约撰：《宋书》卷 97《蛮夷传》，第 2396 页。
② （清）丁谦撰：《宋书夷貊传地理考证》，《浙江图书馆丛书》第 1 集，民国四年（1915 年）浙江图书馆校刊本，第 496 页。
③ （南朝·梁）沈约撰：《宋书》卷 37《州郡志》，第 1135—1144 页。
④ （清）丁谦撰：《宋书夷貊传地理考证》，《浙江图书馆丛书》第 1 集，第 496 页。
⑤ （南朝·梁）沈约撰：《宋书》卷 97《蛮夷传》，第 2396 页。
⑥ （南朝·梁）萧子显撰：《南齐书》卷 16《百官志》，第 328 页。
⑦ （南朝·梁）沈约撰：《宋书》卷 97《蛮夷传》，第 2397 页。
⑧ （南朝·梁）沈约撰：《宋书》卷 77《沈庆之传》，第 1996 页。

数百千人"①, 说明巴人等"蛮"多聚族而居, 规模达数百人或数千人。荆州、雍州蛮多廪君巴氏五子后裔。②

南朝萧齐时期荆州、雍州、郢州、司州、豫州境内仍有少数民族活动, 频繁的战乱和族群迁徙使廪君蛮与槃瓠蛮交错分布、相互融合, 到萧齐时江淮汉沔间蛮的族属已很难区分, 故《南齐书》载蛮"种类繁多, 言语不一, 咸依山谷, 布荆、湘、雍、郢、司等五州界", "衣布徒跣, 或椎髻, 或剪发。兵器以金银为饰, 虎皮衣楯, 便弩射, 皆暴悍好寇贼"③, 这里萧子显对蛮族属认定很审慎, 注意到"蛮"种类多, 在叙述"蛮"的史迹时也尽量分地域介绍。从对"蛮"分布地域及习俗来看, "衣布徒跣""虎皮衣楯""便弩射""暴悍好寇贼"习俗与巴人尚武好斗性格接近, 因此这些"蛮"中有巴人。萧齐时荆州辖南郡、南平郡、天门郡、宜都郡、南义阳郡、河东郡、汶阳郡、新兴郡、永宁郡、武宁郡、巴东郡、建平郡, 其中巴东郡、建平郡曾改属巴州, 巴州省废后二郡复隶荆州。④当时荆州"境域之内, 含带蛮、蜑", 而汶阳郡更是"道带蛮、蜑", 同时"以处流民"⑤, 说明荆州至巴渝间多有蛮、蜑分布, 荆州附近也是"邻接蛮、蜑"⑥。从地域上看蛮蜑属巴人, 王奂在齐建元二年 (480 年) 表文中称荆州"巴濮不扰"⑦, 是当时荆州有巴人, 从荆州设汶阳郡安置流民来看, 荆州境内也接纳了部分北方流民。雍州也是"疆蛮带沔", "部领蛮左, 故别置蛮府"⑧, "蛮府"即宁蛮府, 主要职责是管理少数民族, 萧齐雍州宁蛮府辖西新安郡、义宁郡、南襄郡、北建武郡、蔡阳郡、永安郡、安定郡、怀化郡、武宁郡、新阳郡、义安郡、高安郡, 雍州蛮主要分布于宁蛮府所辖各郡, 永明五年 (487 年) 雍州蛮"助荒人桓天生为乱"⑨, 是雍州有"蛮"。有人认为雍州蛮属槃瓠蛮⑩, 其实并不精确。雍州只是地域名称, 在南北朝民族大迁徙、大融合背景下, 雍州蛮中可能有槃瓠蛮, 但巴人也是雍州蛮主要构成族群。萧齐时郢州辖江夏郡、竟陵郡、武陵郡、巴陵郡、武昌郡、西阳郡、齐兴郡、牂牁郡、方城左郡、北新阳郡、义安左郡、南新

---

① (唐) 李延寿撰:《南史》卷 79《夷貊传》, 第 1980 页。

② 董其祥:《巴子五姓考》,《巴史新考》, 第 66—77 页。

③ (南朝·梁) 萧子显撰:《南齐书》卷 58《蛮传》, 第 1007、1009 页。

④ (南朝·梁) 萧子显撰:《南齐书》卷 15《州郡志》, 第 274—275 页。

⑤ (南朝·梁) 萧子显撰:《南齐书》卷 15《州郡志》, 第 273 页。

⑥ (南朝·梁) 萧子显撰:《南齐书》卷 22《豫章文献王传》, 第 408 页。

⑦ (南朝·梁) 萧子显撰:《南齐书》卷 49《王奂传》, 第 848 页。

⑧ (南朝·梁) 萧子显撰:《南齐书》卷 15《州郡志》, 第 282 页。

⑨ (南朝·梁) 萧子显撰:《南齐书》卷 58《蛮传》, 第 1008 页。

⑩ 童恩正:《古代的巴蜀》, 第 42 页。

阳左郡、北遂安左郡、新平左郡、建安左郡①，郢州境内有蛮活动，永明六年（488 年）以督护北遂安左郡太守田驷路为试守北遂安左郡太守，前宁朔将军田驴王为试守宜人左郡太守，田何代为试守新平左郡太守，而田驷路、田驴王、田何代"皆郢州蛮"②，从上述三郡蛮酋姓氏田氏来看，当属巴人后裔。萧齐时期司州辖南义阳郡、北义阳郡、随郡、安陆郡、汝南郡、齐安郡、淮南郡、宋安左郡、安蛮左郡、永宁左郡、东义阳左郡、东新安左郡、新城左郡、围山左郡、建宁左郡、北淮安左郡、南淮安左郡、北随安左郡、东随安左郡③，建元二年（480 年）司州蛮"引虏攻平昌戍，戍主苟元宾击破之"，永明五年（487 年）司州蛮"与虏通，助荒人桓天生为乱"④，萧齐司州辖区大部分为原郢州地，因此司州蛮即刘宋郢州蛮，郢州蛮多巴人，司州蛮中也多有巴人。

南朝萧梁时荆州、雍州、豫州少数民族中仍有巴人。梁元帝为荆州刺史时，巴东郡鱼复县徐世谱"领乡人事焉"，因讨伐侯景有功"封鱼复县侯，邑五百户"，"世居荆州，为主帅，征伐蛮、蜒"，其弟世休，因战功封"枳县侯，邑八百户"⑤，萧梁荆州治今湖北荆州市，徐世谱、徐世休祖籍巴东鱼复县。《华阳国志》载朐忍县有大姓徐氏，徐世谱即朐忍徐氏之后，属板楯蛮，从徐氏兄弟"领乡人事"可知徐氏兄弟及部族东迁至今荆州人数不少。又淳于量任荆州刺史，"荆、雍之界，蛮左数反，山帅文道期积为边患，中兵王僧辩征之，频战不利，遣量助之"，"量至……大破道期，斩其酋长，俘虏万计"⑥，则萧梁时荆州、雍州境内仍有蛮活动，"俘虏万计"说明"蛮"数量众多，其中也有不少巴人。萧梁司州刺史陈庆之派遣周荟"将五百人往新蔡悬瓠，慰劳白水蛮，蛮谋执荟以入魏"⑦，悬瓠县属新蔡郡，在今河南汝南县，刘宋新蔡郡属豫州，故白水蛮属豫州蛮，豫州蛮多为"廪君后"⑧，故新蔡白水蛮为廪君蛮。

江汉平原、汉水沿岸雍州、郢州少数民族称沔中蛮，《通典》载沔中蛮为

① （南朝·梁）萧子显撰：《南齐书》卷 15《州郡志》，第 276—278 页。
② （南朝·梁）萧子显撰：《南齐书》卷 58《蛮传》，第 1008—1009 页。
③ （南朝·梁）萧子显撰：《南齐书》卷 15《州郡志》，第 279—281 页
④ （南朝·梁）萧子显撰：《南齐书》卷 58《蛮传》，第 1007、1008 页。
⑤ （唐）姚思廉撰：《陈书》卷 13《徐世谱传》，北京：中华书局，1974 年，第 197、198 页。
⑥ （唐）姚思廉撰：《陈书》卷 11《淳于量传》，第 179 页。
⑦ （唐）姚思廉撰：《陈书》卷 8《周文育传》，第 137 页。
⑧ （南朝·梁）沈约撰：《宋书》卷 97《蛮夷传》，第 2398 页。

东汉迁江夏郡"滍山蛮"、"巫蛮"①，滍山蛮、巫蛮属廪君蛮，故沔中蛮多巴人；董其祥也认为东汉迁江夏的"滍山蛮""巫蛮"即南朝"沔中蛮"、巴水"西阳蛮"，均为巴人②。沔中蛮"徒跣""椎髻""虎皮衣楯""便弩射"习俗与巴人相同，因此《南齐书》载"蛮"为巴蛮是有道理的。至于沔中蛮是否全为巴人还有待探讨，不过巴人是其中的一部分是可以肯定的。③梁武帝"遣兵沿沔破掠诸蛮"④，涉及地域在襄阳以西汉水中游，则襄阳以西汉水沿线多蛮聚居。西魏大统十一年（545 年），"沔汉诸蛮扰动，大将军杨忠击破之"，"唐州蛮田鲁嘉亦叛……遣王雄讨平之"⑤，西魏唐州治比阳，即今河南泌阳县，处汉水支流唐河流域，说明西魏唐河流域有蛮聚居，他们也属沔中蛮范畴。

南北朝时期江淮地区也有巴人活动。刘宋有豫州蛮，《宋书》载"豫州蛮，廪君后也"，"西阳有巴水、蕲水、希水、赤亭水、西归水，谓之五水蛮，所在并深岨，种落炽盛，历世为盗贼。北接淮、汝，南极江、汉，地方数千里"⑥，刘宋豫州辖汝南郡、新蔡郡、谯郡、梁郡、南顿郡、颍川郡、汝阳郡、汝阴郡、陈留郡⑦，地域包括清陈州府、汝宁府、光州及安徽颍州府地⑧。不过豫州蛮分布地除豫州外，还包括郢州地，刘宋郢州辖江夏、西阳、武昌、安陆、竟陵、巴陵、武陵、南义阳、天门等郡，地域包括清武昌府地。⑨豫州蛮为廪君蛮，则属巴人族群，后世学者也多以豫州蛮为廪君蛮⑩，刘宋时其分布地域北达淮河、汝水，南至长江、汉水一带。"深岨"中"岨"同"阻"，意为"险要"⑪，从前后文看，是说豫州廪君蛮多居住在险要的山地，故能"历世为盗贼"。北魏高祖（320—376 年）初年东荆州刺史桓诞与韦珍招慰诸蛮，"自悬瓠西入三百余里至桐柏山，穷临淮源"，"凡所招降七万余户，置郡县而还"，淮源大阳蛮"旧有祠堂，蛮俗恒用人祭之"，后经韦珍劝导，始"以酒脯代用"⑫，

---

① （唐）杜佑撰：王文锦、王永兴、刘俊文，等点校：《通典》卷 187《边防·南蛮》，5044 页。
② 董其祥：《古代的巴与越》，《巴史新考》，第 8—33 页。
③ 张雄：《南朝"荆郢蛮"的分布和族属试探》，《江汉论坛》1983 年第 5 期，第 60—66 页；张雄：《巴氏蛮夷"浅论》，《中南民族学院学报（哲学社会科学版）》1984 年第 2 期，第 81—87 页。
④ （唐）杜佑撰：王文锦、王永兴、刘俊文，等点校：《通典》卷 187《边防·南蛮》，第 5047 页。
⑤ （唐）杜佑撰：王文锦、王永兴、刘俊文，等点校：《通典》卷 187《边防·南蛮》，第 5048 页。
⑥ （南朝·梁）沈约撰：《宋书》卷 97《蛮夷传》，第 2398 页。
⑦ （南朝·梁）沈约撰：《宋书》卷 36《州郡志》，第 1081—1086 页。
⑧ （清）丁谦撰：《宋书夷貊传地理考证》，《浙江图书馆丛书》第 1 集，第 496 页。
⑨ （清）丁谦撰：《宋书夷貊传地理考证》，《浙江图书馆丛书》第 1 集，第 496 页。
⑩ 童恩正：《古代的巴蜀》，第 41 页。
⑪ 汉语大字典编辑委员会：《汉语大字典》，成都：四川辞书出版社，1995 年，第 766 页。
⑫ （宋）李昉等撰：《太平御览》卷 278《兵部》，第 1296 页；又（北齐）魏收《魏书》卷 45《韦阆传》（第 1013 页）载韦珍至淮源招抚诸蛮事宜，亦提到"淮源旧有祠堂，蛮俗恒用人祭之"，其所载之诸蛮，与《太平御览》所记相同，均属大阳蛮类，属巴人族群。

大阳蛮"人祭"习俗当是廪君蛮以人祠白虎风俗的遗留，说明淮源及邻近大阳蛮为廪君巴人。刘宋元嘉年间西阳蛮叛，柳元景"率所领进西阳，会伐五水蛮"①，五水在江北鄂东一带，五水蛮也属巴人族群。刘宋分别给与归降的西阳蛮梅虫生、田治生、梅加羊以威山侯、高山侯、扦山侯封号。②鄂东一带因巴人活动而留下许多"巴"地名，"巴水""巴山""巴口""巴水戍"等名遂见载于《水经注》。③

　　南北朝枝江、公安一带仍有巴人聚居。《水经注》载东汉和帝时荆州刺史陈留王子香死于枝江亭，当地百姓为之立庙祭祀④，子香被称为枝江白虎王君，北魏时"其子孙至今犹谓之为白虎王"，陈留王子孙亦当为巴人；又公安东江水中有"虎洲"⑤，地以虎为名也应是廪君巴人后裔分布地⑥。

　　南北朝武陵山区澧水、沅水流域仍有巴人活动。在澧水流域，刘宋元嘉十八年（441年）天门郡"蛮田向求等为寇，破溇中，虏略百姓"，叛乱平定后"获生口五百余人"，孝武帝大明中（457—464年）建平蛮为寇，"诸郡民户流散，百不存一"，"虽遣攻伐，终不能禁"⑦，说明刘宋时天门蛮很活跃。南朝萧梁时欧阳颁任天门郡太守，因"伐蛮左有功"而获升迁⑧，则萧梁时天门蛮活跃如故。沅水中上游雄溪、樠溪、辰溪、酉溪、舞溪等五溪地区少数民族称五溪蛮，"所居皆深山重阻，人迹罕至"⑨，五溪蛮聚居地多为偏远山区。南朝齐高帝年间（479—482年）酉溪蛮田头拟为乱，"豫章文献王嶷遣队主张英儿击破之"⑩，酉溪蛮田氏为巴人。西魏恭帝时（554—556年）"黔阳蛮田乌度、田都唐等每抄掠江中，为百姓患"，李迁哲"随机出讨，杀获甚多"⑪，"黔阳"即"黔阳"，在今湖南龙山一带，从黔阳蛮"抄掠江中"来看，其活动地域波及渝东南、鄂西南，向北直至长江沿线，黔阳蛮中也有巴人。目前学术界对五溪蛮族属有不同看法，一说为槃瓠蛮，《后汉书》载槃瓠蛮"今长

①（南朝·梁）沈约撰：《宋书》卷77《柳元景传》，第1986页。
②（南朝·梁）萧子显撰：《南齐书》卷58《蛮传》，第1007页。
③（北魏）郦道元著，（清）王先谦校：《合校水经注》，第506页。
④（北魏）郦道元著，（清）王先谦校《合校水经注》（第497页）载永元十八年立庙，考汉和帝永元年号仅历时16年，故此处郦道元所载有误，立庙之举可能在和帝永元年间，但不可能在十八年。
⑤（北魏）郦道元著，（清）王先谦校：《合校水经注》，第497、500页。
⑥ 邓少琴：《巴史再探》，《巴蜀史迹探索》，第52—90页。
⑦（南朝·梁）沈约撰：《宋书》卷97《蛮夷传》，第2396、2397页。
⑧（唐）姚思廉撰：《陈书》卷9《欧阳颁传》，第157页。
⑨（南朝·梁）沈约撰：《宋书》卷97《蛮夷传》，第2396页。
⑩（唐）李延寿撰：《南史》卷42《齐高帝诸子传》，第1060页。
⑪（唐）令狐德棻等撰：《周书》卷44《李迁哲传》，第791页。

沙武陵蛮是也"①，而《太平寰宇记》引《后汉书》载"在黔中、五溪、长沙间则为盘瓠之后"②，则刘宋五溪蛮、长沙蛮皆槃瓠蛮；一说为廪君后裔，主要依据是五溪蛮居住地为土家族分布区，他们崇敬白虎而非槃瓠，而廪君蛮崇敬白虎③。我们认为不能简单地界定五溪蛮为槃瓠蛮或是廪君蛮，五溪蛮的主体应该是槃瓠蛮或是廪君蛮所构成的，将作为地域性族群体的五溪蛮界定为二者中的任何一个都可能有失偏颇。

南朝时期渝东南有巴人、僚人。晋永嘉后渝东南"地没蛮夷，经二百五十六年，至宇文周保定四年，涪陵蛮帅田恩鹤以地内附"④，蛮夷即涪陵夷，《华阳国志·巴志》载涪陵郡"多獽、蜑之民"，獽、蜑为巴人部族，永嘉之后占据涪陵郡的当为獽、蜑等巴人。南朝齐建元元年（479年）涪陵郡"蜑民"田健发现古钟、铜镎各1件，"蜑人以为神物奉祠之"⑤，南齐涪陵郡治汉平县，县治今武隆县鸭江镇⑥，"蜑"属巴人。《太平寰宇记》载黔州"杂居溪洞，多是蛮獠"⑦，《蜀中广记》载其地有"夷獠"⑧，清冉正维《仡佬溪》诗称"却闻仡佬居溪上，尚在思黔启土前"⑨，"思黔启土"是说思州、黔州归附朝廷，时间始自唐代，冉正维诗反映唐以前渝东南、黔东北有仡佬族居住，仡佬族前身为僚，则唐代乌江中下游有僚人。不过渝东南、黔东北原为巴国地，巴人是这里的居民，僚人应是西晋以后迁入的。这一带留存的仡佬沟、仡佬溪、仡佬村等是僚人曾聚居于此的地名证据。渝东南、黔东北被称为"仡兜"的冉姓、杨姓居民多被认为属仡佬族⑩，不管他们是否为僚人，他们比冉氏土司更早迁入此地应该是没有问题的。

南北朝时江西赣江流域峡江县、新干县可能有巴人活动。宋吴曾《能改斋漫录》载"巴邱县以巴山得名，县有巴山故也。巴邱，晋庐陵郡，改置巴

① （南朝·宋）范晔撰，（唐）李贤等注：《后汉书》卷86《南蛮西南夷列传》，第2830页。
② （宋）乐史撰，王文楚等点校：《太平寰宇记》卷178《四夷·南蛮》，第3401页。
③ 董其祥：《巴子五姓考》，《巴史新考》，第66—77页。
④ （唐）李吉甫撰，贺次君点校：《元和郡县图志》卷30《黔州》，第735页。
⑤ （南朝·梁）萧子显撰：《南齐书》卷18《祥瑞志》，第362—363页。
⑥ 谭其骧主编的《中国历史地图集》将汉平县及涪陵郡标注于今大溪河与乌江汇合处，我们曾对此地进行过实地考察，大溪河口两边及乌江河岸都是高达数十里的陡峭的悬崖，其间并非宽谷平地，谭图所标注的涪陵郡治，也即汉平县治有误。笔者曾对蜀汉汉平县治做过详细的考证和考察，认为蜀汉汉平县治在今重庆市武隆县鸭江镇，南齐承袭前朝之制，则其涪陵郡治所亦当在今鸭江镇一带。
⑦ （宋）乐史撰，王文楚等点校：《太平寰宇记》卷120《黔州》，第2395页。
⑧ （明）曹学佺撰：《蜀中广记》卷19《名胜记》，民国商务印书馆影印故宫博物院藏文渊阁本。
⑨ （清）王鳞飞等修，冯世瀛、冉崇文纂：《增修酉阳直隶州总志》卷22。
⑩ 石应平：《土家族源考辨》，《西南民族学院学报（哲学社会科学版）》1990年第4期，第83—87页。

山郡。隋以来称崇仁"[①]，宋抚州崇仁县即今江西省峡江县，晋名巴丘，又有巴山郡，巴邱县又有巴山，其得名与巴人有关[②]。又宋刘昌诗《芦浦笔记》载"予按《临江志》，建安四年，孙策下豫章，分置庐陵郡，以孙贲为豫章太守，孙辅为庐陵太守，留周瑜镇巴丘。裴松之注云，巴丘县，前说谓晋属庐陵，固无异矣。然《九域志》以新淦县为古巴丘城。《舆地志》又以吴后主分石阳、新淦两县，置巴丘郡。隋平陈，开皇九年，章洸巡抚东南，遂废巴丘郡，复以新淦属庐陵。今县南八十里峡江市有古巴丘废城"[③]，宋新淦县即今江西新干县，古有巴丘名，又有巴丘废城，地名当与巴人有关。巴丘名始于东汉末孙氏初据江东时，至隋去巴丘名，则巴人当于东汉末迁居此地，其影响一直持续到隋代。

南北朝时期湘江流域也有巴人活动。南朝萧齐时期在湘江流域设湘州，辖长沙郡、桂阳郡、零陵郡、衡阳郡、营阳郡、湘东郡、始兴郡、临贺郡、始安郡、齐熙郡。[④]湘水流域有少数民族分布，齐永明年间（483—493年）湘川蛮寇掠郡县。[⑤]又《后汉书》载槃瓠蛮"今长沙武陵蛮是"[⑥]，则长沙蛮属槃瓠蛮，因此湘州蛮应含槃瓠蛮，童恩正也以湘州蛮为槃瓠蛮[⑦]。但湘川蛮中不全是槃瓠蛮，《南齐书》载"巴峡流民多在湘土，僧虔表割益阳、罗、湘西三县缘江民立湘阴县"[⑧]，则湘阴有巴峡流民，地处今三峡一带的巴峡本为廪君蛮聚居地，湘阴流民从巴峡地来，则其主体当为巴人。又东汉建武十八年（43年）巴郡宕渠杨伟、朐忍徐容等巴人曾参与史歆叛乱，朝廷平叛后部分参与叛乱的部众被徙居长沙郡，他们的后裔可能也是湘川蛮的组成部分。南齐湘阴县在今湖南湘阴县北，处湘江入洞庭湖口，南朝萧齐时湘川蛮中当有少量巴人。

南北朝时期江苏部分地方也有巴人活动。今江苏昆山市曾有古巴城、巴王冢、巴城湖等古迹或地名。元至正《昆山郡志》载"古巴王墓，在朱塘乡，今有庙。农人垦土得断碑，云彭府君墓在巴王墓南，由是知庙下必有墓。但

---

① （宋）吴曾撰：《能改斋漫录》卷9《地理门》，上海：上海古籍出版社，1979年，第266页。
② 张勋燎：《古代巴人的起源及其与蜀人、僚人的关系》，四川大学博物馆、中国古代铜鼓研究学会编：《南方民族考古》第1辑，第45—70页。
③ （宋）刘昌诗撰：《芦浦笔记》卷4，上海：商务印书馆，1939年，第20—21页。
④ （梁）萧子显撰：《南齐书》卷15《州郡志》，第287—288页。
⑤ （梁）萧子显撰：《南齐书》卷58《蛮传》，第1008页。
⑥ （南朝·宋）范晔撰，（唐）李贤等注：《后汉书》卷86《南蛮西南夷列传》，第2830页。
⑦ 童恩正：《古代的巴蜀》，第42页。
⑧ （梁）萧子显撰：《南齐书》卷33《王僧虔传》，第593页。

不详巴王为何时人"，"其取断碑如巴王卜将军，虽不见史传，然复著地名，并存庙祀"①，明嘉靖《昆山县志》载"巴王庙，在县西北巴城村，莫知其始"，"巴王墓，在三保巴城村，旧有巴王庙。……农人于庙下垦土，得断碑云，彭府君墓在巴王墓南，由是知庙下有墓。但巴王、彭府君莫知其详"，"巴城，在县西北十八里，其地有巴王庙及巴城湖"，"巴城巡检司，在县西二十里真义铺东"②。据《读史方舆纪要》载阳城湖"东北即巴城湖。巴城湖，在县西北二十里。志云：其地有古巴城，又有巴王冢，湖因以为名"③。巴王墓碑中"卜"可能即《风俗通义》《三国志·魏书·武帝纪》所载板楯七姓的"朴"姓，昆山巴王墓、巴王庙巴王卜将军与板楯七姓"朴"姓巴人同支。④考虑到巴人在南北割据政权间充当的重要角色，可以推定昆山巴人可能是入南朝为官的朴姓巴人后裔。又刘宋龙骧参军巴东扶令育因彭城王刘义康事后赐死健康⑤，扶令育即巴东郡朐忍县大姓扶氏后裔，为板楯蛮朐忍夷。扶令育入建康为官，当有部分巴人随迁建康，刘宋建康即今江苏南京市，则当时南京也有少量巴人活动。

在魏晋南北朝"蛮"的族群识别上一些史书存在认识误区。魏收《魏书》载"蛮之种类，盖盘瓠之后……在江淮之间，依托险阻，部落滋蔓，布于数州，东连寿春，西通上洛，北接汝颍，往往有焉。其于魏氏之时，不甚为患，至晋之末，稍以繁昌，渐为寇暴矣。自刘石乱后，诸蛮无所忌惮，故其族类，渐得北迁，陆浑以南，满于山谷"⑥，李延寿《北史》载"蛮之种类，盖盘瓠之后。在江、淮之间，部落滋蔓，布于数州，东连寿春，西通巴、蜀，北接汝、颍，往往有焉。其于魏氏，不甚为患，至晋之末，稍以繁昌，渐为寇暴矣。自刘、石乱后，诸蛮无所忌惮，故其族渐得北迁，陆浑以南，满于山谷"⑦，令狐德棻等《周书》载"蛮者，盘瓠之后。族类蕃衍，散处江、淮之间，汝、豫之郡。凭险作梗，世为寇乱。逮魏人失驭，其暴滋甚。有冉氏、向氏、田氏者，陬落尤盛。余则大者万家，小者千户。更相崇树，僭称王侯，屯据三

---

① （元）杨譓纂：《昆山郡志》卷1，《中国方志丛书》第435号，台北：成文出版社有限公司，1983年，第2609页。
② （明）杨逢春修，方鹏纂：《昆山县志》卷2，天一阁藏明代方志选刊本，1963年。
③ （清）顾祖禹撰，贺次君、施和金点校：《读史方舆纪要》卷24《南直六》，第1174页。
④ 张勋燎：《古代巴人的起源及其与蜀人、僚人的关系》，四川大学博物馆、中国古代铜鼓研究学会编：《南方民族考古》第1辑，第45—70页。
⑤ （唐）李延寿撰：《南史》卷13《宋宗室及诸王传》，第369页。
⑥ （北齐）魏收撰：《魏书》卷101《蛮传》，第2245—2246页。
⑦ （唐）李延寿撰：《北史》卷95《蛮传》，第3149页。

峡，断遏水路，荆、蜀行人，至有假道者"①，诸书所载大同小异，皆以江淮之间，东至寿春，西至巴蜀，北至汝、颍范围内少数民族为槃瓠蛮。后世学者以此为信史，遂以鄂渝交界地带蛮为槃瓠蛮。②究其实际，此说极为不妥。对如此广大地域内蛮的族属，沈约《宋书》、李延寿《南史》曾尝试予以区分，但他们对蛮族群识别也很笼统，只是按地域划分荆雍州蛮、豫州蛮，如《宋书》载"荆、雍州蛮，槃瓠之后也。分建种落，布在诸郡县"，"豫州蛮，廪君后也。……西阳有巴水、蕲水、希水、赤亭水、西归水，谓之五水蛮，所在并深岨，种落炽盛，历世为盗贼。北接淮、汝，南极江、汉，地方数千里"③。《南史》与《宋书》记载基本相同："雍州蛮，盘瓠之后也，种落布在诸郡县"，"豫州蛮，廪君后也。……西阳有巴水、蕲水、希水、赤亭水、西归水，谓之五水蛮。所在并深岨，种落炽盛，历世为盗贼。北接淮、汝，南极江、汉，地方数千里"④。而魏晋南北朝时期族群迁徙杂居非常普遍，他们相互融合，同时与周边汉族也逐渐融合，从而使族群文化面貌出现你中有我，我中有你的情形，这可能是造成《魏书》《北史》《周书》等对江淮间"蛮"的族属出现误判的原因。

　　三峡地区冉氏、向氏、田氏等蛮类，《周书》认定为盘瓠蛮，此说也欠妥。《太平寰宇记》载廪君蛮"散居巴梁间，即古荆、梁之境。五姓杂居。大约今为巴、峡、巫、夔四郡地皆是也"，又说"其在峡中巴、梁间则为廪君之后"⑤，可见《宋书》《魏书》《周书》《北史》将峡江蛮界定为盘瓠蛮与事实不符。周集云释巴为巴子国，都江州，梁为高梁山，"巴梁间"地域则为三峡和沿江而上的梁山诸县，以及巴子国都江州以下，接近枳县的地方⑥，是将廪君蛮分布地域限定在峡江一带，这与"古荆、梁之境"说法相悖，不可取。郭声波认为渝东涪陵以东峡江地段蛮的族类为廪君巴和板楯蛮⑦，张雄认为峡江地区大姓酋帅属巴人，但所辖陬落及其部属既有巴人，也有獠、蜑之民⑧，我们认为郭声波、张雄将峡江"蛮"界定为巴人是较为合理的。

① （唐）令狐德棻等撰：《周书》卷49《异域传》，第887页。
② 童恩正：《古代的巴蜀》，第49页。
③ （南朝·梁）沈约撰：《宋书》卷97《蛮夷传》，第2396、2398页。
④ （唐）李延寿：《南史》卷79《夷貊传》，第1980、1982页。
⑤ （宋）乐史撰，王文楚等点校：《太平寰宇记》卷178《四夷·南蛮》，第3398、3401页。
⑥ 周集云：《巴族史探微》，第54页。
⑦ 郭声波：《四川历史农业地理》，成都：四川人民出版社，1993年，第38页。
⑧ 张雄：《鄂西悬棺葬和"巴"、"蜑"》，李绍明、林向、徐南洲主编：《巴蜀历史·民族·考古·文化》，第122—131页。

　　魏晋南北朝时期随着巴人不断向外迁徙，巴地巴人在区域人口中的比例下降，大量外来移民特别是汉族人口不断涌入巴地，也使巴人相对减少，汉人逐渐成为巴地的主体居民，巴地巴人的汉化也日渐明显。

　　南北朝时期巴地有大量汉人分布，文献对汉人移民巴地的记载不多，但我们可从考古中找到相关线索。重庆云阳旧县坪、杨沙、巫山江东嘴、巴东西瀼口、茅寨子、秭归老坟园①等地六朝墓墓形制有凸字形、刀形、长方形单室砖室墓和多室砖室（砖石混筑）墓，墓结构和筑法与长江中下游同类墓无太大区别，墓主人应是有一定身份的士族或中下级官吏，一般平民多为土坑墓；随葬品有瓷、陶、铜、铁、银、石器，以青瓷器为主，器物种类与工艺与长江中下游地区基本相同，墓葬文化中汉文化已成为主流。墓葬文化的这种变化是与汉人大量迁入和汉文化强势扩张密切联系的，汉人逐渐成为巴地重要的居民群体。

　　巴地巴人在汉人迁入和汉文化扩张的背景下逐渐汉化，而那些外迁巴人在迁入地与汉族及其他族群也相互融合，巴人特征也慢慢发生变化。前文所提到的董绍"少好学，颇有文义。起家四门博士，历殿中侍御史、国子助教、积射将军、兼中书舍人"②，又泉企子元礼"少有志气，好弓马，颇闲草隶，有士君子之风"，仲遵"少谨实，涉猎经书。年十三，州辟主簿。十四，为本县令"③，他们虽还是当地巴蛮首领，但已接受汉文化，开始汉化了，到隋以后这部分巴人已融入汉族，"与诸华不别"了④。与其他族群杂居的巴人也融合了相邻族群的特性，如巴氐人李特先祖北迁略阳氐人区，巴人特性虽有保留，但也融合了氐人的一些风俗，又被视为氐人，故又有巴氐之称，这是入迁少数民族地区巴人受迁入地影响最典型的例子。此外，南朝时盘瓠蛮迁入江汉、江淮地区，《宋书·蛮夷传》《南史·夷貊传》《周书·异域传》《魏书·蛮传》皆载有盘瓠蛮，所不同的是《宋书》《南史》将盘瓠蛮与廪君蛮并载，而《周书》《魏书》则将江淮、江汉蛮统称为"盘瓠蛮"，现在看来《周书》《魏

① 许永杰、赵永军：《长江三峡地区的六朝时期墓葬》，湖北省文物事业管理局、湖北省三峡工程移民局编：《2003 三峡文物保护与考古学研究学术研讨会论文集》，北京：科学出版社，2003 年，第242—248 页；南京大学历史系、重庆市文物局、巫山县文物管理所：《巫山江东嘴遗址发掘报告》，重庆市文物局、重庆市移民局编：《重庆库区考古报告集·2001 卷》，第 1—33 页；厦门大学历史系考古教研室：《巴东茅寨子遗址发掘报告》，国务院三峡工程建设委员会办公室、国家文物局编著：《湖北库区考古报告集》（第一卷），第 101—133 页。
② （北齐）魏收撰：《魏书》卷 79《董绍传》，第 1758 页。
③ （唐）令狐德棻等撰：《周书》卷 44《泉企传》，第 787、788 页。
④ （唐）魏徵等撰：《隋书》卷 31《地理志》，第 897 页。

书》对南朝江汉、江淮蛮族属的界定是过于草率了。其实江汉、江淮"蛮"除槃瓠蛮外，还有当地汉人、廪君巴蛮、板楯巴蛮，这些蛮散居于江汉、江淮地区，各部族间、蛮部族与汉人间相互融合，使族群特性和族群界限日渐模糊，因而严格区分其族属相当困难。在江汉、江淮"蛮"族属认定上，南朝萧子显《南齐书》载为"种类繁多，言语不一，咸依山谷，布荆、湘、雍、郢、司等五州界"[①]，明确指出蛮种类很多且各有差异，应该说这比其他文献草率地界定各地蛮族属的做法更能让人接受。

---

① （南朝·梁）萧子显撰：《南齐书》卷 58《蛮传》，第 1007 页。

第六章　隋唐巴人族群及其消亡

经过魏晋南北朝族群大迁徙与融合之后，隋唐时期南北方族群发展都发生了较大变化，许多族群逐渐退出历史舞台，如北方匈奴、鲜卑、羯等，南方族群则有巴人。在原巴国地域内仍有部分巴人延续下来，局部区域内巴人还有族称含义，但更多是作为地域人群称谓出现，其基本含义为生活和居住在巴地的居民或百姓，巴更多地被当作地域名称，而非族称使用，这与南北朝之前巴人等同于巴蛮有较大区别。而在巴人迁入地，巴人（或称为巴蛮）已融入当地居民，只是在风俗习惯上还保留了部分巴人遗风，巴人作为族群逐渐走向消亡。

第一节　隋唐巴地政区设置与调整

隋唐时期巴地主要指原巴国地，在这个地域内还有未被完全同化或融合的巴人，而川西平原、汉水流域、陇西、关中地区、江淮地区、江西、湖南等地巴人经魏晋南北朝的族群杂居后，已逐渐融入当地居民群体中，巴人作为族群已趋于消亡，史籍中隋唐以后这些区域再无巴人的记载就是明证。

为加强对巴地的管理与控制，隋唐王朝采取了一系列措施，其中也包括政区调整。经过南北朝政区设置与管理的混乱后，隋王朝吸取教训，拨繁从简，在地方设置郡（州）、县进行管理。隋代巴地郡级政区有巴郡、涪陵郡、巴西郡、宕渠郡、巴东郡、黔安郡、通川郡、清化郡、泸川郡、义城郡、汉川郡、西城郡、清江郡、夷陵郡、南郡、澧阳郡、沅陵郡、牂牁郡等。[①]

巴郡，隋开皇初为渝州，大业初复名巴郡，辖巴、江津、涪陵 3 县。涪

---

① 朱圣钟：《巴郡政区沿革史述论——兼论郡名流变与巴人的关系》，西南大学历史地理研究所编：《西南史地》第 2 辑，第 10—28 页。

陵郡,隋初为合州,隋开皇末改为涪州,大业初复置涪陵郡,辖石镜、汉初、赤水 3 县。巴西郡,隋大业初置,辖阆内、苍溪、南充、相如、西水、晋城、奉国、仪陇、大寅 9 县。宕渠郡,隋初为渠州,大业初改为宕渠郡,辖流江、宝城、邻水、宕渠、咸安、垫江 6 县。巴东郡,隋大业初置,辖人复、云安、南浦、梁山、大昌、巫山、秭归、巴东、新浦、盛山、临江、武宁、石城、务川 14 县。黔安郡,隋初为黔州[1],后改为黔安郡,辖彭水、涪川 2 县。通川郡,隋初为通州,大业初置通川郡,辖通川、三岗、石鼓、东乡、宣汉、西流、万世 7 县。清化郡,隋初为巴州,大业年间改为清化郡[2],辖化成、曾口、清化、盘道、永穆、归仁、始宁、其章、恩阳、长池、符阳、白石、安固、伏虞 14 县。泸川郡,隋初为泸州,仁寿中置总管府,大业初废府为泸川郡,辖泸川、富世、江安、合江 4 县。义城郡,隋初置总管府,大业初废府为义城郡,辖绵谷、益昌、义城、葭萌、岐坪、景谷、嘉川 7 县。汉川郡,隋开皇初废郡,大业初置汉川郡,辖南郑、西、褒城、城固、兴势、西乡、黄金、难江 8 县,其褒城、南郑以东汉水沿岸及汉水以南地域为原巴国地。西城郡,隋初为金州,置总管府,开皇初废府,大业年间置西城郡,辖金川、石泉、洵阳、安康、黄土、丰利 6 县。夷陵郡,隋初为硖州,后改为夷陵郡,辖夷陵、夷道、远安 3 县。南郡,隋初为江陵总管府,隋开皇初废府,大业初置南郡,辖江陵、长杨、宜昌、枝江、当阳、松滋、长林、公安、安兴、紫陵 10 县。清江郡后周置亭州,隋大业初改为清江郡,辖盐水、巴山、清江、开夷、建始 5 县。澧阳郡,隋初为澧州,大业初为澧阳郡,辖澧阳、石门、孱陵、安乡、崇义、慈利 6 县。沅陵郡,隋大业初置郡,辖沅陵、大乡、盐泉、龙檦、辰溪 5 县。牂牁郡隋开皇初置牂州,后改州为郡,辖牂牁、宾化 2 县,其中牂牁县北部一带原属巴国地。

从巴地隋代政区来看,地方一级政区郡(州)数量达到 18 个,较晋代地方郡级政区数量有所增加;从县级政区数量来看,晋代县级政区有 89 个,隋代县级政区数量约有 114 个,县级政区数量也在增加,政区数量增加反映朝廷对巴地控制力度更大更强。从原巴郡郡级政区名称来看,巴、巴西、巴东等郡还带有巴名,这也反映巴人在地方政治生活中还有一定影响。

唐代巴地政区又有些变化,巴郡作为地方政区名称消失,地方一级政区名称中"巴"几近消失,巴郡作为地方政区退出历史舞台。

---

① (宋)乐史撰,王文楚等点校:《太平寰宇记》卷 120《涪州》,第 2390 页。
② (宋)乐史撰,王文楚等点校:《太平寰宇记》卷 139《巴州》,第 2703—2704 页。

经过唐代政区调整后，巴地州级政区有渝州、泸州、涪州、合州、果州、渠州、忠州、万州、开州、夔州、通州、巴州、壁州、集州、阆州、蓬州、利州、梁州、洋州、金州、归州、峡州、荆州、澧州、施州、溪州、辰州、锦州、黔州、思州、珍州、溱州、南州等州，各州所辖县级政区与隋代也有不同。

渝州，隋为巴郡，唐初为渝州，武德年间分江津县置万春县，后改为万寿县，贞观年间分巴县置南平县。[①]至德年间置璧山县。渝州辖巴、江津、万寿、南平、璧山 5 县。

泸州，隋为泸川郡，唐武德初改为泸州，贞观年间改富世县为富义县，又分泸川县置泾南县。泸州辖泸川、绵水、江安、富义、合江、泾南 6 县。[②]

涪州，隋为巴郡涪陵县，唐武德初立涪州，仍置涪陵县，又分涪陵县置武龙县，以巴县地置乐温县。贞观年间分巴县置隆化县，先天初改为宾化县。涪州辖涪陵、乐温、武龙、宾化 4 县。[③]

合州，原为隋涪陵郡，唐武德初改为合州，又分石镜县置新明县，长安年间以大足川侨户置铜梁县，开元年间割石镜、铜梁县地置巴川县。开元年间合州辖石镜、汉初、新明、铜梁、巴川、赤水 6 县。[④]

果州，隋为巴西郡，唐武德年间割隆州南充、相如二县置果州，并分南充县置西充县，分相如县置郎池县，开耀年间分南充县置流溪县，万岁通天年间分南充、相如二县置岳池县。元和年间果州辖南充、相如、流溪、西充、郎池、岳池 6 县。[⑤]

渠州，隋为宕渠郡，唐武德初改渠州，辖流江、賨城、宕渠、咸安、潾水、垫江 6 县，同年改賨城为始安，又分置賨城、义兴、丰乐 3 县，又割宕渠、咸安二县入蓬州，分潾水、垫江、潾山、盐泉 4 县置潾州，后潾水还属渠州，后省兴义、賨城、丰乐 3 县，并以废潾州潾山县还属渠州，天宝初改始安为渠江，久视年间分宕渠县置大竹县，至德年间割属渠州。元和年间渠州辖流江、潾水、渠江、潾山、大竹 5 县。[⑥]

---

① （唐）李吉甫撰，贺次君点校：《元和郡县图志》卷 33《渝州》，第 853—855 页。
② （唐）李吉甫撰，贺次君点校：《元和郡县图志》卷 33《泸州》，第 864—866 页；（后晋）刘昫等撰：《旧唐书》卷 41《地理志》，第 1685—1686 页。
③ （唐）李吉甫撰，贺次君点校：《元和郡县图志》卷 30《涪州》，第 738—739 页。
④ （唐）李吉甫撰，贺次君点校：《元和郡县图志》卷 33《合州》，第 855—857 页。
⑤ （后晋）刘昫等撰：《旧唐书》卷 41《地理志》，第 1673—1674 页。
⑥ （后晋）刘昫等撰：《旧唐书》卷 39《地理志》，第 1541—1542 页；（唐）李吉甫撰，贺次君点校：《元和郡县图志》，第 1069 页。

忠州，隋为巴东郡，唐初为临州，武德初分浦州武宁县置南宾县，分临江县置清水县，后武宁县、垫江县划属临州，贞观年间改临州为忠州，天宝初改清水县为桂溪县。元和年间忠州辖临江、丰都、南宾、垫江、桂溪 5 县。①

万州，隋为巴东郡，唐武德初分信州武宁、南浦、梁山 3 县置南浦州，贞观年间改浦州为万州。元和年间万州辖武宁、南浦、梁山 3 县。②

开州，隋为巴东郡，唐武德初置开州，辖盛山、新浦、万世、西流 4 县，贞观初西流县省入盛山县，后改万世县为万岁县。元和年间开州辖盛山、新浦、万岁 3 县。③

夔州，隋为巴东郡，武德初改为信州，并以武宁、南浦、梁山属浦州，又改信州为夔州，贞观年间改人复县为奉节县。元和年间夔州辖奉节、巫山、云安、大昌 4 县。④

通州，隋为通川郡，唐武德初改为通州，割宣汉县属南并州，又置新宁、思来二县，割东乡县属南石州，后以废南石州东乡县还属通州，贞观初以废南并州宣汉县还属通州，省思来县入通川县，以废万州永穆县改属通州，永泰初分石鼓县置巴渠县。元和年间通州辖通川、永穆、宣汉、三岗、石鼓、东乡、新宁、巴渠 8 县。⑤

巴州，隋为清化郡，唐武德初改为巴州，以符阳、长池、白石改属集州，以安固、伏虞改属蓬州，清化改属静州，分清化县置大牟县，后割归仁、永穆入万州，贞观初废万州、静州，归仁县、清化县改属巴州，后废恩阳县，万岁通天年间复置恩阳县，久视年间置七盘县。元和年间巴州辖化城、盘道、清化、曾口、归仁、始宁、奇章、恩阳、大牟、七盘 10 县。⑥

壁州，唐武德年间分巴州始宁县置壁州及诺水县，又割集州符阳、白石二县属壁州，割始宁、归仁二县地置广纳县，贞观初划广纳县入壁州，又割符阳县入集州，开元年间置太平县，天宝初改为巴东县。⑦元和年间壁州辖诺水、广纳、白石、巴东 4 县。⑧

---

① （后晋）刘昫等撰：《旧唐书》卷 39《地理志》，第 1557 页。
② （后晋）刘昫等撰：《旧唐书》卷 39《地理志》，第 1556 页。
③ （后晋）刘昫等撰：《旧唐书》卷 39《地理志》，第 1540—1541 页。
④ （后晋）刘昫等撰：《旧唐书》卷 39《地理志》，第 1555—1556 页；（唐）李吉甫撰，贺次君点校：《元和郡县图志》，第 1057—1058 页。
⑤ （后晋）刘昫等撰：《旧唐书》卷 39《地理志》，第 1531—1532 页。
⑥ （后晋）刘昫等撰：《旧唐书》卷 39《地理志》，第 1535—1536 页。
⑦ （唐）李吉甫撰，贺次君点校：《元和郡县图志》，第 1063 页作"东巴县"。
⑧ （后晋）刘昫等撰：《旧唐书》卷 39《地理志》，第 1537—1538 页。

集州，隋为汉川郡，唐武德初置集州，割巴州符阳、长池、白石3县属集州，又置平桑县，后以符阳、白石改属壁州，贞观年间省平桑、长池2县，又割壁州符阳、静州地平县属集州。元和年间集州下辖难江、符阳、地平3县。①

阆州，隋为巴西郡，唐武德初改为隆州，改晋城县为晋安县，又设新井、思恭、新政等县，后以南充、相如改属果州，仪陇、大寅改属蓬州，后省思恭入阆中县，先天年间改隆州为阆州，开元年间割利州岐坪县属阆州。元和年间阆州辖阆中、南部、苍溪、晋安、西水、奉国、新井、新政、岐坪9县。②

蓬州，唐武德初割巴州安固、伏虞，隆州仪陇、大寅，渠州宕渠、咸安等县置蓬州，久视年间分宕渠县置大竹县，至德年间改咸安为蓬山，并割大竹属潾山郡。元和年间蓬州辖良山、大寅、仪陇、伏虞、宕渠、咸安5县。③

利州，隋为义城郡，唐武德初改为利州，后割绵谷东界置南安州，割景谷县置沙州，又割岐坪、义清二县置南平州，后以废南安州三泉县属利州，贞观初废沙州、南平州，以景谷、岐坪、义清3县属利州，并割静州嘉川县属利州，天宝年间改义清为胤山县。元和年间利州辖绵谷、胤山、嘉川、葭萌、益昌、景谷6县。④

梁州，隋为汉川郡，武德初改为梁州，改城固县为唐固县，分绵谷县置金牛县、南安州、三泉县、嘉平县，后废南安州及嘉平县，割三泉县属利州，割西县置褒州，又置白云县，后废褒州，以西、金牛二县属梁州，又省白云县入唐固县，贞观年间又改唐固县为城固县，改褒中县为褒城县，天宝初以三泉县属梁州，兴元年间改梁州为兴元府。元和年间梁州（兴元府）辖南郑、三泉、城固、西、金牛、褒城6县。⑤

洋州，隋为汉川郡，武德初割梁州西乡、黄金、兴势三县置洋州，后分西乡县置洋源县，贞观年间改兴势县为兴道县，天宝年间分兴道县置华阳县，后改为真符县属京兆，后改属洋州。元和年间洋州辖西乡、黄金、兴道、洋源、真符5县。⑥

① （后晋）刘昫等撰：《旧唐书》卷39《地理志》，第1534—1535页。
② （后晋）刘昫等撰：《旧唐书》卷41《地理志》，第1672—1673页。
③ （后晋）刘昫等撰：《旧唐书》卷39《地理志》，第1536—1537页。
④ （后晋）刘昫等撰：《旧唐书》卷39《地理志》，第1530—1531页。
⑤ （后晋）刘昫等撰：《旧唐书》卷39《地理志》，第1528—1529页；（唐）李吉甫撰，贺次君点校：《元和郡县图志》卷22《兴元府》，第557—560页。
⑥ （后晋）刘昫等撰：《旧唐书》卷39《地理志》，第1533页；（唐）李吉甫撰，贺次君点校：《元和郡县图志》卷22《洋州》，第561—563页。

金州，隋为西城郡，唐武德初改为金州，割洵阳、驴川二县置洵州，又置西安州领宁都、广德二县，后废洵州，洵城、洵阳、驴川三县改属金州，改安吉县为平利县，贞观初省宁都、广德入安康县，省驴川、洵城入洵阳县，以安康、黄土二县属金州，天宝年间改黄土县为洧阳县，至德年间改安康为汉阴县，贞元初置石泉县。元和年间金州辖西城、洵阳、石泉、汉阴、平利6县。①

归州，隋为巴东郡，唐武德初割夔州秭归、巴东二县置归州，又分秭归置兴山县，治高阳城。②元和年间归州下辖秭归、巴东、兴山3县。③

峡州，隋为夷陵郡，唐武德初平萧铣置峡州，贞观年间废东松州，以宜都、长阳、巴山3县属峡州，同年省夷道入宜都，天宝年间废巴山县。元和年间峡州辖夷陵、宜都、长阳、远安4县。④

荆州，隋为南郡，武德初平萧铣改为荆州，改当阳县属荆州，复置石首县，贞观年间废东松州入峡州，省京山入长林县。元和年间荆州领江陵、枝江、当阳、长林、安兴、石首、松滋、公安8县。⑤

澧州，隋为澧阳郡，武德年间平萧铣置澧州，贞观初省孱陵县入安乡县，麟德初省崇义县入慈利县。元和年间澧州辖安乡、澧阳、石门、慈利4县。⑥

施州，隋为清江郡，后改施州，贞观年间废业州，以建始县属施州，麟德初废开夷县入清江。元和年间施州辖清江、建始2县。⑦

溪州，原为辰州大乡县地，唐贞观年间分大乡县置三亭县，天授年间分大乡县、三亭县地置溪州，天授年间分大乡县置洛浦县，长安年间洛浦县割属锦州。元和年间溪州辖大乡、三亭2县。⑧

辰州，隋为沅陵郡，武德年间置辰州，又分辰溪置溆浦县，分沅陵县置

① （后晋）刘昫等撰：《旧唐书》，卷39《地理志》，第1539—1540页。
② 朱圣钟：《〈旧唐书地理志〉正误一则》，《中国历史地理论丛》2000年第1辑，第80页。
③ （后晋）刘昫等撰：《旧唐书》卷39《地理志》，第1554—1555页；（唐）李吉甫撰，贺次君点校：《元和郡县图志》，第1056—1057页。
④ （后晋）刘昫等撰：《旧唐书》卷39《地理志》，第1553—1554页；（唐）李吉甫撰，贺次君点校：《元和郡县图志》，第1053—1055页。
⑤ （后晋）刘昫等撰：《旧唐书》卷39《地理志》，第1551—1552页；（唐）李吉甫撰，贺次君点校：《元和郡县图志》，第1050—1053页。
⑥ （后晋）刘昫等撰：《旧唐书》卷40《地理志》，第1614页；（唐）李吉甫撰，贺次君点校：《元和郡县图志》，第1058—1059页。
⑦ （后晋）刘昫等撰：《旧唐书》卷40《地理志》，第1622—1623页；（唐）李吉甫撰，贺次君点校：《元和郡县图志》卷30《施州》，第752—753页。
⑧ （后晋）刘昫等撰：《旧唐书》卷40《地理志》，第1622、1628—1629页；（唐）李吉甫撰，贺次君点校：《元和郡县图志》卷30《溪州》，第751—752页。

卢溪县，又分沅陵、辰溪二县地置麻阳县。元和年间辰州辖沅陵、卢溪、溆浦、麻阳、辰溪 5 县。①

锦州，唐垂拱年间分辰州麻阳县地并开山洞置锦州，并置卢阳、招谕、渭阳、常丰等县，天授年间分辰州大乡县置洛浦县属溪州，长安年间改属锦州。元和年间锦州辖卢阳、招谕、渭阳、常丰、洛浦 5 县。②

黔州，原为隋黔安郡，唐武德初改为黔州，又置盈隆、洪杜、信宁、石城等县，贞观年间分盈隆县置都濡县，天宝初改盈隆为洋水，改石城为黔江。元和年间黔州辖彭水、黔江、洪杜、洋水、信宁、都濡 6 县。③

思州，隋为巴东郡务川县，武德初置务州（务川郡），贞观初改为思州。武德年间置思王县，开元初置思邛县。元和年间思州辖务川、思王、思邛 3 县。④

珍州，唐贞观年间开蛮夷地置珍州，辖夜郎、丽皋、乐源 3 县。⑤

溱州，原巴郡南境，唐贞观年间置溱州及荣懿、扶欢、乐来 3 县，咸亨初废乐来县。元和年间溱州辖荣懿、扶欢 2 县。⑥

南州，唐武德初割渝州地置南州，并置隆阳县，后改南州为僰州，后复为南州，贞观初置三溪县，先天年间改隆阳县为南川县。元和年间南州辖南川、三溪 2 县。⑦

从唐代原巴地政区设置和调整情况来看，政区变化主要表现在以下几个方面：一是地方州级政区州数量达 33 个，县级政区数量至元和年间增加到 158 个，与隋代相比，巴地政区无论是一级政区还是二级政区数量都在增加，反映朝廷对巴地直接控制的力度和强度又有所增加。二是以巴郡、巴西郡、巴东郡等以"巴"为名的地方政区名称的变化，巴郡在唐初改为渝州，巴西郡改为阆州，巴东郡改为夔州，仅隋清化郡保留"巴州"之名，这样 33 个地方一级政区中仅有 1 个带"巴"名的政区，这也一定程度上反映巴人族群在巴地的影响力已很微弱了。

---

① （后晋）刘昫等撰：《旧唐书》卷 40《地理志》，第 1621—1622 页。
② （后晋）刘昫等撰：《旧唐书》卷 40《地理志》，第 1622 页；（唐）李吉甫撰，贺次君点校：《元和郡县图志》卷 30《锦州》，第 749—750 页。
③ （后晋）刘昫等撰：《旧唐书》卷 40《地理志》，第 1620—1621 页；（唐）李吉甫撰，贺次君点校：《元和郡县图志》卷 30《黔州》，第 736—737 页。
④ （唐）李吉甫撰，贺次君点校：《元和郡县图志》卷 30《思州》，第 740—741 页；（后晋）刘昫等撰：《旧唐书》卷 40《地理志》，第 1626—1627 页。
⑤ （唐）李吉甫撰，贺次君点校：《元和郡县图志》卷 30《珍州》，第 743—744 页；（后晋）刘昫等撰：《旧唐书》卷 40《地理志》，第 1629 页。
⑥ （唐）李吉甫撰，贺次君点校：《元和郡县图志》卷 30《溱州》，第 744—745 页；（后晋）刘昫等撰：《旧唐书》卷 40《地理志》，第 1629 页。
⑦ （唐）李吉甫撰，贺次君点校：《元和郡县图志》卷 30《南州》，第 743 页。

第二节　巴人族群分布及汉化趋势

经过魏晋南北朝族群迁徙与融合后，大多数巴人在与迁入地居民长期杂居后逐渐融入当地居民，巴人族群特性已基本消失，但隋唐时期今秦岭以南，涪江、嘉陵江上中游及峡江地带，巴人群体仍存在了一段时间，但其汉化趋势也很明显。[①]

隋唐时期汉水上中游仍有巴人活动。据《隋书·地理志》载"汉中之人，质朴无文，不甚趋利。性嗜口腹，多事田渔，虽蓬室柴门，食必兼肉。好祀鬼神，尤多忌讳，家人有死，辄离其故宅。崇重道教，尤有张鲁之风焉。每至五月十五日，必以酒食相馈，宾旅聚会，有甚于三元"，可见隋代汉中盆地居民经济、文化习俗与中原汉人已无区别，汉中盆地及汉水上游河谷地带巴人多已汉化，仅保留了"崇重道教"的巴人遗风；汉水南岸大巴山地"傍南山杂有獠户，富室者颇参夏人为婚，衣服居处言语，殆与华不别"[②]，"南山"即大巴山，"獠户"非真獠人，实为巴人代称，汉水南岸大巴山地仍多巴人，其上层人士与汉族通婚，已日渐汉化，与汉人无太大区别。说汉水南岸有巴人还可找到其他佐证，《旧唐书》载武则天垂拱年间发兵从雅州击吐蕃，"发梁、凤、巴蜒兵以徇之"[③]，梁即梁州，凤为凤州，巴蜒为巴人，是说武则天征兵讨伐吐蕃，兵源地主要在梁、凤二州和巴地，而凤州"其地本氐羌所居"[④]，因此凤州兵为氐羌兵，巴、蜒兵则部分来自梁州汉水南岸巴山一带，部分来自大巴山以南嘉陵江、渠江流域。

隋至唐初汉中盆地以东汉水河谷仍有"蛮"活动，"蛮"即巴人。隋金城郡在今陕南安康一带，唐初改为金州，武德二年（619 年）李靖"从数童骑道金州，会蛮贼邓世洛兵数万屯山谷间，庐江王瑗讨不胜，靖为瑗谋，击却之"[⑤]，"蛮贼"邓世洛及其部众数万人即《隋书·地理志》所载之"獽狿蛮賨"[⑥]，獽、蜒、蛮、賨皆为巴人部族，说明汉水河谷安康一带隋末唐初仍有巴人活动。

汉水支流丹水中上游商洛一带，汉初刘邦"迁巴中渠帅七姓于商、洛之

---

① 张雄：《隋唐时期巴人的汉化趋势》，《中南民族学院学报（哲学社会科学版）》1999 年第 1 期，第61—65 页。

② （唐）魏徵等撰：《隋书》卷 29《地理志》，第 829 页。

③ （后晋）刘昫等撰：《旧唐书》卷 190《文苑传》，第 5021 页。

④ （宋）乐史撰：王文楚等点校：《太平寰宇记》卷 134《凤州》，第 2626 页。

⑤ （宋）欧阳修、宋祁撰：《新唐书》卷 93《李靖传》，第 3811—3812 页。

⑥ （唐）魏徵等撰：《隋书》卷 29《地理志》，第 830 页。

间"①，南北朝巴人大姓杜氏、泉氏较活跃，但已日渐汉化。隋在该地置上洛郡、弘农郡，其"风俗不改其壤。其人自巴来者，风俗犹同巴郡"，而"淅阳、淯阳，亦颇同其俗"②，则经南北朝民族迁徙融合后，北至弘农郡，南至淅阳、淯阳都有巴人分布，这些巴人受汉文化影响较大，到隋代仅保留了部分巴人习俗。宋代商洛地虽然巴人遗风"犹存"③，但巴人早已融入汉人。

正因为有巴人活动，巴人遗风遗俗在汉水中上游河谷地带继续流传，《录异记·鬼神篇》载隋唐汉中有白虎信仰，尊白虎为神；金州、商州、均州、房州等地有白虎神庙 30 多座，供奉神像为"一神当座，三妇侧侍"形象，反映的是白虎首领一夫多妻习俗。两晋时期鄂西陕南爆发农民起义，起义百姓被诬为"鸷兽""猛虎"，说"虎之首帅在西城郡，其形伟博，便捷异常，身如白锦，额如圆镜，光彩闪烁"，后白虎神庙被迫改祀他人，但后来当地百姓又恢复了白虎神庙。④这反映隋唐陕南、鄂西汉水河谷地带白虎庙祀习俗在民间非常盛行，而这应该是早期白虎巴人遗俗。

隋唐时期蜀地涪江流域还有巴人活动。隋在涪江上游设龙门郡，唐改为龙州，治今四川平武县东南涪江西岸，据《石士俭授龙州刺史制》载剑南东川节度使王涯上言称"江油巴夷杂处"⑤，王涯任东川节度使在唐穆宗时⑥，则唐穆宗长庆年间（821—824 年）今四川江油以上涪江流域有巴人活动。

隋唐时期涪江流域三台县一带也有巴人活动，但他们多已汉化，成为王朝治下的编户之民。隋金城郡、遂宁郡、金山郡"风俗大抵与汉中不别"，"颇慕文学，时有斐然"⑦，金城郡治郪县，即今三台县，遂宁郡治方义县，即今遂宁市，金山郡治巴西县，即今绵阳市，则隋代涪江流域居民已以汉人为主。唐在今三台县置梓州，元和四年（809 年）元稹任监察御史"奉使东蜀，劾奏故剑南东川节度使严砺违制擅赋……时砺已死，七州刺史皆责罚"⑧，此事又见元稹《台中鞫狱忆开元观旧事呈损之兼赠周兄四十韵》诗："二月除御史，三月使巴蛮。蛮民詀諵诉，喏指明痛瘰。怜蛮不解语，为发昏帅奸。"⑨元稹

① （宋）乐史撰，王文楚等点校：《太平寰宇记》卷 141《商州》，第 2734 页。
② （唐）魏徵撰：《隋书》卷 30《地理志》，第 843 页。
③ （宋）乐史撰，王文楚等点校：《太平寰宇记》卷 141《商州》，第 2734 页。
④ 徐南洲，徐晓晴整理：《是"白虎为害"还是巴人起义》，《古巴蜀与〈山海经〉》，成都：四川人民出版社，2004 年，第 272—280 页。
⑤ （唐）白居易撰：《白氏长庆集》卷 52《中书制诰》，第 1269 页。
⑥ （宋）欧阳修、宋祁撰：《新唐书》卷 179《王涯传》，第 5317 页。
⑦ （唐）魏徵等撰：《隋书》卷 29《地理志》，第 830 页。
⑧ （后晋）刘昫等撰：《旧唐书》卷 166《元稹传》，第 4331 页。
⑨ （唐）元稹撰：《元氏长庆集》卷 5《古体诗》，上海：上海古籍出版社，1994 年，第 28 页。

出使梓州，与当地百姓应是有接触的，所说"巴蛮""蛮民"应指梓州尚未完全汉化的巴人，但这些巴蛮或蛮民已是唐王朝的编民，与此前羁縻统治下的巴人完全不同。

隋唐时期嘉陵江上游广元一带还有巴人活动，但他们与早期巴人已不同。苏颋《利州北佛龛前重于去岁题处作》诗载："重岩载看美，分塔起层标。蜀守经涂处，巴人作礼朝。"[①]苏颋唐开元八年（720年）任检校益州大都督长史按察节度剑南诸州，广元北佛龛诗为苏颋蜀中任职时作。北魏利州曾置益州，以当地巴人酋帅统领僚人，苏颋诗中"巴人"即北魏巴人后裔。晏殊《晏公类要》载"白虎事道，蛮蜒（蜑）人与巴人事鬼"[②]，"白虎"即白虎复夷，即板楯蛮，活动于嘉陵江上游的巴人当以板楯蛮为主，他们崇尚道教而非佛教，因为据考古调查，唐代利州北嘉陵江西岸千佛崖留存佛龛四百多个，造像七千多躯，其中多唐代佛龛，苏颋说北佛龛有"巴人作礼朝"，是说这些巴人崇佛，唐代今广元昭化镇崇佛的巴人，当是被汉人同化而崇佛，也可能巴只是地域概念，巴人指来自利州以南巴地之人，也可能兼具上述两种含义，但苏颋诗中的"巴人"与早期巴人概念已完全不同。

隋唐时期嘉陵江中下游、渠江流域巴人作为特殊群体依然存在，但也已发生较大变化。隋代在嘉陵江中下游设涪陵郡、巴西郡，其风俗"大抵与汉中不别"，"颇慕文学，时有斐然"，风俗与汉人无太大差别，表明这里的巴人已普遍汉化。不过巴地仍有巴人活动，唐樊绰《蛮书》载"巴中有大宗，廪君之后也"，"巴氏祭其祖，击鼓而祭，白虎之后也"，又《夔城图经》载"夷蜑据山谷，巴夏居城郭。与中土风俗礼乐不同"，向达注"蜑即蛮之别名"[③]，则唐初巴人部族已发生了变化，"巴夏居城郭"中"巴"指原处统治地位的廪君巴人，"夏"指自中原迁来的汉人，"巴夏居城郭"是说廪君巴人与汉人聚居于城镇，他们已被汉化，"夷蜑"指僻处山谷汉化进程较缓慢的巴人部族。唐代渠江流域土著居民仍被称为巴人。唐代渠江流域设有合州、渠州、通州、蓬州、巴州、壁州、集州，七州皆为正州，此时巴人已成为唐王朝的编民而不再被视为特别的族群，表明巴人已基本融入汉人群体。唐代文献涉及渠江流域巴人时，其民族含义已不明显，更多是带有历史和地域性居民特征，因历史上为巴地，故习惯上称居住在巴地的居民为巴人。元稹贬居通州的诗作

---

① （明）曹学佺撰：《蜀中广记》卷24《保宁府》，民国商务印书馆景印故宫博物院藏文渊阁本。
② （民国）吕调元、刘承恩修，张仲炘、杨承禧纂：《湖北通志》卷21《舆地志·风俗》，民国十年（1921年）刻本。
③ （唐）樊绰撰，向达校注：《蛮书校注》，北京：中华书局，1962年，第257、260、261页。

提到巴人，如《酬乐天东南行诗一百韵》诗述巴人信巫鬼，"伥魂阴叫啸，鹏貌昼踟蹰"[1]，又白居易《东南行一百韵寄元通州九侍御澧州李十一》载"成人男作巫，事鬼女为巫"[2]，信巫鬼不是巴人特有习俗，唐乾符年间黄州"吾乡有鬼巫，惑人人不知"[3]，贞元年间李抱贞为昭义节度使，久疾，后发现乃巫祝所惑，说明唐中后期长江中游汉族地区也有信巫鬼习俗，而通州巴人巫鬼信仰与汉人一样。在经济方面，白居易又诗载通州百姓"人纳火田租"，巴人与汉人一样从事农耕，向朝廷缴纳租赋，与秦汉时"顷田不租，十妻不算"已完全不同。在葬俗方面，唐中后期通州百姓葬具用木棺，元稹《通州丁溪馆夜别李景信三首》载："山深虎横馆无门，夜集巴儿扣空木。"[4]刘向《说苑·反质》中记"昔尧之葬者，空木为椟"[5]，空木指木棺，说明唐中期通州巴人木棺葬俗与汉人也没有分别，这也是巴人汉化后的结果，元稹所说"巴儿"指巴地之人，与作为族群名的巴人有别。不过在某些方面，仍有早期巴人习俗的遗留，如方言中还保留有巴人语言痕迹，元稹诗"夷音啼似笑，蛮语谜相呼"[6]，说明历经时代变迁，巴语在方言中仍有保留；再如头饰是"椎髻抛巾帼"[7]，战国秦汉巴人就椎髻不着巾冠，出土虎钮錞于上就多有巴人椎髻人头纹。唐中后期巴人房屋仍以干阑建筑为主，元稹《酬乐天得微之诗知通州事因成四首》诗记"平地才应一顷余，阁栏都大似巢居"，其注载"巴人多在山坡架木为居，自号阁栏头也"[8]，这种干阑式建筑风格一直延续下来，现在土家族吊脚楼与巴人干阑建筑应有关系。隋代渠江上游南江一带置集州，州废其地属汉川郡[9]，颜之仪任集州刺史"在州清静，夷夏悦之"[10]，"夷"即板楯蛮，"夏"指汉人，隋汉川郡风俗与汉中相同，说明隋初南江一带已有较多汉人与巴人杂居，巴人受汉文化影响很大。又唐代于邵为巴州刺史时"岁饥，獠乱薄城下。邵厉兵拒战，且遣使晓谕巴獠，使降"[11]，于邵生于唐中期，说明当时巴人仍是巴州重要的居民。

---

① （唐）元稹撰：《元氏长庆集》卷 12《律诗》，第 65 页。
② （唐）白居易撰：《白氏长庆集》卷 16《律诗》，第 385 页。
③ 《全唐诗》卷 874《黄州左公歌》，北京：中华书局，1960 年，第 25 册，第 9898 页。
④ （唐）元稹撰：《元氏长庆集》卷 26《乐府》，第 142 页。
⑤ （汉）刘向撰，向宗鲁校证：《说苑校证》卷 20《反质》，北京：中华书局，1987 年，第 528 页。
⑥ （唐）元稹撰：《元氏长庆集》卷 12《律诗》，第 65 页。
⑦ （唐）元稹撰：《元氏长庆集》卷 12《律诗》，第 65 页。
⑧ （唐）元稹撰：《元氏长庆集》卷 21《律诗》，第 110 页。
⑨ （宋）乐史撰，王文楚等点校：《太平寰宇记》卷 140《集州》，第 2718—2719 页。
⑩ （唐）令狐德棻等撰：《周书》卷 40《颜之仪传》，第 720 页。
⑪ （宋）王象之编：《舆地纪胜》卷 187《巴州》，第 896 页。

隋唐时期峡江地带仍有巴人活动。隋初杨素自信州（治今重庆奉节县）顺江伐陈，"遣巴蜑卒千人，乘五牙四艘，以柏檣碎贼十余舰，遂大破之，俘甲士二千余人"①，《资治通鉴》亦载杨素伐陈"遣巴蜑千人，乘五牙四艘，以拍竿碎其十余舰，遂大破之，俘甲士二千余人"，胡三省注载"蜑亦蛮也。居巴中者曰巴蜑。此水蜑之习于用舟者"②，则隋初峡江地区仍多巴蜑，巴蜑指善于操舟的巴人。隋末唐初峡江地带仍有巴蛮，隋大业十三年（617年）蛮酋"冉安昌据巴东"③，至武德四年（621年）"巴东蛮帅冉安昌率兵与大军平萧铣"④，则唐初武德年间巴东郡仍有冉氏巴蛮，林宝《元和姓纂》载冉氏"盘瓠后……代为巴东蛮夷酋帅。陈有南康太守、巴东王冉伽轸；轸孙安昌，唐潭州都督；安昌孙实，河州刺史，娶江夏王宗女，生祖雍，刑部侍郎；祖雍生太华；华子憷"⑤，王钦若《册府元龟》因袭此说"安昌者，槃瓠（瓠）之苗裔，代为蛮帅"⑥，冉氏既是巴东蛮夷世族，则与南北朝信州蛮同族，冉氏蛮自然也属巴人。唐中后期巴人在巴地逐渐淡出人们视野，但武陵山区五溪蛮却依然风光无限，五溪蛮中多槃瓠蛮，故唐代一些著述者以峡江地区蛮夷为槃瓠蛮，林宝《元和姓纂》、王钦若《册府元龟》认定巴东冉氏蛮为槃瓠蛮，正是这种大背景下的产物，而这种认识在很长时间内误导了对南北朝乃至唐初峡江蛮族属的认定。因此我们认为峡江蛮从历史上和地域上看只能是巴蛮。这在晏殊《晏公类要》中也得到印证，该书载峡江地区"夷夏相半，有巴人焉，有白虎人焉，有蛮蜑人焉。巴人好歌，名踏蹄，白虎事道，蛮蜑与巴人事鬼，纷纷相间，浸以成俗"⑦。这里巴人、白虎人、蛮蜑人都属巴人，只是北宋初年这些巴人主要分布于峡江以南地域，峡江河谷地带则早已成为汉人聚居地。张雄在论及隋唐峡江冉氏蛮夷时也认定其为巴人后裔。⑧峡江彭溪河一带隋唐也有巴人分布，因其地属开州而被称为开州蛮，唐武德年间开州蛮冉肇则"寇夔州"，李靖"率兵八百破其屯，要险设伏，斩肇则，俘禽五

---

① （唐）魏徵等撰：《隋书》卷48《杨素传》，第1283页。
② （宋）司马光编著，（元）胡三省音注，标点资治通鉴小组校点：《资治通鉴》卷177《隋纪》，第5512页。
③ （宋）欧阳修、宋祁撰：《新唐书》卷1《高祖本纪》，第3页。
④ （宋）王钦若等编纂，周勋初等校订：《册府元龟》卷973《外臣部·助国讨伐》，南京：凤凰出版社，2006年校订本，第11册，第11264页。
⑤ （唐）林宝撰，孙星衍、歙洪莹同校：《元和姓纂》卷7，光绪六年（1880年）金陵书局校刊本。
⑥ （宋）王钦若等编纂，周勋初等校订：《册府元龟》卷973《外臣部·助国讨伐》，第11264页。
⑦ （民国）吕调元、刘承恩修，张仲炘、杨承禧纂：《湖北通志》卷21《舆地志·风俗》。
⑧ 张雄：《隋唐时期巴人的汉化趋势》，《中南民族学院学报（哲学社会科学版）》1999年第1期，第61—65页。

千"①。元和初年柳公绰为开州刺史,"地接夷落,寇常逼其城。吏曰:'兵力不能制,愿以右职署渠帅'。公绰曰:'若同恶耶?何可扰法。'立诛之,寇亦引去"②。唐开州治今重庆开州区,在今彭溪河流域,说明唐代彭溪河一带巴人还有部族首领渠帅,还保留了巴人的部族组织,不过朝廷对巴人渠帅并不认可,柳公绰若给巴人部族首领官职即是"扰法",从这个事例可看出在朝廷对巴地控制力度强化、细化,巴人日益汉化的大背景下,巴人部族组织也日渐失去控制地方的功效,从制度层面上也体现了巴人的汉化程度。

隋唐时期今重庆市南部巴人被视为蛮獠。唐渝州有南平蛮,《通典》载"北与涪州接,部落四千余户"③,而南平蛮族属,《宋史》载"渝州蛮者,古板楯七姓蛮,唐南平獠"④,《宋史》说渝州蛮即唐南平蛮,《旧唐书》称为南平獠⑤,宋南平军有木斗夷,"夷人即古巴郡板盾七蛮、南獠"⑥,名称随时代不同而不同,但其族源为板楯蛮,属巴人。唐宋文献对今重庆南部少数民族认定犯了以偏概全的错误。唐宋南平蛮、南平獠中杂居有巴人和僚人,唐宋南平与南中相接,西晋末僚人北迁巴蜀,"荆州极西南界至蜀,诸民曰獠子"⑦,今重庆南部也有僚民分布,因此唐宋南平有僚人并不足怪,但南平一带本为巴地,当地居民为巴人,因此南平一带有巴人也是必然的,唐宋时期南平獠、南平蛮当是巴人与僚人并存,片面地界定南平蛮獠为南平獠的作法并不可取。

隋唐时期南平以西至泸州已少有巴人身影。隋泸川郡"风俗大抵与汉中不别"⑧,与汉族地区已没有什么区别了,巴人已完全汉化。自西晋末年僚人北迁后,至隋唐时期泸州多有僚人分布,"其夷獠则与汉不同,性多犷戾而又好淫祠,巢居岩谷,因险凭高,著班布,击铜鼓,弄鞘刀。男则露髻跣足,女即椎髻横裙。夫亡,妇不归家,葬之崖穴"⑨,巴人在泸州一带已退出历史舞台。

隋唐时期渝东南乌江流域仍有"夷"活动,这些"夷"中也有巴人。隋炀帝即位后"黔安首领田罗驹阻清江作乱,夷陵诸郡民夷多应者",朝廷命郭

① (宋)欧阳修、宋祁撰:《新唐书》卷93《李靖传》,第3812页。
② (宋)欧阳修、宋祁撰:《新唐书》卷163《柳公绰传》,第5019页。
③ (唐)杜佑撰,王文锦、王永兴、刘俊文,等点校:《通典》卷187《边防·南蛮》,第5048页。
④ (元)脱脱等撰:《宋史》496《蛮夷传》,第14240页。
⑤ (后晋)刘昫等撰:《旧唐书》卷197《南蛮西南蛮传》,第5277页。
⑥ (宋)祝穆撰,祝洙增订,施和金点校:《方舆胜览》卷60《南平军》,第1062页。
⑦ (晋)张华撰,范宁校证:《博物志校证》,第24页。
⑧ (唐)魏徵等撰:《隋书》卷29《地理志》,第830页。
⑨ (宋)乐史撰,王文楚等点校:《太平寰宇记》卷88《泸州》,第1740页。

荣平定叛乱。①黔安郡处峡江西部，清江郡在峡江之南，夷陵郡处峡江东部，既言夷陵诸郡"民夷"，则是隋峡江地区仍有称为"夷"的巴人，只不过其间杂居了些称为"民"的汉人。唐代涪州仍有巴人，《方舆胜览》引《郡志》载涪州"俗有夏、巴、蛮、夷。……夏则中夏之人，巴则廪君之后，蛮则槃瓠之种，夷则白虎之裔"②，唐武德初以渝州涪陵镇置涪州，天宝初改为涪陵郡③，《郡志》为唐代中期置郡后著作，书中反映的当是唐中期以后涪州族群构成情况，则唐中后期涪州族群有夏、巴、蛮、夷四类，其中巴、蛮、夷皆属巴人。唐戴叔伦《渐至涪州先寄王员外使君纵》诗有"文教通夷俗"之语④，又《蜀中名胜记》载唐黔州"五溪襟束，蛮蜒聚落"⑤，说明唐代涪州、黔州有夷、蛮蜒活动，"蛮蜒""夷"当以巴人后裔居多。

　　西陵峡口以东至荆州也曾是巴人活动地域，隋设夷陵郡、南郡，其地"多杂蛮左，其与夏人杂居者，则与诸华不别。其僻处山谷者，则言语不通，嗜好居处全异，颇与巴、渝同俗"⑥，说明隋代在交通便利、汉人聚居区包括巴人在内的"蛮左"汉化程度已很深，"与诸华不别"说明他们已经完全融入汉人了，"夏""华"即指汉族。而"僻处山谷者"与巴渝同俗，则是这部分僻处偏远山地的巴人后裔，仍保留了巴人习俗。

　　清江流域隋设有清江郡，当地居民属"僻处山谷者"，这里一直是廪君巴人聚居地，至今清江流域还保留着很多廪君遗迹和民间传说，其主体居民当以巴人为主。唐代清江流域仍有巴人活动，《黔中记》载"施之地虽杂夷落，犹近华风，故乡音则蛮、夷、巴、汉言语相混"⑦，是说施州少数民族方言还保存有巴人语言，"巴音"自然是巴人留存下来的。

　　隋唐时期澧水、沅水流域仍有巴人活动。隋代在此设澧阳郡、武陵郡、沅陵郡，其地"多杂蛮左，其与夏人杂居者，则与诸华不别。其僻处山谷者，则言语不通，嗜好居处全异，颇与巴、渝同俗。诸蛮本其所出，承盘瓠之后"⑧，若按此说法，这里"蛮左""诸蛮"皆属槃瓠蛮。但这个笼统的族群认定又与"与巴渝同俗"说法相抵牾，既与巴渝同俗则其本源当为巴人。《隋书·地理

---

① （唐）魏徵等撰：《隋书》卷50《郭荣传》，第1320页。
② （宋）祝穆撰，祝洙增订，施和金点校：《方舆胜览》卷61《涪州》，第1067—1068页。
③ （宋）欧阳忞撰，李勇先、王小红校注：《舆地广记》卷33《开州》，第1022页。
④ （唐）戴叔伦著，蒋寅校注：《戴叔伦诗集校注》，上海：上海古籍出版社，2010年，第31页。
⑤ （明）曹学佺著，刘知渐点校：《蜀中名胜记》，第268页。
⑥ （唐）魏徵等撰：《隋书》卷31《地理志》，第897页。
⑦ （宋）祝穆撰，祝洙增订，施和金点校：《方舆胜览》卷60《施州》，第1051页。
⑧ （唐）魏徵等撰：《隋书》卷31《地理志》，第897页。

志》这种矛盾记载只有一种解释，即荆州蛮同时含有廪君蛮、槃瓠蛮特性，这是由巴人与槃瓠蛮交错杂居、彼此融合的结果，《隋书·地理志》将"蛮左"笼统地界定为槃瓠蛮并不完全正确。唐代巴人在五溪地区足迹达沅水流域辰州一带，唐韩翃《送李中丞赴辰州》载"白羽逐青丝，翩翩南下时。巴人迎道路，蛮帅引旌旗"[①]，刘长卿《赴巴南书情寄故人》载"南过三湘去，巴人此路偏"，唐辰州治沅陵县，即今湖南沅陵县，"巴人"为南迁巴人后裔，说明唐代今湖南沅陵有巴人活动。不过在五溪地区槃瓠蛮是当地少数民族的重要组成部分，唐张鷟《朝野金载》载"五溪蛮父母死，于村外阁其尸，三年而葬。打鼓路歌，亲属饮宴舞戏一月余日。尽产为棺，余临江高山半肋凿龛以葬之。自山上悬索下柩，弥高者以为至孝，即终身不复祀祭"[②]，这种习俗与隋槃瓠蛮习俗是一脉相承的。[③]

隋唐时期江淮汉沔的廪君蛮、板楯蛮与盘瓠蛮及汉人同住杂居，移徙交错，文化、血统逐渐融合，最后全部融入汉族，江淮汉沔的巴人逐渐退出历史舞台。[④]

我们说隋唐时期大多数地区巴人渐次汉化，巴人逐渐由带族群含义的称谓向地域人群称谓转化，巴人逐渐退出人们视野，还可从唐人魏徵等所撰《隋书·南蛮传》中看出端倪。《隋书》载"南蛮杂类，与华人错居，曰蜒，曰獽，曰俚，曰獠，曰㐌，俱无君长，随山洞而居"，《隋书》所列南蛮中没有巴人，这也说明在经过魏晋南北朝时期的迁徙融合后，其作为蛮的特性和身份已渐渐丧失，隋唐时代巴人已逐渐由族群向纯粹的地域人群名称转化。

第三节　巴人族群消亡与最终归宿

经过隋唐时期与其他族群的杂居相处，族群间不断地交流与融合，巴人族群特性逐渐消失，很多地域内巴人作为族群最后淡出人们视野。

汉水中上游巴人在宋代作为族群消亡后，风俗与中原大体相同，宋梁州风俗"刀耕火耨，民耒耜为食""俗多淳谨，不尚浮华""山川风土，与东西川

---

① 《全唐诗》卷 244，第 8 册，第 2744 页。
② （唐）张鷟撰，赵守俨点校：《朝野金载》卷 2，北京：中华书局，1979 年，第 40 页。
③ （唐）魏徵等撰《隋书》卷 31《地理志》（第 898 页）载槃瓠蛮"初死，置之于树，乃以竹木刺而下之"，"既葬设祭，则亲疏咸哭，哭毕，家人既至，但欢饮而归，无复祭哭也"。
④ 董其祥：《巴子五姓考》，《巴史新考》，第 66—77 页。

相类"①；洋州"如兴元重冬至寒食，如关陕小民信鬼不信医，如荆楚好气勇斗，如燕赵俗健讼少文艺"②；金州"其人半楚，风俗略与荆沔中郡同"③，宋梁州治今陕西汉中市，洋州治今陕西洋县，金州治今陕西安康市，则宋代安康至汉中汉水上游风俗与中原、江汉地区相同，巴人已完全融入汉人。

嘉陵江、渠江流域巴人到宋代也已融入汉人，只在某些习俗上保留了巴人遗风，故时人感叹"今之巴非昔之巴"④。宋代阆州"其民质直好义，土风淳厚，有先民之流风"⑤；果州"其民喜商贾而怠稼事"，"以文章学术名"⑥；集州"俗多淳谨，不尚浮华"⑦；蓬州、壁州"民皆纯朴好义，弗事华靡，务农力作，田里垦辟，少商贾，多为儒家"⑧；合州"田亩桑麻，左右交映，人生其间，多秀异，而喜以诗书自乐"⑨，这些风俗已与汉人没有分别。有些地方还保留了部分巴人习俗，如达州宣汉井场居民"祖称白虎，死葬不选坟墓，设斋不以亡辰，虽三年晦朔不飨。习性矿硬，语无实词"⑩，"祖称白虎"自然是巴人白虎崇拜遗俗，但宋代他们已无巴人之称。

川江沿岸巴人在宋代也已因汉化而消亡。宋代渝州"大凡蜀人风俗一同"⑪，渝蜀风俗已完全相同；南州（南平军）"风俗大率与恭涪类"⑫，恭即渝州，涪为涪州；忠州"正月三日拜坟墓，二月二日携酒郊外迎富，除夜燃灯照先祖墓"，其南宾县"夷獠颇类黔中"⑬，这里夷獠即今土家族；开州"皆重田神，春则刻木虔祈，冬则用牲解赛，邪巫击鼓以为淫祀，男女皆唱竹枝歌"⑭；云安军"风俗淳厚，陶染真风"⑮；夔州、归州与峡州风俗相同，"士女事麻楮，不事蚕桑，男子刀耕火种，不知文学。其信巫鬼，重淫祀，与蜀同风"⑯，

---

① （宋）王象之编：《舆地纪胜》卷 183《兴元府》，第 870 页。
② （宋）王象之编：《舆地纪胜》卷 190《洋州》，第 910 页。
③ （宋）王象之编：《舆地纪胜》卷 189《金州》，第 905 页。
④ （宋）王象之编：《舆地纪胜》卷 187《巴州》，第 894 页。
⑤ （宋）王象之编：《舆地纪胜》卷 185《阆州》，第 883 页。
⑥ （宋）王象之编：《舆地纪胜》卷 156《顺庆府》，第 781 页。
⑦ （宋）乐史撰，王文楚等点校：《太平寰宇记》卷 133《兴元府》，第 2611 页。
⑧ （宋）王象之编：《舆地纪胜》卷 186《蓬州》，第 900 页。
⑨ （宋）王象之编：《舆地纪胜》卷 159《合州》，第 797 页。
⑩ （宋）乐史撰，王文楚等点校：《太平寰宇记》卷 137《达州》，第 2680—2681 页。
⑪ （宋）乐史撰，王文楚等点校：《太平寰宇记》卷 136《渝州》，第 2660 页。
⑫ （宋）王象之编：《舆地纪胜》卷 180《南平军》，第 859 页。
⑬ （宋）乐史撰，王文楚等点校：《太平寰宇记》卷 149《忠州》，第 2889 页。
⑭ （宋）乐史撰，王文楚等点校：《太平寰宇记》卷 137《开州》，第 2671 页。
⑮ （宋）王象之编：《舆地纪胜》卷 182《云安军》，第 866 页。
⑯ （宋）乐史撰，王文楚等点校：《太平寰宇记》卷 147《峡州》，第 2861 页。

但归州"夷夏相半"①，其峡江南岸有土家族活动；大宁监"地近巴夔，有楚遗风"②。总体上峡江地区已成为纯粹的汉区，风俗与汉人相同，只在长江南岸部分区域有土家族活动。

乌江下游、清江流域以及澧水、沅水所在的武陵山区的巴人宋代已融入土家族。宋代黔州风俗"与巴渝同俗"③，"杂居溪洞，多是蛮獠，其性犷悍，其风淫祀，礼法之道，固不知之"④；思州"同黔中，地在荒徼之外，蛮獠杂居，言语各异"⑤，黔州、思州在乌江中下游，原为巴南疆地，历代都有巴人聚居，宋代巴人逐渐融入当地蛮獠，故宋代有蛮獠而无巴。宋代"施之地虽杂夷落，犹近华风，故乡音则蛮、夷、巴、汉言语相混"⑥，是清江流域宋代巴人已融入"夷落"，只是其语言中还有巴音，这是巴人融入土家族的一个证据。宋代澧州"有屈原之遗风"，但同时"风俗夷、獠"，则宋代澧水流域虽受汉文化影响较深，但仍有"夷獠"即土家族活动。宋代辰州"夷、獠杂居。其处城市者，衣服言语皆华人，而山谷间颇杂猺俗"⑦，"夷獠"主体也包括有土家族，因五溪地区为槃瓠蛮发源地，故多"槃瓠之后"⑧，猺则为槃瓠蛮的分支，今日瑶族先民。

通过对巴人分布迁徙及消亡过程的讨论，我们认为历史时期巴人归宿大致有两个方向：一是受汉文化熏陶融入汉人而演变为汉族；一是迁入少数民族地区成为后世族群一部分。

巴人第一个归宿，即融入汉族群体，也经历了一个长期的过程。这个过程主要通过两种方式进行：第一种是将巴人迁出巴地，使巴人进入汉人聚居区，巴人在与汉人长期居杂居融合过程中移风易俗，完全接受汉文化而成为汉人。巴人外迁方式又可分五种：一是在巴人叛乱后，朝廷强制性地将叛乱巴人迁出巴地，实行异地安置，最典型的即东汉澨山蛮和巫蛮许圣等叛乱后，朝廷将叛乱巴人迁入江夏郡，这部分巴人魏晋南北朝时期成为对南北地方割据政权产生了极大影响的荆州蛮、郢州蛮、豫州蛮一部分，后来在与江汉平原汉人及盘瓠蛮杂居融合过程中，至唐代完全融入当地汉人；再如蜀汉年间

① （宋）王象之编：《舆地纪胜》卷74《归州》，第446页。
② （宋）王象之编：《舆地纪胜》卷168《夔州》，第833页。
③ （宋）王象之编：《舆地纪胜》卷176《黔州》，第847页。
④ （宋）乐史撰，王文楚等点校：《太平寰宇记》卷120《黔州》，第2395页。
⑤ （宋）乐史撰，王文楚等点校：《太平寰宇记》卷122《思州》，第2421页。
⑥ （宋）祝穆撰，祝洙增订，施和金点校：《方舆胜览》卷60《施州》，第1051页。
⑦ （宋）祝穆撰，祝洙增订，施和金点校：《方舆胜览》卷30《辰州》，第545页。
⑧ （宋）王象之编：《舆地纪胜》卷75《辰州》，第452页。

涪陵夷叛乱后，蜀汉政权将叛乱的数千家涪陵巴人迁至蜀地，这些巴人留居蜀地，成为蜀地巴人，后来他们融入蜀地汉人中。二是为官外迁，即朝廷任命巴人异地为官，主要是入汉地为官，这些入汉地为官的巴人携带家属或部分部属到任职地后，慢慢也演化为汉人。三是军事征调使部分巴人以军人身份离开故土至服役地，其中部分巴人士兵留居服役地而逐渐演化为汉人。四是朝廷强制性地将部分巴人迁出巴地，将他们进行异地安置，如汉高祖将板楯巴人强制性地迁入今安康、商洛一带，他们后来成为汉水中游雍州蛮、沔中蛮一部分，经魏晋南北朝至隋唐时期与当地汉人融合，最后融入汉族；再如三国时曹操将汉中杨车坂巴人迁至陇西略阳一带，他们后来发展成为魏晋南北朝时期关中、陇西一带巴人，其中部分巴人融入关中、陇西的汉人，一部分后来随南迁流民返回巴蜀。五是民间自发的生存性外迁移民，如东汉末年张鲁据汉中，巴人自巴中（今嘉陵江、渠江流域）自发地北迁汉中，这些巴人唐以后也融入汉中汉人；又如西晋末年聚居陇西略阳的巴人后裔李特等率部族南迁汉中、蜀中就食，其中含有很多巴人后裔，李特以这些巴人流民为骨干在巴蜀建立成汉政权，其间又吸引部分巴人西迁入蜀，这些入蜀巴人后来也融入蜀地汉人。

巴人汉化过程第二种方式是使巴地巴人逐渐汉化，这也经历了一个漫长过程。在这个汉化过程中，主导者为中央王朝统治阶层，汉化过程主要通过以下两种形式完成：一是政治上逐渐强化对巴地的控制，主要通过对巴地的政区进行分化和调整来完成，使巴地政区数量逐渐增多，使中央王朝对巴地控制力度逐渐加强；同时在行政管理制度上也进行调整，由最初任命巴人部族首领为职官管理巴人，到唐代取消巴人渠帅职官而以朝廷任命职官直接管理巴人，行政管理制度的变化也使巴人由部族首领控制下的部民向朝廷统一管理的编户之民转化。二是通过迁入性移民改变巴地族群结构，巴地迁入性移民包括官方移民和民间移民两大类，官方迁入性移民群体最多的为入职巴地的汉族官员，他们入巴地为官，卸任后部分人及家属留居巴地，使巴地汉人增多，这些汉族官员文化素养较高，他们又成为巴地汉文化推广的领军人物，一定程度上又推动了巴地汉化的进程；民间自发性移民也在一定程度上改变着巴地民族构成情况，如东汉末年刘备入蜀，就携带大量汉人进入益州，其中部分汉人定居巴地；又如南北朝时期大量北方流民迁入巴蜀，也有部分迁入嘉陵江、渠江流域，南充天宫山东汉崖墓壁画像中干栏式住宅的斗拱与瓦陇结构即有汉化的因素[①]，在峡江地区发现的大量汉晋至南北朝时期砖室墓，其墓葬形制和随葬器物与汉族地区的砖室墓没有区别，砖室墓也是迁入峡江地区汉人的遗物。

巴人第二个归宿是通过迁入邻近少数民族地区而成为后世族群一部分。与巴人关系密切的邻近族群有土家族，还有僚人、苗族及僮傣族群等。关于土家族与巴人的关系，大多数巴史学者、土家学者都认为土家族为巴人后裔。[②]最早将巴人与土家族联系起来的学者为潘光旦，他在 20 世纪 50 年代提出巴人为土家族先祖的观点（以下简称土家族巴人说）[③]，此后土家族源于巴人遂成为学术界主流观点。

我们认为今日土家族中，巴人确实是土家族先民的重要一员。我们可从很多方面找出巴人与土家族有渊源关系的证据。据考古发现，早在商周时期酉水流域考古学文化就与峡江地区巴文化有密切联系。春秋战国时期在楚国、秦国不断逼迫下，巴国疆域不断萎缩，巴人不断向鄂、湘、渝、黔四省市毗邻的武陵山区迁移，土家族地区发现的虎钮錞于、柳叶形青铜剑等巴式器物是巴人迁入土家族地区最好的考古学证据。

姓氏在一定程度上显示了血缘关系，巴人与土家族有很多姓氏相同。廪君蛮在西迁后仍有一些支系留居清江流域乃至澧水流域，他们后来演化成今鄂西南、湘西北的土家族。廪君蛮姓氏在土家族中有所反映，如东汉武陵蛮相单程[④]，即相氏后裔，今鄂西仍有少量相氏土家族，而今湘鄂西的向氏也是从"相"氏同音演化而来的。瞫古音沈，宜昌前坪汉墓曾出土"瞫僂"铜印，

① 董其祥：《嘉陵江南充地区河段考古调查纪实》，重庆中国三峡博物馆编：《董其祥历史与考古文集》，第 299—345 页。
② 潘光旦：《湘西北的土家与古代的巴人》，《中国少数民族社会历史调查资料丛刊》修订编辑委员会编：《土家族社会历史调查》，第 19—115 页；《土家族简史》编写组：《土家族简史》（修订本），第 12、24 页；李绍明：《巴人与土家族》，李绍明、林向、徐南洲主编：《巴蜀历史·民族·考古·文化》，第 93—104 页；〔苏〕Р．Ф．伊茨：《东亚南部民族史》，冯思刚译，成都：四川民族出版社，1981 年，第 200 页；董珞：《巴风土韵——土家文化源流解析》，武汉：武汉大学出版社，1999 年，第 54 页；彭英明：《试论湘鄂西土家族"同源异支"——廪君蛮的起源及其发展述略》，《中南民族学院学报（哲学社会科学版）》1984 年第 3 期，第 12—20 页；石应平：《土家族源考辨》，《西南民族学院学报（哲学社会科学版）》1990 年第 4 期，第 83—87 页；林奇：《巴楚关系初探》，《江汉论坛》1980 年第 4 期，第 87—91 页；邓少琴：《巴史新探》，《巴蜀史迹探索》，第 1—51 页；胡挠：《试论巴人与土家族的关系》，《土家族研究论文选集》，第 72—81 页；庄燕和：《古代巴史中的几个问题》，《西南师范学院学报（哲学社会科学版）》1979 年第 4 期，第 41—44 页；杨昌鑫：《对土家族民族共同体形成时间的再认识》，《中南民族学院学报（哲学社会科学版）》1999 年第 3 期，第 71—74 页。
③ 潘光旦：《湘西北的土家与古代的巴人》，《中国少数民族社会历史调查资料丛刊》修订编辑委员会编：《土家族社会历史调查》，第 19—115 页。
④ （南朝·宋）范晔撰，（唐）李贤等注：《后汉书》卷 86《南蛮西南夷列传》，第 2832 页。

暊偻即廪君五姓中的"暊氏"，暊字形与"覃""谭"近，暊氏后来又演化为史书所载覃氏、谭氏，东汉澧水流域溇中蛮有覃儿健①，宋代施州蛮有谭仲通等②，都与廪君蛮暊氏有渊源关系，今覃氏、谭氏为土家族大姓。南北朝时峡中巴蛮"有冉氏、向氏、田氏者，陬落尤盛。余则大者万家，小者千户，更相崇树，称王侯"，冉、向、田三姓为峡江一带巴蛮大姓，北周时为陆腾等人血腥镇压，"自此群蛮惧息，不复为寇"③，"自唐以后萃于思、黔、施、酉等州"④，思州在今黔东北，施州在今鄂西南，黔、酉二州在今渝东南，这几大姓氏是元明清时期的土司大姓，也是现今土家族中的大姓。板楯蛮中有龚氏、度氏⑤，今土家族仍有龚氏、庹氏，庹与度形近，庹氏是由度氏演化而来的⑥。巴人姓氏与土家族姓氏间的渊源关系说明巴人与土家族有血缘关系。

体质特征相同和相似是判定古今族群亲缘关系的一个依据，古今族群体质特征数据可通过对古今人体骨骼测量来获得。张振标、王善才曾对湖北长阳深潭湾遗址青铜时代人骨进行体质测量与分析，并与其他地区人骨特征进行了比较，认为深潭湾遗址人骨特征与我国长江以南居民在体质特征上接近。通过与同处清江流域的桅杆坪遗址新石器遗址出土人骨进行比较，发现深潭湾遗址人骨许多特征与桅杆坪遗址人骨特征相似，如面部低而不宽且较前突、鼻部低而宽、鼻梁低平等，由此推断"长阳地区青铜时代的居民体征可能由清江流域新石器时代的居民体征发展而来的"，"现代土家族居民体征类型应当从清江流域新石器时代居民，经以深潭湾为代表的青铜时代居民发展而来"⑦，这在一定程度上说明清江流域廪君巴人与今土家族间有亲缘关系。另外，罗远才、韩承柱、肖冠宇等人通过对湖南永顺、龙山、保靖三县交界地带对山、他砂和靛房等地土家族体质测量和分析，认为土家族在体质特征上与汉族距离最疏远，而与苗族最接近。⑧这份关于湖南土家族体质测量和分析成果，也显示土家族是一个与汉族有别的族群，至于湖南土家族体质特征与苗族接近，

---

① （南朝·宋）范晔撰，（唐）李贤等注：《后汉书》卷86《南蛮西南夷列传》，第2832页。
② （元）脱脱等撰：《宋史》卷493《蛮夷传》，第14175页。
③ （唐）李延寿撰：《北史》卷95《蛮传》，第3151—3152、3154页。
④ （清）王鳞飞等修，冯世瀛、冉崇文纂：《增修酉阳直隶州总志》卷3《地舆志》。
⑤ （南朝·宋）范晔撰，（唐）李贤等注：《后汉书》卷86《南蛮西南夷列传》，第2842页。
⑥ （清）张澍撰：《蜀典》卷11《姓氏类》；罗开玉：《板楯"七姓"与賨人》，李绍明、林向、徐南洲主编《巴蜀历史·民族·考古·文化》，第132—143页；罗开玉：《古代巴蜀土著姓氏研究》，《中华文化论坛》2001年第1期，第34—40页。
⑦ 张振标、王善才：《湖北长阳青铜时代人骨的研究》，《人类学学报》1992年第3期，第230—240页。
⑧ 罗远才、韩承柱、肖冠宇：《湖南土家族的体质特征》，《人类学学报》1985年第2期，第160—172页。

与永顺、保靖、龙山等地本为五溪之地，该地为苗瑶先民槃瓠聚居地有关，也说明部分土家族与槃瓠蛮有一定渊源关系。不过在当前巴人与土家族关系的体质人类学分析中存在一个很大的难题，即缺乏古代巴人的 DNA 数据，这主要是因为在考古发掘中，典型性的巴人人骨标本确定很困难，其次是巴地及土家族地区酸性土壤使人骨损毁严重，完整的 DNA 数据提取困难重重。因此，目前还只能利用人骨测量数据作为巴人与土家族相关性分析的依据。

语言是体现民族传承性的重要参考指标。关于土家语的语源问题，目前学术界主流观点认为土家语属于汉藏语系藏缅语族中的一个独立语言[1]，至于土家语中的壮侗语成分，则是因土家族在发展中融合了壮侗语族群的缘故[2]。关于巴语与土家语的关系，有学者认为古代巴语词汇还留存于土家语和土家语地名中，如西汉扬雄《方言》载"虎，陈魏宋楚之间或谓之李父；江淮南楚之间谓之李耳"[3]，王静如认为"李父""李耳"是古湘西族群语言里的两个词汇[4]；潘光旦、胡挠等则认为称虎为"李父"为巴语，土家语中称虎为"李"，与古代巴语的"李父"音节相同，土家语"李"是从巴语"李父"演化而来的[5]；此外鹤峰有李虎坡、恩施太阳河有李巴沟，湘西方言中"虎""父"同音，也都是巴语"李父"的遗留。

从巴人与土家族风俗习惯来看，土家族与巴人也有渊源关系。二者相同习俗主要表现在以下几个方面：（1）向王庙习俗。向王庙又称向王天子庙，庙内供奉巴人先祖廪君。在湖北清江流域和湖南溇水流域还有向王庙或向王天子庙。[6]咸丰《长乐县志·寺观志》载向王庙"供廪君神像，按廪君，世为巴人立者，特务相为阆阓之主，有功于民，故今施南、归、巴、长阳等处户而祀之，世俗相沿呼为向王天子"。又长阳资丘《刘氏族谱》载其先祖曾在三龟坪立向王庙，"向王者，古之廪君务相氏，有功夷水，故土人祀之"，可见这种立庙祭祀是从对先祖廪君的崇敬中演化而来的。（2）尊崇白虎习俗。《世本》《后汉书》《水经注》等载"廪君死，魂魄世为白虎"，巴人视白虎为先祖

---

① 田德生、何天贞，陈泉，等编著：《土家语简志》，北京：民族出版社，1986 年，第 163 页。
② 石应平：《土家族源考辨》，《西南民族学院学报（哲学社会科学版）》1990 年第 4 期，第 83—87 页。
③ 华学诚汇证，王智群、谢荣娥、王彩琴协编：《扬雄方言校释汇证》，第 537 页。
④ 王静如：《关于湘西土家语言的初步意见》，《中国民族问题研究集刊》第 4 辑，北京：中央民族学院研究部编印，1955 年，第 135—174 页。
⑤ 潘光旦：《湘西北的土家与古代的巴人》，《中国少数民族社会历史调查资料丛刊》修订编辑委员会编：《土家族社会历史调查》，第 19—115 页；胡挠：《试论巴人与土家族的关系》，《土家族研究论文选集》，第 72—81 页。
⑥ 胡挠：《试论巴人与土家族的关系》，《土家族研究论文选集》，第 72—81 页。

化身，崇敬白虎为廪君巴人的一个特征。清代土家族崇虎，保靖县酉水中有虎滩，"土人忌虎字音，以猫滩代之"①，这是土家族崇虎的地名学证据。巴人板楯蛮杀白虎，现在湘西永顺、保靖、龙山一带土家族认为祖先为打虎匠，视白虎为凶神；新生婴儿需备办鸡、肉、酒、食和香、纸、蜡烛，请土老师至家中赶白虎，防止小孩为白虎所害。土家族赶白虎习俗与板楯蛮杀白虎是一脉相承的。对这种崇虎又杀虎、忌虎的矛盾现象，有人认为是"不同时间，不同地区生产发展程度不同，而对自然物的畏敬心理的反映。廪君时期，在清江流域，生产力极为低下，不能抗御白虎之危害，就采取祈祷，因而形成崇拜白虎。板楯蛮时期，在川东北地区，生产力发展了，可以制服白虎，因而射杀白虎"，并以鄂伦春族崇熊又杀熊习俗相类比，认为巴人崇拜白虎和射杀白虎都是白虎信仰不同时间内的表现形式②，我们认为此说有一定道理。

（3）人祠习俗。《后汉书》载"廪君死，魂魄世为白虎。巴氏以虎饮人血，遂以人祠焉"③，则廪君蛮有人祠之风。后魏太祖初年，淮源大阳蛮"旧有祠堂，蛮俗恒用人祭之"，后经韦珍劝导，始以酒脯代之④，"大阳蛮"为迁居淮源的廪君蛮后裔，其人祠之风为祭祀其先祖廪君习俗的遗留。土家族地区早期有杀人祭祀风俗，后因杀人太过残酷而改为以人血祭祀，如恩施在中华人民共和国建立前有还相公愿习俗，主祭巫师用刀在自己头上砍出血，滴在纸钱上悬挂于大门上或烧掉，这种杀人或人血为祭的祭祀形式称为"人头愿"，或以杀牛代替人祭，又称"牛愿"，"人头愿""牛愿"都是人祠风俗的转换形式。⑤

（4）椎髻（科头）习俗。椎髻是早期巴人发式，在张家界市虎钮錞于上饰有"椎髻人头纹"，"椎髻"即巴人发式⑥。西晋巴人大阳蛮张昌部众"皆以绛科头，撋之以毛"⑦，《资治通鉴》胡三省注"科头，不冠露髻"⑧，可见"科头"即"椎髻"异地称谓。唐代通州土著巴人"椎髻抛巾帼"⑨。这种椎髻发式在土家族中也有出现，如巴东县后四里风俗"椎髻侏语"⑩，可见从巴人到土家族

---

① （清）林继钦、龚南金修，袁祖寿纂：《保靖县志》卷2《舆地志》，清同治十年（1871）刻本。
② 胡挠：《试论巴人与土家族的关系》，《土家族研究论文选集》，第72—81页。
③ （南朝·宋）范晔撰，（唐）李贤等注：《后汉书》卷86《南蛮西南夷列传》，第2840页。
④ （宋）李昉等撰：《太平御览》卷278《兵部》，第1296页。
⑤ 袁德洪：《"向王庙"与"人头愿"》，《湖北少数民族》1983年第12期；张雄：《巴氏蛮夷"浅论》，《中南民族学院学报（哲学社会科学版）》1984年第2期，第81—87页；胡挠：《试论巴人与土家族的关系》，《土家族研究论文选集》，第72—81页。
⑥ 张雄：《"巴氏蛮夷"浅论》，《中南民族学院学报（哲学社会科学版）》1984年第2期，第81—87页。
⑦ （唐）房玄龄等撰：《晋书》卷100《张昌传》，第2613页。
⑧ （宋）司马光编著，（元）胡三省音注，标点资治通鉴小组校点：《资治通鉴》卷62《汉纪》，第1980页。
⑨ （唐）元稹撰：《元氏长庆集》卷12《律诗》，第65页。
⑩ 张雄：《"巴氏蛮夷"浅论》，《中南民族学院学报（哲学社会科学版）》1984年第2期，第81—87页。

在椎髻（科头）习俗上也是有传承的。（5）阁栏建筑习俗。汉晋巴郡风俗"皆重屋累居"，究其原因是"地势刚险""重屋累居"就是据山地地形修建的错落有致的阁栏式建筑群。唐通州一带"平地才应一顷余"，所以"巴人多在山坡架木为居，自号阁栏头也"①，通州多山地，阁栏式房屋建筑与汉晋巴人建筑相同。宋代巴地仍有"阁栏"式建筑，如渝州僚人"构屋高树，谓之阁栏"②，张雄以僚人为巴蛮③。可能是僚人北迁入川、渝后受巴人阁栏式建筑的影响，因地制宜而构阁栏建筑于树上。土家族地区的房屋多为吊脚楼，其形制与巴人阁栏建筑也是一脉相承的。（6）喜歌舞习俗。巴人好歌舞，称踏蹄、踏歌或巴歌。魏初王粲曾向巴渝蛮帅李管、种玉询问巴渝舞歌曲，"试使歌，听之，以考校歌曲"，巴渝舞名显于世始自賨人助刘邦鼎定三秦后，其词曲至魏初已是"其辞既古，莫能晓其句度"④，巴渝舞辞曲能为巴渝蛮帅所识，说明巴人语言、歌舞自汉初至魏初未有太大变化。晋左思《魏都赋》载"明发而媱歌"，注文引扬雄《蜀记》"媱，讴歌，巴土人歌"，又引何晏曰："巴子讴歌，相引牵，连手而跳歌"⑤，这种连手跳歌即踏歌。踏歌习俗在土家中也有体现，《溪蛮丛笑》载土家族"死亡群聚，歌舞辄联手蹋地为节，丧家椎牛多酿以待，名蹋歌"⑥。明峡江地区"伐鼓以祭祀，叫啸以兴哀，故人好巴歌，名曰踏蹄"⑦。今湘鄂西土家有摆手舞，分小摆手和大摆手两种，小摆手主要是农事舞，大摆手为军事舞，每年正月祭祖时在摆手堂跳摆手舞。摆手舞与"巴渝舞"有一定渊源关系。⑧

从文学艺术上看，巴人与土家族也有传承性。竹枝词为古代巴人民歌，唐顾况称"竹枝本出于巴渝"⑨，刘禹锡称建平"里中儿联歌《竹枝》，吹短笛，击鼓以赴节。歌者扬袂睢舞，以曲多为贤"⑩，《太平寰宇记》载开州"男

① （唐）元稹撰：《元氏长庆集》卷21《律诗》，第110页。
② （宋）乐史撰，王文楚等点校：《太平寰宇记》卷136《渝州》，第2660页。
③ 张雄：《"巴氏蛮夷"浅论》，《中南民族学院学报（哲学社会科学版）》1984年第2期，第81—87页。
④ （唐）房玄龄等撰：《晋书》卷22《乐志》，第693页。
⑤ （南朝·梁）萧统编，（唐）李善注：《文选》卷6。
⑥ （宋）朱辅撰：《溪蛮丛笑》，学海类编本。
⑦ （明）李贤撰：《大明一统志》卷62《荆州府》，第944页。
⑧ 彭英明：《试论湘鄂西土家族"同源异支"——廪君蛮的起源及其发展述略》，《中南民族学院学报》（哲学社会科学版）1984年第3期，第12—20页。
⑨ 《全唐诗》卷28《杂曲歌辞》，第2册，第395页。
⑩ （唐）刘禹锡撰，《刘禹锡集》整理组点校，卞孝萱校订：《刘禹锡集》卷27《乐府》，北京：中华书局，1990年，第359页。

女皆唱《竹枝歌》", 达州也是"唱《竹枝歌》为乐"①, 则竹枝词发源于巴地, 至唐宋川、渝及峡江一带仍有竹枝词流传。竹枝词在土家族地区也很流行, 清彭秋潭《竹枝词》"土船夷水射盐神, 巴姓君王有旧闻, 向王何许称天子, 务相当年号廪君", 诗歌体裁为竹枝词, 内容则说的是廪君事迹。此外, 土家族地区还有《老巴子显灵》《向王天子显圣》等民间故事和传说, 如长阳清江流域有"向王天子吹牛角, 吹出一条清江河"的故事, 五峰县天池河、渔洋河沿岸有"向王天子吹牛角, 祖师菩萨打赤脚"的民间故事, 这些民间传说和故事都与廪君密切相关, 是廪君巴人在这些地域活动的文化遗留。土家族这些诗词体例和民间传说和故事都渊源于巴人, 也显示巴人与土家族关系密切。

巴人与土家族关系密切在地名中也有所体现。今土家族地区仍有许多与巴人相关的地名, 如清江流域有巴山、巴山坳、巴山峡、巴叶山、巴沱滩、上巴王沱、下巴王沱、巴山岩、巴巴岩屋、巴尔河、巴石沟、巴岩子、虎巴岩子、白虎溪、白虎坨、白虎垅等地名。这些地名也折射出远古巴人与土家族的渊源关系。

根据对巴人与土家族关系的多方位考察, 我们可以确定土家族与巴人间有渊源关系, 或者如多数学者所说, 巴人为土家族先祖。但同时我们也应该注意到, 土家族的形成虽然与巴人密不可分, 但并不是说今日土家族就只包含有巴人血统, 或者说除巴人外土家族还有其他源头, 即我们通常所说的异源同流。

考古发现商周时期武陵山区除巴文化因素外, 还有当地文化因素, 说明武陵山区商周时期有巴人, 也有当地居民。春秋战国时期清江流域、澧水流域和沅水流域曾发现较多楚墓, 或在考古遗存中发现楚文化因素, 表明春秋战国时期武陵山区又有楚人活动, 同时也有巴人迁入武陵山区, 即前文所说"巴子兄弟五人入五溪, 各为五溪之长"。战国秦朝又有秦人进入武陵山区, 考古发现的秦墓和秦文化遗物即是最好的证据, 秦汉武陵山区有当地居民, 如酉水流域的"八蛮"部落等。秦汉以后武陵山区纳入中央王朝统治范围, 朝廷委派各级官员管理地方, 这些官吏为历代进入土家族地区的官方汉族移民。因此从武陵山区土家族地区早期居民构成来说, 巴人是其组成部分, 同样早期土著居民、楚人、秦人、汉人等也是其组成部分, 此外还有早期分布

---

① （宋）乐史撰, 王文楚等点校:《太平寰宇记》卷 137《开州》、卷 137《达州》, 第 2671、2678 页。

于土家族地区濮人、榝瓠蛮等。因此我们说巴人是土家族的重要来源，但同时我们也要认识到土家族中还包含有除巴人外的其他早期族群，土家族的形成是多源的，异源同流形成现在的土家族。

巴人的另一个归宿是部分人融入南方其他族群。杨鹍国认为苗族中也曾融入部分巴人。[1]徐松石认为廪君蛮与壮族间有渊源关系[2]，认为廪君蛮一部分融入了壮族。丁骕认为巴族为苗瑶系民族先民[3]，巴人一部分融入了苗瑶系民族。刘岩认为"唐代以前，在綦江、南川一带被称为南平僚的居民，与古代越人的后裔——云南傣族文化形似，习俗相同"[4]，认为傣族文化中有巴文化因素。童恩正认为部分巴人融入僚人，川东、重庆的巴人除部分被汉民族同化外，一部分魏晋时与濮、板楯蛮等混合而构成僚族，为现代僮傣语族诸族群的先民之一。[5]这些说法或依据零散不成系统的文献记载，或根据民族文化的相似性而建立不同族群间的联系。目前看来，这些说法还缺乏完整的证据链，我们只能说巴人可能与苗瑶族、僮傣族相关，但要形成定论，还需更进一步的证据。目前看来，这类证据的获得只能有待于以后的考古发掘或出土文献了。

① 杨鹍国：《"康回"与苗族关系管窥》，《贵州民族研究》1985 年第 3 期，第 91—99 页。
② 徐松石：《粤江流域人民史》，上海：中华书局，1939 年，第 254 页。
③ 丁骕：《西南民族考释之二》，《边政公论》第 2 卷第 3、4、5 期合刊，1943 年。
④ 刘岩：《傣族渊源与巴蜀文化》，《巴渝文化》第 3 辑，第 275—290 页。
⑤ 童恩正：《古代的巴蜀》，第 40 页。

第七章　地域环境——巴地环境及其变迁

巴人生存发展与其所处自然环境有很大关系，因此弄清巴地环境及其变化，对探索巴人与环境的关系至关重要。这里说的巴地主要指原巴国地域，即渝、川、陕、鄂、湘、黔毗邻地带的巴人聚居区，原巴国地域以外的巴人迁徙地环境状况本书不作讨论。已有研究成果对巴地唐宋以后环境状况关注较多，而唐宋以前环境状况多一笔带过，因此复原巴人时代巴地环境状况，弄清巴地环境变化过程，对探索巴人与环境的关系很重要，对唐宋以前巴地环境史研究同样重要。这里我们从气候、植被、动物、水文、矿物资源等几个方面，尝试复原巴人时代巴地环境状态。

第一节　巴地气候及其变迁

石器时代至唐代巴地气候总体较为温暖湿润，处于亚热带气候状态下，在部分时段或部分区域内又具有热带气候特征，这与巴地目前气候状况约略相似。在不同时段巴地气候略有波动，只是没有我国北方那么明显，这与巴地所处纬度偏低有关。正是这种相对温暖湿润的气候，孕育了巴地丰富的动植物资源，也为巴人的生存和发展提供了物质基础。

距今 10000—8000 年我国气候有降温过程，这在巴地也有所反映。据峡江地区新石器时代遗址分布、文化层堆积及埋藏古树和历史资料分析，全新世有 4 个异常洪水频发期，即距今 8000—5500 年、距今 4700—3500 年、距今 2200—700 年、距今 500—100 年。[1]据古洪水泛滥沉积物与现代洪水泛滥相沉积物粒度特征对比分析后发现，距今 7810±445 年为峡江地区大洪水发

---

[1] 朱诚、郑朝贵、马春梅，等：《长江三峡库区中坝遗址地层古洪水沉积判别研究》，《科学通报》2005 年第 20 期，第 2240—2250 页。

生最早时间,距今 4840—3983 年间也是长江上游特大洪水期[①],从距今 10000 年来峡江地区洪水频发期时段看,距今 10000—8000 年间无洪水发生,这可能与峡江地区经历了干冷的气候过程有关,至少比仰韶温暖期要干冷一些。

距今 8000—2900 年左右巴地气候较温暖湿润,温暖期较我国中原地区略长。

新石器时代巴地峡江地带气候较温暖湿润。湖北秭归县东门头距今 8000—7000 年动物有大型蚌类、鱼类、田螺,中小型蚌,喜热动物熊猴、小麂、水鹿、爪哇野牛[②],说明当时东门头一带气候温暖湿润。秭归柳林溪新石器时代动物主要是喜湿热多雨气候和依赖丰沛水源的动物如犀牛、巨貘、水牛、水鹿等[③],反映柳林溪新石器时代气候较温暖湿润。秭归庙坪龙山文化时期动物有青鱼、草鱼、鱼、鸟、猪、梅花鹿、小型鹿科动物,鱼类占动物最小个体数总数 60%;西周动物有青鱼、草鱼、梅花鹿、小型鹿科动物,鱼类占动物总数 71%,比例远高于陆地野生动物[④],表明龙山文化时期到西周时期庙坪气候较温暖湿润[⑤]。巴东楠木园距今 7000—6000 年前,动物有鱼、亚洲象、豪猪、猴、熊、鹿,亚洲象为热带动物,推测当时楠木园气候较温暖湿润。[⑥]长阳桅杆坪距今 6000—5000 年前,动物有苏门犀、中国貘、水鹿、圣水牛[⑦],苏门犀、中国貘为热带动物,说明当时桅杆坪气候比现在温暖湿润。重庆奉节三坨距今 7000 年前,动物有豪猪、鹿类、羊、猪、鱼类及无脊椎动物螺类[⑧],反映当时三坨遗址一带气候较温暖湿润。忠县中坝距今 4000 多年前,动物有犀牛、叶猴,亚洲犀牛现主要分布在印度、爪哇、苏门答腊、缅甸和泰国的热带和亚热带丛茂草原和密林中,叶猴多栖息在热带雨林、亚热

① 葛兆帅、杨达源、李徐生,等:《晚更新世晚期以来的长江上游古洪水记录》,《第四纪研究》第 2004 年第 5 期,第 555—560 页。
② 国务院三峡工程建设委员会办公室、国家文物局编著:《秭归东门头》,第 77 页。
③ 武仙竹:《湖北秭归柳林溪遗址动物群研究报告》,《秭归柳林溪》,第 268—292 页。
④ 袁靖、孟华平:《庙坪遗址出土动物骨骼研究报告》,国务院三峡工程建设委员会办公室、国家文物局编著:《秭归庙坪》,北京:科学出版社,2003 年,第 302—307 页。
⑤ 徐燕:《从考古遗存中的环境指标看峡江地区夏商周时期的环境变迁》,《农业考古》2009 年第 1 期,第 39—43 页。
⑥ 国务院三峡工程建设委员会办公室、国家文物局编著:《巴东楠木园》,北京:科学出版社,2006 年,第 148 页。
⑦ 王善才主编:《清江考古》,第 34—80 页。
⑧ 中国科学院古脊椎动物与古人类研究所、重庆市文物局:《奉节三坨石器地点发掘报告》,重庆市文物局、重庆市移民局编:《重庆库区考古报告集·2000 卷》,第 509—513 页。

带常绿阔叶林或针阔混交林中①，说明当时中坝气候较现在温暖。丰都玉溪距今 7800—6800 年前，动物有犀牛、竹鼠、猕猴，皆为喜温动物，推测当时玉溪气温比现在平均高 2—4℃②，气候比现在温暖。巫山大溪遗址出土有距今 6400—5300 年前，动物有象牙圈、象牙③，说明大溪文化时期大溪一带有野象活动，说明气候较温暖。酉阳清源距今 4800—4400 年前，动物有犀牛、亚洲象、猕猴，这些动物多生活在温暖湿润气候环境下④，说明当时清源气候较温暖湿润。以上各遗址皆处河谷地带，从长臂猿、叶猴、树鼩、椰子猫、原猫、犀牛、华南巨貘、亚洲象等动物及其所适应的气候条件分析，在距今 8000—2900 年的时段内，三峡峡谷地带气候比现在温暖湿润，属北热带、南亚热带气候类型，从普氏野马、白唇鹿、羚羊、岩羊等动物及其生存环境分析，峡江山地峰顶则属温带气候类型⑤，峡江地带气候也有海拔高度上的地域差异。

　　上述动物物候学分析结论在地层剖面宏观显性地层学特征与微观隐性环境代用指标的分析中也能得到验证。丰都玉溪遗址地层剖面分析显示，距今约 8500—7200 年间，地层堆积速率为 3.46mm/年，地层中 Rb（铷）、Sr（锶）和 Rb/Sr 值分别为低域值、高域值和低域值，这种变化与地层堆积速率相对应，频繁出现洪水层反映气候处于不稳定阶段。距今 7200—4800 年间，地层堆积平均速率为 0.83mm/年，地层中 Rb、Sr 和 Rb/Sr 值分别为高域值、低域值及高域值，表明气候为暖湿稳定的大暖期鼎盛阶段⑥，气候较为温暖和润。又据忠县中坝遗址地层 Rb 和 Sr 分析显示，距今 5100—4300 年中坝气候高温多雨，但距今 4700 年、距今 4500 年时段有气候突变事件，有两次降温过程⑦，总体气候状况温暖湿润。又据忠县中坝遗址文化堆积层中的自然沉积层分析，沉积层主要由红色粉沙构成，且多有水平沉积层理，质地纯洁无文化遗

---

① 尹茜、朱诚、王福葆，等：《长江三峡库区新石器时代典型遗址区全新世以来动物多样性研究》，莫多闻、曹锦炎、郑文红，等主编：《环境考古研究》第 4 辑，北京：北京大学出版社，2007 年，第 260—264 页。
② 赵静芳、袁东山：《玉溪遗址动物骨骼初步研究》，《江汉考古》2012 年第 3 期，第 103—112 页。
③ 四川长江流域文物保护委员会文物考古队：《四川巫山大溪新石器时代遗址发掘记略》，《文物》1961 年第 11 期，第 15—20、60 页。
④ 重庆市文物考古所、重庆文化遗产保护中心、四川大学历史文化学院考古学系编：《酉阳清源》，第 246—270 页。
⑤ 武仙竹：《长江三峡动物考古学研究》，重庆：重庆出版社，2007 年，第 376—377 页。
⑥ 史威、朱诚、李世杰，等：《重庆丰都玉溪剖面的沉积学和气候意义》，《沉积学报》2010 年第 28 卷第 1 期，第 176—182 页。
⑦ 黄润、朱诚、郑朝贵，等：《长江三峡中坝遗址地层中 Rb 和 Sr 的分布特征及其古气候演变》，《第四纪研究》2004 年第 24 卷第 5 期，第 531—536 页。

物[①]，显然自然堆积层为洪水沉积物，表明中坝曾有过 6 次洪水沉积，分别是新石器时代（前 3000—前 2300 年）、夏代（前 2070—前 1600 年）、西周时期（前 920—前 900 年）各 1 次[②]，说明距今 5000 年前到西周时期中坝遗址洪水发生频率较高，反映这些时段内降水较多，致使河流径流量较大，表明气候较温暖湿润。另地层沉积物孢粉分析也反映同期巴地气候温暖湿润，巫山县林家码头遗址文化堆积层第 6 层植物孢粉和植硅体研究显示，生土层中仅有河流沉积相环境下的蕨类孢子和环纹藻孢子[③]，反映距今 6000 年前林家码头遗址有喜湿润环境的蕨类和环纹藻类植物，显示气候较温暖湿润。

峡江东口、江汉平原西部新石器时代气候也较温暖湿润。宜都红花套遗址新石器时代（距今 5335±315 年）有大量红烧土且多竹片印痕，反映人们曾用粗大竹子作房屋，用竹片编织篱笆涂草泥作墙，竹子是主要建筑材料，还发现剑齿象牙齿。[④]另外，沙口镇新石器时代遗址出土有大象腿骨，天门石家河新石器时代遗址出土红陶兽有象，说明新石器时代象分布的北界远在长江以北，粗大的竹子、象牙、象骨、陶象模型等遗物反映新石器时代峡江东口、江汉平原西部气候比现在温暖湿润。

嘉陵江流域新石器时代（距今 5000 年前），气候也较温暖湿润。重庆铜梁旧石器遗址文化层第 5 层孢粉组合乔木花粉占 10%，灌木及草本植物花粉占 1%，蕨类植物孢子占 10%，乔木有松科、胡桃、桦科，无草本植物，蕨类植物有紫萁、水龙骨、莎草蕨[⑤]，反映铜梁植被类型为亚热带常绿阔叶林，蕨类植物与乔木植物比例相当，说明距今约 5000 年前铜梁气候较温暖湿润。

汉水上游新石器时代气候也较温暖湿润。陕西西乡何家湾遗址距今 6440—6090 年，动物群属亚热带与暖温带过渡类型，有热带动物犀牛[⑥]，说明当时汉水上游气候比现在温暖。

夏、商、西周时期，巴地气候延续了新石器时代以来的温暖湿润状态。

① 孙智彬、罗龙洪：《重庆库区五千年历史的缩影——忠县中坝遗址》，李文儒主编：《中国十年百大考古新发现》，北京：文物出版社，2002 年，第 264—268 页。
② 朱诚、郑朝贵、马春梅，等：《长江三峡库区中坝遗址地层古洪水沉积判别研究》，《科学通报》2005 年第 20 期，第 2240—2250 页。
③ 郑卓、谭惠忠、王宏：《林家码头遗址环境年代检测分析》，重庆市文物局、重庆市移民局编：《重庆库区考古报告集·2001 卷》，第 144—146 页。
④ 周凤琴：《从红花套遗址的发掘探讨该区新构造运动特征及古地理环境》，长江流域规划办公室库区规划设计处编：《葛洲坝工程文物考古成果汇编》，第 388—394 页。
⑤ 张森水、吴玉书、于浅藜，等：《铜梁旧石器遗址自然环境的探讨》，《古脊椎动物与古人类》1982 年第 2 期，第 165—179 页。
⑥ 陕西省考古研究所、陕西省安康水电站库区考古队：《陕南考古报告集》，第 166 页。

峡江地带夏商西周时期气候较温暖湿润。从动物考古成果来看，湖北秭归何光嘴夏商时期各种鱼类、蚌类、田螺及獐、水鹿、鹈鹕等水生动物或水域环境动物占动物群总数 89%，獐生活于长江沿岸芦苇沼泽中，水鹿主要分布在气温较高、气候湿润的西南地区，三角帆蚌生活于气候温暖的长江中下游地区，剑状矛蚌、圆顶珠蚌主要分布在华南地区，这些动物表现出喜温、喜润的特性，据此可知夏商时期何光嘴气候较温暖湿润。[1]重庆忠县瓦渣地西周动物有犀牛[2]，反映当时瓦渣地气候适合喜温动物犀牛生存。湖北长阳香炉石夏、商、西周时期动物有苏门答腊犀[3]，苏门答腊犀为热带森林动物，说明当时清江河谷气候比现在温暖。从峡江地区动物物候来看，夏商时期三峡河谷地带气候相当于今岭南、两广一带[4]，反映气候具有南亚热带及热带气候特点，总体比现在要温暖湿润。

另据地层沉积物磁化率、孢粉和沉积物分析，也显示夏商西周时期峡江地区气候较温暖湿润。重庆忠县甘蔗丘地层磁化率分析显示，商周地层沉积物磁化率较高，反映商西周时期气候较温暖。[5]据巫山张家湾东周以前地层孢粉分析，其植物以蕨类和木本占优势，草本较少，植被主要由喜湿的亚热带植物海金沙、卷柏、紫萁和松组成[6]，反映东周以前张家湾属亚热带暖湿气候。又据巫山下沱地层沉积物磁化率和孢粉分析显示，夏、商、西周时期地层磁化率值较高，孢粉组合以木本和草本植物为主，含少量蕨类和淡水藻类植物，木本植物主要为青冈属、芸香科、忍冬属、桃金娘科和朴属，草本植物主要为禾本科、菊科、蓼科、毛茛科，蕨类植物主要有水龙骨科、石松属、卷柏属和凤尾蕨属，显示属亚热带温暖湿润气候。[7]又据湖北宜昌中堡岛沉积地层分析，T0502夏商地层第 5 层、第 7 层都发现洪水淤积层，含大量细砂，出土

① 国务院三峡工程建设委员会办公室、国家文物局编著：《秭归何光嘴》，北京：科学出版社，2003 年，第 118—129 页。
② 黄蕴平、朱萍：《忠县瓦渣地遗址 T363 动物遗骸初步观察》，重庆市文物局、重庆市移民局编：《重庆 2001 三峡文物保护学术研讨会论文集》，第 273—278 页；武仙竹：《长江三峡动物考古学研究》，第 155 页。
③ 陈全家、王善才、张典维：《清江流域古动物遗存研究》，北京：科学出版社，2004 年，第 92—93、156 页。
④ 武仙竹：《长江三峡动物考古学研究》，第 377 页。
⑤ 李冰：《长江忠县巫山考古遗址古环境研究》，广州大学硕士学位论文，2011 年，第 30 页。
⑥ 朱诚、于世永：《巫山大昌镇张家湾遗址剖面孢粉分析报告》，重庆市文物局、重庆市移民局编：《重庆库区考古报告集·1998 卷》，第 203—205 页。
⑦ 张芸、朱诚、张之恒：《长江三峡巫山下沱遗址环境考古》，《海洋地质与第四纪地质》2007 年第 3 期，第 113—118 页。

陶片较少[1];遗址东区 T6 第 6 层商代堆积层为黄褐色沙土层,所含遗物较少[2],这些洪水淤积层反映夏商时期中堡岛曾频繁遭受洪水冲击,与洪水期对应的也是温暖湿润气候[3]。

新石器时代至东周初年气候温暖期中气候也有波动变化。在夏代、商末周初、西周早中期分别经历过降温过程。据重庆忠县中坝地层中的 Rb、Sr、Hg 及 TOC 分析显示,相当于夏代、商末周初、西周早中期地层中 Rb、Sr 和 Rb/Sr 值曲线均出现谷、峰值,即 Rb 值明显小于均值,而 Sr 值明显大于均值,反映气候不稳定,出现过冷干事件[4],而至距今 2900 年左右又有一个明显降温过程[5]。又据路家河商代文化层孢粉分析显示,该地木本植物有松、柳、桑科、秀线菊,草本植物有禾本科、蒿、莎草科、十字花科、香蒲、石松、里白、海金沙、膜蕨科、碗蕨科、水龙骨科,及苔藓和环纹藻[6],据植物组合分析当时气候偏旱,应与气温波动变化有关。

距今 2900—2000 年左右(东周至西汉末年),巴地气候经历了一个相对寒冷时期。

动物考古学分析结果显示东周至西汉末年巴地气候经历了一个降温过程。湖北秭归柳林溪东周时期动物有狼,数量约占动物群个体数 29%[7],狼适宜于凉爽山地、丘陵和森林环境,狼比例较高反映东周柳林溪气候较凉爽。又巴东罗坪周代动物有豹、猪[8],豹喜欢稍冷的气候环境,也反映东周罗坪气候较凉爽[9]。

地层沉积物分析也显示东周至西汉末年巴地气候经历了降温过程。据重庆中坝地层 Rb、Sr、Hg 及 TOC 分析显示,Rb、Sr 和 Rb/Sr 值曲线在春秋早期、战国早期分别出现次一级谷、峰值,Rb 值都小于均值,而 Sr 值大于均值,

① 国家文物局三峡考古队:《湖北宜昌中堡岛遗址发掘》,国家文物局三峡工程文物保护领导小组湖北工作站编:《三峡考古之发现》,武汉:湖北科学技术出版社,1998 年,第 255 页。
② 国家文物局三峡考古队:《朝天嘴与中堡岛》,第 92、96 页。
③ 徐燕:《从考古遗存中的环境指标看峡江地区夏商周时期的环境变迁》,《农业考古》2009 年第 1 期,第 39—43 页。
④ 史威、朱诚、马春梅,等:《中坝遗址约 4250a B. P. 以来古气候和人类活动记录》,《地理科学》2008 年第 28 卷第 5 期,第 703—708 页。
⑤ 黄润、朱诚、郑朝贵,等:《长江三峡中坝遗址地层中 Rb 和 Sr 的分布特征及其古气候演变》,《第四纪地质》2004 年第 5 期,第 531—536 页。
⑥ 韩辉友:《路家河遗址花粉分析报告》,《宜昌路家河——长江三峡考古发掘报告》,第 141 页。
⑦ 武仙竹:《湖北秭归柳林溪遗址动物群研究报告》,《秭归柳林溪》,第 268—292 页。
⑧ 武仙竹、杨定爱:《湖北巴东罗坪遗址群动物遗骸研究报告》,《四川文物》2006 年第 5 期,第 36—43 页。
⑨ 徐燕:《从考古遗存中的环境指标看峡江地区夏商周时期的环境变迁》,《农业考古》2009 年第 1 期,第 39—43 页。

反映这 2 个时段出现过冷干事件[①]，显示气候变冷。据张家湾遗址文化层孢粉分析，也发现东周至汉代（距今 2700—2200 年）该地植被中草本和蕨类植物占优势，木本植物较少，草本植物主要由温带菊科和毛茛科唐僧草组成，蕨类植物主要由鳞毛蕨和瓶蕨组成，木本植物主要是温带栗，表明东周和汉代张家湾地带性植被为温带落叶阔叶林－草原[②]，显示气候温凉偏干。又据张家湾遗址 T911 剖面粒度、磁化率等环境替代指标分析显示，第 10 层顶部靠近第 9 层磁化率值处低谷值，表明当时经历了变干冷的气候突变事件[③]，时代相当于西汉末东汉初。又据巫山林家码头遗址第 3—4 文化层孢粉组合分析显示，木本植物有松属、栎属，草本植物有蒿，蕨类植物有金毛狗、凤尾蕨，藻类植物有环纹藻[④]，反映东周至汉代林家码头植被为常绿栎属和针叶树松属为主的针阔混交阔叶林，现生植被是以栎属为主的亚热带常绿阔叶林，反映东周至汉代林家码头气候较现在温凉。又铜梁旧石器遗址第 3 文化层孢粉组合中，乔木花粉占 16%，灌木及草本花粉占 8%，蕨类孢子占 76%，其中乔木有铁杉、松科，灌木及草本植物有禾本科、藜科、菊科、蒿、石竹科，蕨类植物有卷柏、海金沙、瓶蕨、凤尾蕨、石蕨、莎草蕨[⑤]，地带性植物中松科、石蕨、卷柏较多，而松科为耐寒性植物，石蕨适应性较强，海拔 700—2000 米皆可生长，卷柏有较强抗旱能力，适应性很强，海拔 500—2100 米区域均可生长，地带性植物中多耐寒和适应性强的植物，反映第 3 层对应时代气候温凉。有人据地带性植物中蕨类多海金沙、凤尾蕨认为气候温暖湿润[⑥]，但实际上蕨类植物中海金沙、凤尾蕨在蕨类植物所占比例分别为 2.8%、1.1%，而卷柏（12.7%）、石蕨（15.5%）所占比例远高于海金沙、凤尾蕨，因此气候温暖湿润的结论有待商榷。铜梁旧石器遗址第 3 层对应时代在西周末至春秋时期，反映西周末至春秋时期铜梁气候较温凉。

---

① 史威、朱诚、马春梅，等：《中坝遗址约 4250a B. P. 以来古气候和人类活动记录》，《地理科学》2008 年第 5 期，第 703—708 页；黄润、朱诚、郑朝贵，等：《长江三峡中坝遗址地层中 Rb 和 Sr 的分布特征及其古气候演变》，《第四纪地质》2004 年第 5 期，第 531—536 页。

② 张芸、朱诚、于世杰，等：《长江三峡张家湾遗址孢粉组合及古环境演变》，《长江流域资源与环境》2001 年第 3 期，第 284—288 页；朱诚、于世永：《巫山大昌镇张家湾遗址剖面孢粉分析报告》，重庆市文物局、重庆市移民局编：《重庆库区考古报告集·1998 卷》，第 203—205 页。

③ 张强、朱诚、姜逢清，等：《重庆巫山张家湾遗址 2000 年来的环境考古》，《地理学报》2001 年第 3 期，第 353—362 页。

④ 郑卓、谭惠忠、王宏：《林家码头遗址环境年代检测分析》，重庆市文物局、重庆市移民局编：《重庆库区考古报告集·2001 卷》，第 144—146 页。

⑤ 张森水、吴玉书、于浅藜，等：《铜梁旧石器遗址自然环境的探讨》，《古脊椎动物与古人类》1982 年第 2 期，第 165—179 页。

⑥ 蓝勇：《历史时期西南经济开发与生态变迁》，昆明：云南教育出版社，1992 年，第 191 页。

说东周至西汉末年巴地气候有一个相对的低温过程，是就气候变化总体过程而言，但因巴地纬度偏低，气候总体呈现出亚热带气候特征，这一时段巴地多亚热带动植物也说明这一点。如巫山县涂家坝东周（春秋中期至战国中期）河流相沉积层粒度、孢粉和植硅体分析显示植被为亚热带稀树草坡，气候相对温暖湿润。①又据巫山林家码头东周、汉代孢粉和植物硅酸体研究显示，生土层有河流沉积环境的蕨类孢子，种类单调，属洪水快速沉积产物，表明距今3000年至数百年前生态环境与现代相当，河边生长蒿属植物，山地以常绿栎属阔叶林为主，植硅体组合均以长方形、方形、扇形、尖形、近圆形和棒形为主，显示出亚热带组合特征。②另外涪陵西汉墓曾出土双角犀牛铜灯③，反映汉代涪陵还有犀牛生存，说明气候虽有降温过程，但还未到犀牛难以生存的程度。

公元初至 600 年（东汉至六朝）巴地气候较温暖湿润，与中原地区公元初至 600 年气候寒冷的状况不同。

据张家湾遗址 T911 文化层磁化率分析显示，第 9 层磁化率高值是受人类生产、生活及用火影响出现的，同时也显示气候温暖湿润。张家湾遗址孢粉分析结果显示西汉后期气候进入一个温暖湿润期，蕨类及木本植物占优势，草本植物较少，植被主要由喜湿亚热带植物构成，反映了暖湿的亚热带气候，公元初至 600 年中原地区气候较寒冷，而张家湾气候仍较温暖，主要原因是张家湾处大昌盆地，西北与东南的高山阻挡了北方冷空气进入盆地，使大昌盆地气候受西南季风影响更多。④又据巫山下沱遗址地层磁化率和孢粉分析显示，汉代末期地层磁化率值较高，孢粉组合以木本和草本植物为主，有少量蕨类植物，并有淡水藻类出现，木本植物主要为青冈属、芸香科、忍冬属、桃金娘科和朴属，反映气候温暖湿润。⑤又忠县中坝地层 Rb、Sr、Hg 及 TOC 研究显示，Rb、Sr 曲线在六朝时期存在弱谷、弱峰，反映中坝六朝时期降温不显著，气候仍较温暖湿润。⑥

---

① 郑卓、谭惠忠：《涂家坝遗址环境考古研究》，重庆市文物局、重庆市移民局编：《重庆库区考古报告集·2000 卷》，第 248—254 页。
② 石俊会：《长江三峡大宁河流域的环境考古学研究》，《四川文物》2006 年第 3 期，第 64—70 页。
③ 四川省文物管理委员会、涪陵文化馆：《四川涪陵西汉土坑墓发掘简报》，《考古》1984 年第 4 期，第 338—344 页。
④ 张强、朱诚、姜逢清，等：《重庆巫山张家湾遗址 2000 年来的环境考古》，《地理学报》2001 年第 3 期，第 353—362 页。
⑤ 张芸、朱诚、张之恒：《长江三峡巫山下沱遗址环境考古》，《海洋地质与第四纪地质》2007 年第 3 期，第 113—118 页。
⑥ 史威、朱诚、马春梅，等：《中坝遗址约 4250a B. P. 以来古气候和人类活动记录》，《地理科学》2008 年第 5 期，第 703—708 页。

　　另据文献分析东汉至六朝时期巴地气候也较温暖湿润。东汉末但望《分巴疏》载巴郡"郡治江州，时有温风，遥县客吏多有疾病"①，"温风"与"疾病"是有联系的，巴地气候湿热多瘴疠，偏远地区官吏多为疾病所困与温暖湿润的气候密切相关。东汉马援征武溪蛮进军壶头山，"道遇瘴毒，终没于此"②，瘴毒也是武溪湿热森林条件下的产物。《华阳国志·巴志》载巴地有巨犀，犀牛为热带动物，喜湿热环境，说明汉晋巴郡气候温暖湿润。又《华阳国志》载巴地产蒟③，蒟为热带植物，与扶留同科，不耐低温，栽培难于扶留，反映汉晋巴地有适合蒟生长的温暖气候。左思《蜀都赋》载巴蜀"旁挺龙目，侧生荔枝，布绿叶之萋萋，结朱实之离离，迎隆冬而不凋"④，龙目即龙眼，为喜高温多湿植物，适宜温度为年均温 18℃以上，说明汉晋巴、蜀产荔枝、龙眼等热带水果，成熟季果实累累，即使隆冬树叶也不凋零，显示气候较为温暖。又《华阳国志》载江州"有荔枝园，至熟，二千石常设厨膳，命士大夫共会树下食之"⑤，《水经注》亦载江州"荔枝园，夏至则熟，二千石常设厨膳，命士大夫共会树下食之"⑥，常璩为西晋人，郦道元为北魏人，二人对江州荔枝园荔枝结实为人食用的记载相同，说明西晋、北魏江州荔枝结实可食用。荔枝为喜温植物，适宜温度为年均 18—20℃，现在重庆年均温为 15—17℃，说明西晋、北魏江州气候比现在温暖。西晋巴蜀荔枝生长北界在成都—巴中一线，即北纬 31°—32°，现在巴蜀荔枝种植北界在泸州、合江一线，即北纬 29°左右，可见西晋至今荔枝种植北界南移了 2—3 个纬度，则西晋巴蜀北纬 31°—32°气候与今泸州、合江一带气候相当⑦，说明西晋时巴地、蜀两气候比现温暖。

　　公元 7—10 世纪初（隋唐时期），巴地气候状况总体较温暖湿润。

　　据重庆巫山下沱遗址地层磁化率和孢粉综合分析结果显示，唐宋时期地层磁化率值较高，孢粉组合以木本和草本植物为主，有少量蕨类植物，有淡水藻类，木本植物主要为青冈属、芸香科、忍冬属、桃金娘科和朴属，反映气候温暖湿润。⑧

① （晋）常璩著，刘琳校注：《华阳国志校注》（修订版），第 19 页。
② （北魏）郦道元撰，（清）王先谦校：《合校水经注》，第 535 页。
③ （晋）常璩著，任乃强校注：《华阳国志校补图注》，第 5 页。
④ （南朝·梁）萧统编，（唐）李善注：《文选》卷 4。
⑤ （晋）常璩著，刘琳校注：《华阳国志校注》（修订版），第 27 页。
⑥ （北魏）郦道元著，（清）王先谦校：《合校水经注》，第 487 页。
⑦ 蓝勇：《历史时期西南经济开发与生态变迁》，第 192—193 页。
⑧ 张芸、朱诚、张之恒：《长江三峡巫山下沱遗址环境考古》，《海洋地质与第四纪地质》2007 年第 3 期，第 113—118 页。

文献记载也反映隋唐时期巴地气候温暖湿润。唐梁载言《十道志》载南郑县黄牛山"有再熟之稻"①，南郑即今陕西省汉中市，则唐初今汉中能种双季稻，现在汉中多为单季稻，每年 4、5 月播种，8、9 月水稻结实，唐初汉中水稻一年两熟，说明当时气候较温暖。李献卿《南楼诗序》载阆州"地暖而气清"②，说明唐代阆州气候温暖。唐王周《和杜运使巴峡地暖节物与中土异黯然有感》诗载"垂柳参差破绿芽，此中依约欲飞花。"③"此中"指大巴山南巴州，中土指长安、洛阳，是说中原和巴州在物候上差异较大，反映气候也有差异。杜甫《寄岳州贾司马六丈、巴州严八使君两阁老五十韵》诗载巴州"地僻昏炎瘴"④，则唐代巴州多瘴疠，"炎"反映气温偏高，也因为气候温暖，故唐代巴州产橙子成为进献朝廷的贡品⑤。唐代通州森林茂密，气候湿润，故元稹诗称"巴地湿如吴"⑥，又《酬乐天寄生衣》诗称通州"夜鸟声声哭瘴云"⑦，《酬乐天春寄微之》载"我随巴蟒瘴烟中"，《酬乐天见寄》载："瘴色满身治不尽，疮痕刮骨洗应难。"⑧《酬乐天闻李尚书拜相以诗见贺》载"若待更遭秋瘴后"⑨，《唐诗纪事》载通州"夏多阴霾，秋为痢疟"，《元徽之集》载"通之地丛秽卑偏，蒸瘴阴郁"⑩。白居易诗称通州"人稀地僻医巫少，夏旱秋霖瘴疟多"⑪。"瘴云""瘴烟"即瘴气，"瘴色满身""疮痕难洗"，"痢疟""瘴疟"是感染瘴气的结果，元稹、白居易诗文说明唐中晚期通州为瘴气多发地，瘴气频发是通州森林环境下湿热气候所致。又元稹《酬乐天叹穷愁见寄》诗载："三冬有电连春雨，九月无霜尽火云。并与巴南终岁热，四时谁道各平分。"⑫此也反映唐代后期通州一年四季均温暖湿润。又元稹《红荆》诗载："庭中栽得红荆树，十月花开不待春。"⑬红荆为柽柳科灌木或小乔木，叶似松针，夏季开花，元和年间通州红荆十月开花，物候期推迟也是气候温暖所致。郑谷

① （宋）王象之编：《舆地纪胜》卷 183《兴元府》，第 873 页。
② （宋）祝穆撰，祝洙增订，施和金点校：《方舆胜览》卷 67《阆州》，第 1173 页。
③ （明）曹学佺撰：《蜀中广记》卷 25，民国商务印书馆景印故宫博物院藏文渊阁本。
④ （宋）祝穆撰，祝洙增订，施和金点校：《方舆胜览》卷 68《巴州》，第 1188 页。
⑤ （宋）欧阳修、宋祁撰：《新唐书》卷 40《地理志》，第 1037 页。
⑥ （宋）祝穆撰，祝洙增订，施和金点校：《方舆胜览》卷 59《万州》，第 1042 页。
⑦ （唐）元稹撰：《元氏长庆集》卷 21《律诗》，第 110 页。
⑧ （唐）元稹撰：《元氏长庆集》卷 21《律诗》，第 109 页。
⑨ （唐）元稹撰：《元氏长庆集》卷 21《律诗》，第 111 页。
⑩ （宋）祝穆撰，祝洙增订，施和金点校：《方舆胜览》卷 59《达州》，第 1040 页。
⑪ （唐）白居易撰：《白氏长庆集》卷 15《律诗》，第 371 页。
⑫ （唐）元稹撰：《元氏长庆集》卷 21《律诗》，第 111 页。
⑬ （唐）元稹撰：《元氏长庆集》卷 21《律诗》，第 111 页。

《渠江旅思》诗载渠州"穷巴瘴雨多"[①]，多瘴岚反映唐晚期渠州气候也较温暖湿润。蔡叔伦《渐至涪州先寄王员外使君纵》诗载"毒瘴含秋气"[②]，元稹《瘴塞》诗载涪州"瘴塞巴山哭鸟悲"[③]，则唐中期涪州瘴气多发生于秋季[④]，说明唐中期涪州气候较为温暖。许琳《黔中书事》诗载黔州："岁时将近腊，草树未知寒。"[⑤]则黔州气候较为温暖。杜甫《郑典设自施州归》诗载"北风吹瘴疠"[⑥]，结合施州"林木深茂"的植被状况，晚唐施州气候也较暖湿。又唐代泸州、渝州、涪州、忠州、合州等地皆产荔枝，而目前川渝两地仅泸州—合江一线产荔枝，这种古今物候现象的差异也反映唐代涪州、忠州、合州等地气候要比现在温暖。

第二节 巴地植被及其变迁

巴地植被可分为自然植被和栽培植被两大类，这两类植被在巴地的分布及变化情况也不尽相同。

一、巴地自然植被及其变化

巴地处渝川陕鄂湘黔等省市毗邻地带，植被区系上属森林植被区，其中大巴山北坡、秦岭南坡及汉水河谷属北亚热带落叶阔叶林、常绿阔叶林混交林区，大巴山南坡及其以南嘉陵江、渠江流域、长江沿岸及峡江地带，武陵山区及江汉平原西部一带为亚热带常绿阔叶林区。这种自然植被分布格局自新石器时代至今并没有太大变化。

旧石器时代巴地森林植被茂密，主要地带性植被为亚热带常绿阔叶林，高山地带森林植被含落叶阔叶林和针叶林树种。从地层沉积物孢粉分析来看，重庆市丰都县井水湾、枣子坪旧石器时代遗址地层孢粉中含有栎、榆、胡桃、枫杨和山核桃等常绿及落叶阔叶树种，也含有很多松等针叶树种[⑦]，地带性植被

① （明）曹学佺著，刘知渐点校：《蜀中名胜记》，第 409 页。
② （唐）戴叔伦著，蒋寅校注：《戴叔伦诗集校注》，第 31 页。
③ （唐）元稹撰：《元氏长庆集》卷 21《律诗》，第 111 页。
④ 蓝勇：《唐代气候变化与唐代历史兴衰》，《中国历史地理论丛》2001 年第 1 辑，第 4—15 页。
⑤ （明）曹学佺著，刘知渐点校：《蜀中名胜记》，第 269 页。
⑥ （宋）祝穆撰，祝洙增订，施和金点校：《方舆胜览》卷 60《施州》，第 1053 页。
⑦ 中国科学院古脊椎动物与古人类研究所、重庆市文物局、泥河湾猿人观察站，等：《丰都井水湾遗址发掘简报》，重庆市文物局、重庆市移民局编：《重庆库区考古报告集·2000 卷》，第 1047—1056 页；中国科学院古脊椎动物与古人类研究所、泥河湾猿人观察站、重庆市文物局，等：《丰都枣子坪遗址发掘简报》，重庆市文物局、重庆市移民局编：《重庆库区考古报告集·2000 卷》，第 1083—1091 页。

为常绿阔叶林及落叶阔叶林与针叶混交林，井水湾遗址海拔高度 158.5—180.7 米间，这大致代表当时峡江河谷地带森林植被类型。据重庆铜梁张二圹旧石器遗址旧石器时代文化层孢粉组合和植物化石分析，张二圹海拔较低的阴湿地区为常绿阔叶林，建群树种以樟科为主，代表性树种为白楠、楠木、云山椆。海拔稍高山地为落叶阔叶林、常绿阔叶混交林，落叶阔叶林以山毛榉科、胡桃科和桦科为主，山毛榉科以水青冈为主，胡桃科以野核桃、胡桃为主，桦科以桦、鹅耳枥、桤木为主；常绿阔叶树种有杨梅、栲、山矾、冬青、芸香科，阔叶林中还混生少量紫杉、松、油杉等针叶树种。高山地带为针叶林，建群树种以云杉、冷杉、铁杉为主[①]，因此旧石器时代铜梁地带性森林植被为亚热带常绿阔叶林。据巫山张家湾遗址文化层第 7 层孢粉分析显示，地带性植物以蕨类植物和木本植物为主，草本植物较少[②]，说明旧石器时代大昌盆地植被主要由喜湿的亚热带植物石松、卷柏、紫萁、松等构成。

从森林动物与森林植被对应关系来看，旧石器时代巴地森林非常茂密。湖北长阳鲢鱼山旧石器时代动物有虎、黑熊、猪獾、大熊猫、剑齿象、中国犀、中国貘、水鹿、麂、麝、苏门羚、水牛[③]，这些动物均为亚热带森林动物，说明当时清江河谷鲢鱼山林木葱郁、草木繁茂，森林植被覆盖良好，植被类型属亚热带森林。湖南石门燕儿洞旧石器时代动物有猕猴、红面猴、华南豪猪、豺、熊、獾、虎、豹、东方剑齿象、巨貘、中国犀、猪、鹿、麂、羊、羚羊、牛[④]，猴、熊、象、虎、豹、猪习惯森林环境，兔、鼠、羊适于灌丛草地环境，貘、犀牛、牛喜林间沼泽环境，反映晚更新世晚期石门燕儿洞植被以亚热带森林为主，河谷地带间有沼泽草地。

旧石器时代巴地森林覆盖率达到多少？有人认为距今 10000 年前巴地森林覆盖率几乎是 100%。[⑤]在那些人迹罕至的区域可能如此，但在交通便利、人类聚居的河谷地带森林植被因人为活动而遭到一定破坏，森林覆盖率达不到 100%，不过由于早期农耕发展有限，加上人口稀少，人类聚居点也少，人类对森林的破坏力还不大，涉及地域有限，巴地绝大多数地方为原始森林所覆盖。

---

① 张森水、吴玉书、于浅黎，等：《铜梁旧石器遗址自然环境的探讨》，《古脊椎动物与古人类》1982 年第 20 卷第 2 期，第 165—179 页。

② 朱诚、于世永：《巫山大昌镇张家湾遗址剖面孢粉分析报告》，重庆市文物局、重庆市移民局编：《重庆库区考古报告集・1998 卷》，第 203—205 页。

③ 王善才主编：《清江考古》，第 11—24 页。

④ 湖南省文物考古研究所、石门县博物馆：《石门县燕儿洞旧石器遗址试掘》，湖南省文物考古研究所、湖南省考古学会编：《湖南考古辑刊》第 6 集，第 1—7 页。

⑤ 杨华：《三峡远古时代考古文化》，重庆：重庆出版社，2007 年，第 74 页。

新石器时代巴地森林植被仍然茂密，地带性植被以亚热带常绿阔叶林为主。因缺乏文献记录，因此我们可利用相关环境要素与森林的关联性对新石器时代森林植被进行分析。森林动物生存于森林环境中，草原动物生存于草原环境，水生动物则生活于河流、湖泊或沼泽中，巴地新石器时代遗址出土很多野生动物骨骸，这些野生动物为我们复原当时森林状况提供了信息。依据动物考古材料，可将新石器时代巴地野生动物及对应森林植被状况列表7-1。

表 7-1　新石器时代巴地野生动物及森林植被对照表

遗址名称	遗址位置	距今年代（年）	动物种类	相应植被状况
清水滩遗址①	湖北省宜昌市	4000—6000	鹿、野猪	森林茂密、灌木丛生
榀杆坪遗址②	湖北省长阳县	5000—6000	豪猪、竹鼠、大熊猫、黑熊、猪獾、豺、猞猁、豹猫、豹、猎豹、猕猴、红面猴、苏门犀、中国貘、野猪、苏门羚、小鹿、黑麂、獐、麝、梅花鹿、水鹿、四不象鹿	森林茂密
西寺坪遗址③	湖北省长阳县	5000—6000	豪猪、红面猴、食蟹獴、猪獾、黑熊、豹、苏门犀、大角鹿、獐、麝、水鹿、野猪、水牛、剑齿象	森林茂密
深潭湾遗址④	湖北省长阳县		猕猴、红面猴、鹿、獐、豪猪、猪獾、竹鼠	森林茂密
东门头遗址⑤	湖北省秭归县	7000—8000	熊、猴、小鹿、水鹿、爪哇野牛、普氏野马	河谷地带森林茂密，高山地带有草场
官庄坪遗址⑥	湖北省秭归县		野马、水鹿、大熊猫、大苏门羚、獐、青羊、豪猪、野猪、大角鹿	森林茂密
柳林溪遗址⑦	湖北省秭归县		华南虎、野猪、大角鹿、梅花鹿、犀、貘、水牛、水鹿	森林茂密，灌木丛生
楠木园遗址⑧	湖北省巴东县	6000—7000	亚洲象、豪猪、猴、熊、鹿	灌丛、茂密森林
店子头遗址⑨	湖北省巴东县		金丝猴、豪猪、狼、黑熊、青鼬、水獭、猪獾、果子狸、椰子猫、原猫、豹猫、华南虎、梅氏犀、爪哇犀、华南巨猿、野猪、麝、獐、赤鹿、小鹿、水鹿、苏门羚、青羊、岩羊、水牛	森林茂密

① 湖北省宜昌地区博物馆、四川大学历史系考古专业：《宜昌县清水滩新石器时代遗址的发掘》，《考古与文物》1983年第2期，第1—17页。
② 王善才主编：《清江考古》，第34—80页。
③ 王善才主编：《清江考古》，第81—148页。
④ 王善才主编：《清江考古》，第157—195页。
⑤ 国务院三峡工程建设委员会办公室、国家文物局编著：《秭归东门头》，第77页。
⑥ 武仙竹、周国平：《湖北官庄坪遗址动物遗骸研究报告》，《秭归官庄坪》，第603—618页。
⑦ 武仙竹：《湖北秭归柳林溪遗址动物群研究报告》，《秭归柳林溪》，第268—292页。
⑧ 国务院三峡工程建设委员会办公室、国家文物局编著：《巴东楠木园》，第148页。
⑨ 湖北省文物考古研究所：《巴东店子头遗址发掘简报》，国务院三峡工程建设委员会办公室、国家文物局编著：《湖北库区考古报告集》（第二卷），第35—45页。

续表

遗址名称	遗址位置	距今年代（年）	动物种类	相应植被状况
大溪遗址①	重庆市巫山县	5000—6000	野猪、麂、鹿、虎、豹、犀、象	森林茂密
三坨遗址②	重庆市奉节县	7000	豪猪、鹿类、羊、猪	灌木丛生
二马井③	重庆市开县		鹿	灌丛和森林
中坝遗址④	重庆市忠县	4000—4600	犀、叶猴	森林茂密
玉溪遗址⑤	重庆市丰都县	6000—7000	水鹿、黄麂、水牛、猪、黑熊、猪獾、狗、豹猫、狸猫、虎、花面狸、犀牛、猕猴、豪猪、竹鼠	森林茂密
清源遗址⑥	重庆市酉阳县		猕猴、狗、黑熊、猪獾、豹猫、虎、象、犀牛、猪、小鹿、水鹿、斑鹿、牛、竹鼠、豪猪、雉	茂密阔叶林、针阔混交林及灌丛和草丛

从表 7-1 可看出，在距今 7000—4000 年的新石器时代，无论是长江三峡河谷、清江河谷，还是乌江河谷地带都有大量森林动物栖息，这些动物生存的基本条件就是茂密的森林，因此森林动物栖身之地必定是森林繁密之地。

利用动物考古学成果只能得出森林植被非常茂密的认识，而巴地森林植被构成及类型信息可通过其他技术手段获得。据重庆铜梁旧石器遗址文化层第 5 层孢粉分析显示，其孢粉组合中乔木花粉占 10%，灌木及草本花粉占 1%，蕨类孢子占 10%，其中乔木有松科、胡桃、桦科等，蕨类植物有紫萁、水龙骨、莎草蕨等，第 5 层时代距今 5000 年左右，处全新世中期⑦，其中蕨类、乔木植物所占比例大致相当，反映距今 5000 年左右铜梁地带性植被属亚热带常绿阔叶林。而整个石器时代巴地各处森林都很茂密，尤多樟、栲、棕、枱等树种，地带性植被多含热带及亚热带常绿阔叶树种⑧，地带性植被为亚热带

① 四川长江流域文物保护委员会文物考古队：《四川巫山大溪新石器时代遗址发掘记略》，《文物》1961 年第 11 期，第 15—20、60 页。
② 中国科学院古脊椎动物与古人类研究所、重庆市文物局：《奉节三坨石器地点发掘报告》，重庆市文物局、重庆市移民局编：《重庆库区考古报告集·2000 卷》，第 509—513 页。
③ 邓子琴：《巴史新考》，《巴蜀史迹探索》，第 1—51 页。
④ 尹茜、朱诚、王福葆等：《长江三峡库区新石器时代典型遗址区全新世以来动物多样性研究》，莫多闻、曹锦炎、郑文红，等主编：《环境考古研究》第 4 辑，第 260—264 页。
⑤ 赵静芳、袁东山：《玉溪遗址动物骨骼初步研究》，《江汉考古》2012 年第 3 期，第 103—112 页。
⑥ 重庆市文物考古所、重庆文化遗产保护中心、四川大学历史文化学院考古学系编：《酉阳清源》，第 245—269 页。
⑦ 张森水、吴玉书、于浅藜，等：《铜梁旧石器遗址自然环境的探讨》，《古脊椎动物与古人类》1982 年第 2 期，第 165—179 页。
⑧ 林鸿荣：《四川古代森林的变迁》，《农业考古》1985 年第 1 期，第 162—167 页。

常绿阔叶林，局部区域内还含有热带树种。

新石器时代随着人口增多，巴地人类聚居点相应增多，新石器时代巴地遗址远比旧石器时代多。随着聚居点增多，人类对区域性环境的影响力度和强度也随之增大。人类聚居点分布、聚居点人口多少、人类生产生活方式等都对森林植被变迁产生直接影响。据民族学调查估算，采集狩猎者开发领域通常在围绕基地以 10 公里为半径范围内，或以 2 小时步行路程为半径范围内，大多数农耕群体开发领域通常在 5 公里或 1 小时步行路程为半径范围内[1]，不同生计方式下人类对环境施加影响的地域范围不同。在巴地农耕对森林的破坏要比狩猎采集大得多。我们知道定居往往与农耕生计方式是对应的，因此我们探讨人类对森林的破坏，聚居人群生计方式是一个很好的切入点。纵观巴地诸多新石器时代遗存多含农耕成分，农耕对森林最显著的影响是将森林植被变成栽培植被，就经济成效而言是满足了人们生产生活需求，但从环境角度而言却是对森林的破坏。如重庆巫山锁龙遗址距今 4600－4000 年前，居民生计方式以农耕为主，兼营少量采集和狩猎生产[2]，农耕对锁龙遗址方圆 5 公里以内河谷地带森林有所破坏；再如重庆江津王爷庙遗址出土许多石质农具和石质狩猎武器、石质捕鱼工具[3]，说明距今四五千年前江津王爷庙一带居民生计方式有农耕、狩猎和捕鱼，农耕和林木砍伐对王爷庙附近森林有一定破坏，其范围最多也不过方圆 5 公里，总体上王爷庙一带森林覆盖良好。而其他新石器时代遗址附近森林变化情况与锁龙遗址、王爷庙遗址相似。这些新石器时代遗址呈点状分布于巴地，各聚居点附近森林会受到人类不同程度的影响（影响程度主要取决于聚居点人口多寡及主要生计方式的选择），但对整个巴地森林广布的总体格局影响不大。

夏、商、西周时期巴地人口继续增多，人类聚居点相应增多（在考古学上表现为同期人类活动遗址、遗迹数量增多），人为活动对自然植被的破坏强度和广度增大，但总体上巴地森林植被依然非常茂密。

夏、商、西周巴地动物考古遗存中仍多森林动物，显示森林植被总体覆

---

① 重庆文物局、重庆市移民局编：《云阳走马岭墓地》，第 233 页。
② 成都市文物考古工作队、巫山县文物管理所：《巫山锁龙遗址发掘简报》，重庆市文物局、重庆市移民局编：《重庆库区考古报告集·1997 卷》，第 1—30 页；成都市文物考古研究所、成都市文物考古工作队：《巫山锁龙遗址发掘简报》，重庆市文物局、重庆市移民局编：《重庆库区考古报告集·1998 卷》，第 1—18 页。
③ 陈丽琼、黄世放：《江津王爷庙新石器时代遗址》，《重庆市博物馆历史考古文集（1950—1984）》，第 8—10 页。

盖状况良好。宜昌路家河商代动物有大角麂、黄麂、黑麂、貉、獾、水鹿[①]，麂科动物多生活于灌丛山林，貉、獾生活于灌丛中，水鹿生活于稀树草原，说明商代路家河一带山地为森林灌丛景观，近河滩地为稀树草地。秭归何光嘴商代动物有黑熊、野猪、小鹿、猕猴、水鹿、獐[②]，均为森林动物，表明商代何光嘴一带森林茂密。巴东黎家沱商周野生动物麂、獐、猕猴、野猪均为林栖动物[③]，反映黎家沱一带森林茂密。酉阳清源商周动物有猕猴、狗、黑熊、大熊猫、猪獾、豹猫、虎、犀牛、猪、小鹿、水鹿、斑鹿、牛、苏门羚、竹鼠、豪猪[④]，这些动物也多为森林动物，反映商周清源一带森林茂密。巴地其他地方商周野生动物群反映的也是茂密的森林景观。

夏商西周时期巴地森林植被构成和类型可通过地层沉积物孢粉分析来寻找线索。据路家河商代文化层孢粉分析显示，木本植物有松、柳、桑科、秀线菊，草本植物有禾本科、蒿、莎草科、十字花科、香蒲、石松、里白、海金沙、膜蕨科、碗蕨科、水龙骨科，还有苔藓和环纹藻[⑤]，说明商代路家河森林植被为亚热带常绿阔叶林。又据忠县甘蔗丘商周文化层孢粉分析显示主要植物有松科、落叶栎，还有毛茛科、菊科、蒿属等灌木及草本植物，表明森林植被也属亚热带常绿阔叶林；同时商周早期及商周中后期地层中还出土较多陶片等文化遗物及灰坑遗迹，表明商周时期甘蔗丘森林植被受到人类活动的影响较大[⑥]。

商周时期巴地森林茂密还可从文献中找到线索。荆山曾是早期巴人活动区域之一，《左传·昭公十二年》载楚子革称"昔我先王熊绎辟在荆山，筚路蓝缕以处草莽，跋涉山川以事天子"[⑦]，楚熊绎所处荆山为"山林""草莽"地，则西周初荆山一带森林茂密。又《说文·艸部》称"荆，楚木"，《说文·林部》称"楚，丛木，一名荆"，徐中舒《耒耜考》称"《说文》云'荆，楚木也'，因用树枝耕，故得训为楚木"[⑧]，据"荆""楚"的文字学分析可知，"荆

① 黄象洪：《路家河遗址出土动物遗骸鉴定报告》，《宜昌路家河——长江三峡考古发掘报告》，第134—140页。
② 国务院三峡工程建设委员会办公室、国家文物局编著：《秭归何光嘴》，第118—130页。
③ 张镇洪：《巴东县黎家沱遗址出土动物骨骼鉴定》，国务院三峡工程建设委员会办公室、国家文物局编著：《湖北库区考古报告集》（第一卷），第60—63页。
④ 重庆市文物考古所、重庆文化遗产保护中心、四川大学历史文化学院考古学系编：《酉阳清源》，第245—269页。
⑤ 韩辉友：《路家河遗址花粉分析报告》，《宜昌路家河——长江三峡考古发掘报告》，第141页。
⑥ 李冰：《长江忠县巫山考古遗址古环境研究》，广州大学硕士学位论文，2011年，第24—25页。
⑦ 杨伯峻编著：《春秋左传注》（修订本），第1339页。
⑧ 徐中舒：《耒耜考》，《历史语言研究所集刊》（第2册），北京：中华书局，1987年，第11—59页。

楚"是因茂密的森林得名，也说明荆楚地先秦时期森林茂密。

春秋战国时期巴地森林仍很茂密，地带性植被仍为亚热带常绿阔叶林。

据动物考古成果分析春秋战国时期巴地森林植被仍很茂密。忠县瓦渣地春秋战国时期野生动物有犀牛、麂、麝、水鹿、竹鼠①，犀牛为亚热带和热带潮湿丛莽草原和密林动物，麂、麝、水鹿生存于茂密森林，竹鼠生存于竹林，说明春秋战国时期瓦渣地一带森林茂密。秭归官庄坪东周动物有野猪、大角麂、水鹿②，也多为森林动物，说明东周官庄坪一带森林茂密。巴东罗坪周代野生动物有豹③，也反映周代罗坪有茂密森林。巴地其他地方也有类似情况。

春秋战国时期巴地森林植被茂密在文献中也有所反映。今陕南、鄂西、渝东战国时有"商于（於）"之名，《史记》载张仪说楚怀王"西取故秦所分楚商於之地方六百里"④，又《华阳国志》载涪陵郡"本与楚商於之地接，秦将司马错由之取楚商於地为黔中郡"⑤，所说为同一事件，都提到"商於"，即"商于"。学界对楚、秦"商於"地有争议，徐中舒认为"北起汉中，南迄巴、黔中，皆为楚商于地"⑥；沈仲常、孙华、贺刚等认为"商于"在重庆乌江下游黔江、彭水、酉阳、秀山等地⑦；段渝、谭晓钟认为商于指今河南省商县至河南省内乡县间地，得名于《史记·楚世家》"有商城在于中"，于中为地域⑧；杨宽、石泉认为商于地在今丹水中下游以西及汉水上游两岸，今鄂、豫、陕三省边界地带⑨。这些观点都言之有据，但却忽略了《史记》与《华阳国志》对"商于"地域认识的时代性，段渝、杨宽、石泉等"商于"地域界

① 黄蕴平、朱萍：《忠县瓦渣地遗址 T363 动物遗骸初步观察》，重庆市文物局、重庆市移民局编：《重庆 2001 三峡文物保护学术研讨会论文集》，第 273—278 页。

② 武仙竹、周国平：《湖北官庄坪遗址动物遗骸研究报告》，《人类学学报》2005 年第 3 期，第 232—248 页。

③ 武仙竹、杨定爱：《巴东罗坪遗址动物遗骸研究报告》，国务院三峡工程建设委员会办公室、国家文物局编著：《巴东罗坪》，北京：科学出版社，2006 年，第 409—418 页。

④ （汉）司马迁撰，《史记》卷 40《楚世家》，第 1723 页。

⑤ （晋）常璩著，刘琳校注：《华阳国志校注》（修订版），第 37 页。

⑥ 徐中舒：《巴蜀文化续论》，《论巴蜀文化》，第 48—137 页。

⑦ 沈仲常、孙华：《楚国灭巴考》，《贵州社会科学》1984 年第 6 期，第 52—56 页；贺刚：《论湖南秦墓秦代墓与秦文化因素》，湖南省文物考古研究所、湖南省考古学会编：《湖南考古辑刊》第 5 集，第 165—182 页；贺刚：《战国黔中三论》，湖南省文物考古研究所、湖南省考古学会编：《湖南考古辑刊》第 6 集，第 207—217、169 页。

⑧ 段渝、谭晓钟：《涪陵小田溪战国墓及所见之巴、楚、秦关系诸问题》，《四川文物》1991 年第 2 期，第 3—9 页。

⑨ 杨宽：《战国史》（增订本），上海：上海人民出版社，1998 年，第 359 页；石泉：《古巫巴黔中故址新探》，《古代荆楚地理新探续集》，第 13—31 页。

定主要依据是《史记》，反映了司马迁对"商于"地的认知，徐中舒、沈仲常、孙华、贺刚界定"商于"的主要依据是《华阳国志》，反映的是常璩的"商于"地域观，二者时代不同；在地域上常璩"商于"包括了司马迁"商于"，反映晋代"商于"地域概念是从汉代演化而来的，因此要追溯"商于"最初地域所指要看作为地名的"商于"最初出现于何时，因此我们认为"商于"地域当以段渝、杨宽、石泉界定的汉水流域一带为是。有学者从自然环境角度认为"于中"意为森林榛莽、阴樾淤塞的弃地①，若此说成立，则战国时汉水中上游为森林茂密、人烟稀少之地。

文献记录显示春秋战国时期鄂西山地森林茂密。《山海经》载景山"木多杼、檀"②，荆山"木多松、栢，其草多竹，多橘、櫾"，因森林茂密，故又"多豹、虎"③，可见先秦荆山森林茂密，建群树种为松、柏，也有橘、柚等经济林木。又《墨子》载"荆有长松文梓楩枏豫章"④，松、梓、梓、楩、枏、豫章皆为古树名，说明包括荆山在内的荆楚之地林木资源丰富，多高千丈、围百尺的豫章木，森林茂密。

文献载战国时期峡江地区林木资源非常丰富。《盐铁论》载战国末期楚地"左陵阳之金，右蜀汉之材，伐木而树谷，燔莱而播粟"⑤，战国末期峡江地区也包括在"蜀汉"地域内，多"蜀汉之材"说明包括峡江地区在内的楚地森林密布，林木资源丰富。又《吕氏春秋》载吴起谓荆王"荆所有余者地也，所不足者民也"⑥，吴起在楚国变法使楚成为强国，当时楚国地广人稀，楚巴地也是如此，多数地方为亚热带原始森林覆盖。又宋玉《高唐赋》载峡江巫山"玄木冬荣。煌煌荧荧，夺人目精"，"榛林郁盛，葩叶覆盖。双椅垂房，纠枝还会。徙靡澹淡，随波暗蔼。东西施翼，猗狔丰沛"⑦，描述的是峡江巫山一带林深木茂的自然景观。

川东、重庆及陕南汉水上游战国末期有白虎及虎群为害，"秦昭襄王时有一白虎，常从群虎数游秦、蜀、巴、汉之境，伤害千余人。昭王乃重募国中有能杀虎者，赏邑万家，金百镒。时有巴郡阆中夷人，能作白竹之弩，乃登

---

① 徐中舒：《巴蜀文化续论》，《论巴蜀文化》，第48—137页。

② 袁珂校注：《山海经校注》，第181页。

③ 袁珂校注：《山海经校注》，第182页。

④ 吴毓江撰，孙启治点校：《墨子校注》，第764页。

⑤ 王利器校注：《盐铁论校注》（定本），北京：中华书局，1992年，第41—42页。

⑥ 许维遹撰，梁运华整理：《吕氏春秋集释》，北京：中华书局，2009年，第597页。

⑦ （南朝·梁）萧统编，（唐）李善注：《文选》卷19。

楼射杀白虎"[1]。白虎与虎群说明巴地、蜀地、秦地和汉中战国末年有虎群活动，这些虎当属华南虎，历史时期西南地区华南虎栖息地森林覆盖率约为50%[2]，若此说不差，则战国末期秦、巴、蜀和汉中森林覆盖率至少在50%以上。又《山海经》载鬲山"兽多犀、象、熊、罴，多猿、蜼"[3]，鬲山即今米仓山，处四川南江、通江、万源、陕西镇巴境内，蜼即仰鼻猴，则米仓山先秦有犀、象、熊、罴、猿、仰鼻猴等动物，长臂猿通常 3—10 只成群活动，主要栖息于海拔 2500 米以下热带雨林或南亚热带常绿阔叶林、落叶阔叶林中，米仓山多长臂猿表明米仓山森林茂密。又《山海经》载洛水"兽多虎、豹"，洛水出岷山，即《水经注》洛水，今沱江，则先秦洛水流域有虎豹出没。又《山海经》载江水"兽多犀、象"[4]，江指长江，则洛水、江水河谷有犀、象、虎、豹等森林动物栖息，说明先秦洛水、长江河谷沿线森林茂密。

武陵山区战国时楚置黔中郡，秦取巴、楚后亦置黔中郡，后或改洞庭郡，黔中郡在今鄂、湘、渝、黔毗邻地带。"黔"或作"黚"，《广韵》此二字下或载"黑而黄"，或云"黄黑色"，或谓"浅黄黑色"，徐中舒认为"黄黑就是农村公社外围林箐中幽暗沈郁之色"[5]，若此说成立，也反映战国秦朝时武陵山地多原始森林。

通过动物考古研究和文献资料分析，春秋战国时期巴地多有茂密的森林。当时森林植被构成和类型如何？结合地层沉积物孢粉分析和前文讨论可有个大致的认识。据巫山张家湾遗址第 5、6 文化层孢粉分析显示，植物中草本和蕨类植物占优势，木本植物较少，草本植物主要有温带菊科和毛茛科唐僧草，蕨类植物主要有麟毛蕨和瓶蕨，木本植物主要是温带栗，反映东周至东汉地带性植被为落叶阔叶林—草原植被[6]，现该地植被为中亚热带落叶阔叶林和针阔混交林。又据巫山林家码头遗址第 3、4 文化层孢粉分析显示，该地木本植物有松属、栎属，草本植物有蒿，蕨类植物有金毛狗、凤尾蕨，藻类植物有

---

① （南朝·宋）范晔著，（唐）李贤等注：《后汉书》卷 86《南蛮西南夷列传》，第 2842 页。又（晋）常璩撰，刘琳校注《华阳国志校注》（修订版）（第 11 页）载"秦昭襄王时，白虎为害，自秦、蜀、巴、汉患之。秦王乃重募国中：'有能杀虎者，邑万家，金帛称之'。于是夷胸忍廖仲药、何射虎、秦精等乃作白竹弩于高楼上，射虎，中头三节。白虎常从群虎，瞋恚，尽搏杀群虎，大吼而死"，所载与《后汉书》约略相同。

② 蓝勇：《历史时期西南经济开发与生态变迁》，第 13 页。

③ 袁珂校注：《山海经校注》，第 192 页。

④ 袁珂校注：《山海经校注》，第 189 页。

⑤ 徐中舒：《巴蜀文化续论》，《论巴蜀文化》，第 48—137 页。

⑥ 朱诚、于世永：《巫山大昌镇张家湾遗址剖面孢粉分析报告》，重庆市文物局、重庆市移民局编：《重庆库区考古报告集·1998 卷》，第 203—205 页。

环纹藻①，反映东周至汉代林家码头植被是以常绿栎属和针叶树松属为主的针阔混交阔叶林，现植被为以栎属为主的亚热带常绿阔叶林。据地层沉积物孢粉分析可知春秋战国时巴地森林树种喜冷树种有所增多，与东周至西汉末巴地气候相对寒冷有关。但由于巴地处亚热带，尽管耐寒树种有所增多，但地域性植被仍以樟楠占优势的亚热带常绿阔叶林为主②，巴地森林植被仍属亚热带常绿阔叶林类型。

春秋战国时期随着巴地人口增加，人为活动在更大范围内对森林分布格局产生影响。在人类聚居地及其附近，茂密的亚热带森林逐渐向乔木、灌木、林缘隙地、疏林草地交错分布格局转化；在部分河谷坪坝及浅丘地带部分原始森林开始向农地、次生杂木林以及经济林转化。③由于人为砍伐和樵采，部分亚热带常绿阔叶林开始向非地带性森林及杂木林转化，当时巴地居民动辄砍伐横径超过 1 米的楠木制作船棺，或作棺椁，或构建干阑式房屋，或制作木制器具，历代相沿成习；巴人善造船，船舶促进了川渝与荆楚间的交流，也使江河两岸部分森林遭到人为砍伐；巴人善制盐，制盐离不开薪炭林砍伐；巴人挖丹砂炼丹、采铜矿炼铜、采铁矿炼铁也要砍伐树木作燃料，所有这些活动都会对巴人住居地附近森林构成程度不同的破坏。

巴人板楯蛮因使用木制盾牌得名。古代盾牌名目有吴魁、须盾、羌盾、陷虏（露见）、步盾、子盾、木络、犀盾、木盾等④，板楯即木盾，以木板制作而成。陕西宝鸡竹园沟弶国墓地曾出土板楯 12 件，还出土陶尖底罐、柳叶形铜剑、巴式铜戈等器物，表明弶人与巴人关系密切，弶人板楯即板楯蛮木楯。春秋战国时巴人与周边各国征战不休，为保证军力，需强化军械制作，板楯是巴人士兵常备武器，大量制造盾牌对巴地林木资源也会有所消耗。

《史记》载巴蜀"地饶……竹、木之器"⑤，说明先秦至西汉初巴、蜀地区能提供制作竹、木器所需材料，林木资源丰富；砍伐林木制作竹、木器具也会使聚居点附近森林向非地带性森林及杂木林转化。

冬笋坝、宝轮院出土船棺多是长 5 米多，直径 1 米多的整段楠木制成，随葬有木弓、木盘、木棒、木梳等器具，材质为楠木和松木⑥，这些楠木、松

① 郑卓、谭惠忠、王宏：《林家码头遗址环境年代检测分析》，重庆市文物局、重庆市移民局编：《重庆库区考古报告集·2001 卷》，第 144—146 页。
② 林鸿荣：《四川古代森林的变迁》，《农业考古》1985 年第 1 期，第 162—167 页。
③ 林鸿荣：《四川古代森林的变迁》，《农业考古》1985 年第 1 期，第 162—167 页。
④ （汉）刘熙撰：《释名》卷 7，第 112—113 页。
⑤ （汉）司马迁撰：《史记》卷 129《货殖列传》，第 3261 页。
⑥ 四川省博物馆编：《四川船棺葬发掘报告》，第 79—80、17 页。

木当取自墓地附近山林，说明战国至西汉初期巴地多楠木、松木。又忠县崖脚战国墓地 DM25 墓椁板为整段香樟木制成，最宽达 1.15 米①，则香樟树胸径至少达 1.15 米。峡江地带、乌江流域、沅水流域曾发现大量先秦悬棺，棺木多为粗大的整段楠木制成。湖南桃源三元村战国楚墓椁为杉木，棺为楠木，还随葬木俑、木盾等器具②，说明战国中期桃源县一带有楠木、杉木。辰溪米家滩战国楚墓楠木棺侧板为整块木板，宽 0.57—0.7 米③，说明战国时期辰溪一带有胸径达 0.57—0.7 米楠木生长。明清时期酉水流域永顺司、保靖司都曾承担皇木采办任务，说明到清初酉水流域仍有粗大笔直的楠木，由此反推先秦时期也应有楠木生长。一般伐木都是先伐最粗壮、最高大的巨木，然后是稍粗、稍高适用林木，直至适用林木伐尽。按此规律推断，今重庆九龙坡铜罐驿、四川昭化宝轮院一带、忠县崖脚及峡江地带、乌江流域、湖南桃源、酉水、辰溪及沅水流域在战国至汉代有丰富的楠、香樟、松、杉等林木，森林茂密；而人为采伐对局地林木资源有一定消耗。

由于先秦巴地人口数量和规模有限，人为活动只对局部区域森林植被有影响，但对巴地森林植被总体面貌影响不大，渝、川、陕、鄂、湘、黔毗邻地带仍多为森林覆盖。有人据平坝地貌在西南地区所占比例推测先秦西南地区森林覆盖率达 80%—90%④，先秦巴地森林覆盖率很可能超过 90%。

秦汉巴地森林依然茂密，但由于人口增多，人为活动对局部森林植被的影响有所扩大。

秦汉巴地有"山林竹木蔬食果实之饶"⑤，说明巴地林木资源很丰富。动物考古也印证了这一点，巴东罗坪汉代动物有黑熊、豹、野猪、小鹿、水鹿、苏门羚等森林动物⑥，说明汉代罗坪森林茂密。秭归土地湾汉代动物有小熊猫⑦，小熊猫主要生活在原始密林中，以竹笋、野果为食，说明汉代土地湾一带仍为原始森林景观。汉代房屋建筑也显示巴地森林资源丰富，板楯蛮房屋为干

---

① 郑利平：《忠县崖脚墓地出土战国木椁现状调查与劣化分析》，《考古与文物》2009 年第 4 期，第 105—107、111 页。

② 常德地区文物工作队、桃源县文化局：《桃源三元村一号楚墓》，湖南省文物考古研究所、湖南省考古学会编：《湖南考古辑刊》第 4 集，第 22—32 页。

③ 怀化地区文物工作队、辰溪县文化局：《米家滩战国墓发掘报告》，湖南省文物考古研究所、湖南省考古学会编：《湖南考古辑刊》第 4 集，第 33—47 页。

④ 蓝勇：《历史时期西南经济开发与生态变迁》，第 16 页。

⑤ （汉）班固撰，（唐）颜师古注：《汉书》卷 28《地理志》，第 1645 页。

⑥ 武仙竹、杨定爱：《巴东罗坪遗址动物遗骸研究报告》，国务院三峡工程建设委员会办公室、国家文物局编著：《巴东罗坪》，第 409—418 页。

⑦ 武仙竹：《长江三峡动物考古学研究》，第 361 页。

阑建筑，南充东汉岩墓石刻浮雕图案中干阑式房屋分两层，独木梯连接上下两层[①]，修筑干阑建筑需大量木料，它的存在和延续有赖于巴地丰富的林木资源，同时木结构房屋建筑对巴人聚居点附近林木也有一定消耗。从地带性森林树种来看，山地多松树、杉树和杂木，如湖南龙山里耶出土大量秦简材质为松木、杉木和杂木[②]，这些树种应属地带性植被的建群树种。

秦汉时期巴地人口持续增加，西汉巴郡人口约为 708 148 人[③]，东汉增加到 1 086 049 人[④]，增加了 377 901 人。为满足新增人口的粮食需求，农作物种植会相应增多，农田面积也会相应扩大，对局部区域天然森林植被的萎缩会有一定影响。东汉末年大巴山以南河川地带主要生计方式以农业为主、渔猎为辅，渠江流域在顺帝、桓帝时有禾种植，嘉陵江河谷逐渐形成以稻作为主的农业区，不过河川近旁低山地带仍为野兽出没、森林茂密之地。[⑤]即便在河川地带，除农作物外还有部分人工经济林，如江阳、江州栽种有荔枝，鱼复、朐忍栽有柑橘，巴地还产桑蚕、漆、茶[⑥]，巴地荔枝、柑橘、桑树、漆树和茶树等经济林木一定程度上使巴地人口聚居区林地覆盖率维持在一个较高的水平。

西汉嘉陵江以西河川地带多已开垦成农田，丘陵地带和山区仅有零星种植业，多数地方仍为原始森林，巴郡阆中、充国、安汉、垫江、宕渠等地垦殖指数为 4.67%，东汉垦殖指数增加至 6.64%[⑦]，总体上垦殖率较低，说明数森林覆盖率较高。四川盆地东部平行岭谷农业发展非常缓慢，两晋南北朝时以渔猎为主的僚人迁入后，更加重了地区性渔猎经济的比重，农耕一度停滞不前，唐代农耕才有所发展，而农业主要为旱地农业，以畬田为主要耕作方式，耕作技术相对落后。西汉巴郡江州、枳、临江、朐忍县，犍为郡江阳、符县垦殖指数为 4.50%，东汉巴郡增置宣汉、平都 2 县，垦殖指数增加至 7.30%[⑧]，垦殖率总体偏低。西汉巴郡鱼复、涪陵县等地垦殖指数为 2.73%，东汉垦殖指数为 2.95%[⑨]，垦殖指数略有增加，但仍较其他地方低，表明森林

① 董其祥：《古代的巴与越》，《巴史新考》，第 8—33 页。
② 湖南省文物考古研究所、湘西土家族苗族自治州文物处、龙山县文物管理所：《湖南龙山里耶战国—秦代古城一号井发掘简报》，《文物》2003 年第 1 期，第 4—35 页。
③ （汉）班固撰，（唐）颜师古注：《汉书》卷 28《地理志》，第 1603 页。
④ （南朝·宋）范晔撰，（唐）李贤等注：《后汉书》，第 3507 页。
⑤ 郭声波：《四川历史农业地理》，第 26—27 页。
⑥ （晋）常璩著，刘琳校注：《华阳国志校注》（修订版），第 6 页。
⑦ 郭声波：《四川历史农业地理》，第 433—434 页。
⑧ 郭声波：《四川历史农业地理》，第 450 页。
⑨ 郭声波：《四川历史农业地理》，第 455 页。

植被受农耕发展影响很小，多数地方仍为天然森林覆盖。尽管汉代巴地农耕经济有所发展，局部区域森林植被为栽培植被取代，但对巴地森林茂密的总体面貌影响不大。

随着河谷地带农耕的发展，森林为栽培植物取代后，个别地域在湿润多雨的气候条件下出现水土流失。如湖北巴东黎家沱地表坡度15—35°，遗址第三区下江边发现商周石器、陶片及汉至六朝时期瓷片，其上第四区北侧不见古代遗物，表明江边零散的古代遗物是从第四区散落下去的，散落下去的原因当是洪水冲刷的结果。又从地质结构分析第一区堆积为次生堆积，一类是遗物很少的黑沙层，为丰水期长江倒灌淤泥；一类是黄褐色土层，在约 300 平方米范围内无人类活动遗迹，但堆积物层中包含有较大陶片、瓷片和石器，它们应是来自坡地上方，也是水土流失的结果[1]，应是汉六朝时期人类破坏森林后，坡地在雨水冲刷下出现水土流失，致使早期文化遗物被搬运到坡地下方形成次生堆积。又据大昌盆地张家湾西汉遗址 T 911 剖面粒度、磁化率等环境代用指标并结合周边遗址分析，汉代张家湾因盲目砍树导致生态恶化，缺乏植被保护的松散堆积坡面发生过严重的水土流失。[2]不过秦汉时期巴地水土流失现象并不普遍，主要是当时农耕发展有限，对森林的破坏仅限于河谷地带局部区域内。

魏晋南北朝巴地森林依旧茂密，人为活动对局部区域森林植被变化有一些影响。

晋代汉水上游森林茂密。左思《蜀都赋》载"良木攒于褒谷"[3]，褒谷即今秦岭南坡汉水北岸支流褒水河谷，说明晋代褒水河谷地带森林茂密，多巨木良材。

魏晋南北朝三峡地区森林植被仍很茂密。袁山松《宜都山川记》载三峡"林木高茂，略尽冬春。猿鸣至清，山谷传响，泠泠不绝"，高大林木经冬至春不凋萎，其间多猿猴栖息；宜都郡丹山赤气"笼盖林岭如丹色"[4]，"林岭"说明丹山森林茂密。从江陵到秭归沿长江北岸多有丹山，巫山为大丹山，其余名小丹山[5]，若此说成立，则自宜都西至巫山峡江地带皆有茂密的森林。晋

① 山东大学考古系：《巴东黎家沱遗址发掘简报》，国务院三峡工程建设委员会办公室、国家文物局编著：《湖北库区考古报告集》（第一卷），第 11—46 页。
② 张强、朱诚、姜逢清，等：《重庆巫山张家湾遗址 2000 年来的环境考古研究》，《地理学报》2001 年第 3 期，第 353—361 页。
③ （梁）萧统编，（唐）李善注：《文选》卷 4。
④ （晋）袁山松：《宜都山川记》，刘纬毅辑：《汉唐方志辑佚》，第 117、118 页。
⑤ 周集云：《巴族史探微》，第 3 页。

宜都郡佷山县东下鱼城山"有林木池水，人田种于山上"[1]，说明东下鱼城山森林覆盖良好，局部森林为栽培作物取代。盛弘之《荆州记》载三峡"绝巘多生怪柏"，"林寒涧肃"[2]，郦道元《水经注》载三峡"素湍绿潭，回清倒影"[3]，则峡江水质清澈碧绿，与三峡地区森林覆盖良好、水土流失甚微有关。又《舆地纪胜》载归州苍云山"山色苍翠"，"山有黑虎，晋永嘉四年于此得黑虎"[4]，峡江地带从无黑虎，"黑虎"当为黑熊或黑豹。不管是虎、豹还是熊皆属森林动物，说明南朝刘宋时苍云山森林茂密适合野生兽类栖息。巴东宝塔河六朝兽纹砖上有豺形象[5]，反映六朝时宝塔河有适合豺生存森林环境。又梁元帝《早发龙巢》诗载奉节"初言前浦合，定觉近洲开。不疑行舫动，唯看远树来"[6]，说明奉节森林植被良好。又梁元帝《巫山高》诗载"树杂山如画，林暗涧疑空。"[7]王泰诗载："树交凉去远，草合影开迟。"范云诗："岩悬兽无迹，林暗鸟疑飞。"陈后主诗："巫山巫峡深，峭壁耸春林。"[8]诗中描绘的都是南朝巫峡两岸林深木茂、景色如画的环境状态。西魏废帝时扶猛讨伐信州蛮自罗州"别道直趣白帝。所由之路，人迹不通。猛乃梯山扪葛，备历艰阻"[9]，西魏罗州治上庸县[10]，即今湖北竹山县，白帝城在今重庆奉节县，则西魏时今竹山至奉节路途中多是荒无人烟的森林，致使扶猛行军异常艰难。峡江地区植被类型从巫山张家湾地层孢粉可见一斑，第 4 文化层孢粉组合中蕨类和木本植物占优势，植被主要由亚热带海金沙、紫萁、水龙骨科和大量榆、小芭、栗组成，草本植物主要为亚热带水生泽泻科慈菇、泽泻[11]，植被类型仍为亚热带常绿阔叶林。

魏晋南北朝时期武陵山区森林依然茂密。刘宋时宜都、天门"诸郡蛮所居皆深山重阻，人迹罕至焉"[12]，说明宜都郡、天门郡廪君蛮聚居地人口稀少，

① （晋）袁山松：《宜都山川记》，刘纬毅辑：《汉唐方志辑佚》，第 120 页。
② （清）王谟辑：《汉唐地理书钞》，第 326 页。
③ （北魏）郦道元著，（清）王先谦校：《合校水经注》，第 493 页。
④ （宋）王象之编：《舆地纪胜》卷 74《归州》，第 446 页。
⑤ 武汉大学考古系：《巴东宝塔河遗址六朝墓葬发掘简报》，国务院三峡工程建设委员会办公室、国家文物局编著：《湖北库区考古报告集》（第一卷），第 242—251 页。
⑥ （明）曹学佺著，刘知渐点校：《蜀中名胜记》，第 294 页。
⑦ （明）杨慎编，刘琳、王晓波点校：《全蜀艺文志》卷 9《诗》，第 206 页。
⑧ （明）曹学佺著，刘知渐点校：《蜀中名胜记》，第 318 页。
⑨ （唐）令狐德棻等撰：《周书》卷 44《扶猛传》，第 795 页。
⑩ 潘新藻：《湖北省建制沿革》，第 506 页。
⑪ 朱诚、于世永：《巫山大昌镇张家湾遗址剖面孢粉分析报告》，重庆市文物局、重庆市移民局编：《重庆库区考古报告集·1998 卷》，第 203—205 页。
⑫ （唐）李延寿撰：《南史》卷 79《夷貊传》，第 1980—1981 页。

很多地方仍处未开发的原始状态,森林茂密。萧齐时解叔谦入宜都郡求药,"遥见山中一老公伐木"[1],则宜都郡山中多林木,森林覆盖良好。魏晋时临沅县三石涧"茂竹便娟,致可玩",平西山"南临沅水,寒松上荫,清泉下注",沅南县枉人山"山西带修溪一百余里,茂竹便娟,披溪荫渚"[2],反映临沅县、沅南县森林覆盖良好。

　　魏晋南北朝川东、重庆一带森林仍然茂密。西晋末僚人北迁巴地,他们"依树积木,以居其上,名曰干阑,干阑大小,随其家口之数",构建这种干阑房屋建筑需要大量粗大树木,说明僚人聚居地林木资源丰富,而僚人"自汉中达于邛、筰,川洞之间,所在皆有。种类甚多,散居山谷"[3],地域上也包有巴地。北周梁州僚人"保据岩壑,依林走险"[4],也反映僚人居地为山深林密之地。西魏北周时南梁州"山路艰险,人迹罕至",贺若敦伐谯淹不得不"攀木缘崖"而行[5],南梁州治今四川阆中市,说明西魏、北周嘉陵江流域森林茂密。当时渠江流域有栽培作物种植,今四川巴中市南美农台"相传昔梁太守桓宣于此劝农而筑"[6],若属实,则南朝萧梁时在四川巴中一带的农耕可能使部分林地被开垦成农田。不过巴地森林茂密状态一直延续到唐代,唐南平僚地"多瘴疠。山有毒草、沙虱、蝮蛇,人楼居,梯而上,名为干栏"[7],南平僚地在今重庆南川、綦江一带[8],多瘴疠说明自然环境仍处原始状态,森林密布。

　　左思《蜀都赋》载四川盆地"树则有木兰、榱桂、杞、櫹、椅、桐、棕、枒、楔、枞、梗、柟。幽蔼于谷底,松柏蓊郁于山峰"[9],榱桂即肉桂,杞即杞柳,櫹即楸木,椅即山桐子,桐即泡桐,枒即椰树,楔即椵或郴柏,枞即冷杉,梗即黄梗木,柟即楠木。据这些树种习性分析,四川盆地及盆周山地森林植被有垂直地带性差异,盆地及盆缘河谷平坝为亚热带常绿阔叶林,较高山地为温带落叶阔叶林,高山地带为以冷杉为代表的亚高山暗针叶林[10],魏晋时期四川盆地及盆周山地森林垂直地带性分异明显,盆地东部巴地也当如此。

① (唐)李延寿撰:《南史》卷73《孝义传》,第1821页。
② (北魏)郦道元著,王先谦校:《水经注》,第573页。
③ (唐)李延寿撰:《北史》卷95《僚传》,第3154页。
④ (唐)令狐德棻等撰:《周书》卷49《异域传》,第892页。
⑤ (唐)令狐德棻等撰:《周书》卷28《贺若敦传》,第474页。
⑥ (明)曹学佺著,刘知渐点校:《蜀中名胜记》,第373页。
⑦ (宋)欧阳修、宋祁撰:《新唐书》卷222《南蛮传》,第6325页。
⑧ 董其祥:《古代的巴与越》,《巴史新考》,第8—33页。
⑨ (南朝·梁)萧统撰,(唐)李善注:《文选》卷4。
⑩ 林鸿荣:《四川古代森林的变迁》,《农业考古》1985年第1期,第162—168页。

魏晋南北朝乌江下游森林也很茂密。晋《蜀地志》载涪陵南界"榛险中有果然兽①，果然兽即仰鼻猴，为典型森林动物②，晋涪陵郡在今渝东南乌江下游一带，则晋代乌江下游有适合仰鼻猴栖息的森林环境。

　　魏晋南北朝巴地森林依然茂密有其社会、自然原因。在三国蜀汉至隋数百年间，巴地社会经济深受战乱破坏，耕地荒芜，人口减少，至隋代川渝两地人口尚不及东汉人口一半；亚热带湿润气候也有利于巴地森林植被的保持和发育。③

　　隋唐时期随着巴地人口数量增加和经济开发力度加大，人为活动对森林的破坏相应加大。隋唐时期森林植被虽遭人为破坏，但巴地多数地方仍有茂密的森林。

　　隋唐渝州仍有茂密的森林。《广异记》载渝州开元末多虎暴④，唐渝州治今重庆市渝中区，又"唯有猿声啸水云"⑤，虎、猿皆为森林动物，说明唐代今重庆附近还有适合虎群、猿猴生存的森林环境，森林覆盖率至少在 50%以上。又《十道志》载缙云山"林木郁茂"⑥，则唐代缙云山森林茂密。宋代渝州狼猱乡僚民"构屋高树，谓之阁栏"，又"视木叶以别四时"⑦，构屋高树是丛林族群躲避野兽和适应湿热气候形成的住居习俗，据树叶辨别四季也是丛林生活的常识，表明宋代渝州山地仍多茂密森林，反推隋唐亦当如此。又《新唐书·地理志》载渝州贡葛、药实⑧，葛、药材等经济林木资源获得一定程度开发和消耗。唐渝州璧山县重璧山"天宝中诸逃户多投此营种"⑨，则唐中期璧山部分林地被辟为农田，局地森林为栽培作物取代。

　　隋唐南州多森林。唐代南州萝缘山"多楠木，堪为大船"⑩，瀛山"林翳葱郁"，得胜山"林木郁茂"，最高山"林箐深密"，龙拳山"中多丛箐"⑪，说明唐代南州多茂密的森林。而南州所属南平獠地"多瘴疠。山有毒草、沙虱、蝮蛇，人楼居"⑫，瘴疠、毒草、沙虱、蝮蛇、树居也反映了南平獠居地

① （宋）李昉等撰：《太平御览》卷 910《兽部》，第 4034 页。
② 文榕生：《中国珍稀野生动物分布变迁》，济南：山东科学技术出版社，2009 年，第 112 页。
③ 林鸿荣：《历史时期四川森林的变迁（续）》，《农业考古》1985 年第 2 期，第 215—224、240 页。
④ （宋）李昉等编：《太平广记》卷 427《虎妇》，第 3475 页。
⑤ （宋）王象之编：《舆地纪胜》卷 175《重庆府》，第 845 页。
⑥ （宋）王象之编：《舆地纪胜》卷 175《重庆府》，第 843 页。
⑦ （宋）乐史撰，王文楚等点校：《太平寰宇记》卷 136《渝州》，第 2660 页。
⑧ （宋）欧阳修、宋祁撰：《新唐书》卷 42《地理志》，第 1091 页。
⑨ （宋）王象之编：《舆地纪胜》卷 175《重庆府》，第 843 页。
⑩ （唐）李吉甫撰，贺次君点校：《元和郡县图志》卷 30《南州》，第 743 页。
⑪ （宋）王象之编：《舆地纪胜》卷 180《南平军》，第 860 页。
⑫ （宋）欧阳修、宋祁撰：《新唐书》卷 222《南蛮传》，第 6325 页。

森林密布、虫蛇肆虐的环境状态。

隋唐涪州仍有茂密的森林。武龙县涪江"两山林木","薪蒸赡足"①，森林非常茂密。许雄山有誓虎碑，"近碑仆，虎入城，县官设祭，复立之，虎遂止"②，宋代复立誓虎碑，则碑初立在宋以前，说明宋以前涪州有虎患，又《朝野金载》载武则天时涪州武龙多虎暴③，也印证了誓虎碑是可信的，宋代涪州还有虎入城④，则唐宋涪州森林覆盖率当在 50% 左右。又戴叔伦《渐至涪州先寄（王员）外使君纵》诗载"树入夜郎烟"⑤，张祜《送李长史归涪州》诗载"叠嶂树无行"⑥，也反映涪州森林茂密。不过农业发展对森林有一定破坏，《龟陵志·风俗门》载涪州"刀耕火种，惟涪、梁、重庆郡稍有稻田"⑦，《龟陵志》即《涪陵郡志》，成书于唐代，则唐代涪州农耕多刀耕火种，对涪州山林有一定破坏，地势低平有水源的河谷地带则有稻田。武元衡《渐至涪州先寄王使君》诗称涪州"树入夜郎烟"⑧，说明涪州乌江沿线依然林木茂密。

隋唐黔州也有茂密的森林。旧《图经》载黔州"人户星居"⑨，则唐代黔州人口稀少，又因"阴雨多晦，草木少雕"⑩，天然林木多亚热带常绿树种。黄庭坚《黔江县题名记》载黔州蛮夷"猛则鸟兽骇而走箐中"⑪，又歌罗驿《竹枝歌》载"入箐攀天猿掉头"⑫，"箐"为大面积森林，宋代黔州多"箐"，唐代亦当如此。又刘禹锡《送义舟师却还黔南》诗"猿狄窥斋林叶动"，刘长卿《送任侍郎黔中充判官》诗"猿随万里客"⑬，反映黔州乌江两岸有适合猿栖息的森林环境，也印证了黔州森林茂密。唐代黔州"秋输米粮"⑭，有农耕的发展，农耕可能导致部分森林为栽培作物取代。

隋唐泸州森林较茂密。泸州安乐山"万木森翠羽"，镜子山"峰峦葱蒨"⑮，

① （宋）王象之编：《舆地纪胜》卷 174《涪州》，第 839 页。
② （宋）王象之编：《舆地纪胜》卷 174《涪州》，第 841 页。
③ （宋）李昉等编：《太平广记》卷 426《酉耳兽》，第 3471 页。
④ （宋）王象之编：《舆地纪胜》卷 174《涪州》，第 841 页。
⑤ 《全唐诗》卷 273《戴叔伦》，第 9 册，第 3095 页。
⑥ （明）杨慎编，刘琳、王晓波点校：《全蜀艺文志》卷 20《诗》，第 553 页。
⑦ （宋）王象之编：《舆地纪胜》卷 174《涪州》，第 838 页。
⑧ （唐）戴叔伦著，蒋寅校注：《戴叔伦集校注》，第 31 页。
⑨ （宋）祝穆撰，祝洙增订，施和金点校：《方舆胜览》卷 60《绍庆府》，第 1054 页。
⑩ （宋）王象之编：《舆地纪胜》卷 176《黔州》，第 847 页。
⑪ （宋）祝穆撰，祝洙增订，施和金点校：《方舆胜览》卷 60《绍庆府》，第 1055 页。书中原作"奏箐中"，根据上下文意，"奏"当为"走"，说的是黔州蛮夷在苛政下易躲避入山林。
⑫ （宋）祝穆撰，祝洙增订，施和金点校：《方舆胜览》卷 60《绍庆府》，第 1056 页。
⑬ （宋）王象之编：《舆地纪胜》卷 176《黔州》，第 849 页。
⑭ （宋）王象之编：《舆地纪胜》卷 176《黔州》，第 847 页。
⑮ （宋）祝穆撰，祝洙增订，施和金点校：《方舆胜览》卷 62《泸州》，第 1086 页。

富义县中岩"林木葱茂，宛有丛林气象"，西畴"万松森列，嘉树离立"①，则唐代泸州仍有不少茂密的森林。五代时泸州瑞鹿山有白鹿出没②，且"峡深藏虎豹"③，合江县安乐山也是树木丛生，藤萝柏竹相间有虎、豹出没④，则五代至宋代瑞鹿山、安乐山有鹿、虎、豹等森林动物，表明两地森林广布，反推唐代也当如此。宋代渝州、泸州森林覆盖率大致在65%以上⑤，而隋唐渝州、泸州森林覆盖率至少为65%或更高。

隋唐合州也有茂密的森林。合州东山"有松万章，望之郁然"，北岩"有柏数千章，围八九尺"⑥，龙多山"佳木美竹，岗峦交植"，"山禽岩兽，捷翾互鸷。晓吟暗啼，听之凄凄"⑦，则唐代合州山地森林茂密、草木丰茂适合野生动物生存。又陈子昂《合州津口别舍弟至东阳峡步趁不及》诗载"林岸随天转"，又《图经》载缙云山"多林木"⑧，说明合州南至东阳峡沿嘉陵江及缙云山一带林深木茂。铜梁县安居坝"溪源幽邃，林岭相映"，"古树连云密"，"麋麕寒思晚，猿鸟暮声秋"⑨，则安居坝一带有适合猿、麋、麕栖息的茂密森林。《新唐书·地理志》载合州贡葛、桃竹箸、双陆子、橙、牡丹、药实等林产⑩，显示唐代合州林木资源丰富，林产品开发又消耗了部分林木资源。又唐代合州"田亩桑麻，左右交映"⑪，农业发展可能使合州附近部分河谷地带森林为栽培作物取代。

隋唐渠州有茂密的森林。唐代渠州"林深箐密，岩穴幽邃"⑫，大部分地方仍多原始森林，其间还有犀牛出没⑬。大竹铜锣山宋代称虎啸山⑭，则是宋代渠州还有老虎活动，犀、虎为森林动物，则渠州森林覆盖率至少达50%。大竹县"以邑界多产大竹为名"⑮，则大竹县多竹林。又渠州秀屏山"草木丛

① （宋）王象之编：《舆地纪胜》卷167《富顺监》，第830页。
② （明）夏原吉等纂修：《寰宇通志》卷68《泸州》，玄览堂丛书续集本。
③ （宋）汪元量撰，孔凡礼辑校：《增订湖山类稿》卷4《古今体诗》，北京：中华书局，1984年，第145页。
④ （宋）王象之编：《舆地纪胜》卷153《泸州》，第764页。
⑤ 蓝勇：《历史时期西南经济开发与生态变迁》，第29页。
⑥ （宋）王象之编：《舆地纪胜》卷159《合州》，第797页。
⑦ （明）曹学佺著，刘知渐点校：《蜀中名胜记》，第257页。
⑧ （明）曹学佺著，刘知渐点校：《蜀中名胜记》，第240页。
⑨ （明）曹学佺著，刘知渐点校：《蜀中名胜记》，第259页。
⑩ （宋）欧阳修、宋祁撰：《新唐书》卷42《地理志》，第1090页。
⑪ （宋）王象之编：《舆地纪胜》卷159《合州》，第797页。
⑫ （宋）王象之编：《舆地纪胜》卷165《广安军》，第822页。
⑬ （唐）裴庭裕撰：《东观奏记》卷下，《宋唐史料笔记丛刊》，北京：中华书局，1994年，第133页。
⑭ 蓝勇：《历史时期西南经济开发与生态变迁》，第36页。
⑮ （宋）王象之编：《舆地纪胜》卷162《梁州》，第810页。

茂"①，森林茂密。唐代渠州农耕也破坏了部分森林。元稹《南昌滩》诗载渠江两岸"畲余宿麦黄山腹"②，渠江沿岸部分森林被麦等农作物取代。梁平县"稻田蕃庑，常多丰年"③，则梁平多有水稻种植。华蓥山、梁平、大竹、渠县、邻水等地山地约占 45%，而平坝、丘陵地带还有次生林、经济林，则唐代渠州森林覆盖率至少在 50% 左右。④唐代渠州土贡药实⑤，则唐代渠州多产药材，而产地主要在新明县鱼泉、富灵山等地⑥。

隋唐果州仍有茂密的森林。王维《送杨长史赴果州》诗载关中至果州"鸟道一千里，猿啼十二时"⑦，则果州北至长安驿途多有猿猴，而猿猴为林栖动物，说明果州北至长安驿道沿线有茂密的森林。又《宋史》载太平兴国三年（978 年）果州、阆州等地有虎群出没为害⑧，反推唐代果州、阆州也当有虎群活动，则唐代果州森林覆盖率应在 50% 左右。而果州果山"层峰秀起，松柏生焉"⑨，说明唐代果州治地果山一带仍有成片自然林木生长。不过因持续的农田垦殖、用材林木和薪炭林木砍伐，果州附近森林大量被消耗，以致修筑郡城开元观，"州司差工匠及道流，将泝嘉陵江于利州上游采买采木"⑩，要远至嘉陵江上游利州采办木材，说明果州附近林木资源耗损严重。

隋唐阆州仍有茂密的森林。杜甫《南池》诗载"清源多众鱼，远岸富乔木。独叹枫香林，春时好颜色。"⑪此说明唐代南池一带林深木茂多枫香树。又《发阆中》诗"山木惨惨天欲雨"⑫，则阆中附近有茂密的山林。其中锦屏阁"茂林斑若锦，秀巇矗如屏"⑬，文成山"峰峦耸列，林木葱蒨"⑭，苍溪"层岩抱林木"⑮，则是锦屏阁、文成山、苍溪等地森林茂密，这大概也是当时阆州一带森林植被状况的缩影。

---

① （宋）王象之编：《舆地纪胜》卷 165《广安军》，第 823 页。
② （唐）元稹撰：《元氏长庆集》卷 20《律诗》，第 105 页。
③ （宋）王象之编：《舆地纪胜》卷 179《梁山军》，第 856 页。
④ 蓝勇：《历史时期西南经济开发与生态变迁》，第 36 页。
⑤ （宋）欧阳修、宋祁撰：《新唐书》卷 40《地理志》，第 1039 页。
⑥ （宋）王象之编：《舆地纪胜》卷 165《广安军》，第 823 页。
⑦ （唐）王维撰，（清）赵殿成笺注：《王右丞集笺注》卷 8《近体诗》，上海：上海古籍出版社，1961 年，第 146 页。
⑧ （元）脱脱等撰：《宋史》卷 66《五行志》，第 1451 页。
⑨ （明）曹学佺著，刘知渐点校：《蜀中名胜记》，第 398 页。
⑩ （明）曹学佺撰：《蜀中广记》卷 77《神仙极》，民国商务印书馆景印故宫博物院藏文渊阁本。
⑪ （唐）杜甫著，（清）仇兆鳌注：《杜诗详注》卷 13，第 1095 页。
⑫ （宋）祝穆撰，祝洙增订，施和金点校：《方舆胜览》卷 67《阆州》，第 1178 页。
⑬ （宋）文同撰：《丹渊集》卷 5，民国上海商务印书馆缩印明刊本，第 83 页。
⑭ （明）曹学佺著，刘知渐点校：《蜀中名胜记》，第 357 页。
⑮ （明）曹学佺著，刘知渐点校：《蜀中名胜记》，第 359 页。

隋唐巴州也有茂密的森林。严武《巴江喜雨》诗载巴州："江边万木大半绿，天外一峰无限青。"①绿树青山描述的是巴州的森林景观。唐代兴元府至巴州大竹路沿线"深溪峭岩，扪萝摸石……行人止宿，则以綑蔓系腰，萦树而寝"，王仁裕留题淮阴庙诗云"一握寒天古木深"②，"一握"指孤云、两角二山，说明唐代自汉中越米仓山至巴州道路沿线多茂密的森林。又《玉堂闲话》载唐五代米仓山有猿猴出没，且"鸷兽成群，食啖行旅"③，鸷兽指虎、豹一类猛兽，与猿同为森林动物，则宋代米仓山仍处原始森林状态，反推隋唐亦当如此。于逖《闻奇录》载安史之乱后归生"家寓巴州，遣使入蜀……遇虎于道"，"数虎辄来攫跃"④，则唐中晚期巴州有虎群出没，森林覆盖率至少达50%左右。唐代巴州多楠木，史俊《题巴州光福寺楠木》诗："此木尝闻生豫章，今朝独秀在巴乡。"⑤又杜甫《判府太中严公九日南山诗》诗也有"苍然老楠木"之语⑥，则是唐代巴州有老楠木树生长。唐代巴州土贡橙⑦，则巴州有橙栽种。巴州经济林木多桃竹，"桃竹出巴、渝间"，"巴州以竹根为酒注，为时所珍"⑧。

隋唐通州有茂密的森林。元稹《酬乐天得微之诗知通州事因成》载通州"虎怕偏蹄蛇两头"，其注载"通州元和二年偏蹄虎害人，比之白额。两头蛇，处处皆有之"⑨，则唐元和年间通州有虎、蛇为患，说明通州有适合虎、蛇栖息的茂密森林。又唐代通州巴人"多在山坡架木为居，自号阁栏头"⑩，又"山城木竖郛"⑪，架木为屋，竖木栅栏为城墙，都是因地制宜利用通州丰富的林木资源形成的独特景观。又《唐诗纪事》载通州"地湿垫卑褊，人士稀少……大有虎豹蛇虺之患，小有蟆蚋浮尘蜘蛛之类，皆能钻啮肌肤，使人疮痏。夏多阴淫，秋为痢疟"⑫，也反映唐代通州森林密布、气候湿热、各类野生动物繁殖，呈现出亚热带森林景观。今达州一带山地占74.14%，唐代森林覆盖率估计

---

① （明）曹学佺著，刘知渐点校：《蜀中名胜记》，第369页。
② （宋）李昉等编：《太平广记》卷397《大竹路》，第3182页。
③ （宋）李昉等编：《太平广记》卷433《王行言》，第3515页。
④ （宋）李昉等编：《太平广记》卷430《归生》，第3495页。
⑤ 《全唐诗》卷75，第3册，第819页。
⑥ 高文、高成刚编：《四川历代碑刻》，成都：四川大学出版社，1990年，第110页。
⑦ （宋）欧阳修、宋祁撰：《新唐书》卷40《地理志》，第1037页。
⑧ （宋）祝穆撰，祝洙增订，施和金点校：《方舆胜览》卷68《巴州》，第1186页。
⑨ （唐）元稹撰：《元氏长庆集》卷21《律诗》，第110页。
⑩ （唐）元稹撰：《元氏长庆集》卷21《律诗》，第110页。
⑪ （唐）元稹撰：《元氏长庆集》卷12《律诗》，第64页。
⑫ （宋）祝穆撰，祝洙增订，施和金点校：《方舆胜览》卷59《达州》，第1040页。

在 80% 左右。^①唐代通州的畲田耕作使部分森林为栽培作物取代。元稹《酬乐天得微之诗知通州事因成》诗载"田仰畲刀少用牛","田畴付火罢耘锄"^②，则唐代通州的畲田农业有一定的发展。元稹《南昌滩》诗载"畲余宿麦黄山腹"^③，宿麦即冬小麦，则唐代通州农作物有小麦，部分森林植被为栽培植被所取代。唐代通州土贡有枫香、白药实^④，则唐代通州有枫香、药材等经济林木。

隋唐壁州也有茂密的森林。壁州嘉佑寺："郁密乔树，葱蒨景态。"^⑤其森林茂密。孙氏园"密林抱清溪，微径入烟霭"，"披萝出潭上"，"断岩青松林，林下覆烟草。一径扪绿萝，数里寻芳藻"^⑥，八卦林"古木森立"^⑦，说明壁州多有森林分布。这种森林茂密状态一直持续到明清时期，明永乐初通江县还曾承担皇木采办任务，并留下皇木采伐石刻^⑧，清道光年间通江县境仍然"材木繁多"^⑨，森林覆盖状况仍保持良好。

隋唐集州也有茂密的森林。难江马鬃山"柏林掩映，连绵不断"，石门院"万木森翠"^⑩，菖蒲涧"嘉木交映，空森复耸"^⑪，说明难江县多有森林分布。唐代集州土贡药子^⑫，则集州森林中有丰富的药材资源。

隋唐利州也有茂密的森林。张说《再使蜀道》诗称昭化"鱼游恋深水，鸟迁恋乔木"^⑬，反映唐代昭化一带山好水好森林覆盖好，适合野生动物栖息繁衍。

隋唐梁州仍有茂密的森林。唐代梁州"刀耕火耨，民采穭为食，虽领十五郡，而赋入才比东方数大县"^⑭，穭为野生谷物，安史之乱后梁州汉水间农耕不足供给日常食粮需求，不得不采集野生植物籽实充粮，表明农耕发展有限，对森林的破坏也有限，河谷地带部分林地变为农田，但山地森林依然茂

① 蓝勇：《历史时期西南经济开发与生态变迁》，第 35 页。
② （唐）元稹撰：《元氏长庆集》卷 21《律诗》，第 110 页。
③ （宋）祝穆撰，祝洙增订，施和金点校：《方舆胜览》卷 65《梁州》，第 1126 页。
④ （宋）欧阳修、宋祁撰：《新唐书》卷 40《地理志》，第 1037 页。
⑤ （明）曹学佺著，刘知渐点校：《蜀中名胜记》，第 376 页。
⑥ （明）曹学佺著，刘知渐点校：《蜀中名胜记》，第 378 页。
⑦ （宋）王象之编：《舆地纪胜》卷 187《巴州》，第 895 页。
⑧ 张皓良、何旭渊、冯光国：《明代通江进京楠木采伐迹地小考》，《文史杂志》1988 年第 3 期，第 40 页。
⑨ （清）锡檀修，陈瑞生、邓范之纂：《通江县志》卷 2《舆地志》，清道光二十八年（1848 年）刻本。
⑩ （宋）王象之编：《舆地纪胜》卷 187《巴州》，第 895、896 页。
⑪ （明）曹学佺著，刘知渐点校：《蜀中名胜记》，第 381 页。
⑫ （宋）欧阳修、宋祁撰：《新唐书》卷 40《地理志》，第 1036 页。
⑬ （唐）张说撰：《张燕公集》卷 4，王云五主编：《丛书集成初编》，上海：商务印书馆，1937 年，第 38 页。
⑭ （宋）欧阳修、宋祁撰：《新唐书》卷 158《严震传》，第 4943 页。

密。南郑县鹿堂谷"多鹿"①，说明汉中河谷仍有适合鹿栖息的茂密森林。刘禹锡诗称褒水河谷"云树褒中路"、"绿树满褒斜"②，说明褒谷道沿线森林依然茂密。唐代梁州土贡红蓝、夏蒜、冬笋、糟瓜、柑、枇杷、茶③，表明唐代梁州农耕区内多有经济林木、经济作物生长。

隋唐洋州有茂密的森林。韩亿《洋州》诗载："地僻过冬稀见雁，箐深初夏已闻蝉。"④以此说明地理位置偏僻的洋州有茂密的森林。

隋唐金州仍有茂密的森林。方干《送姚合员外赴金州》诗载"树势连巴没"⑤，马戴《寄金州姚使君员外》诗载"空林虎自藏"⑥，杨徽之《翠光亭》诗载"冈舍俛重林"⑦，反映唐代金州有茂密的森林。唐代金州风俗"多猎山伐木，深有楚风"⑧，楚人善耕种，"伐木"也隐含有毁林垦荒、采集、砍伐木材等内容，则金州林木资源丰富，但毁林垦荒和林木砍伐会使金州部分林地为耕地所取代。《新唐书·地理志》载金州土贡茶牙、椒、干漆、椒实、杜仲、雷丸、枳壳、黄蘗、枳实，并设橘官⑨，表明金州也有林特产品的开发，也说明金州林木资源丰富。

隋唐忠州还有茂密的森林。白居易《初到忠州登东楼寄万州杨八使君》诗载"林峦少平地"⑩，则忠州山地多为森林覆盖。段文昌《修平都观记》载平都山"老柏万株"，"林木邃茂夹径，翠柏黄葛殆万株，有数十株是千年物"⑪，且"麋鹿时出没林间"⑫，白鹿山"林树丛密"⑬，鸣玉溪"古木苍然"⑭，说明唐中后期忠州很多地方森林依然茂密。但随着经济开发力度加大，部分森林也遭到破坏，白居易诗载忠州"隐隐煮盐火，漠漠烧畲烟"⑮，甘井河和汝溪河一带为忠州主要产盐区，为满足盐业生产对柴薪的需求，薪炭林砍伐对

① （宋）王象之编：《舆地纪胜》卷183《兴元府》，第874页。
② （唐）刘禹锡：《刘宾客文集》卷28，王云五主编：《丛书集成初编》，上海：商务印书馆，1937年，第235页。
③ （宋）欧阳修、宋祁撰：《新唐书》卷40《地理志》，第1034页。
④ （清）刘于义修，沈青崖纂：《陕西通志》卷97《艺文》。
⑤ 《全唐诗》卷649《方干》，第19册，第7460页。
⑥ 《全唐诗》卷556《马戴》，第17册，第6456页。
⑦ （宋）祝穆撰，祝洙增订，施和金点校：《方舆胜览》68《金州》，第1191页。
⑧ （宋）王象之编：《舆地纪胜》卷189《金州》，第905页。
⑨ （宋）欧阳修、宋祁撰：《新唐书》卷40《地理志》，第1033页。
⑩ （唐）白居易撰：《白氏长庆集》卷11，第250页。
⑪ （明）曹学佺著，刘知渐点校：《蜀中名胜记》，第280、278页。
⑫ （宋）祝穆撰，祝洙增订，施和金点校：《方舆胜览》卷61《咸淳府》，第1074页。
⑬ （明）曹学佺著，刘知渐点校：《蜀中名胜记》，第280页。
⑭ （宋）祝穆撰，祝洙增订，施和金点校：《方舆胜览》卷61《咸淳府》，第1072页。
⑮ （唐）白居易撰：《白氏长庆集》卷11，第250页。

甘井河、汝溪河盐场附近森林破坏较大；伐木烧畲的农耕方式又使沿江河居民聚居点附近天然森林为栽培植被所取代。随着人口增多这种破坏有愈演愈烈之势，白居易《南宾郡斋即事寄杨万州》诗注载"忠州刺史以下，悉以畲田粟给禄食"①，官家俸禄以畲田粟支给对畲田发展是一种推动力，畲田发展使更多山林被辟为农田，林地为农作物粟取代。又《图经》载"蜀地多山，多种黍为酒，民家亦饮粟酒"②，载培作物中有黍、粟。人工植被除农作物外还有经济林木，唐代忠州有荔支（枝）、丹橘、素奈、野桃、山杏、水林檎等果木③，还有人工景观林，如唐代白公曾在临江县龙昌寺栽植柳树成林④。

隋唐万州境内多有森林。郑谷《寄南浦谪官》诗载"青山绕万州"⑤，"青山"表明万州附近林木葱茂。州境上下岩一带"古木倒挂藤萝昏"，"寺古松楠老"⑥，桂溪"两岸多桂木"⑦，岑公岩一带"松篁藤萝，蓊蔚葱翠"⑧，这些地方都有茂密的森林。唐代万州贡药子⑨，表明药用植物得到开发利用。唐代万州还引入洛阳李树，白居易《和杨万州嘉庆李》诗"东都绿李万州栽"，说的就是此事⑩，洛阳李树移栽万州丰富了万州经济果木种类。

隋唐开州很多地方有茂密的森林，经济开发也消耗了部分森林资源。唐宋开州"重田神，春则刻木虔祈，冬则用牲解赛，邪巫击鼓以为淫祀"⑪，"重田神"，"虔祈""用牲解赛""为淫祀"反映开州居民重视农耕，农耕发展会使河谷地带部分林地被辟为农田。农耕区内还有经济林木和药材栽植，《新唐书·地理志》载开州贡柑、苤苢实⑫，柑为经济果木，苤苢即车前草，为药材，则唐代开州又有柑橘及车前草栽种。

隋唐夔州仍有茂密的森林。唐代夔州至襄州沿线"林麓无际"⑬，大宁河巫溪一带"多瘴。土人以茱萸咽茶饮之，可以辟岚气"⑭，多瘴说明森林植被

---

① （唐）白居易撰：《白氏长庆集》，第252页。
② （宋）祝穆撰，祝洙增订，施和金点校：《方舆胜览》61《咸淳府》，第1076页。
③ （唐）白居易撰：《白氏长庆集》卷19，第474页。
④ （宋）祝穆撰，祝洙增订，施和金点校：《方舆胜览》卷61《咸淳府》，第1074页。
⑤ （宋）祝穆撰，祝洙增订，施和金点校：《方舆胜览》卷59《万州》，第1046页。
⑥ （明）曹学佺著，刘知渐点校：《蜀中名胜记》，第345页。
⑦ （宋）王象之编：《舆地纪胜》卷179《梁山军》，第856页。
⑧ （宋）祝穆撰，祝洙增订，施和金点校：《方舆胜览》卷59《万州》，第1045页。
⑨ （宋）欧阳修、宋祁撰：《新唐书》卷40《地理志》，第1030页。
⑩ （宋）祝穆撰，祝洙增订，施和金点校：《方舆胜览》卷59《万州》，第1046页。
⑪ （宋）乐史撰，王文楚等点校：《太平寰宇记》卷137《开州》，第2671页。
⑫ （宋）欧阳修、宋祁撰：《新唐书》卷40《地理志》，第1038页。
⑬ （宋）王象之编：《舆地纪胜》卷181《大宁监》，第864页。
⑭ （宋）祝穆撰，祝洙增订，施和金点校：《方舆胜览》卷58《大宁监》，第1032页。此处中华书局本《方舆胜览》标点点校有误。此处"。"应标注于"瘴"字之后。瘴为瘴气，"瘴土"无义，不可解。"土人"即当地土著居民。故此处标点，当从笔者所引。

茂密，气候湿热。又光绪《大宁县志》载宁厂古镇"从前概系老山，箐密林深"①，也印证了唐代大宁河"多瘴""林麓无际"的真实性。夔州下岩"古木倒挂松萝昏"②，基本处在原始森林状态。杜甫《夔州歌十绝句》诗"枫林橘树丹青合"③，又《白帝》诗"翠木苍藤日月昏"④，反映峡江地带仍有成片林地。又《子规》诗称云安县"两边山木合"⑤，也反映云安县峡江两岸森林茂密。但唐代畲田耕作、柴薪砍伐也消耗了部分山林，对天然森林植被有一定破坏。杜甫《戏作俳谐体遣闷》诗称夔州"畲田费火耕"⑥，《自瀼西荆扉且移居东屯茅屋四首》诗"斫畲应费日"注载"荆楚多畲田，先纵火烧炉，候经雨下种。盖田历三岁，土脉已竭，不可复树艺，故须烧榛以肥其土"，又"峡中多高山峻谷，地少平旷，东屯距白帝五里而近，稻田水畦，延袤百顷，前带清溪，后枕崇冈，树林葱蒨，气象深秀"⑦；刘禹锡《畲田行》诗载"何处好畲田，团团缦山腹。钻龟得雨卦，上山烧卧木。惊麏走且顾，群雉声咿喔"，"青林望靡靡"，又《竹枝词》载"山上层层桃李花……长刀短笠去烧畲"⑧；又杜甫《秋日夔府咏怀奉寄郑监审李宾客一百韵》载"煮井为盐速，烧畲度地偏"⑨；范成大《劳畲耕》诗序载"畲田，峡中刀耕火种之地也。春初斫山，众木尽蹶，至当种时，伺有雨候，则前一夕火之，藉其灰以粪；明日雨作，乘热土下种，即苗盛倍收，无雨反是。山多硗确，地力薄，则一再斫烧始可艺。春种麦豆，作饼饵以度夏，秋则粟熟矣"⑩，这些诗词都描述了唐代夔州畲田耕作。畲田主要分布于山坡或山麓，畲田耕作对象为林地，是先将林木杂草砍倒在地，放火焚烧，以燃烧后的灰烬粪田，然后进行播种。畲田耕作既说明夔州有可供耕作的林地，森林广布，同时也表明随着畲田农业的发展，夔州部分林地为麦、豆、粟等栽培作物取代，林地变为农田。又夔州大昌、奉节、云安等地产盐，为满足煮盐的燃料需求，盐产地柴薪砍伐对森林也有所

---

① （清）高维岳修，魏远猷等纂：《大宁县志》卷三《食货志·盐茶》。

② （宋）王象之编：《舆地纪胜》卷182《云安军》，第867页。

③ （唐）杜甫著，（清）仇兆鳌注：《杜诗详注》卷15，第1303页。

④ （唐）杜甫撰，（宋）黄希注，（宋）黄鹤补注：《补注杜诗》卷30，《景印文渊阁四库库全书》，台北：商务印书馆，1983年，1069册，第547页。

⑤ （唐）杜甫著，（清）仇兆鳌注：《杜诗详注》卷14，第1252页。

⑥ （唐）杜甫著，（清）仇兆鳌注：《杜诗详注》卷20，第1794页。

⑦ （唐）杜甫著，（清）仇兆鳌注：《杜诗详注》卷20，第1747、1748、1746页。

⑧ （唐）刘禹锡：《刘宾客文集》卷27《乐府》，第219、222页。

⑨ （唐）杜甫著，（清）仇兆鳌注：《杜诗详注》卷19，第1700页。

⑩ （清）吴之振、吕留良、吴自牧选，（清）管庭芬、蒋光煦补：《宋诗钞》，北京：中华书局，1986年，第1759页。

破坏。又杜甫《负薪行》载夔州妇女"十有八九负薪归，卖薪得钱应供给"[1]，柴薪砍伐对夔州居民点附近森林也有所消耗。唐代农耕区内还有经济林木，《新唐书·地理志》载夔州贡茶、柑、橘[2]，则夔州多有这几种经济林木。

隋唐三峡一带森林依然茂密。《玉堂闲话》载有人经瞿塘峡"见一物圆如大囷，辊至平地，莫知其何物也。细而看之，乃是一蛇也，遂剖而验之。乃蛇吞一鹿，在于腹内，野火烧燃，堕于山下"[3]，巨蛇所食鹿为森林动物，则瞿塘峡两岸有适合鹿生存的森林环境。又刘仪美《自归州陆行至夔州》诗载："户口村无几，犁锄力不堪。林荒樗栎寿，月黑虎狼贪。"[4]归州治今湖北秭归县，夔州治今重庆奉节县，说明宋代夔、归二州峡江两岸为人口稀少、虎狼栖息的林深木茂之地，反推隋唐也当如此。又刘方平诗载："万重春树合，十二碧峰齐。"阎立本诗"绿树春娇明月峡"[5]，反映唐代巫峡两岸森林茂密。唐代西陵峡森林也较茂密，《舆地纪胜》载归州野猪山"山多野猪"，麝香山"山多麝香"[6]，野猪、麝皆为林栖动物，则野猪山、麝香山森林茂密。《玉堂闲话》载峡州李孤竹"入山采木"[7]，有木可采说明唐代峡州林木资源丰富，采木活动对森林资源有一定消耗。另考古发现距今 290 年前巫山大脚洞一带仍有长臂猿活动[8]，由此反推唐代更是如此，而长臂猿为森林动物，也说明唐代巫峡有茂密的森林。考古还发现宋代三峡有熊猴、大灵猫、云豹、华南虎[9]，也反映峡江地区宋代有大面积原始森林，反推隋唐森林状况更是如此。唐代经济开发对峡江地区森林变化也产生了影响。唐代归州土贡纻葛、茶，峡州土贡纻葛、箭竹、柑、茶、芒硝、五加、杜若、鬼臼[10]，则反映唐代归州、峡州的经济开发对林木资源构成一定的消耗。唐代四川盆地四缘山地垦殖率较低，约为 1.12%（表 7-2），渝东峡江地区也在这个范围内，垦殖率也在 1.12% 左右。唐代峡江地区农耕区主要集中在沿江平坝及浅丘地带，万州、梁山、垫江等地还出现梯田，多以畬田方式耕作，对峡区森林有一定破坏。经过隋

---

① （唐）杜甫著，（清）仇兆鳌注：《杜诗详注》卷 15，第 1285 页。
② （宋）欧阳修、宋祁撰：《新唐书》卷 40《地理志》，第 1029 页。
③ （宋）李昉等编：《太平广记》卷 459《瞿塘峡》，第 3760 页。
④ （明）曹学佺：《蜀中广记》卷 21，民国商务印书馆景印故宫博物院藏文渊阁本。
⑤ （明）曹学佺著，刘知渐点校：《蜀中名胜记》，第 319 页。
⑥ （宋）王象之编：《舆地纪胜》卷 74《归州》，第 447 页。
⑦ （宋）李昉等编：《太平广记》卷 459《徐坦》，第 3758 页。
⑧ 黄万坡、方其仁等：《巫山猿人遗址》，北京：海洋出版社，1991 年，第 182 页。
⑨ 武仙竹：《长江三峡动物考古学研究》，第 377—378 页。
⑩ （宋）欧阳修、宋祁撰：《新唐书》卷 40《地理志》，第 1028 页。

唐时期持续耕垦和采伐，至宋代"峡境虽饶于林木，而多去江远，正有力可买，猝难挽致"[1]，反映峡江江岸森林几近伐尽，而离江岸较远区域还有茂密的森林，宋代峡江地带森林分布格局是从隋唐演化而来的。唐宋峡江地带万州、涪州森林覆盖率可能在80%左右。[2]

表 7-2　汉唐时期川渝巴地垦殖指数统计表

时代	巴地名		垦殖指数（%）
	州郡	所辖县	
西汉	巴郡	阆中、充国、安汉、垫江、宕渠	4.67
		鱼复、涪陵	2.73
		江州、枳、临江、胸忍	4.50
	犍为郡	符、江阳	4.50
东汉	巴郡	汉昌	6.64
		江州、枳、临江、胸忍、宣汉、平都	7.30
		鱼复、涪陵	2.95
	犍为郡	符、江阳	7.30
隋	巴西郡	阆内、南部、苍溪、南充、相如、西水、晋城、奉国、仪陇、大寅	9.23
	义城郡	南部2县	
	清化郡	南部11县	
	宕渠郡	西部4县	
	泸川郡	富世	
	隆山郡	东部4县	
	义城郡	北部5县	0.87
	汉川郡	难江县	
	清化郡	北部3县	
	通川郡	万世县	
	巴东郡	中部4县、石城县	
	黔安郡	彭水县	
唐	合州		11.78
	果州		
	蓬州		
	阆州		
	巴州	南部8县	
	壁州	南部2县	
	通州	西部2县	

① （宋）洪迈撰，何卓点校：《夷坚志》，北京：中华书局，1981年，第883页。
② 蓝勇：《历史时期西南经济开发与生态变迁》，第33页。

续表

时代	巴地名		垦殖指数（％）
	州郡	所辖县	
唐	渠州	西部 2 县	11.78
	泸州	富义县	
	通化郡	东部 3 县	1.12
	清化郡	北部 2 县	
	始宁郡	东部 2 县	
	盛山郡	万岁县	
	南宾郡	南宾县	
	涪陵郡	武龙县	
	黔中郡	北部 5 县	

资料来源：郭声波：《四川历史农业地理》，成都：四川人民出版社，1992 年，第 434—435、450、455—456 页。

隋唐施州也有茂密的森林。施州禄山"富有禽兽，足充夷人之庖，洞蛮恃以为廪禄"，猿啼山"林木深茂，啼猿声韵比诸山最多"[1]，说明两地多野生动物、森林茂密。黄庭坚描述建始"箐路开如掌样平"[2]，"箐"即大面积密林，说明宋代建始森林茂密，反推唐代也当如此。唐代经济开发对施州森林植被也有影响，杜甫《郑典设自施州归》载施州"乃闻风土质，又重田畴辟"[3]，《黔中记》载施州"伐木烧畬以种五谷"[4]，则畬田耕作使施州部分山林辟为农田，森林为栽培作物取代。唐代施州土贡黄连、药实[5]，施州有药材的开发利用。

隋唐澧州有茂密的森林。白居易咏澧州"烟林混舳舻"，表明澧州河谷有森林分布；"吏征鱼户税，人纳火田租"[6]反映当地居民从事畬田农业，部分山林被辟为农田。《新唐书·地理志》载澧州土贡竹簟、柑、橘、恒山、蜀漆[7]，而刘禹锡诗载"秋风门外旌旗动，晓露庭中橘柚香"[8]，盛赞澧州橘、柚香美，则唐代澧州有竹、柑、橘、柚、恒山、漆树等经济林木，尤以橘柚为盛。

① （宋）祝穆撰，祝洙增订，施和金点校：《方舆胜览》卷 60《施州》，第 1051 页。
② （明）曹学佺著，刘知渐点校：《蜀中名胜记》，第 352 页。
③ （唐）杜甫著，（清）仇兆鳌注：《杜诗详注》卷 20，第 1813 页。
④ （宋）祝穆撰，祝洙增订，施和金点校：《方舆胜览》卷 60《施州》，第 1052 页。
⑤ （宋）欧阳修、宋祁撰：《新唐书》卷 41《地理志》，第 1073 页。
⑥ （宋）祝穆撰，祝洙增订，施和金点校：《方舆胜览》卷 30《澧州》，第 544 页。
⑦ （宋）欧阳修、宋祁撰：《新唐书》卷 40《地理志》，第 1029 页。
⑧ （唐）刘禹锡：《刘宾客文集》卷 24《七言》，第 190 页。

隋唐辰州也有茂密的森林。唐代辰州蛮"挟山阻谷，依林积木，以为之居，人迹罕至"①，反映辰州地广人稀、森林广布。又《坤元录》载溆浦县乌石山"多茶树"，则辰州有成片茶树栽种；而大曲山"多枯木"②，则是大曲山有老林分布。唐代辰州土贡黄连、黄牙③，则唐代辰州林木资源的开发利用。

隋唐珍州也有茂密的森林。唐代珍州居民"以射猎山伐为业"，又"架木为阁，联竹为壁"，既以射猎活动为生，则有丰富的野生动物资源。架木为阁也要有丰富的林木资源为前提，反映唐代珍州森林茂密、野生动物资源丰富，而部分居民"以耕殖为业"④，农耕的发展又使部分森林为栽培植被取代。

通过文献分析我们对隋唐时期巴地森林植被覆盖状况有了较直观的认识，总体上巴地森林植被还较茂密，正如《玉堂闲话》载"巴賨之境，地多岩崖。水怪木怪，无所不有"⑤。但由于人为活动影响加剧，使部分森林消失，部分森林为栽培植被取代，栽培植被中有农作物，也有经济林木。

隋唐农耕对巴地森林植被破坏有多大？我们可从唐代巴地垦殖指数了解巴地农耕情况，进而了解巴地森林状况。隋代巴郡、涪陵郡、义城郡南部2县、清化郡南部11县、宕渠郡西部4县、泸川郡富世县、隆山郡东部4县垦殖指数为9.23%，但清化郡、宕渠郡属半农半渔猎区，义城郡属半农半牧猎区；唐天宝年间合州、果州、蓬州、阆州及巴州南部8县、壁州南部2县、通州西部2县、渠州西部2县、泸州富义县等地垦殖指数为11.78%（表7-2），垦殖率还较低，反映这些区域仍多森林分布，这与我们通过文献分析得出的巴地森林茂密的结论相吻合。隋唐时期四川盆地东部平行岭谷区农耕发展有限，隋代在此设置巴郡及巴东郡西部6县，宕渠郡南部2县，通川郡西部6县，泸川郡南部4县，垦殖指数约为1.82%；唐天宝年间该区域设有渝州、万州即渠州东部2县，通州东部5县，开州南部2县，忠州西部4县，涪州西部4县，泸州中部5县，垦殖指数为2.78%（表7-2），垦殖指数较隋代虽有所提高，但仍然偏低。隋代义城郡北部5县、汉川郡难江县、清化郡北部3县、通川郡万世县、巴东郡中部4县即石城县、黔安郡彭水县等地垦殖指数为0.87%；唐天宝年间云安郡、南川郡、溱溪郡、通化郡东部3县、

①（宋）祝穆撰，祝洙增订，施和金点校：《方舆胜览》卷30《辰州》，第545页。
②（宋）王象之编：《舆地纪胜》卷75《辰州》，第452页。
③（宋）欧阳修、宋祁撰：《新唐书》卷41《地理志》，第1073页。
④（宋）祝穆撰，祝洙增订，施和金点校：《方舆胜览》卷61《珍州》，第1078页。
⑤（宋）李昉等编：《太平广记》卷458《狗仙山》，第3750页。

清化郡北部 2 县、始宁郡东部 2 县、盛山郡万岁县，南宾郡南宾县、涪陵郡武龙县、黔中郡北部 5 县等地垦殖指数则为 1.12%（表 7-2），垦殖率在巴地中最低，表明这些区域农耕发展有限，对森林植被的破坏力度最小，森林植被保存良好。川中丘陵地区合州、果州、阆州、蓬州以及巴州南部、壁州南部、通州西部、渠州西部泸州富义县等地以丘陵为主，唐代垦殖指数为 11.78%（表 7-2），而大部分土地为林地、城镇用地和荒地，森林分布也存在较大差异，一般城镇附近、交通道路沿线、盐产地附近因受人为活动影响较大，森林覆盖率较低，而山地森林覆盖率相对较高；在人口聚居的平坝和浅丘地带，森林植被大多为栽培植被所取代，植被以栽培作物（农作物）、经济林木、观赏林木为主，森林覆盖率较低。宋代太平兴国三年（978 年）果州、阆州、蓬州、集州等地还有虎群出没为害[1]，说明宋代川中丘陵地带森林仍很茂密，森林覆盖率至少在 50% 以上。唐代因大量汉人迁入巴地，其中有不少逃户，陈子昂《上蜀川安危事》载唐代蓬州、果州、渠州、合州等地山林中逃户上万[2]，璧山县（今璧山区）地坝唐天宝前森林茂密，天宝间逃户迁入耕种[3]，使部分森林为农作物所取代。

唐代巴地人口数量较之前有大幅度增加，经济开发力度也相应加大，盆地、丘陵地带森林基本消失。[4]陈子昂《上蜀川安危事》称"今诸州逃走户有三万余，在蓬、渠、果、合、遂等州山林之中，不属州县。土豪大族阿隐兼容"，"光火大贼依凭林险巢穴其中"，"其三万户租赋即可富国"[5]，说明蓬州、渠州、果州、合州等地唐代迁入的 3 万户流民多聚居在"林险"即森林密布之地，则知蓬州、渠州、果州、合州仍有茂密的森林。这些逃户多事农耕，致使部分林地转化为耕地，森林为农作物和经济林木所取代。

唐代巴地农田开垦主要采用畲田方式进行，即俗称刀耕火种。畲田传入南方大致在西晋永嘉南渡后，畲田法为居住在南方山区正在向农耕时代过渡的非华夏族族群所采用，畲田多被称为夷俗、楚俗、巴俗，从事畲田活动的多为少数民族。唐代巴地仍有巴人后裔，这为畲田在巴地的推广提供了可能。[6]唐初四川盆地西部人满为患，西部人口渐次向巴地迁移，故唐贞观年间有三

---

① （元）脱脱等撰：《宋史》卷 66《五行志》，第 1451 页。
② 徐鹏点校：《陈子昂集》卷 8《杂著》，北京：中华书局，1962 年，第 175—176 页。
③ （唐）李吉甫撰，贺次君点校：《元和郡县图志》卷 33《渝州》，第 855 页。
④ 林鸿荣：《历史时期四川森林的变迁（续）》，《农业考古》1985 年第 2 期，第 215—224、240 页。
⑤ 徐鹏点校：《陈子昂集》卷 8《杂著》，第 175—176 页。
⑥ 郭声波：《四川历史农业地理》，第 50—53 页。

万户"逃户"进入嘉陵江、渠江流域，客观上推动了巴地农耕的发展，这也是唐代畲田耕作在嘉陵江、渠江流域及峡江地带迅速推广的重要原因。

与巴地亚热带气候条件相适应，历史时期自然植被中多有竹林。自更新世至唐代巴地动物考古多发现有竹鼠，及与竹林环境相关的大熊猫、小熊猫，说明巴地自然植被中竹林是重要的构成部分，即便是如今巴地范围内仍多有竹林生长。

二、栽培植被的分布与变迁

巴人时代巴地除森林植被外，还有一定数量的栽培植被。巴地栽培植被主要有农作物、经济作物、经济林木。从植被类型变化看，巴地植被总体变化趋势是天然森林植被逐渐减少，栽培植被地域逐渐扩大。

巴地种植农业历史悠久，重庆万州中坝子夏商周文化层有水田遗迹[1]，说明夏商周时期巴地就有水稻种植，《华阳国志》载"巴亦化其教而力农务"[2]，认为巴地农业是在蜀地影响下发展起来的，据中坝子水田遗迹来看，这种说法并不准确。

早期巴地栽培植被主要是粮食作物，粮食作物栽种与农耕发展状况相对应。在汉水中上游及其支流、长江三峡地区、嘉陵江、乌江、澧水和沅水流域都有密集的石器时代至商周时期人类文化遗址、遗迹，其中出土有较多野生动物骨骼和草木灰、红烧土，许多动物骨骼有火烧痕迹。野生动物有各种兽类，也有较多水生动物，特别是鱼类，出土农具多为石锄、蚌镰，未见金属农具[3]，推测当时经济活动以狩猎和捕鱼为主，采集和农耕为辅，人们多从自然界直接获取生活资料，粮食作物种植有限。这些遗址多位于河流阶地和缓坡地带，粮食作物也主要分布在这些遗址周围。

春秋战国时期巴地农业有所发展。这一时期巴地出土不少铜质、铁质及石质农具，与商周石质农具相比，生产工具有了改进，尤其是铁锸、镢、铲、犁铧的使用[4]，极大提高了生产效率，对农耕发展起到了很大的推动作用。《华阳国志》说"巴亦化其教而力农务"，虽然巴地农业未必源自蜀地，但成都平

---

① 王建新、王涛：《试论重庆万州中坝子遗址夏商周时期文化遗存》，《江汉考古》2002年第3期，第46—59页。
② （晋）常璩著，刘琳校注：《华阳国志校注》（修订版），第93页。
③ 蒋晓春：《三峡地区两汉时期农业发展状况初探》，《四川大学学报（哲学社会科学版）》2004年第5期，第123—129页。
④ 邹后曦、白九江：《三峡地区东周至六朝铁器的考古发现及相关问题的初步探讨》，《江汉考古》2008年第3期，第55—66页。

原发达的农业对巴地可能有些影响。《后汉书》载板楯蛮射杀白虎后，秦昭襄王"复夷人顷田不租，十妻不算"，秦与板楯蛮盟约中有"夷犯秦，输清酒一钟"①，"顷田不租"说明板楯蛮有种植农业，而清酒酿造则说明粮食生产有富余，战国时代巴地种植农业应有了一定规模。农业发展使粮食作物种植面积扩大，出现"川崖惟平，其稼多黍"，"野惟阜丘，彼稷多有"的景象。②云阳李家坝东周灰坑发现稻杆灰③，说明当时不仅河谷地带有农作物种植，山坡地也有旱地作物，反映东周巴地农作物种植由河谷阶地向山麓地带扩展。不过因当时巴地人口稀少，人类聚居地（人类活动遗址）较少，农作物分布地域虽有扩大，但总体上还显得零星稀散。

　　两汉巴地农耕经济有较大发展。两汉时期铁器在巴地广泛使用，铁农具主要有犁铧、锸、耒、镢、锄、铲、耙、镰等④，粮食加工工具则有铁杵臼。西汉以后铁农具逐渐取代木、石、骨质农具，铁农具的主体地位也反映巴地渔猎经济逐渐向农耕经济转化⑤。巴地两汉考古出土有许多与种植农业相关的陶器，如粮仓（囷、囤）、碓房、水井、水田模型等明器，也表明农耕在巴地已较普遍。巴地汉代画像砖也绘有农事活动图景，如重庆九龙坡大竹林汉墓有米仓画像砖，画像中左有庑殿式五脊屋顶粮仓 1 座，仓中囤满粮食，图案中央上部刻"白米"二字，图右同向顺排戴小帽 4 人，右上方有 6 口尖底大缸并立，图中还有升、斗等量器⑥，描绘的是粮食仓储场景，反映汉代重庆种植农业已有相当成就，粮食储量富足。另外巴郡阆中县彭道将池还筑有大斗、小斗等堰渠用于农田灌溉⑦，水利兴修对彭道将池农耕的发展极为有利。东汉巴郡水稻种植较普遍，稻米为巴郡居民主要粮食。⑧汉代巴蜀是西南地区主要粮食产地，西汉武帝时"山东被河菑，及岁不登数年，人或相食，方一二千

---

① （南朝·宋）范晔撰，（唐）李贤等注：《后汉书》卷 86《南蛮西南夷列传》，第 2842 页。

② （晋）常璩著，刘琳校注：《华阳国志校注》（修订版），第 7 页。

③ 四川大学历史文化学院考古系、云阳县文物管理所：《云阳李家坝遗址发掘报告》，重庆市文物局、重庆市移民局编：《重庆库区考古报告集·1997 卷》，第 209—243 页。

④ 邹后曦、白九江：《三峡地区东周至六朝铁器的考古发现及相关问题的初步探讨》，《江汉考古》2008 年第 3 期，第 55—66 页；蒋晓春：《三峡地区两汉时期农业发展状况初探》，《四川大学学报（哲学社会科学版）》2004 年第 5 期，第 123—129 页。

⑤ 汪伟：《渝东三峡地区两汉时期农业生产概述》，重庆市文物考古所、重庆文化遗产保护中心编：《"早期中国的文化交流与互动——以长江三峡库区为中心"学术研讨会论文集》，第 131—138 页。

⑥ 林必忠、刘春鸿：《重庆九龙坡陶家大林画像砖墓》，李禹阶主编：《三峡考古与多学科研究》，重庆：重庆出版社，2007 年，第 240—258 页。

⑦ （清）顾祖禹撰，贺次君、施和金点校：《读史方舆纪要》卷 68《四川》，第 3205 页。

⑧ 赵昆生、张娟：《试论秦汉魏晋南北朝三峡地区的社会经济》，《重庆师范大学学报（哲学社会科学版）》2004 年第 5 期，第 54—59 页。

里。……下巴蜀粟以振之"[1]，《汉书》也载武帝"下巴蜀之粟致之江陵"[2]，粮食产地都是巴、蜀并列，说明汉代巴地粮食生产可与蜀地媲美，表明种植农业有很大发展。农耕发展有赖于农作物种植面积的扩大，则两汉巴地农作物分布较春秋战国应有所扩展。

汉代巴人仍有渔猎经济，同时增加了家畜养殖和渔业经济。东汉巴地墓葬多马、牛、羊、狗、猪、鸡等动物陶俑，还有畜舍陶圈，画像砖也有家畜养殖图景，如大林砖墓有屠猪画像砖，画面中三头猪惊慌逃窜，左下方立有一头肥壮母猪及四头乳猪[3]，反映家畜养殖较普遍，陂塘模型及网坠、鱼钩等渔具反映水产养殖和江河捕鱼较常见。家畜喂养和渔业虽是传统渔猎经济的延续，却在形式变换后为巴地居民提供了更稳定的肉食来源，也由于这种传统经济的存在和延续，一定程度上也延缓了农耕的发展。总体来说汉代巴地农业经济较前虽有较大发展，但总体水平仍较低，粮食作物种植范围和技术水平与邻近的蜀地和江汉平原仍有差距。这在汉代巴地垦殖指数中也有所反映，如西汉巴郡阆中、充国、安汉、垫江、宕渠等地垦殖指数为4.67%，鱼复、涪陵等地为2.73%，东汉时期则分别为6.64%、2.95%（表7-2），垦殖指数总体偏低，反映巴地栽培作物种植相对有限。

巴地粮食作物种类较多，《华阳国志》载"土植五谷"[4]。"五谷"有两种理解：一是泛称各种粮食作物，与"百谷"相当；二是某五种粮食作物。古籍对五谷为何种粮食作物记载不一：《周礼注疏》郑玄注载五谷为"黍、稷、菽、麦、稻"[5]，或为"麻、黍、稷、麦、豆"[6]，对五谷界定不确定；《管子》以五谷为黍、秫、麦、稻、菽[7]；《大戴礼记》以五谷为黍、稷、麻、麦、菽[8]。我们以为《华阳国志》中的"五谷"泛称各种粮食作物，具体到不同地域粮食作物构成有别，五谷构成也不同。《华阳国志》载巴地"川崖惟平，其稼多黍"，"野惟阜丘，彼稷多有"[9]，则汉晋巴地有黍、稷种植，平川地多种黍，

---

① （汉）司马迁撰：《史记》卷30《平准书》，第1437页。
② （汉）班固撰，（唐）颜师古注，《汉书》卷6《武帝纪》，第182页。
③ 林必忠、刘春鸿：《重庆九龙坡陶家大林画像砖墓》，李禹阶主编：《三峡考古与多学科研究》，第240—258页。
④ （晋）常璩著，刘琳校注：《华阳国志校注》（修订版），第6页。
⑤ （清）阮元校刻：《十三经注疏》，第863页。
⑥ （清）阮元校刻：《十三经注疏》，第667页。
⑦ 黎翔凤撰，梁运华整理：《管子校注》，北京：中华书局，2004年，第1702—1703页。
⑧ （汉）戴德撰，卢辩注：《大戴礼记》卷5，长沙：商务印书馆，1937年，第95页。
⑨ （晋）常璩著，刘琳校注：《华阳国志校注》（修订版），第7页。

丘陵山坡地多种植稷。董其祥认为黍、稷即小米和黄米[1]，游修龄、郭声波认为六朝前稷为粟，即小米，黍为黄米[2]。巴地种粟历史悠久，忠县澹井沟曾出土青铜时代以前的小米[3]，姚政据同文化层殷商卜骨、与盘龙城相像的商代大口尊、打制石器多于磨制石器等现象，推测小米种植时代在商代前期[4]，若此说成立，则峡江地区商代前期已有小米种植。也有人说菽、粟种植在汉代有所增多且是巴地主要粮食作物[5]，主要依据是《盐铁论》载蜀、汉之地"伐木而树谷，燔莱而播粟"，蜀即蜀郡，汉即汉中郡，是说蜀地、汉中郡多种粟、谷，巴郡、南郡与蜀郡、汉中郡相邻，农作物品种应该不会有太大的差异。唐武德二年（619 年）梁州总管庞玉讨伐集州、巴州僚人，"秋谷将熟，百姓毋得收刈，一切供军"[6]，"谷"即传统的黍、粟[7]。峡江地带多种粟，白居易载忠州"刺史以下，悉以畲田粟给禄食"[8]，粟即小米，则唐代包括忠州在内的峡江地带有粟的种植。

　　黍、稷外巴地还有水稻种植。湖北宜都城背溪新石器时代陶器胎内发现稻壳及一粒较完整的粳稻粒[9]，说明新石器时代宜都一带已经有水稻种植。万州中坝子发现夏商周时期水田遗迹、云阳李家坝东周灰坑发现稻杆灰痕迹，说明夏商周时期峡江地带有水稻种植。四川南充天宫山岩墓壁刻有水田三个，一个还绘有四排秧苗[10]，则汉代南充河谷平坝地带也有水稻种植。汉代江州产稻米且是进献朝廷的贡米，故《华阳国志》载江州"县北有稻田，出御米"[11]，《水经注》也有相似的记载[12]。又《华阳国志》载江州县"有清水穴，巴人以此水为粉，则膏晖鲜芳，贡粉京师，因名粉水，故世谓江州堕休（林）

① 董其祥：《巴蜀社会性质初探》，李绍明、林向、徐南洲主编：《巴蜀历史・民族・考古・文化》，第 23—43 页。
② 游修龄：《论黍和稷》，《农业考古》1984 年第 2 期，第 277—288、338 页；郭声波：《四川历史农业地理》，第 138 页。
③ 四川省长江流域文物保护委员会文物考古队：《四川忠县澹井沟遗址的试掘》，《考古》1962 年第 8 期，第 416—417 页。
④ 姚政：《论巴族国家的形成》，《巴渝文化》第 3 辑，第 65—81 页。
⑤ 蓝勇主编：《长江三峡历史地理》，成都：四川人民出版社，2003 年，第 282 页。
⑥ （宋）司马光编著，（元）胡三省音注，标点资治通鉴小组校点：《资治通鉴》卷 187《唐纪》，第 5867 页。
⑦ 郭声波：《四川历史农业地理》，第 140 页。
⑧ （唐）白居易撰：《白氏长庆集》卷 11，第 252 页。
⑨ 湖北省文物考古研究所：《宜都城背溪》，北京：文物出版社，2001 年，第 1—79 页。
⑩ 南充地区文化局、重庆市博物馆编：《嘉陵江南充地区河段考古调查记实》，1979 年，第 21 页。
⑪ （晋）常璩撰，刘琳校注：《华阳国志校注》（修订版），第 27 页。
⑫ （北魏）郦道元著，（清）王先谦校：《合校水经注》，第 487 页。

粉"①，邓少琴据《说文》载"粉，敷面者"，《释名·首饰》载"粉，分也，研米使分散"，认为堕休（林）粉为稻米所作②，若此说成立，也可印证江州产优质稻米。巴郡鱼复县也有水稻种植，《舆地纪胜》载公孙述在奉节东屯田百余顷，"郡给诸官俸廪，以高下为差，帅漕月得九斗"③，水稻种植成果颇丰，曾作官俸粮米。东汉顺帝、桓帝时渠江流域有禾的种植④，禾一般指水稻，则东汉末年渠江流域有水稻种植。关于秦汉巴地水稻种植规模，有人提出水稻是巴地的主要农作物，巴郡平坝地区已广泛种植⑤，仅举江州稻田、鱼复屯田二例。也有人认为此说不确，依据一是《舆地纪胜》载"峡路在巉岩崄峻之中，其俗刀耕火种，惟涪、梁、重庆郡稍有稻田"⑥，认为唐宋峡江地区水稻仅有零星种植；二是汉墓多在适合稻田耕作的平地上，多打破生土层，说明汉墓下葬时该地并非耕地，不可能为稻田，也说明水稻种植有限⑦，我们认为此说有理，汉代巴地水稻种植应只局限于河谷地带零星地块内，还未到平坝地区稻田广布的程度。至迟东汉末年大巴山以南河川地带形成以农业为主，渔猎为辅的经济模式⑧，河川地带农作物种植可能较广。唐代杜甫《南池》诗"芰荷入异县，粳稻共比屋。"⑨此表明嘉陵江流域南池附近有水稻种植。

巴地还产燕麦，《晋书·五行志》载惠帝时巴西郡草结子如麦可食，即燕麦。⑩又《蜀中广记》引《巴志》载"三峡两岸土石不分之处皆种燕麦。春夏之交，黄遍山谷，土民赖以充食。……一名油麦，漂之可作面"⑪，说明唐代峡江两岸有燕麦种植。

小麦在巴地种植较晚，至唐贞观以后冬小麦在四川盆地获推广⑫，结合唐初蜀地逃户入巴地事件，则可能是逃户将小麦引入嘉陵江、渠江流域。唐中后期渠江流域已多有小麦种植，元稹《南昌滩》诗载通州渠江岸"畲余宿麦

① （晋）常璩著，刘琳校注：《华阳国志校注》（修订版），第 27 页；（晋）常璩著，任乃强校注《华阳国志校补图注》（第 30 页）作"堕林粉"。
② 邓少琴：《巴史新探》，《巴蜀史迹探索》，第 1—51 页。
③ （明）曹学佺著，刘知渐点校：《蜀中名胜记》，第 311 页。
④ 郭声波：《四川历史农业地理》，第 27 页。
⑤ 罗君：《秦汉时期巴郡的政治和经济》，《涪陵师范学院学报》2004 年第 1 期，第 49—52 页。
⑥ （宋）王象之编：《舆地纪胜》卷 174《涪州》，第 838 页。
⑦ 蒋晓春：《三峡地区两汉时期农业发展状况初探》，《四川大学学报（哲学社会科学版）》2004 年第 5 期，第 123—129 页。
⑧ 郭声波：《四川历史农业地理》，第 27 页。
⑨ （唐）杜甫著，（清）仇兆鳌注：《杜诗详注》卷 13，第 1095 页。
⑩ 郭声波：《四川历史农业地理》，第 159 页。
⑪ （明）曹学佺撰：《蜀中广记》卷 64，民国商务印书馆印故宫博物院藏文渊阁本。
⑫ 郭声波：《四川历史农业地理》，第 163 页。

黄山腹"①，宿麦即冬小麦。唐宣宗时洗宗礼为泸州刺史，百姓"务本不闻于秀麦"，遂"给嘉种，喻以深耕，使蛮貊之邦，粗识囷仓之积"②，自此泸州始有小麦种植。

巴地蔬菜有葫芦。重庆忠县崖脚战国楚墓出土葫芦果实③，说明战国中晚期忠县已有葫芦种植。蔬菜类水生植物有莲藕，江北区东汉石室墓陶陂塘模型上附有荷叶和莲蓬等雕塑④，说明东汉末重庆已有莲藕栽种。

唐代以前巴地经济作物主要有苎麻、芳蒻、葵、姜等。

巴地有苎麻。峡江地带、嘉陵江河谷、乌江下游河谷、澧水河谷、沅水河谷沿岸商周至隋唐遗址或墓地多有陶纺轮或石纺轮出土，说明这些地方都有纺织生产，纺织原料当为麻，则商周时巴地可能有麻的种植。四川广元宝轮镇战国墓发现有麻织物痕迹⑤，《华阳国志》载巴地贡品有麻、纻，刘琳认为麻、纻产于涪陵郡、巴东郡⑥，船棺主人为巴人，则巴人有麻种植。汉《巴郡图经》载巴郡"有桑麻"⑦，又《后汉书》载廪君蛮"民户出賨布八丈二尺"，注载賨布"南郡蛮夷布"⑧，賨布为巴人献给朝廷的贡品，则巴地民间有賨布纺织，賨布生产以麻为原料，则秦汉巴郡、南郡有麻栽种，巴地麻为苎麻⑨。秦汉关中产大麻，既然千里迢迢从巴地征收賨布、賨布，应是不同于大麻布的苎麻布。西晋末僚人迁入巴地，僚人住居地亦产麻布，即所谓僚布、僚麻布、兰干细布，僚布以苎麻织成，比賨布更细，故称为纻细布。唐代巴、峡、夔、巫巴人"士女治麻楮，不事蚕桑"，这种麻布即纻布，唐代开州贡白纻布，夔州贡纻锡布⑩，黔州贡纻麻布⑪，嘉陵江、渠江流域合州、巴州还产賨布、緰賨布，段玉裁注《说文》称"緆布之尤精者"，緆布在夔州被称为纻锡布，也就是细布，賨布也是一种苎麻布，则唐代峡江地带、嘉陵江、渠江流域皆有

① （宋）祝穆撰，祝洙增订，施和金点校：《方舆胜览》卷64《渠州》，第1126页。
② （宋）王象之编：《舆地纪胜》卷513《泸州》，第766页。
③ 北京大学考古文博学院三峡考古队、重庆市文物局、忠县文物保护管理所：《忠县滃井沟遗址群崖脚（半边街）墓地发掘报告》，重庆市文物局、重庆市移民局编：《重庆库区考古报告集·2000卷》，第905—963页。
④ 邹后曦、林必忠：《江北区东汉至六朝石室墓》，《中国文物报》2001年5月10日，第7版。
⑤ 四川省博物馆编：《四川船棺葬发掘报告》，第81页。
⑥ （晋）常璩著，刘琳校注：《华阳国志校注》（修订版），第6页。
⑦ （晋）常璩著，刘琳校注：《华阳国志校注》（修订版），第19页。
⑧ （南朝·宋）范晔撰，（唐）李贤等注：《后汉书》卷86《南蛮西南夷列传》，第2841页。
⑨ 郭声波：《四川历史农业地理》，第219—220页。
⑩ （宋）欧阳修、宋祁撰：《新唐书》卷40《地理志》，第1038、1029页。
⑪ （唐）李吉甫撰，贺次君点校：《元和郡县图志》卷30《黔州》，第736页。

苎麻种植。四川盆地苎麻种植地域大致在资中—阆中一线以东[1]，这也正是原巴国地域。

芳蒻俗称魔芋，《华阳国志》载巴地"园有芳蒻"[2]，左思《蜀都赋》载"园则有蒟蒻"，刘逵注"蒻草也，其根名蒻头，大者如斗，其肌正白，可以灰汁注则凝成，可以苦酒淹食之，蜀人珍焉"[3]，则汉晋巴地有魔芋种植，现今巴蜀仍有魔芋栽种。

葵，刘琳认为即冬葵，又称葵菜、蕲菜，巴蜀两地称为冬苋菜，为一种蔬菜。[4]任乃强认为"葵"当作"蘦"[5]，蘦为扶留科植物，为热带植物，不耐低温，味辛，主要供药用。《华阳国志》载巴地园有葵，则是汉晋时代巴地有葵的种植。

姜在巴地多有种植。巴地多雾，姜有散寒功效，因此巴地有种姜的自然条件和社会需求。《吕氏春秋·本味篇》载"和之美者，有阳朴之姜"，高诱注"阳朴，地名，在蜀郡"[6]，崔骃《七依》载"滋以阳朴之姜"[7]，司马相如作"茈姜"[8]。阳朴即阳濮，嘉陵江合川以南河段称濮江，为濮人聚居地，今重庆北碚兴隆场窝姜为地方特产，北碚在合川濮崖寺南故称阳朴，邓少琴认为《吕氏春秋》高诱注"蜀郡"当作"巴郡"[9]，此说有理。《史记·货值列传》载"巴蜀亦沃野，地饶巵、姜"，也说明先秦至西汉初巴地有姜栽种，重庆北碚正在巴地内。又《舆地纪胜》载万州高都山"其民种姜为业，衣食取给焉"[10]，则高都山有姜种植，唐高都山在今重庆梁平区境，今重庆梁平区、北碚区兴隆场所产姜仍颇为有名。

巴人时代巴人聚居点及其附近有人工林，这些人工林多经济林。经济林木除为获取经济效益民间自发栽种外，还与朝廷政策驱动有关。开元二十五年（737年）均田令规定永业田"每亩课种桑五十根以上，榆枣各十根以上，三年种毕。乡土不宜者，任以所宜树充"[11]，为完成课税人们在田间隙地多种

① 郭声波：《四川历史农业地理》，第220页。
② （晋）常璩著，刘琳校注：《华阳国志校注》（修订版），第6页。
③ （南朝·梁）萧统编，（唐）李善注：《文选》卷4。
④ （晋）常璩著，刘琳校注：《华阳国志校注》（修订版），第7页。
⑤ （晋）常璩著，任乃强校注：《华阳国志校补图注》，第5、7页。
⑥ 许维遹撰，梁运华整理：《吕氏春秋集释》卷14《孝行览》，第318页。
⑦ （唐）欧阳询撰，汪绍楹校：《艺文类聚》卷57《杂文部》，上海：中华书局，1965年，第1024页。
⑧ （汉）司马迁撰：《史记》卷117《司马相如列传》，第3022页。
⑨ 邓少琴：《巴蜀史稿》，第127页。
⑩ （宋）王象之编：《舆地纪胜》卷179《梁山军》，第857页。
⑪ （唐）杜佑撰，王文锦、王永兴、刘俊文，等点校：《通典》卷2《食货》，第30页。

植桑、榆、枣等经济林木，日久即成规模。巴人时代巴地经济林木主要涉及桑树、荔枝、柑、橘、橙、柚、桃、李、杏、辛蒟、木瓜、巴豆树、漆树、茶树、药材、桃枝、林寿木、葛、海棠等树种。

巴地有桑树栽种。《华阳国志》载巴郡垫江县"有蚕桑"，巴西郡"有牛马桑蚕"，江阳郡汉安县"宜蚕桑"①。巴地桑树栽种主要集中在垫江县、巴西郡（治阆中县）、汉安县等地，汉晋垫江治今重庆合川区，阆中县治今四川阆中市，汉安县治今四川内江市，说明这些地方巴人时代有桑树栽种。

巴地有荔枝栽植，荔枝又作荔芰、荔支。《华阳国志》载巴地"树有荔芰"②，荔芰即荔枝，主要产地在江州、江阳等地。《华阳国志》载江州县"有荔芰园，至熟，二千石常设厨膳，命士大夫共会树下食之"③，《水经注》江州县有"官荔枝园"④，又《南裔志》载"随江东至巴郡江州县，往往有荔枝树，高五六丈，常以夏生，其变赤可食"⑤，可见仕官聚集荔枝园品尝荔枝是汉晋江州县一大风尚，江州治今重庆渝中区。《华阳国志》载江阳郡"有荔芰"⑥，江阳县治今泸州市。汉晋自泸州至重庆皆有荔枝种植，既有官园种植，也当有民间果园种植。唐代泸州仍有荔枝，杜甫乘舟顺江而下曾受到泸州官员热情接待，他们采摘泸州张坝荔枝招待杜甫，杜甫《解闷》诗有"忆过泸戎摘荔枝"⑦之语，泸州荔枝是当时地方特产。唐代渝州产荔枝，郑谷《将之泸郡旅次遂州遇裴晤员外谪居于此话旧凄凉因寄二首》诗载"荔枝春熟向渝泸"⑧，提到渝州、泸州产荔枝，说明唐代渝州、泸州荔枝还较为有名。唐代涪州也有荔枝，《元和郡县图志》载涪州乐温县出荔枝⑨，涪州西有妃子园，"荔枝百余株，颗肥肉脆。唐杨妃所喜，'一骑红尘妃子笑，无人知是荔枝来'谓此。当时以马递驰，载七日七夜至京，人马毙于路者甚众，百姓苦之"，又据《涪州图经》载"蜀中荔支，泸、叙之品为上，涪州次之，合州又次之。涪州徒以妃子得名，其实不如泸、叙"⑩，则唐代叙州、泸州、涪州、合州皆有荔枝栽种，只是涪州荔枝曾为杨贵妃食用而闻名。《通典》《旧唐书》都载南平獠

① （晋）常璩著，刘琳校注：《华阳国志校注》（修订版），第30、40、150页。
② （晋）常璩著，刘琳校注：《华阳国志校注》（修订版），第6页。
③ （晋）常璩著，刘琳校注：《华阳国志校注》（修订版），第27页。
④ （北魏）郦道元著，（清）王先谦校：《合校水经注》，第487页。
⑤ （南朝·梁）萧统编，（唐）李善注：《文选》卷4。
⑥ （晋）常璩著，刘琳校注：《华阳国志校注》（修订版），第148页。
⑦ （唐）杜甫著，（清）仇兆鳌注：《杜诗详注》卷17，第1517页。
⑧ 《全唐诗》卷676《郑谷》，第7741页。
⑨ （唐）李吉甫撰，贺次君点校：《元和郡县图志》卷30《涪州》，第739页。
⑩ （宋）祝穆撰，祝洙增订，施和金点校：《方舆胜览》卷61《涪州》，第1068页。

首领以剑荔王自称，则涪州及其以南区域也有荔枝种植。唐代忠州也栽种荔枝，白居易任忠州刺史时曾命人绘荔枝图，并作《荔枝图序》称"荔枝生巴峡间"[1]，则唐代忠州也有荔枝栽种。

巴地有柑、橘、橙栽种。柑橘为亚热带水果，巴地地处亚热带，自然条件适合柑橘生长。《史记》载"蜀、汉、江陵千树橘"[2]，巴地处蜀、汉与江陵间，地理纬度相差不大，又同处亚热带气候区，西汉以前巴地也应有柑橘生长，故《禹贡锥指》载"荆、梁之域皆产橘柚"[3]，则巴地及邻近区域皆有柑橘。《华阳国志》载巴地果实之珍者有"给客橙"，"汉世，（巴）郡治江州巴水北，有甘橘官"[4]。又《水经·江水注》载江州县"有橘官"，《汉书·地理志》江州县未载橘官，则江州橘官设置当在东汉。橘官职责是管理柑橘生产和销售，则江州必有柑橘栽种，江州柑橘产地大致在今江津一带。[5]傅巽《七诲》载"巫山朱橘"[6]，则三国时巫山有橘树种植。《华阳国志》《汉书·地理志》载鱼复县"有橘官"[7]，则鱼复县也有柑橘栽植，唐代夔州土贡柑橘，至今奉节仍是柑橘重要产地。又《华阳国志》载朐忍县有橘圃[8]，《汉书·地理志》载朐忍有橘官[9]，《水经注》载朐忍县有橘官，东阳、下瞿等滩还有橘圃[10]，至宋代朐忍橘官才废止[11]，汉朐忍包括今万州、云阳、开县、梁平等地，则今万州、云阳有柑橘种植。又《华阳国志》载江阳郡产给客橙[12]，江阳郡治今四川泸州市，则今泸州也有柑橘种植。不过据《上林赋》注引《史记集解》郭璞曰"今蜀中有给客橙，似橘而非，若柚而芬香，冬夏华实相继，或如弹丸，或如拳，通岁食之，即卢橘"[13]，则晋代巴、蜀多有给客橙种植。唐代巴州[14]、合州[15]有橙，二地也有橙树栽

① （唐）白居易撰：《白氏长庆集》卷45，第1118页。
② （汉）司马迁撰：《史记》卷129《货殖列传》，第3272页。
③ （清）胡渭著，邹逸麟整理：《禹贡锥指》，第191页。
④ （晋）常璩著，刘琳校注：《华阳国志校注》（修订版），第6、25页。
⑤ （晋）常璩著，刘琳校注：《华阳国志校注》（修订版），第26页。
⑥ （明）曹学佺撰：《蜀中广记》卷61《方物记》，民国商务印书馆景印故宫博物院藏文渊阁本。
⑦ （晋）常璩著，刘琳校注：《华阳国志校注》（修订版），第34页；（汉）班固撰，（唐）颜师古注：《汉书》卷28《地理志》，第1603页。
⑧ （晋）常璩著，刘琳校注：《华阳国志校注》（修订版），第35页。
⑨ （汉）班固撰，颜师古注：《汉书》卷28《地理志》，第1603页。
⑩ （北魏）郦道元著，（清）王先谦校：《合校水经注》，第489页。
⑪ （明）杨慎编，刘琳、王晓波点校：《全蜀艺文志》卷34《记》，第962—964页。
⑫ （晋）常璩著，刘琳校注：《华阳国志校注》（修订版），第148页。
⑬ （汉）司马迁撰：《史记》卷117《司马相如列传》，第3029页。
⑭ （宋）欧阳修、宋祁撰：《新唐书》卷40《地理志》，第1037页。
⑮ （宋）欧阳修、宋祁撰：《新唐书》卷42《地理志》，第1090页。

种。唐代夔州土贡橘[①]，城内外皆栽种橘树，杜甫旅居夔州时，其《寒雨朝行视园树》诗载："柴门杂树向千株，丹橘黄柑北地无。"[②]又《暮春题瀼西新赁草屋》诗载"此邦千树橘"[③]，而夔州城内"枫林橘树丹青合"，正因为夔州橘树栽种普遍，唐代橘官就设在夔州[④]。唐代夔州[⑤]、开州[⑥]土贡柑，则唐代夔州、开州还有柑树种植。此外，唐代忠州亦产丹橘。[⑦]

巴地有桃树、李树、杏树、柚树栽种。四川广元宝轮院战国船棺有桃、李、杏果核[⑧]，说明当时有桃树、李树、杏树栽种。又左思《蜀都赋》载"紫梨津润"[⑨]，唐宋广安"梨有数种，食而滓者为下，入口即化者为上，不以巨细数论，经霜方取为佳"，有人以此即《蜀都赋》所载紫梨[⑩]。杜甫《放船》诗"黄知橘柚来"[⑪]，阆州柚产地在苍溪橘柚坝[⑫]，则唐代阆州苍溪县产黄柚。又白居易《和杨万州嘉庆李》载"东都绿李万州栽"[⑬]，则万州栽种有从洛阳引种的李树。

巴地有辛蒟栽种。辛蒟为胡椒科植物，又名扶留藤，结实似桑葚，和盐、蜜渍做酱食用称蒟酱。《华阳国志》载巴地"蔓有辛蒟"[⑭]，说明巴地早有辛蒟栽种。汉代蒟酱声名远播，还曾远销南越[⑮]，因蒟酱多出蜀地，遂有"独蜀地出枸（蒟）酱"的误解。《华阳国志》载江阳郡有蒟[⑯]，江阳郡为秦巴郡江阳县地[⑰]，本为巴地，秦汉江阳县治今泸州市，因巴地有蒟酱，故又称"巴蒟"[⑱]。四川盆地东部巴地气候、地形、水文、土壤等与蜀地相近，巴地也有辛蒟种植，只不过所产巴蒟不如蜀蒟有名而已。

巴地有木瓜树栽种。《水经注》载故陵溪"地多木瓜树，有子大如甀，白

① （宋）欧阳修、宋祁撰：《新唐书》卷40《地理志》，第1029页。
② （唐）杜甫撰，（宋）黄希注，（宋）黄鹤补注：《补注杜诗》卷30，564页。
③ （唐）杜甫著，（清）仇兆鳌注：《杜诗详注》卷20，第1610页。
④ 郭声波：《四川历史农业地理》，第280页。
⑤ （宋）欧阳修、宋祁撰：《新唐书》卷40《地理志》，第1029页。
⑥ （宋）欧阳修、宋祁撰：《新唐书》卷40《地理志》，第1038页。
⑦ （宋）祝穆撰，祝洙增订，施和金点校：《方舆胜览》卷61《咸淳府》，第1072页。
⑧ 邓少琴：《巴史新探》，《巴蜀史迹探索》，第1—51页。
⑨ （南朝·梁）萧统撰，（唐）李善注：《文选》卷4。
⑩ （宋）王象之编：《舆地纪胜》卷165《广安军》，第822页。
⑪ （唐）杜甫著，（清）仇兆鳌注：《杜诗详注》卷12，第1040页。
⑫ （宋）王象之编：《舆地纪胜》卷185《阆州》，第884页。
⑬ （宋）祝穆撰，祝洙增订，施和金点校：《方舆胜览》卷59《万州》，第1046页。
⑭ （晋）常璩著，刘琳校注：《华阳国志校注》（修订版），第6页。
⑮ （汉）司马迁撰：《史记》卷116《西南夷列传》，第2994页。
⑯ （晋）常璩著，刘琳校注：《华阳国志校注》（修订版），第148页。
⑰ 朱圣钟：《秦巴郡辖县考》，《三峡论坛（三峡文学·理论版）》2012年第1期，第2—5页。
⑱ 唐嘉弘：《巴史四题》，《中国古代民族研究》，第299—319页。

黄，实甚芬香"①，故陵溪即今长滩河，说明云阳县长滩河汉魏时代有木瓜树生长。

巴地有巴豆树栽种。巴豆又称巴菽，为大戟科巴豆属巴豆树果实。《淮南子》载"鱼食巴菽而死，鼠食之而肥"②，则西汉巴豆已闻名于世，巴豆栽种更在西汉以前。左思《蜀都赋》载巴地"有巴菽"③，《华阳国志》载江阳郡有巴菽④，说明汉晋巴郡有巴豆栽种。陶弘景《名医别录》载巴豆"生巴郡"⑤，可证南北朝巴郡仍有巴豆树栽种。

巴地有茶树栽种。《华阳国志》载巴地"园有……香茗"⑥，香茗即茶芽，说明巴地有茶树栽种，有人据此推测西周巴地已有茶树栽种⑦，或有此可能，但要形成定论还嫌证据不足。汉代巴蜀已有饮茶之风，"汉有扬雄、司马相如……皆饮焉。滂时浸俗，盛于国朝"，饮茶盛行则巴蜀应有茶树种植，又张揖《广雅》载"荆、巴间采叶作饼，叶老者，饼成，以米膏出之。欲煮茗饮，先炙令赤色，捣末置瓷器中，以汤浇覆之"⑧，说明三国时荆州、巴地茶树栽种普遍，《舆地纪胜》巴州下引《广雅》载"荆巴间采茶作饼"⑨，则三国时今巴中一带也有茶树栽种。西晋涪陵郡"出茶"⑩，涪陵郡应有茶树栽种。任昉《述异记》载"巴东有真香茗，其花白色如蔷薇。煎服令人不眠，能诵无忘"⑪，陶弘景《桐君录》亦载"巴东别有真香茗"⑫，则南朝齐、梁巴东郡产茶，也有茶树栽种。陆羽《茶经》载"茶者，南方之嘉木也。一尺、二尺乃至数十尺。其巴山峡川，有两人合抱者"⑬，说明南方茶树栽种极为普遍，巴地茶树粗大者有二人合抱者。据统计，唐代渝州南平县，渠州渠江县，忠州南宾县、临江县，夔州云安县，泸州泸川县、泾南县、江安县、富义县、绵水县、合江县，利州益昌县，涪州宾化县、涪陵县都有茶树栽种⑭。又唐代

---

① （北魏）郦道元著，（清）王先谦校：《合校水经注》，第490页。
② 刘文典撰，冯逸、乔华点校：《淮南鸿烈集解》，第570页。
③ （南朝·梁）萧统编，（唐）李善注：《文选》卷4。
④ （晋）常璩著，刘琳校注：《华阳国志校注》（修订版），第148页。
⑤ （南朝·梁）陶弘景集，尚志钧辑校：《名医别录》（辑校本），北京：人民卫生出版社，1986年，第222页。
⑥ （晋）常璩撰，刘琳校注：《华阳国志校注》（修订版），第6页。
⑦ 贾大泉：《宋代四川地区的茶业和茶政》，《历史研究》1980年第4期，第109—124页。
⑧ （唐）陆羽撰，沈冬梅校注：《茶经校注》卷下，北京：中国农业出版社，2006年，第40、45页。
⑨ （宋）王象之编：《舆地纪胜》卷187《巴州》，第894页。
⑩ （晋）常璩著，刘琳校注：《华阳国志校注》（修订版），第37页。
⑪ （南朝·梁）任昉撰：《述异记》卷上，清光绪元年（1875年）湖北崇文书局刻本。
⑫ （宋）李昉等撰：《太平御览》卷867《饮食部》，第3845页。
⑬ （唐）陆羽撰，沈冬梅校注：《茶经校注》卷上，第1页。
⑭ 郭声波：《四川历史农业地理》，第264页。

黔州"夏供茶蜡"①，黔州也有茶树栽种。《太平寰宇记》引《茶经》载泸州茶"通呼为泸茶"②，泸州"作业多仰于茗茶"③，则泸州也有茶树栽种，且形成了一定的规模。

巴地有漆树栽种。《华阳国志》载巴地产漆④，四川广元宝轮院战国墓出土竹编胎骨漆盘、木漆盘、木漆盒等漆器⑤，则战国时今广元一带居民已掌握髹漆技术，当地应有漆树生长。《巴郡图经》载巴地有"丹漆"⑥，但望《分巴疏》提到分巴为二郡"一治临江，一治安汉，各有桑麻、丹漆"，安汉县治今四川南充市，在今嘉陵江流域，临江县治今重庆忠县，则汉代嘉陵江流域、峡江地带产漆，当有漆树栽种。《华阳国志》载涪陵郡产漆⑦，则涪陵郡也有漆树，今重庆酉阳、彭水、武隆等地仍为漆产地，汉晋时代皆属涪陵郡辖地。

巴地有药材栽种。巴戟天为茜草科植物，《华阳国志》载巴地有巴戟天、椒⑧，左思《蜀都赋》亦载巴中有巴戟⑨，则汉晋巴地有巴戟天。陶弘景《名医别录》载巴戟天"生巴郡及下邳"⑩，则南朝巴郡仍产巴戟天。椒即花椒，为落叶灌木或小乔木，可药用，也可作食品调料，早期巴椒主要作药用，常璩、陶弘景、唐慎微⑪等均载椒为药材。巴地还产文草，文草即五茄皮，谯周《巴蜀异物志》载"文草作酒，能成其味。以金买草，不言其贵"⑫，今石柱县产麝五茄，用以浸酒，酒带麝香味，与谯周所载相同，则三国巴地产五茄皮，文草乃巴语称谓⑬。巴地还产五倍子，唐《录异记》载"峡江至蜀，有蟆子……视其生处，即麸盐树叶背上，春间生之，叶卷成窠，大如桃李，名为五倍子，治一切疮毒"⑭，则唐代自峡江地带西至蜀地多产五倍子。

---

① （宋）王象之编：《舆地纪胜》卷 176《黔州》，第 847 页。
② （宋）乐史撰，王文楚等点校：《太平寰宇记》卷 88《泸州》，第 1740 页。
③ （清）董浩等编：《全唐文》卷 772，北京：中华书局，1983 年，第 8048 页。
④ （晋）常璩著，任乃强校注：《华阳国志校补图注》，第 5 页。
⑤ 四川省博物馆编：《四川船棺葬发掘报告》，第 79—80 页。
⑥ （晋）常璩著，刘琳校注：《华阳国志校注》（修订版），第 19 页。
⑦ （晋）常璩著，刘琳校注：《华阳国志校注》（修订版），第 37 页。
⑧ （晋）常璩著，任乃强校注：《华阳国志校补图注》，第 5 页。刘琳《华阳国志校注》（修订版）（第 6 页）句读作"巴戟、天椒"，按"巴戟天"为一种药材，"椒"为另外一种植物，刘琳先生标点有误，当从任乃强先生《华阳国志校补图注》之标点。
⑨ （南朝·梁）萧统编，（唐）李善注：《文选》卷 4。
⑩ （南朝·梁）陶弘景集，尚志钧辑校：《名医别录》（辑校本），第 245 页。
⑪ （南朝·梁）陶弘景集，尚志钧辑校：《名医别录》（辑校本）第 219 页蜀椒下载"一名巴椒"，"生武都及巴郡"。又（宋）唐慎微撰《重修政和经史证类备用本草》（北京：人民卫生出版社，1982 年）第 340 页有相同记载。
⑫ （宋）李昉等撰：《太平御览》卷 994《百卉部》，第 4400 页。
⑬ 邓少琴：《巴史新探》，《巴蜀史迹探索》，第 1—51 页。
⑭ （宋）李昉等编：《太平广记》卷 479《昆虫·舍毒》，第 3946 页。

巴地有桃枝栽种。桃枝为竹类，可作桃竹杖。扬雄《方言》载簟"自关而西谓之簟"，《广雅·释器》载"筵，席"，王念孙《疏证》引《说文》"簟，竹席"①，则簟即桃竹编织的竹席，汉关西地包括关中及巴、蜀，则西汉巴蜀桃竹已为人熟知。《华阳国志》载巴地有桃支②，桃支即桃枝。《尔雅·释草》载"桃枝四寸有节"③，左思《蜀都赋》刘逵注"桃枝，竹属也，出垫江县"④，垫江治今重庆合川区，则汉晋今合川一带产桃枝。《华阳国志》又载江阳郡有"桃枝"，江阳郡治今四川泸州市，则今泸州汉晋时代也产桃枝。

巴地还有灵寿木。《华阳国志》载巴地林木之瑰者有灵寿木，《汉书·孔光列传》孟康注"扶老杖也"，颜师古注"木似竹，有枝节，长不过八九尺，围三四寸，自然有合杖制，不须削治也"⑤，灵寿木杖可能来自巴地。巴地朐忍县"有灵寿木"⑥，《水经注》亦载"东阳、下瞿数滩，山有大小石城势、灵寿木"⑦，则今重庆云阳龙硐溪谷中多产灵寿木。《水经注》又载鱼复县故陵江北巴乡村"村侧有溪，溪中多灵寿木"⑧，则今云阳县故陵镇北溪谷中亦产灵寿木。又左思《蜀都赋》刘逵注"灵寿，木名也，出涪陵县"⑨，则汉晋涪陵县也产灵寿木，汉晋涪陵县治今重庆彭水县郁山镇。

巴地还有葛栽种。葛根茎可食用，茎皮纤维可织布，花入药，种子可榨油。《山海经·中山经》有葛山，或即巫山⑩，山以葛名，当与葛有关。《华阳国志》载"巴郡葛，当下美"，刘琳释葛为葛布⑪，又《水经·江水注》载巴郡东有黄葛峡，则两晋南朝巴地多葛，既以葛织布，则葛可能有人工栽种，野生葛是无法为规模性葛布生产提供稳定原料的。南朝李迁哲镇守白帝城"收葛根造粉，兼米以给之"⑫，供给军粮需求需要大量葛根，说明南朝信州一带葛有规模性人工栽种。巴地葛种植甚至延续到唐宋时期，葛及葛制品是巴地部分州郡的贡品，如唐代峡州、归州贡纻葛，合州、渝州贡葛，泸州有贡葛

---

① 华学诚汇证，王智群、谢荣娥、王彩琴协编：《扬雄方言校释汇证》，第395、396页。
② （晋）常璩著，任乃强校注：《华阳国志校补图注》，第5页。
③ （清）阮元校刻：《十三经注疏》，第2629页。
④ （南朝·梁）萧统编，（唐）李善注：《文选》卷4。
⑤ （汉）班固撰，颜师古注：《汉书》卷81《孔光列传》，第3363页。
⑥ （晋）常璩著，刘琳校注：《华阳国志校注》（修订版），第35页。
⑦ （北魏）郦道元著，（清）王先谦校：《合校水经注》，第489页。
⑧ （北魏）郦道元著，（清）王先谦校：《合校水经注》，第490页。
⑨ （南朝·梁）萧统编，（唐）李善注：《文选》卷4。
⑩ 郭声波：《四川历史农业地理》，第236页。
⑪ （晋）常璩著，刘琳校注：《华阳国志校注》（修订版），第358页。
⑫ （唐）李延寿撰：《北史》卷66《李迁哲传》，第2335页。

布①，思州贡葛②，这些葛制品应有部分是人工栽植的葛生产的。

巴地还有海棠栽种。唐代昌州大足一带种海棠，"昌号海棠香国。……易植易蕃"③，作为观赏性花木海棠在巴地栽种至迟出现于唐代。

第三节　巴地动物及其变迁

据动物生存状态可将动物划分为野生动物和驯养动物两大类。野生动物指生存于自然状态下，由于物种自身的原因或受到人类活动或自然灾害的影响有灭绝危险的野生动物。驯养动物是由人类养殖和驯化的动物，其生育、生长及生存方式都受到人类的影响或支配。巴人时代巴地动物也包括这两大类动物。

一、巴地野生动物及其变迁

在世界动物地理区划上，我国地跨古北界和东洋界，而巴人活动中心区渝、川、陕、鄂、湘、黔等省市毗邻地带处东洋界范围内。东洋界在世界动物地理区划中地域虽小，但由于气候温暖湿润、植被丰茂，因此动物种类繁多，这在巴地也有所体现。巴地自然界动物群大致有两大特点，一是属东洋界中亚热带动物群，二是受影响因素相对较少，自然动物群丰满度较高，动物资源较周围地区丰富，这在三峡地区表现得最为明显。④

距今1万年至距今4000年间巴地动物群主体为大熊猫—剑齿象动物群成员，其动物群可分为峡谷低地动物群和山地峰顶动物群两类。在中国已知全新世动物群中，仍然保存更新世绝灭种动物的地点不多，主要分布在南方，而巴地分布尤多，尤以三峡地区最多，其时代也较晚（表 7-3）。目前巴地已知更新世绝灭种动物保存地几乎全部在巴地长江三峡地区。而新石器时代动物群中大熊猫、长臂猿、犀牛、华南巨貘、水鹿、獐、麂、苏门羚、水牛、豪猪、竹鼠等动物均属大熊猫—剑齿象动物群种类。造成这种状况的主要原因是峡谷区气候温暖，植被茂盛，保存着与更新世大熊猫—剑齿象动物群生态环境接近的自然条件，而峡谷外围山地峰顶区域气候相对温凉，气候与植

---

① （宋）欧阳修、宋祁撰：《新唐书》卷40《地理志》、卷42《地理志》，第1028、1090、1091、1092 页。
② （唐）李吉甫撰，贺次君点校：《元和郡县图志》卷 30《思州》，第 741 页。
③ （明）曹学佺撰：《蜀中广记》卷 17《名胜记》，民国商务印书馆景印故宫博物院藏文渊阁本。
④ 武仙竹：《长江三峡动物考古学研究》，第 263 页。

被条件与大熊猫—剑齿象动物群生态环境相差较远。在峡谷地带崇山峻岭和高海拔山原上则生活着喜温凉气候的动物群，如羚羊、普氏野马、貂、岩羊、金丝猴等，这些温带动物说明巴地峡江地区动物群落构成有垂直地带性差异。

表 7-3　中国全新世含更新世绝灭动物群统计表

动物群名称	地质时代及堆积物性质	所包含的绝灭动物	C^{14}测年数据（BP）
江苏溧水神仙洞动物群	早全新世/自然堆积	最后鬣狗（Hyaena ultima）	11200±1000
海南三亚落笔洞遗址动物群	早全新世/古文化遗址/汉较多石器、骨器	化石小灵猫（Viverricula malaccensis fossilis）	10642±207
四川古蔺野猫洞遗址	早全新世/古文化遗址/含陶片	大熊猫巴氏野种（Ailuropoda melanoleuoa baconi）东方剑齿象（Stegodon ovientalis）中国犀（Rhinoceros sinensis）华南巨貘（Megatapirus augustus）	9684±360
云南保山蒲缥遗址动物群	早全新世/古文化遗址/含石器	大熊猫巴氏亚种（Ailuropoda melanoleuoa baconi）	8000
浙江金华双龙洞动物群	早全新世/自然堆积	大熊猫巴氏亚种（Ailuropoda melanoleuoa baconi）最后鬣狗（Hyaena ultima）东方剑齿象（Stegodon ovientalis）华南巨貘（Megatapirus augustus）	7814±385
重庆巫山新石器时代遗址动物群	早全新世/古文化遗址/含石器、陶片	华南巨貘（Megatapirus augustus）	？
湖北秭归柳林溪遗址新石器时代动物群	早全新世/古文化遗址/含大量石器、陶器	华南巨貘（Megatapirus augustus）	7000—6500±
湖北巴东店子头遗址	早全新世/古文化遗址/含大量石器、陶器	基氏贝尔格犀、华南巨貘（Megatapirus augustus）	7000—6500±
湖北巴东鸭子嘴遗址	早全新世/古文化遗址/含大量石器、陶器	大熊猫巴氏亚种（Ailuropoda melanoleuoa baconi）	7000—6500±

资料来源：武仙竹：《长江三峡动物考古学研究》，重庆：重庆出版社，2007年，第266—268页。

旧石器时代（处地质时代更新世）巴地野生动物群构成和分布情况，我们可通过动物考古成果来初步复原。据目前巴地考古发掘及动物考古研究成果，旧石器时代巴地各地野生动物构成情况统计如表 7-4：

表 7-4　旧石器时代巴地野生动物统计简表

遗址名称	遗址位置	遗存年代	遗存类别	动物种类
和尚坡[①]	重庆市巴南区		化石	犀牛、猕猴、豪猪、狗、剑齿象、猪、鹿、牛

———————
① 文榕生：《中国珍稀野生动物分布变迁》，第263、531页。

续表

遗址名称	遗址位置	遗存年代	遗存类别	动物种类
歌乐山[1]	重庆市沙坪坝区		化石	猕猴、四川猴、豪猪、歌乐山刺猬、豺、柯氏熊、熊猫、艾虎、貂、付獾、虎、巨獏、中国犀、猪、四川鹿、黑鹿、短角水牛、羊
梅江乡[2]	重庆市璧山区	第四纪	化石	大熊猫、象、犀牛
殷家洞牛尾洞[3]	重庆市北碚区重庆市合川区	晚更新世	化石	中国犀、东方剑齿象、巨獏、水鹿、鹿、猪、牛、猕猴、竹鼠、豪猪、最后鬣狗、黑熊
张二圹[4]	重庆市铜梁区	距今21550年	化石	东方剑齿象、亚洲象、熊、巨獏、中国犀、水牛、犎牛、黑鹿、鹿、羊
瑷江岸[5]	重庆市潼南区	更新世晚期	化石	犀牛、华南巨獏、野猪、黑鹿、角鹿、牛
宫洞[6]	重庆市巫山区	距今13150年	化石	赤腹松鼠、大扫尾豪猪、白管象蝠、猕猴、巴氏大熊猫、双角犀、鹿、羚羊、苏门羚
盐井沟[7]	重庆市万州区	早更新世—晚更新世	化石	虎、剑齿虎、金丝猴、长臂猿、兔、咬洞竹鼠、豪猪、古爪哇豺、柯氏熊、大熊猫、貉、密狗、突吻猪獾、灵猫、中华斑鬣狗、东方剑齿象、豹、猫、亚洲象、中国爪兽、华南巨獏、中国犀、鼪鼠、黑鹿、褶齿香麝、大赤鹿、毛冠鹿、水鹿、水牛、野牛、山羊、斑羚（青羊）、大苏门羚、野猪
冉家路口[8]	重庆市丰都县	中更新世末/距今4—5万年	化石	剑齿象、华南巨獏、鹿、牛
井水湾[9]	重庆市丰都县	距今4.2—4.4万年	化石	剑齿象、华南巨獏、牛类、鹿

① 文榕生：《中国珍稀野生动物分布变迁》，第 263、531 页。
② 文榕生：《中国珍稀野生动物分布变迁》，第 409 页。
③ 文榕生：《中国珍稀野生动物分布变迁》，第 263、531 页。
④ 张森水、吴玉书、于浅黎，等：《铜梁旧石器遗址自然环境的探讨》，《古脊椎动物与古人类》1982 年第 2 期，第 165—179 页。
⑤ 文榕生：《中国珍稀野生动物分布变迁》，第 263、531 页。
⑥ 杨华：《三峡远古时代考古文化》，第 39—40 页。
⑦ 文榕生：《中国珍稀野生动物分布变迁》，第 263 页；《盐井沟动物群》，《化石》2001 年第 3 期，第 10 页；张健：《探密盐井沟古生物化石遗址》，《重庆三峡学院学报》2012 年第 5 期，第 11—15 页；陈少坤、庞丽波、贺亚定，等：《重庆市盐井沟第四纪哺乳动物化石经典产地的新发现与时代解释》，《科学通报》2013 年第 20 期，第 1962—1968 页；陈少坤、魏光飚：《万州盐井沟动物群的研究历史及其意义》，《重庆三峡学院学报》2014 年第 2 期，第 19—22 页。
⑧ 杨华：《三峡远古时代考古文化》，第 21 页。
⑨ 中国科学院古脊椎动物与古人类研究所、重庆自然博物馆、重庆市丰都县文物管理所：《丰都井水湾旧石器时代遗址发掘报告》，重庆市文物局、重庆市移民局编：《重庆库区考古报告集·1999 卷》，第 644—654 页；中国科学院古脊椎动物与古人类研究所、重庆市文物局、泥河湾猿人观察站，等：《丰都井水湾遗址发掘简报》，重庆市文物局、重庆市移民局编：《重庆库区考古报告集·2000 卷》，第 1047—1056 页。

续表

遗址名称	遗址位置	遗存年代	遗存类别	动物种类
鱼复浦①	重庆市奉节县	距今7560年	化石、牙齿	狼、猪、麂、鱼、螺
三沱②	重庆市奉节县	距今7000年	化石	豪猪、野猪、羊、鹿、鱼、螺
刘家院坝③	重庆市奉节县	更新世晚期	化石	牛、犬
龙骨坡④	重庆市巫山县	距今200万年	化石	步氏巨猿、猕猴、大熊猫、獏、桑氏鬣狗、更新猎豹、裴氏大灵猫、剑齿虎、剑齿象、扬子江嵌齿象、云南马、中华爪兽、裴氏獏、中国獏、步氏犀、羚羊、猪、牛、鹿、中华野牛、鼷鼠、蝙蝠、兔、松鼠、鼯鼠、竹鼠、豪猪
红土塆⑤	重庆市黔江区	旧石器时代中晚期	化石	熊猫、犀牛、鹿、野猪、豪猪、东方剑齿象、马、巨猿、牛、羊、猕猴、长臂猿、猩猩、松鼠、竹鼠、大熊猫
海洋乡⑥	重庆市秀山县	距今1万年	化石	亚洲象、大熊猫、剑齿象、犀牛
扁口洞⑦	重庆市秀山县	旧石器时代中晚期	化石	大熊猫、剑齿象、鬣狗、巨猿、犀牛
孙家洞⑧	湖北省秭归县	中晚更新世	化石	猫科、大熊猫巴氏亚种、东方剑齿象、中国犀、巨獏、鹿、水牛、苏门羚
九道河⑨	湖北省宜都市	晚更新世早期	化石	大熊猫、东方剑齿象、最后鬣狗、犀牛、巨獏、豪猪、小熊、虎、鹿、牛

① 中国科学院古脊椎动物与古人类研究所等：《奉节鱼复浦旧石器时代考古发掘报告》，重庆市文物局、重庆市移民局编：《重庆库区考古报告集·1997卷》，第144—159页。
② 裴树文：《三峡地区旧石器考古新进展》，邓涛、王原主编：《第八届中国古脊椎动物学学术年会论文集》，北京：海洋出版社，2011年，第197—208页；中国科学院古脊椎动物与古人类研究所、重庆市文物局：《奉节三坨石器地点发掘报告》，重庆市文物局、重庆市移民局编：《重庆库区考古报告集·2000卷》，第509—513页。
③ 吉林大学边疆考古研究中心、奉节县白帝城文物管理所：《奉节刘家院坝遗址发掘报告》，重庆市文物局、重庆市移民局编：《重庆库区考古报告集·2002卷》，第154—166页。
④ 邓辉：《土家族区域的考古文化》，第11—13页。
⑤ 邓辉：《土家族区域的考古文化》，第28页。
⑥ 文榕生：《中国珍稀野生动物分布变迁》，第409—410页。
⑦ 邓辉：《土家族区域的考古文化》，第28页。
⑧ 董明星：《湖北秭归孙家洞旧石器文化遗址调查简报》，《人类学报》1999年第18卷第2期，第144—146页。
⑨ 李天元：《湖北枝城九道河旧石器时代遗址发掘报告》，《考古与文物》1990年第1期，第6—20页；杨华：《三峡远古时代考古文化》，第14页；邓辉：《土家族区域的考古文化》，第19页。

续表

遗址名称	遗址位置	遗存年代	遗存类别	动物种类
长阳人①	湖北省长阳县	距今19.5万	化石	东方剑齿象、中国犀、虎、古豹、大熊猫、小熊、猫科、巨貘、洞穴鬣狗、豺、竹鼠、海豚科、豪猪、猪、牛科、鹿科
鲢鱼山②	湖北省长阳县	距今12—9万年	化石	雨拟管螺、鳖科、蝼蛇、普通鼯鼠、林姬鼠、中华竹鼠、华南豪猪、虎、黑熊、猪獾、大熊猫、鬣狗、剑齿象、中国犀、中国貘、水鹿、鹿、麝、苏门羚、水牛
伴峡小洞③	湖北省长阳县	距今13万年	化石	梅氏犀、剑齿象、鹿、羊、水牛
榨洞④	湖北省长阳县	距今2.7万年	化石	中华竹鼠、大熊猫、黑熊、中国貘、水牛、苏门羚、水鹿、达维四不像鹿、鹿
高坪⑤	湖北建始县	早更新世晚期	化石	步氏巨猿、陆龟、古豺、熊、豹、大熊猫武陵山亚种、獾、桑氏鬣狗、猫、剑齿虎、古乳齿象、似锯齿三棱齿象、中国乳齿象、东方剑齿象、云南马、中国貘、犀、猪、小猪、裴氏猪、鹿、麂、牛科、羊类、豪猪
花坪长乐坪鲁竹坝⑥	湖北省建始县湖北省五峰县湖北省恩施市	更新世中晚期	化石	虎、柯氏熊、最后鬣狗、大熊猫、猫属、獾属、东方剑齿象、云南马、巨貘、中国犀、野猪、黑鹿、麂鹿、牛类、竹鼠
后山坡⑦	湖北省丹江口市	更新世晚期	化石	鬣狗、犀、猪、牛
犀牛洞⑧	湖北神农架林区	距今10万年	化石	东方剑齿象、华南巨貘、中国犀、褶齿香麝、麝、麂、水鹿、斑鹿、獐、大苏门羚、普氏羚羊、青羊、水牛、楣牛、山羊、环颈雉、马鸡、锦鸡、竹鸡、鹤、无颈鬃豪猪、扫尾豪猪、豪猪、豺、狼、大熊猫、西藏黑熊、鼬、猫、鬣狗、硕猕猴、鼠耳蝠、鼯鼠、黑鼠、竹鼠、咬洞中华竹鼠、虎、豹

① 杨华:《三峡远古时代考古文化》,第13页;文榕生:《中国珍稀野生动物分布变迁》,第262页。
② 陈全家、王善才、张典维:《清江流域古动物遗存研究》,第9—39页。
③ 陈全家、王善才、张典维:《清江流域古动物遗存研究》,第3—7页。
④ 陈全家、王善才、张典维:《清江流域古动物遗存研究》,第39—46页。
⑤ 许春华、韩康信、王令红:《鄂西巨猿化石及共生的动物群》,《古脊椎动物与古人类》1974年第4期,第293—309页;许春华、陈醒斌、冯小波,等:《湖北建始新发现的巨猿化石地点》,《江汉考古》1993年第3期,第1—5、59页;裴树文、高星、许春华,等:《湖北建始高坪洞穴调查及其试掘简报》,《人类学学报》2010年第4期,第383—394页。
⑥ 邱中郎、张玉萍、童永生:《湖北省清江地区洞穴中的哺乳类动物化石报导》,《古脊椎动物与古人类》1961年第2期,第155—157页。
⑦ 湖北省博物馆、丹江口市博物馆:《丹江口市石鼓后山坡旧石器地点调查简报》,《江汉考古》1987年第4期,第1—6页;杨宝成、黄锡全编:《湖北考古发现与研究》,第16—17页。
⑧ 武仙竹:《神农架犀牛洞旧石器时代遗址发掘报告》,《人类学学报》1998年第2期,第121—136页。

续表

遗址名称	遗址位置	遗存年代	遗存类别	动物种类
樟脑洞①	湖北省房县	更新世晚期	化石	大熊猫、东方剑齿象、犀、貘、牛亚科、鹿、麂、羊亚科
伏龙观②	湖北省郧县	距今97—90万年	化石	无颈鬃豪猪、西藏黑熊、果子狸、中国貘、李氏野猪、青羊
黄龙洞③	湖北省郧县	距今10万年	化石	硕猕猴、猕猴、蓝天金丝猴、灰叶猴、长臂猿、刺猬、鼩、鼩鼱、蝙蝠、兔、松鼠、鼠、竹鼠、豪猪、华南豪猪、东方剑齿象、古爪哇豺、变异狼、最后斑鬣狗、西藏黑熊、马来熊、大熊猫巴氏亚种、黄腹鼬、猪獾、食蟹獴、水獭、大灵猫、果子狸、中华猫、云豹、华南虎、中国犀、华南巨貘、野猪、香麝、鹿、毛冠鹿、水鹿、獐、羚牛、苏门羚、青羊、水牛、裸唇重腹鱼、青鱼、鳡鱼、蛙、蜗牛、真瓣腮贝、蟒蛇、褐冠鹃隼、白鹳、雉、鷚、重石束腹蟹
郧县人遗址④	湖北省郧县	距今100万年左右	化石	蓝天金丝猴、无颈鬃豪猪、虎、豹、裴氏猫、爪哇豺、似狗獾、西藏黑熊、桑氏鬣狗、大熊猫、剑齿虎、东方剑齿象、三门马、中国貘、中国犀、李氏野猪、小猪、秀丽黑鹿、云南水鹿、鹿、大角鹿、短角丽牛、水牛
白龙洞⑤	湖北省郧西县	旧石器时代	化石	竹鼠、豪猪、剑齿象、爪哇豺、桑氏鬣狗、武陵山大熊猫、猪獾、果子狸、大灵猫、豹、更新猎豹、剑齿虎、猫、虎、中国犀、中国貘、裴氏猪、鹿、麝、风歧祖鹿、华丽黑鹿、云南水鹿、苏门羚、青羊、广西巨羊、羚牛、短角丽牛、水牛
汉中城固	陕西省汉中市陕西省城固县	更新世中期	化石	中国犀、野猪、水鹿、角鹿、牛科、羊科、云南马、鬣狗、熊、大熊猫、灵猫、东方剑齿象、豪猪
大坝沟	陕西省洋县	旧石器时代	化石	中国犀、大熊猫、熊、东方剑齿象、猪、赤鹿、羚羊、水鹿、水牛
金水河口	陕西省洋县	中更新世	化石	中国犀、大熊猫小种、狼、熊、象、爪兽、水鹿、羚羊、水牛

① 李天元、武仙竹：《房县樟脑洞发现的旧石器》，《江汉考古》1985 年第 3 期，第 1—4 页。

② 武仙竹、周兴明、王运辅：《湖北郧县伏龙观旧石器时代遗址调查简报》，《人类学学报》2008 年第 1 期，第 33—37 页。

③ 武仙竹、吴秀杰、王运辅，等：《郧西人遗址动物群与古环境》，董为主编：《第十一届中国古脊椎动物学学术年会论文集》，北京：海洋出版社，2008 年，第 103—112 页；武仙竹、吴秀杰、陈明惠，等：《湖北郧西黄龙洞古人类遗址 2006 年发掘报告》，《人类学学报》2007 年第 3 期，第 193—240 页。

④ 李炎贤、计宏祥、李天元，等：《郧县人遗址发现的石制品》，《人类学学报》1998 年第 2 期，第 94—113 页。

⑤ 武仙竹、裴树文、吴秀杰，等：《湖北郧西白龙洞古人类遗址初步研究》，《人类学学报》2009 年第 1 期，第 1—14 页。

续表

遗址名称	遗址位置	遗存年代	遗存类别	动物种类
赤土岭①	陕西省勉县	旧石器时代	化石	中国犀、东方剑齿象、大熊猫、猪、赤鹿、水牛、羚羊、熊、水鹿
黄鳝溪②	四川省资阳市	距今 4 万年/更新世	化石	东方剑齿象、猛犸象、中国犀、虎、豪猪、竹鼠、沙獾、鬣狗、马、猪、黑鹿、麂、麝、野牛
柴山岗	贵州省桐梓县	更新世中晚期/旧石器时代	化石	虎、金丝猴、长臂猿、猩猩、竹鼠、豪猪、硕豪猪、狼、古爪哇豺、大熊猫、獾、柯氏熊、最后鬣狗、豹、东方剑齿象、巨貘、中国犀、野猪、鹿、麂、鬣羚、牛类、陆龟
马鞍山③	贵州省桐梓县	晚更新世后期	化石	虎、熊、獾、大熊猫、黑鼠、豪猪、竹鼠、中国犀牛、巨貘、鹿、麂、麝、水牛、猪、猕猴
燕儿洞④	湖南省石门县	旧石器时代	化石	猕猴、红面猴、兔、鼠、华南豪猪、犬、豺、熊、獾、虎、豹、东方剑齿象、巨貘、中国犀、猪、鹿、麂、羊、羚羊、牛
尖刀山	湖南省慈利县	早更新世晚期	化石	金丝猴丁氏亚种
螺丝旋	湖南省吉首市		化石	猕猴、竹鼠、华南箭猪、中国熊、豹、东方剑齿象、中国犀、巨貘、大熊猫巴氏亚种、猪獾、鹿、水牛、羊、野猪
要坝洞⑤	湖南省保靖县		化石	长臂猿、猕猴、华南箭猪、硕箭猪、猪獾、中国黑熊、大熊猫武陵山亚种、似锯齿嵌齿象、嵌齿象、东方剑齿象、中国犀、中国貘、麂、鹿、野猪、小猪、水牛

据表 7-4 我们发现，旧石器时代巴地动物从属性上来说均为野生动物，不见人工驯养动物；已发现动物物种中大多有大熊猫、剑齿象、犀牛、巨貘等大熊猫—剑齿象动物群特有动物，因此旧石器时代巴地哺乳动物在类群上均属大熊猫—剑齿象动物群，在动物区系上同属东洋界；从巴地野生动物温度适应性来看，动物群中猴、象、貘、犀、豪猪等为热带、亚热带动物，而其他动物多为习性广泛的动物，没有喜寒冷气候习性的动物种类，因此巴地旧

① 文榕生：《中国珍稀野生动物分布变迁》，第 534 页；汤英俊、宗冠福、雷遇鲁：《汉水上游旧石器的新发现》，《人类学学报》1987 年第 1 期，第 55—60 页。
② 李宣民、张森水：《资阳人 B 地点发现的旧石器》，《人类学学报》1984 年第 3 期，第 215—224 页。
③ 文榕生：《中国珍稀野生动物分布变迁》，第 264 页。
④ 湖南省文物考古研究所、石门县博物馆：《石门县燕儿洞旧石器遗址试掘》，湖南省文物考古研究所、湖南省考古学会编：《湖南考古辑刊》第 6 集，第 1—7 页。
⑤ 王令红、林玉芬、长绍武，等：《湖南省西北部新发现的哺乳动物化石及其意义》，《古脊椎动物与古人类》1982 年第 20 卷第 4 期，第 350—358 页。

石器时代野生动物多为亚热带含热带种属的喜温动物，这是由巴地亚热带地域性气候所决定的；旧石器时代巴地野生动物物种构成在地域上也有一定差异，毕竟各地地形、水文、气候、植被等自然要素是不同的。当然还需要说明的是，表7-4所列动物物种只是一个粗略的统计结果，因此我们不能以此来分析巴地各地动物物种构成和进行巴地动物区系中动物亚区的划分，其原因就在于表中动物物种统计只是涉及巴地部分地点而不是全部，这些地点发现的动物物种是否真实反映了各地动物物种构成情况还存疑，由于巴地旧石器时代动物物种资料不完整，也导致巴地旧石器时代动物区系研究中动物亚区的构建显得颇为困难。

新石器时代巴地部分野生动物种类逐渐消失并逐渐形成全新世动物种群，并奠定现在巴地动物种群基础。据动物考古及研究成果，新石器时代巴地动物构成情况如表7-5：

表7-5　新石器时代巴地动物统计简表

遗址名称	遗址位置	遗存年代	遗存类别	动物种类
龙岗寺[①]	陕西省南郑县	距今7000—6000年	骨骼	野猪、家猪、猪獾、豪猪、狼、豺、野牛、家牛、家羊、水鹿、华丽黑鹿、狍、小鹿、林麝、岩鸽、白枕鹤、大白鹭、家鸡、鳖、鲤鱼、蚌、中华田螺
何家湾[②]	陕西省西乡县	距今6000多年	骨骼	黑熊、犀、野猪、野牛、林麝、獐、小鹿、水鹿、马鹿、狍、羚羊、苏门羚、岩松鼠
红岩坝[③]	陕西省西乡县	新石器时代	骨角	鹿、蚌
清源[④]	重庆市酉阳县	距今4800—4400年	骨骼	猕猴、狗、黑熊、猪獾、豹猫、虎、象、犀牛、猪、小鹿、水鹿、斑鹿、牛、竹鼠、豪猪、雉、鸭、鲤鱼、青鱼、乌龟、鳖
蔺市[⑤]	重庆市涪陵区	距今4000年	骨骼	鱼、马、豪猪、竹鼠、野猪、鹿、犀牛

① 陕西考古研究所：《龙岗寺——新石器时代遗址发掘报告》，北京：文物出版社，1990年，第40—41页；杨亚长：《南郑县龙岗寺汉代墓葬》，中国考古学会编：《中国考古学年鉴1987》，第265—266页。
② 陕西省考古研究所、陕西省安康水电站库区考古队：《陕南考古报告集》，第201—203页。
③ 陕西省考古研究所汉水考古队：《陕西西乡红岩坝遗址的调查和试掘》，《考古与文物》1982年第5期，第6—11页。
④ 重庆市文物考古所、重庆文化遗产保护中心、四川大学历史文化学院考古学系编：《酉阳清源》，第246—269页。
⑤ 重庆市文物考古研究所、涪陵区博物馆：《2000年度涪陵蔺市遗址发掘报告》，重庆市文物局、重庆市移民局编：《重庆库区考古报告集·2002卷》，第1633—1715页。

续表

遗址名称	遗址位置	遗存年代	遗存类别	动物种类
玉溪①	重庆市丰都县	距今8000—6800年	骨骼	羊、狼、水鹿、黄麂、水牛、猪、黑熊、猪獾、狗、豹猫、狸猫、虎、花面狸、犀牛、猕猴、豪猪、竹鼠、青鱼、草鱼、鲢鱼、鲇鱼、鲟鱼、龟、鳖、鸟、蚌、螺
瓦渣地②	重庆市忠县	新石器时代晚期	骨骼	仓鼠、豪猪、竹鼠、狗、家猪、麂、麝、水鹿、牛、草鱼、白鲢、花鲢、鳙鱼、鲤鱼、鲢鱼
涂井沟③	重庆市忠县	新石器时代	骨骼	马、鹿、猪、鱼、蚌
中坝④	重庆市忠县	新石器时代早期	骨骼	猕猴、叶猴、金丝猴、兔、松鼠、中华竹鼠、黑家鼠、豪猪、狗、狐、貉、熊、貂、狗獾、水獭、猫、犀牛、猪、白唇鹿、马鹿、麋鹿、毛冠鹿、獐、黄麂、黄牛、水牛、鲤鱼、青鱼、草鱼、赤眼鳟、鲂鱼、鲢鱼、鳙鱼、鲶科、鳜鱼、鲟、云南光唇鱼、红鲌属、棘六须鲶、鲔科、鲈形目、鲵、龟
渣子门⑤	重庆市万州区	距今8000—7000年	化石	竹鼠
王家沱⑥	重庆市万州区		牙齿	獐
三坨⑦	重庆市奉节县	距今7000年	骨骼	豪猪、鹿类、羊、猪
欧家老屋⑧	重庆市巫山县		骨骼	猪、鹿、狗、鱼、鳄鱼
魏家梁子⑨	重庆市巫山县	距今4700—4000年	骨骼	鱼、猪、鹿
大脚洞⑩	重庆市巫山县	新石器时代	骨骼	长臂猿、鹿、猪、熊、竹鼠、蛇、鸟

① 赵静芳、袁东山：《玉溪遗址动物骨骼初步研究》，《江汉考古》2012年第3期，第103—112页；邹后曦、袁东山：《重庆峡江地区的新石器文化》，重庆市文物局、重庆市移民局编：《重庆2001三峡文物保护学术研讨会论文集》，第17—40页。

② 黄蕴平、朱萍：《忠县瓦渣地遗址T363动物遗骸初步观察》，重庆市文物局、重庆市移民局编：《重庆2001三峡文物保护学术研讨会论文集》，第273—278页。

③ 赵冬菊：《从三峡考古看巴人的生活习俗》，《三峡大学学报（人文社会科学版）》2005年第4期，第15—20页。

④ 武仙竹：《长江三峡动物考古学研究》，第17页。

⑤ 中国科学院古脊椎动物与古人类研究所、重庆市文物局、重庆市万县三峡博物馆，等：《万州渣子门遗址考古发掘报告》，重庆市文物局、重庆市移民局编：《重庆库区考古报告集·2001卷》，第713—720页。

⑥ 杨群：《万州区王家沱新石器时代至明清遗址》，中国考古学会编：《中国考古学年鉴2002》，第317—318页。

⑦ 中国科学院古脊椎动物与古人类研究所、重庆市文物局：《奉节三坨石器地点发掘报告》，重庆市文物局、重庆市移民局编：《重庆库区考古报告集·2000卷》，第509—513页。

⑧ 吴耀利：《巫山县欧家老屋新石器时代遗址》，中国考古学会编：《中国考古学年鉴1995》，第214页。

⑨ 中国社会科学院考古研究所长江三峡考古队：《四川巫山县魏家梁子遗址的发掘》，《考古》1996年第8期，第1—18、48页。

⑩ 杨华：《三峡远古时代考古文化》，第113页。

续表

遗址名称	遗址位置	遗存年代	遗存类别	动物种类
大溪①	重庆市巫山县	距今 6000 多年	骨骼	狗、鸡、牛、羊、青鱼、鲟鱼、龟、鳖、蚌、螺、野猪、麂、鹿、虎、豹、犀、象
楠木园②	湖北省巴东县	距今 7000—6000 年	骨骼	草鱼、青鱼、鳙鱼、鲢鱼、鲌鱼、鳜鱼、黄颡鱼、鲟鱼、龟、扬子鳄、鸟类、亚洲象、豪猪、猴、狗、獾、熊、家猪、麂、麋鹿、鹿、圣水牛
土寨子③	湖北省巴东县	新石器时代	骨骼	羊、鱼、蜗牛
店子头④	湖北省巴东县	新石器时代	骨骼	金丝猴、长臂猿、树鼩、豪猪、兔、黑熊、狼、貉、青鼬、水獭、猪獾、果子狸、椰子猫、原猫、豹猫、豹、华南虎、梅氏犀、爪哇犀、华南巨猿、普氏野马、野猪、麝、獐、赤鹿、黑鹿、小鹿、水鹿、苏门羚、青羊、岩羊、圣水牛、金雕、鸡、青鱼、草鱼、白鲢、鳡鱼、鲤鱼、鲶鱼、黄颡鱼、中华鲟、鳖、螺、蜗牛
鸭子嘴⑤	湖北省巴东县	距今 6000 多年	骨骼	大熊猫、熊、虎、水鹿、大角鹿、鹿、水牛、青羊、猴、獾、草鱼、青鱼、中华鲟、蚌
红庙岭⑥	湖北省巴东县	新石器时代	骨骼	猪
玉种地⑦	湖北省秭归县	新石器时代	骨骼	鱼、鹿、猪
旧州河⑧	湖北省秭归县	新石器时代	骨骼	鱼（未定属）、中华鲟、牛
官庄坪⑨	湖北省秭归县	新石器时代	骨骼	野马、大熊猫、大苏门羚、獐、水鹿、青羊、青鱼、草鱼、鲤鱼、猪
庙坪⑩	湖北省秭归县	新石器时代龙山文化时期	骨骼	青鱼、草鱼、鸟、猪、梅花鹿

① 林向：《大溪文化与巫山大溪遗址》，中国考古学会编：《中国考古学会第二次年会论文集（1980）》，第 124—132 页；马雨林：《三峡地区地理环境对古文化的影响》，重庆市文物局、重庆市移民局编：《重庆 2001 三峡文物保护学术研讨会论文集》，第 262—265 页。

② 国务院三峡工程建设委员会办公室、国家文物局编著：《巴东楠木园》，第 140—141 页。

③ 湖北省文物考古研究所：《巴东土寨子遗址发掘简报》，国务院三峡工程建设委员会办公室、国家文物局编著：《湖北库区考古报告集》（第二卷），第 197—209 页。

④ 湖北省文物考古研究所：《巴东店子头遗址发掘简报》，国务院三峡工程建设委员会办公室、国家文物局编著：《湖北库区考古报告集》（第二卷），第 35—45 页；武仙竹：《长江三峡动物考古学研究》，第 17 页。

⑤ 湖北省文物考古研究所：《巴东鸭子嘴遗址（西区）发掘简报》，国务院三峡工程建设委员会办公室、国家文物局编著：《湖北库区考古报告集》（第二卷），第 252—280 页；武仙竹：《长江三峡动物考古学研究》，第 17 页。

⑥ 国务院三峡工程建设委员会办公室、国家文物局编著：《巴东红庙岭》，第 16—321 页。

⑦ 宜昌博物馆：《秭归玉种地遗址发掘简报》，国务院三峡工程建设委员会办公室、国家文物局编著：《湖北库区考古报告集》（第一卷），第 283—291 页。

⑧ 宜昌博物馆、秭归屈原纪念馆：《秭归旧州河遗址发掘报告》，国务院三峡工程建设委员会办公室、国家文物局编著：《湖北库区考古报告集》（第一卷），第 704—718 页。

⑨ 武仙竹、周国平：《湖北官庄坪遗址动物遗骸研究报告》，《人类学学报》2005 年第 3 期，第 232—248 页。

⑩ 袁靖、孟华平：《庙坪遗址出土动物骨骼研究报告》，国务院三峡工程建设委员会办公室、国家文物局编著：《秭归庙坪》，第 302—307 页。

续表

遗址名称	遗址位置	遗存年代	遗存类别	动物种类
东门头①	湖北省秭归县	距今8000—7000年	骨骼	蚌、鱼、熊、猴、小鹿、水鹿、爪哇野牛、普氏野马、田螺、贝壳、蚌
卜庄河②	湖北省秭归县	新石器时代	骨骼	青鱼、草鱼、家猪、羊
柳林溪③	湖北省秭归县	新石器时代	骨骼	华南虎、犀牛、华南巨貘、家猪、野猪、猪、大角鹿、水鹿、梅花鹿、羚羊、圣水牛、鸡、秃鹫、青鱼、草鱼
清水滩④	湖北省宜昌市	新石器时代	骨骼	青鱼、白鲢、鹿、野猪
杨家湾⑤	湖北省宜昌市	新石器时代	骨骼	鱼、猪
西寺坪⑥	湖北省长阳县	距今6000—5000年	骨骼	草鱼、青鱼、豪猪、红面猴、食蟹獴、猪獾、黑熊、豹、苏门犀、大角鹿、獐、麝、水鹿、家猪、野猪、水牛、剑齿象、蚌、螺
沙嘴⑦	湖北省长阳县	距今5500年	骨骼	重美带蚌、剑状矛蚌、草鱼、青鱼、豪猪、红面猴、猕猴、大熊猫、黑熊、家犬、苏门犀、家猪、野猪、獾、鹿、羊、小鹿、水鹿、獐、水牛、苏门羚
桅杆坪⑧	湖北省长阳县	距今6000—5000年	骨骼	鲶、青鱼、豪猪、竹鼠、大熊猫、黑熊、猪獾、家犬、豺、猞猁、豹猫、豹、猎豹、食蟹獴、猕猴、红面猴、苏门犀、中国貘、家猪、野猪、圣水牛、苏门羚、小鹿、黑鹿、獐、麝、梅花鹿、水鹿、四不象鹿、绵羊、穿山甲
深潭湾⑨	湖北省长阳县	新石器时代	骨骼	猕猴、红面猴、鹿、獐、豪猪、猪獾、竹鼠、鹤、鹭、鱼、剑状矛蚌、重美带蚌
城背溪⑩	湖北省宜都市	距今7000年	骨骼	鹿、圣水牛、牛、青鱼、草鱼、蚌、贝、鳖
关庙山⑪	湖北省宜都市	新石器时代	骨骼	猪、鱼、鹿、蚌

① 国务院三峡工程建设委员会办公室、国家文物局编著:《秭归东门头》,第77页。
② 武仙竹、卢德佩:《卜庄河遗址动物群研究报告》,国务院三峡工程建设委员会办公室、国家文物局编著:《秭归卜庄河》,北京:科学出版社,2008年,第836—878页;宜昌博物馆:《卜庄河古遗址(A、B区)发掘简报》,国务院三峡工程建设委员会办公室、国家文物局编著:《湖北库区考古报告集》(第三卷),第19—34页。
③ 武仙竹:《湖北秭归柳林溪遗址动物群研究报告》,《秭归柳林溪》,第268—292页。
④ 湖北宜昌地区博物馆、四川大学历史系考古专业、武汉大学历史系考古专业:《宜昌县清水滩新石器时代遗址的发掘》,长江流域规划办公室库区规划设计处编:《葛洲坝工程文物考古成果汇编》,第94—115页。
⑤ 宜昌地区博物馆:《宜昌县杨家湾新石器时代遗址》,《江汉考古》1984年第4期,第27—37页。
⑥ 王善才主编:《清江考古》,第81—148页。
⑦ 王善才主编:《清江考古》,第149—156页。
⑧ 陈全家、王善才、张典维著:《清江流域古动物遗存研究》,第51—80页。
⑨ 王善才主编:《清江考古》,第157—195页。
⑩ 湖北省文物考古研究所编:《宜都城背溪》,第291页。
⑪ 中国社会科学院考古研究所湖北工作队:《湖北枝江县关庙山新石器时代遗址发掘简报》,《考古》1981年第4期,第289—297页;中国社会科学院考古研究所湖北工作队:《湖北枝江关庙山遗址第二次发掘》,《考古》1983年第1期,第17—29页。

续表

遗址名称	遗址位置	遗存年代	遗存类别	动物种类
计家嘴①	湖北省房县	新石器时代	骨骼	猪、鹿、牛、狗
白鹤观②	湖北省郧县	新石器时代	骨骼	虎、鹿、牛、鱼
红岩坝③	陕西省西乡县	新石器时代	角、壳	鹿、蚌
汤家岗④	湖南省安乡县	新石器时代	骨骼	猪、牛、鹿、羊、兔
皂市⑤	湖南省石门县	距今 6920 年	骨骼	梅花鹿、水牛、羊、豪猪、老鼠、麂、龟、猪
河溪教场⑥	湖南省吉首市	新石器时代	骨骼	犀、牛、羊、野猪、鹿、豪猪、竹鼠、狗、豺、鱼、龟
沙溪大桥⑦	湖南省吉首市	新石器时代	骨骼	犀、鹿、牛、山羊、野猪、竹鼠、山鸡、鱼
高庙⑧	湖南省洪江市	距今 7800—5300 年	骨骼	家猪、猪、牛、羊、鹿、麂、熊、象、犀牛、貘、獾、猴、龟、鳖、各种鱼类、螺、贝壳
肖家洞⑨	贵州省修文县	新石器时代	骨骼	蚌、贝、螺、鱼、龟、鸟、鼠、竹鼠、豪猪、蝙蝠、熊、貘、象、猪、鹿、牛

从表 7-5 可知：（1）与旧石器时代动物相比，剑齿象、嵌齿象、猛犸象、剑齿虎、华南巨貘、步氏巨猿、中国爪兽、古爪哇豺、更新猎豹、裴氏人灵猫等更新世动物已灭绝，新石器时代野生动物基本上都为现生种（尽管有的动物在巴地现已绝迹，但在其他地方仍有生存），动物物种和种群构成已进化到全新世阶段，与现在基本一样。（2）从动物自然属性来看，新石器时代巴地动物以野生动物为主，也出现人工驯化动物，家畜有猪、犬、牛、马、羊，家禽有鸡，动物物种和进化开始受到人类干扰和影响。（3）如果仅从表中统计结果看，各地动物构成存在较大差异，从动物分布来看，各地因地形、气

① 罗运兵、史德勇：《房县计家嘴新石器西周战国秦汉时期遗址》，中国考古学会编：《中国考古学年鉴 2013》，第 321—323 页。
② 陆成秋：《郧县白鹤观新石器时代至明清遗址》，中国考古学会编：《中国考古学年鉴 2007》，第 328—329 页。
③ 陕西省考古研究所汉水考古队：《陕西西乡红岩坝遗址的调查和试掘》，《考古与文物》1982 年第 5 期，第 6—11 页。
④ 裴安平：《安乡县汤家岗新石器时代遗址》，中国考古学会编：《中国考古学年鉴 1991》，第 251—252 页；尹检顺：《安乡县汤家岗新石器时代遗址》，中国考古学会编：《中国考古学年鉴 2008》，第 320—321 页。
⑤ 湖南省博物馆：《湖南石门县皂市下层新石器遗存》，《考古》1986 年第 1 期，第 1—11 页。
⑥ 湘西自治州文物管理处、吉首市文物管理所：《吉首市河溪教场遗址发掘简报》，湖南省文物考古研究所、湖南省考古学会编：《湖南考古 2002》，第 52—71 页。
⑦ 龙京沙：《吉首市沙溪大桥新石器时代及汉至明清时期遗址》，中国考古学会编：《中国考古学年鉴 1999》，第 242 页。
⑧ 贺刚：《黔阳县高庙新石器时代遗址》，中国考古学会编：《中国考古学年鉴 1992》，第 273—274 页；《洪江市高庙新石器时代遗址》，中国考古学会编：《中国考古学年鉴 2006》，第 318—319 页。
⑨ 胡昌国：《乌当区肖家洞新石器时代遗址》，中国考古学会编：《中国考古学年鉴 2007》，第 427 页。

候、植被、水文条件不同动物构成情况也有所不同，但统计学意义上的这种差异与动物构成的实际差异之间究竟有多大契合度仍然是一个问题。从动物物种及其生活习性来看，巴地动物分布还有海拔高度上的差异，普氏野马、羚羊等属温带动物，主要栖息于高山地带，而犀牛、象等热带喜温喜湿动物则分布于河谷地带，一些亚热带及适应性较强的动物则分布于河谷与高山地带之间的区域，鱼类则生活于河流中，巴地动物分布呈现出垂直地带性分异。（4）从巴地各地动物物种来看，新石器时代巴地均有鱼类及水生动物，这与旧石器时代略有不同。需要说明的是，旧石器时代很多动物化石发现于山洞内，动物骨骼多为兽类、禽类，基本不见鱼类和水生动物化石，但旧石器时代巴地肯定有鱼类和水生动物生存；新石器时代遗址多位于河流阶地上，因此多发现鱼骨和水生动物骨骼，这有助于了解新石器时代巴地鱼类种群构成情况。

夏商西周时期巴地动物构成情况，我们仍可利用动物考古成果作初步梳理，夏商周时期巴地动物构成基本情况见表7-6：

表7-6 夏商周时期巴地动物统计简表

遗址名称	遗址位置	遗存年代	遗存类别	动物种类
香炉石[1]	湖北省长阳县	夏商西周	骨骼	环纹货贝、剑状矛蚌、鲤鱼、鳙、鲶鱼、中华鳖、乌龟、鹰、鹤、竹鼠、刺猬、红面猴、猕猴、圣水牛、牛、鹿、水鹿、扁角鹿、猪、野猪、豪猪、熊、苏门羚、马、大熊猫、熊、豹、虎、狮、豺、犬、狼、狐狸、猪獾、小鼠、羊
深潭湾[2]	湖北省长阳县	西周	骨骼	猪、鹿
路家河[3]	湖北省宜昌市	商代	骨骼	鲤鱼、青鱼、草鱼、南方大口鲶、鳜、扬子鳄、龟、鼋、河蚬、蚌、螺、豪猪、竹鼠、貉、猪獾、野猪、家猪、大角鹿、小角鹿、黄鹿、黑鹿、梅花鹿、水鹿、猴、家犬、家水牛
长府沱[4]	湖北省宜昌市	夏商	骨骼	猪、羊
渡口[5]	湖北省秭归县	商	骨骼	鱼、牛、鹿、鼠

① 湖北省清江隔河岩考古队：《湖北清江香炉石遗址的发掘》，《文物》1995年第9期，第4—28页。
② 王善才主编：《清江考古》，第157—195页。
③ 黄象洪：《路家河遗址出土动物遗骸鉴定报告》，《宜昌路家河——长江三峡考古发掘报告》，第134—140页。
④ 宜昌博物馆：《秭归长府沱遗址试掘简报》，国务院三峡工程建设办公室、国家文物局编著：《湖北库区考古报告集》（第一卷），第268—273页；宜昌博物馆：《秭归长府沱商代遗址发掘报告》，国务院三峡工程建设办公室、国家文物局编著：《湖北库区考古报告集》（第一卷），第320—340页。
⑤ 宜昌博物馆：《秭归渡口遗址发掘报告》，国务院三峡工程建设办公室、国家文物局编著：《湖北库区考古报告集》（第一卷），第522—562页。

续表

遗址名称	遗址位置	遗存年代	遗存类别	动物种类
卜庄河①	湖北省秭归县	夏商西周	骨骼	青鱼、草鱼、鲤鱼、白鲢、中华鲟、中华倒刺鲃、鳡鱼、黄颡鱼、南方大口鲶、须鲫、鳙鱼、鲸鱼、矛蚌、丽蚌、黄喉水龟、家猪、狗、家山羊、家水牛、鸡、密齿獴、猪獾、小鹿、水鹿、獐、兔
何家大沟②	湖北省秭归县	商	骨骼	鹿、野猪、家猪、牛、羊、草鱼、鳖
何光嘴③	湖北省秭归县	商	骨骼	猕猴、小鹿、獐、水鹿、大角鹿、野猪、黑熊、华南虎、狗、家猪、青羊、水牛、鸡、鸭、鹅鹕、青鱼、鲤鱼、草鱼、白鲢、鳡鱼、圆口铜鱼、三角鲂、黄颡鱼、中华鲟、中华圆田螺、蜗牛、剑状蚌、圆顶珠蚌、三角帆蚌
柳林溪④	湖北省秭归县	商周	骨骼	水鹿、猪、狗、狼、牛、青鱼
庙坪⑤	湖北省秭归县	西周	骨骼	青鱼、草鱼、梅花鹿、小型鹿科
何家岭⑥	湖北省秭归县	商	骨骼	牛、猪、狗、熊、鹿、鸡、草鱼、青鱼、中华鲟
王家坝⑦	湖北省秭归县	商周	骨骼	鹿、鱼、
白水河⑧	湖北省秭归县	商	骨骼	鹿、羊、猪、鱼
张家坪⑨	湖北省秭归县	商周	角	鹿
邹家岭⑩	湖北省秭归县	商	角	鹿
长沱河⑪	湖北省巴东县	商	骨骼	水鹿、小鹿、狗、鲤鱼、青鱼、草鱼
雷家坪⑫	湖北省巴东县	夏商	骨骼	鳙鱼、鹿、獐、家猪、鹿、青鱼、狗

① 武仙竹、卢德佩：《卜庄河遗址动物群研究报告》，国务院三峡工程建设委员会办公室、国家文物局编著：《秭归卜庄河》，第836—878页。
② 广东省文物考古研究所：《秭归何家大沟遗址的发掘》，国务院三峡工程建设委员会办公室、国家文物局编著：《湖北库区考古报告集》（第三卷），第105—159页。
③ 国务院三峡工程建设委员会办公室、国家文物局编著：《秭归何光嘴》，第118—129页；武仙竹：《长江三峡动物考古学研究》，第155页。
④ 武仙竹：《湖北秭归柳林溪遗址动物群研究报告》，《秭归柳林溪》，第268—292页。
⑤ 袁靖、孟华平：《庙坪遗址出土动物骨骼研究报告》，国务院三峡工程建设委员会办公室、国家文物局编著：《秭归庙坪》，第302—307页。
⑥ 潜江市博物馆：《秭归何家岭沙包岭墓地发掘简报》，国务院三峡工程建设委员会办公室、国家文物局编著：《湖北库区考古报告集》（第五卷），第402—433页。
⑦ 湖北省文物考古研究所：《秭归王家坝遗址发掘简报》，国务院三峡工程建设委员会办公室、国家文物局编著：《湖北库区考古报告集》（第一卷），第719—736页。
⑧ 宜昌博物馆：《秭归白水河遗址发掘简报》，国务院三峡工程建设委员会办公室、国家文物局编著：《湖北库区考古报告集》（第六卷），第441—462页。
⑨ 湖北省宜昌博物馆：《秭归张家坪遗址发掘的报告》，国务院三峡工程建设委员会办公室、国家文物局编著：《湖北库区考古报告集》（第二卷），第436—460页。
⑩ 宜昌博物馆：《兴山县邹家岭遗址2005年发掘简报》，国务院三峡工程建设委员会办公室、国家文物局编著：《湖北库区考古报告集》（第四卷），第481—493页。
⑪ 湖北省文物考古研究所纪南城工作站：《巴东长沱河遗址发掘简报》，国务院三峡工程建设委员会办公室、国家文物局编著：《湖北库区考古报告集》（第二卷），第22—28页。
⑫ 陈全家：《雷家坪遗址出土的动物遗存研究》，《巴东雷家坪》，第210—213页。

续表

遗址名称	遗址位置	遗存年代	遗存类别	动物种类
黎家沱①	湖北省巴东县	商周	骨骼、牙齿	豹、狼、猴、野猪、猪、龟、草鱼、鲤鱼、鱼、蚌、麂、赤鹿、鹿、獐、獐鹿、狗、山羊、猫、仓鼠
林家码头②	重庆市巫山县	西周	骨骼、牙齿	猪、鹿、牛、马
黄柏溪③	重庆市万州区	商周	骨骼	牛、熊、猪、犬、鹿、鱼
中坝④	重庆市忠县	夏商周	骨骼	黄牛、水牛、白唇鹿、马鹿、麋鹿、毛冠鹿、獐、黄鹿、麂、猪、狗、貉、狐、熊、犀牛、獭、貂、狗獾、獾、兔、猕猴、仰鼻猴、叶猴、豪猪、家鼠、中华竹鼠、竹鼠、松鼠、鲟鱼、云南光唇鱼、鳙鱼、草鱼、鲤鱼、鲢鱼、鲂鱼、青鱼、赤眼鳟、棘六须鲶、六须鲶、鳜鱼、娃娃鱼、龟、鸡
瓦渣地⑤	重庆市忠县	西周	骨骼	仓鼠、竹鼠、猪獾、狗、犀牛、家猪、鹿、水鹿、牛、鸡、青鱼、草鱼、白鲢、花鲢、鲤鱼、鲇鱼、鲟、鲈形目、小型龟、龟
蔺市⑥	重庆市涪陵区	商	骨骼	鱼、牛、马、鹿、熊、猪、犬、熊猫、竹鼠
清源⑦	重庆市酉阳县	商周	骨骼	猕猴、狗、黑熊、大熊猫、猪獾、豹猫、虎、犀牛、猪、小鹿、水鹿、斑鹿、牛、苏门羚、竹鼠、豪猪、雉、鸭、鲤鱼、青鱼、乌龟、鳖
颜家沟⑧	四川省剑阁县	商周	骨、甲	鱼、龟
中锥堡⑨	贵州省沿河县	商周	骨骼	猪、牛、鹿

① 张镇洪：《巴东县黎家沱遗址出土动物骨骼鉴定》，国务院三峡工程建设委员会办公室、国家文物局编著：《湖北库区考古报告集》（第一卷），第 60—63 页。
② 中山大学人类学系、重庆市文物局、巫山县文物管理所：《巫山林家码头遗址 2001 年发掘报告》，重庆市文物局、重庆市移民局编：《重庆库区考古报告集·2001 卷》，第 88—143 页。
③ 重庆市博物馆、益阳市文物管理处、重庆万州区文物管理所：《万州黄柏溪遗址发掘报告》，重庆市文物局、重庆市移民局编：《重庆库区考古报告集·1998 卷》，第 506—538 页；重庆市文化局、重庆市博物馆、益阳市文物考古队，等：《万州黄柏溪遗址发掘报告》，重庆市文物局、重庆市移民局编：《重庆库区考古报告集·1999 卷》，第 402—432 页。
④ 四川省文物考古研究所、北京大学考古文博学院、美国 UCLA 大学，等：《忠县中坝遗址 1999 年度发掘简报》，重庆市文物局、重庆市移民局编：《重庆库区考古报告集·2000 卷》，第 964—1042 页；付罗文、袁靖：《重庆忠县中坝遗址动物遗存的研究》，《考古》2006 年第 1 期，第 79—88 页。
⑤ 黄蕴平、朱萍：《忠县瓦渣地遗址 T363 动物遗骸初步观察》，重庆市文物局、重庆市移民局编：《重庆 2001 三峡文物保护学术研讨会论文集》，第 273—278 页；武仙竹：《长江三峡动物考古学研究》，第 155 页。
⑥ 重庆市文物考古研究所、涪陵区博物馆：《2000 年度涪陵蔺市遗址发掘报告》，重庆市文物局、重庆市移民局编：《重庆库区考古报告集·2002 卷》，第 1633—1715 页。
⑦ 重庆市文物考古所、重庆文化遗产保护中心、四川大学历史文化学院考古学系编：《酉阳清源》，第 246—269 页。
⑧ 郑万泉：《剑阁县颜家沟商周汉代宋明清时期遗址》，中国考古学会编：《中国考古学年鉴 2014》，第 383 页。
⑨ 张合荣、吴小华：《沿河县中锥堡新石器时代至汉代遗址》，中国考古学会编：《中国考古学年鉴 2007》，第 427—428 页。

续表

遗址名称	遗址位置	遗存年代	遗存类别	动物种类
赵家坝[①]	贵州省思南县	商周	骨骼	猪、狗
不二门[②]	湖南省永顺县	商周	骨骼	猪、野猪、豪猪、牛、羊、虎、豹、熊、鹿、獾、獐、大狸猫、猞猁、鼠、竹鼠、鳖、鸟类、鱼类
宝山[③]	陕西省城固县	商	骨骼	鹿

据表 7-6 可知:(1)与新石器时代相比,部分动物如普氏野马、华南巨猿、华南巨貘在夏商周时期已消失,部分物种如犀牛、苏门羚、大熊猫等夏商周时期虽还存在,但分布地明显减少,直接证据就是其动物骨骼发现地比新石器时代少,但新石器时代绝大多数动物物种在夏商西周时期仍得以保留,巴地野生动物物种仍很多,野生动物资源依然丰富。(2)夏商西周时期动物种群与巴地现生种群大致相同,都属现代南方动物群,而追溯种群渊源,巴地动物群还是从大熊猫—剑齿象动物群演化而来的。只是在动物群物种数量上夏商西周时期比巴地现生动物种群多得多。(3)从动物自然属性来说,夏商西周时期巴地动物仍以野生动物为主,但驯养动物分布地较新石器时代多,反映人工驯养动物分布地更广,这与夏商西周时期巴地人口增加有关,人口增加后,肉食需求的增加推动了动物人工驯养的发展,这也是很多遗址出土较多家畜、家禽骨骼的重要原因。

夏商西周时期巴地动物活动情况文献中也有零星记载。廪君生活时代大致在夏末商初,廪君魂化白虎的记载为我们透露了一些野生动物信息。

廪君最早见于《世本》,后世文献载廪君史迹多祖述《世本》,记载较详细的是《后汉书》,该书载"廪君死,魂魄世为白虎。巴氏以虎饮人血,遂以人祠焉"[④],部分学者对此作了图腾学解释,认为虎为廪君巴人图腾,根据图腾物选择规律,图腾物应该是本地最多且最独特的动物,这说明廪君时代鄂西南清江流域及峡江一带多白虎活动。潘光旦对廪君死化白虎传说则作了生态学解释,认为是因巴人生活的鄂西、川东、重庆、川东多虎的环境[⑤],这种

① 张改课、汪汉华、覃军:《思南县乌江沿岸商周至汉代遗址》,中国考古学会编:《中国考古学年鉴2010》,第 397—398 页。
② 湖南省文物考古研究所、湘西自治州文物管理处:《湘西永顺不二门发掘报告》,湖南省文物考古研究所、湖南省考古学会编:《湖南考古 2002》,第 72—125 页。
③ 西北大学文博学院编著:《城固宝山——1998 年发掘报告》,第 11—173 页。
④(南朝·宋)范晔撰,(唐)李贤等注:《后汉书》卷 86《南蛮西南夷列传》,第 2840 页。
⑤ 潘光旦:《湘西北的土家与古代的巴人》,《中国少数民族社会历史调查资料丛刊》修订编辑委员会编:《土家族社会历史调查》,第 19—115 页。

解释还是有一定道理的。周集云认为廪君所处武落钟离山和齐岳山一带为岭峻水险、虎啸豹横之地，故有廪君魂化白虎之说，是因白虎为神，为杀虎豹的仁兽、义兽，藉此将廪君神化[1]，而这个神化廪君的传说，其生态学背景是夷水一带多虎豹豺狼等野生动物。《韩非子·五蠹》载"上古之世，人民少而禽兽众，人民不胜禽兽虫蛇"[2]，说的是上古时代各地人口稀少，野生动物资源丰富，人们饱受兽害之苦，结合廪君化虎传说来看，巴地也不例外。

又《尚书·禹贡》载荆州"贡羽、旄、齿、革"，梁州贡"熊、罴、狐、狸、织皮"[3]，《华阳国志》载巴地"鱼……灵龟、巨犀、山鸡、白雉……皆纳贡之"[4]，古荆州包括今湖北、湖南及河南、贵州、广西、广东等省区部分地域，古梁州包括今四川、重庆、贵州、云南及陕西、甘肃部分地域，《尚书·禹贡》的记载也反映荆州、梁州夏商时期野生动物资源非常丰富。早期巴人分布地跨荆、梁二州地域，也应有这些动物分布，这与前述动物考古成果又可相互印证。文献中巴地几种野生动物分别为熊、罴（棕熊）、狐狸、野猫、龟、犀牛、山鸡、白雉等。又《逸周书》载"巴人以比翼鸟"[5]，比翼鸟或即蛮蛮，也即山鸡，又名子母鹊，周集云认为巴人所献比翼鸟产于夔州府三峡一带[6]，其地域在今奉节县境，如此巴地鸟类中有山鸡、白雉、比翼鸟。

春秋战国时期巴地野生动物资源依然很丰富，动物物种与夏商西周时期相比没有太大变化。春秋战国时期巴地动物状况我们可分区域进行梳理。

春秋战国时期峡江地带野生动物资源较为丰富，其动物构成情况也可以利用动物考古成果来统计梳理，基本情况见表7-7：

表 7-7　春秋战国时期峡江地区动物统计简表

遗址名称	遗址位置	遗存年代	遗存类别	动物种类
瓦渣地[7]	重庆市忠县	春秋战国	骨骼	田螺、河蚌、草鱼、白鲢、花鲢、鲤鱼、青鱼、鲇鱼、鲈形目、鲟鱼、猪獾、狗、仓鼠、豪猪、竹鼠、犀、黄牛、水鹿、麂、麝、猪、鸡

---

[1] 周集云：《巴族史探微》，第51页。
[2] （清）王先慎撰，钟哲点校：《韩非子集解》卷19《五蠹》，第442页。
[3] （汉）司马迁撰：《史记》卷2《夏本纪》，第61、63页。
[4] （晋）常璩著，刘琳校注：《华阳国志校注》（修订版），第6页。
[5] 黄怀信、张懋镕、田旭东撰，李学勤审定：《逸周书汇校集注》，第918页。
[6] 周集云：《巴族史探微》，第86页。
[7] 黄蕴平、朱萍：《忠县瓦渣地遗址T363动物遗骸初步观察》，重庆市文物局、重庆市移民局编：《重庆2001三峡文物保护学术研讨会论文集》，第273—278页。

续表

遗址名称	遗址位置	遗存年代	遗存类别	动物种类
麻柳沱①	重庆市万州区	东周	骨骼	牛、白唇鹿、麂、熊、獐、水獭、竹鼠、鱼、中华鲟、乌龟、梅花鹿、家猪、野猪、豪猪、家犬、河狸、羚羊
李家坝②	重庆市云阳县	战国	骨骼	马、狗
涂家坝③	重庆市巫山县	东周	骨骼	水鹿、麂、猪、狗、水牛、马
雷家坪④	湖北省巴东县	春秋	骨骼	鸟、猪、鹿、犬
罗坪⑤	湖北省巴东县	东周	骨骼	豺、家猪
茅寨子⑥	湖北省巴东县	东周	角	鹿
砂罐岭⑦	湖北省秭归县	东周	角	鹿
官庄坪⑧	湖北省秭归县	东周	骨骼	狗、家猪、野猪、大角鹿、水鹿
柳林溪⑨	湖北省秭归县	东周	骨骼	狗、狼、猪、牛、羊、青鱼
卜庄河⑩	湖北省秭归县	周代	骨骼	兔、狗、家猪、水鹿、家山羊、家水牛、鸡、须鲫、青鱼、草鱼、鲤鱼、白鲢、鳙、中华鲟

① 上海大学文物考古研究中心、万州区文物管理所:《万州麻柳沱遗址发掘报告》,重庆市文物局、重庆市移民局编:《重庆库区考古报告集·1997 卷》,第 381—420 页;唐庆玮:《重庆市万州麻柳沱遗址 B 区东周文化层出土动物骨骼鉴定》,重庆市文物局、重庆市移民局编:《重庆库区考古报告集·1997 卷》,第 421 页;唐庆玮:《1998 年度重庆市万州区麻柳沱遗址 A 区东周文化层出土动物骨骼鉴定》,重庆市文物局、重庆市移民局编:《重庆库区考古报告集·1998 卷》,第 559 页;陈淳:《1999 年度重庆市万州区麻柳沱遗址出土动物骨骼鉴定》,重庆市文物局、重庆市移民局编:《重庆库区考古报告集·1999 卷》,第 524 页。
② 马继贤:《云阳县李家坝商周及汉代遗址》,中国考古学会编:《中国考古学年鉴 1996》,第 227—228 页;李映福:《云阳县李家坝商周秦汉及唐宋遗址》,中国考古学会编:《中国考古学年鉴 2000》,第 236—237 页。
③ 张镇洪:《涂家坝遗址出土兽骨的初步研究》,重庆市文物局、重庆市移民局编:《重庆库区考古报告集·2000 卷》,第 246—247 页。
④ 陈全家:《雷家坪遗址出土的动物遗存研究》,《巴东雷家坪》,第 210—213 页。
⑤ 武仙竹、杨定爱:《巴东罗坪遗址动物遗骸研究报告》,国务院三峡工程建设委员会办公室、国家文物局编著:《巴东罗坪》,第 409—418 页。
⑥ 厦门大学历史系考古教研室:《巴东茅寨子遗址发掘报告》,国务院三峡工程建设委员会办公室、国家文物局编著:《湖北库区考古报告集》(第一卷),第 101—133 页;湖北省文物考古研究所:《巴东茅寨子湾遗址的第二次发掘》,国务院三峡工程建设委员会办公室、国家文物局编著:《湖北库区考古报告集》(第三卷),第 428—516 页。
⑦ 湖北省文物考古研究所:《秭归县砂罐岭遗址发掘简报》,国务院三峡工程建设委员会办公室、国家文物局编著:《湖北库区考古报告集》(第四卷),第 430—457 页。
⑧ 武仙竹、周国平:《湖北官庄坪遗址动物遗骸研究报告》,《人类学学报》2005 年第 3 期,第 232—248 页。
⑨ 武仙竹:《湖北秭归柳林溪遗址动物群研究报告》,《秭归柳林溪》,第 268—292 页。
⑩ 武仙竹、卢德佩:《卜庄河遗址动物群研究报告》,国务院三峡工程建设委员会办公室、国家文物局编著:《秭归卜庄河》,第 836—878 页。

续表

遗址名称	遗址位置	遗存年代	遗存类别	动物种类
上磨垴①	湖北省宜昌市	周代	骨骼	鹿、龟
覃家沱	湖北省宜昌市	周代	骨骼	猪、鹿、青鱼、草鱼
黄土包	湖北省宜昌市	周代	骨骼	鹿、猪、鱼
朱家台②	湖北省宜昌市	春秋	骨骼	鲤鱼、鹿
深潭湾③	湖北省长阳县	春秋	骨骼	重美带蚌、剑状矛蚌、大脐椰雕蜗牛、雨拟管螺、褐色圈螺、环纹货贝、螃蟹、草鱼、鸟、鹭、鸦、雁、公鸡、雉、猕猴、红面猴、豪猪、猪獾、狼、竹鼠、姬鼠
香炉石④	湖北省长阳县	东周	骨骼	牛、羊、鹿、水鹿、扁角鹿、猪、野猪、熊、豹、狼、狗、獾、小鼠、豪猪、猕猴、鱼、鸟

从表 7-7 可知：（1）春秋战国时峡江地区动物物种数量比夏商周时期少，这反映人类聚居地附近动物物种因人类捕杀在逐渐减少。（2）春秋战国时期动物种群与夏商西周时期基本相同，也与现在巴地动物种群相同，都属现代南方动物群。（3）春秋战国时期峡江地区人类聚居地附近动物总体上以野生动物为主，但家畜、家禽比夏商西周时期多，各地都有人工驯养动物，有的地方驯养动物种类数量甚至超过野生动物的比例，这反映春秋战国时期人们的肉食来源逐步从野生动物向人工驯养动物转变。

峡江地带春秋战国时期野生动物资源丰富在文献中也有反映。《山海经》载："有载民之国。……爰有百兽，相群爰处。"⑤巫载或即"巫蜑"，也即《世本》所载"巫蜑"，地望在今渝东峡江地区⑥，则战国时期渝东峡江地带多有野生动物群居繁衍。又《山海经》载玉山"兽多豕、鹿、麢、臭，其鸟多鸠"⑦，玉山在大巴山东南，大致在今湖北神农架、兴山、秭归、巴东与重庆巫山、巫溪一带⑧，麢即羚羊，臭即大熊猫，说明鄂西峡江地带多猪、鹿、羚羊、大

① 湖北省文物考古研究所：《湖北宜昌县上磨垴周代遗址的发掘》，《考古》2000 年第 8 期，第 23—35 页；湖北省文物考古研究所：《宜昌上磨垴周代遗址发掘简报》，国务院三峡工程建设委员会办公室、国家文物局编著：《湖北库区考古报告集》（第一卷），第 737—750 页。
② 鄂博三峡考古队第三组：《宜昌县朱家台遗址试掘》，《江汉考古》1989 年第 2 期，第 22—26 页。
③ 王善才主编：《清江考古》，第 157—195 页。
④ 湖北省清江隔河岩考古队：《湖北清江香炉石遗址的发掘》，《文物》1995 年第 9 期，第 4—28 页；王善才主编：《清江考古》，第 196—308 页。
⑤ 袁珂校注：《山海经校注》，第 428 页。
⑥ 董其祥：《巴蜀社会性质初探》，李绍明、林向、徐南洲主编：《巴蜀历史·民族·考古·文化》，第 23—43 页。
⑦ 袁珂校注：《山海经校注》，第 193 页。
⑧ 文榕生：《中国珍稀野生动物分布变迁》，第 217、226 页。

熊猫、鸠等动物。鄂西、渝东峡江地区春秋时期还有犀牛、象生存,《国语·楚语》载春秋末白公子张谏楚灵王"巴浦之犀、牦、兕、象,其可尽乎"①,"巴浦"即"巴濮"②,若此说成立,则巴浦当在今重庆、鄂西一带,楚灵王(前540—前529)处春秋时期,则春秋峡江地区有野生犀、象,重庆忠县瓦渣地考古有犀,也印证了文献记载和我们的推测不误。

西陵峡以东江汉平原西部战国时期野生动物资源也很丰富。《战国策》载楚王游云梦时"兕虎嗥之声若雷霆"③,云梦地跨江汉平原及其东、西、北部分丘陵地带,南至长江,今襄阳、南漳、荆州、松滋、当阳、枝江、远安、荆门等地都在云梦地域内④,则三峡东口江汉平原西部属云梦地,该地当有犀牛、老虎出没。又《墨子》载"荆有云梦,犀兕麋鹿满之,江汉之鱼鳖鼋鼍为天下富"⑤,又《战国策》载楚宣王曾射中一头兕,楚怀王云梦游猎也射中一头青兕,还曾"献鸡骇之犀,夜光之璧于秦王"⑥,兕即犀牛,葛洪《抱朴子》释为大独角犀,文焕然认为即双角犀,青兕、狂兕为小独角犀,则楚云梦有双角犀、独角犀⑦,则战国时期云梦陆有野生犀牛、麋、鹿,长江、汉水中多鱼类,野生动物资源非常丰富。荆州市高台考古发现战国时期有鹿生存⑧,也印证了江汉平原西部有鹿生存的文献记载无误。

春秋战国时期鄂西荆山一带野生动物资源也很丰富。《山海经》载荆山"多豹、虎","多鲛鱼","兽多闾、麋",郝懿行注"鲛鱼即今沙鱼",郭璞注麋"似鹿而大"⑨,则先秦荆山有森林动物,也有水生动物,荆山在今保康南聚龙山一带。房县计家嘴考古发现战国时期有鹿、猪、鸡、鱼等动物⑩,也印证了文献所载鄂西山地多野生动物的真实性。

春秋战国时期大巴山及其以南野生动物资源也很丰富。巴地多蛇、象、犀牛,《山海经》载"巴蛇食象,三岁而出其骨"⑪,许慎《说文解字》载"巴,

---

① 上海师范大学古籍整理组校点:《国语》卷17《楚语》,第557页。
② 邓少琴:《巴蜀史稿》,第41页。
③ (西汉)刘向集录:《战国策》,第490页。
④ 谭其骧:《云梦与云梦泽》,《复旦学报(社会科学版)》1980年增刊,第1—11页。
⑤ 吴毓江撰,孙启治点校:《墨子校注》,第764页。
⑥ (西汉)刘向集录:《战国策》卷14《楚策》,第510页。
⑦ 文焕然等著、文榕生选编整理:《中国历史时期植物与动物变迁研究》,重庆:重庆出版社,2006年,第216—225页。
⑧ 刘建业:《荆州市荆州区高台战国古井群》,中国考古学会编:《中国考古学年鉴2013》,第333页。
⑨ 袁珂校注:《山海经校注》,第182页。
⑩ 罗运兵、史德勇:《房县计家嘴新石器西周战国秦汉时期遗址》,中国考古学会编:《中国考古学年鉴2013》,第321—323页。
⑪ 袁珂校注:《山海经校注》,第331页。

虫也。或云食象它"①，巴蛇形体巨大能食象，属巨蟒，则巴地产蟒蛇，既言蛇食象，则巴地有野生象活动。又《山海经》载巫山"西有黄鸟……黄鸟于巫山，司此玄蛇"，则巫山有玄蛇，即黑蛇，还有黄鸟。《山海经》载蛇山"有兽焉，其状如狐，而白尾长耳，名犰狼"，注文称"犰音巴"②，邓少琴以蛇山为大巴山，狼为巴狼③，则战国时期大巴山有蛇、狼活动。又《蜀中名胜记》载通江县巴蛇洞"在县北四百里南坝寺，唐建也。每岁端阳前后，有蛇自柱础出，沿阶满室，大小颜色非一种，然不为害，昔人传三万四千尾，不可数也"④，南坝寺在大巴山南麓。又四川巴中恩阳镇东南义阳山下有巴蛇洞古迹，这是古代巴人斩蟒杀蛇、开拓大巴山区的遗迹。又邓少琴说"大巴山为川陕两界山，或以巴岭山称之，山南山北，有以神蛇戍、巴蛇洞以名其地者，应当说今之大巴山即古称之蛇山"，"凡在大巴山北山南，均以巴称。巴应即蛇之称"⑤，也说早期巴地多蛇。又元稹《巴蛇三首》序载"巴之蛇百类，其大蟒，其毒褰鼻蟒，人常不见。褰鼻常遭之，毒人则毛发皆竖起，饮溪涧而泥沙尽沸"⑥，元稹曾任职通州，则唐代巴山以南巴地仍多蟒蛇。又大巴山北麓平利县境有女娲山，山有女娲庙，《山海经·大荒西经》郭璞注"女娲古神女而帝者，人面蛇身"，女娲庙与早期巴山森林茂密，气候湿热与多蛇有关。因川东、渝北多蛇，故有人认为賨民与朐忍夷属巴蛇族⑦，不过从人类学角度看，这种人与蛇的比附，应与大巴山地及其以南多蟒蛇的生态环境有关。在四川广元宝轮镇曾出土战国金银错犀形带钩⑧，其造型应是据野生犀牛艺术加工而成，战国时期嘉陵江上游可能还有野生犀牛。

《山海经》载洛水"兽多虎、豹"，则先秦洛水流域有虎、豹出没，《山海经》又载江水"多良龟，多鼍"，"兽多犀、象"⑨，江指长江，鼍即扬子鳄，则战国时期四川盆地中东部洛水沿岸、长江沿岸山地多龟、扬子鳄、犀、象等动物。

春秋战国时期巴地多虎群。《华阳国志》载秦昭襄王时"白虎为害，自秦、

① （汉）许慎撰，（清）段玉裁注：《说文解字注》，第741页。
② 袁珂校注：《山海经校注》，第191、192页。
③ 邓少琴：《巴史再探》，《巴蜀史迹探索》，第55页。
④ （明）曹学佺著，刘知渐点校：《蜀中名胜记》，第379页。
⑤ 邓少琴：《巴蜀史迹探索》，第56页。
⑥ （唐）元稹撰：《元氏长庆集》卷4《古诗》，第21页。
⑦ 邓少琴：《巴蜀史稿》，第79页。
⑧ 四川省博物馆编：《四川船棺葬发掘报告》，第58页。
⑨ 袁珂校注：《山海经校注》，第189页。

蜀、巴、汉患之"，"白虎常从群虎，瞋恚，尽搏杀群虎，大哅而死"，"虎历四郡，害千二百人"①，又《后汉书》亦载"秦昭襄王时有一白虎，常从群虎数游秦、蜀、巴、汉之境，伤害千余人"②，则秦昭襄王时代（前306—前251）秦、蜀、巴、汉等地有虎群活动。巴史学者对"白虎"多作文化意象分析，认为白虎指"白虎廪君"③。动物界确有白虎，现存白虎多为孟加拉虎的白色变种，产中国云南、缅甸、印度及孟加拉国等地。《山海经》载盂山"兽多白狼、白虎"，鸟鼠同穴山"多白虎"，郭璞注"在今陇西首阳县西南"④，则我国境内早有白虎，晋首阳县在今甘肃渭源县境，鸟鼠山在渭源县西南。引文中"秦"，任乃强认为指秦黔中郡⑤，秦昭襄王时秦已灭巴，并置汉中、巴、蜀、黔中四郡，说秦指黔中郡也有道理。巴、蜀、汉分别指巴郡、蜀郡、汉中郡没有疑义。则巴、蜀、汉中、黔中四郡皆有白虎活动，又"白虎常从群虎"，则是秦四郡多有虎群活动。巴县冬笋坝、四川昭化宝轮院巴人船棺墓铜剑、铜矛、铜戈等兵器多有虎纹饰，铜印章上有虎钮⑥，这些虎纹或虎钮为巴人器物标志，而巴人虎标志的自然基础就是巴地多虎。巴人船棺葬时间在公元前4世纪至西汉晚期，说明这段时间或更早今重庆、四川广元宝轮镇等地多虎。虎为肉食动物，处食物链顶端，巴地有虎群，则巴地必有其他多种野生动物，表7-7中春秋战国峡江地区动物物种在巴地其他地方也应该有分布，这也印证了文献中巴地有虎群的记载是可信的。巴蜀地区战国巴式铜器上的动物形象还有鸟、豹等⑦，也应是取材于当时豹、鸟等动物形象，而这些动物在动物考古中也都有发现。

由于野生动物资源极其丰富，因此早期先民肉食来源一般通过狩猎获得，家畜肉食常处次要地位⑧，这在新石器时代至战国时期巴地也表现得较明显。巴地先秦考古多有箭镞、刀、矛、剑、网坠等物出土，动物骨骸多有烧烤痕迹，反映狩猎是早期巴人重要的生计方式，这种经济行为甚至持续到唐宋时期或更晚，其延续的生物学基础就是巴地丰富的野生动物资源。

① （晋）常璩著，刘琳校注：《华阳国志校注》（修订版），第11页。
② （南朝·宋）范晔撰，（唐）李贤等注：《后汉书》卷86《南蛮西南夷列传》，第2842页。
③ 邓少琴：《巴史新探》，《巴蜀史迹探索》，第1—51页；曾超：《"白虎为害"、"夷人射虎"新议》，《涪陵师范学院学报》2003年第1期，第75—79页；张伟权《白虎文化揭示土家族形成的路线图》，《中国民族报》2011年2月11日、第7版。
④ 袁珂校注：《山海经校注》，第71、76页。
⑤ （晋）常璩著，任乃强校注《华阳国志校补图注》，第14页。
⑥ 四川省博物馆编：《四川船棺葬发掘报告》，第38、39、44、53、60页。
⑦ 徐中舒：《巴蜀文化初论》，《论巴蜀文化》，第1—47页。
⑧ 中国社会科学院考古研究所等编著：《桂林甑皮岩》，北京：文物出版社，2003年，第344—346页。

秦汉时代巴地野生动物资源仍很丰富，同时人工驯养动物数量也不少，在局部区域内人工驯养动物甚至成为人们肉食的主要来源，而捕猎野生动物则成为次要选择。

汉代巴郡野生动物资源仍很丰富，东汉巴郡"水陆艰难，山有猛兽"①，猛兽指虎、熊等大型兽类。涪陵西汉墓曾出土犀牛铜灯，形状为双角犀牛形，身躯肥硕②（图7-1），其造型应源自当地犀牛原型。现生犀牛有爪哇犀、印度犀、苏门答腊犀和白犀 4 种，爪哇犀、印度犀为独角犀，苏门答腊犀、白犀为双角犀，白犀仅分布于非洲中部、南部，其他 3 种分布于亚洲，西汉涪陵犀牛铜灯的犀牛当为苏门答腊犀。这种犀牛骨骸在长阳西寺坪、香炉石遗址中也有发现（表 7-5）。又《古今图书集成·禽虫典》引《说文》载"金丝绒生川峡深山中"③，是三峡地区有金丝猴。南郡还有白虎出没，汉宣帝元康四年（前 62 年）"南郡获白虎"④。巴地有虎、犀、熊等大型野生动物也说明巴地野生动物资源仍很丰富。汉代川南出土汉砖有双鹿画像，又四川渠县出土汉砖有虎、鹿、鱼画像⑤，也反映汉代今川南有鹿，渠江流域有虎、鹿出没。

（a） （b）

图 7-1 西汉涪陵土坑墓出土犀牛铜灯

资料来源：图片源出四川省文物管理委员会、涪陵文化馆：《四川涪陵西汉土坑墓发掘简报》，《考古》1984 年第 4 期，第 338—334 页"图七铜牛灯"。

① （晋）常璩著，刘琳校注：《华阳国志校注》（修订版），第 17 页。
② 四川省文物管理委员会、涪陵文化馆：《四川涪陵西汉土坑墓发掘简报》，《考古》1984 年第 4 期，第 338—344 页。
③ 陈梦雷、蒋廷锡：《古今图书集成》第 522 册《博物汇编·禽虫典》卷 85，济南：齐鲁书社，2006 年。
④ （南朝·梁）沈约撰：《宋书》卷 28《符瑞志》，第 807 页。
⑤ 高文编：《四川汉代画像砖》，上海：上海人民美术出版社，1987 年，第 109、194、181、182 图。

汉代巴地仍有丰富的水生动物资源。考古发现汉代巴地渔业较兴盛，重庆云阳打望包汉墓出土有较多石网坠[①]，20世纪五六十年代该地沿江居民仍打制此类网坠捕鱼。"打望包"当为"打网包"，当地人称以网捕鱼为打网，包为江边小山，故有打网包地名，则汉代打望包渔业兴盛，长江中鱼类资源丰富。巫山张家湾考古也发现大量汉代网坠[②]，说明汉代大宁河渔业兴盛，鱼类资源丰富。巴地河流阶地上许多汉代遗址也都有网坠出土，反映汉代巴地渔业兴盛和鱼类资源丰富是普遍现象。汉代巴地鱼类人工驯化方面也卓有成效，《华阳国志》载巴地贡鱼，《巴郡图经》载巴地有"鱼池"[③]，重庆万州区曾家溪东汉墓曾出土陶池塘模型[④]，表明汉代巴地已有池塘养鱼业。池塘养鱼既有助于保证巴地居民食用鱼来源，对巴地野生鱼类的人工驯化也有积极意义。

汉代巴地动物构成情况也可通过巴地动物考古研究成果进行粗略统计，如表7-8：

表 7-8　汉代巴地部分地域动物统计简表

遗址名称	遗址位置	遗存年代	遗存类别	动物种类
宝轮院[⑤]	四川省广元市	汉代	骨骼	黄麂
赵家坝[⑥]	贵州省思南县	汉代	骨骼	猪、狗
南屏[⑦]	重庆市合川区	东汉	陶俑	鸡、马、狗、猪
濮湖墓地[⑧]	重庆市合川区	东汉	陶俑	鸡、鸭、鹅、狗、马
牌坊崖墓[⑨]	重庆市永川区	东汉	陶俑	狗
清源[⑩]	重庆市酉阳县	汉代	骨骼	猕猴、狗、黑熊、猪獾、豹猫、犀牛、猪、小麂、水鹿、斑鹿、牛、苏门羚、豪猪、雉、鸭、鲤鱼、青鱼、乌龟、鳖

① 南京大学历史系考古专业、重庆市文化局、云阳县文物管理所：《云阳打望包墓地发掘报告》，重庆市文物局、重庆市移民局编：《重庆库区考古报告集·2002卷》，第407—426页。
② 南京大学历史系考古专业、重庆市博物馆、巫山县文管所：《巫山张家湾遗址第二次发掘报告》，重庆市文物局、重庆市移民局编：《重庆库区考古报告集·1999卷》，第26—58页。
③（晋）常璩著，刘琳校注：《华阳国志校注》（修订版），第6、19页。
④ 肖梦龙：《重庆市万州区新田曾家溪墓地发掘收获与初步认识》，重庆市文物局、重庆市移民局编：《重庆2001三峡文物保护学术研讨会论文集》，第128—135页。
⑤ 邓少琴：《巴史新探》，《巴蜀史迹探索》，第1—51页。
⑥ 张改课、汪汉华、覃军：《思南县乌江沿岸商周至汉代遗址》，中国考古学会编：《中国考古学年鉴2010》，第397—398页。
⑦ 重庆市博物馆、合川市文物保护管理所：《重庆合川市南屏东汉墓葬群发掘简报》，重庆市文物考古所、重庆文化遗产保护中心编著：《重庆公路考古报告集》，第20—44页。
⑧ 重庆市博物馆、合川县文化馆田野考古工作小组：《合川东汉画象石墓》，《文物》1977年第2期，第63—69页。
⑨ 重庆市文物考古所、永川区文物管理所：《永川区永寒公路（青峰至来苏段）考古发掘简报》，重庆市文物考古所、重庆文化遗产保护中心编著：《重庆公路考古报告集》，第45—57页。
⑩ 重庆市文物考古所、重庆文化遗产保护中心、四川大学历史文化学院考古学系编：《酉阳清源》，第246—269页。

续表

遗址名称	遗址位置	遗存年代	遗存类别	动物种类
大竹林①	重庆市九龙坡区	汉代	画像砖	猪、马
镇安②	重庆市涪陵区	秦汉	陶俑	猪、鸡、狗
蔺市③	重庆市涪陵区	汉代	陶俑	鸡、狗
太平村墓地④	重庆市涪陵区	东汉	陶俑	鸡、狗、猪
北岩墓地⑤	重庆市涪陵区	东汉	陶俑	猪、狗、熊、马、鸡
横梁子墓地⑥	重庆市涪陵区	东汉	陶俑	猪、狗、鸡
吴家石梁墓地⑦	重庆市涪陵区	东汉	陶俑	狗、马、鸡、鸠
槽房沟墓地⑧	重庆市丰都县	汉代	陶俑	熊、狗、猪、田螺、鸡、马
大湾墓地⑨	重庆市忠县	汉代	陶俑	鸡、狗、野猪、猪、马
瓦窑墓地⑩	重庆市忠县	汉代	陶俑	马、猪、鸡
崖脚墓地⑪	重庆市忠县	汉代	陶俑	猪、狗、鸡
翠屏山崖墓⑫	重庆市忠县	东汉	陶俑	狗、猪、鸡
宣公墓地⑬	重庆市忠县	汉代	陶俑	猪、狗、鸡

① 重庆市文物考古所、九龙坡区文物管理所：《九龙坡区陶家大竹林画像砖墓发掘简报》，重庆市文物考古所、重庆文化遗产保护中心编著：《重庆公路考古报告集》，第 1—19 页。
② 北京市文物研究所、重庆市文物局、重庆市涪陵区博物馆：《2001、2003 年度涪陵镇安遗址发掘报告》，重庆市文物局、重庆市移民局：《重庆库区考古报告集·2001 卷》，第 1930—1980 页。
③ 重庆市文物考古研究所、涪陵区博物馆：《2000 年度涪陵蔺市遗址发掘报告》，重庆市文物局、重庆市移民局编：《重庆库区考古报告集·2002 卷》，第 1633—1715 页。
④ 陕西省考古研究所、重庆市文物局、重庆市涪陵区博物馆：《涪陵太平村墓群考古发掘报告》，重庆市文物局、重庆市移民局编：《重庆库区考古报告集·2000 卷》，第 1139—1187 页。
⑤ 重庆市文物考古所、重庆市文物局、重庆市涪陵区博物馆：《涪陵北岩墓群发掘报告》，重庆市文物局、重庆市移民局编：《重庆库区考古报告集·2001 卷》，第 2010—2041 页。
⑥ 重庆市文物考古所、涪陵区博物馆：《涪陵横梁子墓群发掘报告》，重庆市文物局、重庆市移民局编：《重庆库区考古报告集·2002 卷》，第 1283—1307 页。
⑦ 重庆市文物考古研究所、涪陵区博物馆：《涪陵吴家石梁（大院子）墓群发掘报告》，重庆市文物局、重庆市移民局编：《重庆库区考古报告集·2002 卷》，第 1308—1338 页。
⑧ 重庆市文物考古所、宝鸡市考古工作队、重庆市文物局，等：《丰都槽房沟墓地发掘报告》，重庆市文物局、重庆市移民局编：《重庆库区考古报告集·2001 卷》，第 1788—1831 页。
⑨ 重庆市文化局、重庆市文物考古所、宝鸡市考古工作队，等：《丰都大湾墓群发掘报告》，重庆市文物局、重庆市移民局编：《重庆库区考古报告集·2002 卷》，第 1123—1200 页。
⑩ 长沙市文物考古研究所、忠县文物保护管理所：《忠县瓦窑古墓群发掘报告》，重庆市文物局、重庆市移民局编：《重庆库区考古报告集·2002 卷》，第 978—1026 页。
⑪ 北京大学考古文博学院三峡考古队、重庆市文物局、忠县文物保护管理所：《忠县沧井沟遗址群崖脚（半边街）墓地发掘报告》，重庆市文物局、重庆市移民局编：《重庆库区考古报告集·2000 卷》，第 905—963 页；北京大学考古文博学院三峡考古队、重庆忠县文物保护管理所：《忠县沧井沟遗址群崖脚（半边街）墓地 1999 年度发掘报告》，重庆市文物局、重庆市移民局编：《重庆库区考古报告集·2002 卷》，第 1413—1484 页。
⑫ 重庆市文物局、重庆市移民局：《忠县翠屏山崖墓》，第 11—236 页。
⑬ 重庆市文物考古所、重庆市文物局、忠县文物保护管理所：《忠县宣公墓群发掘报告》，重庆市文物局、重庆市移民局编：《重庆库区考古报告集·2000 卷》，第 889—904 页。

续表

遗址名称	遗址位置	遗存年代	遗存类别	动物种类
老鸹冲①	重庆市忠县	汉代	陶俑	鸡、狗
青龙嘴墓地②	重庆市万州区	汉代	陶俑	猪、鸡、狗
礁巴石墓地③	重庆市万州区	汉代	陶俑	猪、鸡、狗、鱼
吊嘴墓地④	重庆市万州区	汉代	陶俑	鸡、狗、猪
庙梁墓地⑤	重庆市万州区	汉代	陶俑	鸡、狗、猪、马
柑子梁墓地⑥	重庆市万州区	汉代	陶俑	鸡、狗、猪
曾家溪墓地⑦	重庆市万州区	东汉	陶俑	狗、鸡、鱼
大坪墓地⑧	重庆市万州区	汉代	陶俑	鸡、猪、狗、羊、马
大周溪⑨	重庆市万州区	汉代	牙齿	獐
老棺丘墓地⑩	重庆市万州区	汉代	陶俑	鸡、狗
冷水溪⑪	重庆市万州区	汉代	陶俑	牛、鸡、猪、狗
团堡地墓地⑫	重庆市万州区	汉代	陶俑	狗、马
金狮湾墓地⑬	重庆市万州区	汉代	陶俑	猪、狗、鸡、羊

① 重庆市文物考古所、重庆市文物局:《忠县老鸹冲遗址(墓葬部分)发掘简报》,重庆市文物局、重庆市移民局编:《重庆库区考古报告集·2000 卷》,第 831—869 页。
② 青海省文物考古研究所、重庆市文化局、万州区文物管理所:《重庆万州区青龙嘴墓地考古发掘简报》,《华夏考古》2010 年第 1 期,第 3—37、85 页;青海省文物考古研究所三峡考古队、重庆市文物局、重庆市万州区文物管理所:《万州大地嘴遗址青龙嘴墓地发掘报告》,重庆市文物局、重庆市移民局编:《重庆库区考古报告集·2001 卷》,第 721—771 页。
③ 广东省文物考古研究所、重庆市文物局、重庆市万州区文物管理所:《万州礁巴石墓地发掘报告》,重庆市文物局、重庆市移民局编:《重庆库区考古报告集·2001 卷》,第 869—902 页。
④ 湖南省岳阳市文物考古研究所、重庆市文物局、重庆市万州区文物管理所:《万州武陵镇吊嘴墓群发掘报告》,重庆市文物局、重庆市移民局编:《重庆库区考古报告集·2001 卷》,第 1301—1321 页。
⑤ 重庆市博物馆、万州博物馆:《万州庙梁墓群 2001 年度发掘报告》,重庆市文物局、重庆市移民局编:《重庆库区考古报告集·2002 卷》,第 1724—1746 页。
⑥ 洛阳市第二文物考古队、重庆市文物局:《万州柑子梁墓群发掘简报》,重庆市文物局、重庆市移民局编:《重庆库区考古报告集·2001 卷》,第 1195—1279 页。
⑦ 镇江博物馆、重庆市文化局、重庆市文物考古所,等:《万州曾家溪墓地考古发掘报告》,重庆市文物局、重庆市移民局编:《重庆库区考古报告集·2001 卷》,第 979—1019 页。
⑧ 重庆市文物局、重庆市移民局编:《万州大坪墓地》,第 112—117 页。
⑨ 山东大学考古系、重庆市文化局、重庆市万州区文管所:《万州大周溪遗址发掘报告》,重庆市文物局、重庆市移民局编:《重庆库区考古报告集·1999 卷》,第 253—327 页。
⑩ 云南省文物考古研究所、重庆市文物局:《万州老棺丘古墓群发掘报告》,重庆市文物局、重庆市移民局编:《重庆库区考古报告集·2001 卷》,第 941—961 页。
⑪ 长春市文物保护研究所、重庆市文物局、重庆市万州区文物管理所:《万州冷水溪窑址发掘报告》,重庆市文物局、重庆市移民局编:《重庆库区考古报告集·2001 卷》,第 1114—1121 页。
⑫ 南宁市博物馆、重庆市文物局、重庆市文物考古所:《万州团堡地墓群发掘报告》,重庆市文物局、重庆市移民局编:《重庆库区考古报告集·2001 卷》,第 962—978 页。
⑬ 南京市博物馆、南京市文物研究所、重庆市文物局:《万州金狮湾墓群发掘报告》,重庆市文物局、重庆市移民局编:《重庆库区考古报告集·2001 卷》,第 1348—1402 页;南京市博物馆、南京市文物研究所:《万州金狮湾墓群(二期)发掘报告》,重庆市文物局、重庆市移民局编:《重庆库区考古报告集·2002 卷》,第 624—669 页。

续表

遗址名称	遗址位置	遗存年代	遗存类别	动物种类
打望包墓地[①]	重庆市云阳县	汉代	陶俑	羊、猪、鸡
洪家包墓地[②]	重庆市云阳县	东汉	陶俑	田螺、鱼、鹰、鸭、鸡、鸟、马
张家嘴墓地[③]	重庆市云阳县	汉代	陶俑	鸽、猪
马沱墓地[④]	重庆市云阳县	汉代	陶俑	鸡、狗
赵家湾墓地[⑤]	重庆市奉节县	汉代	陶俑	狗、猪、鸡、鸭
头堂包[⑥]	重庆市奉节县	汉代	陶俑	狗、鸡
宝塔坪墓地[⑦]	重庆市奉节县	汉代	陶俑	鸡、狗、猪
白马墓地[⑧]	重庆市奉节县	汉代	陶俑	鸡、狗、猪、马
擂鼓台墓地[⑨]	重庆市奉节县	东汉	陶俑	猪、鸡
双堰塘[⑩]	重庆市巫山县	东汉	陶俑	狗、猪、鸡
林家码头[⑪]	重庆市巫山县	汉代	骨骼、牙齿	猪、鹿、狗、牛、鱼
琵琶洲[⑫]	重庆市巫山县	东汉	陶俑	猪、狗、鸡
胡家包墓地[⑬]	重庆市巫山县	汉代	陶俑	狗、猪、鸡
巫山古城[⑭]	重庆市巫山县	汉代	陶俑	猪、鸡
白羊坪[⑮]	湖北省巴东县	汉代	骨骼	猪、羊、豪猪

① 南京大学历史系考古专业、重庆市文化局、云阳县文物管理所：《云阳打望包墓地发掘报告》，重庆市文物局、重庆市移民局编：《重庆库区考古报告集·2002 卷》，第 407—426 页。

② 成都市文物考古研究所、绵阳博物馆、云阳县文物管理所：《云阳洪家包墓地发掘报告》，重庆市文物局、重庆市移民局编：《重庆库区考古报告集·2002 卷》，第 427—466 页。

③ 西安半坡博物馆、云阳县文物管理所：《云阳张家嘴墓群发掘简报》，重庆市文物局、重庆市移民局编：《重庆库区考古报告集·2002 卷》，第 335—372 页。

④ 郑州市文物考古研究所、重庆市文物局、云阳县文物保护管理所：《云阳马沱墓地 2001 年度发掘报告》，重庆市文物局、重庆市移民局编：《重庆库区考古报告集·2001 卷》，第 626—681 页。

⑤ 武汉大学考古系、重庆市文物局：《奉节赵家湾墓地发掘报告》，重庆市文物局、重庆市移民局编：《重庆库区考古报告集·2001 卷》，第 469—523 页。

⑥ 吉林大学边疆考古研究中心、奉节县白帝城文物管理所：《奉节头堂包遗址发掘报告》，重庆市文物局、重庆市移民局编：《重庆库区考古报告集·2002 卷》，第 179—191 页。

⑦ 重庆市文物局、重庆市移民局编：《奉节宝塔坪》，第 27—93 页。

⑧ 重庆市文物局、重庆市移民局编：《奉节白马墓地》，北京：科学出版社，2013 年，第 19—90 页。

⑨ 重庆市文物考古所、西安半坡博物馆、重庆市文物局等：《奉节擂鼓台墓地发掘简报》，重庆市文物局、重庆市移民局编：《重庆库区考古报告集·2000 卷》，第 548—564 页。

⑩ 中国社会科学院考古研究所长江三峡工作队、巫山县文物管理所：《巫山双堰塘遗址发掘报告》，重庆市文物局、重庆市移民局编：《重庆库区考古报告集·1998 卷》，第 58—102 页。

⑪ 中山大学人类学系、重庆市文物局、巫山县文物管理所：《巫山林家码头遗址 2001 年发掘报告》，重庆市文物局、重庆市移民局编：《重庆库区考古报告集·2001 卷》，第 88—143 页。

⑫ 中国社会科学院考古研究所三峡工作队：《巫山琵琶洲遗址发掘报告》，重庆市文物局、重庆市移民局编：《重庆库区考古报告集·1998 卷》，第 172—188 页。

⑬ 洛阳市第二文物工作队、重庆市文物局：《巫山胡家包墓地发掘报告》，重庆市文物局、重庆市移民局编：《重庆库区考古报告集·2000 卷》，第 296—340 页。

⑭ 中国社会科学院考古研究所三峡工作队、重庆市文物局：《巫山古城遗址发掘报告》，重庆市文物局、重庆市移民局编：《重庆库区考古报告集·2000 卷》，第 25—48 页。

⑮ 恩施自治州博物馆：《巴东白羊坪遗址发掘简报》，国务院三峡工程建设委员会办公室、国家文物局编著：《湖北库区考古报告集》（第一卷），第 1—10 页。

续表

遗址名称	遗址位置	遗存年代	遗存类别	动物种类
罗坪[①]	湖北省巴东县	汉代	骨骼、牙齿	黑熊、豹、野猪、小鹿、水鹿、苏门羚、鲈鲤、狗、马、家猪、羊、水牛
雷家坪[②]	湖北省巴东县	汉代	骨骼	猪、鹿、羊
杜公祠墓地[③]	湖北省巴东县	东汉	牙齿	豪猪、马
蟒蛇寨墓地[④]	湖北省秭归县	汉代	陶俑	鸡、狗
彭家老屋墓地[⑤]	湖北省秭归县	汉代	牙齿	象
大沱湾[⑥]	湖北秭归县	东汉	角、陶俑	鹿、马
土地湾[⑦]	湖北省秭归县	汉代	骨骼	熊、虎（或豹）、猪、猪獾、鹿、麂、豪猪、狗、羊、牛、马、鸡、鱼、鳄鱼
水田坪[⑧]	湖北省秭归县	汉代	牙齿	象
八字门[⑨]	湖北省秭归县	汉代	角	鹿
卜庄河[⑩]	湖北省秭归县	汉代	骨骼	狗、家猪、家山羊、鸡、家鸬鹚、青鱼、白鲢
前坪、后坪[⑪]	湖北省宜昌市	汉代	陶俑	马、牛、猪、狗、鹅、鸡、鸟

从表 7-8 可知：（1）汉代巴地多数人类聚居地附近动物物种数量较少，反映经过人类持续开发利用后，动物物种数量已显著减少，表明这些地方野生

① 武仙竹、杨定爱：《巴东罗坪遗址动物遗骸研究报告》，国务院三峡工程建设委员会办公室、国家文物局编著：《巴东罗坪》，第 409—418 页。
② 恩施自治州博物馆：《巴东雷家坪遗址 2006 年发掘简报》，国务院三峡工程建设委员会办公室、国家文物局编著：《湖北库区考古报告集》（第六卷），第 243—257 页。
③ 荆州博物馆：《巴东杜公祠墓地发掘简报》，国务院三峡工程建设委员会办公室、国家文物局编著：《湖北库区考古报告集》（第六卷），第 264—277 页。
④ 广东省文物考古研究所、湖北省秭归县博物馆：《秭归蟒蛇寨汉晋墓群发掘报告》，国务院三峡工程建设委员会办公室、国家文物局编著：《湖北库区考古报告集》（第一卷），第 636—663 页。
⑤ 咸宁市博物馆：《秭归望江彭家老屋墓群发掘简报》，国务院三峡工程建设委员会办公室、国家文物局编著：《湖北库区考古报告集》（第三卷），第 9—18 页。
⑥ 宜昌博物馆：《秭归大沱湾遗址发掘简报》，国务院三峡工程建设委员会办公室、国家文物局编著：《湖北库区考古报告集》（第五卷），第 190—201 页。
⑦ 李天元、冯晓波：《土地湾遗址出土的动物骨骼和骨角器》，国务院三峡工程建设委员会办公室、国家文物局编著：《秭归土地湾》，北京：科学出版社，2006 年，第 297—334 页。
⑧ 宜昌博物馆、秭归屈原纪念馆：《秭归县水田坪遗址发掘报告》，国务院三峡工程建设委员会办公室、国家文物局编著：《湖北库区考古报告集》（第四卷），第 414—429 页。
⑨ 荆州市博物馆：《秭归香溪刘家坝八字门遗址 1997 年第一次发掘简报》，国务院三峡工程建设委员会办公室、国家文物局编著：《湖北库区考古报告集》（第一卷），第 590—601 页
⑩ 武仙竹、卢德佩：《卜庄河遗址动物群研究报告》，国务院三峡工程建设委员会办公室、国家文物局编著：《秭归卜庄河》，第 836—878 页。
⑪ 湖北省博物馆：《宜昌前坪战国两汉墓》，《考古学报》1976 年第 2 期，第 115—148 页；宜昌市文管处、湖北省博物馆：《宜昌市前、后坪古墓 1981 年发掘简报》，《江汉考古》1985 年第 2 期，第 27—33 页；长江流域第二期文物考古工作人员训练班：《1973 年宜昌前坪古墓清理简报》，长江流域规划办公室库区规划设计处编：《葛洲坝工程文物考古成果汇编》，第 276—286 页；宜昌地区博物馆：《1978 年宜昌前坪汉墓发掘简报》，《考古》1985 年第 5 期，第 411—422 页。

动物已显著减少，野生动物分布地随着人口增加和分布地扩展而逐渐被压缩；同时我们也应该认识到这只是代表了人类聚居地及其附近动物物种构成情况，而在人类聚居地以外未经开发的荒野之地野生动物还是很丰富的，这在文献中已经有所反映。（2）从动物种群来看，汉代巴地动物种群与春秋战国时期基本相同，与现在巴地动物种群也相同，都属于现代南方动物群，甚至更接近于现在巴地动物种群构成。（3）从动物考古成果显示的动物自然属性来看，汉代巴地动物中人工驯养动物较多，而野生动物相对较少，反映居民点及其附近居民肉食来源以人工驯养动物为主，野生动物捕猎只是人们肉食来源的补充。

魏晋南北朝时期巴地动物资源仍很丰富，人工驯养动物在地域性动物群体中比重有所增加，局部区域人工驯养动物成为巴地居民主要的肉食来源。

魏晋南北朝峡江地带野生动物资源仍很丰富。魏晋时期峡江地区有虎出没，晋太康四年（283 年）"白虎见建平北井"[1]，归州苍云山"有黑虎，晋永嘉四年于此得黑虎"[2]，黑虎为虎之一种，通体黑纹密布，底色夏季为棕黄，冬季为深灰色。峡江地区多猿猴，晋西陵峡"猿鸣至清，山谷传响，泠泠不绝"，故留下"巴东三峡猿鸣悲，猿鸣三声泪沾衣"的诗句[3]。广溪峡"多猿，猿不生北岸，非惟一处。或有取之放著北山中"[4]，秭归峡区"林寒涧肃，常有高猿长啸"[5]，前一句为郦道元注文，后一句为《水经》经文，说明东汉至南北朝西陵峡有猿猴活动。此外考古发现六朝峡江地带还有豪猪、野猪、水鹿、赤麂、兔、羊、马等动物。[6]又晋人左思《蜀都赋》载"蟁蛦山栖"，刘逵注"蟁蛦，鸟名，如今之所谓山鸡，其雄色斑，雌色黑，出巴东"[7]，巴东郡治今重庆奉节县，则今奉节一带有蟁蛦。又《宋稗类钞》载"夔峡间有子

① （南朝·梁）沈约撰：《宋书》卷 28《符瑞志》，第 808 页。
② （宋）王象之编：《舆地纪胜》卷 74《归州》，第 446 页。
③ （晋）袁山松：《宜都山川记》，刘纬毅辑：《汉唐方志辑佚》，第 117 页。
④ （北魏）郦道元著，（清）王先谦校：《合校水经注》，第 491 页。
⑤ （北魏）郦道元著，（清）王先谦校：《合校水经注》，第 493 页。
⑥ 武仙竹、卢德佩：《卜庄河遗址动物群研究报告》，国务院三峡工程建设委员会办公室、国家文物局编著：《秭归卜庄河》，第 836—878 页；鄂州市博物馆三峡考古队：《秭归大麦沱王家滩杨家包徐家屋场墓地 2007 年第一次发掘简报》，国务院三峡工程建设委员会办公室、国家文物局编著：《湖北库区考古报告集》（第五卷），第 514—558 页；恩施自治州博物馆：《巴东雷家坪遗址 2006 年发掘简报》，国务院三峡工程建设委员会办公室、国家文物局编著：《湖北库区考古报告集》（第六卷），第 243—257 页；武汉市文物考古研究所：《巴东县杜公祠墓地 2005 年发掘简报》，国务院三峡工程建设委员会办公室、国家文物局编著：《湖北库区考古报告集》（第四卷），第 15—31 页；荆州博物馆：《巴东杜公祠墓地发掘简报》，国务院三峡工程建设委员会办公室、国家文物局编著：《湖北库区考古报告集》（第六卷），第 264—277 页。
⑦ （南朝·梁）萧统编，（唐）李善注：《文选》卷 4。

母鹊，比常鹊差大……闭雌于笼中，纵雄出食，食饱辄归，纵雌亦然。若双纵则径去不复返矣"①，则蛮蛦宋代或名子母鹊。邓少琴认为蛮蛦为鹡鸰，也即《尔雅·释鸟》所载比翼鸟。②任昉《述异记》载"吐绶鸟，其身大如鹳，五色，出巴东山中"③，吐绶鸟即火鸡，则是今奉节一带有火鸡。峡江地区有龟，三国魏元帝咸熙二年（265 年）"朐忍县获灵龟以献"④，则三国时朐忍产灵龟。《水经注》载"江水又东，右得将龟溪口。《华阳记》曰：'朐忍县出灵龟，咸熙元年献龟于相府'，言出自此溪"⑤，则朐忍县灵龟出将龟溪。郦道元载将龟溪为长江南岸支流，刘琳以将龟溪为万州江南某小溪⑥，任乃强认为即故陵西溪，又名阳溪，与长滩井河并行⑦。六朝时三峡地区有鼋，巴东东瀼口六朝墓砖绘有大鼋，背甲呈圆盘状，无角质盾片及裙边，四肢有蹼⑧，鼋应是当地动物形象。秭归何家屋场墓地出土六朝龟甲⑨，则六朝秭归有野生龟。峡江地区江河多产鱼类，"大江清浊分流，其水十丈见底，视鱼游如乘空"，宜都郡卿下村有深潭，"百姓辄以菵草投渊，上流鱼死"，佷山县山谷石穴，"穴出清泉，水中有神鱼。大者二尺，小者一尺"⑩。今云阳故陵镇北巴乡村侧溪"中有鱼，其头似羊，丰肉少骨，美于余鱼"⑪，此鱼为或为鲍鱼⑫。北魏分巴东郡朐忍县地置安乡郡及鱼泉县，后改鱼泉县为万川县。⑬鱼泉县得名于县东南丙穴产嘉鱼，"其味甚美"⑭，则鱼泉县丙穴多鱼。忠县涂井溪蜀汉崖墓出

① （清）潘永因编，刘卓英点校：《宋稗类钞》卷 9，北京：书目文献出版社，1985 年，第 770 页。
② 邓少琴：《巴蜀史稿》，第 144 页。
③ （南朝·梁）任昉撰：《述异记》卷上，清光绪元年（1875 年）湖北崇文书局刻本。
④ （南朝·梁）沈约撰：《宋书》卷 28《符瑞志》，第 801 页。（晋）常璩著，刘琳校注：《华阳国志校注》（修订版）第 35 页、（晋）常璩著，任乃强校注《华阳国志校补图注》（第 36 页）均载咸熙元年朐忍县献灵龟于相府。而（晋）陈寿《三国志》卷 4《魏书·三少帝纪》（第 153 页）载咸熙二年"朐忍县获灵龟以献，归之于相国府"，其献灵龟于相府时间与《华阳国志》所载不同，未知孰是。不过此事发生于咸熙年间应该是可以肯定的。
⑤ （北魏）郦道元著，（清）王先谦校：《合校水经注》，第 488 页。
⑥ （晋）常璩著，刘琳校注：《华阳国志校注》（修订版），第 36 页。
⑦ （晋）常璩著，任乃强校注：《华阳国志校补图注》，第 39 页。
⑧ 广西壮族自治区文物工作队：《巴东东瀼口墓葬 2000 年发掘简报》，国务院三峡工程建设委员会办公室、国家文物局编著：《湖北库区考古报告集》（第一集），第 252—267 页。
⑨ 黄石市博物馆：《秭归何家屋场墓群发掘简报》，国务院三峡工程建设委员会办公室、国家文物局编著：《湖北库区考古报告集》（第六卷），第 579—586 页；秭归县博物馆：《秭归何家屋场墓群发掘报告》，国务院三峡工程建设委员会办公室、国家文物局编著：《湖北库区考古报告集》（第六卷），第 587—620 页。
⑩ （晋）袁山松：《宜都山川记》，刘纬毅辑：《汉唐方志辑佚》，第 118、119 页。
⑪ （北魏）郦道元著，（清）王先谦校：《合校水经注》，第 490 页。
⑫ 郭声波：《四川历史农业地理》，第 374 页。
⑬ （宋）乐史撰，王文楚等点校：《太平寰宇记》卷 149《万州》，第 2885 页。
⑭ （明）曹学佺著，刘知渐校注：《蜀中名胜记》，第 334 页。

土陶制鳄鱼形象①，则蜀汉三峡地区有鳄鱼。秭归卜庄河遗址六朝动物有青鱼、草鱼、白鲢②，则峡江河流中多有鱼类生存。魏晋南北朝时期峡江地区动物人工驯养也很普遍，峡江地区部分六朝遗址出土有人工驯养动物骨骼，如秭归卜庄河有家猪、狗、家山羊、家水牛、家鸡、家鸬鹚、家猫等③；很多六朝墓葬和遗址还出土动物俑，如奉节宝塔坪晋墓有猪、牛、狗、鸭俑④，云阳洪家包晋墓有鱼、鹰、鸭、鸡、鸟、马俑⑤，万州区老棺丘六朝墓有鸡、狗俑⑥，大坪六朝墓有鸡、猪俑⑦，青龙嘴南朝墓有猪、鸡、狗俑⑧，忠县翠屏山六朝崖墓有狗、猪、鸡俑⑨，大湾晋墓有鸡、猪俑⑩，丰都杜家坝蜀汉墓有鸽、马、龟、猪、鸡、狗、鱼俑⑪，槽房沟蜀汉、两晋墓有狗、猪俑⑫，涪陵区横梁子南朝墓有猪、狗、鸡俑⑬，北岩蜀汉墓有猪、狗、熊、马、鸡俑⑭，这些动物俑对应的动物应是墓主生前常见的驯养动物。

魏晋南北朝峡江地区东部及江汉平原西部有鹿、虎活动。晋成帝咸和四年（329年）"长沙郡逻吏黄光于南郡道遇白鹿"，则西晋南郡有野生鹿；刘宋

---

① 四川省文物管理委员会：《四川忠县涂井蜀汉崖墓》，《文物》1985年第7期，第49—86页。

② 武仙竹、卢德佩：《卜庄河遗址动物群研究报告》，国务院三峡工程建设委员会办公室、国家文物局编著：《秭归卜庄河》，第836—878页。

③ 武仙竹、卢德佩：《卜庄河遗址动物群研究报告》，国务院三峡工程建设委员会办公室、国家文物局编著：《秭归卜庄河》，第836—878页。

④ 重庆市文物局、重庆市移民局编：《奉节宝塔坪》，第27—93页。

⑤ 成都市文物考古研究所、绵阳博物馆、云阳县文物管理所：《云阳洪家包墓地发掘报告》，重庆市文物局、重庆市移民局编：《重庆库区考古报告集·2002卷》，第427—466页。

⑥ 云南省文物考古研究所、重庆市文物局：《万州老棺丘古墓群发掘报告》，重庆市文物局、重庆市移民局编：《重庆库区考古报告集·2001卷》，第941—961页；云南省文物考古研究所、重庆市文化局三峡文物保护办公室领导小组：《万州老棺丘古墓群发掘报告》，重庆市文物局、重庆市移民局编：《重庆库区考古报告集·2002卷》，第548—562页。

⑦ 重庆市文物局、重庆市移民局：《万州大坪墓地》，第6—172页。

⑧ 青海省文物考古研究所三峡考古队、重庆市文物局、重庆市万州区文物管理所：《万州大地嘴遗址青龙嘴墓地发掘报告》，重庆市文物局、重庆市移民局编：《重庆库区考古报告集·2001卷》，第721—771页。

⑨ 重庆市文物局、重庆市移民局：《忠县翠屏山崖墓》，第11—236页。

⑩ 宝鸡市考古工作队、重庆市文物局、重庆市文物考古所等：《丰都大湾墓群发掘报告》，重庆市文物局、重庆市移民局编：《重庆库区考古报告集·2001卷》，第1832—1876页；重庆市文化局、重庆市文物考古所、宝鸡市考古工作队、等：《丰都大湾墓群发掘报告》，重庆市文物局、重庆市移民局编：《重庆库区考古报告集·2002卷》，第1123—1200页。

⑪ 重庆市博物馆、宝鸡市考古工作队、重庆市文化局、等：《丰都杜家坝一号墓2000年度发掘报告》，重庆市文物局、重庆市移民局编：《重庆库区考古报告集·2002卷》，第1617—1632页。

⑫ 重庆市文物考古所、宝鸡市考古工作队、重庆市文物局、等：《丰都槽房沟墓地发掘报告》，重庆市文物局、重庆市移民局编：《重庆库区考古报告集·2001卷》，第1788—1831页。

⑬ 重庆市文物考古所、涪陵区博物馆：《涪陵横梁子墓群发掘报告》，重庆市文物局、重庆市移民局编：《重庆库区考古报告集·2002卷》，第1283—1307页。

⑭ 重庆市文物考古所、重庆市文物局、重庆市涪陵区博物馆：《涪陵北岩墓群发掘报告》，重庆市文物局、重庆市移民局编：《重庆库区考古报告集·2001卷》，第2010—2041页。

武帝永初元年（420 年）"白虎见枝江"①，则南朝峡江东口一带还有老虎生存。

魏晋南北朝武陵山区仍多野生动物。《吴录地理志》载"武陵沅南县以南皆有犀"②，吴沅南县即今湖南桃源县，则是三国时期今桃源县及其以南沅水流域有野生犀牛。陶弘景《本草经集注》载犀牛"今出武陵、交州、宁州诸远山"③，南朝梁武陵郡治临沅县，在今湖南常德市西，辖今湘西沅水、澧水流域及鄂西南、黔东南部分地区，也证明今武陵山区有野生犀牛。又刘宋大明七年（463 年）"白獐见武陵临沅"④，则临沅一带有獐生存。

魏晋南北朝川江一带多野生动物。川江多鱼类，张华《博物志》载泸州江阳县有丙穴产嘉鱼。⑤江阳郡居民还用池塘养鱼，汉安县"鱼池以百数，家家有焉"⑥，池塘养鱼极为普遍。刘义庆《世说新语》载郝隆诗"蚨蛹跃清池"，又说"蛮名鱼为蚨蛹"⑦，又《蜀中广记》载"西南蛮呼鱼为蚨蛹"⑧，《广川画跋》亦载"西南蛮号鱼为蚨蛹"⑨，邓少琴以"蚨蛹"为巴人语言⑩，若此说不悖，也可证巴地有池塘养鱼。川江沿岸还有犀牛、象及鸟类，《华阳国志》载蜀地之宝有"犀、象"⑪，晋益州辖江阳郡，是江阳郡晋代有犀牛、象，同时还有各种鸟类。四川盆地野象活动可分两个阶段，晋以前分布北界在长江以北，唐及其以后主要分布于川东江南，尤其是今重庆市到綦江一带。⑫左思《蜀都赋》载四川盆地"犀、象竞驰"，"拔象齿，戾犀角"⑬，《太平寰宇记》载南州、溱州产象牙，南州、溱州在今重庆綦江区至贵州北部一带，反推唐代也应有野象。

魏晋南北朝乌江下游野生动物资源仍很丰富。六朝乌江下游有猿、猴，晋涪陵有仰鼻猴，《蜀地志》载"涪陵南界，榛险中有果然兽，形如狗子，头

---

① （南朝·梁）沈约撰：《宋书》卷 28《符瑞志》，第 804、808 页。

② （清）阮元校刻：《十三经注疏》，第 2651 页。

③ （南朝·梁）陶弘景编，尚志钧、尚元胜辑校：《本草经集注》（辑校本），北京：人民卫生出版社，1994 年，第 412 页。

④ （南朝·梁）沈约撰：《宋书》卷 28《符瑞志》，第 811 页。

⑤ （宋）李昉等撰：《太平御览》卷 937《鳞介部》，第 4165 页。

⑥ （晋）常璩著，刘琳校注：《华阳国志校注》（修订版），第 150 页。

⑦ （南朝·宋）刘义庆著，（南朝·梁）刘孝标注，余嘉锡笺疏，周祖谟、余淑宜、周士琦整理：《世说新语笺疏》，北京：中华书局，2007 年，第 946 页。

⑧ （明）曹学佺撰：《蜀中广记》卷 108《书苑记》，民国商务印书馆景印故宫博物院藏文渊阁本。

⑨ （宋）董迫撰：《广川画跋》卷 1，十万卷楼丛书本。

⑩ 邓少琴：《巴史新探》，《巴蜀史迹探索》，第 1—51 页。

⑪ （晋）常璩著，刘琳校注：《华阳国志校注》（修订版），第 89 页。

⑫ 文焕然等著，文榕生选编整理：《中国历史时期植物与动物变迁研究》，第 186—200 页。

⑬ （南朝·梁）萧统编，（唐）李善注：《文选》卷 4。

似虎。其尾柔滑，白黑色，颇可为裘，轻暖可珍"[1]，果然兽即今仰鼻猴[2]，则涪陵郡山林中有仰鼻猴。《华阳国志》载蜀汉延熙年间邓芝平定涪陵夷叛乱，"见玄猿缘其山"[3]，则三国涪陵有猿猴。乌江下游又有鼋龟，左思《蜀都赋》载"鼋龟水处"，注引谯周《异物志》载"涪陵多大龟"[4]，又《华阳国志》载涪陵郡"山有大龟，其甲可卜；其缘可作义，世号灵义"[5]，二者所载相同，则涪陵郡产大龟。又酉阳清源遗址六朝野生动物有猕猴、狗、黑熊、猪獾、豹猫、犀牛、猪、小鹿、水鹿、斑鹿、牛、苏门羚、豪猪、雉、鸭、鲤鱼、青鱼、乌龟、鳖[6]，反映六朝时乌江下游一带仍有多种野生动物活动。

魏晋南北朝大巴山及其以南嘉陵江、渠江流域也多有野生动物。陶弘景《名医别录》载"麝生中台山谷，及益州、雍州山中"[7]，益州包括今重庆、四川、贵州、云南及陕南、陇南等地，大巴山及其以南嘉陵江、渠江流域森林茂密，巴地有麝也是自然的。西魏东关郡领蛇龙县，宋广安军新明县有蛇龙山[8]，都在大巴山南，县、山以蛇龙为名，当是其地多蛇。四川广元宝轮镇北屋基坡南北朝崖墓曾出土"大吉羊"铜洗，底纹饰以交颈比翼如鹊双鸟，其下衬有双鱼[9]，邓子琴以此双鸟为比翼鸟，亦即鹔鹴[10]，即山鸡，若此说成立，则南北朝四川广元宝轮镇一带有山鸡。

隋唐时期巴地很多地方为茂密的森林所覆盖，森林中仍栖息有较多野生动物。

隋唐时期汉水上游河谷地带有鹿、麝、老虎生存。《舆地纪胜》载梁州南郑县鹿堂谷"多鹿"[11]，《新唐书·地理志》载洋州土贡麝香[12]，则唐代洋州仍有麝（獐）栖息。马戴《寄金州姚使君员外》诗载"空林虎自藏"[13]，则唐代金州山林中还有老虎出没。

---

① （宋）李昉等撰：《太平御览》卷910《兽部》，第4034页。
② 文榕生：《中国珍稀野生动物分布变迁》，第112页。
③ （晋）常璩著，刘琳校注：《华阳国志校注》（修订版），第37页。
④ （南朝·梁）萧统编，（唐）李善注：《文选》卷4。
⑤ （晋）常璩著，任乃强校注：《华阳国志校补图注》，第42页。
⑥ 重庆市文物考古所、重庆文化遗产保护中心、四川大学历史文化学院考古学系编：《酉阳清源》，第246—269页。
⑦ （南朝·梁）陶弘景集，尚志钧辑校：《名医别录》（辑校本），第72页。
⑧ （宋）乐史撰，王文楚等点校：《太平寰宇记》卷137《达州》、卷138《渠州》，第2677、2698页。
⑨ 沈仲常：《四川昭化宝轮镇南北朝时期的崖墓》，《考古学报》1959年第2期，第109—123页。
⑩ 邓子琴：《巴氏新探》，《巴蜀史迹探索》，第1—51页。
⑪ （宋）王象之编：《舆地纪胜》卷183《兴元府》，第874页。
⑫ （宋）欧阳修、宋祁撰：《新唐书》卷40《地理志》，第1034页。
⑬ 《全唐诗》卷556《马戴》，第17册，第6456页。

隋唐时期汉水以南大巴山地为多种野生动物栖息地。《玉堂闲话》载"路由兴元之南，曰大巴路，曰小巴路。危峰峻壑，猿径鸟道，路眠野宿，杜绝人烟。鸷兽成群，食啖行旅。行言结十余辈少壮同行……才登细径，为猛虎逐之，及露宿于道左，虎忽自人众中，攫行言而去"[1]。"鸷兽"即老虎等猛兽，"鸷兽成群"说明大巴山地有虎群出没，大巴山地大巴路、小巴路沿线人烟稀少，行旅通行需结伴而行。又宋景焕《野人闲话》载"景（耿）焕为壁州白石县令，行陟巴岭……约七八程，达玉女庙。或有巨虺横亘其前，径可七八尺，鳞甲不啻开扇许大，头尾垂在山下。……因登高望之，竟目方见其尾。……方见是蛇也"[2]，则宋代大巴山仍有巨蟒活动，反推唐代应如此。

隋唐时期嘉陵江流域野生动物资源仍很丰富。唐代利州土贡鲵鱼、麝香[3]，则利州嘉陵江及其支流有鲵鱼，山林中有麝（獐）栖息。唐代利州、剑州多虎豹，天宝年间曾出现"群虎出噬巴人"情形，大顺、景福后"蜀路剑利之间，白卫岭石筒溪虎豹尤甚，号税人场，商旅结伴而行，军人带甲列队而过"[4]，说明唐代中晚期川北蜀道沿线多有虎豹等野生动物。隋唐时期阆州野生动物资源也很丰富，杜甫《发阆中》诗载"前有毒蛇后猛虎，溪行尽日无村坞"[5]，说明阆州地多虎、蛇等野生动物。又戴孚《广异记》载"阆中莫徭以樵采为事。……有大象奄至，卷之上背，行百余里。深入泽中，泽中有老象，卧而喘息，痛声甚苦。……足中有竹子丁。莫徭晓其意，以腰绳系竹丁，为拔出。……小象持牙去，顷之，又将大牙……然后送人及象牙还"[6]，反映当时阆州有象群活动，与杜甫《发阆中》诗对阆中毒蛇、猛虎的描述相印证。唐代阆州嘉陵江多产鱼类，杜甫《阆水歌》载"水鸡衔鱼来去飞"[7]。宋太平兴国三年（978年）果州、阆州等地有虎群出没为害[8]，反推唐代果州、阆州也当有老虎活动。又王维《送杨长史之果州》诗载关中至果州"鸟道一千里，猿啼十二时"[9]，则果州北至长安驿途多有猿猴。

隋唐时期渠江流域野生动物资源也很丰富。集州米仓山有猿猴出没，"鸷

① （宋）李昉等编：《太平广记》卷 433《王行言》，第 3515 页。
② （宋）李昉等编：《太平广记》卷 459《景焕》，第 3761 页。
③ （宋）欧阳修、宋祁撰：《新唐书》卷 40《地理志》，第 1035 页。
④ （明）陈继儒集：《虎荟》卷 2，北京：中华书局，1985 年，第 27、21 页。
⑤ （唐）杜甫著，（清）仇兆鳌注：《杜诗详注》卷 12，第 1051 页。
⑥ （宋）李昉等编：《太平广记》卷 441《阆州莫徭》，第 3600 页。
⑦ （宋）祝穆撰，祝洙增订，施和金点校：《方舆胜览》卷 67《阆州》，第 1178 页。
⑧ （元）脱脱等撰：《宋史》卷 66《五行志》，第 1451 页。
⑨ （唐）王维撰，（清）赵殿成笺注：《王右丞集笺注》卷 8《近体诗》，第 146 页。

兽成群，食啖行旅"①，则集州往北经米仓山路途多野生动物。宋太平兴国三年（978 年）集州、蓬州有虎群出没为害②，反推唐代集州、蓬州也应有虎群活动。壁州诺水县唐代所建南坝寺"每岁端阳前后，有蛇自柱础间出，沿阶满室，大小颜色非一种……昔人传三万四千尾，不可数也"③，唐诺水县即今四川通江县，则唐代巴山南麓通江县一带多蛇。唐代巴州多虎、猿、蛇，于逖《闻奇录》载安史之乱后归生"家寓巴州。遣使入蜀，早行，遇虎于道"，"数虎辄来攫跃"④，则巴州有虎群活动。又严武《酬别杜二》诗称"最怅巴山里，清猿醒梦思"⑤，巴州黄茅岭"猿声时下断"⑥，又任约《题西龛》载巴州"岭猿悲夜啸"⑦，则唐代巴州多猿猴。又《玉堂闲话》载"巴赉之境，地多岩崖。……民居溪壑，以弋猎为生涯。嵌空之所，有一洞穴……猎师纵犬于此，则多呼之不回。……旋见有物，头大如瓮，双目如电，鳞甲光明，冷照溪谷。渐垂身出洞中观其犬。猎师毒其矢而射之。既中，不复再见。顷经旬日，臭秽满山。……见一大蟒，腐烂于岩间"⑧，巴州居民以游猎为生，则巴地有供射猎的野生动物，射杀巨蟒之事说明唐代巴州产蟒蛇。唐通州多虎、蛇，元稹《酬乐天得微之诗知通州事》诗注载"元和二年偏蹄虎害人，比之白额。两头蛇，处处皆有之"，"伥魂夜啸虎行多"⑨，又《见乐天诗》载"江馆无人虎印泥"⑩，又《通州丁溪馆夜别李景信》诗载"山深虎横馆无门"⑪，《蜀中名胜记》引《碑目》亦载"李唐时有白虎蛟龙为民害，民至迁居以避"⑫，这些诗文说明唐通州山林中多老虎出没。又白居易诗"虫蛇白昼拦官道"⑬，元稹《酬乐天春寄微之》诗载"我随巴蟒瘴烟中"⑭，"虫蛇""巴蟒"说明唐通州多蛇。唐代通州溪河产鱼，白居易《酬乐天东南行诗一百韵》注载"通州俗以鲙鱼为脍"⑮，鲙鱼或为岩原鲤⑯；通州通江县井峡有丙穴，"穴凡十，

① （宋）李昉等编：《太平广记》卷 433《王行言》，第 3515 页。
② （元）脱脱等撰：《宋史》卷 66《五行志》，第 1451 页。
③ （明）曹学佺著，刘知渐点校：《蜀中名胜记》，第 379 页。
④ （宋）李昉等编：《太平广记》卷 430《归生》，第 3495 页。
⑤ 《全唐诗》卷 261《严武》，第 8 册，第 2907 页。
⑥ （明）曹学佺著，刘知渐点校：《蜀中名胜记》，第 334 页。
⑦ （明）曹学佺著，刘知渐点校：《蜀中名胜记》，第 372 页。
⑧ （宋）李昉等编：《太平广记》卷 458《狗仙山》，第 3750 页。
⑨ （唐）元稹撰：《元氏长庆集》卷 21《律诗》，第 110 页。
⑩ （明）曹学佺著，刘知渐校注：《蜀中名胜记》，第 331 页。
⑪ （唐）元稹撰：《元氏长庆集》卷 26《乐府》，第 142 页。
⑫ （明）曹学佺著，刘知渐校注：《蜀中名胜记》，第 335 页。
⑬ （唐）白居易撰：《白氏长庆集》卷 15，第 370 页。
⑭ （唐）元稹撰：《元氏长庆集》卷 21《律诗》，第 109 页。
⑮ （唐）元稹撰：《元氏长庆集》卷 12，第 65 页。
⑯ 郭声波：《四川历史农业地理》，第 375 页。

其中皆产嘉鱼。春社之前，鱼即出穴，秋社即归。其出也，止于巴渠龙脊滩"[①]，则丙穴多产鱼。唐通州多有水獭，张鷟《朝野佥载》载"通川界内多獭，各有主养之，并在河侧岸间"[②]，则通州沿河多有水獭。唐代通州土贡麝香[③]，产麝香必然有麝（獐）生存。《唐诗纪事》载通州"人士稀少……大有虎豹蛇虺之患，小有蟆蚋浮尘蜘蛛之类，皆能钻啮肌肤，使人疮痍"[④]，野生动物大的有虎、豹，小的有蟆蚋、蜘蛛，反映唐代通州野生动物种类多。正因为有野生动物栖息，气候潮湿，巴人为规避兽虫害及湿热气候，住房多"阁栏"，元稹称为"巢居"[⑤]，"阁栏"类似今天的吊脚楼。唐洋万涪古道经通州，驿路沿线"使骑到荒驿，野禽啼乱山"[⑥]，则唐代古道沿线多野生禽类。又唐宣宗大中十一年（857 年），"渠州犀牛见……复于渠州之野"[⑦]，说明唐代渠州还有犀牛生存。今广安县有地名犀牛桥，唐为渠州境，可为渠州曾有犀牛生存的旁证。今大竹县东北铜锣山宋代名虎啸山[⑧]，宋代有虎，反推隋唐亦当如此。

隋唐时期川江沿线野生动物资源仍很丰富。宋代泸州"峡深藏虎豹"[⑨]，瑞鹿山有白鹿出没[⑩]，合江县安乐溪有虎、豹出没[⑪]，反推隋唐泸州也应有虎、豹、鹿生存。唐代渝州有虎、麋鹿、黑熊、犀牛，《广异记》载渝州开元末多虎暴[⑫]，则唐中期今重庆一带还有虎群活动。杜甫《冬狩行》载广德年间东川节度使围猎"幕前生致九青兕，驼驼巆岜垂玄熊"[⑬]，则东川节度使辖区有兕（犀牛）、熊等动物，而合州、渝州、泸州属东川节度使辖区。宋代渝州"林间麋鹿遥相望"[⑭]，反推唐代渝州当有麋鹿生存。唐南平僚地"山有毒草及沙虱、蝮蛇"[⑮]，南平僚活动地域大致在今重庆市万盛区全境及毗邻的南区川、綦江区、贵州桐梓县部分地域，唐代这一区域有沙虱、蝮蛇活动，沙虱为石

① （宋）祝穆撰，祝洙增订，施和金点校：《方舆胜览》卷 59《达州》，第 1041 页。
② （唐）张鷟撰，赵守仪点校：《朝野佥载》卷 4，第 101 页。
③ （宋）欧阳修、宋祁撰：《新唐书》卷 40《地理志》，第 1037 页。
④ （宋）祝穆撰，祝洙增订，施和金点校：《方舆胜览》卷 59《达州》，第 1040 页。
⑤ （宋）祝穆撰，祝洙增订，施和金点校：《方舆胜览》卷 59《达州》，第 1043 页。
⑥ （明）曹学佺撰：《蜀中广记》卷 24，民国商务印书馆景印故宫博物院藏文渊阁本。
⑦ （唐）裴庭裕撰：《东观奏记》卷下，第 133 页。
⑧ 蓝勇：《历史时期西南经济开发与生态变迁》，第 36 页。
⑨ （宋）汪元量撰，孔凡礼辑校：《增订湖山类稿》卷 4《古今体诗》，第 145 页。
⑩ （明）陈循等撰：《寰宇通志》卷 68《泸州》，玄览堂丛书续集本。
⑪ （宋）王象之编：《舆地纪胜》卷 153《泸州》，第 764 页。
⑫ （宋）李昉等编：《太平广记》卷 427《虎妇》，第 3475 页。
⑬ （唐）杜甫著，（清）仇兆鳌注：《杜诗详注》卷 12，第 1056 页。
⑭ （宋）汪元量撰，孔凡礼辑校：《增订湖山类稿》卷 4《古今体诗》，第 151 页。
⑮ （唐）杜佑撰，王文锦、王永兴、刘俊文，等点校：《通典》卷 187《边防·南蛮》，第 5048 页。

蚕科昆虫石蛾或其近缘昆虫幼虫；蝮蛇常栖于平原、丘陵、低山区或田野溪沟乱石堆或草丛中，捕食鼠、蛙、蜥蜴、鸟、昆虫。宋南州贡犀角、象牙①，反推唐带该地也当有象、犀牛活动。唐涪州有老虎，武则天时"涪州武龙界多虎暴"②，又涪州许雄山有誓虎碑，"近碑仆，虎入城，县官设祭，复立之，虎遂止"③，誓虎碑在宋代复立，说明虎患在宋以前就有了。唐代忠州有驯鹿、麂、鹿、鸟类，《方舆胜览》载忠州多"珍禽、驯鹿"，平都山"林木邃茂……麂鹿时出没林间"④，则忠州有珍稀禽类、驯鹿、麂、鹿等动物生存。唐梁山军白虎蛟龙害民⑤，则唐代梁山军有老虎活动。又万州梁山县景穴"有嘉鱼，甚美，同于蜀汉"⑥，柏枝山丙穴"产嘉鱼"⑦，则梁山军溪河中多有鱼类。唐万州有犀牛、虎等动物生存，宋雍熙四年（987年）"有犀自黔南入万州，民捕杀之，获其皮角"⑧，今万州有地名犀牛寨，当是得名于早年犀牛活动；宋代辛惠仲于万州大道遇虎⑨，则宋万州有虎，反推唐代万州也当有犀牛、老虎生存。唐夔州有虎、犀牛、熊、山鸡、鱼生存，杜甫《戏作俳谐体遣闷》诗载"於菟侵客恨"，"顿顿食黄鱼"，注载"楚人谓……虎为於菟"⑩，又杜甫《客居》诗载"人虎相半居，相伤终两存"⑪，则唐代夔州也有老虎出没，黄鱼则为体形硕大的鲟鱼⑫；唐夔州土贡熊、罴、山鸡⑬，则夔州野生动物又有熊、罴、山鸡；又杜甫《复阴》诗载"云雪埋山苍兕吼"⑭，苍兕即野生犀牛，也即小独角犀，则唐代夔州有犀牛生存。唐夔州还有猿猴，刘放平"楚国巫山秀，清猿日夜啼"，刘世翼"危峰入鸟道，深谷泻猿声"，张九龄"山有巴猿啸"，李端"猿声寒过涧，树色暮连空"⑮等诗句都反映唐夔州有猿猴；李白《早发白帝城》诗载"朝辞白帝彩云间，千里江陵一日还。两岸猿声啼

---

① （宋）乐史撰，王文楚等点校：《太平寰宇记》卷122《南州》，第2424页。
② （唐）张鷟撰，赵守俨点校：《朝野金载》卷2，第45页。
③ （宋）王象之编：《舆地纪胜》卷174《涪州》，第841页。
④ （宋）祝穆撰，祝洙增订，施和金点校：《方舆胜览》卷61《咸淳府》，第1074页。
⑤ （宋）王象之编：《舆地纪胜》卷179《梁山军》，第857页。
⑥ （唐）李吉甫撰，贺次君点校：《元和郡县图志》，第1061页。
⑦ （宋）祝穆撰，祝洙增订，施和金点校：《方舆胜览》卷60《梁山军》，第1049页。
⑧ （元）脱脱等撰：《宋史》卷66《五行志》，第1450页。
⑨ 《古今图书集成》卷61《虎部》。
⑩ （唐）杜甫著，（清）仇兆鳌注：《杜诗详注》卷20，第1794页。
⑪ （唐）杜甫著，（清）仇兆鳌注：《杜诗详注》卷14，第1253页。
⑫ 郭声波：《四川历史农业地理》，第373页。
⑬ （宋）欧阳修、宋祁撰：《新唐书》卷40《地理志》，第1029页。
⑭ （唐）杜甫著，（清）仇兆鳌注：《杜诗详注》卷21，第1848页。
⑮ （明）曹学佺著，刘知渐点校：《蜀中名胜记》，第319页。

不住，轻舟已过万重山"①，刘禹锡《竹枝词》载"巫峡苍苍烟雨时，清猿啼在最高枝"②，也说明唐代三峡多猿猴。唐归州有野鹿、猪、麇（獐）、虎出没，天宝年间归州玉虚洞有白鹿活动③，野猪山"多野猪"，麝香山"多麝香"④，宋黄牛庙"后山中多虎"⑤，反推唐代也应如此，秭归咤神庙出土的唐代鹿角⑥是当地有鹿生存的实物证据。

隋唐时期武陵山区仍多野生动物。唐代武陵山区多蛇，张鷟《朝野佥载》载"山南五溪黔中皆有毒蛇，乌而反鼻，蟠于草中。其牙倒勾，去人数步，直来疾如缴箭，螫人立死。中手即断手，中足则断足，不然则全身肿烂，百无一活。谓蝮蛇也。有黄喉蛇，好在舍上，无毒，不害人，唯善食毒蛇。食饱则垂头直下，滴沫地坟起，变为沙虱，中人为疾。额上有'大王'字，众蛇之长，常食蝮蛇"⑦，则唐代黔中五溪之地多蛇。唐黔州多猿猴，刘禹锡《送义舟师却还黔南》载"猿狖窥斋林叶动"⑧，刘长卿《送任侍郎黔中充判官》载"猿随万里客"，李嘉佑《送上官侍御赴黔中》载"树隔朝云合，猿窥晓月啼"，顾非熊《送皇甫司录赴黔南幕》载"夜猿声不断，寒木叶微凋"，皆反映唐代黔州有猿猴栖息。⑨唐黔州还有麇（獐），黄庭坚《黔江县题名记》载黔州"市麝脐以百计"，麝脐取自雄性香獐，年销售上百份，说明香獐数量较多，反推唐代黔州也应如此。唐黔州狼山"出野狼"⑩，则唐黔州有狼活动。黔州土贡有犀角⑪，则唐黔州有犀牛生存，又《五溪记》载"'山犀'者，食竹木，小便竟日不尽。夷獠以弓矢采取，故曰'黔犀'"⑫，黔州彭水县有犀角山⑬，则唐黔州有野生犀牛。唐代施州、辰州、锦州⑭、澧州⑮、溪州⑯土贡

---

① （明）杨慎编，刘琳、王晓波点校：《全蜀艺文志》卷16《诗》，第397页。
② （唐）刘禹锡：《刘宾客文集》卷27《乐府》，第222页。
③ （宋）祝穆撰，祝洙增订，施和金点校：《方舆胜览》58《归州》，第1026页。
④ （宋）王象之编：《舆地纪胜》卷74《归州》，第447页。
⑤ （宋）陆游撰：《入蜀记》卷6，王云五主编：《丛书集成初编》，上海：商务印书馆，1937年，第53页。
⑥ 宜昌博物馆：《秭归咤神庙遗址发掘简报》，国务院三峡工程建设委员会办公室、国家文物局编著：《湖北库区考古报告集》（第六卷），第543—558页。
⑦ （唐）张鷟撰，赵守仪点校：《朝野佥载》卷5，第121—122页。
⑧ （唐）刘禹锡：《刘宾客文集》卷29《送僧》，第249页。
⑨ （明）曹学佺著，刘知渐点校：《蜀中名胜记》，第268、269页。
⑩ （宋）祝穆撰，祝洙增订，施和金点校：《方舆胜览》60《绍庆府》，第1055页。
⑪ （宋）欧阳修、宋祁撰：《新唐书》卷41《地理志》，第1073页。
⑫ （宋）张世南撰，张茂鹏等点校：《游宦纪闻》卷2，北京：中华书局，1981年，第14页。
⑬ （宋）王象之编：《舆地纪胜》卷176《黔州》，第848页。
⑭ （宋）欧阳修、宋祁撰：《新唐书》卷41《地理志》，第1073页。
⑮ （宋）欧阳修、宋祁撰：《新唐书》卷40《地理志》，第1029页。
⑯ （宋）欧阳修、宋祁撰：《新唐书》卷41《地理志》，第1076页。

皆有犀角，则唐代施州、辰州、锦州、澧州、溪州当均有犀牛生存。唐施州还有猿猴、虎，禄山"富有禽兽，足充夷人之庖，洞蛮恃以为廪禄"，猿啼山"林木深茂，啼猿声韵比诸山最多"，又黄庭坚《次韵清江簿赵彦成》载"厌闻虎啸与猿号"①，则施州有虎、猿等野生动物栖息繁衍。澧州有野象，宋乾德年间"象至澧阳、安乡"，"又有象至澧州澧阳县城北"②，则宋代澧水流域有象活动，反推唐代也当有象生存。唐珍州夷獠"俗以射猎山伐为业"，豹子山"多产豹"③，则唐珍州有豹等野生动物，丰富的野生动物资源是珍州夷獠维持射猎习俗的生物学前提。清初湘西北仍是"山则有熊、豕、鹿、麂、豺狼、虎、豹诸兽，成群作队，或若其性。水则有双鳞石鲫、重唇诸色之鱼，举网即得……时而持枪入山，则兽物在所必获；时而持钓入河，则水族终至盈、筥……其间小鸟若竹鸡、白雉鸡、野鸡、凤凰、锦鸡、上宿鸡、土香鸡。真有取之不尽，用之不竭之概"④，野生动物资源相当丰富，反推唐代武陵山区野生动物资源丰富程度当也不过如此。

隋唐时期峡江东部及江汉平原西部有虎活动。宋建炎中"荆南多虎，郭外人多移家入城避虎"⑤，宋代荆南地包括今湖北秭归、宜昌、江陵、公安等地，则宋代江汉平原西部及峡江东部有老虎出没，又《三峡通志》载成化初年"西陵四境有虎暴，岁伤百余人"⑥，宋明时期有老虎出没，反推隋唐时期也当有老虎栖息。

自石器时代至唐代巴地野生动物种群逐渐由大熊猫—剑齿象动物群向巴地现生动物群转化，这个转化过程大致完成于全新世中期。全新世中期以后巴地野生动物种群与渝、川、陕、鄂、湘、黔毗邻地带野生动物现生种群基本相同，只是动物物种在地域分布上因人为活动的影响和干扰有较大变化。同时也由于人工驯养野生动物，使得巴地人工驯养动物种类、数量和地域分布也发生了较大变化。

通过对石器时代至唐代巴地野生动物变迁的历史回顾，我们发现巴地动物资源因受巴地山地地形的影响有垂直地带性分异，这种立体分布格局自石器时代至唐代都是存在的，至今依然如此。

---

① （宋）祝穆撰，祝洙增订，施和金点校：《方舆胜览》卷 60《施州》，第 1051、1053 页。

② （元）脱脱等撰：《宋史》卷 66《五行志》，第 1450 页。

③ （宋）祝穆撰，祝洙增订，施和金点校：《方舆胜览》61《珍州》，第 1078 页。

④ 《山羊隘沿革纪略》，《容美土司史料汇编》，中共鹤峰纤维统战部、县史志编纂办公室、中共五峰县委统战部、县民族史志工作办公室编印，1983 年，第 490—491 页。

⑤ （明）陈继儒撰：《虎荟》卷 2，上海：商务印书馆，1936 年，第 16 页。

⑥ （明）吴守忠编辑，（明）卢国祯校次：《三峡通志》卷 5，北京：中国书店，1995 年。

巴地河谷地带气候湿热，高山峰顶区域气候温凉，受地形影响气候、植被乃至动物分布都呈现垂直地带性分异。更新世晚期我国气候曾出现降温过程，北方部分动物向南方迁徙，在气温回升时部分动物在气候适宜地区留存下来①，这在巴地也有体现。官庄坪新石器时代有野马，野马为北方戈壁草原动物，现生种主要分布于新疆、内蒙古地区；更新世晚期野马南迁至巴地，气温回升时野马在气候适宜地区留存下来。②神农架发现的北方大林姬鼠、狍③，秭归柳林溪的羚羊、秃鹫④也属此类。羚羊现生种主要分布于我国西北高原地带，喜干燥凉爽气候环境及荒漠、半荒漠条件，也喜欢气候适宜的山地，甚至海拔2000米以上的高山地区，高海拔山地气候凉爽，植被稀少，也适合羚羊生存，柳林溪新石器时代的野生羚羊应生活在柳林溪附近高海拔山地；秃鹫俗称座山雕，主要栖息于高山地带，现生种主要分布于我国西部山地，鄂西山地现已绝迹，柳林溪新石器时代秃鹫应是活动在附近高海拔山地。大熊猫多生活于海拔2600—3500米茂密竹林中，属高海拔地区森林动物，石器时代至战国时期巴地多有大熊猫，说明巴地高海拔地带有大熊猫活动。野马、羚羊、大熊猫、秃鹫、大林姬鼠、狍等为早期巴地高海拔地区动物群成员。河谷和山麓地带则多有犀牛、巨貘、象、水牛、水鹿、鹿、虎、豹、獐等各种热带亚热带森林动物。巴地江河湖泊中则多有鱼、龟、鼋、蚌、螺等水生生物活动。这样就构成了从江河溪谷至高山地带的野生动物立体分布格局。

二、巴地驯养动物及其变迁

历史时期巴地有人工驯养动物，这些家禽、家畜和水生动物也是巴地动物群重要的构成部分。

《华阳国志》载巴地"牲具六畜"⑤，《左传》"六畜不相为用"注载"六畜，马、牛、羊、豕、犬、鸡"⑥，《周礼》"膳用六牲"注载六牲为"马、牛、羊、豕、犬、鸡"⑦，《急就篇》颜师古注六畜为"牛、马、羊、豕、鸡、犬"⑧，

① 计宏祥：《中国全新世大暖期哺乳动物与气候波动》，《海洋地质与第四纪地质》1996年第1期，第5—15页。
② 武仙竹、周国平：《湖北官庄坪遗址动物遗骸研究报告》，《秭归官庄坪》，第603—618页。
③ 湖北省神农架林区地方志编纂委员会：《神农架志》，武汉：湖北科学技术出版社，1996年，第53—133页。
④ 武仙竹：《湖北秭归柳林溪遗址动物群研究报告》，《秭归柳林溪》，第268—292页。
⑤（晋）常璩著，任乃强校注：《华阳国志校补图注》，第5页。
⑥ 杨伯峻编著：《春秋左传注》（修订本），第381页。
⑦（清）阮元校刻：《十三经注疏》，第659页。
⑧（汉）史游撰：《急就篇》卷3，长沙：岳麓书社，1989年，第248页。

"六畜""六牲"所指动物相同，"养之曰畜，用之曰牲"[1]，秦汉以前六畜所指无外乎此六种牲畜。"牲具六畜"说明巴地有马、牛、羊、豕（猪）、犬、鸡六种牲畜的喂养，但六畜在巴地驯养历史不完全相同。

巴地马的驯养历史悠久。马既是巴人重要的肉食来源，也是重要的交通工具。有人说新石器时代至秦三峡地区没有发现马，可能野马已绝灭，家马喂养最早在汉代。[2]巴东罗坪、杜公祠墓地、秭归大沱湾、土地湾汉代遗存中确实出土有马骨骸，在合川区南屏、濮湖、涪陵区北岩、吴家石梁，丰都县槽房沟，忠县大湾、瓦窑，万州区大坪、庙梁、团堡地，云阳县洪家包，奉节县白马，湖北巴东杜公祠等墓地，宜昌前坪、后坪等遗址均出土有陶马俑（表 7-8），九龙坡陶家大竹林汉墓有拴马、骑马画像砖[3]，这些遗物说明汉代巴地家畜确有马喂养。汉代以前巴地果真没有马吗？实情并非如此。在清江流域建始花坪、五峰县长乐坪、恩施鲁竹坝等地洞穴发现有更新世中晚期云南马化石[4]，汉水上游汉中、城固、洋县也发现更新世中期云南马化石[5]，四川资阳县（今四川资阳市）黄鳝溪发现更新世马化石[6]，重庆黔江红土塆遗址也发现旧石器时代中晚期马化石[7]，说明更新世中期巴地就有马生存，可见马在巴地的生存历史是很悠久的。又秭归官庄坪、东门头考古发现普氏野马骨骸，涪陵蔺市、忠县涂井沟新石器时代遗存也有野马骨骸（表 7-5），说明新石器时代巴地有普氏野马及野马栖息。在涪陵蔺市、巫山林家码头、长阳香炉石等地夏商西周遗存中也发现马骨骸（表 7-6），云阳李家坝、巫山涂家坝东周遗存中也发现马骨骸（表 7-7），这些马骸骨表明新石器时代至东周巴地一直有马生存，马在巴地并没有绝灭，甚至早至更新世巴地都有马生存，而这些马也不排除有人工驯养的可能。因此我们认为巴地马喂养历史最早或可上溯到先秦时期，到汉代马喂养更普遍。《华阳国志》载

---

① （清）阮元校刻：《十三经注疏》，第 1810 页。
② 武仙竹：《长江三峡动物考古学研究》，第 272 页。
③ 重庆市文物考古所、九龙坡区文物管理所：《九龙坡区陶家大竹林画像砖墓发掘简报》，重庆市文物考古所、重庆文化遗产保护中心编著：《重庆公路考古报告集》，第 1—19 页。
④ 邱中郎、张玉萍、童永生：《湖北省清江地区洞穴中的哺乳类化石报导》，《古脊椎动物与古人类》1961 年第 2 期，第 155—157 页。
⑤ 文榕生：《中国珍稀野生动物分布变迁》，第 534 页；汤英俊、宗冠福、雷遇鲁：《汉水上游旧石器的新发现》，《人类学学报》1987 年第 1 期，第 55—60 页。
⑥ 李宣民、张森水：《资阳人 B 地点发现的旧石器》，《人类学学报》1984 年第 3 期，第 215—224 页；文榕生：《中国珍稀野生动物分布变迁》，第 263 页。
⑦ 邓辉：《土家族区域的考古文化》，第 28 页。

巴西郡、巴郡垫江县有马①，则魏晋南北朝时期巴郡、巴西郡依然有马喂养，此后一直延续到现在。

牛在巴地出现也很早。重庆巴南和尚坡、沙坪坝歌乐山、北碚殷家洞、合川牛尾洞、铜梁张二圹、潼南瑷江岸、丰都水井湾、冉家路口、万州盐井沟、奉节刘家院坝、巫山龙骨坡、榨洞、黔江红土垮，湖北秭归孙家洞、宜都九道河、长阳下钟家湾、鲢鱼山、小洞、建始高坪、花坪、五峰长乐坪、恩施鲁竹坝、丹江口后山坡、神农架犀牛洞、房县樟脑洞、郧县黄龙洞、郧县人遗址、白龙洞，陕西洋县大坝沟、金水河口，四川资阳黄鳝溪，贵州桐梓马鞍山，湖南石门燕儿洞、慈利尖刀山、吉首螺丝旋、保靖要坝洞等地更新世中晚期遗存中有水牛、野牛、丽牛、楬牛、牻牛、牛骨骸（表7-4），说明更新世中晚期巴地牛分布很广，这些多为野牛，人工驯养的可能性不大。宜都城背溪、秭归柳林溪、巴东楠木园、店子头、长阳桅杆坪等地新石器时代遗存中均有圣水牛骨骸（表7-5），表明新石器时代巴地有圣水牛生存。不过圣水牛在巴地大致延续到全新世中期，此后就绝灭了②，因此圣水牛不太可能为早期驯养动物。③此外，在湖南安乡县汤家岗、石门皂市、吉首河溪教场、沙溪大桥、洪江市高庙，湖北省郧县白鹤观、房县计家嘴、长阳西寺坪、沙嘴、秭归东门头、旧州河、巴东鸭子嘴，重庆巫山大溪、忠县中坝、瓦渣地、玉溪、丰都玉溪、酉阳清源，陕西西乡何家湾、南郑县龙岗寺，贵州省修文县肖家洞等地新石器时代遗存中有野牛、牛、水牛骨骸（表7-5），可知巴地牛驯化喂养在新石器时代已经开始。夏、商、西周时期巴地牛的喂养更普遍，在湖南永顺不二门，重庆涪陵蔺市、酉阳清源、忠县中坝、瓦渣地、万州黄柏溪，湖北秭归何家岭、柳林溪、何光嘴、何家大沟、卜庄河、渡口、宜昌路家河、长阳香炉石等地夏、商、西周遗存中有牛骨骸（表7-6），说明夏、商、西周时期巴地牛的驯养已较普遍。有人认为不能肯定商代巴地有牛的喂养，但考古发现在长阳香炉石、宜昌路家河商代遗存中都有家水牛骸骨，因此商代巴地无牛喂养说是值得商榷的。此后巴地多有牛喂养，如忠县瓦渣地春秋战国遗存有黄牛骨骸④，秭归柳林溪东周遗存有家水

---

① （晋）常璩著，刘琳校注：《华阳国志校注》（修订版），第41、30页。
② 同号文、刘金毅：《更新世末至晚期哺乳动物群中绝灭中的有关问题》，董为主编：《第九届中国古脊椎动物学学术论文集》，北京：海洋出版社，2004年，第111—119页。
③ 武仙竹：《长江三峡动物考古学研究》，第272页。
④ 黄蕴平、朱萍：《忠县瓦渣地遗址T363动物骸骨初步观察》，重庆市文物局、重庆市移民局编：《重庆2001三峡文物保护学术研讨会论文集》，第273—278页。

牛骨骸①，巴东罗坪汉代遗存有家水牛骨骸②，忠县三国岩墓石刻庖厨案上有水牛图③，秭归卜庄河六朝遗存也有家水牛骨骸④，说明自东周以后巴地皆有牛喂养。又晋郭义恭《广志》载"有靡摩牛，牛出巴中"⑤，《华阳国志》载垫江、巴西郡出牛⑥，则晋代巴地家畜有牛。从气候条件和南方稻作农业特点来看，巴地水牛家养可能比黄牛喂养更普遍。

羊也是巴地早期驯养动物之一。据考古发现，重庆沙坪坝歌乐山、铜梁张二圹、万州盐井沟、奉节三坨、黔江红土塆，湖北长阳小洞、建始高坪、神农架犀牛洞、房县樟脑洞，湖南吉首螺丝旋山洞等地旧出土石器时代动物化石有羊；铜梁张二圹、巫山龙骨坡，陕西洋县大坝沟、金水河口、勉县赤土岭，湖南石门燕儿洞等地旧石器时代动物化石有羚羊；重庆万州盐井沟，湖北神农架犀牛洞、郧县伏龙观、黄龙洞、白龙洞等地旧石器时代动物化石有青羊（表 7-4），说明早在旧石器时代巴地已有羊生存，种类有山羊、羚羊、青羊。到新石器时代巴地很多地方仍有羊栖息，陕西南郑龙岗寺，重庆丰都玉溪、三沱、巫山大溪、巴东土寨子、店子头、秭归卜庄河、长阳沙嘴，湖南石门燕儿洞、吉首河溪教场、沙溪大桥、洪江市高庙等地出土有新石器时代家羊骨骸；陕西西乡何家湾，湖北秭归柳林溪等地发现新石器时代羚羊骨骸，湖北巴东店子头、鸭子嘴、秭归官庄坪等地出土有新石器时代青羊骨骸，湖北长阳桅杆坪出土有新石器时代绵羊骨骸（表 7-5），说明巴地很多地方都有羊生存，其中龙岗寺的家羊骨骸、长阳桅杆坪的绵羊骨骸说明新石器时代巴地已有羊的驯化喂养，只是还不普遍。夏、商、西周时期巴地羊的喂养地更多，如湖北长阳香炉石、宜昌长府沱、秭归卜庄河、何家大沟、白水河、巴东黎家沱，湖南永顺不二门等地均出土有夏、商、西周时期的家羊骨骸（表 7-6），夏、商、西周时期巴地羊的喂养地较新石器时代增多。也有人认为巴地人工喂养的羊是从外地引进的，据上文对旧石器时代、新石器时代巴地羊的考古分析，基本可以确定巴地家羊应是当地野生羊人工驯化出来的。此

① 武仙竹：《长江三峡动物考古学研究》，第 155 页。

② 武仙竹、杨定爱：《巴东罗坪遗址动物遗骸研究报告》，国务院三峡工程建设委员会办公室、国家文物局编著：《巴东罗坪》，第 409—418 页；湖北省文物考古研究所：《巴东罗坪遗址发掘简报》，国务院三峡工程建设委员会办公室、国家文物局编著：《湖北库区考古报告集》（第三卷），第 255—330 页。

③ 巴家云：《汉代四川农业方面几个问题的探讨》，《四川文物》1988 年第 6 期，第 13—18 页。

④ 武仙竹、卢德佩：《卜庄河遗址动物群研究报告》，国务院三峡工程建设委员会办公室、国家文物局编著：《秭归卜庄河》，第 836—878 页。

⑤ （宋）李昉等撰：《太平御览》卷 898《兽部》，第 3985 页。

⑥ （晋）常璩著，刘琳校注：《华阳国志校注》（修订版），第 30、41 页。

后巴地一直有羊的喂养，这在动物考古中仍有所反映，如湖北秭归柳林溪、卜庄河、长阳香炉石等地出土有东周家山羊骨骸（表 7-7），湖北巴东白羊坪、罗坪、雷家坪、秭归土地湾、卜庄河等地出土有汉代家羊骨骸，重庆万州大坪、金狮湾、云阳打望包等汉墓有陶羊俑（表 7-8），湖北巴东雷家坪六朝墓出土有羊骨骸[①]，说明自东周至六朝巴地仍养羊，且多以山羊为人工驯养对象。

猪也是巴地重要的人工驯养牲畜。旧石器时代（更新世时期）巴地动物有猪，如重庆巴南和尚坡、沙坪坝歌乐山、北碚殷家洞、合川牛尾洞、潼南瑷江岸、万州盐井沟、奉节鱼复浦、三沱、巫山龙骨坡、黔江红土塆，湖北长阳下钟家湾、建始花坪、高坪、五峰长乐坪、恩施鲁竹坝、丹江口后山坡、郧县伏龙观、黄龙洞、郧西人遗址，陕西汉中、城固、洋县大坝沟、勉县赤土岭，四川资阳黄鳝溪，贵州桐梓柴山岗、马鞍山，湖南石门燕儿洞、吉首河溪教场、螺丝旋、保靖要坝洞等地均出土有旧石器时代野猪、猪化石，且以野猪化石为多（表 7-4），表明旧石器时代巴地猪多为野生种。新石器时代巴地开始有了人工驯养的猪，其物种当是从野猪驯化而来的，在陕西南郑龙岗寺，重庆酉阳清源、丰都玉溪、忠县瓦渣地、涂井沟、中坝、奉节三沱、巫山欧家老屋、魏家梁子、大脚洞，湖北巴东楠木园、红庙岭、秭归玉种地、官庄坪、庙坪、卜庄河、柳林溪、宜昌杨家湾、长阳西寺坪、桅杆坪、沙嘴、宜都关庙山、房县计家嘴，湖南石门皂市、安乡县汤家岗、洪江市高庙等地均发现有新石器时代家猪骨骸；陕西南郑龙岗寺、西乡何家湾，重庆涪陵蔺市、巫山大溪，湖北巴东店子头、秭归柳林溪、宜昌清水滩、长阳桅杆坪、西寺坪、沙嘴，湖南吉首河溪教场、洪江市高庙、贵州修文县肖家洞等地都发现有新石器时代野猪骨骸，甚至是家猪与野猪骨骸共存，如长阳桅杆坪、西寺坪、秭归柳林溪、南郑龙岗寺、洪江市高庙等地（表 7-5），说明新石器时代巴地既有家猪，也有野猪，但从与人类关系密切程度来说，家猪因能提供更稳定的肉食来源而受到巴地居民青睐，因而新石器时代家猪在巴地分布地域较广。夏商西周时期家猪仍是巴地重要牲畜，在湖北长阳香炉石、深潭湾、宜昌路家河、长府沱、秭归卜庄河、何家大沟、何光嘴、柳林溪、何家岭、白水河、巴东雷家坪、黎家沱，重庆巫山林家码头、万州黄柏溪、忠县中坝、瓦渣地、涪陵蔺市、酉阳清源，湖南永顺不二门等地都发现夏、商、西周时期家猪骨骸或牙齿；在香炉石、路家河、何家大沟、何光嘴、黎家沱、不

---

① 恩施自治州博物馆：《巴东雷家坪遗址 2006 年发掘简报》，国务院三峡工程建设委员会办公室、国家文物局编著：《湖北库区考古报告集》（第六卷），第 243—257 页。

二门，贵州沿河中锥堡、思南赵家坝等地同期还发现野猪骨骸（表 7-6），表明夏、商、西周时期巴地家猪喂养较普遍，同时野猪捕猎也是巴人重要的农事活动。东周以后巴地家猪喂养仍很普遍，在重庆忠县瓦渣地、万州麻柳沱、巫山涂家坝，湖北巴东雷家坪、罗坪、秭归官庄坪、柳林溪、卜庄河、宜昌覃家沱、黄土包、长阳香炉石等地都发现有东周家猪骨骸；而麻柳沱、官庄坪、香炉石等地还发现有野猪骨骸（表 7-7），说明东周时期巴地家猪喂养仍很普遍，野猪捕猎也是猪肉的重要来源。秦汉以后家猪已是巴地重要牲畜，在重庆酉阳清源、巫山林家码头，湖北巴东白羊坪、罗坪、雷家坪、秭归土地湾、卜庄河，贵州思南赵家坝等地出土有汉代家猪骨骸；重庆九龙坡大竹林汉墓画像砖也有家猪形象，重庆合川南屏、涪陵镇安、太平村、北岩、横梁子、丰都槽房沟、忠县大湾、瓦窑、崖脚、翠屏山、宣公、万州青龙嘴、礁巴石、吊嘴、庙梁、柑子梁、大坪、金狮湾、冷水溪、云阳打望包、张家嘴、黄草坪、奉节赵家湾、宝塔坪、白马、擂鼓台、巫山双堰塘、琵琶洲、林家码头、胡家包、巫山古城、宜昌前坪、后坪等地汉墓中均有陶猪模型（表 7-8），忠县涂井汉代岩墓中还有陶猪圈[1]，巴南区还发现猪圈形象[2]，表明汉代巴地家猪喂养已很普遍。此后到唐代甚至到现在，家猪一直是巴地居民主要的家畜之一。

　　狗也是巴地重要的家畜。新石器时代巴地就有狗的驯养，重庆酉阳清源、丰都玉溪、忠县中坝、瓦渣地、巫山大溪、欧家老屋（表 7-5）、巫山古城、碚石[3]，湖北巴东楠木园、长阳桅杆坪、沙嘴，湖南吉首河溪教场等地都发现有新石器时代狗的骨骸；而沙嘴、桅杆坪为家犬骨骼（表 7-5），表明新石器时代巴地已有狗的喂养，当时狗的主要功能是协助狩猎、看家护院和提供肉食来源。夏、商、西周时期巴地仍有狗的喂养，湖北长阳香炉石、宜昌路家河、秭归卜庄河、何光嘴、柳林溪、何家岭、巴东长沱河、雷家坪、黎家沱、万州黄柏溪、忠县中坝、瓦渣地、涪陵蔺市、酉阳清源等地均出土有夏、商、西周时期狗（犬）骨骸（表 7-6），说明夏、商、西周时期巴地多养狗（犬）。东周以后巴地仍多养狗，重庆忠县瓦渣地、万州麻柳沱、云阳李家坝，巫山涂家坝，湖北巴东雷家坪、秭归官庄坪、柳林溪、卜庄河、长阳香炉石等地

---

① 巴家云：《汉代四川农业方面几个问题的探讨》，《四川文物》1988 年第 6 期，第 13—18 页；魏达议、段诚中：《四川出土有关古代养猪的文物》，《农业考古》1982 年第 2 期，第 181—183 页。

② 刘志远：《考古材料所见汉代的四川农业》，《文物》1979 年第 12 期，第 61—69 页。

③ 邹后曦、袁东山：《重庆峡江地区的新石器文化》，重庆市文物局、重庆市移民局编：《重庆 2001 三峡文物保护学术研讨会论文集》，第 17—40 页。

发现有东周狗（犬）骨骸（表 7-7），表明东周巴地有狗的喂养；重庆合川南屏、濮湖、永川牌坊、涪陵镇安、蔺市、太平村、北岩、横梁子、吴家石梁、丰都槽房沟、忠县大湾、崖脚、翠屏山、宣公、老鸹冲、万州青龙嘴、礁巴石、吊嘴、庙梁、柑子梁、曾家溪、大坪墓地、老棺丘、冷水溪、团堡地、金狮湾、云阳黄草坪、奉节赵家湾、头堂包、宝塔坪、白马、巫山琵琶洲、胡家包、湖北秭归蟒蛇寨、宜昌前坪、后坪，贵州思南赵家坝等地汉墓均出土有陶狗俑；重庆酉阳清源、巫山林家码头，湖北巴东罗坪、秭归土地湾、卜庄河等地发现有汉代狗骨骸，说明汉代巴地养狗现象非常普遍。此后六朝隋唐乃至现在狗都是巴地重要家畜。

鸡在巴地喂养历史也较悠久。新石器时代巴地就有鸡喂养，陕西南郑龙岗寺，湖北巴东店子头、秭归柳林溪，重庆巫山大溪等地曾出土新石器时代家鸡骨骸（表 7-5），说明新石器时代巴地已有鸡的喂养。商西周时期巴地仍有鸡喂养，湖北秭归卜庄河、何光嘴、何家岭，重庆忠县中坝、瓦渣地等地出土有商西周时期鸡骨骸（表 7-6），说明商西周巴地仍有鸡的喂养。汉代巴地养鸡现象已很普遍，在重庆合川南屏、濮湖、涪陵镇安、蔺市、太平村、北岩、横梁子、吴家石梁、丰都槽房沟、忠县大湾、瓦窑、崖脚、翠屏山、宣公、老鸹冲、万州青龙嘴、礁巴石、柑子梁、曾家溪、大坪、老棺丘、冷水溪、金狮湾、云阳打望包、洪家包、黄草坪、马沱、奉节赵家湾、头堂包、宝塔坪、白马墓地、擂鼓台、巫山双堰塘、琵琶洲、胡家包、巫山古城，湖北秭归蟒蛇寨、宜昌前坪、后坪等地汉墓或遗存中出土有陶鸡俑；湖北秭归土地湾、卜庄河等地还出土有汉代鸡骨骸（表 7-8），巴南区还出土汉代陶鸡舍[1]，说明汉代巴地鸡喂养很普遍。隋唐时期家鸡不仅是巴地居民重要的家禽，鸡喂养还呈现出商业化趋势，杜甫《缚鸡行》载巴地"小奴缚鸡向市卖，鸡被缚急相喧争"[2]。唐代鸡不仅用于肉食，产鸡蛋，还用于报时，峡江地带报时鸡被称为"巫峡漏司南"[3]，鸡的用途更广泛。

此外，巴地还有鸭、鹅、鸬鹚、家猫、水獭、鱼、甲鱼喂养。新石器时代巴地已有鸭生存，重庆酉阳清源曾出土新石器时代鸭骨骸（表 7-5）；湖北秭归何光嘴，重庆酉阳清源等地出土商代鸭骨骸（表 7-6），只是无法确定这些鸭是野生，还是人工喂养的。至迟汉代巴地已有人工驯养的鸭，在重庆合

---

① 郭声波：《四川历史农业地理》，第 332 页。
② （唐）杜甫著，（清）仇兆鳌注：《杜诗详注》卷 18，第 1566 页。
③ （唐）杜甫著，（清）仇兆鳌注：《杜诗详注》卷 17，第 1534 页。

川濮湖、云阳洪家包、奉节赵家湾汉墓出土有陶鸭俑（表 7-8），云阳李家坝出土有汉代鸭形铜带钩，武隆东汉墓出土有陶鸭俑，丰都南汇汉墓陶鱼池中有鸭陶塑[①]，这些鸭俑、鸭模型当是源自家禽鸭。巴地鹅喂养可能始自汉代，重庆巫山东汉墓曾随葬青铜鹅[②]，湖北秭归何家坪汉墓曾出土鹅形铜带钩[③]，说明至迟汉代鹅已是当地主要家禽之一。鸬鹚在巴地喂养历史也较悠久，先秦巴人遗存中很多器物都以鸬鹚为器物造型或装饰，还有鸬鹚陶塑品，三峡巴人可能是最早驯养鸬鹚捕鱼的民族，时间最早可能始于商代。[④]巴地家猫喂养至迟在六朝时期已经出现，湖北秭归卜庄河六朝墓葬中有家猫骨骸。[⑤]巴地鱼类人工养殖最迟在汉代已经出现，在秭归蟒蛇寨东汉墓[⑥]、万州安全东汉墓[⑦]、丰都汇南东汉墓[⑧]、赤溪汉墓[⑨]中随葬品有陶塑鱼池模型，表明当时已有鱼的人工养殖。养殖鱼类中多有青鱼，汉墓陶鱼池中就有青鱼模型。又《华阳国志》载巴郡、江阳郡有鱼池，但望《分巴疏》提到巴郡各地"各有鱼池"，"足相供给"，而江阳郡江安县更是"鱼池以百数，家家有焉"[⑩]，巴地池塘养鱼在汉晋时已形成规模。新石器时代巴地已有水獭活动，湖北巴东店子头、忠县中坝等地出土有新石器时代水獭骨骸（表 7-5），中坝遗址还发现商西周水獭骨骸（表 7-6），湖北秭归麻柳沱还出土东周水獭骨骸（表 7-7），说明商至东周巴地有水獭活动，但这些水獭是野生还是人工驯养就不可知了。又湖北巴东红庙岭汉墓曾出土水獭骨骸 2 个，表明至迟汉代巴地已有水獭喂养。人工喂养水獭，一是为捕鱼，一是为肉食需求和皮革需求。唐代巴地仍有水獭喂养，如通州巴人曾用水獭捕鱼。巴地甲鱼人工喂养至迟在汉代已出现，

① 武仙竹：《长江三峡动物考古学研究》，第 278 页。
② 岳伦春、叶军：《三峡文物走私揭秘》，《中国三峡建设》1999 年第 4 期，第 20—25 页。
③ 湖北黄石市博物馆：《秭归何家坪遗址发掘简报》，国务院三峡工程建设委员会办公室、国家文物局编著：《湖北库区考古报告集》（第三卷），第 182—196 页；襄樊市文物考古研究所：《秭归何家坪遗址 2007 年发掘报告》，国务院三峡工程建设委员会办公室、国家文物局编著：《湖北库区考古报告集》（第五卷），第 477—513 页。
④ 武仙竹：《巴人与鸬鹚渔业》，《农业考古》2004 年第 1 期，第 163—166 页。
⑤ 武仙竹、卢德佩：《卜庄河遗址动物群研究报告》，国务院三峡工程建设委员会办公室、国家文物局编著：《秭归卜庄河》，第 836—882 页。
⑥ 广东省文物考古研究所等：《秭归蟒蛇寨汉晋墓群发掘报告》，国务院三峡工程建设委员会办公室、国家文物局编著：《湖北库区考古报告集（第一集）》，第 636—663 页。
⑦ 陕西省考古研究所等：《万州安全墓地发掘报告》，重庆市文物局、重庆市移民局编：《重庆库区考古报告集•1997 卷》，第 501—545 页。
⑧ 四川省文物考古研究所：《丰都汇南墓群发掘报告》，重庆市文物局、重庆市移民局编：《重庆库区考古报告集•1998 卷》，第 766—812 页。
⑨ 四川省文物考古研究所：《丰都县三峡工程淹没区调查报告》，国家文物局三峡工程文物保护领导小组湖北工作站编：《三峡考古之发现》（二），武汉：湖北科学技术出版社，2000 年，第 3—57 页。
⑩ （晋）常璩著，刘琳校注：《华阳国志校注》（修订版），第 150 页。

如丰都赤溪汉墓、丰都汇南东汉墓、秭归庙坪等地汉至六朝墓葬出土的陶鱼池中有甲鱼模型，反映当时甲鱼养殖已有一定发展。

巴地野生动物与人工驯养动物在不同时期动物群中所占比例，因资料缺乏我们已无法确知。不过我们可从早期巴地居民肉食资源的变化大致了解动物构成情况。巴地居民肉食资源很长时期内是以野生动物为主的，在离江河稍远区域，肉食来源主要为哺乳动物，临江河区域居民肉食是野生哺乳动物与鱼类并重，有的甚至以鱼类为主要肉食来源。以野生动物为主要肉食对象大致持续到汉代或更晚，此后肉食来源中人工驯养动物比重逐渐增多，大致到明代以后人工驯养动物成为巴地主要肉食对象。[①]这种肉食资源的变化，反映了最初巴地动物群中野生动物占绝大多数，人工驯养动物所占比例较小。后来随着人口增加，人为捕猎导致野生动物资源变少。随着人工驯养动物数量逐渐增多，巴地动物群野生动物资源缓慢减少。这里我们只是对野生动物和人工驯养动物动态变化趋势进行了描述，我们还可用考古遗址中出土动物最小个体数来推知当时野生动物与人工驯养动物在巴地动物群中的变化情况。以三峡地区为例，新石器时代柳林溪遗址家畜最小个体数占全部动物群个体数 3.7%，动物群中个体数量最多的为水鹿，其次为鱼类；商代何光嘴家畜种类最小个体数约占动物群个体数 3.7%，与新石器时代比例接近；但到汉代家畜比例明显增大，如罗平汉代家畜个体数占 41%，野生动物个体占 59%；而明代罗坪家畜动物个体比例占 57%，清代罗坪这一比例达 67%。[②]可见人工驯养动物比例在历史时期是逐渐增加的，野生动物比例则在持续下降。巴地动物群构成的这种变化，与居住在这一区域的居民民族构成和生计方式的变革有密切的联系。

第四节　巴地水文状况及其变迁

渝、川、陕、鄂、湘、黔毗邻地带巴地处长江上游及中游部分地域。长江上游主要包括湖北省宜昌市至四川省宜宾市川江河段及其沿岸支流，较大支流有沱江、嘉陵江、乌江等。长江中游河流主要有清江、汉水上游、洞庭湖水系澧水、沅水及其部分支流。这些河流为巴地居民提供了生存必要的水文环境。

---

① 武仙竹：《长江三峡动物考古学研究》，第 286 页。
② 武仙竹：《长江三峡动物考古学研究》，第 286 页。

由于巴地为山地，因此巴地河流受地形地貌影响河道在历史时期并没有显著变化，但河流的水文特征，诸如径流量、水质等在历史时期还是有变化的。

一、长江干流及其变迁

巴地长江干流除包括湖北宜昌至四川宜宾川江干流外，还包括宜昌至江陵长江河段，早期巴人曾东扩至江陵一带。

川江河段均属山区河流，其特点是河谷宽窄相间，平面形态复杂，河床起伏，两岸易崩塌、滑坡，河道湾窄浅险，深潭与浅槽兼有，险滩多，礁多，雾多，水位涨落幅度大。

宜宾至重庆川江两岸为丘陵地带，地势平缓，平均比降 0.27‰，河床开阔，洪水时江面宽 500—1400 米，枯水时宽 400 米，流速约 2 米/秒。河床底质多砂卵石或岩石。江心洲和边滩发育，如泸州市南溪区中坝、苦田坝、纳溪区中坝，弥陀镇中坝，合江县莲石滩；江津区龙华镇龙门滩，江津石蟆镇大坟坝、温中坝，石门镇中坝；巴南区磨子滩、桃花岛；渝中区珊瑚坝；南岸区广阳坝等。河道中浅滩较多，河道最小水深 1.8 米。

重庆至宜昌川江沿江岩层大多为石灰岩和砂页岩，平均比降为 0.18‰。河床多由砾石组成，两岸多高山陡坡，河谷狭窄，水量调蓄能力低，集流时间短，致使水位涨落幅度较大，讯期内一天最大可上涨 10.51—11.40 米，下降 5.79—7.19 米。河流平均流速为 2—3 米/秒，急流滩 4—5 米/秒，最大可达 6—7 米/秒。峡江河床地形复杂，流速大，易产生泡漩乱水。江中明岩暗礁林立，险滩密布，河道最小水深为 2.1 米。[①]

川江河段大小支流 80 多条，但南北水系不对称，北岸多而长，南岸少而短。川江北岸较大支流有沱江、嘉陵江，还有些小支流如龙溪河、澎溪河、大宁河、香溪、黄柏河等，其中流域面积最广的支流为嘉陵江，其次为沱江。川江南岸支流主要有赤水河、綦江、乌江、龙河、大溪河，其中流域面积最广为乌江。川江河流由四周向川江汇聚，呈典型向心状水系，故易引起洪水顶托，发生水灾。

新石器时代至唐代川江河段河流径流量曾发生过明显变化，这在考古遗址和文献中都有所体现。

一般情况下洪水发生表明河流径流量超过河流正常径流量，而枯水现象

---

① 王轼刚主编：《长江航道通史》，北京：人民交通出版社，1993 年，第 31—32 页。

则表明河流径流量低于河流正常径流量，而河流洪水、枯水变化最直接记录就是河流水位的变化。因此我们可从河流洪、枯水位变化来探讨河流径流量的大致变化情况。由于川江河段长达数百公里，各地径流量虽不相同，但不管上游河段何处发生径流量变化，都会直接影响到地处川江下游峡江河段径流量。因此峡江地区长江径流量变化一定程度上也能反映川江河段径流量的变化。

重庆忠县中坝遗址地层存在清代、宋代中期、战国早期、西周、夏代和新石器时代 6 个不含文化遗物的自然沉积层，均由红色粉沙构成，多呈水平沉积层理，质地纯洁无包含物。[1]这些自然堆积层当为洪水沉积物，由此可断定中坝遗址存在 6 次洪水沉积，巴人时代洪水发生分别为新石器时代（前3000—前2300 年）、夏代（前 2070—前 1600 年）、西周时期（前 920—前 900年）、战国早期（前 400—前 350 年）各 1 次[2]，这些时段峡江地区河流径流量应超过了正常径流量。据古洪水泛滥沉积物与现代洪水泛滥相沉积物粒度特征对比分析，发现距今 7810±445 年大洪水为峡江地区最早洪水，距今4840—3983 年间也是长江上游特大洪水期[3]，而距今 10000—8000 年峡江地区无洪水发生记录。这表明在新石器时代、夏代、西周时期、战国早期峡江地区有持续洪水期，这些时段内峡江地区水位相对较高，峡江地区长江径流量较大。

重庆丰都玉溪遗址地层可划分 74 个，据土质特征和包含物等指标分析，玉溪遗址可分出 33 个洪水层，这些洪水层平均厚度为 28 厘米，最厚达 81 厘米，最薄 10 厘米；从时代上看，唐代玉溪遗址留下 1 次洪水遗迹（第 3 层），玉溪上层文化与下层文化过渡时期共 5 层，而玉溪下层文化时期则多达 27 层，其中玉溪下层文化早期有 10 层洪水层，中期有 7 层洪水层，晚期有 10 层洪水层，从时段上看玉溪下层文化早期和晚期发生洪水次数较多，而中期要少一些，玉溪下层文化时代约距今 7000 年左右，而玉溪上层文化时代约距今6000—5000 年左右[4]，从时间上看玉溪遗址新石器时代洪水期时段与前文所述

① 孙智彬、罗龙洪：《忠县中坝遗址》，李文儒主编：《中国十年百大考古新发现》，第 264—268 页。
② 朱诚、郑朝贵、马春梅，等：《长江三峡库区中坝遗址地层古洪水沉积判别研究》，《科学通报》2005年第 20 期，第 2240—2250 页。
③ 葛兆帅、杨达源、李徐生，等：《晚更新世晚期以来的长江上游古洪水记录》，《第四纪研究》第 2004年第 5 期，第 555—560 页。
④ 白九江、邹后曦、朱诚：《玉溪遗址古洪水遗存的考古发现和研究》，《科学通报》2008 年增刊，第17—25 页；白九江：《长江三峡地区新石器时代文化生计经济与环境》，莫多闻、曹锦炎、郑文红等主编：《环境考古研究》第 4 辑，第 183—191 页。

峡江地区新石器时代洪水期大体一致，也与朱诚等长江三峡及江汉平原地区全新世以来到汉代以前第一个洪水期为距今8000—5500年间的结论一致。[①]玉溪遗址一带常年洪水水位为140—146米，而新石器时代玉溪遗址洪水堆积层海拔最低层为150.28米，最高层海拔154.04米[②]，说明新石器时代洪水水位要比目前玉溪一带常年洪水位高近10米左右，说明新石器时代峡江地区洪水期内径流量比现在大得多。

重庆云阳东洋子遗址位于长江河岸阶地上，地势北高南低，海拔103—125米，遗址发掘区海拔110—120米。遗址各堆积层在土质、土色上变化不大，均有一定含沙量，除沙、沙土、亚黏土等堆积外不见典型黏土、灰土堆积[③]，这些堆积层形成与水流浸漫和冲淤有关，堆积层形成受洪水影响较大。峡江云阳段常年洪水位多超过120米，特大洪水在130米以上，而东洋子遗址处较大和特大洪水位以下，故地层原生堆积受破坏和扰动较频繁，这也是东洋子遗址地层堆积中多沙、沙土和亚黏土的重要原因。东洋子遗址遗存主体时代在商周至两汉时期，表明此时段东洋子遗址虽有人类聚居，但常受洪水淹没之苦，东洋子遗址商周洪水堆积层也印证了前文峡江地区商周洪水期的分析。

重庆万州麻柳沱断崖上T113—T118探方中发现淤沙层，说明东周曾有大洪水浸淹过麻柳沱遗址[④]，麻柳沱遗址区海拔145—147.5米，说明东周洪水到达海拔145米以上，这也印证了朱诚等人战国时期有持续洪水期的观点。

湖北宜昌中堡岛遗址中区T0502第5层、第7层夏商时期地层为灰黄色、黄色土，含大量细砂，出土陶片较少[⑤]；遗址东区T6地层第6层商代堆积层土质为黄褐色沙土，且所含遗物较少[⑥]，从文化层构成物质和成因分析均为洪水淤积层[⑦]，这也反映夏商时期中堡岛曾受洪水冲击而形成洪水淤积层，说明

① 朱诚、于世杰、卢春成：《长江三峡及江汉平原地区全新世环境考古与异常洪涝灾害研究》，《地理学报》1997年第3期，第268—278页。
② 朱诚、郑朝贵、马春梅，等：《长江三峡库区中坝遗址地层古洪水沉积判别研究》，《科学通报》2005年第20期，第2240—2250页。
③ 四川大学历史文化学院考古系、云阳县文物管理所：《云阳东洋子遗址考古勘探发掘报告》，重庆市文物局、重庆市移民局编：《重庆库区考古报告集·1997卷》，第187—208页。
④ 重庆市博物馆、复旦大学文博系：《万州麻柳沱遗址考古发掘报告》，重庆市文物局、重庆市移民局编：《重庆库区考古报告集·1999卷》，第498—523页。
⑤ 国家文物局三峡考古队：《湖北宜昌中堡岛遗址发掘》，国家文物局三峡工程文物保护领导小组湖北工作站编：《三峡考古之发现》，第255—264页。
⑥ 国家文物局三峡考古队：《朝天嘴与中堡岛》，第92、96页。
⑦ 徐燕：《从考古遗存中的环境指标看峡江地区夏商周时期的环境变迁》，《农业考古》2009年第1期，第39—43页。

夏商时期峡江地区曾出现持续的洪水发生期，这在玉溪遗址、中坝遗址、东洋子遗址同期地层中也有反映。

1971 年葛洲坝水利枢纽工程开工建设时坝轴线下游约 2000 米处曾挖出一批距今 6570±110 年的古树，古树还保留有根、干、皮、枝丫和腐烂树叶，古树漂流与被淹埋也是洪水造成的①，这也印证了朱诚等关于新石器晚期峡江地区有洪水发生的观点。

另外动物考古成果也显示历史时期峡江地区不仅有丰富的水生动物，还有较多喜水生环境的动物，表明峡江地区长江水域广阔、水量充沛。如湖北秭归何光嘴遗址商代动物群中鱼纲动物有青鱼、鲤鱼、草鱼、白鲢、鳡鱼、圆口铜鱼、三角鲂、黄颡鱼、中华鲟，腹足纲动物有中华圆田螺、蜗牛，瓣鳃纲动物有剑状矛蚌、圆顶珠蚌、三角帆蚌；水域环境哺乳动物有獐、水鹿，鸟纲中有鸭、鹈鹕，水生或水域环境动物种类涉及全部动物 5 纲 28 种动物中的 5 纲 18 种。从何光嘴遗址动物群动物个体来看，除中华鲟无法统计个体不能计入个体比例计算外，动物最小个体总数为 261 个，其中 233 个个体是生活在水中或生活在水域环境的，各种鱼类、蚌类、田螺及獐、水鹿、鹈鹕、鸭等占动物群总数的 89%，如加上中华鲟个体数，则水生或水域环境动物比例会更高。从这些动物生活习性和生存环境来看，长达 1.2 米以上的草鱼、青鱼、中华鲟要求生活在深广水域中；三角鲂要求活动于底质为淤泥或石砾的敞水区；有的动物则限于水流湍急的江河中，如圆口铜鱼，现主要分布在长江上游干支流水流湍急的岩洞、深潭中，这些水生、水域环境动物也反映商代时峡江地带水域深广、水流湍急的水文环境。②秭归柳林溪遗址新石器时代动物群中除有形体较大的青鱼、草鱼外，还有喜湿热多雨气候和依赖丰沛水源的犀牛、巨貘、水牛、水鹿③，反映柳林溪周围有广阔且较深的水环境。宜昌路家河遗址商代动物群中有大量青鱼、草鱼、鲤鱼，每条鱼重量从数十斤到上百斤不等，说明路家河一带鱼类资源丰富；此外还有体形较大的鼋及水牛④，众多鱼类、爬行类动物及水牛说明路家河一带长江及其支流水源丰富。

据文献记载，先秦至隋唐川江河段河流水量十分充沛，便于水上航行，

---

① 周凤琴：《从红花套遗址的发掘探讨该区新构造运动特征及古地理环境》，长江流域规划办公室库区规划设计处编：《葛洲坝工程文物考古成果汇编》，第 388—394 页。
② 国务院三峡工程建设委员会办公室、国家文物局编著：《秭归何光嘴》，第 118—129 页。
③ 武仙竹：《湖北秭归柳林溪遗址动物群研究报告》，《秭归柳林溪》，第 268—292 页。
④ 黄象洪：《路家河遗址出土动物遗骸鉴定报告》，《宜昌路家河——长江三峡考古发掘报告》，第 134—140 页。

川江也成为沟通巴蜀与荆楚的水上交通要道。据不完全统计，先秦至唐代取道峡江水道的军事征伐或转输事件多达 30 多次，具体事件如表 7-9 所示：

表 7-9　春秋至唐代取道峡江水道征战及转输事件统计

时间	事件描述	资料来源
春秋	吴国西伐巴蜀	《吕氏春秋》卷 8《论威》
秦昭王三十年（前 277 年）	蜀守张若伐楚，取巫郡及江南为黔中郡	《史记》卷 5《秦本纪》
秦末汉初	扬雄祖先从楚巫山溯江到江州，元鼎年间溯江上郫县	《汉书》卷 87《扬雄传》
汉元鼎二年（前 115 年）秋九月	汉发巴蜀之粟经江陵赈济关东、江南	《汉书》卷 6《武帝纪》
汉建武元年（25 年）	公孙述遣任满从阆中下江州至捍关防守	《后汉书》卷 13《公孙述传》
汉建武五年（29 年）	岑彭攻夷陵田戎，田戎取峡路入蜀	《后汉书》卷 17《岑彭传》
汉建武六年（30 年）	公孙述遣田戎出江关，下临沮、夷陵间	《后汉书》卷 13《公孙述传》
汉建武九年（33 年）	田戎及大司徒任满、南郡太守程泛将兵下江州，破威房将军冯骏等，拔巫及夷陵、夷道，据荆门	《后汉书》卷 13《公孙述传》
汉建武十一年（35 年）	岑彭攻任满等，任满败亡，田戎走保江州	《后汉书》卷 13《公孙述传》
汉建武十八年（42 年）	吴汉从成都取水路下巴郡、南郡、长沙而还	《后汉书》卷 18《吴汉传》
汉永元十四年（102 年）四月	遣使者督荆州兵讨巫蛮，破降之	《后汉书》卷 4《孝和帝殇帝纪》
汉建安十八年（213 年）	诸葛亮、张飞、赵云等将兵泝流定白帝、江州、江阳，惟关羽留镇荆州	《三国志》卷 32《蜀书·先主传》
蜀汉章武二年（222 年）春	刘备率兵出江道至秭归，屯猇亭，连营数十	《三国志》卷 32《蜀书·先主传》
吴永安七年（264 年）二月	镇军将军陆抗等率众溯江围巴东守将罗宪，七月，魏使将军胡烈步骑二万侵西陵以救罗宪，陆抗等引军退	《三国志》卷 48《吴书·三嗣主传》
晋太康元年（280 年）正月	王浚率巴东监军、广武将军唐彬取江道攻吴丹杨，克之，二月，克吴西陵及荆门、夷道二城	《晋书》卷 42《王浚传》
晋太安二年（303 年）	益州流民十余万户入荆州	《蜀鉴》卷 4
晋永和二年（346 年）	荆州刺史元温取荆州，经鱼腹入益州伐蜀，后取江道返	《蜀鉴》卷 4
晋元兴二年（403 年）	桓玄僭位，益州刺史毛璩传檄远近，讨之，进屯白帝	《蜀鉴》卷 5
晋义熙元年（405 年）二月	毛璩闻桓振陷江陵，帅众三万顺流东下，将讨之，使其弟西夷校尉瑾、蜀郡太守瑗出外水，参军巴西谯纵、侯晖出涪水	《资治通鉴》卷 114《晋纪》
晋义熙二年（406 年）正月	益州刺史司马荣期击谯明子于白帝，破之	《资治通鉴》卷 114《晋纪》

续表

时间	事件描述	资料来源
晋义熙四年（408年）七月	刘敬宣既入峡，遣巴东太守温祚以二千人出外水，自帅益州刺史鲍陋、辅国将军文处茂、龙骧将军时延祖由垫江转战而前	《资治通鉴》卷114《晋纪》
晋义熙六年（410年）六月	谯纵以桓谦为荆州刺史，谯道福为梁州刺史，帅众二万寇荆州；秦王兴遣前将军苟林帅骑兵会之	《资治通鉴》卷115《晋纪》
晋义熙九年（413年）六月	朱龄石从江道伐蜀，经白帝入蜀	《资治通鉴》卷116《晋纪》
南齐中兴元年（501年）四月	巴东太守萧惠训遣子琰将兵击萧颖胄，颖胄遣汶阳太守刘孝庆屯峡口，与巴东太守任漾之等拒之	《资治通鉴》卷144《齐纪》
南朝梁承圣二年（553年）五月	武陵王纪从巴郡、巴东郡攻荆楚西陵，护军陆法和于峡口两岸筑城，运石填江，铁锁断之	《资治通鉴》卷165《梁纪》
南朝陈祯明二年（588年）十二月	杨素引舟师下三峡，军至流头滩，东向伐陈	《资治通鉴》卷176《陈纪》
唐武德四年（621年）九月	李靖伐萧铣，由夔州出三峡攻夷陵，破江陵	《旧唐书》卷67《李靖传》
唐大历四年（769年）二月	杨子琳自泸州顺江路攻取涪州、忠州、夔州	《资治通鉴》卷224《唐纪》
唐中和二年（882年）八月	韩秀升、屈行从起兵断峡江路，荆蜀信使梗阻，江淮贡赋受阻	《资治通鉴》卷255《唐纪》
唐乾宁三年（896年）四月	荆南节度使成汭与其将许存沿江略地，尽取滨江州县，存又引兵西取渝、涪二州，存为万州刺史	《资治通鉴》卷260《唐纪》
唐天复三年（903年）十月	王建派王宗本攻夔、忠、万、施四州	《资治通鉴》卷264《唐纪》
唐天祐元年（904年）五月	忠义节度使赵匡凝遣水军上峡攻王建夔州，知渝州王宗阮等击败之	《资治通鉴》卷265《唐纪》

资料来源：蓝勇：《四川古代交通路线史》，重庆：西南师范大学出版社，1989年，第166—168、173页。本表有部分改正调整。

据表7-9可知：（1）这些军事征战和转输在一年四季中均有发生，有正月、2月、4月、5月、6月、8月、9月、10月、12月的，也即是说不论春、夏、秋、冬，途经峡江地区的军事征战和转输都有发生。这反映了春秋至唐代峡江地区长江干道径流量较大，即便是水量较小的冬、春季节峡江水道仍能满足大规模军事征战和大规模船队的通航需求。（2）从军事征战和转输运动方向来看，顺江而下的共有21次，溯峡江而上的有11次，总体上以顺江而下的军事征战和转输次数较多。从峡江上游至下游为顺水行船，方便快捷，故峡江上游恒以峡江水道为东行便捷通道。峡江地区滩多流急，逆水行舟艰险无比，故溯峡江而上军事征战和转输略少。这种军事征战和转输状况也是由川江段水文特征决定的。

通过对文献中军事征战和转输记载的梳理可知，唐代及其以前峡江河段径流量总体较大，水量丰沛。但同时我们通过对川江水文题刻的分析发现唐代及其以前川江河段径流量也有波动变化，特别是一些年份中长江水位低于常年水位，这里我们以重庆朝天门灵石题刻记载来说明这一问题（灵石题刻位置见图7-2）。

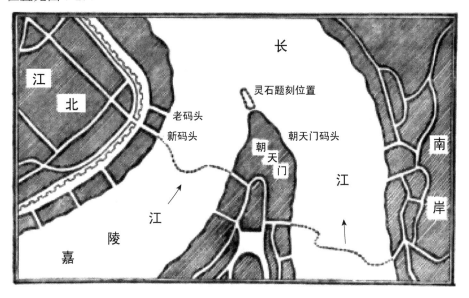

图 7-2　灵石位置示意图

说明：本图根据长江流域规划办公室、重庆市博物馆历史枯水调查组《长江上游宜渝段历史枯水调查——水文考古专题之一》（《文物》1974 年第 8 期，第 76—90 页）"图二一重庆朝天门地区示意图"清绘。清绘时只对图中的文字字体做了些调整。

灵石处川江与嘉陵江汇合处、重庆朝天门沙嘴以外江中。因灵石位于江水中较低位置，石刻群顶部一般只在川江径流量极低（枯水时段）时才出露江面，因此灵石题刻反映的是相应时段灵石显露江面和川江径流量极低的实情。据龚廷万、刘豫川、黄晓东对重庆朝天门灵石题刻的统计，东汉至唐代朝天门灵石题刻有 13 次，详见表 7-10：

表 7-10　东汉至唐重庆朝天门灵石题刻统计

公元纪年	朝代纪年	题刻及记载
公元 25—57 年	汉光武	光武题记
407 年 3 月 2 日	晋义熙三年二月八日	灵石社日记
756 年 2 月 5 日—3 月 5 日	唐至德元年正月	张萱灵石碑

续表

公元纪年/年	朝代纪年	题刻及记载
760 年 2 月 22 日—3 月 21 日	唐上元元年二月	天升灵石碑
764 年 3 月 8 日—4 月 5 日	唐广德二年二月	郭英千灵石碑
769 年 2 月 11 日—3 月 12 日	唐大历四年正月	杨灵冕石颂
775 年 2 月 5 日—3 月 6 日	唐大历十年正月	李全灵石诗
783 年 2 月 6 日—3 月 7 日	唐建中四年正月	任超灵石碑
833 年 2 月 24 日—3 月 24 日	唐太和七年二月	贸若公灵石碑
844 年	唐会昌四年	张君从灵石铭
890 年 2 月 23 日—3 月 24 日	唐大顺元年二月	牟崇厚灵石铭
892 年 4 月 2 日	唐景福元年三月二日	张武题记
892 年 4 月 10 日	唐景福元年三月十日	牟和猷灵石诗

资料来源：长江流域规划办公室、重庆市博物馆历史枯水调查组：《长江上游宜渝段历史枯水调查——水文考古专题之一》，《文物》1974 年第 8 期，第 76—90 页；刘豫川、黄晓东：《灵石考》，《巴渝文化》第 3 辑，重庆：西南师范大学出版社，1994 年，第 327—340 页。有部分改正。

从表 7-10 灵石题刻出露江面情况来看，公元 1 世纪有 1 次，5 世纪 1 次，8 世纪 6 次，9 世纪 5 次，灵石题刻在 8、9 世纪出露江面次数较多。这说明 8、9 世纪川江段极端低水位出现次数较多，也说明 8、9 世纪长江上游川江段水位可能整体偏低，长江径流量也相应较低。在 1 世纪初、5 世纪初川江也各经历了一次极端低水位和较低径流量的变化。从灵石题刻出露季节来看，基本都发生在冬、春季节，反映川江江水极端低水位多发生在冬、春季节，川江低水位这种季节分布与长江上游冬、春季节降雨量较少有关。

隋唐以前长江主干道中泥沙含量目前并无明确文献记载，但我们可通过江岸遗址泥沙淤积层堆积情况及河流中沙洲形成和发育情况做一些分析。

长江上游河流泥沙含量问题是由来已久的。20 世纪六七十年代在宜昌以西江心西坝岛考古调查采集到东周至西汉绳纹灰陶片，在二江沙滩采集到东周铜镞、三国铁镞，同时还发掘晋代竖穴土坑墓 1 座（图 7-3 中 M）[①]，表明西坝沙洲至迟形成于东周至六朝时期。沙洲形成有赖于长江上游江水携带泥沙的长期淤积，这也说明至迟东周时长江上游地区已存在水土流失现象，河流中有一定的含沙量，只是比现今江水泥沙含量要轻微。

---

① 陈贤一：《宜昌西坝清理一座六朝墓葬》，长江流域规划办公室库区规划设计处编：《葛洲坝工程文物考古成果汇编》，第 305—307 页。

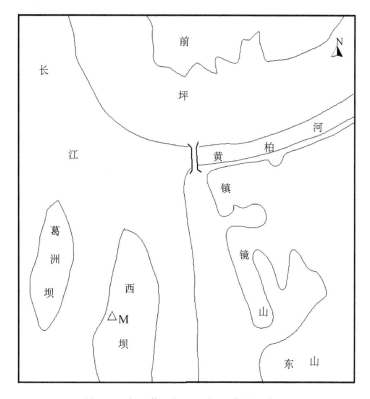

图 7-3　宜昌葛洲坝、西坝及墓葬示意图

说明：本图由陈贤一根据《宜昌西坝清理一座六朝墓葬》（《葛洲坝工程文物考古成果汇编》，武汉：武汉大学出版社，1990 年，第 305 页）"图一　宜昌西坝一号墓方位图"改绘。改绘后指北针图标做了改动，原图中 M1 改为 M，其余均未作修改。

　　湖北宜都红花套遗址、向家沱遗址和猇亭镇周代遗址文化层都位于常年洪水线下 2 米左右，说明新石器时代至东周长江水位比现在低得多，水位上涨与河流泥沙淤积导致河床淤淀抬高有关。据 20 世纪 50—70 年代水文数据，宜昌—枝江间年均含沙量分别为 1.13 公斤/米^3、1.12 公斤/米^3[①]，新石器时代至东周时期宜昌—枝江河段泥沙含量应比这些数据小，现在的河床是泥沙淤积抬升的结果，红花套遗址、向家沱遗址、猇亭镇周代遗址文化层位于常年洪水水位线以下就比较容易理解了。

　　不过由于唐宋以前长江上游人口数量较少，人为活动对环境的破坏力比

[①] 周凤琴：《从红花套遗址的发掘探讨该区新构造运动特征及古地理环境》，长江流域规划办公室库区规划设计处编：《葛洲坝工程文物考古成果汇编》，第 388—394 页。

现在要小。长江上游森林植被覆盖好，人为活动对森林植被破坏力度小，因此长江上游巴地水土流失并不严重，长江上游水质总体良好。《水经注》载峡江“夏水襄陵，沿泝阻绝，或王命急宣，有时朝发白帝，暮到江陵，其间千二百里，虽乘奔御风，不以疾也。冬春之时，则素湍绿潭，回清倒影，绝巘多生怪柏”①，表明汉魏时期峡江江水夏季入汛期，水量大，江流迅疾，冬春为枯水期，水量减少，水质清澈。又唐崔灏《寄卢八象》诗称“青山满蜀道，绿水向荆州”②，描述的是自蜀地顺江东下途径三峡见到两岸林深木茂、江水清澈碧绿的情形。刘禹锡《竹枝词·白帝城兴春草生》诗载“白帝城头春草生，白盐山下蜀江清”③，也反映唐代春季草木萌动时流经白帝城的川江水质清澈，泥沙含量很低。

从动物考古成果中也能找到早期川江水质较好的证据。鲈鲤、圆口铜鱼在三峡地区多有分布，而在何光嘴遗址商代有圆口铜鱼（表 7-6）、罗坪遗址汉代出土有鲈鲤（表 7-8）。鲈鲤生活水域需要水质清澈、水流较急，鲈鲤、圆口铜鱼、中华倒刺鲃都是生活在卵石质地、水质清澈的急流鱼类，这些鱼类也反映峡江水质清澈，水质较好，泥沙含量轻微。

二、沱江及其变迁

沱江又名外江、中江，为川江北岸一条支流，发源于九顶山南麓绵远河、石亭江和湔江，以及从岷江内江水分出的柏条江和青白江，沱江以绵远河为正源。江水一半来自九顶山，一半来自岷江分流。各源至金堂县赵家渡汇合后始称沱江，至泸州注入川江，全长 507 千米。沱江自内江以下河段曾属巴国地域范围。

沱江上游河道因历史时期兴修水利有些变化。西汉蜀守文翁“穿湔江口，溉灌繁田千七百顷”，穿湔江口至蒲阳河，蒲阳河下流注入青白江，青白江发源于彭县（今彭州市）关口北自然河道，文翁所开文翁河自今都江堰东门外分湔水东北流，过蒲阳镇，转东南流入今彭州市境，至丽春镇境入青白江。④汉晋时还开凿了一条连接沱江与岷江的“别江”，即今毗河，毗河上流为柏条河，古以走马河为江水，走马河与柏条河在古郫县境分流，故常璩称毗河为

①（北魏）郦道元著，（清）王先谦校：《合校水经注》，第 493 页。
②（明）曹学佺著，刘知渐点校：《蜀中名胜记》，第 329 页。
③（明）杨慎编，刘琳、王晓波点校：《全蜀艺文志》卷 18《诗》，第 470 页。
④（晋）常璩著，刘琳校注：《华阳国志校注》（修订版），第 109—110 页；郭声波：《四川历史农业地理》，第 15—17 页。

"郫别江"。①毗河于金堂赵镇东会青白江，东经赵镇与石亭江合为沱江。沱江中下游河道因受丘陵山地限制，历史时期河道没有太大改变，只是随着沱江泥沙含量的增加，河道中地势平缓的河床中有零星沙洲发育，不过沱江沙洲在唐及以前很少见于记载，故沱江沙洲发育多在唐宋以后。唐宋后四川盆地人口增多，持续农垦和日益增长的用材林木、薪炭林木需求导致山地森林逐渐消失，水土流失日趋严重，河流泥沙含量增加导致沙洲发育，也使沱江河道出现汊道分流。

新石器时代至唐代沱江水量较为充沛，沱江一直是自成都至泸州的重要水上通道。西晋末年李特攻罗尚于成都，罗尚从成都取洛水至江阳。②洛水即今沱江，江阳即今泸州，则晋代自今成都顺沱江而下，走水路可至泸州，说明晋代沱江可以行船，水量充沛。

三、嘉陵江及其变迁

嘉陵江为川江北岸支流，历史上又名阆水、渝水。嘉陵江干流流经陕、甘、川、渝四省市，全长约 1120 千米，流域面积 16 万平方千米，为川江流域面积最大的支流。嘉陵江有二源，东源出陕西凤县东北嘉陵谷，为嘉陵江正源；西源出甘肃天水市南嶓冢山，东西二源皆出于秦岭山脉南麓，至略阳宁羌汇流，南下至重庆注入川江。流经盆周山地和丘陵山地，河床陡峻，滩多流急，自四川广元至重庆 740 千米河段有险滩 345 处，平均 2.14 千米就有一处险滩。③嘉陵江干流自广元以下河段、支流涪江与渠江河道蜿蜒曲折，河曲发育。嘉陵江干流水量充沛，以嘉陵江南充河段为例，年均最小径流量 115 米³/秒，洪峰流量为 1.35 万米³/秒；大滩镇以下嘉陵江河段全年可通航，自南充以下嘉陵江河段枯水期水深达 1.2—1.4 米，可通航 200—300 吨级船舶。④嘉陵江以四川广元昭化镇以上为上游，昭化至重庆合川区为中游，合川以下为下游。上游较大支流有白龙江，中游主要支流有渠江、涪江。嘉陵江中下游及渠江流域为古巴人活动主要地域。

嘉陵江上游河道历史时期曾经历人为改造，东汉元初二年（115 年）武都太守虞诩"自将吏士，案行川谷，由沮至下辩数十里中，皆烧石剪木，开漕

---

① （晋）常璩著，刘琳校注：《华阳国志校注》（修订版），第 108 页。
② （唐）房玄龄等撰：《晋书》卷 57《罗宪传》，第 1553 页。
③ 熊树明主编：《长江上游航道史》，武汉：武汉出版社，1991 年，第 13 页。
④ 王轼刚主编：《长江航道史》，北京：人民交通出版社，1993 年，第 35 页。

船道,以人僦直雇借佣者,于是水运通利"①,沮在今陕西略阳县东,下辩在今甘肃成县西,虞诩疏凿的西汉水河道大致从今略阳溯嘉陵江清源河及成县南河达成县西。河道疏浚便利了汉中至成都的粮食运输,同时对略阳至成县嘉陵江河道微观面貌有所影响。唐元和年间山南道节度使严砺又对嘉陵江上游自兴州(治今甘肃略阳县)长举县至成州(治今甘肃成县)嘉陵江河道进行了疏凿,以便运输四川漕粮。柳宗元《兴州江运记》载"兴州之西为戎居,岁备亭障,实以精卒。以道之险隘,兵困于食,守用不固。公(严砺)患之……自长举北至于青泥山,又西抵于成州,过栗亭川,踰宝井堡,崖谷峻隘,十里百折,负重而上,若蹈利刃。盛秋水潦,穷冬雨雪,深泥积水,相辅为害,颠踣腾藉,血流栈道,糗粮刍藁,填谷委山,马牛群畜,相藉物故。馈夫毕力,守卒延颈,嗷嗷之声,其可哀也。若是者绵三百里而余。自长举之西,可以导江而下,二百里而至。……乃出军府之币,以备器用,即山僦功。由是转巨石,仆大木,焚以炎火,沃以食醯,摧其坚刚,化为灰烬。畚锸之下,易甚朽壤,乃辟乃垦,乃宣乃理,随山之曲直以休人力,顺地之高下以杀湍悍,厥功既成"②,经过严砺疏浚后,嘉陵江河道微观面貌发生变化,兴州至成州间嘉陵江河道成为四川漕粮转运成州的重要通道。嘉陵江中下游河道在历史时期水量充沛,可利用自然河道进行水上航运,三国时刘备率军入蜀至涪城③,可能曾利用嘉陵江下游—涪江水道。

　　唐以前嘉陵江及其支流水质较好。杜甫《阆水歌》载"嘉陵江色何所似,石黛碧玉相因依"④,又称滕王亭"春日莺啼修竹里","清江碧石伤心丽"⑤,"江"指嘉陵江,"清江"说明嘉陵江水质清澈,河流中泥沙含量低;江水堪比石黛、碧玉也说明水质清澈。李商隐《望喜驿别嘉陵江水二绝》也载"千里嘉陵江水色,含烟带月碧于蓝"⑥,也说明嘉陵江水质清澈。又何云中《宕渠广安驻泊记》载广安军"林深箐密,岩穴幽邃","清江西下"⑦,"江"指渠江,宕渠即渠州,在今四川渠江县境,广安军即今四川广安市,"清"说明宋代渠江水质清澈,泥沙含量轻微,这种水质状态有赖于良好的森林植被,反推唐代渠江水质至少比宋代好。

① (南朝·宋)范晔撰,(唐)李贤等注:《后汉书》卷58《虞诩传》,第1869页。
② (唐)柳宗元:《柳河东集》卷26《记》,上海:上海人民出版社,1974年,第446—447页。
③ (晋)陈寿撰:《三国志》卷32《蜀书·先主传》,第881页。
④ (唐)杜甫撰,(宋)黄希注,(宋)黄鹤补注:《补注杜诗》卷13,第244页。
⑤ (宋)祝穆撰,祝洙增订,施和金点校:《方舆胜览》67《阆州》,第1175页。
⑥ 《全唐诗》卷539《李商隐》,第16册,第6177页。
⑦ (宋)祝穆撰,祝洙增订,施和金点校:《方舆胜览》卷65《广安军》,第1137页。

嘉陵江流域阆中曾有两个湖泊,《汉书·地理志》载阆中县(今阆中市)"彭道将池在南,彭道鱼池在西南"[1],《华阳国志》载巴西郡阆中县"有彭池大泽"[2],即《汉书》所载彭道将池、彭道鱼池。顾祖禹《读史方舆纪要》载南池"自汉以来堰大斗、小斗之水溉田,里人赖之"[3],则自汉代以后曾在彭道将池修筑大斗堰、小斗堰引湖水灌田,影响到湖水水源,彭道将池逐渐萎缩。李膺《益州记》载"南池在阆中县东南八里"[4],则南朝彭道将池仍存并更名南池。唐代中晚期南池仍存,故杜甫有《南池》诗赞其昔日为"万顷浸坤轴"[5],面积仍然很大。贾耽《四夷述》亦载"(阆)州东南有南池,东西二里,南北约五里。州西南十里有郭池,周约五十亩"[6]。至唐末南池引水堰废坏,彭池大泽也日渐萎缩,终成平陆。[7]民国《阆中县志》载彭道将池在县南十五里,刘琳认为在今四川阆中县七里坝。[8]宋代阆州南池即汉代彭道将池,祝穆《方舆胜览》载"东西四里,南北八里",郭池即古彭道鱼池。[9]彭道将池消亡的原因,应与围湖垦田有一定关系。

四、乌江及其变迁

乌江古称牂牁江、延江水、涪陵水,又名黔江,元代始称乌江,发源于贵州西部威宁县乌蒙山区,有南北二源,北源为六冲河,出贵州赫章县西北乌蒙山麓,南源为三岔河,出威宁县东香炉山,二源至黔西县化屋汇注鸭池河后称乌江。乌江横贯贵州中部及东北部,北流至重庆涪陵入长江,流经贵州、重庆2省市,全长约1037千米。乌江河道蜿蜒于云贵高原和四川盆地东南缘山地,两岸山峦起伏,河谷切割较深,江面狭窄,坡谷陡峻。乌江自六冲河汇口以上主为上游,汇口至思南为中游,思南以下为下游。乌江干流天然落差达2124米,平均比降2.05‰,上游平均比降3.65‰,河谷切割深,坡陡流急,中游平均比降0.97‰,下游平均比降0.62‰,因河流落差大,乌江水流急,河道险滩密布,从遵义乌江渡至涪陵593千米航道有险滩577处,

① (汉)班固撰,(唐)颜师古注:《汉书》卷28《地理志》,第1603页。
② (晋)常璩著,刘琳校注:《华阳国志校注》(修订版),第42页。
③ (清)顾祖禹撰,贺次君、施和金点校:《读史方舆纪要》卷68《四川》,第3205页。
④ (唐)徐坚撰:《初学记》卷8《剑南道》,北京:中华书局,1962年,第184页。
⑤ (宋)祝穆撰,祝洙增订,施和金点校:《方舆胜览》卷67《阆州》,第1175页。
⑥ (宋)乐史撰,王文楚等点校:《太平寰宇记》卷86《阆州》,第1715页。
⑦ (清)顾祖禹撰,贺次君、施和金点校:《读史方舆纪要》卷68《四川》,第3205页。
⑧ (晋)常璩著,刘琳校注:《华阳国志校注》(修订版),第42页。
⑨ (宋)祝穆撰,祝洙增订,施和金点校:《方舆胜览》卷67《阆州》,第1174页。

平均约 1 千米有 1 处险滩。[①]乌江下游曾是巴人活动地域。

乌江自古以来为渝、黔两地水上交通要道，充沛的水量是乌江水运的保障。《华阳国志》载涪陵郡"从枳南入，泝舟涪水"，"秦将司马错由之取楚商於地为黔中郡"[②]，"涪水"即乌江下游河段，则战国末期乌江已是连接巴地与黔中的要道。唐代乌江仍是由长江至黔州、思州的重要交通孔道。[③]不过宋代以前乌江水上运输主要是利用乌江自然河道进行的。

唐代以前乌江水质较好，据酉阳清源遗址新石器时代至六朝动物有较多水生动物如青鱼、鲤鱼、乌龟、鳖，还有些喜水动物水鹿、鸭[④]，说明清源乌江河道有宽广的水域，适合水生动物和喜水动物生存。又《方舆胜览》载黔江"水常湛然澈底"，"黔江绿似蓝"[⑤]，黔江即今乌江，说明宋代黔江水质良好，水中泥沙含量很低，反推唐代亦当如此。

五、清江及其变迁

清江古称夷水、盐水，为长江中游南岸支流。清江发源湖北利川东北部齐岳山，干流至宜都市北注长江，全长 423 千米，流域面积 1.67 万平方千米。清江干流分为上、中、下游三段，河源至恩施为上游，河床平均比降 6.5‰，多高山峡谷，地势崎岖，水流湍急，落差大，沿途多伏流、溶洞；恩施至资丘为中游，平均比降为 1.8‰；资丘至河口为下游，平均比降为 0.74‰。清江流域为巴人发源地和巴人重要的活动地域。

清江水质较好，历史时期含沙量小，水质清澈。《水经》经文载清江"水色清照十丈，分沙石。蜀人见其澄清，因名清江"[⑥]，则东汉清江水质就很清澈，含沙量非常少。祝穆《方舆胜览》亦载施州清江"蜀中江水皆浊，惟此独清"[⑦]，说明宋代清江水质好，河流中泥沙含量较蜀中河流少得多，反推唐代清江更是如此。中华人民共和国成立后清江泥沙含量仍较少，据长阳水文站测量，清江年均含沙量 0.65 公斤/立方米[⑧]，泥沙含量仍很少。

---

① 熊树明主编：《长江上游航道史》，第 14 页。
② （晋）常璩著，刘琳校注：《华阳国志校注》（修订版），第 37 页。
③ 熊树明主编：《长江上游航道史》，第 45 页。
④ 重庆市文物考古所、重庆文化遗产保护中心、四川大学历史文化学院考古学系编：《酉阳清源》，第 246—270 页。
⑤ （宋）祝穆撰，祝洙增订，施和金点校：《方舆胜览》67《隆庆府》，第 1069 页。
⑥ （北魏）郦道元著，（清）王先谦校：《合校水经注》，第 529 页。
⑦ （宋）祝穆撰，祝洙增订，施和金点校：《方舆胜览》卷 60《施州》，第 1051 页。
⑧ 朱道清编：《中国水系大辞典》，青岛：青岛出版社，1993 年，第 340 页。

六、澧水及其变迁

澧水为长江中游洞庭湖水系支流。澧水有北、中、南三源，北源发源于桑植县杉木界，中源出湘鄂边境八大公山东麓，南源始于永顺县步塔，三源于桑植县打谷泉与桥子湾小茅岩汇合后东流，沿途接纳溇水、渫水、道水、涔水等支流，至澧县小渡口注入洞庭湖，全长 388 千米。流域内石灰岩地层分布广，喀斯特地貌发育，尤以支流溇水、渫水二河上游最明显，溶洞暗河遍布。河源至桑植称为上游，沿河两岸山峰林立，河道平均比降 2.67%。桑植至石门为中游，途经丘陵地带，河道平均比降 0.745‰。石门至澧县小渡口为下游，为平原地形，河道平均比降 0.204‰。中上游大都经山区和丘陵区，多乱石暗礁，自石门以下为下游，属平原区，河道平缓，可通航。历史时期澧水中上游地区多有巴人活动。

历史时期澧水中上游河道因受山地地形的影响变化不大，下游河道因流经平原地带有变化，这种变化与洞庭湖的变化是对应的。澧水中泥沙含量在清代山地垦殖运动发生前，虽有变化但不是特别明显，此后澧水的泥沙含量则呈上升趋势，清代澧水下游河道的变徙与河流中泥沙含量的增加也有一定关系。

七、酉水（含沅水）及其变迁

酉水古称酉溪，为洞庭湖水系沅水支流，发源于湖北省宣恩县椿木营火烧堡，自东北向西南流经宣恩县、来凤县，于百福寺进入重庆市，再经重庆市酉阳县酉酬，至秀山县石堤入湖南，至沅陵注入沅水，全长 427 千米。

汉代武陵郡辖迁陵、酉阳 2 县[1]，迁陵县治今保靖县东四方城，酉阳治今永顺县王村，二县皆处酉水河岸，在交通不发达的汉代，酉水河道是迁陵、酉阳对外交通的重要孔道。

沅水又称沅江，为长江洞庭湖水系支流。沅水有南北二源，南源龙头江为主源，出贵州省都匀市斗篷山，北源重安江源于贵州省麻江县，两源在凯里岔河汇合后称清水江，东流至台江县纳小江河，至剑河县纳南哨河，至锦屏河口乡纳乌下江，至锦屏县三江镇纳洞河、亮江，于天柱瓮洞镇出贵州入湖南芷江大垅乡，至洪江托口镇纳渠水后称沅江，至黔城镇与潕水汇合，至洪江管理区纳巫水后北流至溆浦县江口镇纳溆水，至辰溪县纳辰水，至泸溪

---

① （汉）班固撰，（唐）颜师古注：《汉书》卷 28《地理志》，第 1659 页。

县纳武水，至沅陵县纳酉水，至汉寿县注入大连湖，全长 1022 千米。

先秦时期沅江水量充沛，为长江中游干流通往云贵地区的重要水上通道。《华阳国志》载"楚顷襄王遣将军庄蹻溯沅水，出且兰，以伐夜郎，椓牂柯系舡于且兰"[①]，屈原《涉江》载"乘舲船余上沅兮，齐吴榜以击汰"，"朝发枉陼兮，夕宿辰阳"[②]，则战国时期沅水是自长江中游至湘西山地的水上通道。东汉建武二十三年（47 年）武陵蛮相单程反，"武威将军刘尚发南郡、长沙、武陵兵万余人，乘船泝沅水入武溪击之"[③]，刘尚伐武溪蛮也是走的沅江水道。此后沅江一直是重要的水上交通要道。

历史时期沅江及酉水的水质问题，据《水经注》"沅水又东，历临沅县西，为明月池、白璧湾。湾状半月，清潭镜澈"[④]，"清潭镜澈"说明汉魏沅水及其支流酉水水质清澈，泥沙含量轻微。这种状况大致持续到清代湘西山地垦殖运动之前，此后沅水流域森林植被被大量破坏后，水土流失加剧，河流中泥沙含量逐渐增加，改变了此前水质清澈的历史面貌。

八、沮漳河及其变迁

沮漳河为长江中游北岸一条支流。漳河上游分东西两支，东支为漳河，西支为沮河，沮河又名睢水，以"暴戾恣睢"得名，为沮漳河干流，源出湖北保康欧家店大湾，流经保康、南漳、远安、当阳、枝江等县市，于荆州李埠镇临江寺入长江；漳河又名漳水，源出保康龙坪乡黄龙洞沟，流经南漳、远安县，于当阳河溶镇两河口与沮河相会，下流入江，沮漳河全长约 344 千米。沮漳河上游为山区，下游为平原，沮漳河平原区域河流两岸有堤防，下游历史上曾多次自然溃口和破垸行洪。沮漳河流域春秋以前曾有巴人活动，春秋以后成为楚地，但仍有巴人活动于此。

沮漳河先秦时期已见诸史籍，《左传》载"江、汉、沮、漳，楚之望"[⑤]，《山海经》载："荆山之首，曰景山……睢水出焉，东南流注于江"，又"东北百里，曰荆山……漳水出焉，而东南流注于睢"[⑥]，睢水即沮水。《水经·江水注》对沮水河道走向有明晰记载"沮水出东汉阳郡沮阳县西北景山，即

---

① （晋）常璩著，刘琳校注：《华阳国志校注》（修订版），第 173 页。
② （西汉）刘向编，（东汉）王逸注，陈深批点：《楚辞章句》卷 4《惜诵》，明万历时期凌氏朱墨套印本。
③ （南朝·宋）范晔撰，（唐）李贤等注：《后汉书》卷 86《南蛮西南夷列传》，第 2831—2832 页。
④ （北魏）郦道元著，（清）王先谦校：《合校水经注》，第 535 页。
⑤ （唐）李吉甫撰，贺次君点校：《元和郡县图志》卷 21《房州》，第 546 页。
⑥ 袁珂校注：《山海经校注》，第 181—182 页。

荆山首也。高峰霞举，峻竦层云。……《淮南子》曰：'沮出荆山。'……沮水东南流迳沮阳县东南……又东南迳汶阳郡……沮水南迳临沮县西……沮水又屈迳其县南……沮水又东南迳当阳县故城北……沮水又东南迳驴城西、磨城东，又南迳麦城西……沮水又南迳楚昭王墓……沮水又南与漳水合"，漳水河道走向是"漳水出临沮县东荆山，东南过蓼亭……又屈西南迳编县南……又南历临沮县之章乡南……又南迳当阳县，又南迳麦城东……又南至枝江县北乌扶邑入于沮"[①]，郦道元所载沮漳河走向，与后世河道没有太大差别。

沮漳河唐代以前水质问题因文献资料缺乏已无法确知，不过从唐代及其以前沮漳河流域森林植被异常茂密推测，沮漳河水量季节性变化应比现在小，水量比现在丰沛，河流中泥沙含量应比现在低。

九、汉江（上游）及其变迁

汉江为长江中游支流，又称汉水、汉江河。汉水有三源，即中源漾水、北源沮水、南源玉带河。漾水源出陕西省宁强县北嶓冢山，亦曰东汉水，东经勉县为沔水，经褒城纳褒水始为汉水，流经勉县称沔水，至汉中始称汉水；沮水发源于陕西省宁强县留坝与凤县交界紫柏山南麓黄花坪，西南流入勉县张家河，纳八庙河和冷峪河后入略阳两河口，南流入勉县境再南流入汉水，沮水在漾水北，历史上称汉水北源；玉带河发源宁强县阳平关镇曹家坝村，于勉县铜钱坝江入汉江。汉江源地名漾水，流经勉县称沔水，东流至汉中始称汉水，自安康至丹江口古称沧浪水，襄阳以下别名襄江、襄水。汉江干流在湖北丹江口以上为上游，河谷狭窄；丹江口至钟祥为中游，河谷较宽，沙滩多；钟祥至汉口为下游，流经江汉平原，河道蜿蜒曲折。汉江上游主要支流有褒河、堵河、子午河、牧马河、任河、月河、旬河、金钱河、堵河、丹江等。早期巴人活动地域主要涉及汉水上游汉中至丹江口间河段及其部分支流。

唐代以前汉水水量充沛，汉水为汉中盆地至江汉平原间重要的水上通道。战国时秦"汉中之甲，乘舟出于巴，乘夏水而下汉，四日而至五渚"[②]，则战国时代汉水已成为汉中盆地至江汉平原的水上交通要道。晋代"沔汉达江陵

---

① （北魏）郦道元著，（清）王先谦校：《合校水经注》，第474—475页。
② （西汉）刘向集录：《战国策》，第1078页。

千数百里"①，晋代汉水水上运输仍较兴盛，这有赖于汉江充沛的水量。随着汉水上游山地开发，森林植被渐次被破坏，汉水上游径流量季节差增大，径流量总体减少，汉水上游水上交通也变得艰难了。

总体而言渝、川、陕、鄂、湘、黔毗邻地带巴地河流众多，可谓河网密布，在唐代以前的巴人时代，巴地各河流总体水量要比现在充沛，水质比现在要好，为巴人的生存和发展提供了一个相对适宜的水文环境。

第五节　巴地矿产资源及其开发

渝、川、陕、鄂、湘、黔毗邻地带巴地矿产资源丰富，巴人时代巴地曾经开发的矿产资源，主要有盐矿、汞矿、铁矿、铜矿、铅矿、石料等。

一、盐业资源及其开发

历史时期我国盐的种类主要有海盐、湖盐、井盐、矿盐等几类。巴地所产盐为井盐，即在有盐泉之地挖筑盐井，然后提取卤水制盐。巴地地上地下盐泉众多，盐资源非常丰富。

关于盐业与巴人的关系，有学者认为盐业关乎巴族兴衰②，不管实情是否如此，巴地盐业发展与巴人发展应该有一定的联系。纵观巴盐产地，主要集中在汉晋时代北井县、鱼复县、朐忍县、南浦侨县、临江县、汉发县、江阳县、南充国县等地。③

巴地北井县产盐，魏晋北井县治今重庆市巫溪县。北井县西周为庸国地，春秋为楚国地，秦、汉、三国为巫县地，晋初为建平郡北井县地④，即今重庆巫溪县地。北井县盐产地在今巫溪县北宁厂古镇，该地有白鹿盐泉一眼。白鹿盐泉盐业始开发时间有三说：一说在巴王时代，一说在黄帝传说时代，一说在公元前316年左右，或在汉代⑤，此三说多推测成分，不足为据。经田野

① （唐）房玄龄等撰：《晋书》卷34《杜预传》，第1031页。
② 管维良：《大巫山盐泉与巴族兴衰（上）》，《四川三峡学院学报》1999年第3期，第16—21页；管维良：《大巫山盐泉与巴族兴衰（下）》，《四川三峡学院学报》1999年第4期，第21—26页；白九江：《巴盐与盐巴——三峡古代盐业》，重庆：重庆出版社，2007年，第16—22页；任桂园：《三峡盐业考古研究》，第56—64页。
③ 这里巴盐产地都采用汉晋时代地名，因为在巴国时代，这些地方甚至还未见于记载，自然无法用巴国时代的地名指征方位。
④ （清）高维岳修，魏远猷等纂：《大宁县志》卷1《地理志·沿革》。
⑤ 李水城、罗泰主编：《中国盐业考古：长江上游古代盐业与景观考古的初步研究》（第一集），北京：科学出版社，2006年，第100页。

考察和考古发现，巫溪县城南门湾、凤山、檀木乡荆竹坝等地有悬棺，时代在战国晚期至西汉时期。悬棺分别位于宁厂古镇南北两地，若悬棺主人与白鹿盐泉开发有关，则宁厂古镇盐泉始开发时间可上溯至战国晚期，最早开发者为庸人及楚人。[①] 又《汉书·地理志》载南郡巫县"有盐官"[②]，秦、西汉宁厂古镇为巫县地，巫县设盐官，当是因白鹿盐泉盐业设置的。又东汉明帝永平七年（64 年）"尝引此泉于巫山，以铁牢盆盛之。……盆者，煮盐之盆也"[③]，"泉"即白鹿盐泉，则东汉初曾引白鹿盐卤至巫山县制盐。又左思《蜀都赋》载巴中"滨以盐池"，注载"盐池出巴东北新井县，水出地如涌泉，可煮以为盐"[④]，新井县即北井县，说明晋代北井盐业为人所熟知。又郦道元《水经注》载建平郡北井县"（巫溪水）水南有盐井，井在县北，故县名北井，建平一郡之所资"[⑤]，巫溪水即大宁河，盐井即白鹿盐井。唐代大昌县（治今重庆巫山县大昌镇北）曾置盐官管理大昌县盐业生产[⑥]，大昌县辖今巫溪县地，白鹿盐泉正在其地。此后白鹿盐泉盐业生产一直持续到中华人民共和国成立以后，直至 20 世纪 90 年代大宁盐场关闭。

巴地鱼复县产盐，鱼复即秦汉巴郡鱼复县，治今重庆市奉节县。《荆州图副》载"永安宫南一里渚下平碛，上周回四百八十丈，中有诸葛武侯八阵图。聚细石为之，各高五丈，广十围，历然棋布，纵横相当。中间相去九尺，正中开南北巷，悉广五尺，凡六十四聚。或为人所散乱，及为夏水所没，冬水退复依然如故。八阵图下东西三里有一碛，东西一百步，南北广四十步，碛上有盐泉井五口，以木为桶，昔常取盐，即时沙壅，冬出夏没"[⑦]。盛弘之《荆州记》亦载"鱼复县盐井以西，石碛平旷，盼望四远。诸葛孔明积细石为垒，方可数百步。垒西郭又聚石为八行，行八聚，聚间相去二丈许，谓之八阵图。曰：'八阵既成，自今行师，庶不复败'。自后深识见者并莫能了"[⑧]。《荆州图副》成书于东晋至刘宋时代，《荆州记》成书于刘宋时期，则东晋、刘宋时期鱼复县永安宫南江边八阵图侧有盐井，冬春之际有盐户汲卤煮盐。人多附

① 朱圣钟、王高飞、付玉强：《重庆古盐井（场）探访之旅纪实（一）》，西南大学历史地理研究所编：《中国人文田野》第 5 辑，第 46—76 页。
② （汉）班固撰，（唐）颜师古注：《汉书》卷 28《地理志》，第 1566 页。
③ （清）高维岳修，魏远猷等纂：《大宁县志》卷 3《食货志·盐茶》。
④ （南朝·梁）萧统编，（唐）李善注：《文选》卷 4。
⑤ （北魏）郦道元著，（清）王先谦校：《合校水经注》，第 492 页。
⑥ （宋）欧阳修、宋祁撰：《新唐书》卷 40《地理志》，第 1029 页。
⑦ （清）王谟辑：《汉唐地理书钞》，第 344 页。
⑧ （清）王谟辑：《汉唐地理书钞》，第 330 页。

会"八阵图"为诸葛亮筑，其实乃盐工在江落碛出时，于盐泉处搬石碛为堆所成，过往行人不知其故，妄传为诸葛亮八阵图。[1]这说明至迟东晋、刘宋时期鱼复浦有盐业生产。鱼复浦何时始有盐业生产？有人据考古发现将其上溯到距今7560±110年前后[2]，此可为一说，但要形成定论还需要更多证据。《汉书》《水经》《后汉书》均无鱼复产盐记载，这是否说明两汉鱼复浦还未有盐业生产呢？唐代鱼复浦有盐业生产，李贻孙《夔州都督府记》载"（夔）城之左五里，得盐泉十四，居民得而利焉"[3]，唐代奉节县设有永安井盐官[4]，负责盐业生产和管理。清咸丰年间鱼复浦仍有盐卤煎煮，光绪《奉节县志》载"县治东南八阵碛下，旧有盐井四口，龙脊滩南亦有盐井两口。冬出夏没，年久淤塞。咸丰初年，乡民淘井试煎，产盐极旺"[5]，可见西晋、南朝以后奉节鱼复浦一带盐业生产多有延续。

巴地朐忍县产盐，朐忍县为秦汉巴郡辖县，治今重庆市云阳县双江镇建民村旧县坪。《汉书·地理志》巴郡朐忍县有盐官[6]，《华阳国志》朐忍县有盐井[7]，但均未详产盐处所。《水经注》载朐忍县汤溪水"翼带盐井一百所，巴川资以自给。粒大者方寸，中央隆起，形如张缴，故因名之曰'缴子盐'。有不成者，形亦必方，异于常盐"，又引王隐《晋书地道记》载"入汤口四十三里有石，煮以为盐，石大者如升，小者如拳，煮之水竭，盐成"[8]，汤溪水即今汤溪河，溯汤溪河40余里即原云安镇（今已为库区淹没），则西汉、西晋、北魏原云安镇为朐忍县的重要盐产地。又《舆地纪胜》载云安军"汉廷尉扶嘉，本朐䐡人也。……高祖为汉王，与相遇，嘉复劝定三秦。高祖以嘉志在扶翼，赐姓扶氏，为廷尉，食邑朐䐡县。嘉临终有言，三牛对马岭，不出贵人出盐井。嘉既没之后，盐井溢焉"[9]，这与《汉书·地理志》朐忍盐官设置相印证，则至迟汉初原云安镇就已凿井煮盐了，任桂园亦持此说[10]。唐代在此设置盐官[11]，负责经营和管理盐业生产。也有人认为汉代今重庆市开州区温泉

---

① （晋）常璩著，任乃强校注：《华阳国志校补图注》，第37页。
② 任桂园：《三峡盐业考古研究》，第18—25页。
③ （清）恩成修，刘德铨纂：《夔州府志》卷36《艺文志》。
④ （宋）欧阳修、宋祁撰：《新唐书》卷40《地理志》，第1029页。
⑤ （清）曾秀翘修，杨德坤等纂：《奉节县志》卷16《盐茶》。
⑥ （汉）班固撰，颜师古注：《汉书》卷28《地理志》，第1603页。
⑦ （晋）常璩著，任乃强校注：《华阳国志校补图注》，第36页。
⑧ （北魏）郦道元著，（清）王先谦校：《合校水经注》，第489页。
⑨ （宋）王象之编：《舆地纪胜》卷182《云安军》，第867页。
⑩ 任桂园：《三峡盐业考古研究》，第96页。
⑪ （宋）欧阳修、宋祁撰：《新唐书》卷40《地理志》，第1029页。

镇也有盐业生产①，开州区温泉镇秦汉属朐忍县地。查《水经》载彭溪水支流清水"水源出西北巴渠县东北巴岭南獠中，即巴渠水也，西南流至其县，又西入峡，檀井溪水出焉，又西出峡，至汉丰县东而西注彭溪"②，《宋书·州郡志》巴东郡辖有巴渠县③，治地在今重庆开州区谭家乡④，清水即彭溪支流东河，"峡"即温汤峡，"檀井溪"即今温泉镇北东河支流，溪口处温汤峡谷地多有盐井遗址，任乃强以"檀井"为"汤井"⑤，若此说成立，则东汉今温泉镇已有盐业生产。不过温泉镇产盐的明确记载始于唐代，《新唐书·地理志》载开州万岁县"有盐"⑥，唐万岁县治今重庆市开州区郭家镇长店坊，温泉镇为万岁县辖地，盐产地当在今温泉镇。我们曾于2011年1月至温泉镇做过实地考察，亲自勘察了温泉镇东溪河两岸盐井遗址，从密集分布的盐井遗址来看，历史时期这里确曾是重要的盐产地。

巴地南浦侨县产盐，其地在今万州长滩镇一带。据《水经》载阳溪"北流迳巴东郡之南浦侨县西溪硖侧，盐井三口，相去各数十步，以木为桶，径五尺，修煮不绝，溪水北流注于江"⑦，阳溪即今磨刀溪，南浦侨县在今万州区长滩镇一带⑧，又长滩镇考古发现很多东汉砖拱墓和大量汉砖⑨，说明自东汉中期始长滩镇逐渐成为人口聚居地；而人口聚居与长滩盐业生产有关，则长滩镇盐业开发最早可上溯到东汉中期。唐代万州南浦县置有盐官⑩，负责管理经营盐业生产，盐业生产仍集中在长滩镇一带。

巴地临江县产盐，临江县汉代为巴郡辖县，治今重庆市忠县，盐产地主要集中在澹溪河、涂井河一带。中坝遗址曾出土大量商周时期尖底陶杯和寰底陶釜，这些器具多被认为是煮盐或晒盐工具，尖底杯流行年代在商代后期

---

① 张金河：《温汤井盐业最后百年兴衰史（1852—1951）》，政协开县委员会编：《开县文史资料》第4辑，沈阳：辽宁教育出版社，2008年，第38—42页；《开县温泉镇志》（未刊稿）第49页；任桂园：《三峡盐业考古研究》，第93页。

② （北魏）郦道元著，（清）王先谦校：《合校水经注》，第489页。

③ （南朝·梁）沈约撰：《宋书》卷37《州郡志》，第1120页。

④ 蒲孝荣：《四川政区沿革与治地今释》（第70页）作"今开县再东北谭家公社"；即今重庆市开县谭家乡。

⑤ （晋）常璩著，任乃强校注：《华阳国志校补图注》，第39页。

⑥ （宋）欧阳修、宋祁撰：《新唐书》卷40《地理志》，第1038页。

⑦ （北魏）郦道元著，（清）王先谦校：《合校水经注》，第489页。

⑧ 任桂园：《三峡盐业考古研究》，第107页；杨光华：《羊渠、南浦县建置沿革考——兼及魏晋"峡中"武陵郡》，《中国历史地理论丛》2013年第3辑，第36—49页。

⑨ 任桂园：《三峡盐业考古研究》，第105—106页；王现平、杨光华：《万州云阳考察漫记》，西南大学历史地理研究所编：《中国人文田野》第2辑，成都：巴蜀书社，2008年，第116—136页。

⑩ （宋）欧阳修、宋祁撰：《新唐书》卷40《地理志》，第1030页。

至西汉初期，寰底釜流行年代在西周至西汉早期[1]，中坝位于澹溪河谷，则澹溪河一带凿井煮盐历史可上溯到商周时期。又《水经》载临江县"有盐官，自县北入盐井溪，有盐井营户"[2]，《华阳国志》载临江县"有盐官，在盐、涂二溪，一郡所仰；其豪门亦家有盐井"[3]，盐溪、盐井溪即澹溪河，又名黄金河；涂溪即今涂井河，又名汝溪河，《水经》成书时代在东汉[4]，《华阳国志》为西晋常璩所著，则东汉、西晋时澹溪河、涂井溪仍是临江县重要的盐产地。涂井溪盐泉开发可能较澹溪河晚，《井庙碑》载井神杨伯起在涂井地"凿磐石而得盐泉"[5]，杨伯起为东汉人，则涂井溪盐业资源开发始自东汉。前引《水经》载临江县"有盐官"，而《汉书·地理志》《后汉书·州郡志》临江县均无盐官记载，估计盐官设置在东汉后期，当时临江县澹、涂二溪盐业已形成了一定规模。此外，忠县西南邓家沱遗址第5—7文化层西周遗存出土器物中尖底杯占比例最大，这些尖底杯也被认为是制盐工具[6]，若此说成立，则西周忠县邓家沱一带可能有盐业生产。临江县盐业生产自汉晋以后一直延续下来，唐代临江县还设盐官负责经营管理盐业生产[7]，此后历宋、元、明、清、民国以至新中国，澹、涂二溪盐业生产未有中断。

巴地涪陵郡汉发县产盐，蜀汉、西晋汉发县治今重庆市彭水县郁山镇。《华阳国志》载涪陵郡汉发县"有盐井"，刘琳作"汉发"县，即"汉葭"，谓今彭水县郁山镇产盐，晋汉发县盐井在此地；任乃强作"汉葭"县，又列"汉发"县，以"汉发"县治彭水县郁山镇。[8]郁山盐业开发起始时间，一说新石器时代末期[9]，一说西汉末年[10]，一说东汉时期[11]，我们通过文献梳理和实地考察，认为有据可查郁山镇产盐史最早可上溯到战国时期，最早开发者为巴人中

---

① 孙华、曾宪龙：《尖底杯与花边陶釜——兼说峡江地区先秦时期的鱼盐业》，《巴渝文化》第4辑，第59—78页；任桂园：《三峡盐业考古研究》，第85页。
② （北魏）郦道元著，（清）王先谦校：《合校水经注》，第488页。
③ （晋）常璩著，刘琳校注：《华阳国志校注》（修订版），第29页。
④ 常征：《〈水经〉作者及其成书年代》，《中国水利》1983年第6期，第49—52页。
⑤ （明）曹学佺著，刘知渐点校：《蜀中名胜记》，第276页。
⑥ 李锋：《忠县邓家沱遗址西周时期文化遗存的初步认识》，重庆市文物局、重庆市移民局编：《重庆2001三峡文物保护学术研讨会论文集》，第99—106页。
⑦ （宋）欧阳修、宋祁撰：《新唐书》卷40《地理志》，第1029、1030页。
⑧ （晋）常璩著，任乃强校注：《华阳国志校补图注》，第40、41、43、47页。
⑨ 任乃强：《四川上古史新探》，第250页。
⑩ 李小波：《重庆市彭水县郁山镇古代盐井考察报告》，《中国盐业考古——长江上游古代盐业与景观考古的初步研究》（第一集），第114—125页。
⑪ 白九江：《巴盐与盐巴——三峡古代盐业》，第109页。

的獠人、蜑人①。唐代黔州彭水县产盐②，主要产地仍在郁山镇一带。此后该地盐业生产一直延续到中华人民共和国成立以后，至 20 世纪 80 年代盐厂关闭。

巴地巴西郡南充国县产盐，秦汉为巴郡充国县地，蜀汉南充国属巴西郡，治今四川省南部县。《华阳国志》载巴西郡南充国县"有盐井"③，李膺《益州记》载"南充县西六十里有大昆井，即古之盐井"④，《蜀中名胜记》引《益州记》载大昆井在南充县（今南充市）西 60 里⑤，左思《蜀都赋》刘逵注"巴西充国县有盐井数十"⑥，南充国在今四川南部县一带，则汉晋至南北朝南充国县西大昆井为重要的盐产地。此后唐代南部县仍产盐，直到近现代南部一直是四川重要的产盐地。唐代阆州阆中县、新井县、新政县、果州南充县、相如县、西充县境均产盐⑦，则在唐代嘉陵江流域盐产地有所增多，表明对当地盐业资源开发力度和广度有所增加。此外，唐代通州宣汉县也产盐。⑧

巴地江阳县产盐，秦、西汉初江阳县属巴郡，西汉中期改属犍为郡，三国、两晋、南朝属江阳郡，治今四川省泸州市。《太平御览》引崔骃《博徒论》载有"江阳六盐"⑨，《华阳国志》载江阳郡江阳县"有富义盐井"⑩，崔骃为东汉人，则江阳县产盐史可上溯到东汉。江阳县盐泉出自富义盐井，在今四川省富顺县城内，则汉晋时今富顺县一带盐业较为兴盛。北周在富义盐井地设富世县⑪，当是为强化当地盐业生产的管理。唐贞观年间改富世为富义，"富义盐井，在县西南五十步。月出盐三千六百六十石，剑南盐井，唯此最大。其余亦有井七所"⑫，盐业兴盛在剑南道中无出其右者。此后该地盐业生产未尝间断，至民国初年富荣厂有盐井千余，产量占全川十分之六。

巴地江阳郡汉安县产盐，汉安县治今四川内江市。《华阳国志》载江阳郡汉安县"有盐井"⑬，则内江也是重要的盐产地。唐代中后期内江县（今内江

① 朱圣钟、王高飞、付玉强：《重庆古盐井（场）探访之旅纪实（一）》，西南大学历史地理研究所编：《中国人文田野》第 5 辑，第 46—76 页。
② （宋）欧阳修、宋祁撰：《新唐书》卷 41《地理志》，第 1073 页。
③ （晋）常璩著，刘琳校注：《华阳国志校注》（修订版），第 43 页。
④ （宋）李昉等撰：《太平御览》卷 167《州郡部·果州》，第 816 页。
⑤ （明）曹学佺著，刘知渐点校：《蜀中名胜记》，第 400 页。
⑥ （南朝·梁）萧统编，（唐）李善注：《文选》卷 4。
⑦ （宋）欧阳修、宋祁撰：《新唐书》卷 40《地理志》，第 1038、1039 页。
⑧ （宋）欧阳修、宋祁撰：《新唐书》卷 40《地理志》，第 1038 页。
⑨ （宋）李昉等撰：《太平御览》卷 865《饮食部》，第 3841 页。
⑩ （晋）常璩著，刘琳校注：《华阳国志校注》（修订版），第 149 页。
⑪ （唐）魏徵等撰：《隋书》卷 29《地理志》，第 828 页。
⑫ （唐）李吉甫撰，贺次君点校：《元和郡县图志》卷 33《泸州》，第 865 页。
⑬ （晋）常璩著，刘琳校注：《华阳国志校注》（修订版），第 150 页。

市）盐井达 26 所，银山县（今内江市银山镇）则有盐井 11 所[1]。

巴地江阳郡新乐县产盐，《华阳国志》载江阳郡新乐县"有盐井"，即长宁河淯井[2]，在今四川长宁县北，为川南著名盐井，前蜀王建曾设淯井镇，北宋设有淯井监。

巴地渝州巴县、璧山县唐代"有盐"，泸州江安县"有盐"[3]，巴东、秭归二县唐代"有盐"[4]，则唐代巴地产盐地有所增加。

巴地清江流域很早也有盐业资源开发。廪君自武落钟离山向夷水流域扩张至盐阳时，曾遭遇盐神部落，"其地广大，鱼盐所出"[5]，夷水即今湖北清江，其渔峡口一带至今有温泉，仍有盐气；又《水经·夷水注》载温泉三水流注夷水，"夏暖冬热，上常有雾气，疠痍百病，浴者多愈。父老传此泉县出盐，于今水有盐气"[6]，也说明清江曾产盐，今渔峡口镇一带或为清江流域早期产盐地之一。晋代宜都郡佷山县东有温泉流注清江，"此泉先出盐"[7]，则晋以前佷山县东温泉也产盐。北周在清江流域置盐水县，属清江郡[8]，在清江流域增设盐水县，其治地在恩施东[9]，盐水县设置当与盐业开发有关，唐代盐水县废止，可能唐代是该地盐业生产已渐衰落，盐产地当在今恩施东清江河谷地带。清江流域盐业生产者最早为盐神部落，而非廪君巴族，被廪君征服后盐神部落才成为巴人所属部族而融入巴人。

巴地盐业资源开发在满足巴地人群食盐需求的同时，也带动了巴地经济的发展，在推动巴地自然资源开发利用的进程、推动巴地经济的发展方面也起到了一定的积极作用。

二、丹砂矿及其开发

丹砂又称朱砂、辰砂、赤丹、汞沙，是硫化汞（HgS）天然矿石，红色，有金刚光泽或金属光泽，属三方晶系。朱砂主要成分为硫化汞，但常夹杂雄

---

① （唐）李吉甫撰，贺次君点校：《元和郡县图志》卷 31《资州》，第 785、786 页。

② （晋）常璩撰，刘琳校注：《华阳国志校注》（修订版），第 151、152 页。

③ （宋）欧阳修、宋祁撰：《新唐书》卷 42《地理志》，第 1091、1092 页。

④ （宋）欧阳修、宋祁撰：《新唐书》卷 40《地理志》，第 1028 页。

⑤ （汉）宋衷注，（清）秦嘉谟等辑：《世本八种》，北京：中华书局，2008 年。该书辑出《世本》辑本 8 种，其王谟辑本、陈其荣增订本、秦嘉谟辑补本、张澍辑补注本、雷学淇校辑本、茆泮林辑本均有盐阳"此地广大，鱼盐所出"之语。

⑥ （北魏）郦道元撰著，（清）王先谦校：《合校水经注》，第 530 页。

⑦ （晋）袁山松：《宜都山川记》，刘纬毅辑：《汉唐方志辑佚》，第 118 页。

⑧ （唐）魏徵等撰：《隋书》卷 31《地理志》，第 890 页。

⑨ （清）多寿、罗凌汉等纂修：《恩施县志》卷 1《地理志·古迹》，第 192 页。

黄、磷灰石、沥青质等。巴地历史时期有丹砂开采，丹砂矿开采利用对巴人及其社会经济发展也起到了推动作用。

西周巴地濮人曾向周王进献丹砂，《逸周书》载"卜人以丹砂"①，《通典》②、《太平御览》③注引此条文献均以"卜"为"濮"，"卜人"即"濮人"，近世学者也多以"卜"为"濮"④。邓少琴认为卜人丹砂地在今渝东南。⑤而"卜人"所处方位，《史记集解》载"濮在江、汉之南"⑥，刘伯庄认为"濮在楚西南"⑦。楚立国之丹阳地望学术界多有分歧，徐少华概括为四系八说，并对楚都丹阳各观点进行辨析，否定了丹阳秭归说，指出枝江说也存在缺陷⑧，张正明认为丹阳在今湖北丹水之阳⑨，吕思勉认为西周早期楚丹阳在今丹、淅二水入汉江处⑩。我们认为将丹阳确定在汉水中游较为妥当。濮在楚西南，今重庆、鄂西等地正在楚西南，或为濮分布地，故谭其骧《中国历史地图集》西周图幅将濮标注在今重庆、鄂西一带。⑪巴地濮人还见于常璩《华阳国志》与左思《蜀都赋》中。西周濮人所贡丹砂有可能出自濮人聚居的巴地。《世本》《后汉书》《水经注》等载廪君巴氏务相生"赤穴"，有人解释"赤穴"为"丹砂矿穴"，并认为以务相为首的巴氏族兼以采掘丹砂为业，由此认为"巴族之兴，巴国之立，与他们掌握巴砂有密切关系"⑫。从药理学上说，丹砂对人体有害，古人对此早有认知，因此务相不可能选择丹砂矿穴居住，"赤穴"为丹砂矿穴的说法有待商榷，由此衍生出的巴以丹砂兴、以丹砂立国之说也还可再讨论。

秦代巴地丹砂（沙）开采得到更多关注，秦始皇时巴寡妇清"其先得丹穴，而擅其利数世，家亦不訾。清，寡妇也，能守其业，用财自卫，不见侵犯。秦始皇以为贞妇而客之，为筑女怀清台"，关于丹砂产地，裴骃《史记集

① 黄怀信、张懋镕、田旭东撰，李学勤审定：《逸周书汇校集注》，第 923 页。
② （唐）杜佑撰，王文锦、王永兴、刘俊文，等点校：《通典》卷 187《边防·南蛮》，第 5067 页。
③ （宋）李昉等撰：《太平御览》卷 791《四夷部·南蛮》，第 3508 页。
④ 邓少琴：《巴史三探》，《巴蜀史迹探索》，第 91—110 页；邓少琴：《巴蜀史稿》，第 41 页。
⑤ 邓少琴：《巴蜀史稿》，第 80 页。
⑥ （汉）司马迁撰：《史记》4《周本纪》，第 123 页。
⑦ （宋）王应麟著，傅林祥点校：《通鉴地理通释》卷 6《周形势考》，第 163 页。
⑧ 徐少华：《楚都丹阳地望探索的回顾与思考》，徐少华主编、晏昌贵副主编：《荆楚历史地理与长江中游开发——2008 年中国历史地理国际学术研讨会论文集》，第 51—63 页。
⑨ 张正明：《楚史》，武汉：湖北教育出版社，1995 年，第 27 页。
⑩ 吕思勉：《先秦史》，上海：上海古籍出版社，1982 年，第 163 页。
⑪ 谭其骧主编：《中国历史地图集　第一册：原始社会、夏、商、西周、春秋、战国时期》，第 15—16、17—18 页。
⑫ 管维良：《巴文化及其功能浅说》，《巴渝文化》第 3 辑，第 154—165 页。

解》引徐广载"涪陵出丹"①，涪陵治今重庆市彭水县郁山镇②。许慎《说文解字》载"丹，巴、越之赤石也，象采丹井"，说明东汉巴地仍有丹砂开采。关于丹砂产地，《后汉书·郡国志》载涪陵县"出丹"③，《华阳国志》载涪陵郡丹兴县"山出名丹"④，又左思《蜀都赋》"丹沙赩炽出其坂"注载"涪陵、丹兴二县出丹砂。丹砂出山中，有穴"，"赤斧，巴人也，能炼丹砂，与消石服之，身体毛发尽赤"⑤，《晋太康地记》载"丹兴、汉葭二县并出丹砂"⑥，陶弘景《名医别录》载丹砂"生符（涪）陵"，水银"生符陵，出于丹沙"⑦，涪陵、丹兴二县为三国蜀汉涪陵郡辖县，涪陵治今重庆彭水县郁山镇⑧，丹兴县治在今重庆市黔江区⑨，则今重庆市黔江区、彭水县有早期丹砂产地。唐代黔州土贡光明丹沙⑩，杜荀鹤《送人尉黔中》诗载"官俸请丹砂"⑪，则唐代黔州仍产丹砂，甚至以丹砂充官俸，则丹砂开采应较普遍。宋代黔州土产朱砂、水银⑫，可见秦汉至唐宋今渝东南一直是丹砂产地。渝东南酉阳一带明代仍有丹砂矿开采，"马坑中往往得败船朽木，莫测所自"⑬，邓少琴、张勋燎认为这些败船朽木是巴人船棺⑭，若此说成立，则巴人时代酉阳一带为丹砂产地。

唐代武陵山区为巴地丹砂重要产地。唐代辰州贡光明丹砂，溪州贡丹砂⑮，则唐代湘西有丹砂矿开采。辰州丹砂产地在辰州麻阳县界，后以麻阳及开山洞地为锦州，麻阳"地产丹砂，而砂井之名有九，皆在猺、獠窟穴之中"，又

---

① （汉）司马迁撰：《史记》卷 129《货殖列传》，第 3261 页。
② 朱圣钟、王高飞、付玉强：《重庆古盐井（场）探访之旅纪实（一）》，西南大学历史地理研究所编：《中国人文田野》第 5 辑，第 46—76 页。
③ （南朝·宋）范晔撰，（唐）李贤等注：《后汉书》，第 3507 页。
④ （晋）常璩著，刘琳校注：《华阳国志校注》（修订版），第 39 页。
⑤ （南朝·梁）萧统编，（唐）李善注：《文选》卷 4。又汉刘向《列仙传》载赤斧"巴戎人也。为碧鸡祠主簿，能作水汞，炼丹，与消石服之，三十年反如童子，毛发生皆赤。后数十年，上华山取禹余粮，饵卖之于苍梧、湘江间"（王叔岷：《列仙传校笺》，北京：中华书局，2007 年，第 146 页）。这里水汞，《说文解字》称"汞，丹沙所化为水银也"，以其为水银。
⑥ （宋）乐史撰，王文楚等点校：《太平寰宇记》卷 120《涪州》，第 2389 页。
⑦ （南朝·梁）陶弘景集，尚志钧辑校：《名医别录》（辑校本），第 2 页。
⑧ 朱圣钟、王高飞、付玉强：《重庆古盐井（场）探访之旅纪实（一）》，西南大学历史地理研究所编：《中国人文田野》第 5 辑，第 46—76 页。
⑨ （晋）常璩著，刘琳校注：《华阳国志校注》（修订版），第 39 页；（清）顾祖禹撰，贺次君，施和金点校：《读史方舆纪要》卷 69《四川四》，第 3284 页。
⑩ （宋）欧阳修、宋祁撰：《新唐书》卷 40《地理志》，第 1040 页。
⑪ （宋）祝穆撰，祝洙增订，施和金点校：《方舆胜览》卷 60《绍庆府》，第 1057 页。
⑫ （宋）乐史撰，王文楚等点校：《太平寰宇记》卷 120《黔州》，第 2396 页。
⑬ （明）田汝成：《炎徼纪闻》卷 4，嘉业堂丛书本。
⑭ 张勋燎：《古代巴人的起源及其与蜀人、僚人的关系》，四川大学博物馆、中国古代铜鼓研究学会编：《南方民族考古》第 1 辑，第 45—70 页。
⑮ （宋）欧阳修、宋祁撰：《新唐书》卷 41《地理志》，第 1073、1076 页。

辰州沅陵县光明山产丹砂，"有砂井。土人采取，入井把火，行二里，烧石取之"①，则唐代辰州、锦州产丹砂。

三、铜矿资源及其开发

巴地青铜时代铜矿资源开采利用很多。我国青铜时代大致自夏代始，历商、西周、春秋、战国至秦代②，而巴地青铜时代则延续到汉代。

青铜器铸造与使用的前提是铜矿的开采冶炼，文献中巴地铜矿开采利用仅有零星记载。目前所知最早文献为《华阳国志》，该书载巴地土贡铜③，但未详产地。扬雄《蜀都赋》载巴地"外负铜梁"，注载"铜梁，山名"，"铜梁在巴东"④，《元和郡县图志》载"铜梁山，在县南九里"⑤，"县"指石镜县，治今重庆市合川区，则铜梁山在今合川区南。山名铜梁，则此地产铜，至迟西汉合川铜梁山产铜。铜梁山汉代产铜还可找到考古线索，重庆市合川区南屏东汉墓出土铜摇钱树残片、五铢钱 405 枚、货泉 5 枚、大泉五十 4 枚、剪轮五铢 424 枚、鎏金泡钉 5 枚、铜鸟 1 只⑥，如此多的铜器或与地近铜梁山产铜地有关。

巴地还有无其他地方有铜矿开采而不见文献记载呢？答案是肯定的。巴地出土的陶范、石范等铸造器具及铜渣、矿石等是最好的证明。重庆市巫山县柏树林遗址商周遗存有石范 1 件⑦，说明商周柏树林有铜器冶铸。丰都县石地坝遗址商周遗存有夹粗砂陶船形杯，器壁较厚，器底较红似经火灼烧，类似炼铜坩埚，同时还发现 2 件能完全扣合的石质镞范⑧，表明石地坝遗址商周时期有青铜冶铸。忠县中坝遗址Ⅰ区出土有周代石范 2 件⑨，说明周代中坝有铜、铁器冶铸。湖北省巴东县黎家沱遗址出土有周代红褐色砂岩石范，范上有两道凹槽，一道凹槽呈细长条形，另一凹槽似呈刀形，范两端均为平面⑩，

① （宋）祝穆撰，祝洙增订，施和金点校：《方舆胜览》卷 30《辰州》，第 546 页。
② 张光直：《中国青铜时代》，北京：生活·读书·新知三联书店，1983 年，第 2 页。
③ （晋）常璩著，刘琳校注：《华阳国志校注》（修订版），第 6 页。
④ （南朝·梁）萧统编，唐李善注：《文选》卷 4。
⑤ （唐）李吉甫撰，贺次君点校：《元和郡县图志》卷 33《合州》，第 856 页。
⑥ 重庆市博物馆、合川市文物保护管理所：《重庆合川市南屏东汉墓葬群发掘简报》，重庆市文物考古所、重庆文化遗产保护中心编著：《重庆公路考古报告集》，第 20—44 页。
⑦ 武汉大学考古系、重庆市文物局：《巫山柏树林遗址第二次发掘报告》，重庆市文物局、重庆市移民局编：《重庆库区考古报告集·2001 卷》，第 71—87 页。
⑧ 重庆市文物考古所、丰都县文物管理所：《丰都石地坝遗址商周时期遗存发掘报告》，重庆市文物局、重庆市移民局编：《重庆库区考古报告集·1999 卷》，第 702—737 页。
⑨ 四川省文物考古研究所、北京大学考古文博学院、美国 UCLA 大学，等：《忠县中坝遗址 1999 年度发掘简报》，重庆市文物局、重庆市移民局编：《重庆库区考古报告集·2000 卷》，第 964—1042 页。
⑩ 中山大学人类学系、巴东县博物馆：《巴东黎家沱遗址 2000 年度发掘简报》，国务院三峡工程建设委员会办公室、国家文物局编著：《湖北库区考古报告集》（第一卷），第 47—65 页。

说明周代黎家沱有铜器铸造。重庆市万州区麻柳沱遗址出土有东周石范[①]，也说明东周麻柳沱有铜器铸造。万州区黄陵嘴遗址出土有东周石范 5 件，有斧范，有镞、锥复合范[②]，说明东周黄陵嘴有青铜铸造，可能有冶炼铸铜的手工作坊。湖北省巴东县雷家坪遗址也出土有周代石范，同时还有铜渣[③]，说明周代雷家坪有铜器铸造。重庆市巫山县冬瓜包遗址出土有战国箭镞石范 1 件[④]，说明战国时期冬瓜包有铜器冶铸。湖北省巴东县云盘遗址出土有汉代铜矿石，并伴有草木灰和红烧土颗粒[⑤]，说明云盘汉代曾是铜矿冶炼场所。重庆市云阳县旧县坪遗址出土大量汉晋陶范、石范，以陶范居多，范的种类有管状器、条状器、钩状器、板状器、钺形斧、镞等，还出土镞、碗、熨斗、带钩、剑钩镭、簪、提梁、带扣、铃、锯等铜器[⑥]，说明汉晋旧县坪是铜器冶铸中心。石范铸造是古人最早掌握的金属铸型工艺，长江流域石范最早发现于商代早期江西吴城遗址，夏商以后中原及其周边地区石范被陶范取代[⑦]，但西南地区石范技术一直延续至秦汉乃至近现代。

以上这些石范、陶范、矿石、铜渣及坩埚等物说明这些遗址及附近可能有铜矿开采冶炼，巴地铸造铜器所需铜不可能全部由外地贩运而来，部分铜料当是开采当地铜矿冶炼获得的。只是因为文献记载缺乏和考古发掘材料有限，无法确知铜矿开采地点了。

四、铁矿资源及其开发

巴地有丰富的铁矿资源，很早就被开采利用。

---

① 重庆市博物馆、复旦大学文博系：《万州麻柳沱遗址考古发掘报告》，重庆市文物局、重庆市移民局编：《重庆库区考古报告集·1999 卷》，第 498—523 页。

② 广西壮族自治区文物工作队、重庆市文物局、重庆市万州区文物管理所：《万州黄陵嘴遗址发掘报告》，重庆市文物局、重庆市移民局编：《重庆库区考古报告集·2001 卷》，第 1127—1173 页。

③ 吉林大学考古学系：《巴东雷家坪遗址发掘简报》，国务院三峡工程建设委员会办公室、国家文物局编著：《湖北库区考古报告集》（第一卷），第 134—152 页；湖北省荆州博物馆：《巴东县雷家坪遗址 2003 年发掘报告》，国务院三峡工程建设委员会办公室、国家文物局编著：《湖北库区考古报告集》（第四卷），第 32—95 页；吉林大学边疆考古研究中心：《巴东县雷家坪遗址第三次发掘简报》，国务院三峡工程建设委员会办公室、国家文物局编著：《湖北库区考古报告集》（第四卷），第 96—123 页。

④ 南京博物院考古研究所、重庆市文物局、巫山县文物管理所：《巫山冬瓜包遗址发掘报告》，重庆市文物局、重庆市移民局编：《重庆库区考古报告集·2001 卷》，第 48—70 页。

⑤ 随州市博物馆：《巴东云盘遗址考古发掘简报》，国务院三峡工程建设委员会办公室、国家文物局编著：《湖北库区考古报告集》（第六卷），第 357—371 页。

⑥ 吉林省文物考古研究所、重庆市文物局、云阳县文物保护管理所：《云阳旧县坪遗址发掘报告》，重庆市文物局、重庆市移民局编：《重庆库区考古报告集·2000 卷》，第 645—670 页。

⑦ 华觉明：《中国古代金属技术——铜和铁造就的文明》，郑州：大象出版社，1999 年，第 86—87 页。

宕渠郡宕渠县早期产铁，宕渠县治今四川渠县土溪镇城坝村。汉《巴郡图经》载巴地有"盐铁"①，是汉代巴地产铁；《后汉书·州郡志》载巴郡宕渠县"有铁"，说明东汉宕渠县有铁矿开采冶炼。《华阳国志·巴志》载宕渠郡宕渠县"有铁官"，铁官为主管地方铁矿开采和冶炼的职官，则晋代宕渠县仍有铁矿开采冶炼。左思《蜀都赋》注载"铜梁在巴东，宕县在巴西，出铁"②，宕县即宕渠县，则晋代宕渠、铜梁均有铁矿开采冶炼。《元和郡县图志》载邻水县东西之山产铁，《舆地纪胜》也援引李吉甫之说③，则宕渠县铁矿开采冶炼一直持续到唐宋。今四川万源市仍是重要的铁矿产区，宣汉、南江等地铁储量也很丰富，这些地方早期都属宕渠县，可见古宕渠地是巴地重要的铁矿产区。

先秦至隋唐巴地其他地方是否有铁矿的开发利用呢？据现代铁矿资源调查和开采情况反映，峡江地区铁矿储量丰富且分布广。重庆巫山县境桃花铁矿约有 1.5 亿吨储量，石柱县、武隆县、涪陵区、巴南区、綦江区、南川区、万盛区也有丰富的铁矿资源，湖北巴东黑石板、仙人岩、龙潭村、瓦屋场、铁厂湾、野花坪等都有储量丰富的铁矿床，总储量达 32 057.27 万吨，秭归有铁矿床 5 个、铁矿点 5 个，其中中型矿床 2 处、小型矿床 3 处，恩施自治州铁矿储量也达 10 多亿吨。

因文献阙如，加之考古也没有发现铁矿开采遗址遗迹，因此巴人时代峡江地区准确的铁矿采矿点已无法确知。但考古发掘的铁器却是了解铁矿开发的一个切入点，因为铁器使用得有铁器冶铸，而铁器冶铸有赖于铁矿冶炼，铁矿冶炼有赖于铁矿开采，因此铁器的使用与铁矿资源开发有一定对应关系，这也是我们利用峡江地区传世铁器探讨巴人时代峡江地区铁矿开采冶炼情况的立论依据。

有人认为春秋战国时期鄂西峡江地区是楚国最早使用铁器的地区④，是将峡江地区铁器使用时间上溯到春秋战国时期⑤，我们也认为峡江地区铁器使用是从春秋时期开始的，当时该地已有铁矿开采冶炼。春秋战国时期巴人可能从楚人处学得铁器冶铸技术和铁器使用方法，则巴人铁矿开采冶炼也始于春

---

① （晋）常璩著，刘琳校注：《华阳国志校注》（修订版），第 19 页。
② （南朝·梁）萧统编，（唐）李善注：《文选》卷 4。
③ （宋）王象之编：《舆地纪胜》卷 162《渠州》，第 810 页。
④ 黄展岳：《试论楚国铁器》，湖南省博物馆、湖南省考古学会编：《湖南考古辑刊》第 2 集，第 142—157 页。
⑤ 杨华：《三峡地区春秋战国时期冶铁业的考古发现与研究——兼论楚国对巴蜀地区冶铁业的影响》，《重庆师范大学学报（哲学社会科学版）》2005 年第 4 期，第 61—69 页。

秋战国时期。不过春秋战国时期峡江地区铁矿开采冶炼比铜矿要少得多，因为春秋战国时期峡江地区出土铜器远比铁器要多。

春秋战国至六朝峡江地区铁器发展可分三个时段[①]：第一阶段春秋战国至西汉初年为三峡地区铁器起源和初步发展阶段，其间又可分为楚系铁器和巴系铁器的起源和发展两个时段，春秋时期三峡铁器数量少，种类仅有锸、镢、铲、犁铧、斧、锛、凿、削刀、匕首、镞等，以农具为主，战国初至西汉初铁器种类增多，鏊、鼎、罐等铁容器出现，铁器数量大增，多处地点均有铁器出现，铁器中铁农具比例减少；第二阶段西汉至东汉早期是三峡地区早期铁器发展鼎盛时期，铁器数量比此前任何时期都多，因为西汉武帝时期冶铁业由国家垄断，使铁器推广更迅速，铁器种类涉及社会生产生活各个领域，铁农具主要有锸、镢、锄、铲、镰，手工工具有斧、锛、凿、削、锯、刻刀，兵器有刀、剑、矛、戟、匕首、镞，饮食炊具有釜、鏊、罐、灶、支架，还有钱币、带钩等，农具比第一阶段少，而兵器、饮食炊具数量增多；第三阶段东汉中晚期至两晋南北朝时期为铁器缓慢发展时期，可分东汉中晚期、六朝两个阶段，东汉中晚期铁器数量不如前一阶段多，但铁器种类略有增加，剪刀、温炉等新器形出现，表明铁器使用日益普遍，铁兵器比例增加，六朝铁农具较少，武器约占一半，女性墓葬随葬铁剪为普遍现象。

从铁器发展空间过程看，中原铁器最早出现在春秋早期，楚国铁器出现几乎与中原同时，而楚国铁器冶铸技术是由中原传入的，三峡地区铁器最早出现在春秋中期偏晚阶段，多在瞿塘峡以东，属楚文化性质，三峡出土铁器占春秋时期楚国铁器数量的多半，表明西陵峡是当时楚国铁器生产中心。三峡西部铁器最早出现于战国中期，其源头有二：一是来自楚国，楚人沿峡江西进，将铁器铸造技术传入巴地；二是来自秦灭巴蜀后将北方铁器技术传入三峡地区。峡江西部铁器发展受楚人影响更大一些，峡江西部楚墓有铁器出土即是明证。在楚人、秦人影响下巴人逐渐掌握铁器铸造技术，巴人器物中也出现铁器，遂有巴系铁器，其器物主要有双耳鏊、单耳鏊、束颈釜、双耳釜、璜形饰、烟荷包式斧（钺）、柳叶形剑等，带有较强烈的巴文化色彩，巴系铁器在战国至西汉遗存中数量不多，显示巴人铁器运用不如铜器普遍。这种铁器发展过程与地域分布与铁矿开发利用的历史过程和铁矿资源开发的空间差异也是一致的。

---

① 邹后曦、白九江：《三峡地区东周至六朝铁器的考古发现及相关问题的初步探讨》，《江汉考古》2008年第3期，第55—66页。

　　当然我们用三峡地区铁器时空分布与变化分析三峡地区铁矿资源开发利用情况还显得很笼统，我们可从考古发现的冶铁遗址、遗迹推测巴地冶铁业分布情况，早期巴地主要冶铁业产地情况见表7-11：

表 7-11　巴地早期主要冶铁业产地统计

遗址名称	地理位置	时代	冶铁遗物	冶铁业状况
刘家坝遗址①	重庆市巫山县龙溪镇东北	春秋	铁渣、红烧土块	铁器冶铸
蓝家寨遗址②	重庆市巫山县大昌镇兴隆村	春秋	石范及铁镘、锸、斧、凿、削刀、镞	铁器铸造
上磨垴遗址③	湖北省宜昌市夷陵区太平溪镇西湾村	周代	草木灰、炉渣、铜渣、铁渣	铁器冶铸
前坪遗址④	湖北省宜昌市北郊黄柏河口	东周	铁矿渣	铁器冶铸
新浦遗址⑤	重庆市奉节县安坪乡新浦村	东周	石范及铁镢、刀、钩、环、斧	铁器铸造
李家坝遗址⑥	重庆市云阳县高阳镇青树村	东周	石范及铁罐、斧、锛	铁器铸造
茅寨子遗址⑦	湖北省巴东县东瀼口镇雷家坪村	东周—六朝	铜渣铜块及斧、凹口锋刃、镰、削、镢、矛等铁器	铁器、铜器冶铸

---

① 刘若葵：《巫山县龙溪刘家坝东周遗址》，中国考古学会编：《中国考古学年鉴1995》，第226页。
② 重庆市博物馆、湖南益阳市文物工作队、重庆巫山县文物管理所：《巫山蓝家寨遗址发掘报告》，重庆市文物局、重庆市移民局：《重庆库区考古报告集·1998卷》，第103—118页；重庆市文物考古所、湖南益阳市文物考古队、重庆市文物局，等：《巫山蓝家寨遗址发掘报告》，重庆市文物局、重庆市移民局编：《重庆库区考古报告集·2000卷》，第1—24页。
③ 湖北省文物考古研究所：《湖北宜昌县上磨垴周代遗址的发掘》，《考古》2000年第8期，第23—35页；湖北省文物考古研究所：《宜昌上磨垴周代遗址发掘简报》，国务院三峡工程建设委员会办公室、国家文物局编著：《湖北库区考古报告集》（第一卷），第737—750页。
④ 杨华：《三峡地区春秋战国时期冶铁业的考古发现与研究——兼论楚国对巴蜀地区冶铁业的影响》，《重庆师范大学学报（哲学社会科学版）》2005年第4期，第61—69页。
⑤ 吉林大学考古学系：《四川奉节县新浦遗址发掘报告》，《考古》1999年第1期，第40—52页；吉林大学考古学系、奉节县白帝城文物管理所：《奉节新浦遗址发掘报告》，重庆市文物局、重庆市移民局编：《重庆库区考古报告集·1998卷》，第239—255页；吉林大学边疆考古研究中心、重庆市文物局：《奉节新浦遗址发掘简报》，重庆市文物局、重庆市移民局编：《重庆库区考古报告集·2000卷》，第634—646页。
⑥ 四川大学历史文化学院考古系、云阳县文物管理所：《云阳李家坝遗址发掘报告》，重庆市文物局、重庆市移民局编：《重庆库区考古报告集·1997卷》，第209—243页；四川大学历史文化学院考古系、云阳县文物管理所：《云阳李家坝东周墓地发掘报告》，重庆市文物局、重庆市移民局编：《重庆库区考古报告集·1997卷》，第244—288页。
⑦ 厦门大学历史系考古教研室：《巴东茅寨子遗址发掘报告》，国务院三峡工程建设委员会办公室、国家文物局编著：《湖北库区考古报告集》（第一卷），第101—133页；湖北省文物考古研究所：《巴东茅寨子湾遗址的第二次发掘》，国务院三峡工程建设委员会办公室、国家文物局编著：《湖北库区考古报告集》（第三卷），第428—516页。

续表

遗址名称	地理位置	时代	冶铁遗物	冶铁业状况
旧县坪遗址[1]	重庆市云阳县双江镇建民村	战国—汉代	制作陶范的黄沙层料场，制范取土深坑，烘范窑，与冶铸相关的鼓风部件、耐火砖、铸范、母范，还有镢、刀、锄、镞等铁器	铜器、铁器冶铸
张家湾遗址[2]	重庆市巫山县大昌镇兴春村	新莽—东汉	铁渣、铁农具	铁器冶铸
玉溪遗址[3]	重庆市丰都县高家镇金刚村	东汉—六朝	铁渣、烧结陶片、鼓风管、坩埚	铁器冶铸

从表 7-11 可看出：（1）春秋至六朝巴地主要冶铁业产地有刘家坝、蓝家坝、上磨垴、前坪、新浦、李家坝、茅寨子、旧县坪、张家湾、玉溪等 10 处，这 10 处只是有迹可循的冶铁业产地，巴地冶铁业产地应不止这 10 处。（2）有铁器铸造就要解决铸铁来源，三峡地区铸铁应该不会全部从外地转运而来，其中部分铸铁应是当地铁矿经冶炼而获得。若此推论成立，则这些铁矿产地当在这些冶铁业产地附近。

文献记载唐代归州巴东县、夔州奉节县、澧州石门县、忠州南宾县、梁州西县[4]、合州石镜县、巴川县[5]、涪州涪陵县[6]、渠州邻山县[7]产铁，则这些地方唐代均有铁矿开采。

五、铅矿、锡矿及其他矿产资源的开采利用

铅、锡是制造铅、锡器皿的原料，也是铸造青铜器皿的辅助材料。巴地铅矿、锡矿开采利用历史应该很悠久，只是史料少，学术界对这一问题关注也少。

青铜时代巴地出土青铜器中含铅、锡，这些铅、锡可能是就地开采铅、锡矿冶炼所得。重庆涪陵小田溪战国墓铜矛铜、锡、铅含量分别为 82.11%、

---

① 吉林省文物考古研究所、重庆市文物局、云阳县文物保护管理所：《云阳旧县坪遗址发掘报告》，重庆市文物局、重庆市移民局编：《重庆库区考古报告集·2000 卷》，第 645—670 页。
② 南京大学历史系考古专业、重庆市博物馆、巫山县文管所：《巫山张家湾遗址第二次发掘报告》，重庆市文物局、重庆市移民局编：《重庆库区考古报告集·1999 卷》，第 26—58 页。
③ 邹后曦、白九江：《三峡地区东周至六朝铁器的考古发现及相关问题的初步探讨》，《江汉考古》2008 年第 3 期，第 55—66 页。
④ （宋）欧阳修、宋祁撰：《新唐书》卷 40《地理志》，第 1028—1030、1034 页。
⑤ （宋）欧阳修、宋祁撰：《新唐书》卷 41《地理志》，第 1081 页。
⑥ （唐）李吉甫撰，贺次君点校：《元和郡县图志》卷 30《涪州》，第 739 页。
⑦ （唐）李吉甫撰，贺次君点校：《元和郡县图志》，第 1069 页。

15.04%、31.51%，铜剑铜、锡、铅含量为82.21%、14.67%、1.28%[①]；重庆万州大坪东周墓铜凿、铜矛、铜钺、铜镞等铜、锡、铅含量为 75%—80%、10%—18%、2.07%左右[②]，其他同时代青铜器铜、锡、铅含量也约略相近。巴地出土的大量青铜器也反映当时对锡、铅的需求量很大。巴地所需铅、锡除部分从外地购买外，部分应是本地铅矿、锡矿开采冶炼所得，只是文献记载阙如。巴地一些遗址遗迹中曾出土过铅器物，如重庆巫山双堰塘遗址出土铅条形器 1 件[③]，东汉墓出土铅链形器[④]，说明西周至东汉巫山大昌镇可能有铅矿开采。又重庆江北区相国寺汉墓曾出土铅箸 6 件[⑤]，则汉代重庆也有铅矿开采冶炼。唐代梁州西县有锡矿开采[⑥]，这也是巴地关于锡矿开采最明确的记载。

历史时期除铅、锡外，巴地金矿也得到开发利用。唐代忠州、涪州、金州西城县汉水一带、汉阴县月川水一带、通州宣汉县[⑦]、施州、合州[⑧]等地皆有产金的记载，则唐代上述地域有金矿开采冶炼。

这些矿产资源的开发利用，在促进巴地社会经济发展的同时，也为包括巴人在内的居民群体提供了更为有利的生产生活条件。

---

① 四川省博物馆、重庆市博物馆、涪陵县文化馆：《四川涪陵地区小田溪战国土坑墓清理简报》，《文物》1974年第 5 期，第 61—80 页。
② 中国科学技术大学科技考古联合重点实验室：《重庆万州大坪墓群出土青铜器检测报告》，《万州大坪墓地》，第 189 页；中国科学技术大学科技史与科技考古系：《重庆万州大坪墓群出土器物检测报告》，《万州大坪墓地》，第 190—191 页。
③ 中国社会科学院考古研究所长江三峡工作队、巫山县文物管理所：《巫山双堰塘遗址发掘报告》，重庆市文物局、重庆市移民局编：《重庆库区考古报告集·1997 卷》，第 30—64 页。
④ 中国社会科学院考古研究所长江三峡工作队、巫山县文物管理所：《巫山双堰塘遗址发掘报告》，重庆市文物局、重庆市移民局编：《重庆库区考古报告集·1998 卷》，第 58—102 页。
⑤ 沈仲常：《重庆江北相国寺的东汉砖墓》，《文物参考资料》1955 年第 3 期，第 35—49 页。
⑥ （宋）欧阳修、宋祁撰：《新唐书》卷 40《地理志》，第 1034 页。
⑦ （宋）欧阳修、宋祁撰：《新唐书》卷 40《地理志》，第 1029—1038 页。
⑧ （宋）欧阳修、宋祁撰：《新唐书》卷 41《地理志》，第 1073、1081 页。

第八章　族群与地域环境——巴人族群的生态人类学分析

族群总是生活在一定的地域空间里，族群的产生、形成和发展也总是在一定的地域空间里完成，标志着族群特性的体质特征、族群文化等更是族群在适应和改造其生存环境的过程中发育并形成的。族群作为相对稳定的人群，在居址变更时总是会优先选择与其原聚居地相同或相似的住居环境。之所以如此，乃是因为族群与地域环境间有着密不可分的联系，族群与其他相互联系的生态要素一起构成地域族群生态系统。

巴人族群与巴地生态环境间有着密切的联系，这种联系我们可从巴人族群地域空间、巴人族群与其他族群的互动、巴人族群与地域生态环境间互动等几个方面去探寻。

第一节　族群空间——巴人族群的地域空间

族群空间是一个相对较泛的概念，包括具体（有形）的和抽象（无形）的空间概念。具体（有形）的族群空间指族群分布的地域空间，是一个可用地物界定的有形的三维空间。同时随着时间的斗转星移，族群分布地域有扩大或缩小甚至整体空间变易的变化，从这个意义上来说，族群地域空间又是具有时间维度的四维空间。从族群空间的静态基本形态看，有族群聚居区和杂散聚居区两种形态，在族群发展不同时期这种空间形态是不尽相同的。抽象（无形）的族群空间主要指族群在发展过程中体现出来的软实力或文化影响所及的范围，如族群政治空间、族群组织结构空间、族群文化空间等。这类族群空间边界是无形的，较难进行空间范围的界定。本书讨论的巴人族群空间主要是针对巴人族群地域空间而言的。

　　族群地域空间实际上类似于地理学研究中所界定的区域。地理研究所涉及的区域无外乎自然区、行政区、经济区、文化区等，一般较少涉及族群（或民族）分布区，而族群分布区的地理要素包括自然要素和人文要素，且都具有一定的相似性，族群（或民族）分布区也是具有共同地理特征的地域空间。[1] 谈到族群分布区，或称族群空间，还涉及区域空间界定指标，即以何种标准来划定族群分布区的问题。在中国古代，人们多以地域界定族群名称，因此从族群名称就能大致知道族群分布地域。就巴人族群而言，或以巴人族群活动地区河流命名，如前文中的五水蛮、沔中蛮、武溪蛮、澧水蛮、酉水蛮、溇中蛮、五溪蛮、渝水蛮等，由此知道族群分布地为这些河流所在区域；有的以巴人族群分布地政区命名，如巴郡南郡蛮、武陵蛮、天门蛮、宜都蛮、建平蛮、黔阳蛮、涪陵夷、朐忍夷、郢州蛮、荆州蛮、雍州蛮、豫州蛮、信州蛮、临州蛮、渝州蛮、施州蛮等，大致知道族群分布地在这些州、郡、县境内。依古人以地域命名族群的惯例，我们能知道哪些地域内有族群活动，但这些地域族群的族属识别与界定又是另一个需要探讨的问题，因为古人并没有我们现在这样相对规范的族群界定标准，当然也没有如我们在族群人口统计意义上的相对精确的族群地理分布图景的再现手段。我们现在回过头去审视历史时期族群分布的地理空间，就要求我们能相对精确地描绘出族群在不同时段的系列地理分布图景，这个系列分布图景串联起来就是时间维度上的族群地理空间的符号化展示。

　　要描绘出历史族群地理分布图景，首先要弄清楚族群分布地域，这就涉及族群分布地域边界问题。根据古人以地名命名族群的规律我们可知道族群分布的大致地域空间，但族群空间边界位于何处，族群地理边界与流域边界或政区边界是否重合就不得而知，事实证明，族群地域空间边界与自然地理单元边界或政区边界并非完全重合。因此这就要求我们在重现历史族群地理分布图景时，实事求是地划定族群空间边界。地理区域划分要遵循自然性原则、历史性原则、完整性原则和现实性原则，自然性原则要求区域划分以自然地理区划为基本框架，历史性原则要求区域划分应注意区域的历史连续性，完整性原则要求区域划分应考虑地理完整性和历史完整性，现实性原则要求区域划分考虑现阶段的区域状况。[2] 我们认为在区域划分时还应考虑人文性原

① 朱圣钟：《区域经济与空间过程——土家族地区历史经济地理规律探索》，前言。
② 鲁西奇：《历史地理研究中的"区域"问题》，《武汉大学学报（哲学社会科学版）》1996 年第 6 期，第 81—86 页。

则[①]，这主要是指在划分因人为活动而形成的人文地理景观区时，要充分考虑人为因素，如因不同民族聚居而形成民族分布区、因不同经济行为而形成的经济区域、因不同地域文化构成的文化区等。我们所谈的族群地域空间实际上与民族分布区类似，都是因特殊人群聚居而形成的人文地理单元。具体到不同时期巴人族群地域空间的界定，我们也是充分考虑了上述五个原则，具体的巴人分布状况和巴人族群空间状况前文有交代，这里就不再赘述。

族群地域空间是族群活动的场所，也是族群体存在的一种形式，其变化也是族群发展的外在表现形式之一，体现了族群实体的地理变化。历史上或现实中的族群体在发展过程中很少有只限于一地一隅的，族群在发展过程中其生存空间都会发生或大或小的变化。族群最初活动于起源地，后来在内外力作用下族群体逐渐发展壮大，体现在统计学上就是人口数量的增长，体现在地理上则是族群体生存地域空间的扩大，这种地域空间的变化通常伴随着族群的对外征服扩张或是内外力作用下聚居地的迁移变更。当族群体进入到族群政权时代，政治优势又使得族群体在其疆域范围内进行有序或无序的聚居地扩展，而征服地或迁入地的原始居民或因政治压力，或因经济利益驱动，或因文化的认同等原因，有可能被迫接纳或自觉加入主体族群，成为主体族群的部属或部族。当族群政权在与相邻政治集团的政治或军事角逐中占得先机，可能会伴随有疆域领土的扩张，部分族群成员有可能迁入新拓领地形成新的族群聚居地，从而扩大了族群活动的地域空间；反之，当族群政权在角逐中失利失地，又会导致族群政权疆域的丧失和族群地域空间的相对萎缩，部分失地的族群体虽没有消失，但在地域性人群中族群人口的比例会相对下降，在地域文化上则表现为族群文化主体地位的丧失。当族群政权在外力作用下瓦解后，族群地域空间可能发生如下变化：一是族群政权地域完全能纳入另一个政权或王朝的疆域，本书所讨论的巴人族群即属此类；二是族群政权的疆域被分割分属不同的政权领地，族群也因此演变为跨境族群；三是族群发生迁移形成新的聚居地，使族群地域空间被动性扩大，如原聚居于河西走廊、祁连山一带的月氏西汉时为匈奴人所败，西迁伊犁河、楚河一带，后西迁阿姆河一带建立大月支国，称大月支，而留居旧地的则为小月氏，月氏人地域空间被动扩大了。当族群政权疆域完全为其他政权特别是统一王朝所兼并后，族群体的政治优势和特权地位丧失，族群发展更多地受到新政权或

---

① 朱圣钟：《简论区域历史地理学研究的若干问题》，《唐都学刊》2003 年第 3 期，第 87—89 页。

是统一王朝的影响，这在族群地域空间上也有相应反映。

　　具体就巴人族群而言，巴国被灭后巴人纳入统一王朝管辖之下，巴人族群发展也因此深深打上王朝政治影响的烙印，在巴人族群地域空间的变化上也是如此。首先，巴人族群外迁是族群地域空间拓展的直接原因，而巴人规模性外迁多是因朝廷军事征调、叛乱平定后族群迁移、为官外迁和强制性人口迁移造成的，因此巴国灭亡后巴人地域空间的拓展很大程度上是由于朝廷的政治、军事举措所造成的。军事征调如前文所述西汉常备兵种材官兵，东汉、蜀汉常备兵赤甲军中有巴人，西汉时汉高祖征英布，汉武帝征巴蜀卒治夜郎道、征南越、征益州郡，王莽时征越巂郡姑复夷；东汉明帝治褒斜道、桓帝时征白马羌、征武溪蛮，灵帝时征益州郡，都有巴人士卒参与，蜀汉时驻守汉中的连弩士，南征今广西柳州的驻军；西晋初驻冯翊莲勺的连弩士中也多有巴人，故西晋巴人"有蜀、汉、关中、涪陵；其为军在南方者犹存"[1]。叛乱平定后的族群迁移如前文所述东汉光武帝建武年间、和帝永元年间南郡溇山蛮、巫蛮叛乱后先后有一万余家迁入鄂东江夏郡境，这部分巴人后来演变为遍布鄂东、豫南和皖西的郢州蛮、豫州蛮（或称五水蛮、西阳蛮等），光武帝建武年间巴郡宕渠、朐忍巴人叛乱后被迁至南郡、长沙郡境，蜀汉延熙年间涪陵夷叛乱后其大姓徐、蔺、谢、范五千家被迁入蜀。为官外迁巴人较为分散，人数规模相对较小，但在王朝都城一带多有聚集，如汉代长安、洛阳，东晋南朝建康等地多有巴人活动。强制性巴人迁移如西汉初年刘邦迁巴人入商洛之地，他们后来成为雍州蛮一部分；三国曹魏据汉中时将大量汉中巴人北迁，"内徙者亦万余家，散居陇右诸郡及三辅、弘农，所在号为巴人"[2]，陇右、三辅、弘农诸郡相当于今甘肃南部、陕西中部、河南西部，这些活动于陇东、关中、晋南、豫西的巴人甚至被视为"六夷"之一。因此六朝时期巴人族群活动地域包括了今川、陕、陇、豫、晋、冀、鄂、皖、苏、赣、湘、粤、桂、滇等区域，而巴人族群主体则聚居于渝、川、陕、鄂、湘、黔毗邻地带。

　　其次，政区调整与分割人为缩小了巴地范围，强化了对巴地的控制，并加速了巴人族群汉化的进程。秦灭巴国后，割今剑阁之地入蜀郡，又割巴郡汉水上游之地入汉中郡，使行政意义上的巴地巴郡比原巴国地域缩小；西汉时又割巴郡江阳县地入犍为郡，割涪江以东地入广汉郡，政区意义上的巴人

---

①（晋）常璩著，刘琳校注：《华阳国志校注》（修订版），第 37 页。
②（宋）李昉等撰：《太平御览》卷 123《偏霸部》，第 596 页。

族群地域空间缩小了很多（巴国→巴郡）。与此同时，作为巴人主要聚居地的巴郡所辖县级政区则逐渐增多，如前文所述秦代巴郡辖县 8 个，西汉政区调整后巴郡辖县 11 个，东汉末又增加至 14 个，东汉末至三国蜀汉、西晋时期，巴郡地分化为四个郡级政区（巴郡、巴东郡、巴西郡、涪陵郡），县级政区则相应增加至 24 个，南北朝及隋唐时期，原巴郡地域地方州（郡）级、县级政区进一步增多，至唐代后期，州（郡）级政区达 19 个（渝州、涪州、合州、果州、渠州、忠州、万州、开州、夔州、通州、巴州、璧州、集州、阆州、蓬州、黔州、思州、溱州、南州），县级政区达 94 个。西汉巴郡地域内政区数量的增加，反映朝廷对巴地政治控制力度不断强化，客观上加速了巴人族群政治体制汉化进程，也为外来移民特别是汉人的不断涌入、汉文化的推广和巴人的汉化提供行政助推力，从而加速了巴人的汉化进程。秦汉至南北朝时期巴地的考古学文化中汉文化逐渐成为主体文化就是最好的证明，同时也使原巴地巴人的地域分布从聚居向杂散居的状态转化。

再次，历代王朝给予巴人蛮夷的政治待遇为巴人族群地域空间延续及扩张提供了政治保障。自秦国时代始巴人就被视为蛮夷，秦与巴人订立互不侵犯盟约，同时任命巴人部族首领为王侯且实行羁縻统治，这种政策一直持续到唐代巴人族群消亡前夕。在这种羁縻统治政策下，巴人部族大姓首领为巴人族群聚居区的实际统治者，如前文所述秦汉以至隋唐时期巴人聚居地的巴人大姓名著者有巴、相（向）、瞫（覃、谭）、樊、郑、罗（卢）、朴、督（昝、沓）、鄂、度、夕、龚等姓，此外还有前文提到的徐、勾（句）、扶、谢、蔺、范、杜、泉、谯、任、赵、张、李、董、杨、甘、雷、臧、玄、庞、黎、王、严、曲、先、孟、许、程、冉、田、蒲、尹、兰、姚、梅、鲁、桓、冯、廖、何、秦等姓，历史时期的巴人地域就是由这些或大或小的巴人部族首领控制的领地构成的，而朝廷实行的羁縻统治政策正是这些巴人部族领地得以存在、延续和扩张的有效保证。而迁居外地的巴人，因其特殊的族群身份在政治上获得朝廷的额外关照，其族群身份和领地（聚居地）得以长期保留，在时局动荡的时候巴人成为影响地方政局的重要力量，最显著的就是南北朝时江淮汉沔的巴人族群对南北方政局的影响。因鄂、豫、皖巴人聚居地正处在南北对峙政权间的中间地带，地理区位比较特殊，南北政权各方都希望拉拢巴人为其所用，而巴人部族也游走于南北政权之间，左右逢源，不断巩固和扩张领地，因此这一时期江淮汉沔间都有巴人活动。

族群空间是以该族群的分布地域来界定的，族群在发展过程中随着地域空间的扩展，会与其他族群发生族群地域空间上的交集。这种空间交集大致分为以下三种情况：一是族群地域空间与其他族群空间边界相邻；二是族群空间与其他族群空间发生部分重叠，在空间重叠区内不同族群杂居在一起；三是族群地域空间结纳了其他的外来族群，出现主体族群空间包含外来族群空间、主体族群与其他族群杂居的局面。这三种族群空间交集形态在历史时期巴人族群空间中都曾出现过，但以第二、第三种族群空间交集形态最常见，这两种族群空间形态的存在形式我们称之为族群空间重叠。在巴国时代，巴人族群地域空间里主体族群为巴人，同时又有濮人、共人、卢（奴）人等族群迁入，而楚、蜀、苴与巴相邻，部分楚人、蜀人、苴人迁入巴地形成巴人与这些迁入族群分布地域的重叠现象。在巴国灭亡后，大量的汉人迁入巴地与巴人杂居，西晋末年又有僚人从南中迁入巴地，形成巴人中杂居汉人、僚人的族群分布格局，同时巴人也因各种原因迁入外地形成其他族群杂居巴人的分布格局，如秦汉至隋唐时期蜀地、关中、陇西、晋南、豫西、陕南、豫南、鄂东、皖西、苏南等地的巴人在地域族群的构成上就属此类，前一种是巴人中杂居其他族群，而后一种则是其他族群中杂居巴人，但都表现出巴人族群地域空间和其他族群地域空间重叠的现象。

第二节　作为社会的人——巴人族群与其他族群的互动

从生态系统的视角考察族群地域空间，族群作为人的群体是所有系统要素中最重要也是最活跃的因素，且与地域系统其他要素都有着密切的联系。

族群地域系统中的族群因地域不同，族群构成也是千差万别的，由此形成的地域族群社会系统也是不尽相同的。地域族群系统一般包括主体族群和其他族群。主体族群指作为我们研究对象的族群，也即是我们用以界定族群地域空间的族群，其他族群则包括族群空间内除主体族群以外的族群。在本书中，巴人族群地域空间内的主体族群无疑是巴人，而历史时期与巴人杂居的人群如濮人、共人、奴（卢）人、蜀人、苴人、楚人、八蛮、秦人、汉人、僚人、槃瓠蛮等则属于其他族群的范畴。

在族群内部，族群成员之间有着基于身份与价值标准上的认同，因此族群成员对内有着较强的族群归属感，在社会交往中，族群成员首先面对的是与同族群其他成员的关系。在族群内部，因在族群中地位不同、部落不同、地域不同，族群成员间的社会地位和关系也不尽相同，但不管是何种关系，都属族群社会内部结构关系的范畴。在巴人族群的发展历程中，不同时期族群内部的部族间关系就有变化。在巴人建国前的前巴国时代，巴人族群经历了地域扩张和所辖部族不断增加的变化，在这个过程中，廪君时代巴氏是廪君五姓（巴、相、瞫、樊、郑）部落的领导核心，巴氏的政治与社会地位明显要高于其他四姓，廪君部落打败夷水盐神部落后建立的以夷城为都城的廪君政权体系中，廪君部落五姓在廪君巴人政权中的地位又是最尊崇的，此后巴人不断迁徙扩张，直至后来以今重庆为中心建立巴人部族联盟政权，其辖区内的賨（板楯蛮）、獽、夷、蜑、盐神部落等都只是巴人征服后统辖的巴人当地部族，在政治和社会地位上无法与廪君五姓比拟。这种族群内部部族间政治与社会地位的不平等导致部族的积怨加深并引发族群内部的争斗，较典型的事例即秦昭襄王时板楯蛮与廪君蛮的冲突（即文献所载板楯蛮胸忍夷射杀白虎事件）。在巴国灭后的后巴国时代，巴人族群各部族同属于中央王朝治下的臣民，享有朝廷给予巴人的同等政治权利和社会地位，巴人各部族被一起视为巴人，巴人部族间再无差别；但在巴人部族中部族首领的领导地位、巴人部族的社会组织则得以长期保留，因而在巴人族群的部族内部成员间因血统、社会地位的不同部族成员间的社会关系仍是有差异的。尽管如此，对外他们的巴人族群身份则是相同的。

在主体族群地域空间内一般还会存在一个或多个其他族群与之杂居，即前文所说的族群空间重叠现象。主体族群与其他族群在相同区域里相互接触，形成一个综合社会实体，他们在分享该地域空间内各种资源的过程中形成了特定的族群关系，在推动地域族群发展的同时，也维系或促进了地域社会系统和地域生态系统的演进。在族群地域空间系统中，主体族群与其他族群彼此相互适应、相互影响，族群地域空间内其他族群会成为自然环境的一部分。[1]

在巴国时代，巴人地域空间内除巴人族群外，还有楚人、庸人、蜀人、苴人、濮人、共人、奴（卢）人等族群。如前文所述，自西周中期楚人就不断向巴地迁徙扩张，先是在秭归、兴山、巴东、宜昌等地建立夔子国，此后楚人自丹淅之地顺汉水南下，峡江东口江汉平原西部一带巴地春秋时期为楚人所据，此后楚人沿峡江、清江西进，至战国末期楚人甚至溯江而上据有巴

---

① 〔挪威〕弗雷德里克·巴斯主编，马成俊校：《族群与边界——文化差异下的社会组织》，李丽琴译，北京：商务印书馆，2014年，第10页。

都丰都、江州、垫江等地，而在武陵山区则溯澧水、沅水而据有湘西之地，峡江地带、湘西地区出土的楚墓、楚城及其他楚文化遗物即是明证。从考古学文化上看楚文化在区域考古学文化中或占主导地位，或居于次要的地位，而此前这些区域的考古学文化则是以巴文化和区域文化占主导，文化的前后变化反映了在楚人迁入后地域族群构成上的变化，考古学文化的变化本身也是巴人和楚人相互影响和适应的结果。庸人在西周初至春秋前期曾一度控制渝东峡江地带巫溪、巫山、奉节、云阳、万州、开县、梁平等地，在该区域内庸人为统治者，而巴人则是庸人征服后的部族，为适应庸人统治，巴人在文化面貌上会带上庸人文化色彩，只是目前在考古学上还未找到相应证据。至公元前611年，巴、秦、楚联合灭庸后，渝东峡江地段又重新为巴人所有，表现在考古学上则是该地域内春秋战国时期巴文化色彩浓郁，后来随着楚人不断西进，楚文化对地域文化的影响又逐步加深。蜀为巴西境邻国，又同处四川盆地，早在商周时期，巴人与蜀人就有密切的联系，渝东峡江地区的石地坝文化中有成都十二桥文化因素，这类蜀文化因素应该是蜀人在与巴人交往中从蜀地传入的。到巴国时代，巴蜀间征战不休，巴蜀间疆界可能时有变动，因此巴国西部疆界一带多有蜀人活动，而在巴蜀关系缓和时，还有蜀人迁入巴地，如蜀王栾君曾以税氏五十人赠巴王廪君，又阆中灵山曾有开明氏鳖灵庙，鳖灵庙应是迁入阆中的蜀人为祭祖而修建的。蜀人迁入巴地与巴人杂居，对巴文化与蜀文化进一步交流与融合是有推动作用的。苴侯国与巴国西北境相邻，苴侯与巴王交好，为苴人迁入巴地创造了条件，故巴国时代巴人所辖部族中有苴人，他们主要分布于巴国西北境邻近苴侯国地域内与巴人杂居，其身份则是巴人治下的属民。濮人为先秦时期活跃于南方的族群，春秋战国时期随着楚人强势扩张，部分濮人西迁入巴地，在川东、重庆及湘西皆有濮人分布，这些濮人也都是巴人统辖的部族，与其他族群一样也是与巴人杂居的巴国属民。共人为春秋末期随吴王阖闾征楚从越地迁入的，主要分布于嘉陵江、渠江流域，后来可能融入巴人成为板楯蛮七姓中的龚氏。奴人或即卢人，为活动于汉江流域的卢戎后裔，楚据江汉之地，卢人西迁入巴地成为巴人统辖下的属民，主要分布于渠江流域和渝东峡江一带。这些族群入居巴地的最终结果是使巴地族群体趋于多元化，巴地人群由原来单一的巴人族群向多族群转化，社会体系也由单一的巴人族群体系向多族群社会体系演化，地域文化也由单一的巴文化向多族群、多元文化变化，巴人族群生存的社会文化环境呈现出多元性的转变。不过由于巴国时代巴人是巴地实际统治者，巴人和巴文化在巴地的主导性地位仍是其他族群及其文化所无法撼动的。

进入后巴国时代，巴人在巴地的政治主导地位丧失，与巴地其他族群一样成为统一王朝治下的属民，其他族群在政治与社会地位上与巴人居于同等地位，巴人族群发展更多地受到与之杂居的相邻族群的影响。自秦汉以后，中央王朝在巴地设郡县管理，同时又任命巴人部族首领统辖巴人各部，对巴人实行羁縻统治，因此巴人内部部族组织、社会结构得以长期保留，这也是巴人族群长期延续的一个原因。但同时朝廷又通过政区调整与分割强化对巴地的控制，通过移民手段将部分巴人迁出巴地异地安置，又通过多种途径使更多的外来移民进入巴地（外来移民如秦人入迁巴地、汉至唐代汉族移民迁入巴地、西晋僚人迁入巴地等）。巴人迁出和外来移民迁入改变了巴地族群构成，使巴人在地域性人口中的比例下降，相应地外来移民的比例持续增加，由此也导致巴人族群在发展中更多地受到外来移民的融合和同化，在文化面貌上也在悄然发生着变化。如巴地阆中一带汉代房屋建筑虽保留了巴人的阁栏建筑形式，但房屋顶部斗拱与瓦陇结构却带有浓厚的汉式建筑色彩；又如西汉阆中巴人任文孙、任文公为父子二人，但姓氏字辈皆为"子"，这表明当时阆中巴人已使用汉姓，但又汉化不彻底，故此有父子二人字辈相同的情形。[①]再如《华阳国志·巴志》则载东汉时"江州以东，滨江山险，其人半楚，姿态敦重"，因战国末期楚人大举溯江西进，致使秦汉时代峡江地带仍多楚人后裔与巴人杂居，使民风显得敦厚不轻率，颇有楚风；又如前文所述峡江地带汉至六朝考古学文化呈现出巴文化因素逐渐减少，汉文化因素逐渐占据主导的变化趋势。而在巴人迁入地，巴人族群则较多地受到迁入地族群的影响，如曹魏时自汉中迁入陇东略阳的巴人因长期与氐人杂居而融合了氐人风俗，故略阳巴人又有巴氐的称谓；又如西汉初年迁入商洛巴人到南北朝时期已渐趋汉化，如上洛泉氏"世雄商洛"，仲遵"少谨实，涉猎经史"，"虽出自巴夷，而有方雅之操"[②]，又如北魏新蔡郡鲖阳巴人首领董绍"少好学，颇有文义。起家四门博士"[③]，泉氏虽为上洛巴人大姓，董氏为新蔡巴人大姓，二者都因其久居汉地接受汉文化而日渐汉化；再如居于江淮汉沔的巴人历经南北朝的

① 朱圣钟：《"巴人源于古羌人"说质疑——兼与彭官章先生等人商榷》，《西南大学学报（社会科学版）》2009年第5期，第54—58页。
② （唐）令狐德棻等撰：《周书》卷44《泉企传》，第785、788、789页。
③ （北齐）魏收撰：《魏书》卷79《董绍传》，第1758页。

民族杂居融合，到隋代时已是"与夏人杂居者，则与诸华不别"①，这部分巴人已基本融入汉人群体中了。巴人族群文化的这种变化，一定程度上是因为其生存的社会文化环境发生了变化，巴人族群为适应环境变化，族群自身也发生了相应变化，从这个意义上来说，后巴国时代其他族群也是巴人生存环境的一部分。

第三节　作为自然的人——巴人族群与地域环境的互动

　　族群的发展离不开一定的地域空间，也离不开与之杂居共存的其他族群，更离不开其所居处的自然地理环境。如果说其他族群的存在可视为主体族群生存的地域社会文化环境，而其周遭存在和变化着的自然环境则可视为主体族群生存的地域自然环境，它们一起构成了族群产生、生存和发展的外部环境系统。

　　在探讨主体族群与自然环境的关系时，通常是把主体族群作为自然实体的人，即自然环境要素之一来对待的。在巴人族群空间里，主体族群为巴人，正如前文所述，巴人群体因其社会属性而与族群空间内的其他族群有着密切的联系，同时又与巴地域环境之间有着密切的联系，而这种联系随着时间的推移也在发展变化着。历史时期巴人族群与环境的关系，我们可从巴人时代巴地环境对巴人族群的影响、巴人时代环境变化对巴人族群及其分布迁徙的影响、巴人族群对环境的影响三个方面去探寻。

一、巴人时代巴地环境对巴人族群的影响

　　渝、川、陕、鄂、湘、黔毗邻地带巴人聚居区地貌以山地为主，较大山脉有秦岭、大巴山、米仓山、川东平行岭谷区平行山系（如华蓥山、明月山、方斗山等）、巫山、齐岳山、武陵山、大娄山等，较小者则不胜枚举。巴地山地海拔多在 200—3100 米之间，海拔高低悬殊，山岭与河谷相间，地貌形态复杂，这在一定程度上导致巴地气候、植被、动物、水文状况等复杂多样。同时，复杂的地形地貌也为尚武的巴人提供了相对安全的地理屏障②，在交通工具相对落后的巴人时代，巴地"皆在群山万壑之中，然道路险侧，不可以

---

① （唐）魏徵等撰：《隋书》卷 31《地理志》，第 897 页。
② 曾超：《巴人尚武精神研究》，第 53—198 页。

舟车，虽贵人至此，亦舍马而徒行……其险处，一夫当关，万人莫入"①，山川阻隔，交通不便，是影响交通和军事征伐是否顺畅和便捷的重要因素。

山地对巴人聚居地的选择尤为重要。巴人生活与山地密切联系，因此迁至外地的巴人在选择聚居地时，也多以山险之地为其首选。如南朝时期五水蛮、西阳蛮、豫州蛮等廪君蛮后裔多依山川险阻而居，《南史·夷貊传》载荆、雍州蛮"种落布在诸郡县"，"所在多深险"，"宜都、天门、巴东、建平、江北诸郡蛮所居皆深山重阻，人迹罕至焉"。②山地是巴人活动的舞台，也是安全得以保证的屏障。

巴地多为山区，山高坡陡，石多土少。谷地、盆地、中低山和各级台地为高山所环绕，因而受极端气候变化的影响相对较小，由于平地有限故早期巴人多夹江、河而居，这种地形地貌虽不适合大规模农业的开展，却有利于渔猎经济的发展。也由于有山地存在，气候、植被、动物、河流等环境因素也呈现出垂直地带性分异，因而使巴地野生动、植物呈现出多样性特点，野生动、植物资源非常丰富，这又为巴人渔猎、采集和农耕等多种经营的生计方式的形成和延续创造了条件。但同时山地条件在很大程度上制约着巴人农业经济水平的提高，也严重制约着巴人族群自身的生存和发展。

巴人聚居地多为山地，平地少而坡地多，因此在建筑房屋时多因地制宜，依据山势在低处凿出柱洞，垫上柱础，形成底部悬空的吊脚楼建筑。石器时代巴人聚居区就有这种建筑样式出现。③重庆市博物馆收藏的錞于上有"干阑"式房屋图案，四川南充市东汉岩墓石刻浮雕图案中也有干阑建筑，房屋分两层，可沿木梯上下，《华阳国志》载江州"地势侧险，皆重屋累居"④，晋代江州仍有干阑建筑群，《北史·獠传》载"（獠）依树积木，以居其上，名曰干阑，干阑大小，随其家口之数"⑤，唐代巴人后裔仍延续吊脚楼建筑，名曰"阁栏"，《新唐书·南蛮传》载南平獠"人楼居，梯而上，名为干栏"⑥，元稹《酬乐天得微之诗知通州事因成四首》载通州"平地才应一顷余，阁栏都大似巢居"，白居易注载"巴人多在山坡架木为居，自号阁栏头"⑦，则唐代

---

① 高润身主笔，《容美纪游》整理小组：《容美纪游注释》，天津：天津古籍出版社，1991年，第2—3页。
② （唐）李延寿撰：《南史》卷79《夷貊传》，第1980—1981页。
③ 杨华、徐小林、吴义兵：《三峡地区史前人类房屋建筑遗迹的考古发现与研究》，重庆市文物局、重庆市移民局编：《重庆2001三峡文物保护学术研讨会论文集》，第62—75页。
④ （晋）常璩著，刘琳校注：《华阳国志校注》（修订版），第19页。
⑤ （唐）李延寿撰：《北史》卷95《獠传》，第3154页。
⑥ （宋）欧阳修、宋祁撰：《新唐书》卷222《南蛮传》，第6325页。
⑦ （唐）元稹撰：《元氏长庆集》卷21《律诗》，第110页。

通州居民仍以干阑建筑为主。文献提到的干阑、阁栏即早期"巢居",而巢居缘由,张华《博物志》解释为"南越巢居,北朔穴居,避寒暑也"①,巢居不独南越有,巴地和僚人聚居地也有。这种干阑建筑的好处,一是唐宋及其以前巴地野生动物很多,人居楼上可避免兽、虫侵害,保证生命安全;二是巴地森林茂密,有树居和建造干阑建筑的丰富林木资源;三是巴地多山、平地少,巴人因山势建造干阑建筑,一定程度上规避了山地不适于建房的缺陷。当前土家族地区吊脚楼建筑也应是巴人阁栏建筑习俗的遗留。因此山地环境影响到巴人的建筑风格和住居形式。

巴地湿热的气候也影响到巴人房屋建筑方式。巴地地处亚热带季风气候区,温暖湿润的气候致使地面潮湿,为便于通风,巴人用木柱将房屋悬空撑抬起来形成阁栏建筑,改善了地表潮湿的居住环境。至今川、渝两地修建房屋时房基仍会处理成中空形式以防潮,尽管形式不同,其通风防潮的基本原理与巴人阁栏建筑悬空撑抬防潮是一样的。

巴人时代巴地气候与我国历史气候整体变化趋势相合,但局部区域由于地形地貌的影响,其变化过程与全国性气候时段上有些差异,如大宁河大昌盆地公元初至 6 世纪气候较温暖湿润,而同期我国东部气候则相对寒冷。巴地气候变化总体上温暖期比寒冷期要长。巴地气候条件优越,具有冬暖、春早、降水量大、温度高、无霜期长的特点,且气候垂直差异明显,河谷炎热,山地凉爽,适宜各种动植物生长。适宜的水温又是鱼类生长的极佳场所,川江干流和支流蕴藏着十分丰富的鱼类资源,这又是巴人渔业生计方式长期延续的基本前提。因此,适宜的气候条件也是巴人族群生息繁衍的基本条件。

巴人椎髻习俗与巴地湿热气候也有关。黄河中下游地区纬度偏高,气候相对寒冷,北方居民为御寒多着冠。巴地纬度偏低,气候相对湿热,因此巴人发式上多椎髻而不着冠,南北气候差异决定了发饰差异。巴人椎髻形象可从早期巴人遗物上窥见一斑,湖北利川忠路镇战国虎钮錞于②、湖南张家界青天街虎钮錞于③、凤凰岩六屯虎钮錞于④纹饰有椎髻人头像。錞于铸造时代分别为战国、东汉时期。虎钮錞于为巴人特有器物,因此錞于盘上的椎髻造型应该是源自战国、东汉巴人的发饰。南朝江淮汉沔间巴人"衣布徒跣,或椎髻,

---

① (晋)张华撰,范宁校证:《博物志校证》卷 1《五方人民》,第 12 页。
② 中国音乐文物大系总编辑部:《中国音乐文物大系·湖北卷》,第 87 页。
③ 中国音乐文物大系总编辑部:《中国音乐文物大溪·湖南卷》,第 163 页。
④ 中国音乐文物大系总编辑部:《中国音乐文物大溪·湖南卷》,第 180 页。

或翦发"①，椎髻或剪发，巴人椎髻是传统习俗使然，剪发则可能受江淮汉沔间汉人的影响，这些发饰与江淮汉沔间亚热带湿润气候也是紧密相关的。元稹《酬乐天东南行诗一百韵》诗载通州巴人"椎髻抛巾帼"②，表明至唐代通州巴人仍延续椎髻习俗。巴人椎髻不着冠与南方湿热气候是有关系的。

巴人时代巴地森林茂密，森林植被具有调节气候的功能。巴人时代巴地湿热的气候除受纬度和山地地形影响外，与巴地森林植被覆盖良好也有关系。巴地多瘴气就是茂密的森林和湿热气候双重作用的结果。巴地茂密的森林为植食性动物提供了丰富且充足的食物来源，也为野生动物提供了适宜的栖息场所，巴人时代巴地丰富的野生动物资源与巴地茂密的森林也有关系。茂密的森林也为聚居此地的巴人提供了丰富的植物资源，包括食用植物、用材林木、薪炭林、潜在耕地（刀耕火种可让林地变为农田）等，巴人在巴地的生存和发展都直接或间接地有赖于巴地丰富的森林资源。

巴人时代，巴地丰富的动植物资源为巴人采集、狩猎、捕鱼和农耕结合的生计方式的形成和延续奠定了基础。史载"巴賨之境，地多岩崖。水怪木怪，无所不有。民居溪壑，以弋猎为生涯"③。"巴賨之境"指巴地，"水怪木怪，无所不有"是说巴地野生植物资源、动物资源非常丰富，"以弋猎为生涯"是说巴人以狩猎及采集、捕鱼为基本的谋生手段（即生计方式）。巴地丰富的动植物资源是巴人采集、狩猎、捕鱼和少量农耕结合的生计模式存在和延续的前提。巴人时代巴地茂密的亚热带森林为野生动物提供了栖息场所和丰富的食物来源，众多的河流则为水生动物提供广阔的生存场所。茂密的森林也为巴人生存和发展提供了良好的生存环境和植物资源。丰富的野生动物资源为巴人提供了丰富的肉食来源，据动物考古成果统计，巴人时代巴地野生动物种类近30种，主要有华南虎、熊、野猪、狼、狗、豪猪、羊、羚羊、白唇鹿、梅花鹿、水鹿、麂、大角麃、獐、牛、犀牛、圣水牛、河狸、猕猴、华南巨犀、乌龟、秃鹫以及各种鸟类。④正是因为有丰富的动植物资源，居住巴地的巴人部族借以形成以采集、狩猎、捕鱼和少量农耕相结合的生计模式。⑤渠江流域通江、南江、巴中、宣汉、渠县等地采集到的先秦遗物有大量石球、砍砸器、刮削器、陶网坠及少量石斧、石锄，反映渠江流域当地巴人生计方式

---

① （梁）萧子显撰：《南齐书》，第1009页。
② （唐）元稹撰：《元氏长庆集》卷12《律诗》，第65页。
③ （宋）李昉等编：《太平广记》卷458《狗仙山》，第3750页。
④ 王运辅：《三峡地区先秦狩猎经济初探》，李禹阶主编：《三峡考古与多学科研究》，第44—66页。
⑤ 李禹阶、黄晓东：《巴族社会组织的一般性与特殊性》，《巴渝文化》第3辑，第169—177页。

以渔猎采集为主、农业为辅[1]，这与渠江流域动植物资源丰富有关，他们仅通过狩猎、捕鱼和采集就能获得所需生活资料，农耕缺乏原动力，故农耕发展缓慢。战国末期板楯蛮以白竹弩射虎，是其日常狩猎生活的缩影，汉代征巴人为赤甲军，三国延熙年间将涪陵郡豪帅徐、蔺、范五千家移至蜀地为射猎官，诸葛亮征涪陵夷为连弩士，皆是因巴人骁勇善射猎而为之。巴人这种民族特性的形成，乃是源自其日常的狩猎活动，因此巴人善射猎与巴地丰富的野生动物资源是密不可分的。正因为巴人采集、狩猎、捕鱼和少量农耕相结合的生计方式存在及延续，要求巴人部族不断迁徙以获得稳定的食物来源，因此迁徙性也成为巴族的主要习性之一。[2]

以野生动植物为食物而生存的采集、狩猎民不可能以大群体聚居的方式生活在一起，只能是几十人的小群体相距遥远地分散居住，聚落之间往往相距数千米，而且驻地常常迁移，如果长时间居住在一个地方，聚落周围的食物资源就会减少，他们就必须到很远的地方去采集狩猎。[3]因此采集、渔猎经济模式下形成的是一种社会分化较小且人群规模不大的社会形态，大部分采集狩猎社会，人口密度都在平方千米1人以下[4]。巴人人口分布状况大体也是如此，共享、互惠是这种社会形态下主要的分配方式，这大约也是巴国长期部族林立的原因之一。

渝、川、陕、鄂、湘、黔毗邻地带巴地山岭与山岭相连，江河与溪流相间，长江及其支流两岸台地面积狭窄，人类活动空间有限，限制了聚居人群的规模，因而其社会结构较为简单。丰富的陆生动植物资源和水生动物资源使巴人族群的生存条件十分优越，因而缺少发展农业、改进技术的动力，巴地种植农业虽起步早，但发展缓慢，至唐代巴人农耕仍停留在刀耕火种的畲田耕作阶段，生产技术原始粗放，农业发展水平比关中、川西平原和江汉平原都低。因此尽管巴人勇武善战，但由于没有稳定发达的农业和雄厚的经济基础，巴人在与楚、秦、蜀争斗中虽有一时一地的胜利，但整体上却处于劣势，最后在秦、蜀与楚的东西夹击下国势日衰而最终亡国。

一般情况下低纬度地带采集狩猎民依赖植物型食物的量远大于动物型食物，而且植物型食物因季节不同种类不同；而生活在季节变换显著的中、高

---

[1] 郭声波：《四川历史农业地理》，第13、382页。
[2] 管维良：《巫山盐泉与巴族兴衰》，《巴渝文化》第4辑，第79—99页。
[3] 〔日〕秋道智弥、市川光雄、大冢柳太郎编著：《生态人类学》，范广融、尹绍亭译，昆明：云南大学出版社，2006年，第15、21页。
[4] 〔日〕秋道智弥、市川光雄、大冢柳太郎编著：《生态人类学》，范广融、尹绍亭译，第22页。

纬度地带的采集狩猎民为度过严寒的冬天，就必须贮藏大量食物。[1]巴人聚居地属中低纬度地区，四季分明，巴地既有丰富的植物资源，也有丰富的动物资源，在食物贮藏方面，巴人族群可能很早就学会用盐将捕捞的鱼和狩猎所得野生动物腌制后熏制成腊肉贮藏，现在渝、川、陕、鄂、湘、黔毗邻地带居民普遍食用的腊肉、熏肉，其起源或可追溯到巴人时代，因为巴地很早开发井盐，盐是腌制腊肉的基础原料。

巴人时代巴地河流众多，河流中鱼类资源丰富，不仅种类、数量多，且体形巨大，考古发现巴地峡江鱼最大者体长达 1.2 米以上。[2]中堡岛遗址大溪文化遗存中发现 100 多个鱼骨坑，有的深达 1 米多，口径达 2.6 米，坑内鱼鳃骨成堆成片堆积。[3]清水潭遗址大溪文化层和屈家岭文化层也出土较多鱼骨[4]，清江流域香炉石、秭归朝天嘴[5]、重庆忠县哨棚嘴等遗址[6]商周文化层也发现鱼骨和网坠，可见峡江地区鱼类资源极为丰富，捕鱼是当地居民重要的经济行为。当时鱼不仅供食用，鱼鳃骨还被制作卜骨，卜庄河、石门嘴、香炉石等遗址商周卜甲和青鱼鳃盖卜骨即是明证。[7]鱼还被当作随葬品，在大溪[8]、卜庄河、官庄坪、罗坪等遗址都发现鱼骨，特别是大溪遗址 7 座墓葬中均葬有大鱼，长度达 1 米以上。鱼的用途广泛，反映了巴人生活与鱼关系密切。

丰富的动植物资源对巴人房屋建筑形式也有影响。如前文所述，巴地自先秦至唐宋绝大多数地方森林密布，多种野生动物栖息繁衍，巴人干栏（干阑、阁栏）建筑是用柱梁将房基及主体建筑悬空支撑，这样既有利于房底通风，规避潮湿的地气，更有利于躲避野兽虫蛇的攻击，保证有相对安全的住

---

① 〔日〕秋道智弥、市川光雄、大冢柳太郎编著：《生态人类学》，范广融、尹绍亭译，第 21 页。
② 国务院三峡工程建设委员会办公室、国家文物局编著：《秭归何光嘴》，第 118—129 页。
③ 湖北省宜昌地区博物馆、四川大学历史系：《宜昌中堡岛新石器时代遗址》，《考古学报》1987 年第 1 期，第 45—98 页。
④ 湖北省宜昌地区博物馆、四川大学历史系考古专业：《宜昌县清水滩新石器时代遗址的发掘》，《考古与文物》1983 年第 2 期，第 1—17 页。
⑤ 国家文物局三峡考古队：《湖北秭归朝天嘴遗址发掘简报》，《文物》1989 年第 2 期，第 41—51 页。
⑥ 北京大学考古文博学院考古队、重庆市三峡库区田野考古培训班、忠县文物管理所：《忠县沧井沟遗址群哨棚嘴遗址发掘简报》，重庆市文物局、重庆市移民局：《重庆库区考古报告集·1997 卷》，第 610—657 页；北京大学考古文博学院三峡考古队、成都市文物考古研究所、重庆市忠县文物管理所：《重庆市忠县哨棚嘴遗址商周时期遗存》，成都市考古研究所编：《成都考古发现》，第 421—438 页。
⑦ 湖北省清江隔河岩考古队：《湖北清江香炉石遗址的发掘》，《文物》1995 年第 9 期，第 4—28 页。
⑧ 四川长江流域文物保护委员会文物考古队：《四川巫山大溪新石器时代遗址发掘记略》，《文物》1961 年第 11 期。第 15—21 页。

居环境。此外，巴地茂密的森林也为这种木结构房屋提供了的建筑材料，也使阁栏建筑得以长期延续和保留下来。

　　丰富的动物资源为巴人提供了充足的肉食来源。古人肉食取给模式与动物群区系有关，不同动物群区系动物种类的多寡、动物群丰满度等决定着居民可能采取的肉食方式[①]，而渝、川、陕、鄂、湘、黔毗邻地带的巴地动物群属于亚热带森林动物群，同时含少量热带动物种属，动物种类多、数量丰富。通常古人获取肉食资源的方式可分为三种模式：即依赖型、初级开发型、开发型三类。依赖型指人们肉食完全依赖野生动物；初级型指家庭饲养业已出现，但肉食主要来源仍然是野生动物；开发型指家庭饲养业能保证肉食来源，但不排斥一定数量的渔猎[②]。巴人时代巴人获取肉食来源的方式也经历了这三种模式。石器时代至唐代巴地野生动物资源一直很丰富，巴人通过捕鱼和狩猎可直接获得肉食来源，渔猎是非常重要的生产活动，后来随着人口增加，族群构成和族群分布格局发生较大变化后，巴人经济模式也发生变化，牲畜家庭饲养逐渐增多，巴人获取肉食来源的方式向开发型转化。狩猎和牲畜喂养为人类提供了相对稳定的肉食来源，这也可从巴地考古发掘中找到一些线索，巴地很多遗址出土有大量动物骨骸和各种骨角器。这些动物骨骸和骨角器，一部分为早期先民食肉以后的动物弃骨，故骨骸有人为烧烤过的痕迹；另一部分则作为随葬品而遗留下来。其中有大型动物的长骨、牙、肩胛骨、龟腹甲、鱼鳃盖骨、鸟骨、蚌壳、鹿角等，部分动物骨骸还被制成骨器，方便巴地居民的生产和生活，其中生产工具有铲、镞、锯、凿、鱼钩、鱼镖、刀、锉、棒等，武器有镞、枪头、矛等，生活用具有环、指环、簪、镯、珠、锥、笄、坠、针、滑轮、器盖、镈、匕、勺、牙饰、佩饰等，祭祀用品有卜甲和卜骨。[③]巴人渔猎经济和对骨器的使用，有赖于巴地丰富的野生动物资源，体现了人类对环境的适应及对有限资源的充分利用。

　　野生动物皮革是重要的军需品，巴人善用木盾，木盾常用虎皮包裹，南朝江汉平原东部的巴人骁勇善战，"虎皮衣楯"[④]，这也是巴人传统习俗的遗留。

① 武仙竹、卢德佩：《卜庄河遗址动物群研究报告》，国务院三峡工程建设委员会办公室、国家文物局编著：《秭归卜庄河》，第836—878页。
② 袁靖：《论中国新石器时代居民获取肉食资源的方式》，《考古学报》1999年第1期，第1—22页。
③ 杨华、刘前凤、唐备：《长江三峡地区夏商时期骨器的考古发现与研究》，重庆市文物考古所、重庆文化遗产保护中心编：《"早期中国的文化交流与互动——以长江三峡库区为中心"学术研讨会论文集》，第51—63页。
④ （南朝·梁）萧子显撰：《南齐书》卷58《蛮传》，第1009页。

茂密的山林是巴人刀耕火种畲田种植农业存在和发展的前提。畲田耕作之时,"春初斫山,众木尽蹶,至当种时,伺有雨候,则前一夕火之,藉其灰以粪"①。刀耕火种是利用砍倒的林木焚烧后的草木灰粪田,而畲田耕作的前提是有能进行砍畲的林地,而这在巴人时代的巴地并不是问题,因为即便是唐代巴地森林覆盖率还保持在 50%—80%,唐以前巴地森林覆盖率更高。

　　巴地河流众多,河谷地带为巴地地势相对平缓之地,这些地带也是巴人时代巴人分布较为集中的区域。早期巴人分布地可划分为两大类:一类是位于长江支流和溪水流入大江时所形成的冲积台地上,一般离江河水面较高,一般洪水较难到达这一高程,无水患之害,近旁有溪水流过,又解决了水源问题,邻近江河还有一个好处就是可在江河中捕鱼,解决部分肉食来源,很多遗址出土的大量鱼骨就是证明;二类是位于山前的缓坡台地,这类台地有一定面积,高程也较为适中,洪水难以到达,因地势平坦,土层较厚,既适合定居,也适合从事农业生产,这类聚居地还会向高海拔地区扩展,这种变化与人口的增加和耕地向高海拔地区扩展也紧密相关。②因此河流及平缓的河谷地形对巴人聚居地的选择与聚居地的扩展有着直接的影响。

　　因为巴人居住地邻近江河,故巴人族群也被认为原来就是水居民族③,这种说法有一定道理。廪君时代巴人沿夷水而居,能"乘土船","乘土船从夷水至盐阳",盐阳又有"盐水"④,廪君起源地、迁徙路线选择和迁徙地都与河流有关。西周至战国时期巴人活动中心江州、垫江、平都、阆中都处在江河岸,巴人从清江流域和峡江地区迁入四川盆地、汉水流域乃至关中宝鸡一带,也是沿河谷地带逆水或顺水而行的,迁徙路线也与河流密不可分,这与巴人沿水而居,擅长舟楫之利的习性有一定关系。秦汉时期巴人依水而居的习性依然如故,《后汉书》载板楯蛮"阆中有渝水,其人多居水左右"⑤,《风俗通义》⑥、《华阳国志》⑦所记略同,只是称板楯蛮为"賨人""賨民"。南北朝巴人仍多沿水而居,故巴人因居住地又有五溪蛮、武溪蛮、酉溪蛮、五水蛮、溇中蛮、汉沔诸蛮等称谓,名称皆与水相关。与傍水而居相对应的是

① (清)吴之振、吕留良、吴自牧选,(清)管庭芬、蒋光煦补:《宋诗钞》,第 1759 页。
② 马继贤:《关于长江三峡地区古代文化遗址分布的几个特点》,《江汉考古》1988 年第 4 期,第 115—119、114 页。
③ 徐中舒:《巴蜀文化初论》,《论巴蜀文化》,第 1—47 页。
④ 《世本·秦嘉谟辑补本》,(汉)宋衷注,(清)秦嘉谟等辑:《世本八种》,第 334 页。
⑤ (南朝·宋)范晔撰,(唐)李贤等注:《后汉书》卷 86《南蛮西南夷列传》,第 2842 页。
⑥ (汉)应劭撰,王利器校注:《风俗通义校注》,第 491 页。
⑦ (晋)常璩著,刘琳校注:《华阳国志校注》(修订版),第 12 页。

巴人经济生活中离不开捕鱼活动[①]，这在巴地考古中多有验证。也因为傍水而居故形成了巴人有特色的葬俗，如船棺葬、悬棺葬、崖墓、岩墓等，舟船为巴人水上交通工具，巴人死后遂以船为棺[②]，船棺或埋于土中，或置于悬崖峭壁之上为悬棺，后又发展到在悬崖上凿挖墓穴，逐渐形成崖墓、岩墓等新的葬式，这些墓葬多沿河流分布，土坑船棺墓多分布于江河岸边台地上，而悬棺葬、崖墓、岩墓等多在临河悬崖绝壁之上。这些葬俗虽不为巴人所特有，但却是早期巴地居民为适应水居环境而形成的丧葬习俗[③]，是巴人对生存环境适应和改造的结果。在巴人遗物上也有巴人傍水而居的痕迹，虎钮錞于纹饰中多有鱼、船等纹饰，如利川忠路、咸丰墨池寺、秭归马营、松滋蹈池、石门俄公山、张家界青天街、龙山招头寨、凤凰岩六屯、吉首土园、常德、松桃、黔江、秀山、万州、奉节龙包、梁平、安康、邓县禹山庙、柳州等地虎钮錞于都有鱼纹，有的还伴有船纹[④]，这反映巴人是熟悉水性和擅长捕鱼的。也有学者通过民族语言学资料分析认为巴字本身就是南方壮傣语系民族“鱼”的读音，巴族得名与鱼及巴人擅长捕鱼有关。[⑤]民族语言学分析虽不一定可靠，但透露出来的鱼与巴人的关系与虎钮錞于鱼纹大量出现是相呼应的。

巴人时代巴地丰富的矿产资源也是巴人生存和发展不可少的条件。巴地多盐业资源，有井盐、矿盐两类，巴人时代主要开采利用井盐，巫溪宁厂镇、云阳云安镇、开州区温泉镇、万州长滩镇、忠州涂井乡、㽏井镇、彭水郁山镇、富顺县、南部县等处都曾凿井煮盐。有人认为盐业是巴人发展的命脉[⑥]，

---

① 申世放：《巴族鱼文化》，《巴渝文化》第3辑，第223—234页。

② 邓少琴：《巴蜀史稿》，第131页。

③ 根据考古发现和文献记载，历史时期在我国东南沿海一带浙江、福建，内地江西、湖北，以及西南地区重庆、四川、贵州、云南等地，甚至东南亚越南河内、清化，马来西亚、加里曼丹以及菲律宾，都有船棺葬，可见船棺葬分布地域极其广泛，在如此广泛的区域内探讨其族属，显然没有太大意义，某一个单一民族很难形成如此大范围的丧葬文化区；而且，如果是某个单一民族形成的丧葬文化区，这个民族在史籍中没有明确记载是难以想象的。因此要破除定向性思维，即一种文化现象对应一个民族的局限，从环境与人类行为模式的相互关系中去寻找答案，也即是说，在相同或相似环境里，有可能形成相同或相似的文化现象，船棺葬就是古代居于我国南方以及东南亚水居族类适应水居环境而形成的丧葬习俗，民族属性对这种葬俗的形成影响不大。具体到巴人群体，丧葬习俗是水居巴人的葬俗，而不是所有巴人的葬俗，当然它也不是巴人特有的葬俗。

④ 见附表“虎钮錞于及巴地其他类型錞于分布简表”。

⑤ 张勋僚：《荆门出土巴蜀铜戈图铭新探》，李绍明、林向、徐南洲主编：《巴蜀历史·民族·考古·文化》，第197—206页。

⑥ 朱世学：《巴文化与三峡地缘文化的关系探析》，《湖北民族学院学报（哲学社会科学版）》2009年第1期，第34—38页。

甚或认为巴人因盐业而兴，因盐业而衰亡[①]，盐业是否对巴人的兴衰有决定性作用还可讨论，但盐业对巴人发展起到了一定作用是可以肯定的。据前文我们知道，巴人主要生计方式是狩猎、采集、捕鱼和少量农耕结合的复合经济模式，在文献或考古材料中我们没有发现巴人主体经济为盐业经济的普遍性证据，也反映盐业只在局部区域经济中有举足轻重的作用，而就渝、川、陕、鄂、湘、黔毗邻地区的巴地而言，盐产地的分布极为零散，因此我们认为较审慎的看法是盐业为巴人生存和发展起到了一定的促进作用，但其作用不宜过分夸大。巴地产丹砂、水银，巴人时代丹砂及水银产地主要集中在渝东南、湘西和黔东北的武陵山区，丹砂矿为巴人丹砂采挖和水银生产创造了条件，秦朝巴寡妇清即是借由丹砂采挖致富而名扬天下的。巴地丰富的铜矿资源也是巴人青铜时代铜矿业得以发展的前提，巴地商周至汉代大量青铜器物的出现也是以巴地铜矿资源及铜矿的采挖和冶炼为前提的，为巴人青铜文明创造了条件。巴地铁矿为巴地战国以后铁矿业发展奠定了基础，使巴人生产工具、生活器具和武器装备从石器、青铜器转变为铁器成为可能，也为后来农耕中铁农具的使用和农耕生产的发展奠定了基础。根据考古发现，战国至唐代出土铁器中，铁农具有锸、锛、锄、镰、犁等，生活器具有釜、环首刀、刀、凿、锥、斧、削、钉、环、饰件、镜、剪刀、钩、镊等，兵器有镞、剑、矛、鍪、匕首等，尤以铁农具锸较多。铁器的使用推动了巴地农业的发展，也加速了巴人的分化与汉化进程。此外，铅矿、锡矿、金矿、石料等自然资源的开发利用，也都丰富和促进了巴人的经济生活，促进了巴人族群的发展。

综上所述，我们认为巴人族群的生存和发展离不开巴地的生态环境，巴人族群的生存和发展是在充分利用环境条件的基础上获得的。从生态人类学角度看，这也是巴人族群对巴地环境适应后的结果。生态人类学是从生态学领域生发出来的研究方向，采用生态学的理论和方法来研究人类学的问题，在生态学中，适应是生态学研究的中心概念，人类生态学研究人类如何应付环境时，使用了一种比较灵活的适应概念，如哈姆伯格、利埃略、亚当斯、斯洛博德金、梅泽斯、R. 托马斯等将适应概念扩大到包括任何对环境有利的反映。[②]

[①] 白九江：《巴盐与盐巴——三峡古代盐业》，第7—22页；张莉：《巴盐与巴族的兴衰》，《涪陵师范学院学报》2003年第6期，第102—104页。

[②] 〔美〕唐纳德·L. 哈迪斯蒂：《生态人类学》，郭凡、邹和译，北京：文物出版社，2002年，第17页。

在人类适应环境的过程中，食物问题是必须考虑的因素，斯图尔德文化生态学尤为关注人类在适应环境过程中对环境问题的处理，特别是解决人类从所处环境中获取食物的基本方式。[①]巴人在巴地生存和发展中形成的渔猎、采集、捕鱼和农耕相结合的生计方式，也是适应巴地生态环境的结果。

二、环境变化对巴人族群及其分布迁徙的影响

根据美国人类学家斯图尔德的观点，地理上相互联系的自然地理因素的年度变化都是种群分布的决定因素[②]，同样地理环境的年际变化也会对种群分布产生影响，这同样也适用于人类群体。

巴人时代巴地生态环境是有所变化的。从气候变化来看，全新世中期至西周巴地气候温暖，这段时间是巴族从清江流域兴起并逐渐向峡江地带、江汉平原西部、湘西北、重庆、川东北、陕南乃至关中地区迁徙扩张的时期，是巴由部族向部落联盟再向国家转变的时段，也是巴氏族向巴部族再向巴人族群转化的时段。适宜的气候是巴人选择住居地时考虑的一个因素。温暖湿润的气候条件下大多数河流水量较大、水位较高，这为水上航运和交通创造了条件，也为巴人沿水路迁徙创造了条件。温暖湿润的气候也有利于森林植被的保持，茂密的森林又为野生动物提供了充足的食物和良好的栖息地，丰富的野生动植物资源又为巴人狩猎、采集、捕鱼和少量农耕生计方式的形成和延续奠定了基础，并促使巴人族群发展壮大，这又为巴人迁徙扩张提供了充足的人力资源。各种矿产资源，特别是盐业资源、铜矿资源的开发利用，为巴人族群发展提供有力的经济保障，也为巴人军事征伐提供了充足和相对精良的武器装备，为巴人向外迁徙扩张提供了经济和军事保障。

东周至西汉末年巴地气候有一个降温过程，气候变冷虽不至于使巴地地带性森林植被发生太大变化，但对野生植物生长发育是有影响的，这会影响巴人植物性食物资源的采集量。由于气温降低和植物生长受损，又会影响野生动物获取的植物性食物的质量，进而影响野生动物的生长，导致野生动物食物链发育受损，又会影响巴人通过狩猎获取野生动物的数量和质量。气候变冷通常伴随着大气湿度降低，导致降雨量减少，河流总体水量下降，影响水生动物的生存环境，也会影响巴人渔业活动的成效，严重的可能会导致巴人部族食物短缺，影响巴人部族体质和战斗力。东周时期巴人与蜀人、秦人

① 〔美〕唐纳德·L.哈迪斯蒂:《生态人类学》，郭凡、邹和译，第 19、21 页。
② 〔美〕唐纳德·L.哈迪斯蒂:《生态人类学》，郭凡、邹和译，第 10 页。

和楚人在争斗中处于劣势，并最终亡国，与巴地气候变冷导致的一系列环境变化也是有关系的，以往巴史研究很少有人关注到这一点。至于汉代初年部分巴人被迁徙至今安康、商洛及关中地区，部分巴人因为官外迁，则是朝廷为便于控制巴人而采取的政治、军事措施，与巴地环境状况变化无关。

东汉至隋唐时期巴地气候有升温过程，气候较温暖湿润。在暖湿气候条件下巴地森林植被保持良好，植物资源非常丰富，这不仅为野生动物提供了充足的食物和优良的栖息地，湿热的气候也使巴地河流中水量充沛，为水生动物提供了良好的生存环境，也使巴人传统的狩猎、采集和捕鱼生计方式得以延续。湿热的气候也为种植农业发展创造了条件。自战国时期巴国推行农耕政策后①，巴地一些交通发达，水源较好，且聚居有外来移民的河谷地带农耕首先得到发展，汉代以后巴地考古发掘的铁制农具增多就是最好的证明。由于农耕生产所获比狩猎、采集和捕鱼更稳定，因此越来越多的巴人参与农耕，汉至唐代巴地农耕的发展除外来移民的推动外，巴人的参与也起到了很大作用。东汉至唐代巴地湿热的气候也有利于农作物生长，伴随着农耕的发展，巴人传统生计方式中狩猎、采集和捕鱼的重要性逐渐下降，巴人在接受农耕经济的同时也接受了汉文化，巴人汉化趋势越来越明显，到唐代末年巴人作为族群最终消失。东汉至南北朝时期生态环境的变化对巴人综合实力的提升有利，巴人反叛朝廷的次数也相对较多，板楯蛮于东汉建武十八年发动叛乱②，廪君蛮之澧山蛮在建武二十三年、巫蛮在和帝永元十三年先后反叛，朝廷先后将叛乱的澧山蛮、巫蛮迁至长江中游江夏郡境内③；武陵蛮在东汉建武二十三年、肃宗建初元年、肃宗建初三年、和帝永元四年、安帝元初二年先后发生叛乱④；涪陵夷在蜀汉延熙十三年发动叛乱，参与叛乱的五千余家涪陵夷被蜀汉政权西迁至蜀地⑤。这些叛乱的直接结果是许多巴人在战争中或被杀，或被迁出巴地，同时不断有外来移民迁入，巴人在区域性人口比例中相对下降。总体来说，东汉至南朝时期巴地环境的变化虽未直接导致巴地巴人比例下降和巴人汉化，但追根溯源与巴人数量相对下降和汉化仍是有关系的。

---

① 《华阳国志》卷3《蜀志》载杜宇时代，"巴亦化其教而力农务"，学者们推测杜宇时代在战国时代。有些学者据此认为巴人农耕的发展始自战国时代，这种认识并不全面。这里提到的巴"力农务"不是说巴人此前没有农耕，而是说巴国统治阶层此时有意识地推广农耕生产，这必将带动巴地农耕生产的发展。
② （南朝·宋）范晔撰，（唐）李贤等注：《后汉书》卷18《吴汉传》，第683页。
③ （南朝·宋）范晔撰，（唐）李贤等注：《后汉书》卷86《南蛮西南夷列传》，第2841页。
④ （南朝·宋）范晔撰，（唐）李贤等注：《后汉书》卷86《南蛮西南夷列传》，第2831—2833页。
⑤ （晋）常璩著，刘琳校注：《华阳国志校注》（修订版），第37页。

隋唐时期巴地外来移民不断增多，其生计方式为农耕，湿热的气候也有利于农作物生长，对巴地农耕发展起到一定促进作用。巴地农耕多是畲田耕作，农耕对森林植被有一定的破坏。聚居较多外来移民的区域森林植被破坏较严重，局部区域森林覆盖率甚至下降至 50%左右。森林植被遭破坏后，野生动物的食物来源和栖息地相应地减少，这又导致野生动物资源减少，从而影响巴人传统的狩猎、采集、捕鱼生计方式的延续，巴人食物来源更多地依赖农耕，反过来又促进了农耕发展。生计方式转变使巴人失去了赖以存在的经济基础，外来移民增多，巴人与汉人杂居融合使巴人中外来移民血统越来越浓厚，巴人血统逐渐淡化。巴文化在与汉文化及其他族群文化的交流融合中，也逐渐被融合分化，巴地及迁入汉人聚居区的巴人族群文化逐渐融入汉文化系统，而迁入少数民族地区的巴人族群文化则融入迁入地族群文化之中，典型者如巴文化融入土家族文化体系。巴人的族群特征到唐末已逐渐丧失，巴人到唐代末年也完全退出历史舞台，此后巴人只是作为历史名词出现在史籍中。

三、巴人族群对环境的影响

人是能够采用文化手段获取食物和食性极其广泛的杂食动物。人类能模仿大大小小各种各样动物的食性以扩展自身的食性，具有开发获取从地下到水中到陆地的食物的智能、技术和工具的能力。[①]因而人对自然环境有一定的依赖性，同时也具有自我调整、改造自然以改善其生存环境的能力，对环境具有能动性而非完全被动适应的能力。人类对环境的能动适应会对环境施加影响，这在巴人与环境的关系中也有所体现。

巴人在生存发展过程中适应巴地环境，形成狩猎、采集、捕鱼和农耕相结合的复合型生计方式。在这种生计方式下，农耕发展极其有限，加上休耕轮歇，因农耕而遭到破坏的林地在温暖湿润的亚热带气候条件下很快又能形成次生林。从长时段来看，早期农耕对巴人聚居地附近环境的破坏力度轻微，狩猎、采集和捕鱼虽对野生动植物生长有影响，但早期巴人数量少，在狩猎、采集和捕鱼复合型生计方式下，人们对资源的开发还是有节制的。非洲森林部族穆布迪人、阿卡人、俾格米人，一次狩猎、采集或捕鱼只要获得足够两三天的食物后就不再继续，等食物用尽再到森林中去采集或狩猎，而在聚落周围食物资源枯竭前，每隔数周或数月又迁移一次，反复循环[②]，因此在这种

---

① 〔日〕秋道智弥、市川光雄、大冢柳太郎编著：《生态人类学》，范广融、尹绍亭译，第 27 页。
② 〔日〕秋道智弥、市川光雄、大冢柳太郎编著：《生态人类学》，范广融、尹绍亭译，第 14—20 页。

生存模式下人类对环境的破坏较小。早期巴地森林茂密，野生动物资源丰富，河流中水生动物繁多，巴人居住环境与非洲森林部族相似，生计方式与非洲穆布迪等部族相似，因而早期巴人对环境的影响方式和力度也相似，加上亚热带森林环境下生态系统自我修复能力强，因此早期巴人对巴地环境破坏力度较小。巴人生计方式的存在和延续使巴地生态环境总体保持良好。

巴人时代巴人外迁不断改变着巴地的族群构成，也一定程度上减轻了人口对环境的压力，使环境与其承载的压力长期维持在相对均衡的状态，也有利于环境状态的维持。

战国末期巴国灭后亡，巴人发展受到更多的外力影响，巴人外迁即外力影响的具体表现。秦至唐代巴人或因军事征调外迁，或因叛乱而外迁，或因为官外迁，或因强制性移民而外迁，巴人的外迁使巴地巴人数量减少，巴地族群构成中巴人比例减少。如东汉建武二十三年廪君巴中渡山蛮叛乱平定后，7000余人被徙至江夏郡；东汉末年曹操据有汉中，将汉中巴人500余家北迁略阳；三国蜀汉延熙年间涪陵夷叛乱后，涪陵夷5000余家被西迁至蜀地。骁勇善战的巴人还是朝廷的重要兵源，常备军如汉代赤甲军，蜀汉、西晋时连弩士，巴人都是其中重要的成员，至于战时征调则更多。这些外迁巴人许多并未返回巴地，他们在扩展巴人分布地域的同时，对巴地族群构成、巴人数量改变产生影响。巴地族群构成中巴人比例下降，巴人传统生计方式对环境的影响力减弱，有利于良好生态环境的延续；巴人数量下降又使巴人对环境产生的压力下降，对生态系统自我调控的干扰降低，有利于生态环境恢复和完善，使巴地生态环境保持在良好的状态下。

纵观巴地环境变化的原因，我们发现外来移民扮演了非常重要的角色。巴人在与外来移民聚居融合后逐步汉化，汉化后的巴人对环境施加的压力呈现逐渐增大的趋势。

巴人多延续狩猎、采集、捕鱼和农耕相结合的生计方式，而外来移民（主要是汉人）主要生计方式为农耕。如前文所述，采集狩猎开发地域通常在以10公里为半径的范围内，或是以2小时步行路途为半径的范围内。大多数农耕群体开发地域通常在5公里或1小时步行路途半径范围内。显然采集狩猎为生的人活动地域要比以农耕为生的人广，而具体到族群，又与族群规模相关，部族人数越多，活动地域会更广。不同生计方式的人群活动地域上有差异，对环境的破坏力度也不同。采集、狩猎为生的族群如巴人因食物多来自森林，故他们很少采取措施改变森林面貌。农耕民则多把森林视为可开垦的荒地及建筑材料、柴薪和各种生活工具的源地，森林不过是被植被覆盖的土地而已，他们致力于改变自然，除去森林植被而栽种粮食植物[①]，其结果是直接改变了森林面貌，导致地域环境改变甚至出现生态环境问题。

春秋战国时期已有外来移民进入巴地。春秋时期楚人自江汉平原沿长江三峡水道西进，改变了峡江地带的族群构成，也将农耕为主的生计方式带入峡江地区。秦汉魏晋南北朝时期峡江地区外来移民持续增多，这一时段峡江地区考古学文化中当地文化逐渐消退、汉文化逐渐成为主流文化的变化正是外来移民增多后的结果。随之而来的变化是峡江地区居民中巴人渐次汉化，农耕也逐渐成为峡江地区外来移民和汉化巴人最主要的生计方式。由此也引发峡江地区人类聚居区内森林植被萎缩和野生动物资源的消耗，汉晋峡江地区考古遗存中野生动物种类减少，人工驯养动物种类逐渐增多的变化正是地域性环境发生变化后的结果，这是汉人不断迁入和巴人汉化，导致峡江地区居民生计方式发生改变后的必然结果。

嘉陵江流域、渠江流域较长时间内一直是巴人板楯蛮的主要聚居地。汉代以后随着外来移民增多，汉文化因素随之增多，巴人逐渐汉化，这在嘉陵江、渠江流域汉代墓葬中也有所体现。两晋时期部分北方流民迁入四川盆地，其中部分汉人进入嘉陵江流域；唐代安史之乱后又有大量汉人进入四川盆地，也有不少汉人进入巴地山林中成为流民，时称"逃户"。因为外来移民的迁入，原来板楯蛮的狩猎、采集、捕鱼和农耕并存的复合型生计方式逐渐为农耕为主的生计方式取代，这种转变首先发生在汉人聚居区，后逐渐向巴人聚居区扩展。与生计方式转变相对应，外来移民和汉化巴人对森林的破坏力度加强，影响范围加大，导致森林植被萎缩，有的区域森林覆盖率下降至 50%，而早期巴地森林覆盖率在 80% 以上，环境状态已发生较大改变。与森林植被萎缩相对应，野生动物分布地和野生动物数量也相应减少。生计方式变革造成环境的压力增大也是巴地环境产生变化的重要原因。

巴地居民的农耕主要采取刀耕火种的耕作方式，这种耕作方式对森林的破坏没有明清南方山地垦殖运动兴起后农耕的破坏那么大。据尹绍亭对基诺族畲田的研究，旱稻亩产最高可达 1000 斤，一般在 200—500 斤，刀耕火种耕作方式下农作物收成与固定耕地精耕细作农田收成相差不大；土地抛荒后在湿热气候条件下 10—30 年后次生林木又形成森林，环境面貌又恢复成森林

[①]〔日〕秋道智弥、市川光雄、大冢柳太郎编著：《生态人类学》，范广融、尹绍亭译，第 22 页。

状态；刀耕火种的粗放耕作方式还可节省人力，使当地居民有更多时间从事其他诸如狩猎、捕鱼和采集等经济活动。[1]在这种畲田耕作方式和休耕耕作制度下，农耕对森林的破坏较少，因此茂密的森林、丰富的动物资源、湿热的气候条件是刀耕火种方式存在的生态基础。与基诺族采用相同耕作方式的巴人地区，刀耕火种对森林植被和野生动物资源的消耗也是有限的，因而巴地总体环境面貌应比现在要好得多。但巴人时代，渝、川、陕、鄂、湘、黔交界地带环境退化过程已经开始，巴人在这个变化过程中也起到了一定推动作用。

从生态人类学角度来说，每种族群文化所处的生存环境，除了无机环境和生命环境外，还包括社会环境，三个层面的总和才是该族群的生境。[2]巴人生境除前面提到的自然环境外，还包括社会环境，或称为文化生境。巴国时代巴人并非一个单一部族，而是以巴族为主体形成族群，其内部含多个部族。巴国灭亡后，巴地除巴人部族外，又增加了外来移民，如春秋战国时期的楚人、蜀人、秦人，两汉至西晋的汉人，西晋末年从南中北迁入巴地的僚人，南北朝时期还有从北方南下的羌人、汉人，唐代中期以后迁入巴地的汉人。因此从巴地族群构成来说，不同于巴人族群的自然人群随着时代推移逐年增加，特别是汉人群体增加迅速，而作为当地族群的巴人则相对减少，巴人的文化生境越来越艰难，巴人在地域人群的竞争和对抗中处于劣势[3]，失去了在其所处环境中生存和稳定延续的能力。[4]其生存空间逐步被压缩，最后多数巴人融合到强势族群汉人中。因此巴人的最终消亡，除了自然环境因素的制约外，其文化生境的恶化也是重要的原因。

第四节　巴人族群生态系统模型

据 F. G. 费德勒的观点，特定区域的人类生态系统由主体文化系统、相联系的其他文化系统，以及动物、植物、气候、陆地、空间维度、时间维度等要素构成，各要素间相互联系、相互影响。[5]在这个人类生态系统中，空间

---

[1] 尹绍亭：《基诺族刀耕火种的民族生态学研究》，《农业考古》1988 年第 1 期，第 318—334 页。

[2] 杨庭硕等：《生态人类学导论》，北京：民族出版社，2007 年，第 70 页。

[3] 〔美〕唐纳德·L. 哈迪斯蒂：《生态人类学》，郭凡、邹和译，第 31 页。

[4] 杨庭硕等：《生态人类学导论》，第 67 页。

[5] D. A. Davids, M. L. Shackley, *Geoarchaeology: Earth Science and the Past.* London: Duckworth, 1976, p.24.

维度指具有三维空间特性的、紧密联系的区域或空间；时间维度指生态系统历经时间长河的状态轨迹（人类生态系统的历史变化）；主体文化系统、相联系的其他文化系统指为地域人类生态系统中共存且相互影响的人类文化系统。其中主体文化系统是地域空间内居于主导地位的人群构建的文化系统。而其他文化系统是地域空间内居于从属地位的人群构建的文化系统，文化系统是与环境系统相对应的要素；动物、气候、植物皆为与人类文化系统相对却又有密切联系的、相互间也有密切联系的自然环境要素；陆地要素应包括地表和地下的所有陆地要素，具体到内陆地区应包括地形地貌、河流、矿产等自然要素。

　　F. G. 费德勒的这个人类生态系统模型，主要是从生态人类学角度阐释特定人群文化与生态环境的关系问题。他是在考古学研究中进行地层分析时提出这个系统模型的，借以阐释考古学文化与环境的关系。有中国学者曾在讨论峡江地区人地关系时引入了 F. G. 费德勒的这个人类生态系统模型，但对这个系统模型原型进行了修改，在系统中增加了"河流"生态要素，同时又去掉原系统中的空间维度和时间维度要素，只是构建了渝东峡江地区静态的人类生态系统模型。[①]

　　通过前文对巴人族群地域空间、巴地环境及其相互关系的讨论，我们认为完全可以采用 F. G. 费德勒的人类生态系统模型来阐释巴人族群与环境的关系。涉及巴人和巴人地区，空间维度实际就是巴人族群空间，即巴人生息的地域空间；时间维度包含了巴人族群地域空间、巴人族群、其他族群、环境要素历史时期的变化，时段从先秦时期延续到巴人族群消亡的唐代末年；主体文化系统我们用主体族群来更替，因为主体文化是由主体族群缔造的，而巴地主体文化的缔造者为巴人族群，因此以用巴人族群来替代巴人主体文化在理论上是能成立的，同理相联系的其他文化系统也可用"其他族群"来替代。自然环境要素中，动物、植物、气候、地形地貌等要素在巴地巴人发展过程中影响较大，因此他们也应是巴人族群生态系统中的构成要素；河流在巴人族群发展中也起到了很大的作用，因此河流也是巴人族群生态系统中的构成要素；此外，矿产资源及其开发对巴人发展也起到了很大的影响，因此在构建巴人族群生态系统时，我们将"矿产"也纳入自然地理要素中，而矿产属于地下资源，也是隐含在 F. G. 费德勒的陆地概念中的。因此，我们结

[①] 史威、朱诚、王富葆，等：《渝东峡江区全新世环境考古与环境变迁研究现状》，《长江流域资源与环境》2007 年第 2 期，第 222—226 页。

合巴人族群发展的实际情况，运用人类生态系统理论模型，可构建巴人族群生态系统模型如下，这个模型也较为直观地阐释了巴人族群与环境的关系问题（图 8-1）。

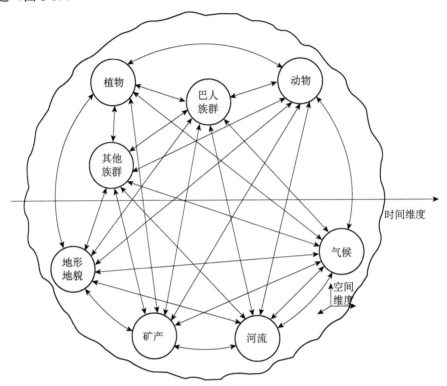

图 8-1　巴人族群生态系统模型图

说明：生态系统模型图基本框架源自 D. A. Davids, M. L. Shackley 编著 *Geoarchaeology: Earth Science and the Past*（London：Duckworth，1976）第 24 页中 Figure 1. A static and simplified model of human ecosystem。绘制此图时将原图中 Land 因素分解出地形地貌、矿产、河流等三大因素，保留了原来植被、动物两大因素，given culture system 更改为"巴人族群"，alien culture systems 更改为"其他族群"，原图中系统边界、时间维度、空间维度等要素予以保留。此图虽源于原图，却根据本书需要对原系统模型图构成要素做了必要的修改增补。

主要参考文献

一、古代文献

（北齐）魏收撰：《魏书》，北京：中华书局，1974 年。

（北魏）崔鸿撰：《十六国春秋》，文渊阁四库全书本。

（北魏）郦道元注，（民国）杨守敬、熊会贞疏，段仲熙点校，陈桥驿复校：《水经注疏》，南京：江苏古籍出版社，1989 年。

（北魏）郦道元著，（清）王先谦校：《水经注》，成都：巴蜀书社，1985 年。

（北魏）郦道元著，（清）王先谦校：《合校水经注》，北京：中华书局，2009 年。

（东汉）班固撰，（唐）颜师古注：《汉书》，北京：中华书局，1962 年。

（东汉）刘珍等撰，吴树平校注：《东观汉记校注》，北京：中华书局，2008 年。

（东汉）宋衷注，（清）秦嘉谟等辑：《世本八种》，北京：中华书局，2008 年。

（东汉）王符著，（清）汪继培笺，彭铎校正：《潜夫论笺校正》，北京：中华书局，1985 年。

（东汉）许慎撰，（清）段玉裁注：《说文解字注》，上海：上海古籍出版社，1988 年。

（东汉）应劭撰，王利器校注：《风俗通义校注》，北京：中华书局，1981 年。

（东汉）郑玄注，（唐）贾公彦疏：《周礼注疏》，文渊阁四库全书本。

（汉）戴德撰，（西魏北周）卢辩注：《大戴礼记》，长沙：商务印书馆，1937 年。

（汉）刘安撰，（东汉）高诱注：《淮南子》，北京：中华书局，1954 年。

（汉）刘熙撰：《释名》，北京：中华书局，1985 年。

（汉）刘向编，（东汉）王逸注，陈深批点：《楚辞章句》，明万历时期凌氏朱墨套印本。

（汉）刘向集录：《战国策》，上海：上海古籍出版社，1985 年。

（汉）刘向撰，向宗鲁校证：《说苑校证》，北京：中华书局，1987 年。

（汉）史游撰：《急就篇》，长沙：岳麓书社，1989 年。

（汉）司马迁撰：《史记》，北京：中华书局，1959 年。

（汉）扬雄撰，（明）郑朴辑：《蜀王本纪》，壁经堂丛书本。

（后晋）刘昫等撰：《旧唐书》，北京：中华书局，1975 年。

（晋）常璩著，任乃强校注：《华阳国志校补图注》，上海：上海古籍出版社，1987 年。

（晋）常璩著，刘琳校注：《华阳国志校注》（修订版），成都：成都时代出版社，2007 年。

（晋）陈寿撰，（南朝·宋）裴松之注：《三国志》，北京：中华书局，1959 年。

（晋）干宝撰，汪绍楹校注：《搜神记》，北京：中华书局，1979 年。

（晋）郭璞注，（唐）陆德明音义，（宋）邢昺疏：《尔雅注疏》，文渊阁四库全书本。

（晋）皇普谧撰：《帝王世纪》，上海：商务印书馆，1936 年。

（晋）张华撰，范宁校证：《博物志校证》，北京：中华书局，1980 年。

（民国）蔡仁辉纂修：《岑巩县志》，《中国地方志集成·贵州府县志辑》第 16 册，成都：巴蜀书社，2006 年。

（民国）郭凤洲、柴守愈、刘定铎，等纂：《续修南郑县志》，民国十年（1921 年）刻本。

（民国）吕调元、刘承恩、张忠炘，等纂：《湖北通志》，民国二十三年（1934 年）上海商务印书馆影印本。

（民国）王安镇修，夏璜纂：《潼南县志》，民国四年（1915 年）刻本。

（民国）吴剑佩、陈整修，舒立淇纂：《溆浦县志》，民国十年（1921 年）活字本。

（民国）杨化育修，覃梦松：《民国沿河县志》，《中国地方志集成·贵州府县志辑》第 45 册，成都：巴蜀书社，2006 年。

（民国）张礼纲修，黎民怡等纂：《民国德江县志》，《中国地方志集成·贵州府县志辑》第 47 册，成都：巴蜀书社，2006 年。

（民国）周国华等修，冯翰先等纂：《民国石阡县志》，《中国地方志集成·贵州府县志辑》第 47 册，成都：巴蜀书社，2006 年。

（民国）朱世镛、黄葆初修，刘贞安等纂：《云阳县新志》，民国二十四年（1935 年）铅印本。

（明）曹学佺撰，刘知渐校注：《蜀中名胜记》，重庆：重庆出版社，1984 年。

（明）曹学佺撰：《蜀中广记》，《四库全书珍本初集》，民国商务印书馆景印故宫博物院藏文渊阁本。

（明）陈洪谟纂修：《常德府志》，《天一阁藏明代地方志选刊》，上海：上海古籍书店，1963 年景印本。

（明）陈继儒撰：《虎荟》，上海：商务印书馆，1936 年。

（明）邝露撰：《赤雅》，知不足斋本。

（明）李贤等撰：《明一统志》，西安：三秦出版社，1990年。

（明）田汝成撰：《炎徼纪闻》，嘉业堂丛书本。

（明）吴守忠编辑，（明）卢国祯校次：《三峡通志》，北京：中国书店，1995年。

（明）夏原吉等纂修：《寰宇通志》，玄览堂丛书续集本。

（明）谢肇淛撰：《滇略》卷，文渊阁四库全书本。

（明）杨逢春修，方鹏纂：《昆山县志》，天一阁藏明代方志选刊本，1963年。

（明）杨慎编，刘琳、王晓波点校：《全蜀艺文志》，北京：线装书局，2003年。

（南朝·梁）任昉撰：《述异记》，清光绪元年（1875年）湖北崇文书局刻本。

（南朝·梁）沈约原著：《竹书纪年集解》，上海：广益书局，1936年。

（南朝·梁）沈约撰：《宋书》，北京：中华书局，1974年。

（南朝·梁）陶弘景集，尚志钧辑校：《名医别录》（辑校本），北京：人民卫生出版社，1986年。

（南朝·梁）陶弘景编，尚志钧、尚元胜辑校：《本草经集注》（辑校本），北京：人民卫生出版社，1994年。

（南朝·梁）萧统编，（唐）李善注：《文选注》，文渊阁四库全书本。

（南朝·梁）萧子显撰：《南齐书》，北京：中华书局，1972年。

（南朝·宋）范晔撰，（唐）李贤等注：《后汉书》，北京：中华书局，1965年。

（南朝·宋）何法盛撰：《晋中兴书》，光绪广雅丛书本。

（南朝·宋）刘义庆著，（南朝·梁）刘孝标注，余嘉锡笺疏，周祖谟、余淑宜、周士琦整理：《世说新语笺疏》，北京：中华书局，2007年。

（清）毕沅校注：《墨子》，清乾隆四十九年（1784年）灵岩山馆刻本。

（清）毕沅撰：《关中胜迹图志》，扬州：广陵书社，2003年。

（清）李瀚章等修，曾国荃等纂：《湖南通志》，清光绪十一年（1885年）刻本。

（清）蔡宗建修，龚传坤等纂：《乾隆镇远府志》，《中国地方志集成·贵州府县志辑》第16册，成都：巴蜀书社，2006年。

（清）曾秀翘修，杨德坤等纂：《奉节县志》，清光绪十九年（1893年）刻本。

（清）常明等修，杨芳灿、谭光祜等纂：《四川通志》，清嘉庆二十一年（1816年）刻本。

（清）陈焯编：《宋元诗会》，文渊阁四库全书本。

（清）陈鸿作等修，杨大诵、易燮尧等纂：《黔阳县志》，清同治十三年（1874年）刻本。

（清）陈熙晋纂修：《道光仁怀直隶厅志》，《中国地方志集成·贵州府县志辑》第39册，成都：巴蜀书社，2006年。

（清）程恩泽等撰：《国策地名考》，《续修四库全书本》第 422 册，上海：上海古籍出版社，2002 年。

（清）崔述撰，顾颉刚编订：《崔东壁遗书》，上海：上海古籍出版社，1983 年。

（清）丁谦撰：《宋书夷貊传地理考证》，《浙江图书馆丛书》第 1 集，民国四年（1915年）浙江图书馆校刊本。

（清）董诰等编：《全唐文》，北京：中华书局，1983 年。

（清）多寿、罗凌汉等纂修：《恩施县志》，《中国方志丛书》第 356 号，台北：成文出版社有限公司，1975 年。

（清）恩成修，刘德铨：《夔州府志》，清道光七年（1827 年）原刻本。

（清）傅泽洪主编，（清）郑元庆编辑：《行水金鉴》，文渊阁四库全书本。

（清）高培毂修，刘藻纂：《西充县志》，清光绪二年（1876 年）刻本。

（清）高士奇撰：《春秋地名考略》，《景印文渊阁四库全书》，台北：商务印书馆，1986 年。

（清）高维岳修，魏远猷等纂：《大宁县志》，清光绪十一年（1885 年）刻本。

（清）高学濂纂修：《江安县志》，清道光九年（1829 年）刻本。

（清）顾栋高辑，吴树平、李解民点校：《春秋大事表》，北京：中华书局，1993 年。

（清）顾祖禹撰，贺次君、施和金点校：《读史方舆纪要》，北京：中华书局，2005 年。

（清）郝大成修，王师泰等纂：《乾隆开泰县志》，《中国地方志集成·贵州府县志辑》第 19 册，成都：巴蜀书社，2006 年。

（清）郝懿行撰：《尔雅义疏》，上海：上海古籍出版社，1983 年。

（清）何秋涛撰：《王会篇笺释》，上海：上海古籍出版社，2002 年。

（清）胡渭著，邹逸麟整理：《禹贡锥指》，上海：上海古籍出版社，2006 年。

（清）黄教镕、黄文桐修，陈保真、彭日晓纂：《重修龙阳县志》，清光绪元年（1875年）刻本。

（清）黄廷桂等修，张晋生等纂：《四川通志》，清乾隆元年（1736 年）补版增刻本。

（清）惠栋撰：《惠氏春秋左传补注》，文渊阁四库全书本。

（清）霍为棻等修，熊家彦等纂：《巴县志》，清同治六年（1867 年）刻本。

（清）江锡麒修，陈崑纂：《云阳县志》，清咸丰四年（1854 年）刻本。

（清）姜大定修，尹袭澍纂：《安福县志》，《中国地方志集成·湖南府县志辑》第 79 册，南京：江苏古籍出版社，2002 年。

（清）姜由范等修，王镛等纂：《定远县志》，清光绪元年（1875 年）刻本。

（清）蒋琦溥原本，林书勋续修，张先达续纂：《乾州厅志》，清同治十一年（1872 年）修，光绪三年（1877 年）续修刻本。

（清）蒋深纂：《康熙思州府志》，《中国地方志集成·贵州府县志辑》第 15 册，成都：巴蜀书社，2006 年。

（清）金蓉镜纂辑：《湖南省靖州乡土志》，《中国方志丛书》第 296 号，台北：成文出版社有限公司，1975 年。

（清）敬文等修，徐如澍纂：《民国铜仁府志》，《中国地方志集成·贵州府县志辑》第 45 册，成都：巴蜀书社，2006 年。

（清）黎学锦修，史观纂：《保宁府志》，道光元年（1821 年）刻本二十三年（1843 年）补刻本。

（清）李溶、余文焕修，李榕纂：《剑州志》，清同治十二年（1873 年）刻本。

（清）李台修，王孚镛纂：《嘉庆黄平州志》，《中国地方志集成·贵州府县志辑》第 20 册，成都：巴蜀书社，2006 年。

（清）连山等修，李友梁等纂：《巫山县志》，清光绪十九年（1893 年）刻本。

（清）林继钦、龚南金修，袁祖寿等纂：《保靖县志》，清同治十年（1871 年）刻本。

（清）林佩纶等修，杨树琪等纂：《光绪续修天柱县志》，《中国地方志集成·贵州府县志辑》第 22 册，成都：巴蜀书社，2006 年。

（清）林翼池修，蒲又洪纂：《来凤县志》，《故宫珍本丛刊·湖北府州县志辑》第 13 册，海口：海南出版社，2001 年。

（清）刘鹗撰：《铁云藏龟》，上海：上海古籍出版社，1995 年。

（清）刘绍文修，洪锡畴纂：《城口厅志》，清道光二十四年（1844 年）刻本。

（清）刘于义修，沈青崖纂：《陕西通志》，清雍正十三年（1735 年）刻本。

（清）吕绍农等修，王应元、傅炳墀等纂：《涪州志》，清同治九年（1870 年）刻本。

（清）马骕撰，王利器整理：《绎史》，北京：中华书局，2002 年。

（清）迈柱等修，夏力恕等纂：《湖广通志》，清雍正十一年（1733 年）刻本。

（清）潘永因编，刘卓英点校：《宋稗类钞》，北京：书目文献出版社，1985 年。

（清）平翰等修，郑珍、莫友芝纂：《道光遵义府志》，《中国地方志集成·贵州府县志辑》第 32 册，成都：巴蜀书社，2006 年。

（清）秦湘修，杨致道、郑国榴纂，瞿树荫等增修，罗增垣等增纂：《合江县志》，清同治十年（1871 年）增刻本。

（清）仁宗敕撰：《嘉庆重修一统志》，上海：上海书店，1984 年。

（清）阮元校刻：《十三经注疏》，北京：中华书局，1980 年。

（清）宋翔凤撰，梁运华点校：《过庭录》，北京：中华书局，1986 年。

（清）孙炳煜纂修：《会同县志》，《中国方志丛书》第 289 号，台北：成文出版社有限公司，1975 年。

（清）孙希旦撰，沈啸寰、王星贤点校：《礼记集解》，北京：中华书局，1989 年。

（清）田秀栗、徐浚镛修，徐昌绪、蒋履泰增纂：《丰都县志》，清光绪十九年（1893年）续重刻同治本。

（清）汪立名编：《白香山诗集》，文渊阁四库全书本。

（清）王鳞飞等修，冯世瀛、冉崇文纂：《增修酉阳直隶州总志》，清同治二年（1863）刻本。

（清）王梦庚修，寇宗纂：《重庆府志》，清道光二十三年（1843 年）刻本。

（清）王谟辑：《汉唐地理书钞》，北京：中华书局，1961 年。

（清）王瑞庆等修，徐畅达等纂：《南部县志》，清道光二十九年刻本，同治九年（1870年）承绶、李咸若增刻本。

（清）王寿松修，李稽勋纂：《秀山县志》，清光绪十八年（1892 年）刻本。

（清）王先慎撰，钟哲点校：《韩非子集解》，北京：中华书局，2003 年。

（清）王懿荣藏，唐兰释：《天壤阁甲骨文存并考释》，《甲骨文研究资料汇编》第 14 册，北京：北京图书馆出版社，2000 年。

（清）魏元燮、花映均修，耿光祜纂：《隆昌县志》，清同治元年（1862 年）刻本。

（清）文康修，廖朝翼纂，施学煌续修，敖册贤续纂：《荣昌县志》，清光绪十年（1884年）刻本。

（清）吴葆仪修，王严恭纂：《郧阳府志》，清同治九年（1870 年）郧山书院刻本。

（清）吴从谦修，潘应斗、潘应星纂：《武冈州志》，清康熙二年（1663 年）刻本。

（清）吴章祁等修，顾士英等纂：《蓬溪县志》，清道光二十五年（1845 年）刻本。

（清）吴宗周修，欧阳曙纂：《湄潭县志》，清光绪二十五年（1899 年）刻本。

（清）李钟峨纂修，锡檀修，陈瑞生、邓范之续纂：《通江县志》，清道光二十八年（1848年）刻本。

（清）席绍葆等修，谢鸣谦、谢鸣盛纂：《辰州府志》，清乾隆三十年（1765 年）刻本。

（清）夏修恕、周作楫修，萧琯、何廷熙纂：《道光思南府续志》，《中国地方志集成·贵州府县志辑》第 46 册，成都：巴蜀书社，2006 年。

（清）熊启咏撰：《建始县志》，《中国方志丛书》第 354 号，台北：成文出版社有限公司，1975 年。

（清）徐鋐修，萧琯纂：《道光松桃厅志》，《中国地方志集成·贵州府县志辑》第 46 册，成都：巴蜀书社，2006 年。

（清）徐会云等修，刘家传等纂：《辰溪县志》，清道光元年（1821 年）刻本。

（清）徐容修，李迪等纂：《甘肃通志》，清乾隆元年（1736 年）刻本。

（清）杨廷烈纂修：《房县志》，《中国方志丛书》第 329 号，台北：成文出版社有限公司，1976 年。

（清）余良栋修，刘凤苞纂：《湖南省桃源县志》，台北：成文出版社有限公司，1970 年。

（清）余思训修，陈凤鸣纂：《湖北省归州志》，台北：成文出版社有限公司，1975 年。

（清）禹坡纂辑：《嘉庆仁怀县草志》，《中国地方志集成·贵州府县志辑》第 38 册，成都：巴蜀书社，2006 年。

（清）俞渭修，陈瑜纂：《光绪黎平府志》，《中国地方志集成·贵州府县志辑》第 17 册，成都：巴蜀书社，2006 年。

（清）袁凤孙修，陈榕等纂：《南充县志》，清嘉庆十八年刻本，咸丰七年（1857 年）洪璋增刻本。

（清）张官五等纂修，吴嗣仲续修：《同治沅州府志》，《中国地方志集成·湖南府县志辑》第 66 册，南京：江苏古籍出版社，2002 年。

（清）张甲龙等修，龚世莹等纂：《四川省彭县志》，《中国方志丛书》第 391 号，台北：成文出版社有限公司，1976 年。

（清）张九章修，陈藩垣、陶祖谦等纂：《黔江县志》，清光绪二十年（1894 年）刻本。

（清）张利贞修，黄靖图纂：《富顺县志》，清道光七年（1827 年）刻本。

（清）张澍撰：《蜀典》，文渊阁四库全书本。

（清）张天如原本，魏式曾增修，郭鉴襄增纂：《永顺府志》，清同治十二年（1873 年）增刻乾隆本。

（清）张映蛟等修，俞克振等纂：《湖南省晃州厅志》，《中国方志丛书》第 315 号，台北：成文出版社有限公司，1975 年。

（清）张梓修，张光杰纂：《湖北省咸丰县志》，《中国方志丛书》第 340 号，台北：成文出版社有限公司，1975 年。

（清）赵炳然、陈廷钰纂修：《纳溪县志》，民国二十六年（1937 年）年铅印本。

（清）赵亨钤修，熊国夏、王师麟纂：《永定县志》，清嘉庆二十一年（1816 年）修，道光三年（1823 年）刻本。

（清）赵沁修，田榕纂：《乾隆玉屏县志》，《中国地方志集成·贵州府县志辑》第 47 册，成都：巴蜀书社，2006 年。

（清）赵一清撰：《水经注笺刊误》，清光绪六年（1880 年）章氏刻本。

（清）赵宜霖修，游玉堂纂：《嘉庆正安州志》，《中国地方志集成·贵州府县志辑》第 40 册，成都：巴蜀书社，2006 年。

（清）郑逢元纂：《康熙平溪卫志书》，《中国地方志集成·贵州府县志辑》第 47 册，成都：巴蜀书社，2006 年。

（清）周澄修，张乃孚等纂：《合州志》，清乾隆五十四年（1789 年）刻本。

（清）朱肇奎等修，陈崑等纂：《开县志》，清咸丰三年（1853 年）刻本。

（清）庄定域修，支成祜等纂：《彭水县志》，清光绪元年（1875 年）刻本。

（宋）陈师道撰，李伟国点校：《后山谈丛》，北京：中华书局，2007 年。

（宋）邓名世撰：《古今姓氏书辨证》，上海：商务印书馆，1937 年。

（宋）董逌撰：《广川画跋》，十万卷楼丛书本。

（宋）范成大撰，孔凡礼点校：《范成大笔记六种》，北京：中华书局，2002 年。

（宋）范处义撰：《诗补传》，文渊阁四库全书本。

（宋）郭允蹈撰：《蜀鉴》，长沙：商务印书馆，1937 年。

（宋）洪适撰：《隶释·隶续》，北京：中华书局，1985 年。

（宋）洪迈撰，何卓点校：《夷坚志》，北京：中华书局，1981 年。

（宋）洪迈撰，孔凡礼点校：《容斋续笔》，北京：中华书局，2005 年。

（宋）乐史撰，王文楚等点校：《太平寰宇记》，北京：中华书局，2007 年。

（宋）李昉等撰：《太平御览》，北京：中华书局，1960 年。

（宋）李昉编纂，夏剑钦校点：《太平御览》，石家庄：河北教育出版社，1994 年。

（宋）刘昌诗撰：《芦浦笔记》，长沙：商务印书馆，1939 年。

（宋）娄机撰：《汉隶字源》，明末清初毛氏汲古阁刊本。

（宋）陆游撰：《入蜀记》，上海：商务印书馆，1937 年。

（宋）罗泌撰：《路史》，上海：中华书局，1936 年。

（宋）欧阳忞著，李勇先、王小红校注：《舆地广记》，成都：四川大学出版社，2003 年。

（宋）欧阳修、宋祁撰：《新唐书》，北京：中华书局，1975 年。

（宋）司马光编著，（元）胡三省音注，标点资治通鉴小组校点：《资治通鉴》，北京：中华书局，1956 年。

（宋）司马光著，〔美〕王亦令点校：《稽古录点校本》，北京：中国友谊出版公司，1987 年。

（宋）唐慎微撰：《重修政和经史证类备用本草》，北京：人民卫生出版社，1982 年。

（宋）汪元量撰，孔凡礼辑校：《增订湖山类稿》，北京：中华书局，1984 年。

（宋）王钦若等编纂，周勋初等校订：《册府元龟》（校订本），南京：凤凰出版社，2006 年。

（宋）王象之编：《舆地纪胜》，台北：文海出版社，1971 年。

（宋）王应麟著，傅林祥点校：《通鉴地理通释》，北京：中华书局，2013 年。

（宋）文同撰：《丹渊集》，民国上海商务印书馆缩印明刊本。

（宋）吴曾撰：《能改斋漫录》，上海：上海古籍出版社，1979 年。

（宋）张世南撰，张茂鹏等点校：《游宦纪闻》，北京：中华书局，1981 年。

（宋）郑樵撰：《通志》，北京：中华书局，1987 年。

（宋）朱辅撰：《溪蛮丛笑》，学海类编本。

（宋）祝穆撰，祝洙增订，施和金点校：《方舆胜览》，北京：中华书局，2003 年。

（唐）白居易撰：《白氏长庆集》，北京：文学古籍刊行社，1955 年。

（唐）戴叔伦著，蒋寅校注：《戴叔伦诗集校注》，上海：上海古籍出版社，2010 年。

（唐）杜甫著，（清）仇兆鳌注：《杜诗详注》，北京：中华书局，1999 年重印本。

（唐）杜佑撰，王文锦、王永兴、刘俊文，等点校：《通典》，北京：中华书局，1988 年。

（唐）樊绰撰，向达校注：《蛮书校注》，北京：中华书局，1962 年。

（唐）房玄龄等撰：《晋书》，北京：中华书局，1974 年。

（唐）李吉甫撰，贺次君点校：《元和郡县图志》，北京：中华书局，1983 年。

（唐）李商隐撰：《李义山诗集》，文渊阁四库全书本。

（唐）李泰等著，贺次君辑校：《括地志辑校》，北京：中华书局，1980 年。

（唐）李延寿撰：《北史》，北京：中华书局，1974 年。

（唐）李延寿撰：《南史》，北京：中华书局，1975 年。

（唐）林宝撰，歇洪莹同校：《元和姓纂》，光绪六年（1880 年）金陵书局校刊本。

（唐）令狐德棻等撰：《周书》，北京：中华书局，1971 年。

（唐）刘禹锡：《刘宾客文集》，上海：商务印书馆，1937 年。

（唐）刘禹锡撰，《刘禹锡集》整理组点校，卞孝萱校订：《刘禹锡集》，北京：中华书局，1990 年。

（唐）柳宗元著：《柳河东集》，上海：上海人民出版社，1974 年。

（唐）陆羽撰，沈冬梅校注：《茶经校注》，北京：中国农业出版社，2006 年。

（唐）欧阳询撰，汪绍楹校：《艺文类聚》，上海：中华书局，1965 年。

（唐）裴庭裕撰：《东观奏记》，北京：中华书局，1994 年。

（唐）王维撰，（清）赵殿成笺注：《王右丞集笺注》，上海：中华书局，1961 年。

（唐）魏徵等撰：《隋书》，北京：中华书局，1973 年。

（唐）徐坚撰：《初学记》，北京：中华书局，1962 年。

（唐）姚思廉撰：《梁书》，北京：中华书局，1973 年。

（唐）姚思廉撰：《陈书》，北京：中华书局，1974 年。

（唐）虞世南辑录：《北堂书钞》，文渊阁四库全书本。

（唐）元稹撰：《元氏长庆集》，上海：上海古籍出版社，1994 年。

（唐）张说撰：《张燕公集》，上海：商务印书馆，1937 年。

（唐）张鷟撰，赵守仪点校：《朝野佥载》，北京：中华书局，1979 年。

（元）胡三省撰：《资治通鉴释文辨误》，台北：商务印书馆，1986 年。

（元）马端临撰：《文献通考》，北京：中华书局，1986 年。

（元）脱脱等撰：《宋史》，北京：中华书局，1985 年。

（元）杨譓纂：《江苏省至正昆山郡志》，《中国方志丛书》第 435 号，台北：成文出版社有限公司，1983 年。

（战国）吕不韦著，（东汉）高诱注：《吕氏春秋》，上海：上海书店，1986 年。

程俊英、蒋见元：《诗经注析》，北京：中华书局，1991 年。

丁骕：《西南民族考释之二》，《边政公论》第 2 卷第 3、4、5 期合刊，1943 年。

董作宾：《殷墟文字乙编》，上海：商务印书馆，1948 年。

范祥雍编：《古本竹书纪年辑校订补》，上海：上海人民出版社，1957 年。

方诗铭、王修龄：《古本竹书纪年辑证》，上海：上海古籍出版社，1981 年。

高润身主笔，容美纪游整理小组：《容美纪游注释》，天津：天津古籍出版社，1991 年。

胡厚宣主编：《甲骨文合集释文》第 1 册，北京：中国社会科学出版社，1999 年。

胡厚宣编：《战后京津新获甲骨集》，《甲骨文研究资料汇编》第 11 册，北京：北京图书馆出版社，2000 年。

华学诚汇证，王智群、谢荣娥、王彩琴协编：《扬雄方言校释汇证（上下册）》，北京：中华书局，2006 年。

黄怀信、张懋镕、田旭东撰，李学勤审定：《逸周书汇校集注》，上海：上海古籍出版社，1995 年。

黄少荃：《秦灭巴蜀考》，《狂飙月刊》第 1 卷第 1 期，1947 年 5 月。

黎翔凤撰，梁运华整理：《管子校注》，北京：中华书局，2004 年。

李孝定编述：《甲骨文字集释》，台北："中央研究院"历史语言研究所专刊之五十，1965 年。

刘纬毅辑：《汉唐方志辑佚》，北京：北京图书馆出版社，1997 年。

刘文典撰，冯逸、乔华点校：《淮南鸿烈集解》，北京：中华书局，1989 年。

陆侃如：《评卫聚贤"巴蜀文化"》，《文化先锋》第 1 卷第 12 期，1942 年 11 月。

罗香林：《唐代蜑族考》，《国立中山大学文史学研究所月刊》第 2 卷第 2、3、4 期合刊，1934 年。

马培棠：《巴蜀归秦考》，《禹贡》第 2 卷第 2 期，1934 年 9 月。

蒙文通：《古代民族移徙考》，《禹贡》第 7 卷 6—7 期，1937 年。

缪凤林：《漫谈巴蜀文化》，《说文月刊》第 3 卷第 7 期，1942 年。

上海师范大学古籍整理组校点：《国语》，上海：上海古籍出版社，1978 年。

童书业：《古巴国辨》，《文史杂志》第 2 卷第 9—10 期，1943 年 10 月。

王利器校注：《盐铁论校注》（定本），北京：中华书局，1992 年。

卫聚贤：《巴蜀文化》，《说文月刊》第 3 卷第 7 期，1942 年 8 月。

吴敬恒：《避巴小记》，《说文月刊》第 3 卷第 7 期，1942 年 8 月。

吴毓江撰，孙启治点校：《墨子校注（上下）》，北京：中华书局，1993 年。

吴致华：《古巴蜀考略》，《史学杂志》第 2 期，1930 年 5 月。

吴致华：《四川古代史》，成都：普益协社，1948 年。

徐鹏点校：《陈子昂集》，北京：中华书局，1962 年。

徐松石：《粤江流域人民史》，上海：中华书局，1939 年。

徐元诰撰，王树民、沈长云点校：《国语集解》，北京：中华书局，2002 年。

许维遹撰，梁运华整理：《吕氏春秋集释》，北京：中华书局，2009 年。

杨伯峻编著：《春秋左传注》（修订本），北京：中华书局，1990 年。

佚名撰，张洁、戴和冰点校：《古本竹书纪年》，济南：齐鲁书社，2000 年。

袁珂校注：《山海经校注》，成都：巴蜀书社，1992 年。

张秉权：《殷墟文字丙编》，台北："中央研究院"历史语言研究所，1957 年。

张公量：《张仪入秦续辨：附马培棠钟凤年二先生秦灭巴蜀在惠文王初元说的商榷》，《禹贡》第 4 卷第 6 期，1935 年。

张连科、管淑珍校注：《诸葛亮集校注》，天津：天津古籍出版社，2008 年。

张之洞：《书目答问》，上海：商务印书馆，1933 年。

郑德坤：《巴蜀始末》，《学思》第 2 卷第 11 期，1942 年。

钟凤年：《论秦举巴蜀之年代》，《禹贡》第 4 卷第 3 期，1935 年。

《全唐诗》（全二十五册），北京：中华书局，1960 年。

二、今人论著

（一）著作

白九江：《巴盐与盐巴：三峡古代盐业》，重庆：重庆出版社，2007 年。

白九江：《巴人寻根：巴人巴国巴文化》，重庆：重庆出版社，2007 年。

白九江：《重庆地区的新石器文化——以三峡地区为中心》，成都：巴蜀书社，2010 年。

长江航道史编委会：《长江航道史》，北京：人民交通出版社，1993 年。

长江流域规划办公室库区规划设计处编：《葛洲坝工程文物考古成果汇编》，武汉：武汉大学出版社，1990 年。

长江水利委员会编著：《宜昌路家河——长江三峡考古发掘报告》，北京：科学出版社，2002 年。

湖北省长阳土家族自治县地方志编纂委员会：《长阳县志》，北京：中国城市出版社，1992 年。

陈可畏：《长江三峡地区历史地理之研究》，北京：北京大学出版社，2002 年。

陈梦家：《西周年代考·六国纪年》，北京：中华书局，2005 年。

陈梦家：《殷虚卜辞综述》，北京：中华书局，1988 年。

陈槃：《春秋大事表列国爵姓及存灭表撰异》（三订本），台北："中央研究院"历史语言研究所，1988 年。

陈寅恪：《陈寅恪集·金明馆丛稿初编》，北京：生活·读书·新知三联书店，2001 年。

陈全家、王善才、张典维：《清江流域古动物遗存研究》，北京：科学出版社，2004 年。

成都市文物考古研究所编：《成都考古发现》，北京：科学出版社，2001 年。

成都市文物考古研究所编：《成都商业街船棺葬》，北京：文物出版社，2009 年。

重庆市文物局、重庆市移民局编：《重庆 2001 三峡文物保护学术研讨会论文集》，北京：科学出版社，2003 年。

重庆市文物局、重庆市移民局编：《重庆库区考古报告集·1997 卷》，北京：科学出版社，2001 年。

重庆市文物局、重庆市移民局编：《重庆库区考古报告集·1998 卷》，北京：科学出版社，2003 年。

重庆市文物局、重庆市移民局编：《重庆库区考古报告集·1999 卷》，北京：科学出版社，2006 年。

重庆市文物局、重庆市移民局编：《重庆库区考古报告集·2000 卷》，北京：科学出版社，2007 年。

重庆市文物局、重庆市移民局编：《重庆库区考古报告集·2001 卷》，北京：科学出版社，2007 年。

重庆市文物局、重庆市移民局编：《重庆库区考古报告集·2002 卷》，北京：科学出版社，2010 年。

重庆市文物考古所、重庆文化遗产保护中心编著：《重庆公路考古报告集》，北京：科学出版社，2010 年。

重庆市文物考古所、重庆文化遗产保护中心编："早期中国的文化交流与互动——以长江三峡库区为中心"学术研讨会论文集》，北京：科学出版社，2012年。

重庆文物考古所、重庆文化遗产保护中心、四川大学历史文化学院考古学系编著：《酉阳清源》，北京：科学出版社，2009年。

重庆市文物考古所、重庆文化遗产保护中心编著：《酉阳邹家坝》，北京：科学出版社，2011年。

重庆市文物局、重庆市移民局编：《云阳走马岭墓地》，北京：科学出版社，2011年。

重庆市文物局、重庆市移民局编：《万州大坪墓地》，北京：科学出版社，2006年。

重庆市文物局、重庆市移民局编：《奉节白马墓地》，北京：科学出版社，2013年。

重庆市文物局、重庆市移民局编：《奉节宝塔坪》，北京：科学出版社，2010年。

重庆市文物局、重庆市移民局编：《奉节新浦与老油坊》，北京：科学出版社，2010年。

重庆市文物局、重庆市移民局编：《忠县翠屏山崖墓》，北京：科学出版社，2011年。

重庆市文物局、重庆市移民局、西安文物保护修复中心编著：《三峡古栈道·大宁河栈道》，北京：文物出版社，2006年。

重庆市博物馆巴渝文化编辑委员会编：《巴渝文化》第1辑，重庆：重庆出版社，1989年。

重庆市博物馆巴渝文化编辑委员会编：《巴渝文化》第2辑，重庆：重庆出版社，1991年。

重庆市博物馆巴渝文化编辑委员会编：《巴渝文化》第3辑，重庆：西南师范大学出版社，1994年。

重庆市博物馆巴渝文化编辑委员会编：《巴渝文化》第4辑，重庆：重庆出版社，1999年。

重庆中国三峡博物馆编：《董其祥历史与考古文集》，重庆：重庆出版社，2005年。

楚文化研究会编：《楚文化研究论集》第2集，武汉：湖北人民出版社，1991年。

楚文化研究会编：《楚文化研究论集》第4集，郑州：河南人民出版社，1994年。

辞海编辑委员会：《辞海》，上海：上海辞书出版社，1999年。

崔述撰著，顾颉刚编订：《崔东壁遗书》，上海：上海古籍出版社，1983年。

代玉彪：《老关庙下层文化研究》，吉林大学硕士学位论文，2009年。

〔日〕安田喜宪主编：《神话祭祀与长江文明》，蔡敦达等译，北京：文物出版社，2002年。

〔日〕岛邦男著：《殷墟卜辞研究上下》，濮茅左、顾伟良译，上海：上海古籍出版社，2006年。

〔日〕岛邦男著：《殷墟卜辞综类》，东京：汲古书院，1971年。

〔日〕秋道智弥、市川光雄、大塚柳太郎编著：《生态人类学》，范广融、尹绍亭译，昆明：云南大学出版社，2006年。

D. A. Davids，M. L. Shackley. *Geoarchaeology：Earth Science and the Past*. London：Duckworth，1976.

邓和平：《中国土家族源流研究》，武汉：湖北人民出版社，1999 年。

邓和平编：《巴人源流研究》，昆明：云南人民出版社，2008 年。

邓和平：《巴姓五氏变迁考》，中华诗词出版社，2011 年。

邓辉：《土家族区域的考古文化》，北京：中央民族大学出版社，1999 年。

邓少琴：《巴蜀史迹探索》，成都：四川人民出版社，1983 年。

邓少琴编著：《巴蜀史稿》，重庆地方时资料组编印，1986 年。

邓少琴：《邓少琴西南民族史地论集上下》，成都：巴蜀书社，2001 年。

邓涛、王原主编：《第八届中国古脊椎动物学学术年会论文集》，北京：海洋出版社，2001 年。

邓祥龙：《巴地域研究》，昆明：云南人民出版社，2008 年。

邓晓：《川江航运文化研究》，北京：中国言实出版社，2009 年。

董珞：《巴风土韵—土家文化源流解析》，武汉：武汉大学出版社，1999 年。

董其祥：《巴史新考》，重庆：重庆出版社，1983 年。

董其祥：《巴史新考续编》，重庆：重庆出版社，1993 年。

董为主编：《第九届中国古脊椎动物学学术年会论文集》，北京：海洋出版社，2004 年。

董为主编：《第十一届中国古脊椎动物学学术年会论文集》，北京：海洋出版社，2008 年。

Fredrik Barth，ed. *Ethnic Groups and Boundaries：The Social Organization of Culture Difference*. Boston：Little，Brown and Company，1969.

高润身主笔，《容美纪游》整理小组：《容美纪游注释》，天津：天津古籍出版社，1991 年。

高文编：《四川汉代画像砖》，上海：上海人民美术出版社，1987 年。

高文、高成刚编：《四川历代碑刻》，成都：四川大学出版社，1990 年。

高星、裴树文：《三峡远古人类的足迹—三峡库区旧石器时代考古的发现和研究》，成都：巴蜀书社，2010 年。

宫长为主编：《史海侦迹—庆祝孟世凯先生七十岁文集》，香港：香港新世纪出版社，2006 年。

龚煦春：《四川郡县志》，成都：成都古籍书店，1983 年。

顾德融、朱顺龙：《春秋史》，上海：上海人民出版社，2001 年。

顾颉刚：《论巴蜀与中原的关系》，成都：四川人民出版社，1981 年。

顾颉刚：《史林杂识初编》，北京：中华书局，1963 年。

顾颉刚、章巽编著，谭其骧校订：《中国历史地图集》（古代史部分），北京：地图出版社，1955 年。

沈海宁主编，湖北省文物事业管理局、湖北省三峡工程移民局编：《2003 三峡文物保护与考古学研究学术研讨会论文集》，北京：科学出版社，2003 年。

管维良：《巴族史》，成都：天地出版社，1996 年。

管维良：《三峡巴文化考古》，北京：中国言实出版社，2009 年。

管维良：《从巴都到陪都：简明重庆史》，北京：中国文史出版社，2004 年。

管维良主编：《重庆民族史》，重庆：重庆出版社，2002 年。

郭立新、夏寒：《峡江地区古代族群互动与文化变迁》，北京：科学出版社，2010 年。

郭沫若：《殷契粹编》，北京：科学出版社，1965 年。

郭声波：《四川历史农业地理》，成都：四川人民出版社，1993 年。

国家文物局三峡考古队：《朝天嘴与中堡岛》，北京：文物出版社，2001 年。

国家文物局三峡工程文物保护领导小组湖北工作站编：《三峡考古之发现》，武汉：湖北科学技术出版社，1998 年。

国家文物局三峡工程文物保护领导小组湖北工作站编：《三峡考古之发现》（二），武汉：湖北科学技术出版社，2000 年。

国务院三峡工程建设委员会办公室、国家文物局编著：《峡江地区考古学文化的互动与诸要素的适应性研究》，北京：科学出版社，2009 年。

国务院三峡工程建设委员会办公室、国家文物局编著：《秭归何光嘴》，北京：科学出版社，2003 年。

国务院三峡工程建设委员会办公室、国家文物局编著：《秭归卜庄河》，北京：科学出版社，2008 年。

国务院三峡工程建设委员会办公室、国家文物局编著：《秭归柳林溪》，北京：科学出版社，2003 年。

国务院三峡工程建设委员会办公室、国家文物局编著：《秭归东门头》，北京：科学出版社，2010 年。

国务院三峡工程建设委员会办公室、国家文物局编著：《秭归官庄坪》，北京：科学出版社，2005 年。

国务院三峡工程建设委员会办公室、国家文物局编著：《秭归陶家坡》，北京：科学出版社，2010 年。

国务院三峡工程建设委员会办公室、国家文物局编著：《秭归庙坪》，北京：科学出版社，2003 年。

国务院三峡工程建设委员会办公室、国家文物局编著：《秭归土地湾》，北京：科学出版社，2006年。

国务院三峡工程建设委员会办公室、国家文物局编著：《巴东旧县坪》，北京：科学出版社，2010年。

国务院三峡工程建设委员会办公室、国家文物局编著：《巴东雷家坪》，北京：科学出版社，2009年。

国务院三峡工程建设委员会办公室、国家文物局编著：《巴东红庙岭》，北京：科学出版社，2010年。

国务院三峡工程建设委员会办公室、国家文物局编著：《巴东李家湾》，北京：科学出版社，2009年。

国务院三峡工程建设委员会办公室、国家文物局编著：《巴东楠木园》，北京：科学出版社，2006年。

国务院三峡工程建设委员会办公室、国家文物局编著：《巴东罗坪》，北京：科学出版社，2006年。

国务院三峡工程建设委员会办公室、国家文物局编著：《湖北库区考古报告集》（第一卷），北京：科学出版社，2003年。

国务院三峡工程建设委员会办公室、国家文物局编著：《湖北库区考古报告集》（第二卷），北京：科学出版社，2005年。

国务院三峡工程建设委员会办公室、国家文物局编著：《湖北库区考古报告集》（第三卷），北京：科学出版社，2006年。

国务院三峡工程建设委员会办公室、国家文物局编著：《湖北库区考古报告集》（第四卷），北京：科学出版社，2007年。

国务院三峡工程建设委员会办公室、国家文物局编著：《湖北库区考古报告集》（第五卷），北京：科学出版社，2010年。

国务院三峡工程建设委员会办公室、国家文物局编著：《湖北库区考古报告集》（第六卷），北京：科学出版社，2010年。

汉语大字典编辑委员会：《汉语大字典》，成都：四川辞书出版社，1995年。

何光岳：《南蛮源流史》，南昌：江西教育出版社，1988年。

何光岳：《楚灭国考》，上海：上海人民出版社，1990年。

何介钧：《湖南先秦考古学研究》，长沙：岳麓书社，1996年。

湖北考古学会：《湖北省考古学会论文选集》（一），武汉：武汉大学学报编辑部，1987年。

湖北省神农架林区地方志编纂委员会：《神农架志》，武汉：湖北科学技术出版社，1996 年。

湖北省文物考古研究所：《宜都城背溪》，北京：文物出版社，2001 年。

湖北省文物考古研究所编著：《房县七里河》，北京：文物出版社，2008 年。

湖北省文物事业管理局、湖北省三峡工程移民局编：《秭归庙坪》，北京：科学出版社，2003 年。

湖南省博物馆编：《湖南考古辑刊》第 1 集，长沙：岳麓书社，1982 年。

湖南省博物馆、湖南省考古学会编：《湖南考古辑刊》第 2 集，长沙：岳麓书社，1984 年。

湖南省博物馆、湖南省考古学会编：《湖南考古辑刊》第 3 集，长沙：岳麓书社，1986 年。

湖南省文物考古研究所、湖南省考古学编：《湖南考古 2002》，长沙：岳麓书社，2004 年。

湖南省文物考古研究所、湖南省考古学会编：《湖南考古辑刊》第 4 辑，长沙：岳麓书社，1987 年。

湖南省文物考古研究所、湖南省考古学会编：《湖南考古辑刊》第 5 集，1989 年《求索》增刊。

湖南省文物考古研究所、湖南省考古学会编：《湖南考古辑刊》第 6 辑，长沙：求索杂志社，1994 年。

胡绍华主编：《三峡文化研究丛刊》第 3 辑，武汉：武汉出版社，2003 年。

华觉明：《中国古代金属技术——铜和铁造就的文明》，郑州：大象出版社，1999 年。

黄柏权等：《湘鄂西土家族》，北京：民族出版社，2003 年。

黄中模、管维良主编：《中国三峡文化史》，重庆：西南师范大学出版社，2003 年。

黄万坡、方其仁等著：《巫山猿人遗址》，北京：海洋出版社，1991 年。

后晓荣：《秦代政区地理》，北京：社会科学文献出版社，2009 年。

吉林大学古文字研究室编：《古文字研究》第 1 辑，北京：中华书局，1979 年。

蒋若是：《秦汉钱币研究》，北京：中华书局，1997 年。

蒋晓春：《三峡地区秦汉墓研究》，成都：巴蜀书社，2010 年。

蓝勇主编：《长江三峡历史地理》，成都：四川人民出版社，2003 年。

蓝勇：《历史时期西南经济开发与生态变迁》，昆明：云南教育出版社，1992 年。

蓝勇：《古代交通生态研究与实地考察》，成都：四川人民出版社，1999 年。

蓝勇：《四川古代交通路线史》，重庆：西南师范大学出版社，1989 年。

《嘉陵江南充地区河段考古调查记实》，南充地区文化局重庆市博物馆编印，1979 年。

李国豪、张孟闻、曹天钦主编：《中国科技史探索》，上海：上海古籍出版社，1982 年。

李绍明、林向、徐南洲主编：《巴蜀历史·民族·考古·文化》，成都：巴蜀书社，1991 年。

李绍明、林向、赵殿增主编：《三星堆与巴蜀文化》，成都：巴蜀书社，1993 年。

李水城、罗泰主编：《中国盐业考古：长江上游古代盐业与景观考古的初步研究》（第一集），北京：科学出版社，2006 年。

李文儒主编：《中国十年百大考古新发现 1990—1999（上下）》，北京：文物出版社，2002 年。

李学勤：《东周与秦代文明》，北京：文物出版社，1984 年。

李禹阶主编：《三峡考古与多学科研究》，重庆：重庆出版社，2007 年。

李禹阶、管维良：《三峡文明史》，重庆：重庆出版社，2007 年。

李宗放：《四川古代民族史》，北京：民族出版社，2010 年。

李宗邺：《中国历史要籍介绍》，上海：上海古籍出版社，1982 年。

《历史考古文集（1950—1984）》，重庆市博物馆编印，1984 年。

梁启超：《中国历史研究方法》，北京：中华书局，2012 年。

周长山、林强主编：《历史·环境与边疆——2010 年中国历史地理国际学术研讨会论文集》，桂林：广西师范大学出版社，2012 年。

刘兴国：《巴人文化初探》，北京：中国文联出版社，2004 年。

刘志远、余德章、刘文杰编：《四川汉代画像砖与汉代社会》，北京：文物出版社，1983 年。

刘豫川主编：《重庆文物总目》，重庆：西南师范大学出版社，1996 年。

卢连成、胡智生：《宝鸡強国墓地》，北京：文物出版社，1988 年。

罗开玉、罗伟先主编：《华西考古研究》（一），成都：成都出版社，1991 年。

吕思勉：《先秦史》，上海：上海古籍出版社，1982 年。

吕子方：《中国科学技术史论文集》（下），成都：四川科学技术出版社，1984 年。

马非百著：《秦集史》，北京：中华书局，1982 年。

毛曦：《先秦巴蜀城市史研究》，北京：人民出版社，2008 年。

〔美〕唐纳德·L. 哈迪斯蒂：《生态人类学》，郭凡、邹和译，北京：文物出版社，2002 年。

蒙默、刘琳、唐广沛：《四川古代史稿》，成都：四川人民出版社，1988 年。

蒙文通：《巴蜀古史论述》，成都：四川人民出版社，1981 年。

蒙文通：《古族甄微》，重庆：巴蜀书社，1993 年。

蒙文通：《周秦少数民族研究》，北京：龙门联合书局，1958 年。

莫多闻、曹锦炎、郑文红，等：《环境考古研究》第 4 辑，北京：北京大学出版社，2007 年。

南充师范学院历史系编绘：《中国古代历史地图集》，成都：四川人民出版社，1981 年。

〔挪威〕弗雷德里克·巴斯主编，马成俊校：《族群与边界：文化差异下的社会组织》，李丽琴译，北京：商务印书馆，2014 年。

潘新藻：《湖北省建制沿革》，武汉：湖北人民出版社，1987年。

彭万廷、屈定富主编：《巴楚文化研究》，北京：中国三峡出版社，1997年。

蒲孝荣：《四川政区沿革与治地今释》，成都：四川人民出版社，1986年。

任桂园：《三峡盐业考古研究》，北京：中国言实出版社，2009年。

任乃强：《羌族源流探索》，重庆：重庆出版社，1984年。

任乃强：《任乃强民族研究文集》，北京：民族出版社，1990年。

任乃强：《四川上古史新探》，成都：四川人民出版社，1986年。

《容美土司史料汇编》，中共鹤峰纤维统战部、县史志编纂办公室、中共五峰县委统战部、县民族史志工作办公室编印，1983年。

《三江考古调查纪要》，重庆市文化局文物处重庆市博物馆编印，1987年。

陕西省博物馆、陕西省文物管理委员会编：《青铜器图释》，北京：文物出版社，1960年。

陕西省考古研究所、陕西省安康水电站库区考古队：《陕南考古报告集》，西安：三秦出版社，1994年。

陕西省考古研究所：《龙岗寺——新石器时代遗址发掘报告》，北京：文物出版社，1990年。

史念海：《河山集》第6集，太原：山西人民出版社，1997年。

四川大学博物馆、中国古代铜鼓研究学会编：《南方民族考古》第1辑，成都：四川大学出版社，1987年。

四川大学博物馆、中国古代铜鼓研究学会编：《南方民族考古》第2辑，成都：四川科技出版社，1990 年。

四川联合大学历史系主编：《徐中舒先生百年诞辰纪念文集》，成都：巴蜀书社，1998年。

四川省博物馆编：《四川船棺葬发掘报告》，北京：文物出版社，1960年。

《四川省渠县地名录》，四川省渠县地名领导小组编印，1982年。

贾大泉主编：《四川历史研究文集》，成都：四川省社会科学院出版社，1987年。

四川省文物考古研究院、德阳市文物考古研究所、什邡市博物馆：《什邡城关战国秦汉墓地》，北京：文物出版社，2006年。

四川省文物考古研究所：《四川考古报告集》，北京：文物出版社，1998年。

石泉：《古代荆楚地理新探》，武汉：武汉大学出版社，1988年。

石泉：《古代荆楚地理新探续集》，武汉：武汉大学出版社，2004年。

石泉主编：《楚国历史文化辞典》，武汉：武汉大学出版社，1996年。

四川省潼南县志编纂委员会编纂：《潼南县志》，成都：四川人民出版社，1993年。

宋治民：《蜀文化与巴文化》，成都：四川大学出版社，1998年。

宋治民：《战国秦汉考古》，成都：四川大学出版社，1994 年。

宋治民：《宋治民考古文集》，北京：科学出版社，2004 年。

〔苏〕P．Φ．伊茨：《东亚南部民族史》，冯思刚译，成都：四川民族出版社，1981 年。

孙华：《四川盆地的青铜时代》，北京：科学出版社，2000 年。

孙亚冰、林欢：《商代地理与方国》，北京：中国社会科学院出版社，2010 年。

谭其骧：《长水集续编》，北京：人民出版社，1994 年。

谭其骧主编：《中国历史地图集》（第一册—第八册），北京：中国地图出版社，1982 年。

唐长孺：《魏晋南北朝史论丛续编》，北京：生活·读书·新知三联书店，1959 年。

唐嘉弘：《中国古代民族研究》，西宁：青海人民出版社，1987 年。

田德生、何天贞等编著：《土家语简志》，北京：民族出版社，1986 年。

田继周：《先秦民族史》，成都：四川人民出版社，1988 年。

《土家族研究论文选集》，湘西土家族苗族自治州图书资料室编印，1985 年。

《土家族简史》编写组编：《土家族简史》（修订本），北京：民族出版社，2009 年。

童恩正：《古代的巴蜀》，成都：四川人民出版社，1979 年。

童书业著，童教英校订：《春秋史》（校订本），北京：中华书局，2006 年。

童书业遗著：《春秋左传研究》，上海：上海人民出版社，1980 年。

童书业：《中国古代地理考证论文集》，上海：中华书局，1962 年。

吕思勉、童书业编著：《古史辨》第 7 册中编，上海：上海古籍出版社，1982 年。

王承尧、罗午：《土家族土司简史》，北京：中央民族学院出版社，1991 年。

王光镐主编：《文物考古文集》，武汉：武汉大学出版社，1997 年。

王光镐：《楚文化源流新证》，武汉：武汉大学出版社，1988 年。

王家祐：《道教论稿》，成都：巴蜀书社，1991 年。

王善才主编：《清江考古》，北京：科学出版社，2004 年。

王轼刚主编：《长江航道通史》，北京：人民交通出版社，1993 年。

王叔岷：《列仙传校笺》，北京：中华书局，2007 年。

王桐龄：《中国民族史》，长春：吉林出版集团有限责任公司，2010 年。

王襄著，唐石父、王巨儒整理：《王襄著作选集》，天津：天津古籍出版社，2005 年。

王燕玉：《贵州史专题考》，贵阳：贵州人民出版社，1980 年。

王仲荦：《北周地理志》，北京：中华书局，1980 年。

魏嵩山主编：《中国历史地名大辞典》，广州：广东教育出版社，1995 年。

文焕然等著，文榕生选编整理：《中国历史时期植物与动物变迁研究》，重庆：重庆出版社，2006 年。

文榕生：《中国珍稀野生动物分布变迁》，济南：山东科学技术出版社，2009 年。

文物编辑委员会编：《文物考古工作十年（1979—1989）》，北京：文物出版社，1991 年。

文物编辑委员会编：《文物资料丛刊》第 4 辑，北京：文物出版社，1981 年。

文物编辑委员会编：《文物资料丛刊》第 10 辑，北京：文物出版社，1987 年。

武仙竹：《长江三峡动物考古学研究》，重庆：重庆出版社，2007 年。

吴镇烽：《陕西地理沿革》，西安：陕西人民出版社，1981 年。

西北大学文博学院编著：《城固宝山——1998 年发掘报告》，北京：文物出版社，2002 年。

熊树明主编：《长江上游航道史》，武汉：武汉出版社，1991 年。

徐南洲：《古巴蜀与〈山海经〉》，成都：四川人民出版社，2004 年。

徐少华：《周代南土历史地理与文化》，武汉：武汉大学出版社，1994 年。

徐少华、晏昌贵编：《荆楚历史地理与长江中游开发——2008 年中国历史地理国际学术研讨会论文集》，武汉：湖北人民出版社，2009 年。

徐中舒：《论巴蜀文化》，成都：四川人民出版社，1982 年。

徐中舒主编：《甲骨文字典》，成都：四川辞书出版社，1989 年。

徐显之：《山海经探原》，武汉：武汉出版社，1991 年。

徐旭生：《中国古史的传说时代》（增订本），北京：文物出版社，1985 年。

徐信印编著：《安康史略》，西安：三秦出版社，1988 年。

杨宝成、黄锡全编：《湖北考古发现与研究》，武汉：武汉大学出版社，1995 年。

杨华：《三峡夏商时期考古文化》，北京：科学出版社，2014 年。

杨华：《三峡远古时代考古文化》，重庆：重庆出版社，2007 年。

杨华：《巴文化考古研究》，北京：中国言实出版社，2009 年。

杨宽：《战国史》（增订本），上海：上海人民出版社，1983 年。

杨铭编著：《土家族与古代巴人》，重庆：重庆出版社，2002 年。

杨伟立：《成汉史略》，重庆：重庆出版社，1983 年。

杨庭硕等著：《生态人类学导论》，北京：民族出版社，2007 年。

应骥：《巴人源流及其文化》，昆明：云南大学出版社，2007 年。

余西云：《巴史——以三峡考古为证》，北京：科学出版社，2010 年。

余楚修、管维良主编：《重庆建置沿革》，重庆：重庆出版社，1998 年。

于孟洲：《峡江地区夏商时期考古学文化研究》，北京：科学出版社，2010 年。

袁珂：《中国古代神话》，北京：华夏出版社，2006 年。

袁庭栋：《巴蜀文化》，沈阳：辽宁教育出版社，1995 年。

约斋：《字源》，上海：上海书店，1986 年。

曾超：《巴人尚武精神研究》，北京：中国教育文化出版社，2006 年。

赵炳清：《巴与楚》，北京：科学出版社，2016 年。

郑杰祥：《夏史初探》，郑州：中州古籍出版社，1988 年。

郑绍华主编：《建始人遗址》，北京：科学出版社，2004 年。

张光直：《中国青铜时代》，北京：生活·读书·新知三联书店，1983 年。

张沛编著：《安康碑石》，西安：三秦出版社，1991 年。

上海人民出版社编：《章太炎全集》（三），上海：上海人民出版社，1984 年。

张正明：《楚史》，武汉：湖北教育出版社，1995 年。

张正明主编：《楚史论丛》，武汉：湖北人民出版社，1984 年。

戴均良等主编：《中国古今地名大词典》，上海：上海辞书出版社，2005 年。

中国考古学会编：《中国考古学会第二次年会论文集（1980）》，北京：文物出版社，
1982 年。

中国考古学会编：《中国考古学会第四次年会论文集 1983》，北京：文物出版社，1985 年。

中国考古学会编：《中国考古学会第七次年会论文集 1989》，北京：文物出版社，1992 年。

中国考古学会编：《中国考古学年鉴 1985》，北京：文物出版社，1985 年。

中国考古学会编：《中国考古学年鉴 1986》，北京：文物出版社，1988 年。

中国考古学会编：《中国考古学年鉴 1987》，北京：文物出版社，1988 年。

中国考古学会编：《中国考古学年鉴 1989》，北京：文物出版社，1990 年。

中国考古学会编：《中国考古学年鉴 1990》，北京：文物出版社，1991 年。

中国考古学会编：《中国考古学年鉴 1991》，北京：文物出版社，1992 年。

中国考古学会编：《中国考古学年鉴 1992》，北京：文物出版社，1994 年。

中国考古学会编：《中国考古学年鉴 1993》，北京：文物出版社，1995 年。

中国考古学会编：《中国考古学年鉴 1994》，北京：文物出版社，1997 年。

中国考古学会编：《中国考古学年鉴 1995》，北京：文物出版社，1997 年。

中国考古学会编：《中国考古学年鉴 1996》，北京：文物出版社，1998 年。

中国考古学会编：《中国考古学年鉴 1997》，北京：文物出版社，1999 年。

中国考古学会编：《中国考古学年鉴 1998》，北京：文物出版社，2000 年。

中国考古学会编：《中国考古学年鉴 1999》，北京：文物出版社，2001 年。

中国考古学会编：《中国考古学年鉴 2000》，北京：文物出版社，2002 年。

中国考古学会编：《中国考古学年鉴 2001》，北京：文物出版社，2002 年。

中国考古学会编：《中国考古学年鉴 2002》，北京：文物出版社，2003 年。

中国考古学会编：《中国考古学年鉴 2003》，北京：文物出版社，2004 年。

中国考古学会编：《中国考古学年鉴 2004》，北京：文物出版社，2005 年。

中国考古学会编：《中国考古学年鉴 2005》，北京：文物出版社，2006 年。

中国考古学会编：《中国考古学年鉴 2006》，北京：文物出版社，2007 年。

中国考古学会编：《中国考古学年鉴 2007》，北京：文物出版社，2008 年。

中国考古学会编：《中国考古学年鉴 2008》，北京：文物出版社，2009 年。

中国考古学会编：《中国考古学年鉴 2009》，北京：文物出版社，2010 年。

中国考古学会编：《中国考古学年鉴 2010》，北京：文物出版社，2011 年。

中国考古学会编：《中国考古学年鉴 2011》，北京：文物出版社，2012 年。

中国考古学会编：《中国考古学年鉴 2012》，北京：文物出版社，2013 年。

中国考古学会编：《中国考古学年鉴 2013》，北京：文物出版社，2014 年。

中国考古学会编：《中国考古学年鉴 2014》，北京：中国社会科学出版社，2015 年。

中国考古学会编：《中国考古学年鉴 2015》，北京：中国社会科学出版社，2016 年。

中国民族学研究会编：《民族学研究》第 4 辑，北京：民族出版社，1982 年。

中国先秦史学会、重庆中国三峡博物馆编：《长江三峡古文化学术研讨会暨中国先秦史学会第九届年会论文集》，重庆：重庆出版社，2011 年。

中国音乐文物大系总编辑部：《中国音乐文物大系·湖北卷》，郑州：大象出版社，1999 年。

中国音乐文物大系总编辑部：《中国音乐文物大系·湖南卷》，郑州：大象出版社，2006 年。

《中国少数民族社会历史调查资料丛刊》修订编辑委员会编：《土家族社会历史调查》（修订本），北京：民族出版社，2009 年。

中国社会科学院考古研究所等编著：《桂林甑皮岩》，北京：文物出版社，2003 年。

中国西南民族研究学会编：《西南民族研究》，成都：四川民族出版社，1983 年。

周集云：《巴族史探微》，成都：四川省社会科学院出版社，1989 年。

朱道清编：《中国水系大辞典》，青岛：青岛出版社，1993 年。

朱萍：《楚文化的西渐——楚国经营西部的考古学观察》，成都：巴蜀书社，2010 年。

朱圣钟：《区域经济与空间过程——土家族地区历史经济地理规律探索》，北京：科学出版社，2015 年。

朱世学：《三峡考古与巴文化研究》，北京：科学出版社，2009 年。

（二）学术论文

安京：《〈山海经〉史料比较研究》，《中国边疆史地研究》1996 年第 1 期。

巴家云：《汉代四川农业方面几个问题的探讨》，《四川文物》1988年第6期。

白九江：《巴文化西播与楚文化西渐》，《重庆社会科学》2009年第10期。

白九江：《从三峡地区的考古发现看楚文化的西进》，《江汉考古》2006年第1期。

白九江、邹后曦、朱诚：《玉溪遗址古洪水遗存的考古发现和研究》，《科学通报》2008年第53卷增刊。

白俊奎、张学文：《襄樊市"樊"城得名新探——兼论廪君系巴人的起源地》，《西南民族学院学报（哲学社会科学版）》2001年第6期。

北京联合大学应用文理学院历史文博系、中国科学院古脊椎动物与古人类研究所：《湖北郧县刘湾旧石器时代遗址发掘简报》，《江汉考古》2012年第2期。

长江流域规划办公室及重庆市博物馆历史枯水调查组：《长江上游宜渝段历史枯水调查——水文考古专题之一》，《文物》1974年第8期。

长江流域规划办公室文物考古队、水文考古研究组：《从石刻题记看长江上游的历史洪水——水文考古专题之二》，《文物》1975年第5期。

长江流域规划办公室考古队：《1976年清江下游沿岸考古调查简报》，《江汉考古》1985年第4期。

常征：《〈水经〉作者及其成书年代》，《中国水利》1983年第6期。

常征：《〈山海经〉及其史料价值》，《北京社会科学》1988年第3期。

陈发喜：《"巴"字本义与巴人精神通释》，《重庆三峡学院学报》2004年第2期。

陈建梁：《〈世本〉析论》，《史学史研究》1996年第1期。

陈连庆：《汉代兵制述略》，《史学集刊》1983年第2期。

陈君凡：《古代巴人的虎钮錞于》，《民族音乐》2011年第3期。

陈少坤、庞丽波、贺存定，等：《重庆市盐井沟第四纪哺乳动物化石经典产地的新发现与时代解释》，《科学通报》2013年第58卷第20期。

陈少坤、魏光飚：《万州区盐井沟动物群的研究历史及其意义》，《重庆三峡学院学报》2014年第2期。

陈四海、赵玲：《试论巴人乐器——錞于》，《音乐探索（四川音乐学院学报）》2005年第4期。

陈贤一：《江陵张家山遗址的试掘与探索》，《江汉考古》1980年第2期。

陈寅恪：《〈魏书司马睿传〉江东民族条释证及推论》，《金明馆丛稿初编》，北京：生活·读书·新知·三联书店，2001年。

程学忠：《略论庄蹻西征的时代背景及路线》，《贵州民族研究》1998年第3期。

成都市文物考古研究所：《重庆市巫山县锁龙遗址 1997 年发掘简报》，《考古》2006 年第 3 期。

重庆市博物馆：《重庆市临江支路西汉墓》，《考古》1986 年第 3 期。

重庆市博物馆：《重庆市长江河段新石器时代遗址调查与试掘》，《考古》1992 年第 12 期。

重庆市博物馆：《四川嘉陵江中下游新石器时代遗址调查》，《考古》1983 年第 6 期。

重庆市博物馆、涪陵县文化局：《涪陵易家坝西汉墓清理简报》，《考古与文物》1990 年第 5 期。

重庆市博物馆、合川县文化馆田野考古工作小组：《合川东汉画象石墓》，《文物》1977 年第 2 期。

重庆市文化遗产研究院、北碚区文物管理所：《重庆市北碚区大土遗址新石器时代遗存发掘简报》，《四川文物》2013 年第 2 期。

戴裔煊：《僚族研究》，《民族学研究集刊》1948 年第 6 期。

邓辉：《巴人巴国巴文化》，《湖北民族学院学报（社会科学版）》1990 年第 2 期。

丁长芬：《从昭通巴蜀土坑墓看巴人南迁》，《四川文物》1996 年第 3 期。

董其祥：《巴渝舞源流考》，《重庆师范学院学报（哲学社会科学版）》1984 年第 4 期。

董明星：《湖北秭归孙家洞旧石器文化遗址调查简报》，《人类学报》1999 年第 18 卷第 2 期。

杜勇：《论夏朝国家形式及其统一的意义》，《天津师范大学学报（社会科学版）》2007 年第 1 期。

段超：《略论巴文化和土家族文化的关系》，《中南民族学院学报（哲学社会科学版）》1991 年第 2 期。

段渝：《巴人来源的传说与史实》，《历史研究》2006 年第 6 期。

段渝：《巴蜀文化研究与学科建设》，《中华文化论坛》2000 年第 2 期。

段渝：《"古荆为巴"说考辨》，《贵州社会科学》1984 年第 3 期。

段渝：《先秦巴文化与巴楚文化的形成》，《华中师范大学学报》（人文社科版）2004 年第 6 期。

段渝：《巴蜀古文字的两系及其起源》，《成都文物》1991 年第 3 期。

段渝：《楚地初探》，《民族论丛》第 2 辑，四川省民族研究所、四川省民族研究学会，1982 年。

段渝、谭晓钟：《涪陵小田溪战国墓及所见之巴、楚、秦关系诸问题》，《四川文物》1991 年第 2 期。

鄂博三峡考古队第三组：《宜昌县朱家台遗址试掘》，《江汉考古》1989 年第 2 期。

冯汉骥：《西南古奴隶王国》，《历史知识》1980 年第 4 期。

付罗文、袁靖：《重庆忠县中坝遗址动物遗存的研究》，《考古》2006 年第 1 期。

高应勤：《巴国寻踪》，《中国三峡建设》2001 年第 10 期。

高应勤：《巴国及廪君探源》，《三峡大学学报（人文社会科学版）》2003 年第 2 期。

高至喜、熊传新：《楚人在湖南的活动遗迹概述——兼论有关楚文化的几个问题》，《文物》1980 年第 10 期。

葛兆帅、杨达源、李徐生，等：《晚更新世晚期以来的长江上游古洪水记录》，《第四纪研究》2004 年第 5 期。

宫哲兵：《巴人"赤、黑二穴"考》，《三峡大学学报（人文社会科学版）》2005 年第 1 期。

宫哲兵、何智斌：《武落钟离山在水布垭大坝一带——从一幅古地图分析巴人发祥地》（《湖北民族学院学报（哲学社会科学版）》2010 年第 3 期。

宫哲兵：《廪君巴人发源地"武落钟离山"新考——兼论"赤、黑二穴"在长阳柳山》，《中南民族大学学报（人文社会科学版）》2005 年第 1 期。

宫哲兵：《廪君巴人"武落钟离山"新考》，《湖北民族学院学报（哲学社会科学版）》2007 年第 2 期。

龚廷万：《长江上游宜渝段历史枯水调查——水文考古专题之一》，《文物》1974 年第 8 期。

龚廷万、庄燕和：《重庆市南岸区的两座西汉土坑墓》，《文物》1982 年第 7 期。

管维良：《大巫山盐泉与巴族兴衰（上）》，《四川三峡学院学报》1999 年第 3 期。

管维良：《大巫山盐泉与巴族兴衰（下）》，《四川三峡学院学报》1999 年第 4 期。

幸晓峰：《四川境内出土或传世錞于述略》，《四川文物》1996 年第 2 期。

贵州省文物考古研究所、天柱县文物局：《贵州天柱县溪口遗址商周时期遗存发掘简报》，《四川文物》2015 年第 2 期。

贵州省博物馆考古组：《贵州省松桃出土的虎钮錞于》，《文物》1984 年第 8 期。

郭蜀德、王新南：《重庆水泥厂东汉岩墓》，《四川文物》1987 年第 2 期。

国家文物局三峡考古队：《湖北宜昌县下岸遗址发掘简报》，《考古》1999 年第 1 期。

国家文物局三峡考古队：《湖北秭归朝天嘴遗址发掘简报》，《文物》1989 年第 2 期。

何浩：《麋国地望与灭年》，《求索》1988 年第 2 期。

何光岳：《庸国的兴亡及其与楚的关系》，《求索》1983 年第 3 期。

胡远鹏：《论〈山海经〉是一部信史》，《中国文化研究》1995 年第 4 期。

胡人朝：《重庆市黄花园发现西汉墓葬》，《文物》1986 年第 12 期。

胡人朝：《重庆江北陈家馆西汉石坑墓》，《文物》1987 年第 3 期。

胡雅丽、王红星：《秭归官庄坪周代遗址初析》，《江汉考古》1984 年第 4 期。

湖北省博物馆：《楚都纪南城的勘查与发掘（下）》，《考古学报》1982 年第 4 期。

湖北省博物馆：《宜昌前坪战国两汉墓》，《考古学报》1976 年第 2 期。

湖北省博物馆：《宜昌覃家沱两处周代遗址的发掘》，《江汉考古》1985 年第 1 期。

湖北省博物馆：《秭归官庄坪遗址试掘简报》，《江汉考古》1984 年第 3 期。

湖北省博物馆：《襄阳山湾东周墓葬发掘报告》，《江汉考古》1983 年第 2 期。

湖北省博物馆、丹江口市博物馆：《丹江口市石鼓后山坡旧石器地点调查简报》，《江汉考古》1987 年第 4 期。

湖北省博物馆、武大考古专业、房县文化馆：《房县七里河遗址发掘的主要收获》，《江汉考古》1984 年第 3 期。

湖北省博物馆、武汉大学历史系考古专业：《当阳冯山、杨木岗遗址试掘简报》，《江汉考古》1983 年第 1 期。

湖北省博物馆、房县文化馆、武汉大学考古专业七六级：《房县羊鼻岭遗址调查简报》，《江汉考古》1982 年第 1 期。

湖北省荆州地区博物馆：《湖北松滋县桂花树新石器时代遗址》，《考古》1976 年第 3 期。

湖北荆州地区博物馆、北京大学考古系：《湖北江陵梅槐桥遗址发掘简报》，《考古》1990 年第 9 期。

湖北省宜昌地区博物馆、四川大学历史系考古专业：《宜昌县清水滩新石器时代遗址的发掘》，《考古与文物》1983 年第 2 期。

湖北省宜昌地区博物馆、四川大学历史系：《宜昌中堡岛新石器时代遗址》，《考古学报》1987 年第 1 期。

湖北宜昌地区博物馆、四川大学历史系考古专业：《湖北宜昌白庙遗址试掘简报》，《考古》1983 年第 5 期。

湖北省文物考古研究所：《1985—1986 年宜昌白庙遗址发掘简报》，《江汉考古》1996 年第 3 期。

湖北省文物考古研究所：《1983 年湖北宜都城背溪遗址发掘简报》，《江汉考古》1996 年第 4 期。

湖北省文物考古研究所：《1985—1986 三峡坝区三斗坪遗址发掘简报》，《江汉考古》1999 年第 2 期。

湖北省文物考古研究所：《宜昌窝棚墩遗址的调查与发掘》，《江汉考古》1994 年第 1 期。

湖北省文物考古研究所：《长江三峡工程坝区白狮湾遗址发掘简报》，《江汉考古》1999年第1期。

湖北省文物考古研究所：《湖北宜昌县上磨垴周代遗址的发掘》，《考古》2000年第8期。

湖北省文物考古研究所：《宜昌县小溪口遗址发掘简报》，《江汉考古》1994年第1期。

湖北省文物考古研究所：《西陵峡北岸周家湾山岗遗址》，《江汉考古》1994年第1期。

湖北省文物考古研究所、湖北省文物局南水北调办公室：《湖北郧县大寺遗址2006年发掘简报》，《考古》2008年第4期。

湖北省文物考古研究所、湖北省文物局南水北调办公室、郧西县博物馆：《湖北郧西庹家湾遗址发掘报告》，《考古学报》2013年第1期。

湖北省文物考古研究所、湖北省文物局南水北调办公室：《湖北郧西张家坪遗址发掘简报》，《江汉考古》2010年第3期。

湖北省文物考古研究所、武汉大学历史系考古研究室：《湖北江陵朱家台遗址1991年的发掘》，《考古学报》1996年第4期。

湖北省博物馆考古部：《秭归龚家大沟遗址的调查试掘》，《江汉考古》1984年第1期。

湖北省博物馆江陵考古工作站：《1981年湖北省秭归县柳林溪遗址的发掘》，《考古与文物》1986年第6期。

湖北省博物馆、江陵考古工作站：《宜昌伍相庙新石器时代遗址发掘简报》，《江汉考古》1988年第1期。

湖北省清江隔河岩考古队：《湖北清江香炉石遗址的发掘》，《文物》1995年第9期。

湖南省文物考古研究所：《湖南洪江市高庙新石器时代遗址》，《考古》2006年第7期。

湖南省文物考古研究所：《湖南石门皂市商代遗存》，《考古学报》1992年第2期。

湖南省文物考古研究所、怀化地区文物工作队：《怀化高坎垅新石器时代遗址》，《考古学报》1992年第3期。

湖南省文物考古研究所、桑植县文物管理所：《湖南桑植县朱家台商代遗址的调查与发掘》，《江汉考古》1989年第2期。

湖南省文物考古研究所、湘西土家族苗族自治州文物处、龙山县文物管理所：《湖南龙山里耶战国—秦代古城一号井发掘简报》，《文物》2003年第1期。

湖南博物馆：《湖南常德德山楚墓发掘报告》，《考古》1963年第9期。

湖南省博物馆：《湖南石门县古城堤城址试掘》，《考古》1964年第2期。

湖南省博物馆：《介绍几件从废铜中检选出来的重要文物》，《文物》1960年第3期。

湖南省博物馆：《湖南石门县皂市下层新石器遗存》，《考古》1986年第1期。

湖南省博物馆、湘西土家族苗族自治州文物工作队:《古丈白鹤湾楚墓》,《考古学报》1986 年第 3 期。

黄怀信:《〈逸周书〉时代略考》,《西北大学学报(哲学社会科学版)》1990 年第 1 期。

黄润、朱诚、郑朝贵,等:《长江三峡中坝遗址地层中 Rb 和 Sr 的分布特征及其古气候演变》,《第四纪研究》2004 年第 5 期。

黄尚明:《城固洋县商代青铜器群族属再探》,《考古与文物》2002 年第 5 期。

黄尚明:《楚文化的西渐历程——兼论楚文化的"峡区类型"》,《华中师范大学学报(人文社会科学版)》2004 年第 6 期。

黄万波:《重庆奉节兴隆洞及其象牙刻划的发现》,《化石》2010 年第 1 期。

黄万波、徐晓风、李天元:《湖北房县樟脑洞旧石器时代遗址发掘报告》,《人类学报》1987 年第 4 期。

红花套考古发掘队:《红花套遗址发掘报告》,《史前研究》1990—1994 年辑刊。

计宏祥:《中国全新世大暖期哺乳动物与气候波动》,《海洋地质与第四纪地质》1996 年第 1 期。

贾兰坡:《长阳人化石及共生的哺乳动物群》,《古脊椎动物与古人类》1957 年第 3 期。

吉林大学考古学系:《四川奉节老关庙遗址第一、二次发掘》,《江汉考古》1999 年第 3 期。

吉林大学考古学系:《四川奉节县新浦遗址发掘报告》,《考古》1999 年第 1 期。

贾大泉:《宋代四川地区的茶业和茶政》,《历史研究》1980 年第 4 期。

姜孝德:《巴族图腾辨析》,《重庆师范学院学报(哲学社会科学版)》1992 年第 1 期。

蒋晓春:《巴国迁都阆中考》,《西南史地》第 2 辑,成都:巴蜀书社,2013 年。

蒋晓春、白九江、赵炳清:《川东北地区新石器时代考古学文化初探》,《西华大学学报(哲学社会科学版)》2008 年第 3 期。

蒋晓春:《三峡地区两汉时期农业发展状况初探》,《四川大学学报(哲学社会科学版)》2004 年第 5 期。

荆州地区博物馆、北京大学考古系:《湖北江陵荆南寺遗址第一二次发掘简报》,《考古》1989 年第 8 期。

蓝峰、李尚义:《蜀开明氏族属初探》,《民族论丛》第 2 辑,四川省民族研究所、四川省民族研究会编印,1982 年。

蓝勇:《中国西南历史气候初步研究》,《中国历史地理论丛》1993 年第 2 辑。

蓝勇:《明清时期的皇木采办》,《历史研究》1994 年第 6 期。

蓝勇:《唐代气候变化与唐代历史兴衰》,《中国历史地理论丛》2001 年第 1 辑。

李冰：《长江忠县巫山考古遗址古环境研究》，广州大学硕士学位论文，2011 年。

李复华、王家祐：《关于巴蜀图语的几点看法》，《贵州民族研究》1984 年第 4 期。

李剑、李灿：《什邡新出土虎钮錞于》，《四川文物》2010 年第 2 期。

李俊：《房县发现新石器时代遗址和古城址》，《江汉考古》1985 年第 4 期。

李莉：《四川奉节县风箱峡崖棺葬》，《文物》1978 年第 7 期。

李之勤、李进：《嘉陵江上游古代航运的发展特点》，《西北大学学报》1990 年第 2 期。

李绍明：《川东南土家与巴国南境问题》，《思想战线》1985 年第 6 期。

李恕豪：《试论"巴"的得名之由》，《天府新论》1986 年第 1 期。

李启良：《巴族渊源探微》，《史学集刊》1985 年第 1 期。

李乔：《从〈景云碑〉看景氏起源及汉代以前的迁徙》，《中原文物》2009 年第 4 期。

李晓杰：《战国秦县新考》，《历史地理》第 22 辑，上海：上海人民出版社，2007 年。

李天元、武仙竹：《房县樟脑洞发现的旧石器》，《江汉考古》1986 年第 3 期。

李天元：《湖北枝城九道河旧石器时代遗址发掘报告》，《考古与文物》1990 年第 1 期。

李宜民：《桃花溪旧石器》，《人类学学报》1992 年第 11 卷第 2 期。

李宜民、张森水：《铜梁旧石器文化之研究》，《古脊椎动物与古人类》1981 年第 19 卷第 4 期。

李宜民、张森水：《资阳人 B 地点发现的旧石器》，《人类学学报》1984 年第 3 卷第 3 期。

李烨、张历文：《洋县出土殷商铜器简报》，《文博》1996 年第 6 期。

李衍垣：《錞于述略》，《文物》1984 年第 8 期。

李炎贤、计宏祥、李天元，等：《郧县人遗址发现的石制品》，《人类学学报》1998 年第 17 卷第 2 期。

黎泽高、赵平：《枝城市博物馆藏青铜器》，《考古》1989 年第 9 期。

廖渝方：《万县又发现虎钮錞于》，《四川文物》1991 年第 1 期。

辽瓦店子考古队：《湖北郧县辽瓦店子遗址考古获重要发现》，《中国文物报》2008 年 1 月 9 日，第 2 版。

林邦存：《关于屈家岭文化区系类型问题的初步分析》，《江汉考古》1997 年第 1 期。

林春：《宜昌地区长江沿岸夏商时期的一支新文化类型》，《江汉考古》1984 年第 2 期。

林鸿荣：《四川古代森林的变迁》，《农业考古》1985 年第 1 期。

林鸿荣：《历史时期四川森林的变迁（续）》，《农业考古》1985 年第 2 期。

林奇：《巴楚关系初探》，《江汉论坛》1980 年第 4 期。

林奇、邓辉：《錞于刍议》，《江汉考古》1987 年第 4 期。

林时九：《湘西吉首出土錞于》，《文物》1984 年第 11 期。

林时九：《巴文化与土家族刍议》，《吉首大学学报（社会科学版）》1987 年第 4 期。

林时九：《从湘西民族地区考古发现看楚文化的影响》，《吉首大学学报（社会科学版）》1990 年第 3 期。

林向：《巴蜀文化辩证》，《华中师范大学学报（人文社科版）》2006 年第 4 期。

林向：《川东峡江地区的崖葬》，《民族学研究》1982 年第 2 期。

刘不朽：《巴人·巴国·巴文化——正在破解中的历史谜团》，《中国三峡建设》1998 年第 6 期。

刘帝智：《巴人源流·巴人迁徙·宣汉巴人》，《成都教育学院学报》2003 年第 5 期。

刘恩元：《贵州松桃出土錞于与巴文化的关系》，《贵州民族研究》1982 年第 2 期。

刘豫川：《巴蜀符号印章的初步研究》，《文物》1987 年第 10 期。

刘志远：《考古材料所见汉代的四川农业》，《文物》1979 年第 12 期。

雷雨、陈德安：《巴中月亮岩和通江擂鼓寨遗址调查简报》，《四川文物》1991 年第 6 期。

卢德佩：《湖北宜昌县土城青铜器窖藏坑》，《考古》2002 年第 5 期。

鲁西奇：《历史地理研究中的"区域"问题》，《武汉大学学报（哲学社会科学版）》1996 年第 6 期。

陆斐蕾：《錞于及其文化区系研究》，北京：中国艺术研究院硕士学位论文，2007 年。

龙腾：《四川蒲江县巴族武士船棺》，《考古》1983 年第 12 期。

栾丰实：《三峡地区又发现一大规模巴人墓地》，《中国文物报》2002 年 4 月 12 日第 1 版。

罗开玉：《"鳖灵决玉山"纵横论——兼析〈蜀王本纪〉的写作背景》，《四川师范学院学报（社会科学版）》1984 年第 4 期。

罗远才、韩承柱、肖冠宇：《湖南土家族的体质特征》，《人类学学报》1985 年第 2 期。

吕幼樵：《〈世本〉述论》，《贵州师范大学学报（社会科学版）》1997 年第 4 期。

罗开玉：《古代巴蜀土著姓氏研究》，《中华文化论坛》2001 年第 1 期。

罗家新：《浅谈夷城》，《湖北省考古学会论文选集》，《江汉考古》1991 年增刊。

罗君：《秦汉时期巴郡的政治和经济》，《涪陵师范学院学报》2004 年第 1 期。

马幸辛：《川东北考古文化分期刍论》，《四川文物》1989 年第 6 期。

马幸辛、汪模荣：《四川达县市西汉木椁墓》，《考古》1992 年第 3 期。

马继贤：《关于长江三峡地区古文化遗址分布的几个特点》，《江汉考古》1988 年第 4 期。

蒙默：《试论古代巴、蜀民族及其与西南民族的关系》，《贵州民族研究》1983 年第 4 期。

蒙文通：《百越民族考》，《历史研究》1983 年第 1 期。

蒙文通：《略论〈山海经〉的写作时代及其产生地域》，《中华文史论丛》第 1 辑，北京：中华书局，1962 年。

蒙文通：《巴蜀史的问题》，《四川大学学报》1959 年第 5 期。

裴树文、高星、许春华，等：《湖北建始高坪洞穴调查及其试掘简报》，《人类学学报》2010 年第 29 卷第 4 期。

彭官章：《廪君时代考略》，《贵州民族研究》1987 年第 3 期。

彭官章：《巴人源于古羌人》，《吉首大学学报》1987 年第 3 期。

彭官章、朴永子：《羌人·巴人·土家族》，《吉首大学学报（社会科学版）》1982 年第 1 期。

彭静中：《古代巴蜀铜器文字试释》，《四川大学学报丛刊》第 5 辑，成都：四川人民出版社，1980 年。

彭武一：《古代巴人廪君时期的社会和宗教——兼及土家族与古代巴人的渊源关系》，《吉首大学学报（社会科学版）》1982 年第 2 期。

彭英明：《试论湘鄂西土家族"同源异支"——廪君蛮的起源及其发展述略》，《中南民族学院学报（哲学社会科学版）》1984 年第 3 期。

祁国琴：《中国全新世哺乳动物群》，《第十三届国际第四纪大会论文选》，北京：北京科学技术出版社，1991 年。

邱中郎、张玉萍、童永生：《湖北省清江地区洞穴中的哺乳类化石报导》，《古脊椎动物与古人类》1961 年第 2 期。

钱玉趾：《试论巴蜀铭文》，《三星堆文化论集》，成都：巴蜀出版社，1993 年。

钱玉趾：《渠县发现的巴族青铜铭文戈考析》，《三峡大学学报（人文社会科学版）》2007 年第 2 期。

乔治忠、童杰：《〈世本〉成书年代问题考论》，《史学集刊》2010 年第 5 期。

任桂园：《秦汉盐政与三峡盐业综论》，《重庆三峡学院学报》2002 年第 6 期。

任桂园：《三国魏晋南北朝时期的盐制与三峡盐业综论》，《重庆三峡学院学报》2003 年第 6 期。

任桂园：《三峡地区盐资源与巴族起源及社会流动的关系——三峡盐文化简论》，《三峡学刊》1996 年第 3 期。

任桂园：《为盐而战的廪君、盘瓠后裔与三峡井盐业》，《盐文化研究论丛》第 3 辑，成都：巴蜀书社，2009 年。

任乃强：《重庆》，《社会科学研究》1980 年第 3 期。

任乃强：《四川地方考释》，《社会科学研究》1980 年第 3 期。

R. Naroll，JWM Whiting. On ethnic unit classification. *Current Anthropology*. 1964，Vol 5（4）。

三峡考古队：《宜昌大坪遗址发掘简报》，《江汉考古》1994 年第 1 期。

三峡考古队：《湖北宜昌白庙遗址 1993 年发掘简报》，《江汉考古》1994 年第 1 期。

三峡考古队：《宜昌朱其沱遗址发掘简报》，《江汉考古》1994 年第 1 期。

三峡考古队第三组：《湖北宜昌杨家嘴遗址发掘简报》，《江汉考古》1994 年第 1 期。

桑秀云：《黔中、黔中郡和武陵郡的关系》，《"中央研究院"历史语言研究所集刊》第 52 本第 3 分册。

山东大学考古系：《四川开县余家坝战国墓葬发掘简报》，《考古》1999 年第 1 期。

陕西考古所汉水队：《陕西安康专区考古调查简报》，《考古》1960 年第 3 期。

陕西省考古研究所汉水考古队：《陕西西乡红岩坝遗址的调查和试掘》，《考古与文物》1982 年第 5 期。

石俊会：《长江三峡大宁河流域的环境考古学研究》，《四川文物》2006 年第 3 期。

石门县博物馆：《湖南石门县出土窖藏錞于》，《考古》1994 年第 2 期。

石泉、徐德宽：《楚都丹阳地望新探》，《江汉论坛》1982 年第 3 期。

石泉：《楚都何时迁郢》，《江汉论坛》1984 年第 4 期。

石应平：《土家族源考辨》，《西南民族学院学报（哲学社会科学版）》1990 年第 4 期。

史威：《长江三峡地区全新世环境演变及其古文化响应》，《地理学报》2009 年 11 期。

史威、朱诚、马春梅，等：《中坝遗址约 4250aB.P.以来古气候和人类活动记录》，《地理科学》2008 年第 5 期。

史威、朱诚、李世杰，等：《重庆丰都玉溪剖面的沉积学和气候意义》，《沉积学报》2010 年第 1 期。

史威、朱诚、王富葆，等：《渝东峡江区全新世环境考古与环境变迁研究现状》，《长江流域资源与环境》2007 年第 16 卷第 2 期。

十堰市博物馆、房县博物馆：《房县羊鼻岭遗址再调查》，《江汉考古》1998 年第 2 期。

沈仲常：《新都战国木椁墓与楚文化》，《文物》1981 年第 6 期。

沈仲常：《四川昭化宝轮镇南北朝时期的崖墓》，《考古学报》1959 年第 2 期。

沈仲常、孙华：《楚国灭巴考》，《贵州社会科学》1984 年第 6 期。

沈仲常、孙华：《关于四川船棺葬的族属问题》，《民族论丛》第 2 辑，四川省民族研究所、四川省民族研究会编印，1982 年。

沈仲常：《重庆江北相国寺的东汉砖墓》，《文物参考资料》1955 年第 3 期。

沈仲常、王家祐：《记四川巴县冬笋坝出土古印及古货币》，《考古通讯》1955 年第 6 期。

舒向今：《楚势力进入"五溪"年代初探》，《江汉考古》1997 年第 4 期。

舒向今：《试探"五溪蛮地"的两个黔中郡》，《民族论坛》1997 年第 3 期。

舒向今：《五溪境内历史上的两个黔中郡治》，《怀化师专学报》1997 年第 4 期。

四川大学历史系考古专业崖葬科研小组：《四川巫溪荆竹坝崖葬调查清理简报》，《考古与文物》1984 年第 6 期。

四川省长江流域文物保护委员会文物考古队：《四川忠县㽏井沟遗址的试掘》，《考古》1962 年第 8 期。

四川长江流域文物保护委员会文物考古队：《四川巫山大溪新石器时代遗址发掘记略》，《文物》1961 年第 11 期。

四川省文物考古研究院、达州地区文物管理所、宣汉县文物管理所：《四川宣汉罗家坝遗址 1999 年度发掘简报》，《四川文物》2009 年第 4 期。

四川省文物考古研究所、达州地区文物管理所、宣汉县文物管理所：《四川宣汉罗家坝遗址 2003 年发掘简报》，《文物》2004 年第 9 期。

四川省文物考古研究院：《渠江流域古遗址调查简报》，《四川文物》2005 年第 6 期。

四川省文物考古研究院、北京大学考古文博学院、美国加州大学洛杉矶分校：《中坝遗址的盐业考古研究》，《四川文物》2007 年第 1 期。

四川省博物馆、青川县文化馆：《青川县出土秦更修田律木牍——四川青川县战国墓发掘简报》，《文物》1982 年第 1 期。

四川省博物馆、新都县文物管理所：《四川新都战国木椁墓》，《文物》1981 年第 6 期。

四川省博物馆、重庆市博物馆、涪陵县文化馆：《四川涪陵地区小田溪战国土坑墓清理简报》，《文物》1974 年第 5 期。

四川文管会等：《四川涪陵小田溪四座战国墓》，《考古》1985 年第 1 期。

四川省文物管理委员会、大邑县文化馆：《四川大邑县五龙战国巴蜀墓葬》，《文物》1985 年第 5 期。

四川省文物管理委员会：《四川忠县涂井蜀汉崖墓》，《文物》1985 年第 7 期。

四川省文管会、雅安地区文化馆、荥经县文化馆：《四川荥经曾家沟战国墓群第一、二次发掘》，《考古》1984 年第 12 期。

四川省文物管理委员会、蒲江县文物管理所：《蒲江县战国土坑墓》，《文物》1985 年第 5 期。

四川省文物管理委员会、蒲江县文物管理所：《成都市蒲江县船棺墓发掘简报》，《文物》2002 年第 4 期。

四川省文物管理委员会、涪陵县文化馆:《四川涪陵西汉土坑墓发掘简报》,《考古》1984 年第 4 期。

宋治民:《什邡荥经船棺葬墓地有关问题探讨》,《四川文物》1999 年第 1 期。

苏秉琦:《从楚文化探索中提出的问题》,《江汉考古》1982 年第 1 期。

孙华:《巴蜀符号初论》,《四川文物》1984 年第 1 期。

孙华:《楚经营西南考辨》,《贵州民族研究》1983 年第 1 期。

孙华:《鳖灵名义考——兼论鳖灵与蜀开明氏的关系》,《四川文物》1989 年第 5 期。

孙绘:《利川县出土一件虎钮錞于》,《江汉考古》1985 年第 3 期。

孙仲明:《长江埋藏古树的分布、形成及其研究意义》,《长江志通讯》1985 年第 2 期。

孙智彬、罗龙洪:《忠县中坝遗址》,《中国十年百大考古发现》,北京:文物出版社,2002 年。

孙致中:《〈山海经〉的作者及著作时代》,《贵州文史丛刊》1986 年第 1 期。

谭洛非:《关于开展巴蜀文化研究的建议》,《社会科学研究》1991 年第 5 期。

谭其骧:《云梦与云梦泽》,《复旦学报(社会科学版)》1980 年增刊。

唐昌朴:《从船棺葬俗考查巴蜀的族源》,《历史教学问题》1990 年第 5 期。

唐昌朴:《论四川岩椁墓的形成与族属》,《中南民族学院学报(哲学社会科学版)》1988 年第 1 期。

唐嘉弘:《巴国是一个奴隶制王国吗?》,《四川文物》1984 年第 1 期。

唐金裕:《汉中地区新石器时代遗址调查简报》,《考古与文物》1981 年第 1 期。

唐金裕:《汉水上游巴文化的探讨》,《文博》1984 年第 1 期。

唐金裕、王寿芝:《陕西城固县莲花池新石器时代遗址》,《考古》1977 年第 5 期。

唐世贵:《〈山海经〉成书时地及作者新探》,《成都理工大学学报(社会科学版)》2006 年第 1 期。

唐元发:《〈逸周书〉成书于战国初期》,《南昌大学学报(人文社会科学版)》2006 年第 6 期。

汤英俊、宗冠福、雷遇鲁:《汉水上游旧石器的新发现》,《人类学学报》1987 年第 6 卷第 1 期。

童恩正:《古代巴境内民族考》,《思想战线》1979 年第 4 期。

童恩正:《记瞿塘峡盔甲洞中发现的巴人文物》,《考古》1962 年第 5 期。

童恩正:《我国西南地区青铜剑的研究》,《考古学报》1977 年第 2 期。

童恩正、龚廷万:《从四川两件铜戈的铭文看秦灭巴蜀后统一文字的进步措施》,《文物》1976 年第 7 期。

同号文、武仙竹：《湖北神农架犀牛洞梅氏犀（真犀料，哺乳动物纲）化石》，《科学通报》2010 年第 55 卷第 11 期。

田耕：《春秋以前巴人史迹辨析》，《贵州民族研究》1995 年第 3 期。

田敏：《廪君巴与汉上巴之关系探略》，《中南民族学院学报（哲学社会科学版）》1995 年第 2 期。

田敏：《巴人世系考》，《吉首大学学报（社会科学版）》1996 年第 4 期。

田敏：《廪君为巴人始祖质疑》，《民族研究》1996 年第 1 期。

田敏：《廪君巴迁徙走向考》，《中南民族学院学报（哲学社会科学版）》1996 年第 6 期。

田敏：《楚国灭巴考》，《贵州民族研究》1997 年第 1 期。

田敏：《夏代巴人地域考》，《湖北民族学院学报（哲学社会科学版）》1994 年第 1 期。

田敏：《"楚子灭巴，巴子五人流入黔中"考——楚巴关系及廪君巴迁徙走向新认识》，《湖北民族学院学报（社会科学版）》1997 年第 1 期。

田玉隆：《从史学结合民族学看巴国与苗族关系》，《贵州民族研究》1982 年第 2 期。

屠武周：《伏羲非太昊考》，《东南文化》1990 年第 4 期。

万群：《从汉语史角度看〈山海经〉的成书年代》，《中国典籍与文化》2013 年第 2 期。

王宏：《巴、蜀文化源流粗疏》，《江汉考古》1997 年第 3 期。

王家德：《三峡地区古代渔猎综论》，《四川文物》1995 年第 2 期。

王家德：《鄂西发现一批周代巴蜀青铜器》，《四川文物》1987 年第 1 期。

王家德：《湖北秭归又发现一双巴式剑》，《江汉考古》1985 年第 3 期。

王家祐、王子岗：《涪陵出土的巴文物与川东巴国》，《四川大学学报丛刊》第 5 辑，成都：四川人民出版社，1980 年。

王家祐、刘磐石：《涪陵考古新发现与古代"巴国"历史的一些问题》，《文物资料丛刊》第 7 辑，北京：文物出版社，1983 年。

王建新、王涛：《试论重庆万州中坝子遗址夏商周时期文化遗存》，《江汉考古》2002 年第 3 期。

王静如：《关于湘西土家语言的初步意见》，《中国民族问题研究集刊》1955 年第 4 期。

汪宁生：《释"武王伐纣前歌后舞"》，《历史研究》1981 年第 4 期。

王文才：《僚族杂考》，《中国文化研究汇刊》1950 年第 9 卷。

王善才：《巴人你从哪里来？》，《科学中国人》2002 年第 7 期。

王晓宁：《湖北鄂西自治州博物馆藏青铜器》，《文物》1990 年第 3 期。

王晓宁：《虎钮錞于》，《湖北民族学院学报（哲学社会科学版）》1990 年第 1 期。

王晓宁：《清江流域物质文化遗产分类特征及其保护》，《湖北民族学院学报（哲学社会科学版）》2006 年第 5 期。

王晓天、黎小龙：《板楯蛮（賨人）源流考略——廪君之后还是"百濮"先民？》，《中国历史地理论丛》2012年第2辑。

王现平、杨光华：《万州云阳考察漫记》，《中国人文田野》第二辑，成都：巴蜀书社，2008年。

王有鹏：《四川绵竹县船棺墓》，《文物》1987年第10期。

王玉德：《〈世本〉成书初探》，《华中师范大学学报（人文社会科学版）》1986年第1期。

王毓彤：《荆门出土的一件铜戈》，《文物》1963年第1期。

王宇信、张永山、杨升南：《试论殷墟五号墓的"妇好"》，《考古学报》1977年第2期。

王令红、林玉芬、长绍武，等：《湖南省西北部新发现的哺乳动物化石及其意义》，《古脊椎动物与古人类》1982年第20卷第4期。

王杰：《大溪文化的农业》，《农业考古》1987年第1期。

魏达议、段诚中：《四川出土有关古代养猪的文物》，《农业考古》1982年第2期。

魏嵩山：《楚捍关考——兼及清江和大溪源流及巴族迁徙路线》，《江汉论坛》1980年第5期。

吴汝祚：《宜昌中堡岛遗址第四层文化性质及其有关问题的探讨》，《江汉考古》1989年第1期。

吴天清：《丰都县名山镇汉墓清理简报》，《四川文物》1991年第3期。

武汉大学历史系考古专业：《清水滩遗址1984年发掘简报》，《江汉考古》1988年第3期。

武汉大学考古系、湖北省文物考古研究所：《湖北郧县青龙泉遗址2008年度发掘简报》，《江汉考古》2010年第1期。

武汉大学考古系：《湖北郧西仙河遗址2009年度发掘简报》，《江汉考古》2012年第1期。

武仙竹：《神农架犀牛洞旧石器时代遗址发掘报告》，《人类学学报》1998年第17卷第2期。

武仙竹：《巴人与鸬鹚渔业》，《农业考古》2004年第1期。

武仙竹：《考古学所见长江三峡夏商周时期的渔业生产》，《江汉考古》2002年第3期。

武仙竹：《三峡地区的环境变迁与三峡航运》，《四川文物》1998年第6期。

武仙竹：《长江流域环境变化与人类活动的相互影响》，《东南文化》2000年第1期。

武仙竹、罗玲：《三峡地区的家畜起源于传播》，《重庆社会科学》2008年第7期。

武仙竹、裴树文、吴秀杰，等：《湖北郧西白龙洞古人类遗址初步研究》，《人类学学报》2009年第1期。

武仙竹、吴秀杰、陈明慧，等：《湖北郧西黄龙洞古人类遗址2006年发掘报告》，《人类学学报》2007年第3期。

武仙竹、周国平：《湖北官庄坪遗址动物遗骸研究报告》，《人类学学报》2005 年第 3 期。

武仙竹、周兴明、王运辅：《湖北郧县伏龙观旧石器时代遗址调查简报》，《人类学学报》2008 年第 1 期。

武仙竹、杨定爱：《湖北巴东罗坪遗址群动物遗骸研究报告》，《四川文物》2006 年第 5 期。

武仙竹、吴秀杰、陈明惠，等：《湖北郧西黄龙洞古人类遗址 2006 年发掘报告》，《人类学学报》2007 年第 26 卷第 3 期。

吴小华：《近年贵州高原新石器至商周时期文化遗存的发现与分区》，《四川文物》2011 年第 1 期。

夏夷陵、李云生：《邓县禹山庙錞于及相关问题》，《考古》1989 年第 10 期。

向开旺：《试论楚人进入沅水中上游地区的年代问题》，《考古耕耘录——湖南省中青年考古学者论文集》，长沙：岳麓书社，1999 年。

熊传新：《记湘西新发现的虎钮錞于》，《江汉考古》1983 年第 2 期。

熊传新：《湘西土家族出土遗物与巴人的关系》，《西南师范大学学报（人文社科版）》1980 年第 4 期。

熊传新：《湖南发现的古代巴人遗物》，《文物资料丛刊》第 7 辑，北京：文物出版社，1983 年。

熊晓辉：《湘西古代乐器铜錞于铜钲与铜编钟》，《演艺科技》2012 年第 10 期。

徐南洲：《〈山海经〉中的巴人世系考》，《社会科学研究》1985 年第 6 期。

徐中舒：《四川涪陵小田溪出土的虎钮錞于》，《文物》1974 年第 5 期。

徐中舒：《耒耜考》，《"中央研究院"历史语言研究所集刊》第 2 册，北京：中华书局，1987 年。

徐中舒、唐嘉弘：《古代楚蜀的关系》，《文物》1981 年第 6 期。

徐少华、李海勇：《从出土文献析楚秦洞庭、黔中、苍梧诸郡的建置与地望》，《考古》2005 年第 11 期。

徐信印：《安康出土的一件战国虎钮錞于》，《文博》1985 年第 5 期。

徐燕：《从考古遗存中的环境指标看峡江地区夏商周时期的环境变迁》，《农业考古》2009 年第 1 期。

许春华、韩康信、王令红：《鄂西巨猿化石及共生的动物群》，《古脊椎动物与古人类》1974 年第 4 期。

许春华、陈醒斌、冯小波，等：《湖北建始新发现的巨猿化石地点》，《江汉考古》1993 年第 3 期。

薛登：《"杜宇禅位"与"巴人灭蜀"——蜀史探源之一》，《成都大学学报（社会科学版）》1988 年第 1 期。

阎嘉祺：《陕西汉中地区梁山龙岗首次发现旧石器》，《考古与文物》1980 年第 4 期。

阎嘉祺：《陕西汉中地区梁山旧石器的再调查》，《考古与文物》1981 年第 2 期。

杨东晨：《春秋战国时期陕南的社会变化》，《汉中师范学院学报（社会科学版）》1996 年第 1 期。

杨鹍国：《"康回"与苗族关系管窥》，《贵州民族研究》1985 年第 3 期。

杨昌鑫：《对土家族民族共同体形成时间的再认识》，《中南民族学院学报（哲学社会科学版）》1999 年第 3 期。

杨达源、张强、葛兆帅，等：《中全新世以来的川江大洪水初步研究》，《湖泊科学》2003 年增刊。

杨铭：《巴人源出东夷考》，《历史研究》1999 年第 6 期。

杨铭：《巴渝舞的曲名和性质新探》，《渝州艺谭》1993 年第 1 期。

杨铭：《巴子五姓晋南结盟考》，《民族研究》1997 年第 5 期。

杨权喜、陈振裕：《秭归鲢鱼山与楚都丹阳》，《江汉考古》1987 年第 3 期。

杨权喜：《略论古代的巴》，《四川文物》1991 年第 1 期。

杨权喜：《关于巴濮若干问题探讨》，《湖北省考古学会论文选集》第 2 辑，江汉考古增刊，1991 年。

杨权喜：《探索鄂西地区商周文化的线索》，《江汉考古》1986 年第 4 期。

杨华：《巴族之"巴"字涵义》，《四川文物》1994 年第 2 期。

杨华：《从鄂西考古发现谈巴文化的起源》，《考古与文物》1995 年第 1 期。

杨华：《长江三峡南岸入蜀古道考证》，《三峡大学学报（人文社会科学版）》2006 年第 4 期。

杨华：《远古时期三峡地区长江洪、枯水文的考古研究（距今约 15 万年—1 万年）》，《东南文化》2007 年第 6 期。

杨华：《三峡地区春秋战国时期冶铁业的考古发现与研究——兼论楚国对巴蜀地区冶铁业的影响》，《重庆师范大学学报（哲学社会科学版）》2005 年第 4 期。

杨华：《长江三峡地区西周、东周时期文化遗迹的考古发现研究》，《三峡大学学报（人文社会科学版）》2001 年第 2 期。

杨光华：《廪君巴人发源地"武落钟离山"地名新解》，《中国历史地理论丛》2010 年第 4 辑。

杨光华：《楚国设置巴郡考》，《中国历史地理论丛》2007 年第 4 辑。

杨光华：《羊渠、南浦县建置沿革考——兼及魏晋"峡中"武陵郡》，《中国历史地理论丛》2013 年第 3 辑。

杨海艳：《巴文化与九歌》，济南：山东大学硕士学位论文，2009 年。

杨玉彬：《安徽阜阳出土东周虎钮錞于》，《收藏》2006 年第 1 期。

杨志勇：《沅水中上游商周考古学文化特点与民族格局》，《怀化学院学报》2006 年第 12 期。

宜昌地区博物馆、兴山县王昭君纪念馆：《兴山乡古文化遗址调查简报》，《江汉考古》1987 年第 1 期。

宜昌博物馆、秭归屈原纪念馆：《秭归下尾子遗址发掘简报》，《江汉考古》1994 年第 1 期。

宜昌地区博物馆：《1978 年宜昌前坪汉墓发掘简报》，《考古》1985 年第 5 期。

宜昌地区博物馆：《当阳付家窑两周遗址调查简报》，《江汉考古》1989 年第 4 期。

宜昌地区博物馆：《当阳罗家山新石器时代遗址调查简报》，《江汉考古》1989 年第 4 期。

宜昌地区博物馆：《宜昌县杨家湾新石器时代遗址》，《江汉考古》1984 年第 4 期。

宜昌地区博物馆：《宜昌县艾家河古遗址群调查简报》，《江汉考古》1989 年第 3 期。

宜昌地区博物馆、兴山县王昭君纪念馆：《兴山县古文化遗址调查简报》，《江汉考古》1987 年第 1 期。

宜昌地区博物馆、秭归屈原纪念馆：《秭归卜庄河古墓发掘简报》，《江汉考古》1991 年第 4 期。

宜昌市文管处、湖北省博物馆：《宜昌市前、后坪古墓 1981 年发掘简报》，《江汉考古》1985 年第 2 期。

宜都考古发掘队：《湖北宜都石板巷子新石器时代遗址》，《考古》1985 年第 11 期。

尹茜、朱诚、王福葆，等：《长江三峡库区新石器时代典型遗址区全新世以来动物多样性研究》，《环境考古研究》第 4 辑，北京：北京大学出版社，2007 年。

尹盛平：《西周的强国与太伯、仲雍奔荆蛮》，《陕西省文博考古科研成果汇报会论文选集》，陕西省文物事业管理局编印，1981 年。

尹绍亭：《基诺族刀耕火种的民族生态学研究》，《农业考古》1988 年第 1 期。

叶德书：《"巴语"和土家语有亲缘关系吗》，《贵州民族研究》1986 年第 4 期。

游修龄：《论黍和稷》，《农业考古》1984 年第 2 期。

余静：《从近年来三峡考古新发现看楚文化的西渐》，《江汉考古》2005 年第 1 期。

俞伟超：《先楚与三苗文化的考古学推测——为中国考古学会第二次年会而作》，《文物》1980 年第 10 期。

俞伟超：《"大武辟兵"铜戚与巴人的"大武舞"》，《考古》1963 年第 3 期。

俞伟超：《大武舞戚续记》，《考古》1964 年第 1 期。

于豪亮：《四川涪陵的秦始皇二十六年铜戈》，《考古》1976 年第 1 期。

袁德洪：《"向王庙"与"人头愿"》，《湖北少数民族》1983 年第 12 期。

袁靖：《论中国新石器时代居民获取肉食资源的方式》，《考古学报》1999 年第 1 期。

郧阳地区博物馆、竹山县文化馆：《竹山县霍山遗址调查简报》，《江汉考古》1994 年第 4 期。

岳伦春、叶军：《三峡文物走私揭秘》，《中国三峡建设》1999 年第 4 期。

曾超：《"巴"义新说》，《涪陵师专学报（社会科学版）》1999 年第 1 期。

曾超：《"白虎为害"、"夷人射虎"新议》，《涪陵师范学院学报》2003 年第 1 期。

曾翠屏：《錞于的流变与巴楚文化的形成》，武汉：湖北社会科学院硕士学位论文，2002 年。

曾湘军：《湘西出土虎钮錞于纹饰与渔猎巫术》，《民族论坛》1991 年第 3 期。

詹坚固：《试论蜑名变迁与蜑民族属》，《民族研究》2012 年第 1 期。

张弛、林春：《红花套遗址新石器时代的石制品研究》，《南方文物》2008 年第 3 期。

张典维：《湖北长阳出土一批青铜器》，《考古》1986 年第 4 期。

张皓良、何旭渊、冯光国：《明代通江进京楠木采伐迹地小考》，《文史杂志》1988 年第 3 期。

张合荣、吴小华、张兴龙，等：《贵州沿河抢救发掘新石器晚期至商周遗址群》，《中国文物报》2007 年 4 月 20 日，第 2 版。

张侯：《廪君在清江流域的足迹》，《湖北民族学院学报（社会科学版）》1993 年第 1 期。

张莉：《巴盐与巴族的兴衰》，《涪陵师范学院学报》2003 年第 6 期。

张健：《探密盐井沟古生物化石遗址》，《重庆三峡学院学报》2012 年第 5 期。

张强、杨达源、施雅风，等：《川江中坝遗址 5000 年来洪水事件研究》，《地理科学》2004 年第 6 期。

张强、朱诚、姜逢清，等：《重庆巫山张家湾遗址 2000 年来的环境考古》，《地理学报》2001 年第 56 卷第 3 期。

张启明：《阆中县出土虎纹铜钺》，《四川文物》1984 年第 3 期。

张文：《巴蜀符号琐谈》，《四川文物》1992 年第 2 期。

张维：《失传千多年的古乐器錞于》，《乐器》1985 年第 4 期。

张希周：《廪君时代的巴人活动地域》，《江汉论坛》1983 年第 12 期。

张希周：《试论古代巴人发源于湖北长阳恨山》，《四川大学出版社（哲学社会科学版）》1982 年第 1 期。

张森水、吴玉书、于浅藜，等：《铜梁旧石器遗址自然环境的探讨》，《古脊椎动物与古人类》1982 年第 2 期。

张硕：《巴文化起源新论》，《江汉论坛》2002 年第 8 期。

张雄：《"巴氏蛮夷"浅论》，《中南民族学院学报（哲学社会科学版）》1984 年第 2 期。

张雄：《巴文化与毗邻诸文化关系概说》，《中南民族学院学报（哲学社会科学版）》1993 年第 4 期。

张雄：《魏晋十六国以来巴人的迁徙与汉化趋势》，《中南民族学院学报（哲学社会科学版）》1998 年第 4 期。

张雄：《南朝"荆郢蛮"的分布和族属试探》，《江汉论坛》1983 年第 5 期。

张雄：《隋唐时期巴人的汉化趋势》，《中南民族学院学报（哲学社会科学版）》1999 年第 1 期。

张雄、黄成贤：《廪君蛮的发源地及迁徙走向考》，《湖北少数民族》1983 年第 1 期。

张芸、朱诚、张之恒：《长江三峡巫山下沱遗址环境考古》，《海洋地质与第四纪地质》2007 年第 3 期。

张芸、朱诚：《长江三峡大宁河流域大昌地区环境考古》，《科学通报》2008 年增刊。

张芸、朱诚、于世杰：《长江三峡大宁河流域 3000 年来的环境演变与人类活动》，《地理科学》2001 年第 21 卷第 3 期。

张芸、朱诚、于世杰，等：《长江三峡张家湾遗址孢粉组合及古环境演变》，《长江流域资源与环境》2001 年第 3 期。

张正明：《巴人起源地综考》，《华中师范大学学报（人文社会科学版）》2004 年第 6 期。

张政烺：《释甲骨文俄隶蕴三字》，《中国语文》1965 年第 4 期。

张振标、王善才：《湖北长阳青铜时代人骨的研究》，《人类学报》1992 年第 3 期。

张中一、彭青野：《论楚人入湘的年代》，《江汉考古》1984 年第 4 期。

张伟权：《白虎文化揭示土家族形成的路线图》，《中国民族报》2011 年 2 月 11 日，第 7 版。

张金河：《温汤井盐业最后百年兴衰史（1852—1951）》，《开县文史资料》第四辑，沈阳：辽宁教育出版社，2008 年。

章冠英：《两晋南北朝时期民族大变动中的廪君蛮》，《历史研究》1957 年第 2 期。

郑国晋：《再论武落钟离山应是巴东三里城——就几份古地图与宫哲兵教授商榷》，《重庆三峡学院学报》2011 年第 2 期。

枝柳铁路复线工程考古队荆州博物馆支队：《湖北松滋西斋汪家嘴遗址发掘报告》，《江汉考古》2002 年第 4 期。

周宏伟：《廪君巴人夷水应为今大宁河考——兼论廪君巴人的迁徙原因》，《历史地理》第 23 辑，上海：上海人民出版社，2008 年。

周宏伟：《释"洞庭"及其相关问题》，《中国历史地理论丛》2010 年第 3 辑。

周晶晶：《〈世本〉研究》，济南：山东大学硕士学位论文，2005 年。

周明阜：《湘西先秦考古文化的多元性建构探讨》，《吉首大学学报（社会科学版）》1993 年第 4 期。

周苏平：《尧、舜、禹"禅让"的历史背景》，《西北大学学报（哲学社会科学版）》1993 年第 2 期。

周文德：《"巴"名称的语源研究述评》，《贵州民族研究》2011 年第 4 期。

周兴茂：《巴人、巴国与巴文化》，《徐州师范大学学报（哲学社会科学版）》2007 年第 4 期。

赵宾福、邹后曦、雷霆军：《重庆奉节县老关庙新石器时代遗址土坑墓的发掘》，《考古》2006 年第 8 期。

赵炳清：《楚、秦黔中郡略论——兼论屈原之卒年》，《中国历史地理论丛》2006 年第 3 辑。

赵炳清：《从峡江地区楚文化遗存看东周时期的巴楚关系》，《考古》2010 年第 4 期。

赵丛苍：《从考古新发现看早期巴文化——附论巴蜀文化讨论中的相关问题》，《华中师范大学学报（人文社会科学版）》2006 年第 4 期。

赵殿增、胡长钰：《四川彭县发现船棺葬》，《文物》1985 年第 5 期。

赵冬菊：《从三峡考古看古代三峡地区的生态环境》，《四川文物》2005 年第 6 期。

赵冬菊：《从三峡考古看巴人的生活习俗》，《三峡大学学报（人文社会科学版）》2005 年第 4 期。

赵冬菊：《三峡考古与巴文化研究》，《贵州民族研究》2000 年第 4 期。

赵东升、水涛：《从三峡地区史前考古遗址分布看人类生存与环境的关系》，《科学通报》2008 年增刊。

赵昆生、张娟：《试论秦汉魏晋南北朝三峡地区的社会经济》，《重庆师范大学学报（哲学社会科学版）》2004 年第 5 期。

赵静芳、袁东山：《玉溪遗址动物骨骼初步研究》，《江汉考古》2012 年第 3 期。

赵小帆：《试论湘鄂川黔边界地区出土的虎钮錞于的族属问题》，《贵州民族研究》1995 年第 2 期。

郑利平：《忠县崖脚墓地出土战国木椁现状调查与劣化分析》，《考古与文物》2009 年第 4 期。

郑若奎、唐志工：《广元市鲁家坟新石器时代遗址调查记》，《四川文物》1992 年第 3 期。

郑文：《巴楚关系刍议》，《西北师大学报（社会科学版）》1998 年第 6 期。

中国社会科学院考古研究所湖北工作队：《湖北枝江县关庙山新石器时代遗址发掘简报》，《考古》1981 年第 4 期。

中国社会科学院考古研究所湖北工作队：《湖北枝江关庙山遗址第二次发掘》，《考古》1983 年第 1 期。

中国社会科学院考古研究所长江三峡考古队：《四川巫山县魏家梁子遗址的发掘》，《考古》1996 年第 8 期。

中国社会科学院考古研究所长江工作队：《湖北均县乱石滩遗址发掘报告》，《考古》1986 年第 7 期。

中国社会科学院考古研究所四川工作队、四川省广元市文物管理所：《四川广元市张家坡新石器时代遗址的调查与试掘》，《考古》1991 年第 9 期。

中国社会科学院考古研究所四川工作队：《四川万县地区考古调查简报》，《考古》1990 年第 4 期。

钟炜：《楚秦黔中郡与洞庭郡关系初探》，《湖北大学学报（哲学社会科学版）》2005 年第 4 期。

朱诚、于世杰、卢春成：《长江三峡及江汉平原地区全新世环境考古与宜昌洪涝灾害研究》，《地理学报》1997 年第 3 期。

朱诚、郑朝贵、马春梅，等：《长江三峡库区中坝遗址地层古洪水沉积判别研究》，《科学通报》2005 年第 20 期。

朱俊明：《古荆为巴说》，《贵州社会科学》1983 年第 4 期。

朱圣钟：《巴地六畜驯养溯源——基于巴地动物考古材料的探索》，《农业考古》2018 年第 4 期。

朱圣钟：《巴郡政区沿革史述论——兼论郡名流变与巴人的关系》，《西南史地》第 2 辑，成都：巴蜀书社，2013 年。

朱圣钟：《巴人源于洞庭湖岳阳说商榷——基于洞庭湖岳阳地区的考古学分析》，《银川大学学报》2012 年第 1 期。

朱圣钟：《"巴人源于古羌人"说质疑——兼与彭官章先生等人商榷》，《西南大学学报（社会科学版）》2009 年第 5 期。

朱圣钟：《春秋战国时期巴国疆域考》，《历史地理》第 36 辑，上海：复旦大学出版社，2018 年。

朱圣钟：《〈后汉书·郡国志〉刘昭注鱼复扞关考》，《三门峡职业技术学院学报》2013 年第 2 期。

朱圣钟：《"后羿断修蛇"为何转变为"羿屠巴蛇"》，《湖北民族学院学报（哲学社会科学版）》2011 年第 1 期。

朱圣钟：《简论区域历史地理学研究的若干问题》，《唐都学刊》2003 年第 3 期。

朱圣钟：《〈旧唐书地理志〉正误一则》，《中国历史地理论丛》2000 年第 1 辑。

朱圣钟：《蜀汉汉平县治考察》，《中国人文田野》第 4 辑，成都：巴蜀书社，2011 年。

朱圣钟：《〈水经·江水注〉"江水汉安"与"洛水汉安"考》，《中国史研究》2011 年第 2 期。

朱圣钟：《〈水经注〉所载土家族地区若干历史水文地理问题考释》，《中央民族大学学报（哲学社会科学版）》2002 年第 6 期。

朱圣钟：《秦巴郡辖县考》，《三峡论坛（三峡文学·理论版）》2012 年第 1 期。

朱圣钟：《秦汉时期巴人的分布与迁徙》，《重庆社会科学》2010 年第 1 期。

朱圣钟、王高飞、付玉强：《重庆古盐井（场）探访之旅纪实（一）》，《中国人文田野》第 5 辑，成都：巴蜀书社，2012 年。

朱圣钟：《庸国历史地理问题三论》，《地域文化研究》2018 年第 1 期。

朱世学：《巴文化与三峡地缘文化的关系探析》，《湖北民族学院学报（哲学社会科学版）》2009 年第 1 期。

朱世学：《对虎钮錞于若干问题的认识》，《三峡大学学报（人文社会科学版）》2010 年第 1 期。

朱世学：《三峡考古与早期巴文化源头研究》，《重庆三峡学院学报》2010 年第 1 期。

朱镇邦：《柳州博物馆收藏一件虎钮錞于》，《文物》1981 年第 3 期。

竺可桢：《中国近五千年来气候变迁的初步研究》，《考古学报》1972 年第 1 期。

庄燕和：《古代巴史中的几个问题》，《西南师范学院学报（哲学社会科学版）》1979 年第 4 期。

邹后曦：《重庆考古 60 年》，《四川文物》2009 年第 6 期。

邹后曦、白九江：《三峡地区东周至六朝铁器的考古发现及相关问题的初步探讨》，《江汉考古》2008 年第 3 期。

邹后曦、林必忠：《江北区东汉至六朝石室墓》，《中国文物报》2001 年 5 月 10 日，第 7 版。

邹厚曦、白九江：《巫山大溪遗址再次发掘发现丰富遗存》，《中国文物报》2002 年 5 月 10 日，第 1 版。

邹家例：《〈桃花源记〉与巴族人向武陵源的迁徙》，《民族论坛》1991 年第 2 期。

附　表

虎钮錞于及其他类型錞于分布简表

名称	时代	出土地/收藏地	出土时间	主要特征
潍坊虎钮錞于	西汉	山东省潍坊出土/山东省博物馆		通体呈铁黑色，有光泽。肩部外鼓，肩以下渐收成直筒形。顶有盘，盘沿外侈，盘中虎钮作卷尾倨伏状。通高43.7厘米，重5.4千克
曲阜孔府藏錞于	东汉	山东省曲阜孔子博物馆		器身肩部外鼓，束腰，下直口椭圆筒状。顶盘边较宽，盘内塑虎钮。器身素面无纹饰。通高49厘米，重7.67千克
丹徒北山顶錞于（3件）	春秋晚期	江苏省丹徒县大港北山顶	1984	三件大小相次，形制相似。顶盘为直立浅盘，束腰，平口，肩大口小。盘内上塑虎钮，錞口上部饰三道凸起绳索纹，下边二道，上边一道，中饰变体云雷纹，腰下部两侧各有一由8条小龙构成图案。顶盘内饰变体、三角形云雷纹、十字形蝶纹。同出有编钮钟、丁宁各1件
丹徒王家山錞于（3件）	春秋末期	江苏省丹徒县（今舟徒区）谏壁镇王家山	1985	三件形制相似，弧顶无盘，顶饰虎钮，圆突肩，斜弧腹部渐内收，近口处微侈。器体上向前倾斜不对称。腰间置一兽钮。虎钮饰雷纹，顶部纹饰三圈，内圈饰云纹，外两圈为三角云纹。正面肩腹界出处饰一浅浮雕人面纹。下腹与人面纹相对处有一方框，内饰四组变体云纹，以人面纹和方框为中线，两侧各有三列凸起螺旋纹、下饰鸟纹和变体云纹。同出有乐器钩鑃、带乐舞图案铜盘
虎钮錞于	战国	南京博物院		椭圆筒形。錞于口有内唇，盘内饰弦纹，通体素面
虎钮錞于	战国	南京博物院		椭圆筒形。錞于口有内唇，钮饰菱形纹、S纹、旋纹
虎钮錞于	战国	南京博物院		椭圆筒形。钮饰水波纹，盘内饰船鱼纹
阜阳虎钮錞于[1]	春秋战国	安徽省阜阳涡阳龙山	1975	椭圆筒形，盘径小于肩径，突肩，细腰，口部外侈，双面合范铸造。盘呈椭圆，内塑瘦小虎钮，低于盘沿。前后腹部对称饰两团花状大涡纹，足部饰两道凸弦纹。錞通高41厘米
五乙虎钮錞于	汉	上海博物馆		椭圆筒形。肩下收束底口呈直筒状，有铭文"五乙"

[1] 杨玉彬：《安徽阜阳出土东周虎钮錞于》，《收藏》2006年第1期，第95页。

续表

名称	时代	出土地/收藏地	出土时间	主要特征
三乙虎钮錞于	汉	上海博物馆		器身作椭圆筒形。盘内饰有船、鱼纹，有铭文"三乙"
北京虎钮錞于	汉	故宫博物院		椭圆筒形。肩下渐收，直口，通体素面无饰
成都虎钮錞于①	战国	中国革命历史博物馆/成都卫聚贤捐赠	1951	椭圆筒形，形体高达。足口平，微外侈。顶盘内塑虎钮。首体连通饰云雷纹，颈部突旋纹，盘面阴刻人首纹、双虎纹等图符10副。通高60厘米，盘径29—32厘米，肩径31.5—37.5厘米
虎钮錞于	战国晚期	故宫博物院		高大厚重，器身素面无饰。形制与湖北枝城市（今宜都市）所藏战国虎钮錞于相似
虎钮錞于	西汉	中国历史博物馆		椭圆筒形，盘径小于肩径，肩下渐收成直筒，盘面和器身均无纹饰
虎钮錞于	汉	中国历史博物馆		椭圆筒形，肩下渐收成直筒状。盘内左右两侧刻有4个巴蜀图案
虎钮錞于	汉	中国历史博物馆		椭圆筒形，虎身有菱格纹饰。盘内有人头、船鱼纹等4组图案
虎钮錞于	汉代	中国历史博物馆		椭圆筒形，口沿内折。盘内有椎髻人头、鱼纹、梭形纹、船纹
虎钮錞于	汉代	中国历史博物馆		椭圆筒形，口沿内折，直筒。钱纹、鱼纹、船纹，器身无纹饰
成都虎钮錞于②	战国	成都市民捐赠/四川省博物馆		錞体椭圆度不明显，体狭长。顶盘内塑虎钮，虎首下方饰有十字纹，一侧饰线条形船纹，一侧饰鱼纹。錞体素纹。通高41.8厘米，盘径18.2—19.8厘米，肩径20.8—23厘米，足径13—15厘米
成都虎钮錞于	战国	中国历史博物馆		椭圆筒形，高大。钮上饰云雷纹。盘面阴刻人首纹、双虎纹等图符10幅
什邡红豆虎钮錞于③	汉晋时期	四川省什邡市师古镇红豆村	2009	器身作椭圆筒形。椭圆盘首，肩部突出，腹部向下收缩，作椭圆柱形。盘内塑虎钮。器身阴刻卷云纹、饕餮纹。通体高85厘米，肩径44厘米，足径28厘米
涪陵小田溪虎钮錞于④	战国	重庆市涪陵区涪陵小田溪战国土坑墓群2号墓	1972	椭圆锥筒形，突肩，上阔下缩，底口平直。侈口，中央立虎钮。体侧有通体铸缝，虎钮铸焊。盘内塑虎钮，虎钮首、体饰云雷纹，虎颈饰三角纹。体素面。通高47厘米。同出铜钲、扁钟
涪陵郡虎钮錞于⑤		涪陵郡（治今武隆县鸭江镇）	479	同出古钟1件

---

① 徐中舒：《四川涪陵小田溪出土的虎钮錞于》，《文物》1974年第5期，第81—83页；幸晓峰：《四川境内出土或传世錞于述略》，《四川文物》1996年第2期，第43—48页。
② 幸晓峰：《四川境内出土或传世錞于述略》，《四川文物》1996年第2期，第43—48页。
③ 李剑、李灿：《什邡新出土虎钮錞于》，《四川文物》2010年第2期，第78页。
④ 徐中舒：《四川涪陵小田溪出土的虎钮錞于》，《文物》1974年第5期，第81—83页。
⑤（梁）萧子显撰：《南齐书》，第362—363页。

续表

名称	时代	出土地/收藏地	出土时间	主要特征
黔江虎钮錞于①	战国	重庆市黔江县（今黔江区）寨子乡大路村玉皇阁寺征集/县文物管理所	1956	椭圆筒形，器身狭长，肩部隆出。墨黑发亮。顶盘塑虎钮，首体连通，饰回纹3排，錞体素纹。盘面饰阴刻图6幅，虎首下人首纹，一侧饰龙纹，龙头蛇身，四足成对，龙口大张，龙尾向上卷花蒂纹，龙口前方单体雷纹，龙身上方饰鱼纹，一侧饰对称曲线船纹。通高55厘米，盘径25.4—29厘米，肩径30.5—34厘米，足径18.7—21厘米，重12.5千克
彭水虎钮錞于②	战国	重庆市彭水县黄家坝猴里乡征集	1992	椭圆筒形。锈蚀严重。肩下渐收，有铸缝。顶盘塑钮，通体素纹。通高45厘米，盘径20.5—23厘米，肩径25—28厘米，足径14—17厘米，重7.2千克。同出绳纹甬钟1件
酉阳虎钮錞于③	战国	重庆市酉阳文物管理所		椭圆筒形。上阔下缩，与口平直。顶盘塑虎钮，钮饰三排双勾连纹，颈部突旋纹。通体素面。通高43.5厘米，盘径21.5—23.3厘米，肩径22—24厘米，足径14.8—17.2厘米，重4.7千克
秀山虎钮錞于④	战国	流散于民间		椭圆筒形。顶盘塑虎钮。盘面纹饰4幅：人面纹，鱼纹，船纹，船上插建鼓和茅旗，虎尾下方日月纹。通高51厘米，重11.5千克
万县虎钮錞于⑤	战国	万县出土/四川大学博物馆	1930	椭圆锥度明显，肩部特别隆出。顶盘塑虎钮。虎体叶纹。盘面纹饰14幅，虎首下方人首纹，虎钮周边有船纹、夔龙纹、手臂纹、花蒂纹、鱼纹、虎纹，虎钮正下方阴刻虎纹。通高72厘米，盘径最大34厘米，肩径最大41厘米，足径27厘米，重28千克
万州虎钮錞于⑥	战国至汉初	重庆市万州区甘宁乡高梁村六岗口出土	1989	椭圆筒形，突肩，上阔下缩，足口平直。顶盘内上塑虎钮。盘面绕虎钮阴刻图符5组9幅，虎首下方饰人面纹，虎体一侧饰建鼓、茅旗船形纹及鱼纹，鱼纹尚方刻巴蜀符号，另一侧饰夔龙纹，侧尚方花瓣纹，虎尾处手臂纹、花蒂纹。通高68厘米，盘径31.8—35.9厘米，肩径38—43厘米，足径25—27.5厘米，重30千克。同出1件四环钮罍盖
奉节青龙包虎钮錞于	西汉	重庆市奉节县梅魁乡青龙包	1989	椭圆筒形，体狭长，突肩，上阔下缩，于口平直。顶盘面侈口，内塑虎钮，钮足有长方座。虎首、体饰六边形连纹3排，颈部一圈突箍。盘面绕虎钮阴刻图符4幅，虎首下方为人面纹，虎体一侧鲤鱼纹，虎尾下方五铢钱纹，另一侧楼船纹，船体尾部上方为八个方框纹，似楼船船舱。通高50.5厘米，盘径23—26厘米，肩径28—30.5厘米，腹径18.5—21.5厘米，足径20.3厘米，重16.4千克

① 幸晓峰：《四川境内出土或传世錞于述略》，《四川文物》1996年第2期，第43—48页。
② 幸晓峰：《四川境内出土或传世錞于述略》，《四川文物》1996年第2期，第43—48页。
③ 幸晓峰：《四川境内出土或传世錞于述略》，《四川文物》1996年第2期，第43—48页。
④ 幸晓峰：《四川境内出土或传世錞于述略》，《四川文物》1996年第2期，第43—48页。
⑤ 幸晓峰：《四川境内出土或传世錞于述略》，《四川文物》1996年第2期，第43—48页。
⑥ 廖渝方：《万县又发现虎钮錞于》，《四川文物》1991年第1期，第45—46页；幸晓峰：《四川境内出土或传世錞于述略》，《四川文物》1996年第2期，第43—48页。

续表

名称	时代	出土地/收藏地	出土时间	主要特征
云阳革岭虎钮錞于[①]	战国	重庆市云阳革岭乡/县文管所	1982	椭圆锥筒形，上阔下缩，有残损。顶盘内塑虎钮，虎钮四上肢饰蛇纹，下肢圆点纹，虎背两竖线纹，虎腹双钩卷云纹，虎颈部一圈突旋纹。通高33厘米
梁平虎钮錞于	战国	重庆市梁平县文管所		椭圆锥筒形。于口平直，盘面有鲤鱼纹、人首纹
利川忠路虎钮錞于	战国	湖北省利川市忠路镇	1972	通体灰黄色，不见铸缝。顶盘塑虎钮，身饰阴刻小圆圈纹，四肢用顺向线条勾勒，尾断面呈扁方形，尾端上卷，颈饰贝纹项圈。盘内阴刻巴族图纹：虎钮前有一人面纹，头顶生一角，人面向虎钮右方，两侧分别为双鱼纹和船形纹，船上桅杆耸立，划船者动态可掬。底口沿内折为唇。通高53.5厘米，盘径24.9厘米，肩径29.6—32.5厘米，口径18.5—19.7厘米，钮高8.6厘米，长18.8厘米，重12.5千克
利川花梨岭虎钮錞于	秦汉	湖北省利川市凉雾区花梨乡花梨岭村/利川市文化局	1984	通体青绿色。铸缝清晰。顶盘内塑虎钮，虎口微张，牙齿醒目，耳用阴线勾勒而成，臀、胛饰阴刻涡纹，颈置项圈，底口内卷成三棱状唇沿。通高63厘米，盘径27.8—33.6厘米，肩径36.5—42厘米，口径23.9—27.5厘米，钮高9.8厘米，长22.3厘米，重18千克
利川凉雾虎钮錞于[②]	战国早期	湖北省利川市凉雾乡	1985	形制与战国早期錞于相同。通体高62厘米，肩径42厘米，重18千克
利川建南虎钮錞于[③]		湖北省利川市建南区收集	1986	通体残高50厘米
咸丰墨池寺虎钮錞于	战国	湖北省咸丰县甲马池区甲马池镇墨池寺村/咸丰县文管所	1990	顶盘塑虎钮，虎钮形体丰健，虎背饰菱形纹，作张口欲扑势。虎钮两侧分别饰船纹和鱼纹。内有船纹、鱼纹、人面纹。通高44厘米，盘径19.5—23厘米，肩周长81厘米，足周长54厘米，虎钮高6.5厘米，长16厘米，重5.5千克。同出汉代双鱼铜洗1件
长阳千渔坪虎钮大錞于	战国	湖北省长阳县鸭子口区千渔坪/湖北省博物馆	1964	形制特大，铸造略为粗糙。顶盘边外卷，盘内塑虎钮，虎体硕健，头部肥大，项背饰条斑纹。通高80.5厘米，肩径40.5—54.0厘米，足径29—36厘米，钮长38厘米，重45千克
秭归天灯堡虎钮錞于	战国	湖北省秭归县城归州镇天灯堡/秭归县屈原纪念馆	1981	錞于肩部有一锈蚀孔，底口有一裂纹。顶盘内塑虎钮，虎臀、胛各有一涡纹。通高44.0厘米，盘径18—23厘米，肩径24—30厘米，足径15.4—18.5厘米，钮高6.5厘米，长14厘米，重4.7千克。同出虎头甬编钟、钲各1件
秭归天灯堡小虎钮錞于	战国	湖北省秭归县城归州镇天灯堡/秭归县屈原纪念馆	1985	形制较小。器形与一般不同，肩部膨突，腰束甚，底口微外侈。顶盘内塑虎钮，虎腰胯曲向，后腿前撑，短尾如犬，臀、胛各有一涡纹，底口微外侈。通高31厘米，盘径14—18厘米，肩径16.5—23厘米，口径12—15.5厘米，钮高4.5厘米，长9厘米，重3.15千克。同出扁钟、钲各1件

① 幸晓峰：《四川境内出土或传世錞于述略》，《四川文物》1996年第2期，第43—48页。
② 孙绘：《利川县出土一件虎钮錞于》，《江汉考古》1985年第3期，第40页。
③ 王晓宁：《湖北鄂西自治州博物馆藏青铜器》，《文物》1990年第3期，第42—51页。

续表

名称	时代	出土地/收藏地	出土时间	主要特征
秭归下马台虎钮錞于（4件）[1]	战国	湖北省秭归县杨林桥镇下马台村/秭归县屈原纪念馆	1986	四器同式。顶盘内虎钮造型风格相近。虎昂首帖耳，张口露齿，颈饰项圈，四肢前撑，作后蹲欲扑势，长尾下垂，尾端上卷。肩下渐收，器身素面。1号錞于通高66厘米，盘径27—32.5厘米，肩径34—40厘米，重16.5千克；2号通高66厘米，盘径27—33厘米，肩宽36—41厘米，重14.5千克；3号通高60厘米，盘径28.5—32厘米，肩宽34.5—38厘米，重12.5千克；4号通高60厘米，盘径27—32.5厘米，肩宽33—37厘米，重11.5千克。同出铜釜1件，漆陶器1件
秭归马营虎钮錞于	战国	湖北省秭归水田坝马营村窖藏/秭归县屈原纪念馆	1986	保存较好，通体泛青黑色，器表光润。顶盘内塑虎钮，盘底虎钮两侧饰船、鱼纹，虎头方向饰筒略人面纹。通高45厘米，盘径19—22.5厘米，肩径25.5—28厘米，足径15—17厘米
宜昌土城虎钮錞于[2]	东汉	湖北省宜昌市土城乡三岔口村窖藏	1994	扁圆肩，阔唇边，顶平，腔体比例较高，下口较直，盘内塑瘦形虎钮。通高50.4厘米
巴东金果坪虎钮錞于	汉代	湖北省巴东县金果坪乡十字路村		虎钮錞于，重14.5千克
巴东水谷坝虎钮錞于	战国	湖北省巴东县耀英乡水谷坝/恩施土家族苗族自治州博物馆	1976	铸缝清晰，铸造粗糙，胎体厚实，略显笨重。顶盘内塑虎钮，虎体修长雄健，大头长尾，张口露齿，立耳瞪目，作前扑势。臀、胛饰卷翅纹，臀翅后出上翘，虎肋饰二行回字形重环纹，虎无爪趾。通高70厘米，盘径30.5—35厘米，肩径33.2—42.2厘米，口径22—28厘米，虎钮高12.5厘米，长28.8厘米，重24.75千克
湖北虎钮錞于	战国	湖北省博物馆		肩向下渐收，顶盘内塑虎钮，虎口微张，四肢前撑，尾上卷，虎头、背饰鳞纹，盘内虎钮两侧分别饰有阳线船纹和鱼纹。通高52.5厘米，盘径24—27.2厘米，肩径28.7—32.4厘米，口径18—20.2厘米，钮高7.6厘米，重7.25千克
巴东野三河虎钮錞于[3]	西汉	湖北省巴东县青太平区野三河边/恩施土家族苗族自治州博物馆		横截面为椭圆形，肩部隆起，肩向下渐收成直筒。顶盘内塑虎钮，虎身饰回形纹，前后肢末端各铸一花叶纹。通高70厘米，肩径33.2—42.2厘米
巴东水塘坝虎钮錞于[4]		湖北省巴东县清太坪区水塘坝	1976	横截面为椭圆形，肩部隆起，肩向下渐收成直筒。顶盘内仅存四足焊痕，原可能为虎钮。通体残高59厘米，肩径32.8—41.3厘米

① 余波：《湖北秭归下马台村发现巴蜀遗物》，长江流域规划办公室库区规划设计处编：《葛洲坝工程文物考古成果汇编》，第222—224页。
② 卢德佩：《湖北宜昌县土城青铜器窖藏坑》，《考古》2002年第5期，第91—93页。
③ 王晓宁：《湖北鄂西自治州博物馆藏青铜器》，《文物》1990年第3期，第42—51页。
④ 王晓宁：《湖北鄂西自治州博物馆藏青铜器》，《文物》1990年第3期，第42—51页。

续表

名称	时代	出土地/收藏地	出土时间	主要特征
巴东虎钮錞于	战国	湖北省巴东县博物馆收购	1974	盘、肩稍残，虎尾断失，盘边略宽，上翻。盘内塑虎钮，虎钮胛、臀部各有一涡纹，两肋饰回字纹，虎瞪目张口，神态生动。通高 66 厘米，盘径 28—33.5 厘米，肩径 31—40 厘米，口径 19—26 厘米，钮高 12.4 厘米，钮长 20.5 厘米，重 20 千克
恩施花枝虎钮錞于	战国	湖北省恩施县屯堡区大树乡花枝村/恩施市文管所	1972	肩部残甚。顶盘内塑虎钮，盘略变形。虎钮尾失，四肢雄壮，作后蹲势，臀、胛各饰一旋纹，腿部有细密鳞纹，腹侧为云纹。颈部饰一贝纹项圈，大耳下垂，张口露齿
恩施白沙村虎钮錞于[①]	战国	湖北省恩施县新塘区白沙村后河/恩施土家族苗族自治州博物馆	1961	铸缝清晰，胎体较薄，表面光润。盘及器身截面为椭圆形，肩部隆起，肩向下渐收成直筒，底口接近正圆形。顶盘盘折沿宽边，内塑虎钮，作后蹲欲扑势。虎垂耳张口，颈饰贝纹项圈，虎头顶刻有方格纹及"X"形徽记，四肢饰细密鳞纹，臀、胛各有一涡纹，腹饰云雷纹。通高 59 厘米，盘径 27.5—32.5 厘米，肩径 35—39 厘米，口径 24.4—25.1 厘米，钮高 9 厘米，长 22 厘米，重 14 千克。器形与吉首出土东汉錞于相似
恩施二房村虎钮錞于	战国	湖北省恩施县三岔区三家乡二房村/恩施市文管所	1981	仅剩一残片，相当于底口部的 1/3
恩施向家湾錞于	战国	湖北省恩施崔坝镇滚龙坝乡向家湾/恩施市文管所		保存基本完好，稍有磕损。通体素面。通高 61 厘米，盘径 38 厘米，口径 24 厘米，重 14.5 千克
恩施虎钮錞于（2 件）[②]	战国	施南府（今湖北省恩施市）出土	1804	虎钮錞于。大者 50 余斤，小者 20 余斤
宣恩椒园虎钮錞于	战国	湖北省宣恩县城西北椒园区/宣恩县文管所	1987	保存较好，形体略小。顶盘为浅盘，盘沿外翻。盘内塑虎钮，虎钮长尾下垂，尾端上卷。通高 42 厘米，盘径 20—23 厘米，肩径 25—31 厘米，口径 16—19 厘米，钮高 6 厘米，钮长 12 厘米，重 7 千克
建始河水坪虎钮錞于[③]	战国	湖北省建始县三里区河水坪/恩施州博物馆	1972	肩胸残甚，底口周沿残失，盘边残损约 1/5。横截面为椭圆形，肩部隆起。顶盘内塑虎钮，虎张口帖耳，尾下垂，尾端上勾，虎身饰波纹。盘壁、底分别饰凸弦纹一、二道。通体残高 48 厘米，盘径 30.6—34 厘米，肩径 40—43 厘米，钮高 11.5 厘米，长 26.5 厘米，重 13 千克。器形与涪陵小田溪、松桃錞于相似

① 王晓宁：《湖北鄂西自治州博物馆藏青铜器》，《文物》1990 年第 3 期，第 42—51 页。
② （民国）吕调元、刘承恩修，张仲炘、杨承禧纂：《湖北通志》卷 93《金石志》。
③ 王晓宁：《湖北鄂西自治州博物馆藏青铜器》，《文物》1990 年第 3 期，第 42—51 页。

续表

名称	时代	出土地/收藏地	出土时间	主要特征
建始二台子双虎钮錞于[①]	东汉	湖北省建始县景阳区革坦乡二台子/恩施州博物馆	1977	器身横截面为椭圆形。造型精致匀称，两侧铸纹清晰，为合范铸成。顶盘较深，唇沿稍宽，盘底略凸，饰弦纹一周。盘内塑双虎钮，并立于方格中，虎体修长，作奔跑状，张口露牙，唇齿分明，尾粗壮，尾端上卷，足无爪趾，吊痕明显。通体素面。盘、钮有简单刻纹，如单叶纹、弦纹等，左虎前腿部刻有船形纹饰。通高55.5厘米，盘径26.6—31厘米，肩径29—34厘米，口径17.8—22.2厘米，钮高8.5厘米，长19.2厘米，重12.5千克
建始反沣坡桥钮錞于	春秋战国	湖北省建始县高坪区青花乡石柱河反沣坡/建始县文管所	1983	顶盘边缘缺过半，肩部被利器凿一圆孔，余部完整。盘边较窄，盘内立桥钮，钮饰羽叶纹。器身素面。通高33.3厘米，盘径16.4—20.7厘米，肩径18.3—25厘米，口径12.4—17.8厘米，钮高2.3厘米，钮长7.5厘米，重3.8千克
枝城熊渡虎钮錞于[②]	战国晚期	湖北省枝城市潘家湾乡熊渡村出土	1985	胸有一残孔，虎钮一侧肩胛略残。椭圆筒形，器肩隆起，肩往下至口部为椭圆直筒状，顶盘椭圆形，盘沿外侈。顶盘内塑虎钮，虎四肢粗壮，头肥大，瞪目露牙，上颌四道须纹，头饰S纹和云纹，颈饰项圈，肩胛、髋骨饰漩涡纹，虎腿饰鳞纹。錞通高62.5厘米，盘径32—36厘米，肩径40.1—40.8厘米，口径23.5—26厘米，钮高10厘米，长23厘米，重18.5千克
长阳贺家坪虎钮錞于[③]	战国	湖北省长阳县贺家坪乡春潮大队/长阳县博物馆	1971	肩部有9个小方孔，盘沿残缺一块，小孔多处。椭圆盘口，折平沿，盘面径小于肩径，盘内塑虎钮，虎钮右侧饰一"未"字。通体素面。双面合范铸造。通高64.5厘米，盘径26.6—31厘米，肩径35厘米，口径19.5—23.3厘米，钮高9.5厘米，重17.5千克。同出铜钲1件
长阳三里店虎钮錞于	战国	湖北省长阳县城关三里店/长阳县博物馆	1988	出土时虎钮被挖坏，余部较好。虎钮略残，虎瞪目张口，两肋饰回纹。器体厚实凝重。通体残高58厘米，盘径31.1—37.4厘米，肩径33—41厘米，口径22.8—28厘米，重23.5千克
长阳杨林头虎钮錞于	战国	湖北省长阳县榔坪区杨林头/长阳县博物馆	1985	器形大致完整，有小残孔多处。器身作椭圆筒形，有残洞多处。顶盘边宽。盘内塑虎钮，虎瞪目张口，作后蹲状，尾端上勾而不卷，前胛、后臀各饰一涡纹。铸缝清楚。通高55厘米，盘径29.5—33.5厘米，肩径30.5—38厘米，口径18.7—26厘米，钮高12厘米，重18千克
长阳渔泉虎钮錞于	战国	湖北省长阳县丰山渔泉村/长阳县博物馆	1986	形制较大，残破甚，底口缺失，肩部多小透孔。器身作椭圆筒形，顶盘边较宽，有缘饰，盘内塑虎钮，虎四肢雄壮，作后蹲欲扑势，巨口锯牙，瞪目帖耳，尾下垂，末端勾而不卷，虎背饰鳞纹。通残高57.5厘米，盘径35.2—44.5厘米，钮高14厘米，长38厘米，重约10千克
长阳虎钮錞于(2件)[④]	战国	峡州长杨县（今湖北省长阳县）	1133	虎钮錞于，高2尺，上径1尺6分至1尺4寸2分，下径8—9.5寸，重35斤

① 王晓宁：《虎钮錞于》，《湖北民族学院学报（哲学社会科学版）》1990年第1期。
② 黎泽高、赵平：《枝城市博物馆藏青铜器》，《考古》1989年第9期，第775—778页。
③ 张典维：《湖北长阳出土一批青铜器》，《考古》1986年第4期，第370—371、374页。
④（宋）洪迈撰，孔凡礼点校：《容斋续笔》，北京：中华书局，2005年，第349页。宋绍熙三年（1192年）洪迈为峡州判官，于长阳县获虎钮錞于1件。徐中舒：《四川涪陵小田溪出土的虎钮錞于》，《文物》1974年第5期，第81—83页。

续表

名称	时代	出土地/收藏地	出土时间	主要特征
长阳虎钮 锌于[1]	战国	湖北省长阳县/ 湖北省博物馆	1957	虎钮锌于
鹤峰鸡公 洞虎钮 锌于	战国	湖北省鹤峰县 容美镇鸡公洞 峡谷/鹤峰县博 物馆	1983	器身作椭圆筒形,顶盘深盘窄边,内塑虎钮,虎四肢雄壮,作后蹲势,张口露齿,瞪目垂耳,长尾下垂,尾端上卷,臀、胛各饰一涡纹,颈饰项圈,盘内钮侧饰S形符号。通高43厘米,盘径22.5—26.3厘米,肩径25.3—29.3厘米,口径17.1—19.3厘米,钮高6.8厘米,长18.7厘米,重7.5千克
鹤峰虎钮 锌于	战国	湖北省鹤峰县 新华书店建房 工地	1983	残破严重。顶盘内塑虎钮,虎四肢饰鳞纹,臀、胛饰一涡纹,肋间饰云纹,阴刻数道胡须,颈部有贝纹项圈。通高62厘米,盘径27.2厘米,口径22—27.5厘米,钮高10厘米
五峰兽钮 小锌于	东汉	湖北省五峰县 仁和坪区莲花 岩/五峰县博 物馆	1980	锌于盘残过半,底口有缺损,形体小。顶盘内塑兽钮,双腿并铸,粗壮如虎,似为虎钮粗陋所致。通体光澄无饰。通高26厘米,盘径11.6—13.5厘米,肩径16—20厘米,口径10.5—13.5厘米,钮高2.2厘米,重3.25千克
荆州虎钮 锌于[2]	汉代	湖北省荆州博 物馆		虎钮锌于,锌有五铢钱纹饰
松滋虎钮 锌于[3]	战国	湖北省荆州博 物馆		虎钮锌于
松滋蹈池 虎钮锌于	汉	湖北省松滋县 (松滋市)蹈池/ 荆州博物馆	1959	制作粗陋。顶盘盘口平直,盘内塑虎钮,钮两侧盘内铸有船和鱼纹,钮前饰一五株钱纹。通高44.6厘米,盘径21.7—23.9厘米,肩径25.3—27.5厘米,口径15.5—17厘米,钮高6.3厘米,钮长15.3厘米,重8千克
石门虎钮 锌于	西汉	石门征集/湖南 省博物馆		顶盘口残缺,虎钮尾部稍缺,肩、腰有2处开裂,2处破洞,器身稍变形。表面锈蚀,呈绿色。器身横剖面因变形呈不规则椭圆形,肩部圆鼓,腰部收束,底口作直筒状,底口沿内折成小唇。顶盘中铸虎钮,虎身阳铸条状斑纹和旋纹,器身余部素面。通高49.5厘米,盘径23.7—25.7厘米,肩径26—31厘米,底口径14—23.6厘米,钮高8厘米,残长15厘米,重10.6千克
石门太子 坡虎钮 锌于	战国 至汉 代	湖南省石门县 易家渡太子坡 村/石门县博 物馆	1986	颜色呈深绿。横截面为椭圆形,中空。肩部隆起作圆鼓状,腹壁直削,底口平齐。肩上设侈口平盘,盘内上塑虎钮,虎尾残缺,今修复。虎钮上饰云纹,余部均为素面。[4]通高50.5厘米,盘径24—21.8厘米,肩径28.5—25.5厘米,口径17—19厘米,钮高7厘米,长16厘米,重6.8千克

① 徐中舒:《四川涪陵小田溪出土的虎钮锌于》,《文物》1974年第5期,第81—83页。
② 徐中舒:《四川涪陵小田溪出土的虎钮锌于》,《文物》1974年第5期,第81—83页。
③ 徐中舒:《四川涪陵小田溪出土的虎钮锌于》,《文物》1974年第5期,第81—83页。
④ 石门县博物馆:《湖南石门县出土窖藏锌于》,《考古》1994年第2期,第176页。

续表

名称	时代	出土地/收藏地	出土时间	主要特征
石门金盆虎钮錞于（2 件）①	战国、汉代	湖南省石门县雁池乡金盆村	1989	器形高大厚重。器身作椭圆筒形，中空。肩部隆起呈圆鼓状，腹壁斜直内收，底口平直。顶盘为侈口平盘，内中部铸虎钮，上有直线纹饰，盘内凸弦纹一道，内镶嵌绿色石片。周身无纹饰。錞于为两件，一通高 51 厘米，盘径 25—27 厘米，肩径 30—32 厘米，底口径 18—20 厘米，重 8 千克；一通高 44 厘米，肩径 23—27 厘米，足径 21—23.7 厘米，重 5.5 千克
石门熊家岗虎钮錞于（15 件）②	战国	湖南省石门县新关镇安乐村熊家岗	1983	与书房咀虎钮錞于中形体最大者特征相同。器身肩部圆凸处接近平盘，腹壁斜直内敛，盘内上塑虎钮，上有纹饰。錞于通高最大者 55.4 厘米，最小者 50 厘米，肩径最大者 29.1—36 厘米，最小者 31.5 厘米，足径最大者 19.2—22.6 厘米，最小者 17.5—19.8 厘米，最大者重 14.25 千克，最小者 8.5 千克。伴出有铜洗
石门宝塔虎钮錞于③		湖南省石门县二都宝塔村	1967	虎钮錞于
石门俄公山虎钮錞于	东汉	湖南石门县磨市乡俄凤村俄公山/石门县博物馆	1976	虎钮尾部稍残。横断面呈椭圆形，肩部圆凸，腹壁斜直，中空。顶盘宽沿外侈，平底，中部铸虎钮，虎钮左侧铸鱼纹，右侧铸船纹，前后铸东汉晚期剪轮五铢。有铜壶伴出。④通高 45.6 厘米，盘径 19.5—22 厘米，肩径 24—26 厘米，底口径 15—17 厘米，钮高 6.6 厘米，长 11.6 厘米，重 7.5 千克
慈利虎钮錞于⑤	战国	澧州慈利县（今湖南省慈利县）周叔王墓旁五里山	1187	虎钮錞于，高 1 尺 3 寸，上径 8—9.5 寸，下口径 5—5.8 寸，重 13 斤
慈利长建虎钮錞于	战国晚期	湖南慈利蒋家坪乡长建村化子坡/慈利县文管所	1979	肩部一侧被树根挤压形成一凹陷，虎钮尾部稍残。器身中空，呈椭圆形，肩部隆起作圆鼓状，腹壁直削，底口平齐。肩上设侈口平盘。⑥盘内中部铸虎钮，通体素面。通高 52 厘米，盘径 23.9—27.4 厘米，肩径 28.3—33.8 厘米，底口径 18.5—21.5 厘米，钮高 7.8 厘米，长 16.7 厘米，重 8.5 千克

① 石门县博物馆：《湖南石门县出土窖藏錞于》，《考古》1994 年第 2 期，第 176 页。
② 石门县博物馆：《湖南石门县出土窖藏錞于》，《考古》1994 年第 2 期，第 176 页；龙西斌、高中晓：《石门慈利出土錞于简介》，湖南省博物馆、湖南省考古学会编：《湖南考古辑刊》第 3 集，第 261—263 页。
③ 龙西斌、高中晓：《石门慈利出土錞于简介》，湖南省博物馆、湖南省考古学会编：《湖南考古辑刊》第 3 集，第 261—263 页。
④ 龙西斌、高中晓：《石门慈利出土錞于简介》，湖南省博物馆、湖南省考古学会编：《湖南考古辑刊》第 3 集，第 261—263 页。
⑤（宋）洪迈撰，孔凡礼点校：《容斋续笔》，北京：中华书局，2005 年，第 349 页。宋淳熙十四年（1187 年）山崩，中藏器物甚多，中有虎钮錞于 1 件。徐中舒：《四川涪陵小田溪出土的虎钮錞于》，《文物》1974 年第 5 期，第 81—83 页。
⑥ 龙西斌、高中晓：《石门慈利出土錞于简介》，湖南省博物馆、湖南省考古学会编：《湖南考古辑刊》第 3 集，第 261—263 页。

续表

名称	时代	出土地/收藏地	出土时间	主要特征
安化江溪虎钮錞于①	西汉东汉	湖南省安化县苍场乡江溪村出土	1979	椭圆筒形，肩部隆起作圆鼓状，腹壁直削，底口平齐。盘内中部铸虎钮，通体素面。通高41厘米，肩径22—23.5厘米，底口径16.6—18.2厘米。同出铜洗6件
张家界青天街虎钮錞于②	东汉初期	湖南省张家界市永定区熊家岗村青天街/张家界永定区文管所	1981	顶盘口沿稍缺。通体呈青绿色。器身自肩部往下到底端收缩作椭圆筒形。肩部隆起呈圆鼓状。椭圆形盘内塑虎钮，虎尾下垂，尾端卷于沿上。虎身饰线条纹和点纹，盘底虎钮左侧饰船形图案，船首坐一人，右侧饰一梭形云雷纹和有鳞鱼纹，虎钮前面饰人面纹，后面左侧饰手心纹，右侧饰一鸟形图案。通高54.5厘米，肩径31.2—37厘米，口径19.4—21.6厘米，重14千克
龙山花桥虎钮錞于	西汉	湖南省龙山县农车乡花桥村征集/湖南省博物馆	1997	器身残破变形。表面锈蚀呈灰绿色。肩部圆鼓，收腹，底部口沿内侧有小唇。顶盘内著虎钮，虎尾下垂，末端卷曲。虎钮头部下和虎身一侧盘底上铸简化船纹，虎尾下铸五铢钱纹。通体残高45.5厘米，盘径22—24厘米，残底口径12—19.5厘米，重7千克
龙山招头寨虎钮錞于③	汉代	湖南省龙山县召市镇招头寨村出土	1964	器形呈椭圆形，鼓肩，收腹，直口，平顶。顶盘盘唇外翻，内塑虎钮，虎身饰虎皮纹，盘内两侧刻有鱼纹、船纹。通高54厘米，重12.8千克
龙山洗车河虎钮錞于④		湖南省龙山县洗车河镇		顶盘及器身横断面呈椭圆形。肩部圆凸，腹壁斜直，中空
龙山向家坡马钮錞于	东汉	湖南省龙山县白羊乡红星村向家坡/湘西州博物馆	1975	器身高大厚重，肩部一面残破，呈椭圆筒形，肩部圆凸，腹壁斜直，中空。顶盘宽沿外侈，平底，盘中部铸马钮，马口内有衔，背负鞍鞯。通体素面。通高66厘米，盘径29.2—33.7厘米，肩径35.4—39.6厘米，底口径21.3—25.3厘米，钮高12.4厘米，重16.2千克
保靖梅花虎钮錞于⑤		湖南省保靖县梅花乡		呈椭圆筒形，肩部圆凸，腹壁斜直，中空
保靖簸箕虎钮錞于⑥		湖南省保靖县毛沟镇簸箕村		呈椭圆筒形，肩部圆凸，腹壁斜直，中空
花垣虎钮錞于⑦		湖南省花垣县城关		呈椭圆形。肩部圆凸，腹壁斜直，中空

---

① 熊传新：《湖南发现的古代巴人遗物》，文物编辑委员会编：《文物资料丛刊》第7辑，第30—33页。
② 熊传新：《记湘西新发现的虎钮錞于》，《江汉考古》1983年第2期，第38—43页。
③ 熊晓辉：《湘西古代乐器铜錞于铜钲与铜编钟》，《演艺科技》2012年第10期，第49—52页。
④ 彭英明：《试论湘鄂西土家族"同源异支"——廪君蛮的起源及其发展述略》，《中南民族学院学报（哲学社会科学版）》1984年第3期，第12—20页。
⑤ 彭英明：《试论湘鄂西土家族"同源异支"——廪君蛮的起源及其发展述略》，《中南民族学院学报（哲学社会科学版）》1984年第3期，第12—20页。
⑥ 彭英明：《试论湘鄂西土家族"同源异支"——廪君蛮的起源及其发展述略》，《中南民族学院学报（哲学社会科学版）》1984年第3期，第12—20页。
⑦ 彭英明：《试论湘鄂西土家族"同源异支"——廪君蛮的起源及其发展述略》，《中南民族学院学报（哲学社会科学版）》1984年第3期，第12—20页。

续表

名称	时代	出土地/收藏地	出土时间	主要特征
凤凰岩六屯虎钮錞于	东汉	湖南省凤凰县千工坪乡岩六屯村/凤凰县文管所	1991	表面光滑有亮泽，呈椭圆筒形。肩部圆凸，腹壁斜直，中空。顶盘宽沿外侈，平底，中部铸虎钮，虎身饰鳞状纹。盘底虎钮左侧饰鱼纹，右侧饰船纹，前面饰人面纹。通高 52 厘米，盘径 23.3—27.4 厘米，肩径 28—34 厘米，底口径 17.5—21.5 厘米，钮高 7.8 厘米，长 18.5 厘米。同出有铜钟、铜洗、铜盆各 1 件
凤凰化眉虎钮錞于（2件）	东汉	湖南省凤凰县黄合乡化眉村/凤凰县文管所	1994	顶盘口沿有磕伤，呈椭圆筒形，肩部圆凸，腹壁斜直中空。顶盘宽沿外侈，盘中部铸虎钮，虎身铸浮雕云纹。通高 56 厘米，盘径 22—27 厘米，肩径 31—34 厘米，底口径 17.5—22 厘米，钮高 9.8 厘米，长 23 厘米。同出鸭嘴兽铜壶 1 件
泸溪虎钮錞于[1]	汉代	湖南省博物馆/湖南省泸溪县出土		虎钮錞于，有五铢钱、货泉钱纹饰
泸溪大陂流桥钮錞于（2件）	战国	湖南省泸溪县潭溪镇大陂流村/湖南省博物馆	1956	器身呈圆角方筒体，中空，圆凸肩，束腰，腹壁直削，底口平齐，口有内折沿。顶盘为圆角方形，侈口平底，盘内塑桥钮，盘底、桥钮两端饰云纹，腰部两面各饰一涡纹，漩涡周围饰一圈云雷纹。底口口沿饰一周云雷纹带。同出铜钲 10 件，扁钟 6 件
吉首黄土园虎钮錞于（4件）[2]	西汉东汉	湖南省吉首市双河村黄土园（窖藏）	1981	器身作椭圆筒形。肩部鼓出，肩往下直收成筒形。顶端椭圆形盘内上塑虎钮，通高 46 厘米者 2 件，一器虎钮两侧饰鱼纹，前饰方形纹，后饰网纹。通高 42 厘米者 2 件，虎身有简易纹饰，虎钮下顶盘有方形座纹。同出铜壶 1 件
吉首后头溪虎钮錞于（2件）[3]	东汉	湖南省吉首市河溪镇岩排村后头溪	1983	器身作椭圆筒形。顶盘上嵌铸虎钮，虎身有简易纹饰。通高 41 厘米、42 厘米。窖藏同出铜壶 1 件、铜洗 2 件、铜釜 3 件
常德虎钮錞于	战国至汉代	湖南省常德市征集/湖南省博物馆	1956	顶盘缺钮，盘口边沿残缺。器身横断面呈椭圆形，肩部圆凸，腹壁斜直，中空。顶盘平底，中塑一虎钮，虎钮左侧刻一两首前伸的侧面人像，人像后刻鱼纹及三角云纹，右侧刻船形图案。形制、纹饰与柳州虎钮錞于接近。[4] 通高 51.2 厘米，盘径 20.3—26 厘米，肩径 27—32.4 厘米，底口径 16.9—20.3 厘米，钮高 8 厘米，重 6 千克
桃江杨家湾虎钮錞于	战国	湖南省桃江县大栗港乡旋溪坝村杨家湾	1986	截面为椭圆形。肩部隆起作圆鼓状，腹壁直削，底口平齐。肩上设侈口平盘，内塑虎钮，虎钮两侧饰船纹，余部均为素面

① 徐中舒：《四川涪陵小田溪出土的虎钮錞于》，《文物》1974 年第 5 期，第 81—83 页。1956 年在泸溪县出土。

② 林时九：《湘西吉首出土錞于》，《文物》1984 年第 11 期，第 75 页。

③ 林时九：《湘西吉首出土东汉窖藏铜器》，湖南省博物馆、湖南省考古学会编：《湖南考古辑刊》第 3 集，第 264、272 页。

④ 朱镇邦：《柳州博物馆收藏一件虎钮錞于》，《文物》1981 年第 3 期，第 69 页；徐中舒：《四川涪陵小田溪出土的虎钮錞于》，《文物》1974 年第 5 期，第 81—83 页。

续表

名称	时代	出土地/收藏地	出土时间	主要特征
溆浦大江口虎钮錞于[①]	战国	湖南溆浦县大江口镇战国墓/湖南省博物馆	1980	器表锈蚀呈浅绿色。器形高大厚重，横断面呈椭圆形，中空，肩部隆起作圆鼓状，腹壁直削，底口平齐。肩上设侈口平盘，盘椭圆形，内塑虎钮。虎身肥实，昂首卷尾，颈部有圈饰。盘面内边饰弦纹一道，中间大方格两个。錞通高55.6厘米，盘径26—28.5厘米，肩径28—36厘米，口径19.4—21.8厘米，钮高8厘米，重11.9千克。同出有铜铎、铜钟、铜盆，形制与涪陵小田溪、贵州松桃木树乡出土同类器物相同
靖县段桥虎钮錞于[②]	东汉初期	湖南省靖县飞山公社春明大队		形制与湖南出土汉代錞于相同。器身残损，残通高38厘米，肩径22.4—24厘米，足径18.6—22厘米
靖州桥钮錞于	战国	湖南省靖州县/湖南省博物馆		肩部有一破洞，表面锈蚀，呈灰绿色。横剖面近抹角长方形，肩部圆鼓，束腰，下端外撇，底部口沿内平折成唇。顶盘为侈口平底，盘底缘饰弦纹一周，中部铸桥钮，钮座上饰蟠龙纹，器身底口沿外表饰一周纹带，纹饰从上往下依次为凸弦纹、云雷纹、绳索纹，以云雷纹为主纹。腰间饰重环纹，环内饰六瓣花纹。通高41厘米，盘径20.5—30.4厘米，肩径29—30.4厘米，口径20—22.7厘米，钮高2.6厘米，长10.1厘米，重8.7千克
常德虎钮錞于	战国	收集品/湖南省博物馆	1958	顶盘盘沿残缺，器身多处修复。通体光绿青碧。整体形如碓头，横断面呈椭圆形。胎质较厚，肩部圆凸，腰部较直，中空。顶盘呈椭圆形，侈口，平底，盘内塑虎钮，虎呈昂首行走状，虎钮上铸云纹，虎头有两个似太阳状的图案。底口外沿饰一周勾连云雷纹。腰部饰弦纹，余部为素面。通高37厘米，盘径18.1—23.5厘米，肩径22—28.2厘米，口径15.2—19厘米，钮高4.8厘米，重6.3千克
湖南虎钮錞于	西汉	收集品/湖南省博物馆		肩部有一小破洞，表面呈墨绿色，横截面呈椭圆形。肩部圆鼓，中部束腰，底口直筒状，底口沿内侧有小唇。顶盘为侈口平底盘，盘内中部铸虎钮，虎张口，尾下垂，尾末卷曲，虎钮上阴刻线状斑纹，器身余部素面。通高52.5厘米，盘径25.6—28厘米，肩径28.6—32.3厘米，口径19—20.7厘米，高7.6厘米，长18.5厘米，重9.5千克
湖南虎钮錞于	西汉	收集品/湖南省博物馆		保存大部分完整，肩部有2处破洞，虎钮尾部残缺。表面锈蚀呈灰绿色。横剖面呈椭圆形，肩部圆鼓，腰部以下收束作直筒状，底口沿内折成小唇。顶盘中部铸虎钮，虎身阴刻线状斑纹，器身余部素面。通高51.5厘米，盘径23.8—27.4厘米，肩径27.4—33.1厘米，口径19.5—21.2厘米，钮高6.8厘米，残长15厘米，重8.3千克
湖南鱼纹虎钮錞于	西汉	收集品/湖南省博物馆		顶盘内虎钮残缺，肩部有破洞。表面呈墨绿色。横剖面呈椭圆形。器身肩部圆鼓，腰部收束，底口作直筒状，底口沿内折成小唇。盘底残姐左右各阴刻一鱼纹，器身余部素面。通高46.6厘米，盘径25.1—28厘米，肩径29—32.7厘米，底口径17.2—19.9厘米，重12千克

① 张欣如：《溆浦大江口镇战国巴人墓》，湖南省博物馆编：《湖南考古辑刊》第1集，第37—38页。
② 熊传新：《记湘西新发现的虎钮錞于》，《江汉考古》1983年第2期，第38—43页。

续表

名称	时代	出土地/收藏地	出土时间	主要特征
湖南虎钮錞于	西汉	收集品/湖南省博物馆		器身有大小3处破洞，表面呈墨绿色。肩部圆鼓，腰部收束，底口作直筒状，底口沿内折成小唇。顶盘中央铸虎钮，虎尾下垂，尾端上卷。虎钮上阴刻线状斑纹，器身余部素面。通高52.5厘米，盘径23.9—27.3厘米，肩径26.7—33.4厘米，钮高7.6厘米，长19.5厘米，重9.4千克
湖南五铢钱纹虎钮錞于	西汉	收集品/湖南省博物馆		钮残缺，顶盘中部有4个虎钮足痕，器身5处小破洞，表面呈墨绿色。横剖面呈椭圆形，肩部圆鼓，收腹，底部口沿内侧无唇。顶盘底座前铸五铢钱纹，钮座后端铸一圆圈，钮座两侧各铸船纹和鱼纹，器身余部素面。残高40.6厘米，盘径18.7厘米，肩径23.9—27.6厘米，残底口径15.3—17.5厘米，重5.2千克
长平宜年虎钮錞于	东汉	湖南省博物馆		虎钮修复，顶盘边沿稍缺，器壁较薄。器身略显修长，横断面呈椭圆形，肩部圆鼓，腹壁斜直，中空。顶盘侈口，平底，中部铸虎钮，虎尾卷曲于盘沿。钮左侧铸反书阳文"长平宜年"，右侧铸虎纹，前面铸纹不清，后面铸货泉纹。通高44.4厘米，盘径18.4—20.8厘米，肩径24.2—26.4厘米，底口径15.2—17.7厘米，钮高6.7厘米，重8.3千克
湘西双虎钮錞于	东汉	湘西地区/湖南省博物馆	1980	原器残，大部修复，横断面呈椭圆形，器身修长，肩部圆鼓，腹壁斜直，中空。顶盘侈口，平底。盘内中部铸双虎钮，钮间有一铜梁相连，钢梁上有活动的圆形悬环。虎钮饰云纹，余部素面无纹。通高46.3厘米，盘径22.8—26.3厘米，肩径24.7—30.2厘米，底口径17.5—23.2厘米，钮高7.8厘米，重6.9千克
湖南虎钮錞于	东汉	征集品/湖南省博物馆		顶盘口沿稍缺，器身有小破洞。器身略显修长，横断面呈椭圆形，肩部圆鼓，腹壁斜直，中空。肩上置顶盘，侈口，平底。盘中部铸虎钮，虎昂首卷尾。盘底虎钮左侧饰船纹，右侧饰鱼纹，前面铸纹不清，后面铸钱纹。通高49.6厘米，盘径21.8—24.7厘米，肩径27.5—30.6厘米，底口径18.1—19.8厘米，钮高6.9厘米，重7.5千克
马钮錞于[1]		征集品/湖南省博物馆		錞于器形较小，钮作马形，钮前后皆有纹饰，右侧作船形，左侧作鱼形
松桃虎钮錞于（5件）[2]	战国至西汉晚期	贵州省松桃县长兴区木树乡	1962	器身作椭圆筒形。肩部突鼓，腹部以下呈直筒形，周身无纹饰，盘内上塑虎钮，盘内有粗弦纹，虎钮上有菱形花瓣、鱼、五铢钱、篆书印章等图案。形体最大者通高55.5厘米，盘径28—29厘米，肩径29厘米，足径14—17.8厘米；最小者通高44.5厘米，盘径18.5—22厘米，肩径27厘米，足径14.5—17.5厘米。同出残钲1件、残甬钟1件
铜仁虎钮錞于[3]		贵州省铜仁县		虎钮錞于

① 湖南省博物馆：《介绍几件从废铜中检选出来的重要文物》，《文物》1960年第3期，第75—76页。
② 贵州省博物馆考古组：《贵州省松桃出土的虎钮錞于》，《文物》1984年第8期，第67—68页。
③ 李衍垣：《錞于述略》，《文物》1984年第8期，第69—72页。

续表

名称	时代	出土地/收藏地	出土时间	主要特征
连平忠信虎钮錞于①	春秋战国	广东省博物馆/广东省连平县忠信镇		器身作椭圆筒形，肩宽，肩以下内收，口部稍外撇。出土时盘内上塑有虎钮，现已散失，盘面饰有菱形雷纹，錞于口部、肩部各有八条盘绕的蛇纹。与江苏北錞于相似。通体高51.5厘米，足径21.3—27.2厘米
西安虎钮錞于②		陕西省博物馆/陕西省西安市长安县（今长安区）		器身作椭圆筒形。腹围光素，顶盘内有虎钮。通高49厘米，口宽16厘米，口长21.5厘米，肩围63.5厘米
安康虎钮錞于③	战国	陕西省安康五里月河		器身作椭圆筒形。肩部突鼓，腹部以下呈直筒形，足口平直，周身无纹饰，盘内上塑有虎钮，虎身及头部有几道鱼鳞状斑纹。口径23—27厘米，肩宽30厘米，通高41.5厘米，足径18—20厘米
邓县（今邓州市）禹山庙虎钮錞于④	西汉东汉	河南省邓县（今邓州市）小杨营禹山庙村刁河边出土	1985	器身作椭圆筒形，顶盘内上塑有虎钮，虎身无纹饰，盘面绕虎钮饰鱼、船、五铢钱、耕犁图案，通高42厘米，肩径23—25厘米，足径13—17厘米
郑州虎钮錞于	汉	河南省郑州市博物馆		截面为椭圆形。浅盘
柳州虎钮錞于⑤	战国至汉代	广西柳州市博物馆（可能出自湖南湘西）		器身作椭圆筒形，肩部突出，腹部向下收缩作椭圆柱形。椭圆盘内上塑虎钮，虎身遍饰雷纹，盘内饰环形、鱼形、船形、弦形纹饰。通体高54厘米，肩径28—32厘米，足径18—20厘米，重14.5千克
天津虎钮錞于	汉	天津历史博物馆藏		口沿略残，肩下渐收成直口，通体素面
阜阳虎钮錞于	战国	安徽阜阳征集品		直立盘，束腰，口外侈，鼓部有涡纹，立虎瘦小
音乐研究所藏錞于	西汉东汉	收集品		顶盘及器身横断面呈椭圆形，肩部圆凸。顶盘宽沿外侈

① 张维：《失传千多年的古乐器錞于》，《乐器》1985年第4期，第23—24页；李衍垣：《錞于述略》，《文物》1984年第8期。
② 陕西省博物馆、陕西省文物管理委员会编：《青铜器图释》，北京：文物出版社，1960年，第30页。
③ 徐信印：《安康出土的一件战国虎钮錞于》，《文博》1985年第5期，第93—94页。
④ 夏夷陵、李云生：《邓县禹山庙錞于及相关问题》，《考古》1989年第10期，第924—926、951页。
⑤ 朱镇邦：《柳州博物馆收藏一件虎钮錞于》，《文物》1981年第3期，第69页。

后　记

对巴人的关注，实际上始于我硕士研究生求学阶段，当时在史念海、朱士光两位先生指导下从事鄂西南民族地区历史经济地理的学习和研究，1999年完成题为《明清时期鄂西南民族地区经济地理初步研究》的硕士学位论文，在涉及鄂西南地区早期历史时了解到巴人、楚人、濮人等族群，不过因硕士论文研究时段是明清时期，故对巴人族群虽有所了解却并不深入。后在朱士光先生指导下从事土家族地区历史经济地理的学习和研究，2002年完成题为《鄂湘渝黔土家族地区历史经济地理研究》的博士学位论文，因为巴人是土家族的主要族源之一，所以对巴人的了解逐渐系统和深入。也因为博士论文研究的是土家族地区历史经济地理，研究时段上限从土家族形成的五代时期开始，五代以前的巴人历史在博士论文中虽有提及，但不是讨论的重点，不过我的巴人情结也就此植根心底。

2005年在四川大学历史学博士后科研流动站完成研究工作后，笔者调入西南大学历史文化学院民族学院从事中国历史地理学方面的教学和科研工作。身处古巴国都城重庆，感受着与蜀地不同的巴地文化，多年前未曾实现的巴人历史探究心愿变得愈发强烈，并由此产生了结合自己专业知识研讨巴人问题的想法，2007年我以"中国古代巴人分布迁徙及其与环境的关系研究"为题申请国家社科基金的科研项目，有幸获得立项资助，才真正开始了我巴人研究的征途。

巴人项目研究从开始到结题的过程于我而言颇为坎坷。2007年项目申请下来后，因"工作"需要忙于琐事，巴人课题研究工作基本被搁置而停滞不前。随着课题结题时间迫近，2009年下半年方从琐事中艰难抽身，始专注于课题研究。真正进入课题研究后我才发现其难度远比预期大太多，在焦虑而又无人能用的情况下，顶着压力努力调整心态孤军作背水一战。这期间的人情冷暖、职称晋升中的无奈和辛酸以及为人父后的琐事，使课题研究的正常进度一再受到干扰，直至2014年6月底巴人课题研究报告文本才得以最终完成，至2015年2月课题顺利结题。

此后，笔者对此前遗漏及新发表的考古材料进行了搜集整理，并结合五位盲审专家的评审意见，对课题研究结项报告的文本、图、表进行了反复多次增补、修改，这也使得书稿的出版时间一再后延。

2015年3月至2016年3月我有幸到英国剑桥大学社会人类学系蒙古与内亚研究所访学，在接触了人类学相关领域后，越发坚定了结合人类学探讨民族地区历史地理问题的想法，同时也认识到自己此前的民族地区历史地理研究与人类学研究有很大的差异，因此在剑桥大学访学期间，一方面补充人类学特别是生态人类学方面的知识，另一方面在修改国家社科基金项目研究报告"中国古代巴人分布迁徙及其与环境的关系研究"文本时，尝试着从历史地理学并结合生态人类学视角对研究报告文本进行审视，遂将本书名定为《族群空间与地域环境——中国古代巴人的历史地理与生态人类学考察》。突破原有的研究理念和方法于我而言是一种尝试与挑战，修改后的书稿在很多方面也还不够完善，也希望业内同行专家学者及读者朋友有以教我。

在书稿付梓出版时，最应该感谢的是我的师长亲友们，这里面有我的恩师朱士光教授时时关心我的研究进展并给予的帮助指导；还有郭声波教授、侯甬坚教授、吴宏岐教授、管维良教授、杨华教授、杨光华教授、黎小龙教授、张文教授、武仙竹教授、毛曦教授、邹芙都教授、Caroline Humphrey教授、Uradyn E. Bulag教授、David Sneath教授、曹志红博士后，已故的常金仓教授，在项目研究和书稿修改过程中给予的各种形式的帮助；还有项目结项报告匿名评审中给予肯定和提出宝贵意见的不知名的五位专家；还有默默奉献支持我的妻子李娟及家人们，是他们的鼓励、帮助和支持让我走过课题研究、书稿修改最艰难的岁月和剑桥大学访学最孤寂的时光，我收获的不仅仅是一部研究报告或专著，更有一份份沉甸甸的深情厚谊，这也是推动我不断努力前行的动力。书稿出版审定过程中，科学出版社的编辑及相关工作人员也给予了诸多的帮助和付出了辛劳，这里也一并致以诚挚的谢意！

路漫漫其修远兮，吾将上下而求索。因本人生性愚钝，且学识、学力有限，书中还有诸多不足及不尽如人意之处，还望读者朋友能不吝赐教，我将万分感谢！

朱圣钟

于西南大学雪松书屋

2017年8月